高校入試虎の巻　他にはない　3大ポイント

問題の質問ができる‘とらサポ’

無料会員

虎の巻やスペシャルの問題で「わからないなー」「質問したいなー」というときは、
“とらサポ”におまかせください！
必要事項と質問を書いて送るだけで詳しく解説しちゃいます！
何度でもご利用いただけます！質問は“FAX”や“メール”でできます。

無料会員登録手順

【仮登録】→【本登録】→【会員番号発行】→質問開始！

① 【仮登録】：下のQRコード／下のURLへアクセス。
http://www.jukentaisaku.com/sup_free/
② メールアドレス（PCアドレス推奨）を入力送信。
③ 入力いただいたアドレスへ【本登録】のURLが届きます。
④ 【本登録】：届いたURLへアクセスし会員情報を入力。

※ご注意
「確認」では会員登録されていません。
必ず「送信」ボタンを押してください。

⑤ 【会員番号】が発行され、メールで届きます。
⑥ 【会員番号】が届いたら、質問開始！

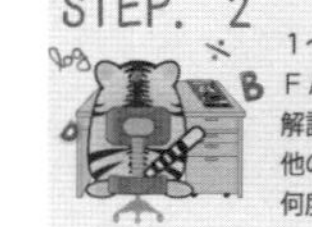

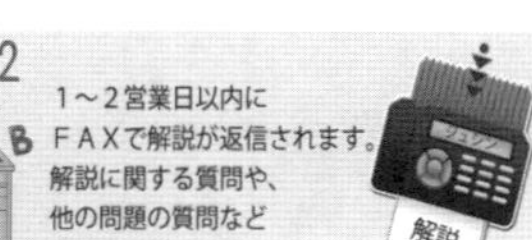

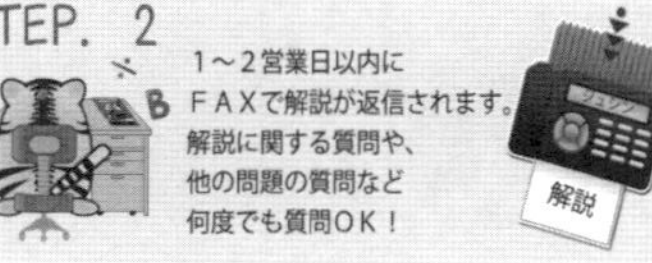

左のQRコードが読み取れない方は、下記のURLへアクセスしてください。
http://www.jukentaisaku.com/sup_free/
※ドメイン拒否設定をされている方は、（本登録）のURLが届きませんので解除して下さい。

JM125197

とらサポ会員番号　忘れないようにココへ書きましょう

利用方法を裏で紹介♪

とらサポ‘プレミアム会員’

有料会員

どんな問題でも質問できる!
◎私立の過去問･塾の宿題･市販の問題集

オンライン『講義映像』中学1年～3年
◎5教科すべて視聴可能

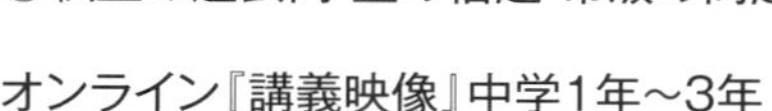

入会金なし
ご利用料金：月額 3,300円（税込）
※入会月が15日以降の場合は、初月1,100円（税込）
※ご利用期間 2025.3月末迄

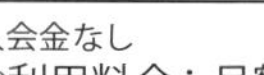

中3数学
1 平方根
2 多項式の計算
3 因数分解
4 二次方程式
5 二次方程式の利用
6 関数y=ax2（1）
7 関数y=ax2（2）
8 相似な図形（1）
9 相似な図形（2）
10 三平方の定理
11 円の性質
12 資料の活用
13 式の計算
14 三角形の重心
15 いろいろな問題

プレミアム会員お申し込み方法

左のQRコードが読み取れない方は、下記のURLへアクセスしてください。
URL：http://www.jukentaisaku.com/sup_pre/
※ドメイン拒否設定をされている方は、（本登録）のURLが届きませんので解除して下さい。

①～④は無料会員登録に同じ
⑤ お申し込みから2営業日以内に【会員のご案内】を発送いたします。
⑥【会員のご案内】が届き次第ご利用いただけます。

リスニング虎の巻 ～他にない教材で攻略～

英語⇒日本語‘
日本語吹替付

① 聞きながら学習（6回分）
★英単語の　読み・聞き取り・意味　が苦手でも安心して学習
英語のあとにすぐ日本語訳が聞け、聞きながらにして、
即理解 ⇒ 覚える ことができます。

② テスト形式で実践練習（5回分）
テスト形式に挑戦。
高校入試リスニングの練習に最適です。

【問題】

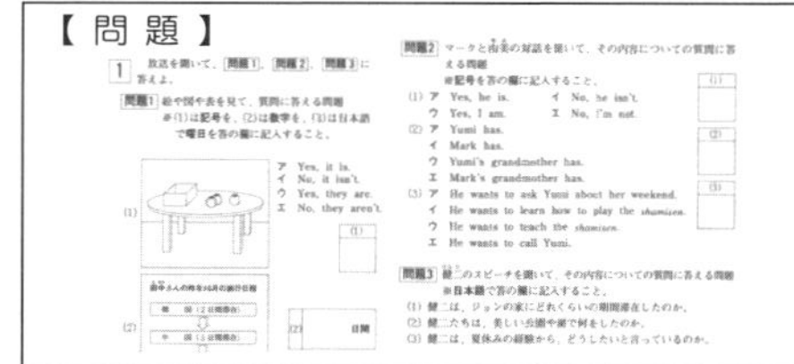

別売
※過去問ではありません

【台本と録音例】
Mark　Hi, Yumi.　How are you today?
こんにちは、由美。今日の調子はどう？
Yumi　Hi, Mark.
こんにちは、マーク。
I' m fine, thank you.　And you?
元気よ、ありがとう。あなたは？
Mark：Fine, thanks.　Yumi.
元気だよ。
I' d like to ask　you about something.
由美、僕は君に聞きたいことがあるんだ。
Yumi：OK.　What is it?
いいわよ。どうしたの？
Mark　Well, I' m　interested　in　traditional Japanese music.
ええっと、ぼくは日本の伝統的な音楽に興味

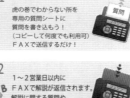

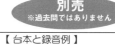

先輩達の【とらサポ質問】＆【感想】

【とらサポの質問方法】

①会員番号を取得
②質問したいところを書く！
　教科・ページ・問題番号
③聞きたい質問を書く。
④作文 や 記述の添削も
　できます！
　（国語・英語・社会 etc）

FAXや
メールで質問もOK!!

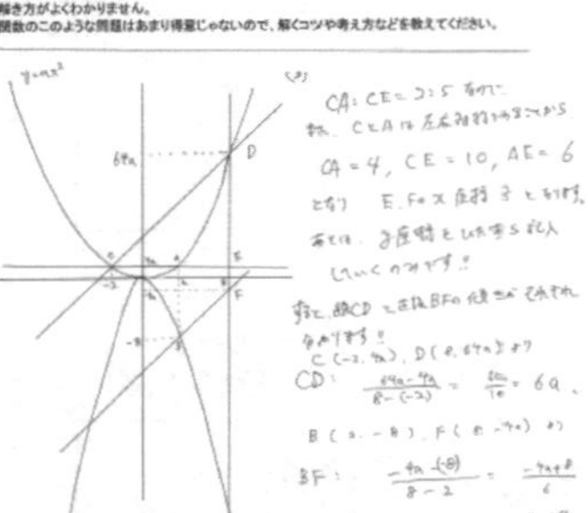

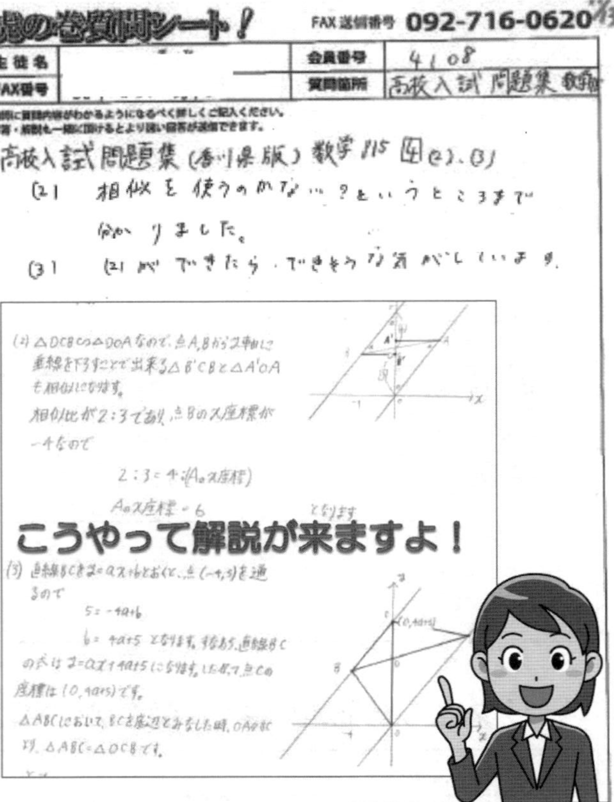

虎の巻様

いつもありがとうございます。今回は質問ではなくお礼を言うためにこれを書きました。

発表でした。私は第一志望の高校に合格することができました！私の行きたい高校は私の学力では足りないと学校の先生から言われ、志望校をおとそうかとても悩みました。しかし、第一志望校を受けないと後悔してしまうと思い、親の反対も振りきって受けました。諦めないで本当によかったです。今回私が合格できたのも虎の巻様が私の質問に丁寧に答えて下さったおかげだと思っています。ページ数と問題内容があってなかったりと様々な迷惑もかけてしまい申し訳なかったです。

4月からは高校生として、国公立大学へ進学するという夢を胸にがんばっていきたいと思います。虎の巻様には感謝してもしても足りません。本当に本当にありがとうございました!!!

To: 虎の巻
Subject: 質問ではありませんが(--;)

質問ではありませんが(^-^)
先日、受験に合格することが出来ました(^^♪
そのお礼を申し上げたく、メールを送らせて頂きます。

私は、受験勉強というものを、どうやら勘違いをしてしまって、
短期集中１ヶ月もやればいい方だろうと思っていました。
しかし、そうではないことに気づき、難関校の受験１ヶ月前に焦って、
何でもいいから何かやらないと間に合わない！と思って手に取ったのが、
虎の巻さんでした。
どうやればいいかなんて全く分からないけど、浅く広くやるのではなく、
とりあえずこれだけはやっておこうと思い、過去問、それからスペシャルの方も
間違えたところは何周も解き直しました。あっていた所もしっかり確認をし、
逆に虎の巻さん以外のものは何もやらないで難関校に挑んだ結果、
類似問題も多く出て見事合格をすることが出来ました。
ほんとにほんとに、虎の巻さんのおかげだと思っています。
感謝の気持ちでいっぱいです。

お忙しいところ、すみません。
読んでいただき、ありがとうございました(^-^)

虎の巻質問シート！

※ご利用期間 2025.3月末

①生徒名		②会員番号		③R7 香川県版
④FAX番号		⑤質問箇所		

コピーしてご利用下さい。(①～⑤の記載があれば、別紙での質問も可)
講師に質問内容がわかるようになるべく詳しくご記入ください。
自分の考え方も一緒に頂けるとより速い回答が送信できます。

FAX 送信番号　092-716-0620　　メールアドレス　tora@jukentaisaku.com

虎の巻の特色

この問題集は、香川の高校受験生の皆さんの志望校合格に向けて、効率の良い学習を進めることができるように編集作成したものです。したがって、学習したいところから取り組め、確実に得点になる演習ができるように、教科・単元別にしております。また、自分ひとりでも学習できるよう詳しい解説を掲載し、さらに無料で質問できるサービス‘とらサポ’が入試直前までの心強い味方です。

虎の巻の使い方

過去11年間の入試問題を見てみると、似た形式の問題が数多く存在します。そこで、実際に出題された問題を単元ごとに集中的に繰り返すことで、パターンを掴みしっかりマスターすることができます。

1回目：1単元ごとにノートに解いてみる。

教科書を見てもよし、誰かに教えてもらいながらでもよいです。実際に問題を解くことで入試のレベルを知り、自分の苦手なところを発見しながら学習を進めましょう。この1回目で間違った問題には印をつけておきましょう。

2回目：何も見ずに解いてみる。

1回目の印をつけた問題は解けるようになりましたか？
ただし、1度解いても忘れるものです。もう一度解く事が復習になり、より一層理解を高めることができます。ここで全体の半分程解く事が出来れば十分です。間違った問題には2回目の印をつけ、理解できるまで何度もやり直しましょう。

3回目：冬休みや入試前に、１つの問題に対して7分～15分で解いてみる。

本番形式では、時間を計って問題を解くことで、入試を想定することができます。
短い時間で正確に問題を解けるようにしましょう。そして、どれだけ力がついたか【実践形式：本番形式】で力試しをしてください。

もくじ

（注1）編集上、掲載していない問題が一部ございます。
（注2）著作権の都合により、実際の入試に使用されている写真と違うところがございます。
＊上記（注1）（注2）をあらかじめご了承の上、ご活用ください。

公立高校入試出題単元

過去９年間
（平成26年～令和４年まで）

数学

計算・小問

平成26年 1 （7題）
平成27年 1 （7題）
平成28年 1 （7題） 3 （1）
平成29年 1 （7題）
平成30年 1 （7題）
平成31年 1 （7題）
令和２年 1 （7題）
令和３年 1 （7題）
令和４年 1 （7題）

方程式・文字と式

平成26年 3 （4）
平成28年 3 （4）
平成29年 3 （4） 4 （2）
平成30年 3 （4）
平成31年 4 （2）
令和２年 3 （4）
令和３年 3 （4）
令和４年 3 （4）

確率

平成26年 4 （1）（さいころ・カード）
平成27年 3 （2）（カード）
平成28年 3 （2）（さいころ）
平成29年 3 （1）（カード）
平成30年 3 （2）（さいころ）
平成31年 3 （2）（カード）
令和２年 3 （1）（さいころ）
令和３年 3 （2）
令和４年 3 （1）

数の規則性

平成27年 4 （1）自然数の約数の個数
平成28年 4 （1）正多角形の1つの内角の大きさ
平成29年 4 （1）硬貨を使ったゲーム
平成31年 4 （1）色の違うタイルを並べる
令和２年 4 （1）平方数
令和３年 4 （1）立方体を組み合わせる
（2）硬貨を使ったゲーム
令和４年 4 （1）

平面図形

平成26年 2 （1）（3）（角度・面積）
平成27年 2 （1）（3）（角度・面積）
平成28年 2 （1）（3）（角度・面積）
平成29年 2 （1）（3）（角度・線分の長さ）
平成30年 4 （2）
平成31年 2 （1）（3）（角度・線分の長さ）
令和２年 2 （1）（3）（角度・面積）
令和３年 2 （1）（3）（角度・線分の長さ）
令和４年 2 （1）（3）（角度・面積）

関数

平成26年 3 （1）（3）（比例・反比例・1，2次関数）
平成27年 3 （1）（4）（反比例・1，2次関数・値を求める過程）
平成28年 3 （3）（反比例・２次関数）
平成29年 3 （3）（２次関数）
平成30年 3 （1）（3）（反比例・２次関数）
平成31年 3 （1）（4）（1，2次関数）
令和２年 3 （3）（1次関数）
令和３年 3 （3）（1，2次関数）
令和４年 3 （3）（1，2次関数）

立体図形

平成26年 2 （2）（線分の長さ・体積）
平成27年 2 （2）（面と垂直な辺・糸の長さ）
平成28年 2 （2）（ねじれ・体積）
平成29年 2 （2）（平行な辺）
平成30年 2 （2）（線分の長さ・体積）
平成31年 2 （2）（体積）
令和２年 2 （2）（ねじれ・線分の長さ）
令和３年 2 （2）（性質・線分の長さ）
令和４年 2 （2）（平行・体積）

関数の応用

平成26年 4 （2）（２次関数）
平成27年 4 （2）（1次関数）
平成28年 4 （2）（1，2次関数）
令和２年 4 （2）（1，2次関数）
令和４年 4 （2）（1，2次関数）

証明

平成26年 5 （相似・合同）
平成27年 5 （相似・長さが等しい線分）
平成28年 5 （相似・長さが等しい線分）
平成29年 5 （相似・長さが等しい線分）
平成30年 5 （相似・合同）
平成31年 5 （相似・長さが等しい線分）
令和２年 5 （相似・合同）
令和３年 5 （相似・長さが等しい線分）
令和４年 5 （相似・合同）

資料の整理

平成26年 3 （2）（ヒストグラム）
平成27年 3 （3）（度数分布）
平成29年 3 （2）（度数分布）
令和２年 3 （2）（ヒストグラム）
平成30年 4 （1）（ヒストグラム）
平成31年 3 （3）（度数分布）
令和３年 3 （1）（度数分布）
令和４年 3 （2）

計算・小問

■平成26年度問題

1 次の(1)~(7)の問いに答えなさい。

(1) $1+(-5)-(-2)$ を計算せよ。

(2) $(-3)^2-12\div\frac{3}{2}$ を計算せよ。

(3) $(4a+b)-2(a-b)$ を計算せよ。

(4) $\sqrt{18}-\frac{8}{\sqrt{2}}$ を計算せよ。

(5) $6a^2\times(-2ab^2)\div3a^2b$ を計算せよ。

(6) 連立方程式 $\begin{cases} x-y=-3 \\ 5x-2y=3 \end{cases}$ を解け。

(7) $x(y-2)+y-2$ を因数分解せよ。

(1)		(2)		(3)		(4)	
(5)		(6)	$x=$　　,$y=$	(7)			

■平成27年度問題

1 次の(1)~(7)の問いに答えなさい。

(1) $-3+(-2)+10$ を計算せよ。

(2) $a=-4$のとき，$1-2a$ の値を求めよ。

(3) $2:5=3:(x+4)$ が成り立つとき，xの値を求めよ。

(4) $\frac{x+y}{2}+\frac{x-2y}{3}$ を計算せよ。

(5) ある動物園の入園料は，おとな1人がa円，子ども1人がb円であり，おとな3人と子ども4人の入園料の合計が3000円以下であった。この数量の間の関係を不等式で表せ。

(6) $\sqrt{2}(\sqrt{2}-1)+\sqrt{8}$ を計算せよ。

(7) $(x-12)(x-2)+3x$ を因数分解せよ。

1	(1)		(2)		(3)	$x=$	(4)	
	(5)		(6)		(7)			

■平成28年度問題

1 次の(1)~(7)の問いに答えなさい。

(1) $3\times(-2)+7$ を計算せよ。

(2) $\left(\frac{1}{4}-\frac{1}{3}\right)\times12$ を計算せよ。

(3) $4(x-y)-(3x-2y)$ を計算せよ。

(4) $9x^2\div\left(-\frac{3}{2}x\right)$ を計算せよ。

(5) $2xy^2-18x$ を因数分解せよ。

(6) 2次方程式 $2x^2-x-2=0$ を解け。

(7) 自然数aを7で割ると，商がbで余りがcとなった。bをaとcを使った式で表せ。

1	(1)		(2)		(3)		(4)	
	(5)		(6)		(7)	$b=$		

3 (1) $\sqrt{51-7a}$が自然数となるような自然数aのうち，最も小さい数を求めよ。

(1)	$a=$

■平成29年度問題

1 次の(1)~(7)の問いに答えなさい。

(1) $5+6\div(-2)$ を計算せよ。

(2) $8\times\frac{5}{2}-3^2$ を計算せよ。

(3) $\frac{x-y}{2}+\frac{3x+y}{4}$ を計算せよ。

(4) $(\sqrt{5}-\sqrt{2})^2$ を計算せよ。

(5) 等式 $3a+5b=1$ をbについて解け。

(6) yはxに比例し，$x=4$のとき$y=6$である。$x=-2$のときのyの値を求めよ。

(7) $(x-2)^2-3(x-2)+2$ を因数分解せよ。

1	(1)		(2)		(3)		(4)	
	(5)	$b=$	(6)	$y=$	(7)			

■平成30年度問題

1 次の（1）～（7）の問いに答えなさい。

(1) $4-2+(-5)$を計算せよ。

(2) $2(x-2y+1)+3(x+4y-2)$を計算せよ。

(3) $(12a^2+9a)\div 3a$を計算せよ。

(4) $(\sqrt{3}+1)(3-\sqrt{3})$を計算せよ。

(5) 次の㋐～㋓のうち，２つの自然数a，bを用いた計算の結果が，自然数になるとは限らないものはどれか。１つ選んで，その記号を書け。

㋐ $a+b$　㋑ $a-b$　㋒ ab　㋓ $2a+b$

(6) 連立方程式 $\begin{cases} 2x-3y=-8 \\ x+2y=3 \end{cases}$ を解け。

(7) $2x^2-8x-10$を因数分解せよ。

1	(1)		(2)		(3)		(4)	
	(5)	◯	(6)	$x=$　　, $y=$			(7)	

■平成31年度問題

1 次の(1)～(7)の問いに答えなさい。

(1) $4-3\times(-1)$を計算せよ。

(2) $\left(\frac{3}{4}-2\right)\div\frac{5}{6}$を計算せよ。

(3) $3a^2b\times 4ab\div(-2b)$を計算せよ。

(4) $\sqrt{12}+\sqrt{3}(\sqrt{3}-6)$を計算せよ。

(5) $2x^2-20x+50$を因数分解せよ。

(6) ２次方程式 $(x-3)(x+4)=-6$を解け。

(7) a個のりんごを，10人の生徒にb個ずつ配ったら，５個余った。この数量の関係を等式で表せ。

1	(1)		(2)		(3)		(4)	
	(5)		(6)				(7)	

■令和２年度問題

1 次の(1)～(7)の問いに答えなさい。

(1) $10\div(-2)+4$を計算せよ。

(2) $a=-3$のとき，a^2-4の値を求めよ。

(3) $9\times\frac{2x-1}{3}$を計算せよ。

(4) $(x-1):x=3:5$が成り立つとき，xの値を求めよ。

(5) $(3\sqrt{2}+1)(3\sqrt{2}-1)$を計算せよ。

(6) $x(x+1)-3(x+5)$を因数分解せよ。

(7) $\sqrt{180a}$が自然数となるような自然数aのうち，最も小さい数を求めよ。

1	(1)		(2)		(3)		(4)	$x=$
	(5)		(6)				(7)	$a=$

■令和３年度問題

1 次の(1)～(7)の問いに答えなさい。

(1) $2-(-5)-4$を計算せよ。

(2) $3\div\frac{1}{4}\times(-2^2)$を計算せよ。

(3) 等式 $3(4x-y)=6$をyについて解け。

(4) $\sqrt{12}-\frac{9}{\sqrt{3}}$を計算せよ。

(5) $xy-6x+y-6$を因数分解せよ。

(6) 2次方程式 $x^2+5x+2=0$を解け。

(7) 次の㋐～㋒の数の絶対値が，小さい順に左から右に並ぶように，記号㋐～㋒を用いて書け。
㋐ -3　㋑ 0　㋒ 2

1	(1)		(2)		(3)	$y=$	(4)	
	(5)		(6)		(7)	○→○→○		

■令和４年度問題

1 次の(1)～(7)の問いに答えなさい。

(1) $3\times(-5)+9$を計算せよ。

(2) $5(x-2y)-(4x+y)$を計算せよ。

(3) $(6a^2-4ab)\div 2a$を計算せよ。

(4) $(\sqrt{8}+1)(\sqrt{2}-1)$を計算せよ。

(5) $3x^2-12$を因数分解せよ。

(6) 2次方程式 $(x-2)^2=5$を解け。

(7) 次の㋐～㋓のうち，nがどのような整数であっても，連続する2つの奇数を表すものはどれか。正しいものを1つ選んで，その記号を書け。
㋐ $n,\ n+1$　㋑ $n+1,\ n+3$　㋒ $2n,\ 2n+2$　㋓ $2n+1,\ 2n+3$

1	(1)		(2)		(3)		(4)	
	(5)		(6)		(7)	○		

確率

■平成26年度問題

4 次の問いに答えなさい。

(1) 表は白色，裏は灰色のカードが6枚あり，それぞれのカードには表と裏に同じ数字が1から6まで書かれている。右の図1は，1と書かれたカードを示している。

図1　表 1　裏 1

この6枚のカードが，右の図2のようにすべて表が上を向いている状態から，1から6までのどの目が出ることも同様に確からしい大小2個のさいころを用いて，次のルールにしたがってカードをひっくり返す。

図2　1 2 3 4 5 6

【ルール】
1回目の操作　大きいさいころを1回投げ，出た目の数以上の数字が書かれたカードをすべてひっくり返す。
2回目の操作　1回目の操作後の状態から，小さいさいころを1回投げ，出た目の数以下の数字が書かれたカードをすべてひっくり返す。

たとえば，大きいさいころの出た目の数が4のとき，1回目の操作後は右の図3のようになり，小さいさいころの出た目の数が5のとき，2回目の操作後は右の図4のようになり，表が上を向いているカードは2枚となる。

図3　1 2 3 4 5 6

図4　1 2 3 4 5 6

これについて，次のア，イの問いに答えよ。

ア　図2の状態から始めて，このルールにしたがってカードをひっくり返す。大きいさいころの出た目の数が4のとき，2回目の操作後に，表が上を向いているカードが3枚になった。このとき，小さいさいころの出た目の数は何か。

イ　図2の状態から始めて，このルールにしたがってカードをひっくり返す。2回目の操作後に，表が上を向いているカードが1枚になる確率を求めよ。

(1)	ア		イ	

■平成27年度問題

3 (2) 数字を書いた5枚のカード[1], [1], [1], [2], [3]がある。この5枚のカードをよくきって，その中から2枚のカードを1枚ずつ続けて取り出し，取り出した順に左から右にカードを並べて2けたの整数をつくる。このとき，十の位の数が一の位の数より大きくなる確率を求めよ。

(2)	

■平成28年度問題

3 (2) 1から6までのどの目が出ることも，同様に確からしい2つのさいころA，Bがある。この2つのさいころを同時に投げるとき，2つの目の数の積が15以上になる確率を求めよ。

(2)	

■平成29年度問題

3 (1) 2つの袋A，Bがある。袋Aには数字を書いた3枚のカード[1], [1], [2]が入っており，袋Bには数字を書いた5枚のカード[1], [2], [3], [4], [5]が入っている。それぞれの袋のカードをよくかきまぜて，A，Bの袋から1枚ずつカードを取り出すとき，取り出した2枚のカードに書いてある数の和が偶数になる確率を求めよ。

(1)	

■平成30年度問題

3 (2) 1から6までのどの目が出ることも，同様に確からしいさいころが1個ある。このさいころを2回投げて，1回目に出た目の数をa，2回目に出た目の数をbとするとき，$\frac{b}{a}$の値が偶数になる確率を求めよ。

(2)	

■平成31年度問題

3 (2) 2つの箱A，Bがある。箱Aには数字を書いた4枚のカード[0], [2], [4], [6]が入っており，箱Bには数字を書いた5枚のカード[0], [1], [3], [5], [7]が入っている。それぞれの箱のカードをよくかきまぜて，A，Bの箱から1枚ずつカードを取り出す。このとき，箱Aから取り出したカードに書いてある数が箱Bから取り出したカードに書いてある数より大きくなる確率を求めよ。

(2)	

■令和2年度問題

3 (1) 1から6までのどの目が出ることも，同様に確からしい2つのさいころA，Bがある。この2つのさいころを同時に投げるとき，2つの目の数の積が9以下になる確率を求めよ。

(1)	

■令和3年度問題

3 (2) 数字を書いた5枚のカード[1], [1], [2], [3], [4]がある。この5枚のカードをよくきって，その中から，もとにもどさずに続けて2枚を取り出し，はじめに取り出したカードに書いてある数をa，次に取り出したカードに書いてある数をbとする。このとき，$a \geqq b$になる確率を求めよ。

(2)	

■令和4年度問題

3 (1) 1から6までのどの目が出ることも，同様に確からしいさいころが1個ある。このさいころを2回投げて，1回目に出た目の数をa，2回目に出た目の数をbとするとき，$10a+b$の値が8の倍数になる確率を求めよ。

(1)	

方程式・文字と式

■平成26年度問題

3 (4) 2けたの正の整数Mがある。この整数の十の位の数と一の位の数との和をNとする。このとき，M^2-N^2は9の倍数であることを，文字式を使って証明せよ。

(4)	証　明

■平成28年度問題

3 (4) 下の表は，花子さんのクラスの女子15人について，10月に図書室から借りた本の冊数を調べたものである。この表から，この15人の借りた本の冊数の平均値を求めるとちょうど3冊であった。

このとき，表中のa，bの値を求めよ。a，bの値を求める過程も，式と計算を含めて書け。

借りた本の冊数(冊)	0	1	2	3	4	5	6	計
人　数(人)	2	1	a	3	5	b	1	15

(4)	a，bの値を求める過程 答 aの値　　　，bの値

■平成29年度問題

3 (4) 右の図のような，縦の長さが横の長さより短い長方形の紙があり，周の長さは52 cmである。この紙の４すみから，１辺の長さが３ cmの正方形を切り取り，ふたのない直方体の箱を作ると，その容積は120 cm³になった。もとの長方形の紙の縦の長さをx cmとして，xの値を求めよ。xの値を求める過程も，式と計算を含めて書け。

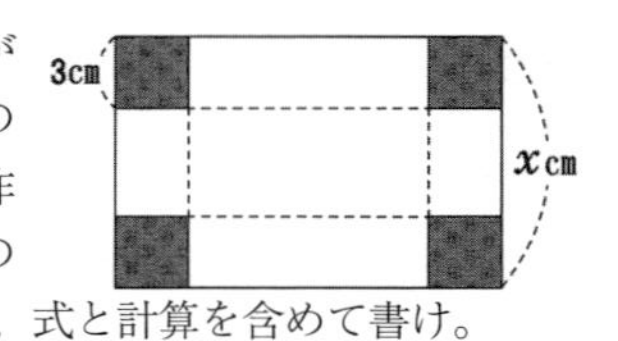

(4)	xの値を求める過程 答 xの値

■平成29年度問題

4 (2) Ａ地点とＢ地点を結ぶロープウェイがあり，その２地点間は，ロープウェイを使って移動することも，道を歩いて移動することもできる。ロープウェイの１人当たりの運賃は下の表のようになっており，20人以上であれば団体運賃が適用される。１つの団体の中に片道利用者と往復利用者がいる場合は，それぞれを別の団体として，それぞれにかかる運賃の総額を支払う。たとえば，30人の団体の中に，片道利用者が10人，往復利用者が20人いる場合は，普通運賃の片道10人分と，団体運賃「20人以上99人以下」の往復20人分の総額を支払う。

ロープウェイの運賃（１人当たり）

普通運賃(19人以下)		団体運賃(20人以上)		
片　道	往　復	人　数	片　道	往　復
850 円	1300 円	20 人以上 99 人以下	700 円	900 円
		100 人以上	600 円	800 円

太郎さんの中学校では，遠足で150人がＡ地点からＢ地点までの間を往復することになった。Ａ地点とＢ地点の間を，往復でロープウェイを利用するか，行きだけロープウェイを利用するか，それぞれ選ぶことにした。

遠足前の調査では，ロープウェイの往復利用を希望した人数は，150人のうち19人以下で，それ以外の人は行きだけロープウェイを利用することを希望した。この調査をもとに150人分のロープウェイの運賃の総額が何円になるか事前に計算した。

遠足の当日，ロープウェイを往復利用した人数は，遠足前の調査で往復利用を希望した人数より20人多く，それ以外の人は行きだけロープウェイを利用した。当日支払った150人分のロープウェイの運賃の総額は，遠足前の調査で事前に計算した150人分のロープウェイの運賃の総額より800円安かった。

これについて，次のア～ウの問いに答えよ。

ア　下線部で示した30人の団体が支払うロープウェイの運賃の総額は何円か。

イ　太郎さんの中学校の遠足について，遠足前の調査で事前に計算した150人分のロープウェイの運賃の総額は何円か。遠足前の調査でロープウェイの往復利用を希望した人数をa人として，aを使った式で表せ。

(2)	ア	円	イ	円

ウ　太郎さんの中学校の遠足について，遠足前の調査でロープウェイの往復利用を希望した人数と，遠足の当日に往復利用した人数はそれぞれ何人か。遠足前の調査でロープウェイの往復利用を希望した人数をa人，遠足の当日に往復利用した人数をb人として，a，bの値を求めよ。a，bの値を求める過程も，式と計算を含めて書け。

(2)	ウ	a，bの値を求める過程 答　aの値＿＿＿＿，bの値＿＿＿＿

■平成30年度問題

3 (4)　一方の整数が他方の整数より4大きい2つの整数がある。この2つの整数のうち，大きい方の整数の2乗から小さい方の整数の2乗をひいた差をMとする。

このとき，Mは8の倍数であることを，文字式を使って証明せよ。

(4)	証明

■平成31年度問題

4 (2)　ある製品を検査する検査場が工場内につくられた。検査場内にはすでに検査前の製品が持ち込まれて保管されている。検査を始める日を1日目として，その日から検査場には毎日，午前10時に5個の検査前の製品が追加され，これは検査場内の製品がなくなるまで続く。

製品の検査は午後におこなわれる。4人の検査員A，B，C，Dがおり，検査にあたる日には，検査員ごとに決められた一定の個数の製品を検査する。検査員Aと検査員Bが検査する1日あたりの製品の個数はそれぞれ3個である。検査員Cが検査する1日あたりの製品の個数は，検査員Dと同じである。また，いずれかの検査員により検査された製品はその日のうちに出荷される。下の図は，検査場で検査がおこなわれる日の製品の流れを表している。

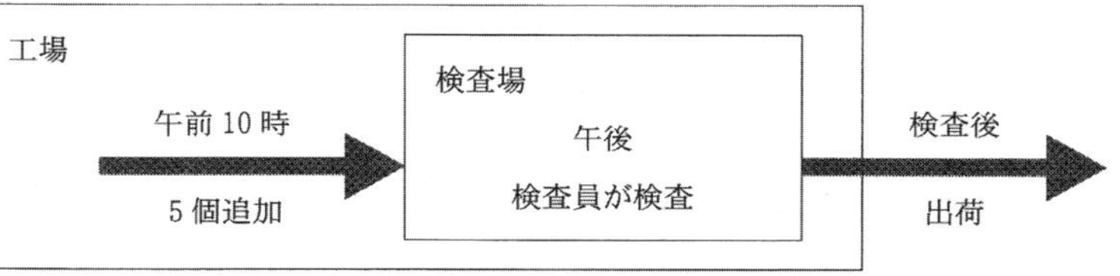

検査作業の計画を立てたところ，1日目から7日目まで毎日，検査員A，B，Cの3人で検査をして，8日目から毎日，検査員B，Cの2人で検査をすれば，21日目に検査員B，Cがそれぞれ決められた個数の製品を検査して出荷し終えた時点で検査場内の製品がはじめてなくなることがわかった。

実際には，検査員が検査する1日あたりの製品の個数は計画と変えず，1日目から3日目まで毎日，検査員A，B，Cの3人で検査をして，4日目から毎日，検査員B，C，Dの3人で検査をしたところ，11日目に検査員B，C，Dがそれぞれ決められた個数の製品を検査して出荷し終えた時点で検査場内の製品がはじめてなくなった。

これについて，次のア～ウの問いに答えよ。

ア　検査員Aだけで検査をしたとすると，ある日の出荷し終えた時点の検査場内にある製品の個数は，その日の午前9時に検査場内にあった製品の個数より何個増えているか。

イ　下線部について，1日目の午前9時に検査場内にあった製品の個数をx個，検査員Cが検査する1日あたりの製品の個数をy個として，xをyを使った式で表せ。

ウ　1日目の午前9時に検査場内にあった製品の個数と，検査員Cが検査する1日あたりの製品の個数はそれぞれ何個か。1日目の午前9時に検査場内にあった製品の個数をx個，検査員Cが検査する1日あたりの製品の個数をy個として，x，yの値を求めよ。x，yの値を求める過程も，式と計算を含めて書け。

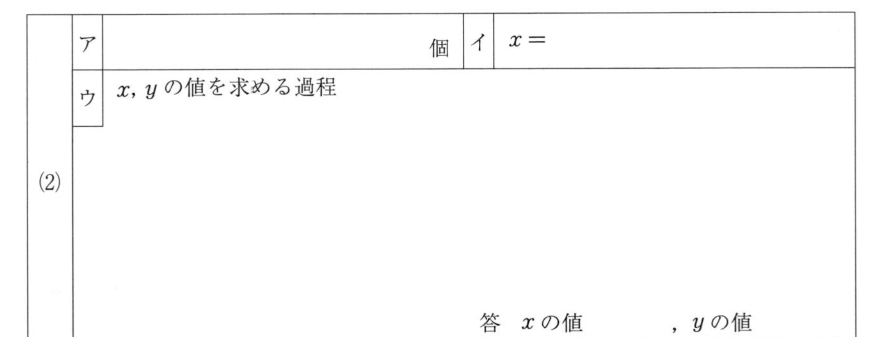

(2)	ア	個	イ	$x=$
	ウ	x, y の値を求める過程 答　x の値　　　　，y の値		

■令和２年度問題

3 (4)　太郎さんの所属するバレーボール部が，ある体育館で練習することになり，この練習に参加した部員でその利用料金を支払うことにした。その体育館の利用料金について，バレーボール部の部員全員から１人250円ずつ集金すれば，ちょうど支払うことができる予定であったが，その体育館で練習する日に，３人の部員が欠席したため，練習に参加した部員から１人280円ずつ集金して，利用料金を支払ったところ120円余った。このとき，バレーボール部の部員全員の人数は何人か。バレーボール部の部員全員の人数を x 人として，x の値を求めよ。x の値を求める過程も，式と計算を含めて書け。

(4)	x の値を求める過程 答　x の値

■令和３年度問題

3 (4)　右の図のように，AB＝20cm，AD＝10cmの長方形ABCDの紙に，幅が x cmのテープを，辺ABに平行に２本，辺ADに平行に４本はりつけた。図中の ▬ は，テープがはられている部分を示している。テープがはられていない部分すべての面積の和が，長方形ABCDの面積の36%であるとき，x の値はいくらか。x の値を求める過程も，式と計算を含めて書け。

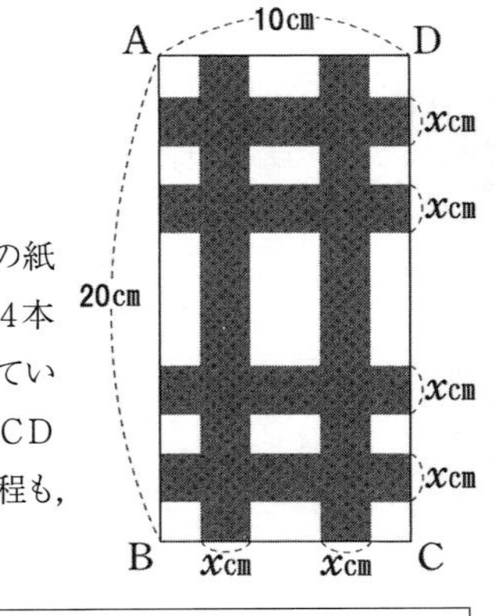

(4)	x の値を求める過程 答　x の値

■令和４年度問題

3 (4)　ある店で売られているクッキーの詰め合わせには，箱A，箱B，箱Cの３種類があり，それぞれ決まった枚数のクッキーが入っている。箱Cに入っているクッキーの枚数は，箱Aに入っているクッキーの枚数の２倍で，箱A，箱B，箱Cに入っているクッキーの枚数の合計は27枚である。花子さんが，箱A，箱B，箱Cを，それぞれ８箱，４箱，３箱買ったところ，クッキーの枚数の合計は118枚であった。このとき，箱A，箱Bに入っているクッキーの枚数をそれぞれ a 枚，b 枚として，a，b の値を求めよ。a，b の値を求める過程も，式と計算を含めて書け。

(4)	a，b の値を求める過程 答　a の値　　　　，b の値

数の規則性

■平成27年度問題

4 次の問いに答えなさい。

(1) 次の会話文を読んで，あとのア，イの問いに答えよ。

先生：素数とは何か知っているかな。

花子：２以上の自然数で，約数が１とその数自身しかない数です。

太郎：素数の約数の個数は２個ってことだね。じゃあ，いくつかの自然数で約数の個数を調べてみるよ。

自然数	1	2	3	4	5	6	7	8	9	10	…
約数の個数(個)	1	2	2	3	2	4	2	4	3	4	…

花子：確かに，素数の２，３，５，７は約数の個数が２個なんだけど，約数の個数って数字の現れ方がよくわからないね。

先生：では，どのような自然数なら約数の個数が３個になるのか考えてみようか。

太郎：この表にある数だと４と９だから，ある自然数の２乗になっている数だと思います。

花子：でも，16は4^2だけど約数は１，２，４，８，16の５個あるし，１は1^2だけど約数は１の１個だけだよ。

太郎：確かにそうだね。でも，5^2の25は約数が１，５，25の３個だから……，じゃあ，奇数に限ることにして，「１より大きい奇数の２乗になっている数は，約数の個数が３個である」というのは正しいかな。

ア 太郎さんの，「１より大きい奇数の２乗になっている数は，約数の個数が３個である」という予想はつねに正しいとはいえない。それを説明しようとした，次の文中の①の［　　］内にあてはまる適当な自然数を１つ求めよ。また，文中の②の［　　］内にあてはまる適当な自然数をすべて求めよ。

たとえば，［ ① ］は１より大きい奇数の２乗になっている数であるが，約数をすべて書き並べると［ ② ］であり，その個数が３個ではないから。

イ 約数の個数が３個である自然数のうち，会話文に出てきた４，９，25以外の自然数を２つ求めよ。

(1)	ア	①		②		イ		

■平成28年度問題

4 (1) 下のレポートは，太郎さんが正多角形の１つの内角の大きさについてまとめたものである。これについて，あとのア，イの問いに答えよ。

「正多角形の１つの内角の大きさを求めよう」

３年１組　香川太郎

＜考えたこと＞

① 正多角形の内角の和
正多角形を三角形に分け，三角形の内角の和をもとに計算した。

② 正多角形の１つの内角の大きさ
１つの内角の大きさはすべて等しいから，正多角形の内角の和を頂点の数で割って求めた。

③ 正三角形から正九角形までについて，①，②の計算結果を表にまとめた。

正多角形の頂点の数(個)	3	4	5	6	7	8	9
正多角形を分けた三角形の数(個)	1	2	3	4	5	6	7
正多角形の内角の和(°)	180	360	540	720	900	1080	1260
正多角形の１つの内角の大きさ(°)	60	90	108	120	$\frac{900}{7}$	135	140

＜わかったこと＞

正多角形の頂点の数がn個のとき，この正多角形は，$(n-2)$個の三角形に分けることができる。このとき，正多角形の内角の和は，$180°\times(n-2)$であり，正多角形の１つの内角の大きさは，$180°\times(n-2)\div n$である。

＜これから調べたいこと＞

正多角形の頂点の数がn個のときの正多角形の１つの内角の大きさ$x°$について，$n=3$のときの$x=60$のように，xの値が自然数となるときもあれば，$n=7$のときの$x=\frac{900}{7}$のように，xの値が自然数とならないときもあった。xの値が自然数となるnについて，きまりや規則性を調べたい。

ア 正多角形の内角の和が2160°となる正多角形の頂点の数は何個か。

イ 正多角形の頂点の数がn個のときの正多角形の１つの内角の大きさを$x°$とする。xの値が自然数となるnのうち，最も大きいnの値と，そのときのxの値を求めよ。

(1)	ア	個	イ	$n=$　　　，$x=$

■平成29年度問題

4 (1) 太郎さんと花子さんは，次のルールにしたがって，ゲームをおこなう。このとき，あとのア，イの問いに答えよ。

【ルール】

① 最初に，偶数を１つ決める。
② 太郎さんと花子さんは球の入っていない箱を１箱ずつ持ち，①で決めた数と同じ個数の球をそれぞれの箱に入れる。
③ 太郎さんが硬貨を１枚投げ，表が出れば，花子さんの箱に入っている球のうち半数の球を取り出し，太郎さんの箱に入れる。
裏が出れば，太郎さんの箱に入っている球のうち半数の球を取り出し，花子さんの箱に入れる。
④ ③をくり返し，それぞれの箱に入っている球の個数が奇数になったとき，ゲームを終了する。

ア 最初に，偶数を８に決めて，このゲームをはじめた。太郎さんが投げた硬貨が裏，表，裏の順に出て，ゲームが終了した。このとき，太郎さんと花子さんの箱に入っている球の個数はそれぞれ何個か。

イ 最初に偶数を８以外に決めて，このゲームをはじめた。太郎さんが投げた硬貨が表，裏，裏の順に出て，ゲームが終了した。このとき，花子さんの箱に入っている球の個数は３９個であった。最初に決めた８以外の偶数を求めよ。

(1)	ア	太郎さん　　　個　花子さん　　　個	イ	

■平成31年度問題

4 次の問いに答えなさい。

(1) 右の図１のような，１辺の長さが１ｃｍの正方形の白のタイルがたくさんある。
長方形の黒のタイルの周りを，白のタイルで一重に囲み，それぞれのタイルが重ならないようにすきまなく並べ，長方形のもようをつくる。
たとえば，右の図２のように，縦の長さが１ｃｍ，横の長さが２ｃｍの長方形の黒のタイルを，白のタイルで囲んで長方形のもようをつくるとき，縦の長さが３ｃｍ，横の長さが４ｃｍの長方形のもようになる。また，右下の図３のように，縦の長さが２ｃｍ，横の長さが３ｃｍの長方形の黒のタイルを，白のタイルで囲んで長方形のもようをつくるとき，縦の長さが４ｃｍ，横の長さが５ｃｍの長方形のもようになる。

図１

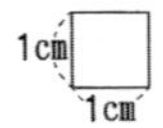

1cm　1cm

図２

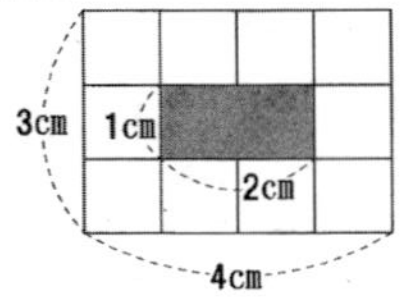

3cm　1cm　2cm　4cm

図３

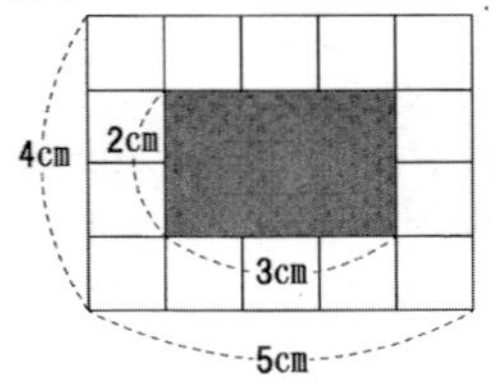

4cm　2cm　3cm　5cm

これについて，次のア，イの問いに答えよ。

ア 縦の長さが２ｃｍ，横の長さが６ｃｍの長方形の黒のタイルを，白のタイルで囲んで長方形のもようをつくるとき，この長方形のもようの白のタイルの部分の面積は何ｃｍ²か。

イ 縦の長さが3ｃｍ，横の長さがnｃｍの長方形の黒のタイルを，白のタイルで囲んで長方形のもようをつくるとき，この長方形のもようの黒のタイルの部分の面積と白のタイルの部分の面積が等しくなるようにするには，nの値をいくらにすればよいか。整数nの値を求めよ。

(1)	ア	ｃｍ²	イ	$n=$

■令和２年度問題

4 次の問いに答えなさい。

(1) 平方数とは，自然数の２乗で表すことができる数である。たとえば，25は，5^2と表すことができるので平方数である。下の表は，1から20までの自然数 n を左から順に並べ，平方数 n^2と差 $n^2-(n-1)^2$のそれぞれの値をまとめようとしたものである。あとの文は，この表についての花子さんと太郎さんの会話の一部である。

これについて，あとのア，イの問いに答えよ。

自然数 n	1	2	3	4	5	6	7		16		20
平方数 n^2	1	4	9	16	25	36	49		256		400
差 $n^2-(n-1)^2$	1	3	5	7	9	11	13		a		39

花子：表の1番下の段には，奇数が並んでいるね。

太郎：それは，差 $n^2-(n-1)^2$を計算すると，$2n-1$になるからだね。

花子：ところで，その差の中には，たとえば9のように，平方数が含まれているね。

太郎：その9は25－16＝9で求めたね。

花子：そう，$5^2-4^2=3^2$であることから，$3^2+4^2=5^2$が成り立つよね。つまり，三平方の定理の逆から，3辺の長さが3，4，5の直角三角形が見つかるね。

太郎：そうか。その場合，$2n-1$が9のときの n の値は5で，$n-1$の値は4だから，3辺の長さが3，4，5の直角三角形が見つかるということだね。このようにすれば，他にも3辺の長さがすべて自然数の直角三角形を見つけることができそうだよ。

花子：差の$2n-1$が平方数になっているところに注目すればいいから，次は$2n-1$が25のときを考えてみようよ。このとき，n の値は13だから，$5^2+12^2=13^2$が成り立つことがわかるから，3辺の長さが5，12，13の直角三角形が見つかるね。

太郎：この方法で，その次に見つかる3辺の長さがすべて自然数の直角三角形は，$2n-1$が49のときだから，その場合は3辺の長さが［　P　］の直角三角形だね。

ア　表中のaの値を求めよ。

イ　会話文中のPの［　　］内にあてはまる3つの自然数を求めよ。

(1)	ア	$a=$	イ	

■令和３年度問題

4 (1) 下の図1のような，1面だけ黒く塗られた，1辺の長さが1cmの立方体がたくさんある。この立方体を，黒く塗られた面をすべて上にして，すきまなく組み合わせ，いろいろな形の四角柱をつくる。たとえば，下の図2の四角柱は，図1の立方体をそれぞれ3個，4個，6個，27個組み合わせたものである。

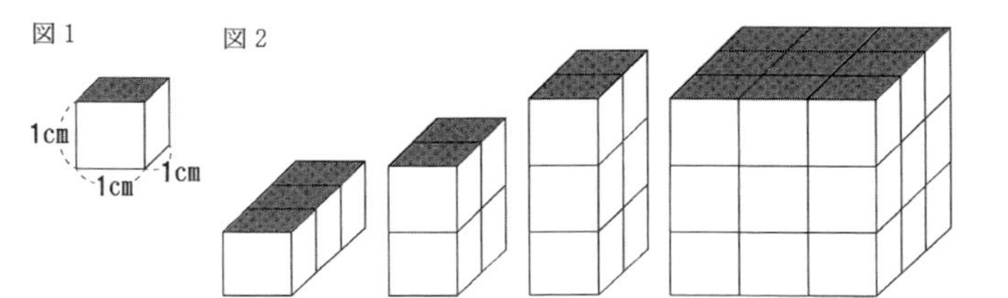

このとき，高さが等しく，上の面の黒い長方形が合同な四角柱は，同じ形の四角柱だとみなす。 たとえば，下の図3の2つの四角柱は，高さが2cmで等しく，上の面の黒い長方形が合同であるから，同じ形の四角柱だとみなす。したがって，図1の立方体を4個組み合わせた四角柱をつくるとき，下の図4のように，異なる形の四角柱は，全部で4通りできる。

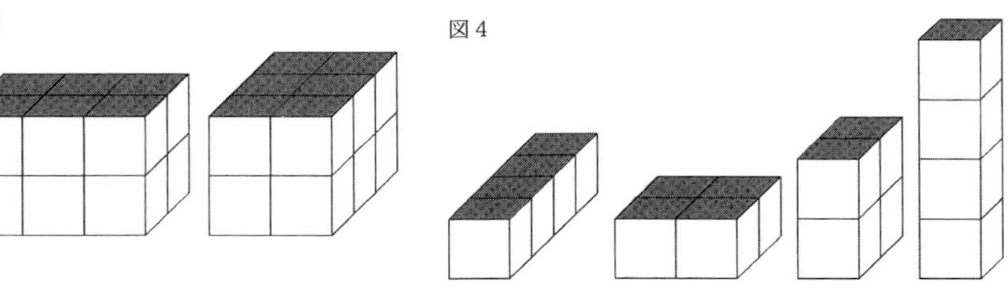

下の表は，図1の立方体をn個組み合わせた四角柱をつくるとき，異なる形の四角柱が全部でm通りできるとして，nとmの値をまとめようとしたものである。

四角柱をつくるために組み合わせた図１の立方体の数 n(個)	2	3	4	5	6	7	8	9	…
異なる形の四角柱の数 m(通り)	2	2	4	2	p	2	6	4	…

これについて，次のア，イの問いに答えよ。

ア　表中のpの値を求めよ。

イ　$m=4$となるnのうち，2けたの数を1つ求めよ。

■令和３年度問題

4 (2)　太郎さんと次郎さんは，次のルールにしたがって，ゲームをおこなった。
これについて，あとのア～ウの問いに答えよ。

【ルール】

太郎さんと次郎さんのどちらか1人が，表と裏の出方が同様に確からしい硬貨を3枚同時に投げる。この1回のゲームで，表と裏の出方に応じて，次のように得る点数を決める。

3枚とも表が出れば，
　太郎さんの得る点数は4点，次郎さんの得る点数は0点

2枚は表で1枚は裏が出れば，
　太郎さんの得る点数は2点，次郎さんの得る点数は1点

1枚は表で2枚は裏が出れば，
　次郎さんの得る点数は2点，太郎さんの得る点数は1点

3枚とも裏が出れば，
　次郎さんの得る点数は4点，太郎さんの得る点数は0点

ア　太郎さんが3回，次郎さんが3回硬貨を投げて6回のゲームをおこなったとき，1枚は表で2枚は裏が出た回数は3回であり，3枚とも表が出た回数，2枚は表で1枚は裏が出た回数，3枚とも裏が出た回数はともに1回ずつであった。このとき，太郎さんが得た点数の合計は何点か。

イ　太郎さんが5回，次郎さんが5回硬貨を投げて10回のゲームをおこなったとき，2枚は表で1枚は裏が出た回数は1回であった。このとき，次郎さんが得た点数の合計は何点か。10回のゲームのうち，3枚とも表が出た回数をa回，3枚とも裏が出た回数をb回として，次郎さんが得た点数の合計をaとbを使った式で表せ。

ウ　太郎さんが5回，次郎さんが5回硬貨を投げて10回のゲームをおこなったとき，2枚は表で1枚は裏が出た回数は1回であった。また，この10回のゲームで，表が出た枚数の合計は12枚であって，次郎さんが得た点数の合計は太郎さんが得た点数の合計より7点大きかった。このとき，10回のゲームのうち，3枚とも表が出た回数と3枚とも裏が出た回数はそれぞれ何回か。3枚とも表が出た回数をa回，3枚とも裏が出た回数をb回として，a，bの値を求めよ。a，bの値を求める過程も，式と計算を含めて書け。

(1)	ア	$p=$	イ	
(2)	ア	点	イ	点
	ウ	a，bの値を求める過程 答　aの値　　　，bの値		

■令和４年度問題

4 (1)　右の図1のような立方体や正四面体があり，次のルールにしたがって，これらの立体に●印をつける。

図１

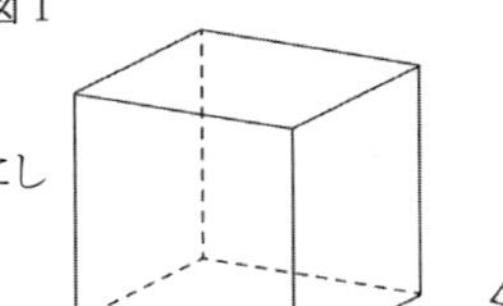

【ルール】

① 最初に，2以上の自然数を1つ決め，それを n とする。

② ①で決めた n の値に対して，図1のような立方体と正四面体に，次のように●印をつける。
立方体については，
　各辺を n 等分するすべての点とすべての頂点に●印をつける。
正四面体については，
　各辺を n 等分するすべての点とすべての頂点に●印をつける。また，この正四面体の各辺の中点に●印がつけられていない場合には，この正四面体の各辺の中点にも●印をつける。

③ ②のようにして，立方体につけた●印の個数をa個，正四面体につけた●印の個数をb個とする。

たとえば，最初に，nを2に決めて●印をつけたとき，●印をつけた立方体と正四面体は図2のようになり，$a=20$，$b=10$である。

また，最初に，nを3に決めて●印をつけたとき，●印をつけた立方体と正四面体は図3のようになり，$a=32$，$b=22$である。

図２

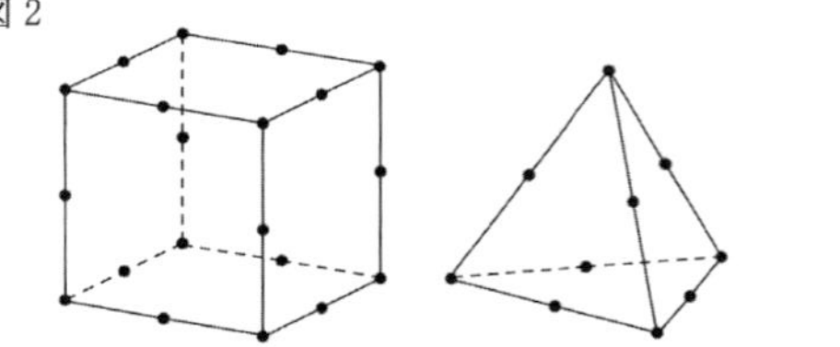

図３

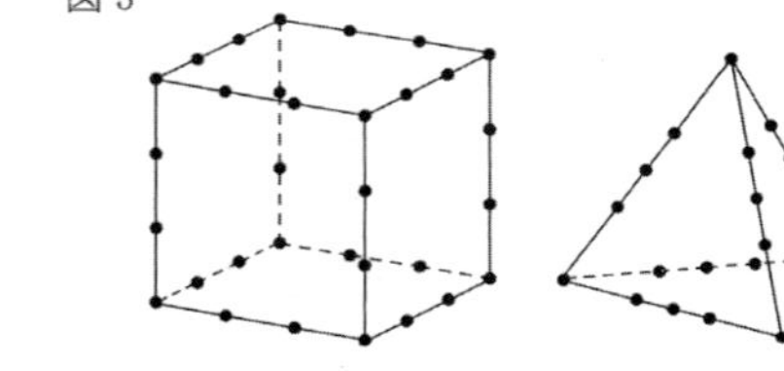

これについて，次のア，イの問いに答えよ。

ア　最初に，nを5に決めて●印をつけたときの，aの値を求めよ。

イ　2以上の自然数 n の値に対して，ルールにしたがって●印をつけたとき，$a-b=70$となった。このようになる n の値をすべて求めよ。

(1)	ア	$a=$	イ	

平面図形

■平成26年度問題

2 次の問いに答えなさい。

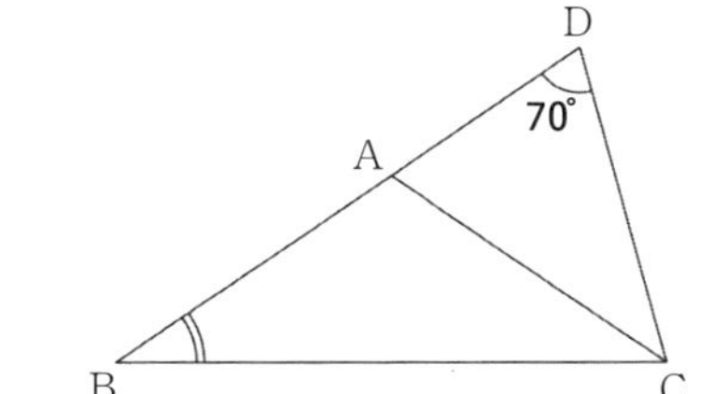

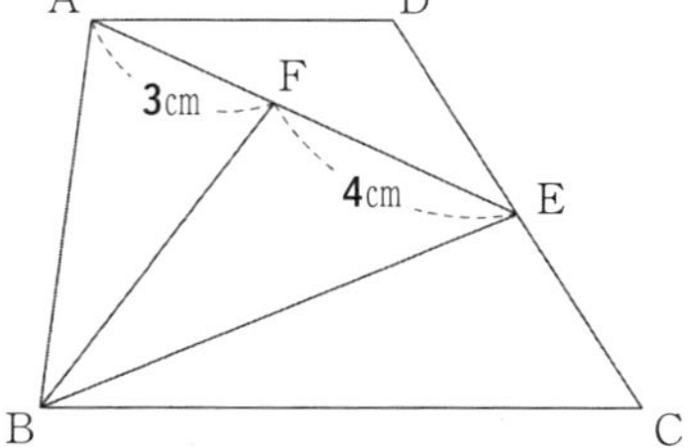

(1) 上の左図のようにAB＝ACの二等辺三角形ABCがあり，∠BACは鈍角である。直線AB上に，点Aと異なる点Dを，CA＝CDとなるようにとり，点Dと点Cを結ぶ。

∠ADC＝70°であるとき，∠ABCの大きさは何度か。

(3) 上の右図のような，AD∥BCの台形ABCDがある。点Eは辺CDの中点であり，点Fは線分ＡＥ上の点である。

AF＝３cm，FE＝４cmであるとき，△BEFの面積は，台形ABCDの面積の何倍か。

(1)	度	(3)	倍

■平成27年度問題

2 次の問いに答えなさい。

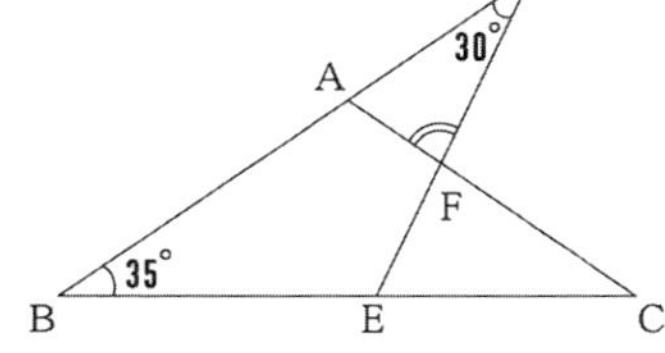

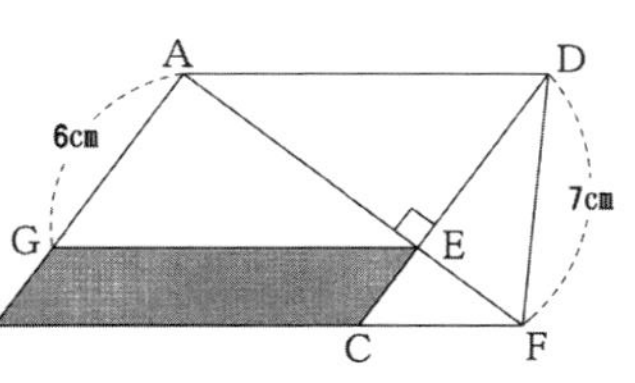

(1) 上の左図のような，AB＝ACの二等辺三角形ABCがあり，辺BAをＡの方に延長した直線上に点Ｄをとる。辺BC上に点Ｅをとり，線分DEと辺ACとの交点をＦとする。

∠ABC＝35°，∠ADF＝30°であるとき，∠AFDの大きさは何度か。

(3) 上の右図のような，平行四辺形ABCDがあり，点Ａから辺CDに垂線をひき，その交点をＥとする。直線AEと直線BCとの交点をＦとし，点Ｄと点Ｆを結ぶ。辺AB上に，CE＝BGとなる点Ｇをとり，点Ｅと点Ｇを結ぶ。

AG＝6cm，DF＝7cmであるとき，四角形BCEGの面積は何cm²か。

(1)	度	(3)	cm²

■平成28年度問題

2 次の問いに答えなさい。

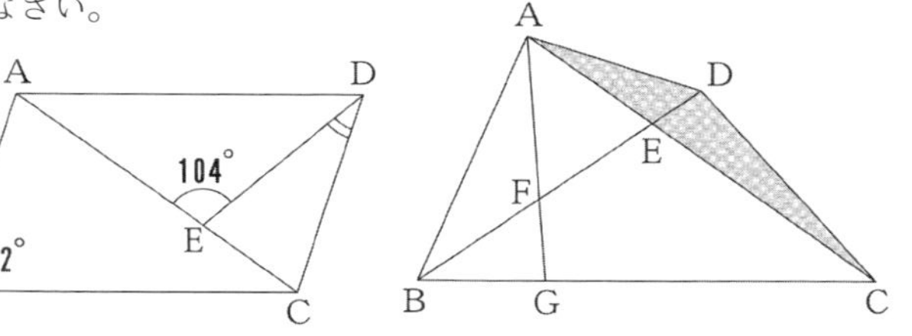

(1) 上の左図のような平行四辺形ABCDがあり，CA＝CBである。対角線AC上に，２点Ａ，Ｃと異なる点Ｅをとり，点Ｄと点Ｅを結ぶ。

∠ABC＝72°，∠AED＝104°であるとき，∠CDEの大きさは何度か。

(3) 上の右図のような四角形ABCDがあり，対角線ACと対角線BDとの交点をＥとする。線分BE上に２点Ｂ，Ｅと異なる点Ｆをとり，直線AFと辺BCとの交点をＧとする。

四角形ABCDの面積が50cm²，△AGCの面積が30cm²，BF：FD＝３：４，AF：FG＝２：１であるとき，△ACDの面積は何cm²か。

(1)	度	(3)	cm²

■平成29年度問題

2 次の問いに答えなさい。

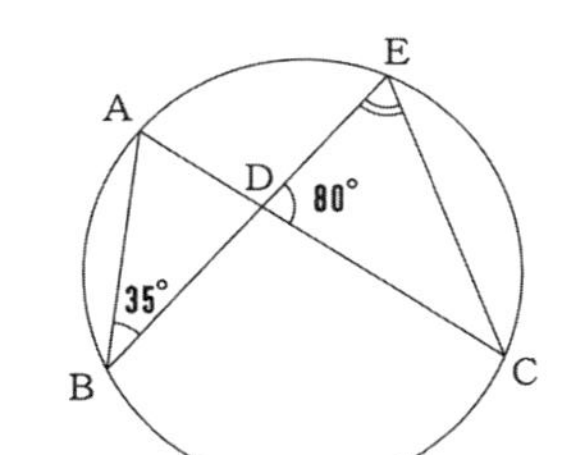

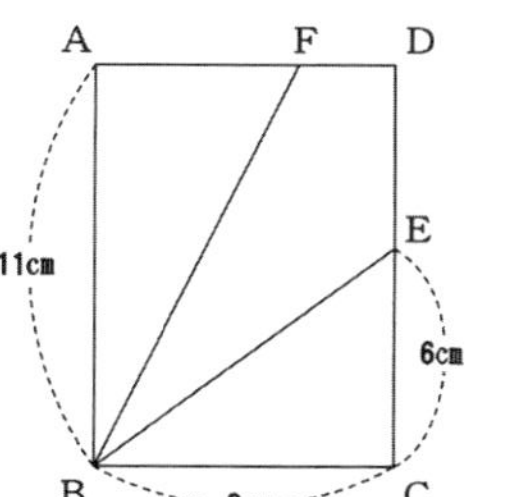

(1) 上の左図のような円があり，異なる３点Ａ，Ｂ，Ｃは円周上の点である。線分ＡＣ上に，２点Ａ，Ｃと異なる点Ｄをとる。また，２点Ｂ，Ｄを通る直線と円との交点のうち，点Ｂと異なる点をＥとする。

∠ＡＢＥ＝３５°，∠ＣＤＥ＝８０°であるとき，∠ＢＥＣの大きさは何度か。

(3) 上の右図のような長方形ＡＢＣＤがあり，ＡＢ＝１１ｃｍ，ＢＣ＝８ｃｍである。点Ｅは辺ＣＤ上の点で，ＣＥ＝６ｃｍである。

∠ＡＢＥの二等分線をひき，辺ＡＤとの交点をＦとするとき，線分ＤＦの長さは何ｃｍか。

(1)	度	(3)	cm

■平成30年度問題

4 (2) 図1のような，長方形ＡＢＣＤの紙㋐があり，ＡＢ=8cm，ＢＣ=6cmである。また，図2のような，直角三角形ＥＦＧの紙㋑があり，∠ＥＧＦ=90°，ＥＧ=12cm，ＦＧ=6cmである。

これについて，あとのア〜ウの問いに答えよ。

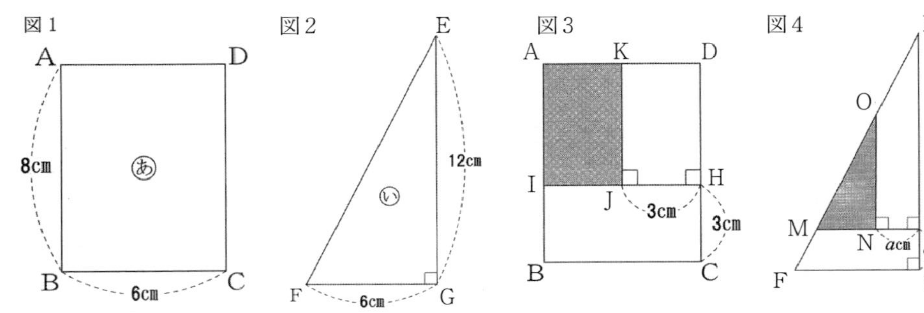

ア　図3のように，長方形の紙㋐からＣＨ=3cmの長方形ＩＢＣＨを切り取り，さらに，ＨＪ=3cmの長方形ＫＪＨＤを切り取る。このとき，残った長方形ＡＩＪＫの面積は何ｃｍ²か。

イ　図4のように，直角三角形の紙㋑から，ＧＬ=$a$cmの台形ＭＦＧＬを切り取り，さらに，ＬＮ=$a$cmの台形ＯＮＬＥを切り取る。

$0<a<4$とするとき，残った直角三角形ＯＭＮの辺ＯＮの長さと，辺ＭＮの長さはそれぞれ何ｃｍか。aを使った式で表せ。

ウ　図4において，$0<a<4$とするとき，直角三角形ＯＭＮの面積が，長方形ＡＢＣＤの面積の$\frac{3}{16}$倍になるのは，aの値がいくらのときか。aの値を求める過程も，式と計算を含めて書け。

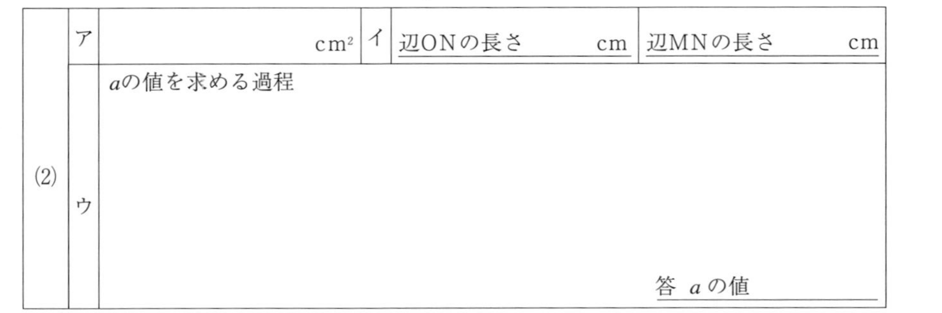

(2)	ア	cm²	イ	辺ＯＮの長さ　cm	辺ＭＮの長さ　cm
	ウ	aの値を求める過程 答　aの値			

■平成31年度問題

2 次の問いに答えなさい。

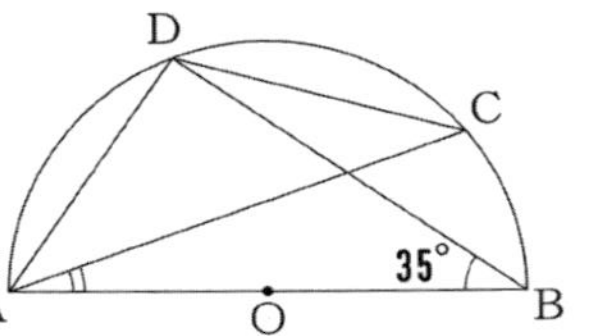

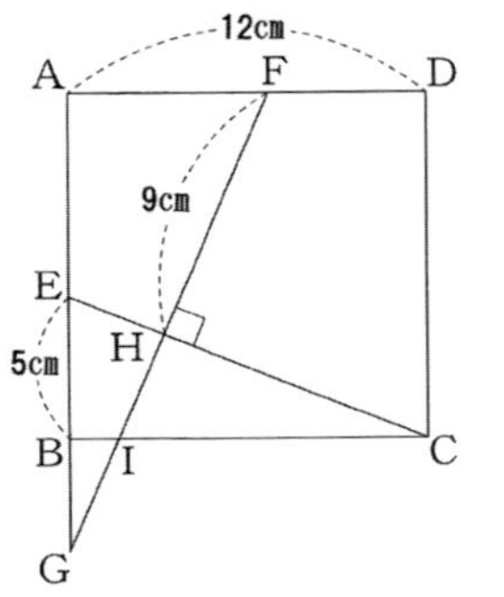

(1) 上の左図のような，線分ＡＢを直径とする半円Ｏがある。$\overset{\frown}{AB}$上に2点Ａ，Ｂと異なる点Ｃをとる。$\overset{\frown}{AC}$上に$\overset{\frown}{AD}=\overset{\frown}{DC}$となるように点Ｄをとり，点Ｄと点Ａ，点Ｄと点Ｃをそれぞれ結ぶ。

∠ＡＢＤ=35°であるとき，∠ＢＡＣの大きさは何度か。

(3) 上の右図のような，正方形ＡＢＣＤがあり，2点Ｅ，Ｆはそれぞれ辺ＡＢ，辺ＡＤ上の点である。辺ＡＢをＢの方に延長した直線上に点Ｇをとる。線分ＦＧと線分ＥＣ，辺ＢＣとの交点をそれぞれＨ，Ｉとする。

∠ＣＨＦ=90°，ＡＤ=12ｃｍ，ＢＥ=5ｃｍ，ＦＨ=9ｃｍであるとき，線分ＣＨの長さは何ｃｍか。

(1)	度	(3)	ｃｍ

■令和２年度問題

2 次の問いに答えなさい。

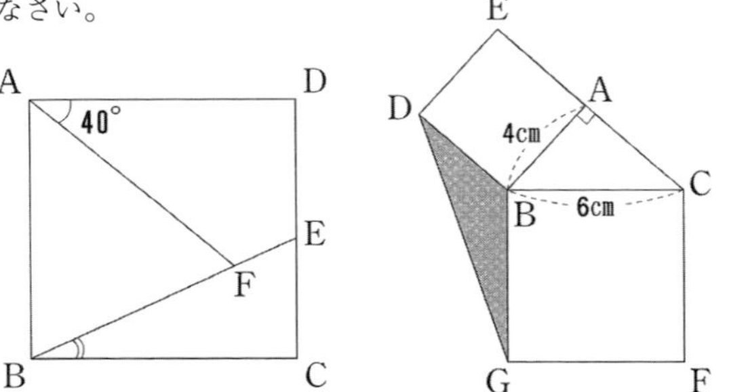

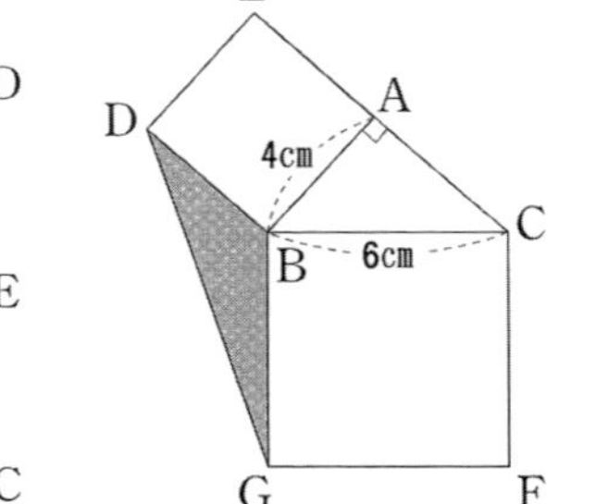

(1) 上の左図のような，正方形ＡＢＣＤがある。辺ＣＤ上に，2点Ｃ，Ｄと異なる点Ｅをとり，点Ｂと点Ｅを結ぶ。線分ＢＥ上に点Ｂと異なる点Ｆを，ＡＢ=ＡＦとなるようにとり，点Ａと点Ｆを結ぶ。

∠ＤＡＦ=40°であるとき，∠ＥＢＣの大きさは何度か。

(3) 上の右図のように∠ＢＡＣ=90°の直角三角形ＡＢＣがあり，辺ＡＢを1辺にもつ正方形ＡＢＤＥと，辺ＢＣを1辺にもつ正方形ＢＣＦＧを，それぞれ直角三角形ＡＢＣの外側につくる。また，点Ｄと点Ｇを結ぶ。

ＡＢ=4ｃｍ，ＢＣ=6ｃｍであるとき，△ＢＤＧの面積は何ｃｍ²か。

(1)	度	(3)	ｃｍ²

■令和３年度問題

2 次の問いに答えなさい。

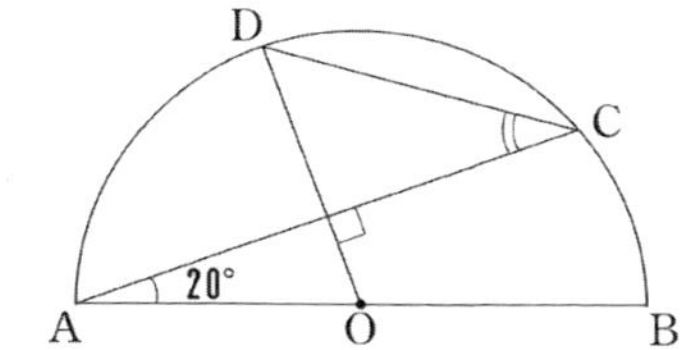

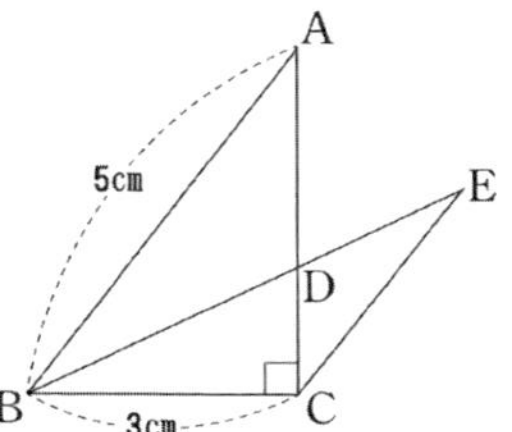

(1) 上の左図のような，線分ＡＢを直径とする半円Ｏがある。$\overset{\frown}{AB}$上に２点Ａ，Ｂと異なる点Ｃをとる。また，点Ｏを通り，線分ＡＣに垂直な直線をひき，半円Ｏとの交点をＤとする。
∠ＯＡＣ＝２０°であるとき，∠ＡＣＤの大きさは何度か。

(3) 上の右図のような，∠ＡＣＢ＝90°の直角三角形ＡＢＣがある。∠ＡＢＣの二等分線をひき，辺ＡＣとの交点をＤとする。また，点Ｃを通り，辺ＡＢに平行な直線をひき，直線ＢＤとの交点をＥとする。
ＡＢ＝５ｃｍ，ＢＣ＝３ｃｍであるとき，線分ＢＥの長さは何ｃｍか。

(1)	度	(3)	ｃｍ

■令和４年度問題

2 次の問いに答えなさい。

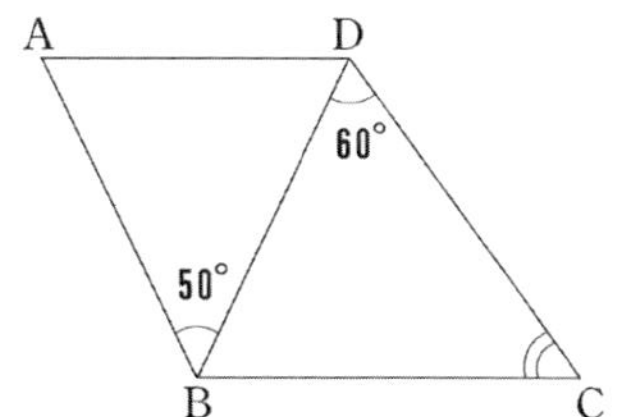

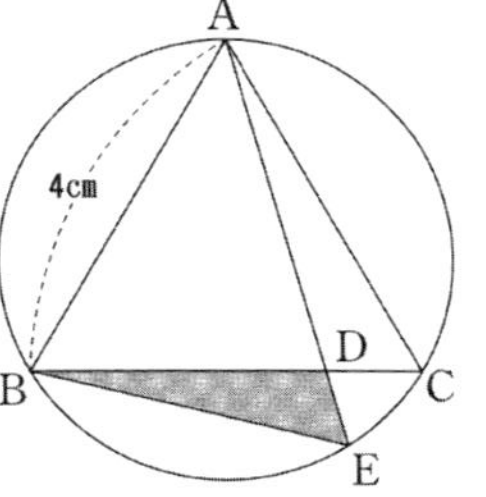

(1) 上の左図のような，ＡＤ//ＢＣの台形ＡＢＣＤがあり，ＡＢ＝ＤＢである。
∠ＡＢＤ＝50°，∠ＢＤＣ＝60°であるとき，∠ＢＣＤの大きさは何度か。

(3) 上の右図のような円があり，異なる３点Ａ，Ｂ，Ｃは円周上の点で，△ＡＢＣは正三角形である。辺ＢＣ上に，２点Ｂ，Ｃと異なる点Ｄをとり，２点Ａ，Ｄを通る直線と円との交点のうち，点Ａと異なる点をＥとする。また，点Ｂと点Ｅを結ぶ。
ＡＢ＝４ｃｍ，ＢＤ：ＤＣ＝３：１であるとき，△ＢＤＥの面積は何ｃｍ²か。

(1)	度	(3)	ｃｍ²

立体図形

■平成26年度問題

2 次の問いに答えなさい。

(2) 右図のような，∠ＯＡＢ＝∠ＯＡＣ＝∠ＢＡＣ＝90°の三角すいＯＡＢＣがある。３点Ｄ，Ｅ，Ｆはそれぞれ辺ＯＡ，ＯＢ，ＯＣ上の点で，三角すいＯＡＢＣと三角すいＯＤＥＦは相似である。
ＡＢ＝ＡＣ＝６ｃｍ，ＡＤ＝３ｃｍ，ＤＥ＝２ｃｍであるとき，次のア，イの問いに答えよ。

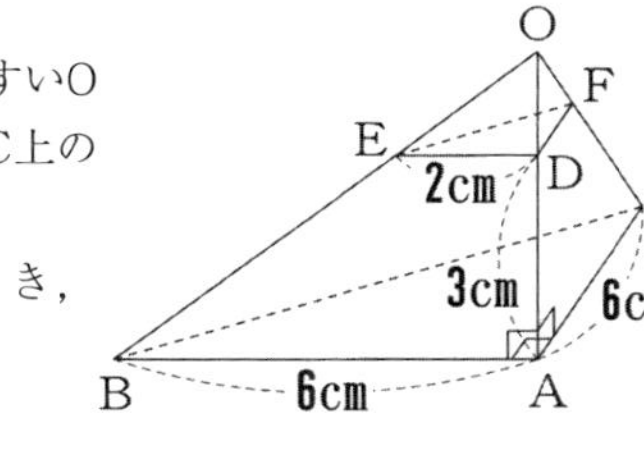

ア　線分ＢＥの長さは何cmか。

イ　三角すいＯＡＢＣを３点Ｄ，Ｅ，Ｆを通る平面で切って，２つの立体に分けたとき，点Ａを含む立体の体積は何cm³か。

(2)	ア	cm	イ	cm³

■平成27年度問題

2 次の問いに答えなさい。

(2) 右図のような三角柱がある。
ＡＢ＝5cm，ＡＣ＝3cm，ＡＤ＝1cm，∠ＥＤＦ＝90°であるとき，次のア，イの問いに答えよ。

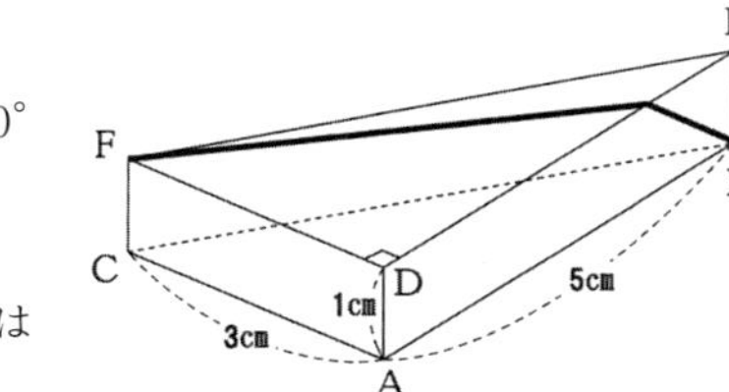

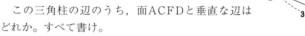

ア　この三角柱の辺のうち，面ＡＣＦＤと垂直な辺はどれか。すべて書け。

イ　右図のように，頂点Ｆから辺ＤＥを通って頂点Ｂまで，三角柱の面に沿って糸を張る。張った糸の長さがもっとも短くなるときの，糸の長さは何cmか。

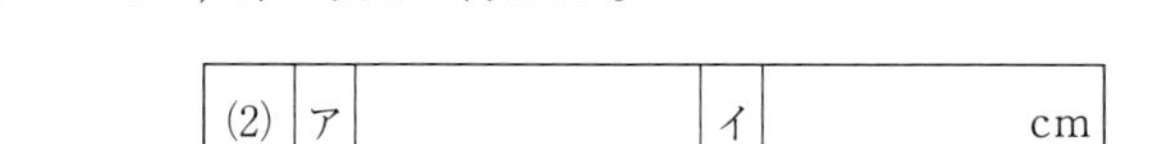

(2)	ア		イ	cm

■平成28年度問題

2 (2) 右図のような直方体があり，AB=2cm，AD=6cmである。点Bと点D，点Fと点Hをそれぞれ結ぶ。

四角形BFHDの面積が20cm²であるとき，次のア，イの問いに答えよ。

ア　次の㋐～㋓の辺のうち，辺ABとねじれの位置にある辺はどれか。正しいものを１つ選んで，その記号を書け。

㋐ 辺GH　㋑ 辺CG　㋒ 辺AE　㋓ 辺BC

イ　この直方体の体積は何cm³か。

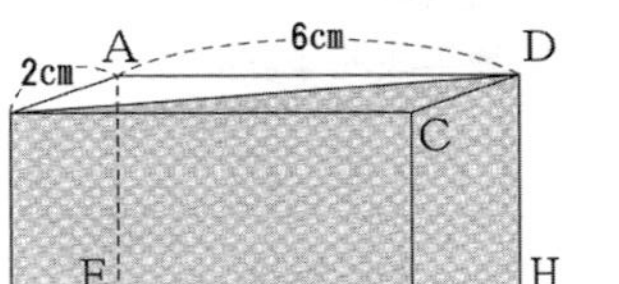

(2)	ア	◯	イ	cm³

■平成29年度問題

2 (2) 右図のような三角柱があり，ＡＢ＝４ｃｍ，ＢＣ＝２ｃｍ，ＣＦ＝５ｃｍ，∠ＤＥＦ＝９０°である。また，辺ＡＢ，ＤＦの中点をそれぞれＰ，Ｑとし，点Ｐと点Ｑを結ぶ。

このとき，次のア，イの問いに答えよ。

ア　次の㋐～㋓の辺のうち，面ＢＣＦＥと平行な辺はどれか。正しいものを１つ選んで，その記号を書け。

㋐ 辺ＡＢ　㋑ 辺ＡＤ　㋒ 辺ＤＥ　㋓ 辺ＤＦ

イ　線分ＰＱの長さは何ｃｍか。

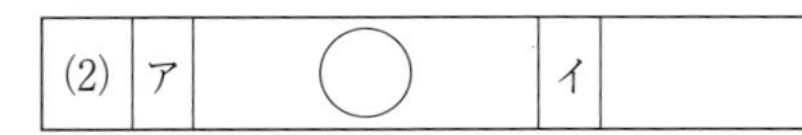
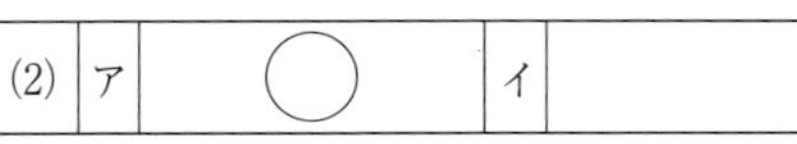

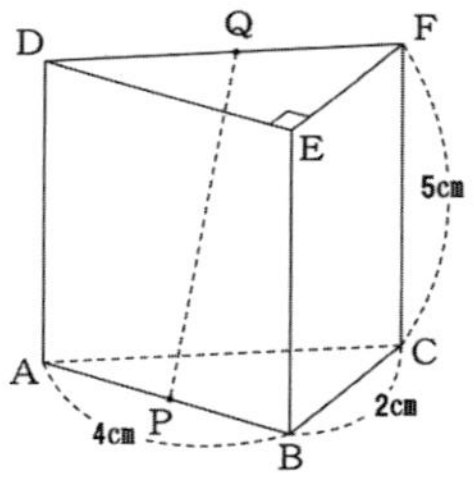

(2)	ア	◯	イ	ｃｍ

■平成30年度問題

2 (2) 右図のような正四角すいがあり，底面は1辺が２ｃｍの正方形で，側面は等しい辺が４ｃｍの二等辺三角形である。辺AC上に2点A，Cと異なる点Fをとる。点Fを通り辺CDに平行な直線と，辺ADとの交点をGとする。

AG＝1ｃｍであるとき，次のア，イの問いに答えよ。

ア　線分ＦＧの長さは何ｃｍか。

イ　この正四角すいの体積は何ｃｍ³か。

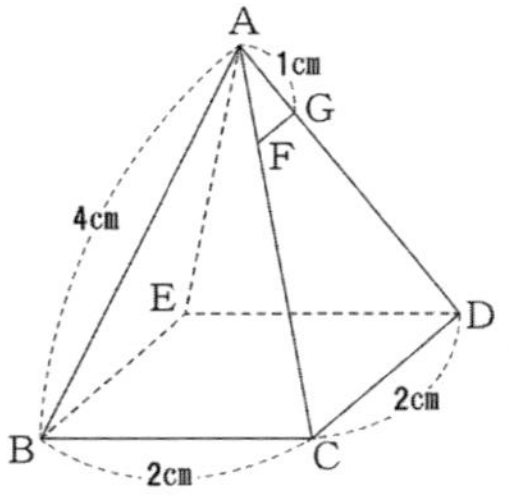

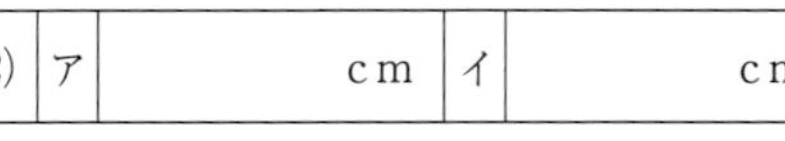

(2)	ア	ｃｍ	イ	ｃｍ³

■平成31年度問題

2 (2) 右図のような直方体があり，ＡＢ＝ＢＣである。点Ａと点Ｆ，点Ｂと点Ｄをそれぞれ結ぶ。

ＡＦ＝３ｃｍ，ＢＤ＝２ｃｍであるとき，次のア，イの問いに答えよ。

ア　次の㋐～㋓の線分のうち，面ＥＦＧＨと垂直な線分はどれか。正しいものを1つ選んで，その記号を書け。

㋐ 線分ＡＥ　㋑ 線分ＡＦ　㋒ 線分ＢＣ　㋓ 線分ＢＤ

イ　この直方体の体積は何ｃｍ³か

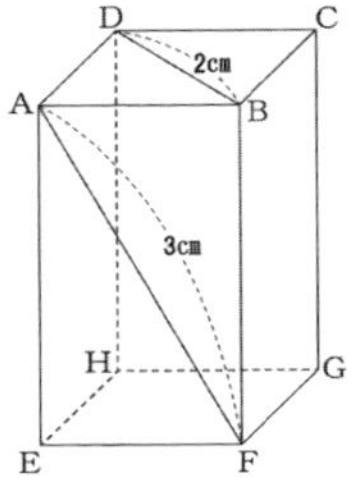

(2)	ア	◯	イ	ｃｍ³

■令和２年度問題

2 (2) 右図のような三角柱があり，ＡＢ＝６ｃｍ，ＢＣ＝３ｃｍ，ＣＦ＝７ｃｍ，∠ＤＥＦ＝90°である。辺ＡＤ上に点Ｐをとり，点Ｐと点Ｂ，点Ｐと点Ｃをそれぞれ結ぶ。

三角すいＰＡＢＣの体積が15ｃｍ³であるとき，次のア，イの問いに答えよ。

ア　次の㋐～㋓の辺のうち，辺ＢＣとねじれの位置にある辺はどれか。正しいものを1つ選んで，その記号を書け。

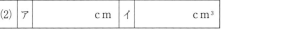

㋐ 辺ＥＦ　㋑ 辺ＤＦ　㋒ 辺ＡＣ　㋓ 辺ＢＥ

イ　線分ＰＢの長さは何ｃｍか。

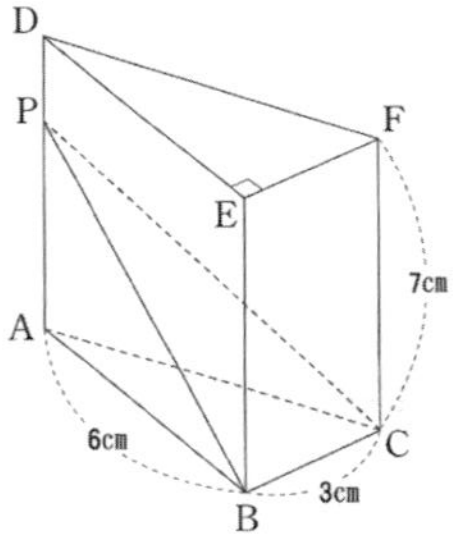

(2)	ア	◯	イ	ｃｍ

証明

■令和３年度問題

2 (2) 右図のような，∠OAB＝∠OAC＝∠BAC＝90°の三角すいOABCがある。辺OBの中点をDとし，辺AB上に2点A，Bと異なる点Pをとる。点Cと点D，点Dと点P，点Pと点Cをそれぞれ結ぶ。

OA＝6 cm，AC＝4 cm，BC＝8 cmであるとき，次のア，イの問いに答えよ。

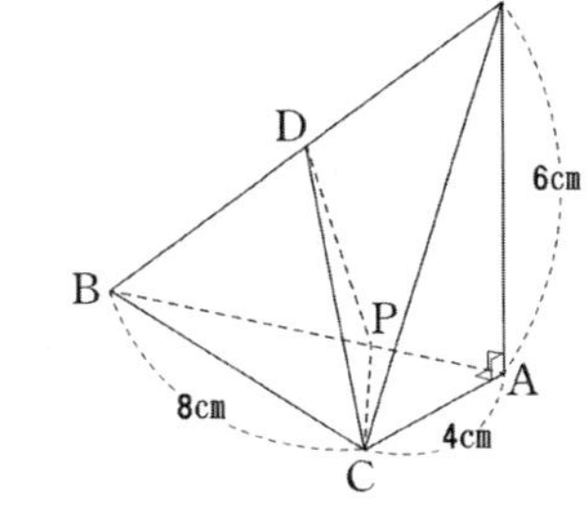

ア　次の㋐～㋓のうち，この三角すいに関して正しく述べたものはどれか。1つ選んで，その記号を書け。

㋐　∠OCA＝60°である　　㋑　面OABと面OACは垂直である

㋒　辺OCと面ABCは垂直である　　㋓　辺OAと線分CDは平行である

イ　三角すいDBCPの体積が，三角すいOABCの体積の$\frac{1}{3}$倍であるとき，線分BPの長さは何cmか。

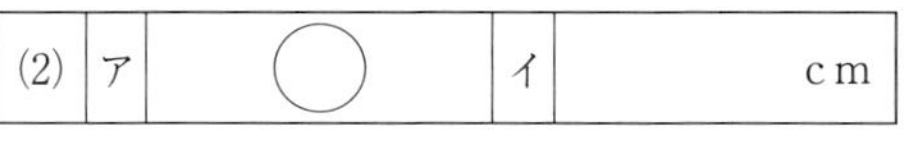

■令和４年度問題

2 (2) 上の中図のような四角すいがあり，底面は長方形で，4辺AB，AC，AD，AEの長さはすべて等しい。点Cと点Eを結ぶ。

BC＝8 cm，CD＝4 cm，△ACEの面積が30 cm^2であるとき，次のア，イの問いに答えよ。

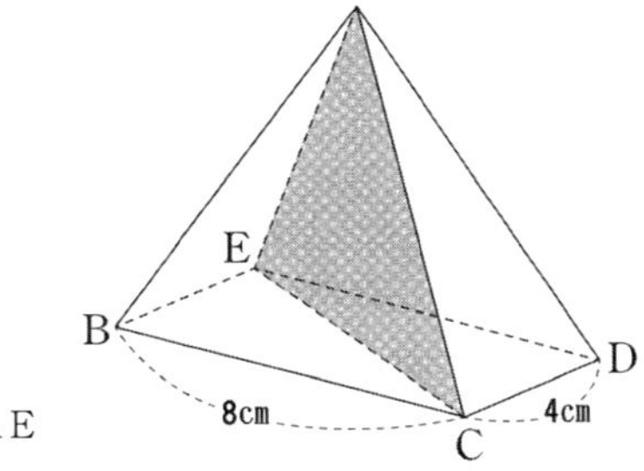

ア　次の㋐～㋓の辺のうち，面ABCと平行な辺はどれか。正しいものを1つ選んで，その記号を書け。

㋐　辺BE　　㋑　辺DE　　㋒　辺AD　　㋓　辺AE

イ　この四角すいの体積は何 cm^3か。

(2)	ア	○	イ	cm^3

■平成26年度問題

5 右の図のような，線分ABを直径とする円Oがあり，円周上に２点A，Ｂと異なる点Ｃをとる。∠BACの二等分線をひき，円Ｏとの交点のうち，点Ａと異なる点をＤとし，点Ｄと点Ｏを結ぶ。また，線分BCと線分ＯＤとの交点をＥとする。

このとき，次の(1)，(2)の問いに答えなさい。

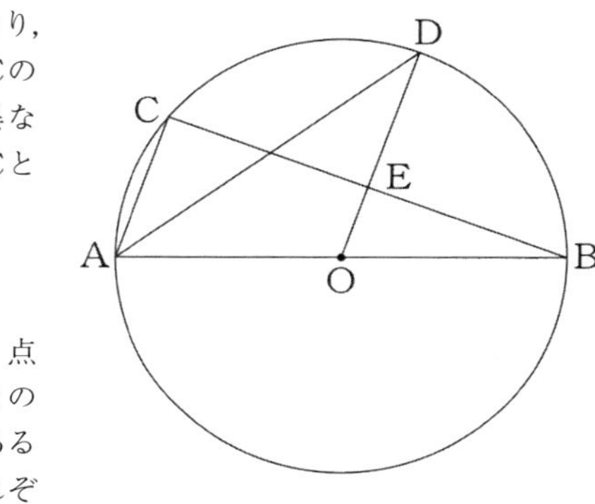

(1)　△ABC∽△OBE　であることを証明せよ。

(2)　線分OA上に，OE＝OFとなる点Ｆをとる。点Ｆを通り，線分OAに垂直な直線をひき，円Ｏとの交点のうち，直線ABについて点Ｃと反対側にある点をＧとする。点Ａと点Ｇ，点Ｃと点Ｄをそれぞれ結ぶとき，△AGF≡△DCE　であることを証明せよ。

(1)　証　明

(2)　証　明

■平成27年度問題

5 右の図のような，辺ACが辺ABより長く，∠BAC＝90°の直角三角形ABCがある。辺BCの中点をOとし，点Cを通り線分OAに平行な直線をひき，直線BAとの交点をDとする。

また，点Bから線分CDに垂線をひき，その交点をEとし，線分OEと線分CAの交点をFとする。

このとき，次の(1)，(2)の問いに答えなさい。

(1)　△AFO∽△CFE　であることを証明せよ。

(2)　2点A，Eを通る直線をひく。点Bから直線AEに垂線をひき，その交点をGとし，点Cから直線AEに垂線をひき，その交点をHとする。このとき，GA＝HE　であることを証明せよ。

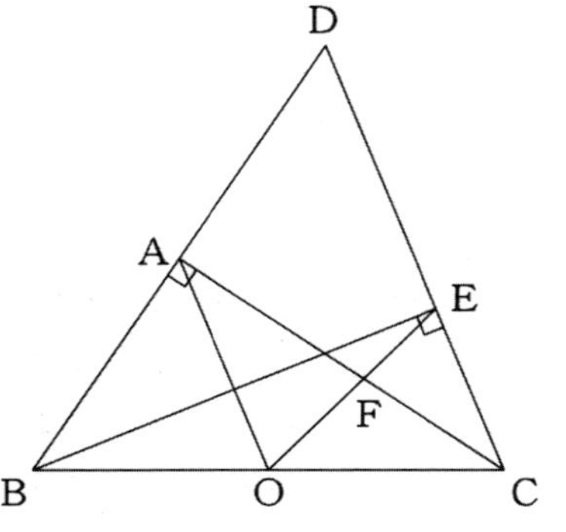

(1) 証　明

(2) 証　明

■平成28年度問題

5 右の図のような，線分ABを直径とする半円Oがある。点Cは$\overset{\frown}{AB}$上にあり，∠BOCは鈍角である。$\overset{\frown}{AC}$上に2点A，Cと異なる点Dをとり，$\overset{\frown}{BC}$上に$\overset{\frown}{BC}=\overset{\frown}{DE}$となるように点Eをとる。また，線分BCと線分DEとの交点をFとし，点Bと点D，点Cと点Eをそれぞれ結ぶ。

このとき，次の(1)，(2)の問いに答えなさい。

(1)　△FDB∽△FCE であることを証明せよ。

(2)　点Oと点Eを結ぶ。点Fを通り，線分OCに平行な直線をひき，線分OEとの交点をGとする。このとき，OG＝FG　であることを証明せよ。

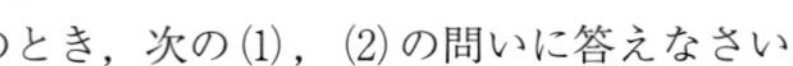

(1) 証　明

(2) 証　明

■平成29年度問題

5 右の図のような，ＡＢ＝ＡＣの二等辺三角形ＡＢＣがある。∠ＡＣＢの二等分線と辺ＡＢとの交点をＤとする。点Ｃを通り辺ＢＣに垂直な直線と，点Ｄを通り辺ＢＣに平行な直線との交点をＥとする。また，線分ＤＥと辺ＡＣとの交点をＦとし，直線ＢＦと直線ＣＥとの交点をＧとする。

このとき，次の（1），（2）の問いに答えなさい。

（1）　△ＢＣＧ∽△ＦＥＧ　であることを証明せよ。

（2）　点Ｄを通り，直線ＢＧに平行な直線をひき，直線ＣＧとの交点をＨとする。このとき，ＢＦ＝ＤＨであることを証明せよ。

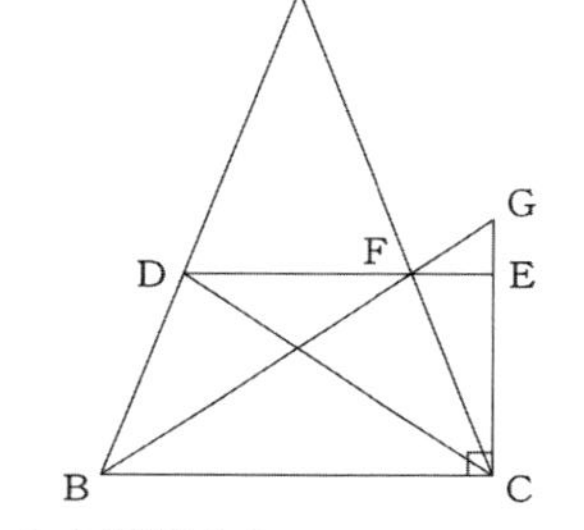

（1）証　明

（2）証　明

■平成30年度問題

5 右の図のような円があり、異なる3点Ａ，Ｂ，Ｃは円周上の点で，ＡＢ＝ＡＣである。線分ＡＣ上に2点Ａ，Ｃと異なる点Ｄをとり，直線ＢＤと円との交点のうち，点Ｂと異なる点をＥとする。また，点Aと点E，点Ｂと点Ｃをそれぞれ結ぶ。

このとき，次の(1)，(2)の問いに答えなさい。

(1)　△ＡＤＥ∽△ＢＤＣであることを証明せよ。

(2)　点Cと点Ｅを結ぶ。線分ＢＥ上にＥＣ＝ＥＦとなる点Ｆをとり，直線ＣＦと円との交点のうち，点Cと異なる点をGとする。点Ｅと点Gを結ぶとき、△ＡＣＥ≡△ＧＥＦであることを証明せよ。

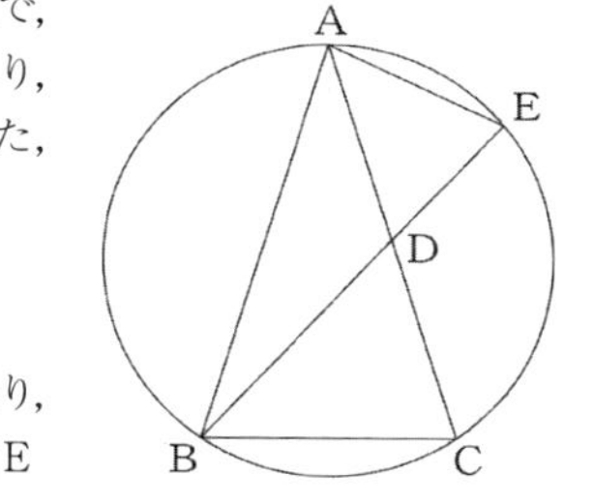

(1) 証　明

(2) 証　明

■平成31年度問題

5 右の図のような，∠ACB＝90°の直角三角形ABCがある。∠ABCの二等分線と辺ACとの交点をDとする。点Cから辺ABに垂線をひき，その交点をEとし，線分CEと線分BDとの交点をFとする。また，点Eから辺BCに垂線をひき，その交点をGとし，線分EGと線分BDとの交点をHとする。

このとき，次の(1)，(2)の問いに答えなさい。

(1)　△BEH∽△BAD　であることを証明せよ。

(2)　点Eから線分HFに垂線をひき，その交点をIとし，直線EIと辺BCとの交点をJとする。このとき，EH＝FJであることを証明せよ。

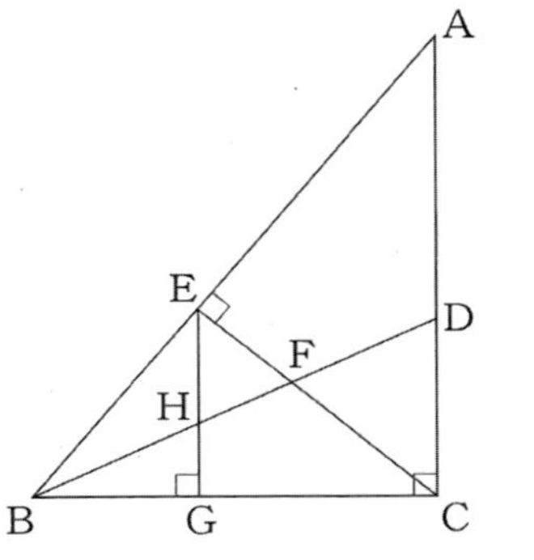

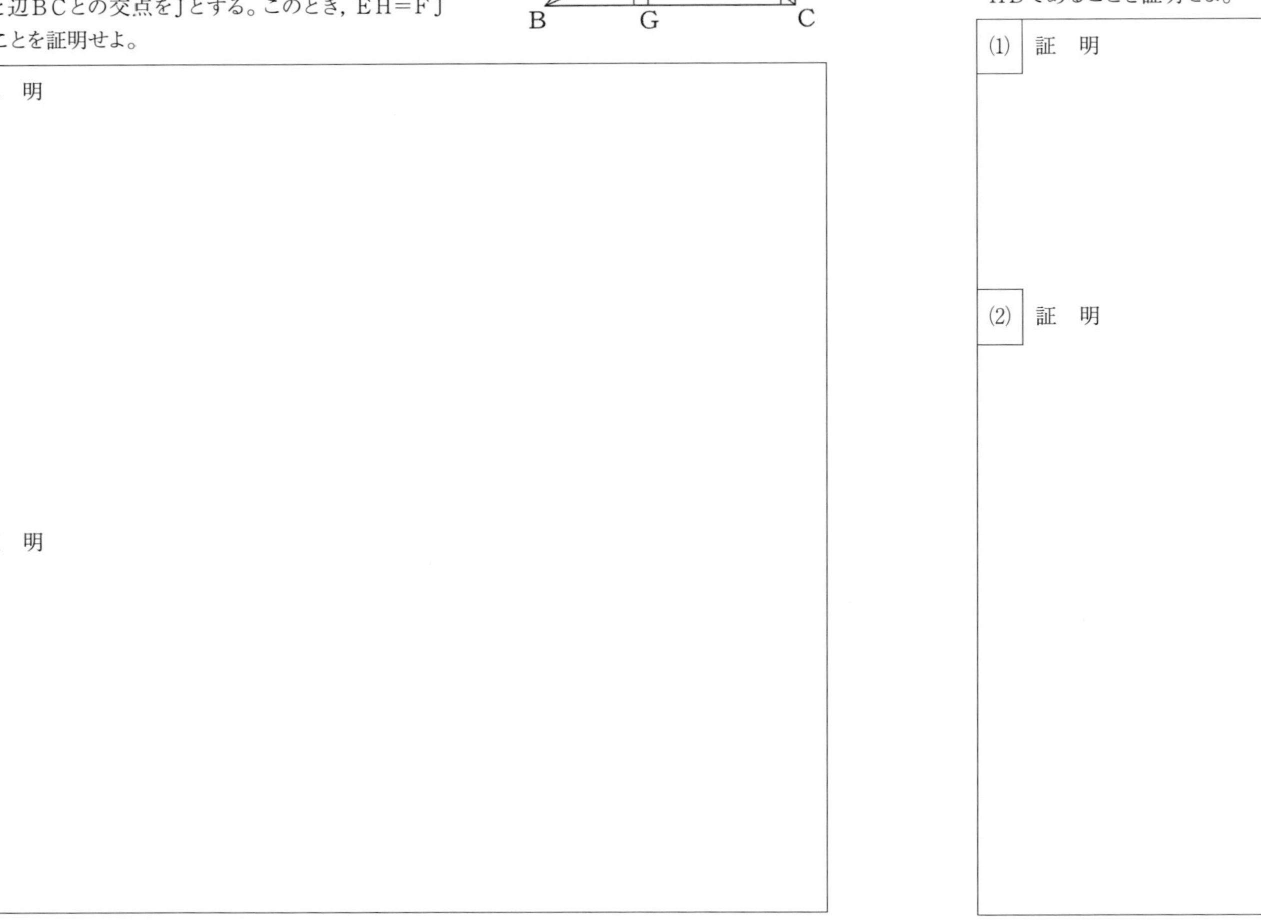

(1) 証　明

(2) 証　明

■令和２年度問題

5 右の図のような，線分ABを直径とする円Oがある。点Cは円周上の点で，∠AOCは鈍角である。円Oの円周上で，点Cと異なる点Dを，BC＝BDとなるようにとる。点Cを通り，直線ADに垂線をひき，その交点をEとし，直線CEと円Oとの交点のうち，点Cと異なる点をFとする。また，点Oを通り，直線AFに垂線をひき，その交点をGとする。点Bと点Fを結ぶ。

このとき，次の(1)，(2)の問いに答えなさい。

(1)　△AGO∽△AFBであることを証明せよ。

(2)　直線AFと直線BDの交点をHとするとき，△ABC≡△AHDであることを証明せよ。

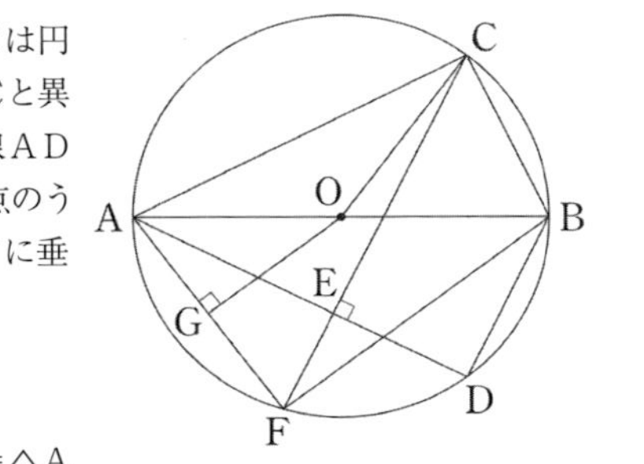

(1) 証　明

(2) 証　明

■令和３年度問題

5 右の図のような，正方形ＡＢＣＤがあり，辺ＡＤ上に，２点Ａ，Ｄと異なる点Ｅをとる。∠ＢＣＥの二等分線をひき，辺ＡＢとの交点をＦとする。辺ＡＢをＢの方に延長した直線上にＤＥ＝ＢＧとなる点Ｇをとり，線分ＧＥと線分ＣＦとの交点をＨとする。点Ｅを通り，辺ＡＢに平行な直線をひき，線分ＣＦとの交点をＩとする。

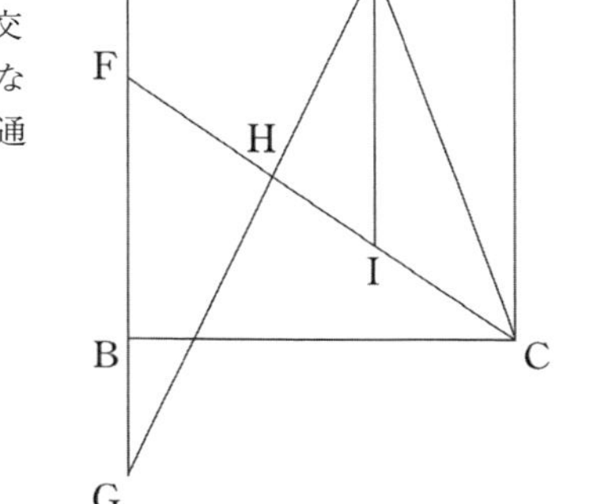

このとき，次の(1)，(2)の問いに答えなさい。

(1)　△ＦＧＨ∽△ＩＥＨ　であることを証明せよ。

(2)　ＣＥ＝ＦＧ　であることを証明せよ。

(1) 証　明

(2) 証　明

■令和４年度問題

5 右の図のような，線分ＡＢを直径とする半円Ｏがあり，$\overset{\frown}{AB}$上に２点Ａ，Ｂと異なる点Ｃをとる。∠ＢＡＣの二等分線をひき，半円Ｏとの交点のうち，点Ａと異なる点をＤとする。線分ＡＤと線分ＢＣとの交点をＥとする。また，点Ｃと点Ｄを結ぶ。

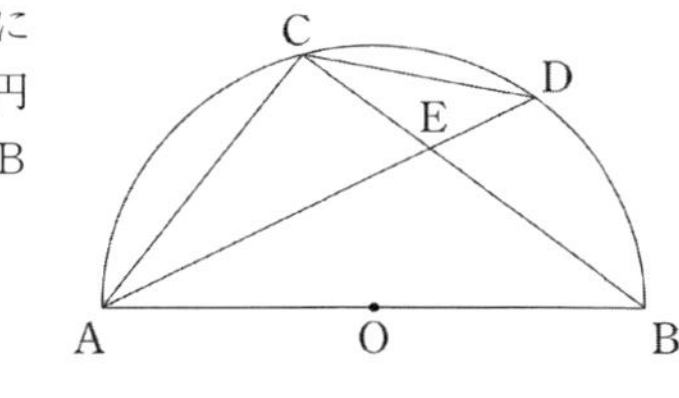

このとき，次の(1)，(2)の問いに答えなさい。

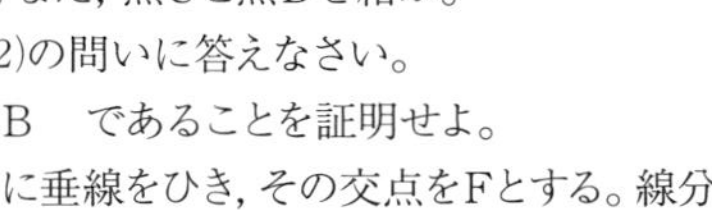

(1)　△ＡＣＤ∽△ＡＥＢ　であることを証明せよ。

(2)　点Ｄから線分ＡＢに垂線をひき，その交点をＦとする。線分ＤＦと線分ＢＣとの交点をＧとする。点Ｏと点Ｄを結び，線分ＯＤと線分ＢＣとの交点をＨとする。点Ｏと点Ｇを結ぶとき，△ＯＦＧ≡△ＯＨＧ　であることを証明せよ。

(1) 証　明

(2) 証　明

関数

■平成26年度問題

3 次の問いに答えなさい。

(1) 次の㋐～㋓は，比例または反比例のグラフである。㋐～㋓のうち，関数 $3x-2y=0$ のグラフはどれか。1つ選んで，その記号を書け。

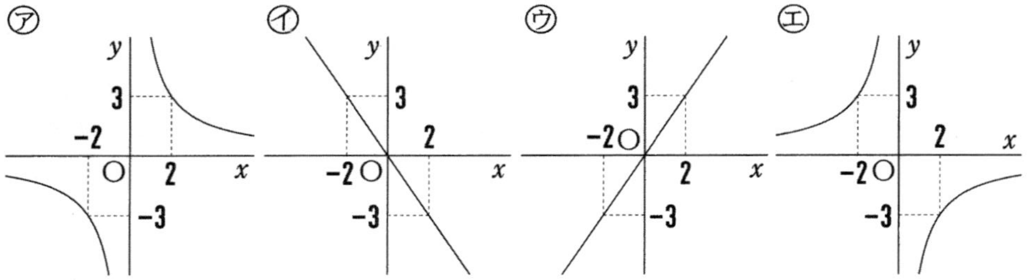

㋐　㋑　㋒　㋓

(3) 右の図で，点Oは原点であり，放物線①は関数 $y=\frac{1}{4}x^2$ のグラフである。点Aは放物線①上の点で，その x 座標は3である。

点Bは x 軸上の点で，その x 座標は3より大きい数である。また，直線ABをひき，放物線①との交点のうち，点Aと異なる点をCとする。

これについて，次のア，イの問いに答えよ。

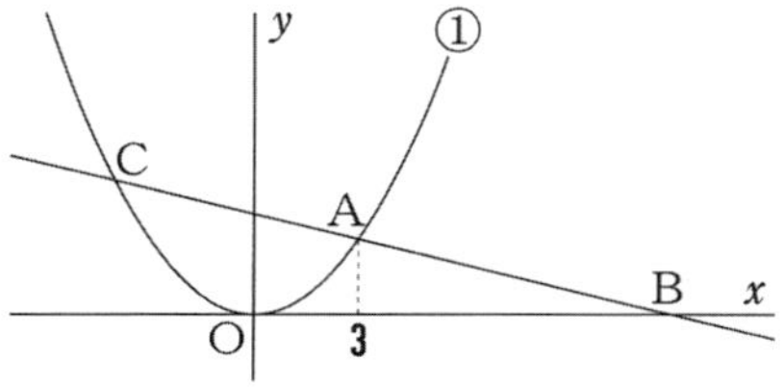

ア　関数 $y=\frac{1}{4}x^2$ について，x の値が2から4まで増加するときの変化の割合を求めよ。

イ　BA：AC＝9：7であるとき，点Cの座標を求めよ。

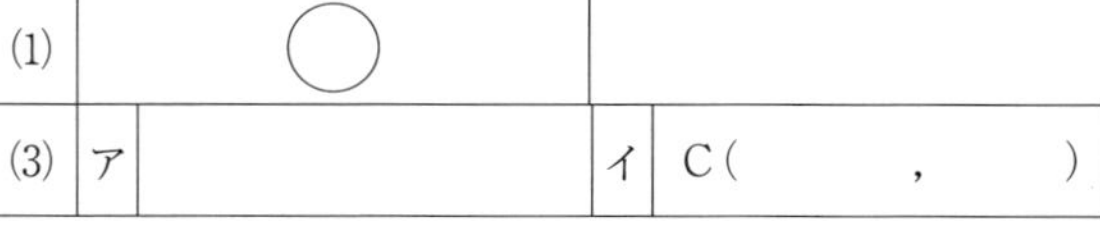

(1)	○		
(3) ア		イ	C（　　，　　）

■平成27年度問題

3 次の問いに答えなさい。

(1) y は x に反比例し，$x=3$ のとき $y=8$ である。$x=6$ のときの y の値を求めよ。

(4) 右の図で，点Oは原点であり，放物線①は関数 $y=-x^2$ のグラフで，直線②は関数 $y=x+1$ のグラフである。

点Pは放物線①上の点であり，その x 座標は正の数である。また，点Pを通り，y 軸に平行な直線をひき，x 軸，直線②との交点をそれぞれQ，Rとする。

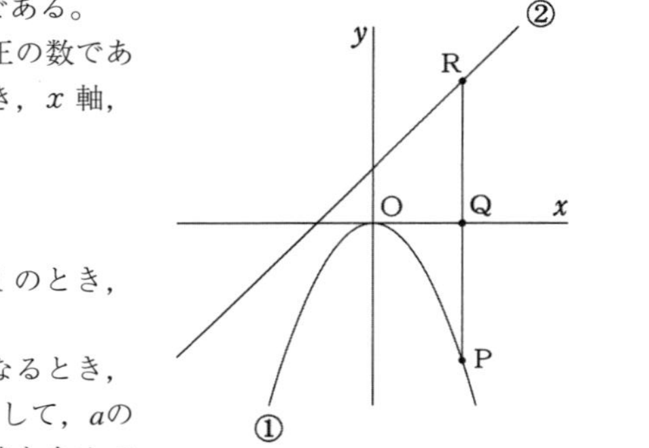

これについて，次のア，イの問いに答えよ。

ア　関数 $y=-x^2$ で，x の変域が $-2\leqq x\leqq 1$ のとき，y の変域を求めよ。

イ　線分PQの長さと，線分QRの長さが等しくなるとき，点Pの x 座標はいくらか。点Pの x 座標を a として，a の値を求めよ。a の値を求める過程も，式と計算を含めて書け。

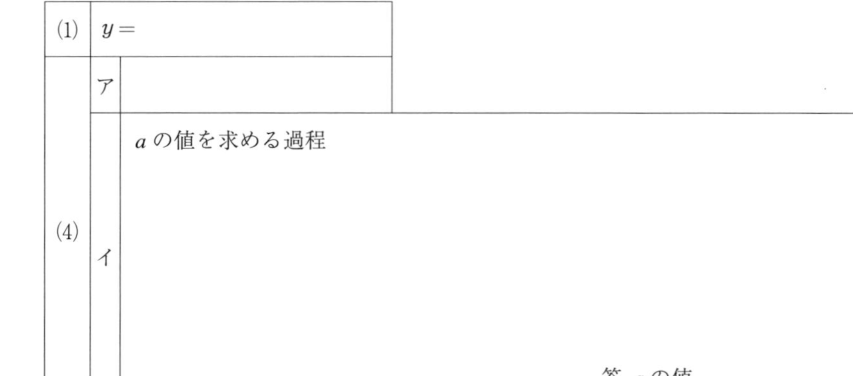

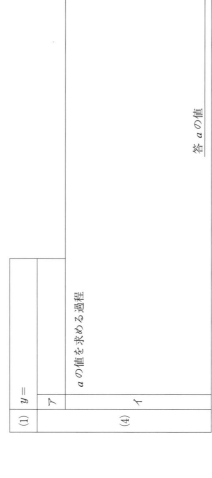

(1)		$y=$
(4)	ア	
	イ	a の値を求める過程 答 a の値

■平成28年度問題

3 次の問いに答えなさい。

(3) 右の図で，点Oは原点であり，放物線①は関数 $y=\frac{1}{2}x^2$ のグラフである。双曲線②は反比例 $y=\frac{a}{x}$ のグラフで，$a>0$ である。

点Aは，放物線①と双曲線②との交点で，その x 座標は4である。点Bは，放物線①上の点で，線分ABは x 軸に平行である。点Cは，双曲線②上の点で，その x 座標は負の数である。線分AC，線分BCと x 軸との交点をそれぞれD，Eとする。

これについて，次のア，イの問いに答えよ。

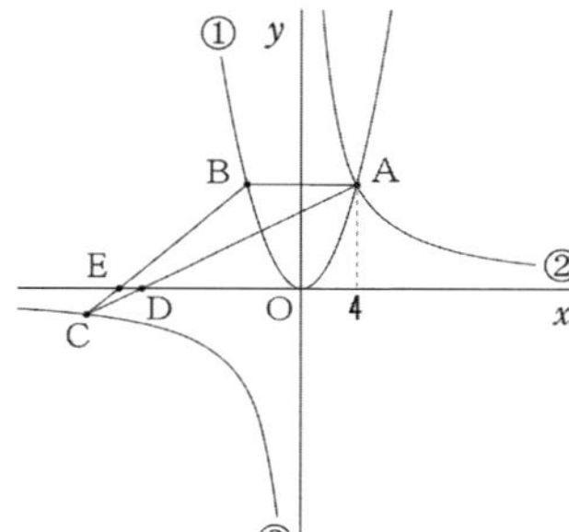

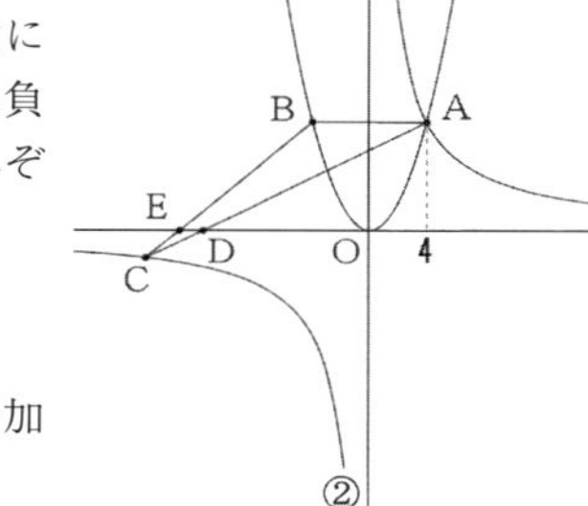

ア　関数 $y=\frac{1}{2}x^2$ について，x の値が1から3まで増加するときの変化の割合を求めよ。

イ　点Dと点Eを結ぶ。AB：DE＝5：1であるとき，点Cの座標を求めよ。

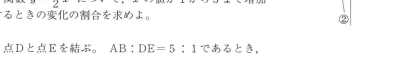

(3)	ア		イ	C（　　，　　）

■平成29年度問題

3 次の問いに答えなさい。

(3) 右の図で，点Oは原点であり，2点A，Bの座標はそれぞれ（－4，0），（2，0）である。放物線①は関数 $y=\frac{1}{2}x^2$ のグラフである。

点Aを通り，y 軸に平行な直線をひき，放物線①との交点をCとする。また，点Bを通り，y 軸に平行な直線をひき，放物線①との交点をDとし，点Cと点Dを結ぶ。

これについて，次のア，イの問いに答えよ。

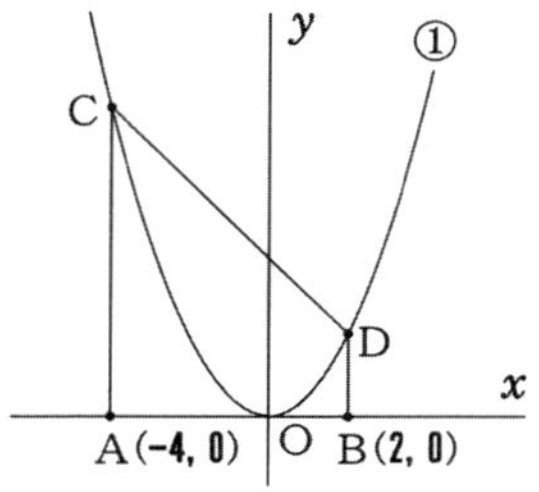

ア　関数 $y=\frac{1}{2}x^2$ で，x の変域が $-3\leqq x\leqq 1$ のとき，y の変域を求めよ。

イ　線分CD上に点Eをとる。直線AEが台形ABDCの面積を2等分するとき，点Eの x 座標はいくらか。点Eの x 座標を a として，a の値を求めよ。

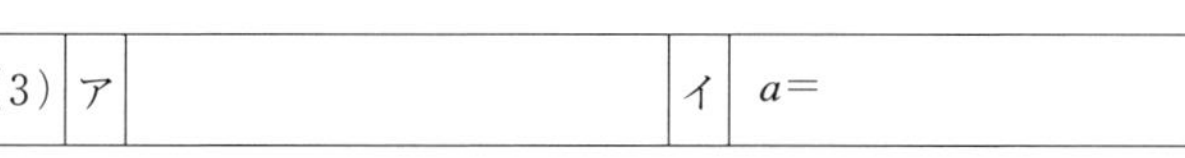

(3)	ア		イ	$a=$

■平成30年度問題

3 次の問いに答えなさい。

(1) y は x に反比例し，$x=2$ のとき $y=6$ である。$x=-3$ のときの y の値を求めよ。

(3) 右の図で，点Oは原点であり，放物線①は関数 $y=\frac{1}{3}x^2$ のグラフである。放物線②は関数 $y=ax^2$ のグラフで，$a<0$ である。

2点A，Bは放物線①上の点で，点Aの x 座標は4であり，線分ABは x 軸に平行である。また，点Aを通り，y 軸に平行な直線をひき，放物線②との交点をCとする。

これについて，次のア，イの問いに答えよ

ア　関数 $y=\frac{1}{3}x^2$ について，x の値が1から5まで増加するときの変化の割合を求めよ。

イ　線分ABの長さと，線分ACの長さが等しくなるとき，a の値を求めよ。

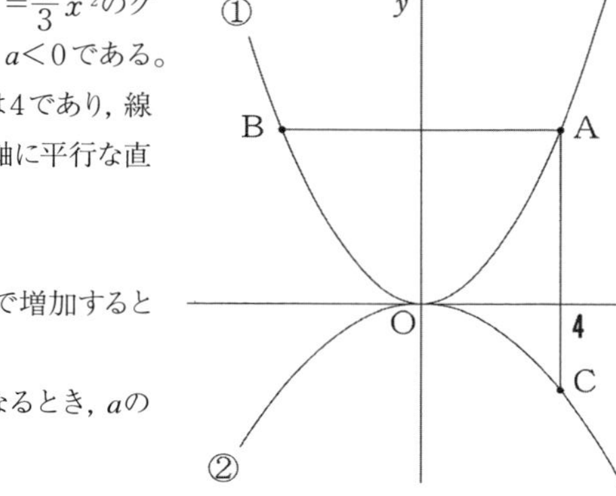

(1)	$y=$		
(3) ア		イ	$a=$

■平成31年度問題

3 次の問いに答えなさい。

(1) 次の㋐～㋓の関数のうち，そのグラフが，点（－2，1）を通っているものはどれか。正しいものを2つ選んで，その記号を書け。

㋐ $y=-2x$　　㋑ $y=-\frac{2}{x}$　　㋒ $y=x-3$　　㋓ $y=\frac{1}{4}x^2$

(1)	◯ と ◯

(4)　右の図で，点Oは原点であり，放物線①は関数$y=x^2$のグラフで，直線②は関数$y=x-1$のグラフである。

点Aは直線②上の点で，そのx座標は-2であり，点Pは放物線①上の点で，そのx座標は正の数である。点Pを通り，y軸に平行な直線をひき，直線②との交点をQとする。また，点Aを通り，x軸に平行な直線をひき，直線PQとの交点をRとする。

これについて，次のア，イの問いに答えよ。

ア　関数$y=x^2$で，xの変域が$-1 \leqq x \leqq 3$のとき，yの変域を求めよ。

イ　線分PQの長さと，線分QRの長さが等しくなるとき，点Pのx座標はいくらか。点Pのx座標をaとして，aの値を求めよ。aの値を求める過程も，式と計算を含めて書け。

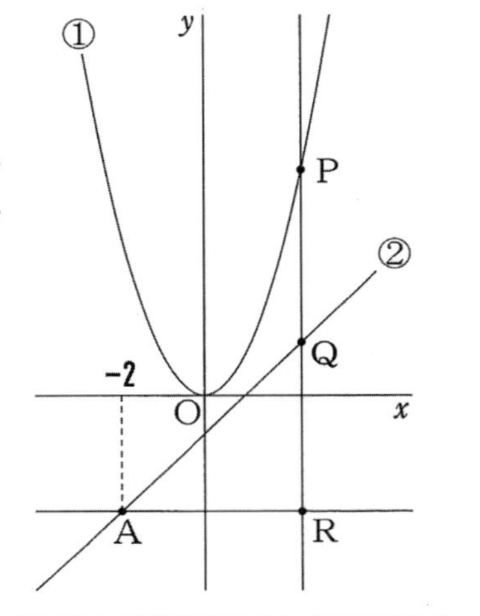

(4)	ア		イ	aの値を求める過程
				答　aの値

■令和２年度問題

3　次の問いに答えなさい。

(3)　右の図で，点Oは原点であり，放物線①は関数$y=\frac{1}{2}x^2$のグラフで，放物線②は関数$y=x^2$のグラフである。

点Aは放物線①上の点で，そのx座標は-4である。点Bはy軸上の点で，そのy座標は正の数である。また，直線ABをひき，放物線②との交点のうち，x座標が正の数である点をCとする。

これについて，次のア，イの問いに答えよ。

ア　関数$y=x^2$について，xの値が1から4まで増加するときの変化の割合を求めよ。

イ　AB：BC＝2：1であるとき，直線ABの式を求めよ。

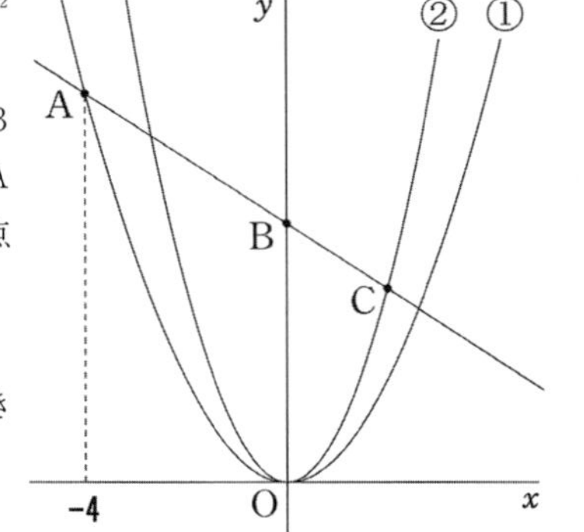

(3)	ア		イ	$y=$

■令和３年度問題

3　次の問いに答えなさい。

(3)　右の図で，点Oは原点であり，放物線①は関数$y=-\frac{1}{3}x^2$のグラフである。放物線②は関数$y=ax^2$のグラフで，$a>0$である。

2点A，Bは，放物線②上の点で，点Aのx座標は-3であり，線分ABはx軸に平行である。また，点Aを通り，y軸に平行な直線をひき，放物線①との交点をCとし，直線BCをひく。

これについて，次のア，イの問いに答えよ。

ア　関数$y=-\frac{1}{3}x^2$で，xの変域が$-1 \leqq x \leqq 2$のとき，yの変域を求めよ。

イ　直線BCの傾きが$\frac{5}{4}$であるとき，aの値を求めよ。

(3)	ア		イ	$a=$

■令和４年度問題

3　次の問いに答えなさい。

(3)　右の図で，点Oは原点であり，放物線①は関数$y=\frac{1}{4}x^2$のグラフである。

点Aは放物線①上の点で，そのx座標は6である。点Aを通り，x軸に平行な直線をひき，y軸との交点をBとする。また，点Oと点Aを結ぶ。

これについて，次のア，イの問いに答えよ。

ア　関数$y=\frac{1}{4}x^2$について，xの値が-3から-1まで増加するときの変化の割合を求めよ。

イ　x軸上に，x座標が負の数である点Pをとり，点Pと点Bを結ぶ。∠OAB＝∠BPOであるとき，直線APの式を求めよ。

(3)	ア		イ	$y=$

関数の応用

■平成26年度問題

4 次の問いに答えなさい。

(2) 右の図1のように，1cm間隔の4本の平行な直線が2組あり，それらが垂直に交わっている。これらの直線の交点を結んだ，1辺3cmの正方形ABCDがある。辺AB上を点Aから点Bまで動く点Pがあり，線分APを1辺とする正方形Sを，正方形ABCDの内部につくる。AP＝x cmとするとき，次のア～ウの問いに答えよ。

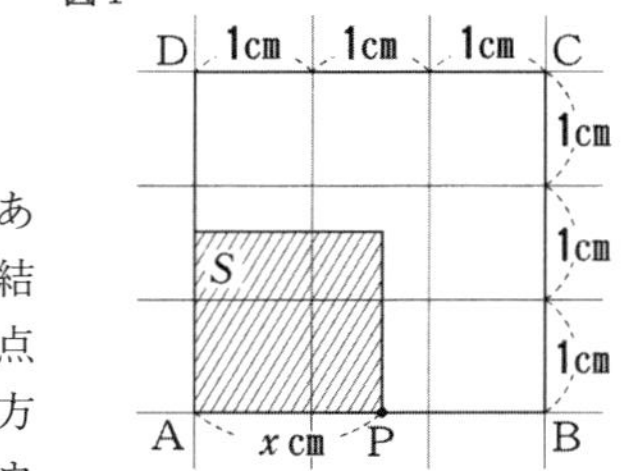

ア 次の㋐～㋓において，太線（――）で囲まれた図形は，いずれも図1で示した直線の交点を結んでできている。それぞれの図形と正方形Sとが重なっている部分の面積を y cm²として，x とyの関係をグラフに表したとき，右の図2のような放物線になるのは，㋐～㋓のうちのどれか。1つ選んで，その記号を書け。

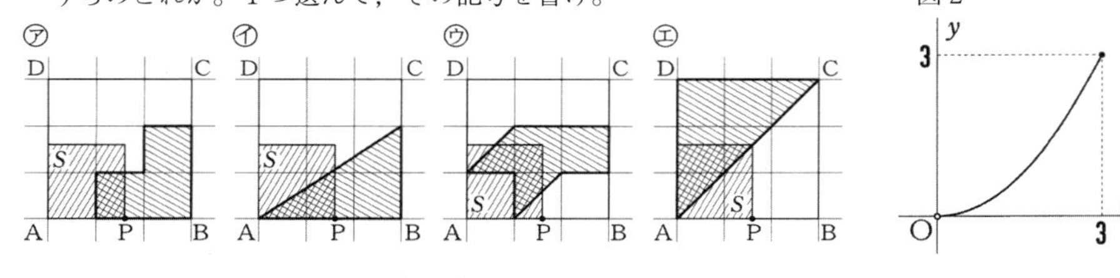

イ 右の図3において，太線（――）で囲まれた図形Tは，図1で示した直線の交点を結んでできている。$1 \leqq x \leqq 2$，および$2 \leqq x \leqq 3$のそれぞれの場合について，図形Tと正方形Sとが重なっている部分の面積は何cm²か。xを使った式で表せ。

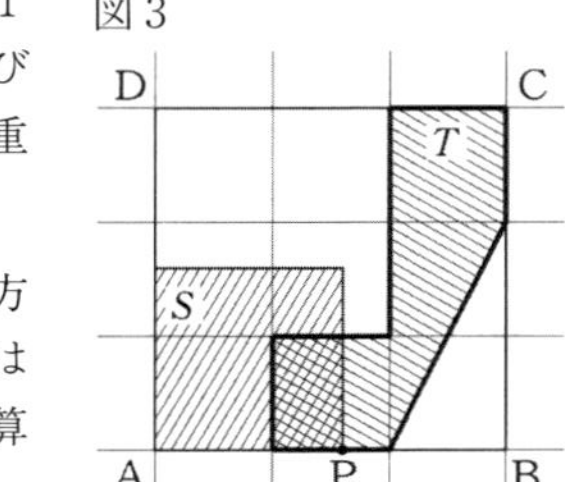

ウ $1 \leqq x \leqq 3$とする。正方形Sの面積が，図3の図形Tと正方形Sとが重なっている部分の面積より2cm²だけ大きくなるのは，xの値がいくらのときか。xの値を求める過程も，式と計算を含めて書け。

(2)	ア	○	イ	$1 \leqq x \leqq 2$のとき　　cm²　$2 \leqq x \leqq 3$のとき　　cm²
	ウ	xの値を求める過程 答 xの値		

■平成27年度問題

4 次の問いに答えなさい。

(2) 太郎さんと弟の次郎さんは，同じ学校に通っており，家から学校までは一直線の道を歩いて通学している。

ある日，太郎さんは7時に家を出発し，一定の速さで歩き，途中にある公園で休憩をしてから，休憩前と同じ一定の速さで学校まで歩いた。次郎さんは，太郎さんより遅れて家を出発し，途中で休憩することなく，一定の速さで学校まで歩いた。太郎さんと次郎さんは，学校には7時40分に同時に着いた。

右の図は，このときの，時刻と2人の間の距離の関係をグラフに表したものである。

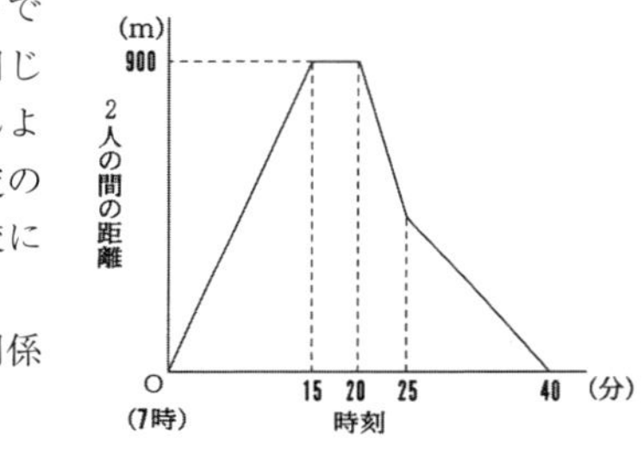

これについて，次のア～ウの問いに答えよ。

ア 7時x分における家からの道のりをymとする。次の㋐～㋓のうち，太郎さんと次郎さんそれぞれについて，家を出発してから学校に着くまでの，x とy の関係を表しているグラフはどれか。1つ選んで，その記号を書け。

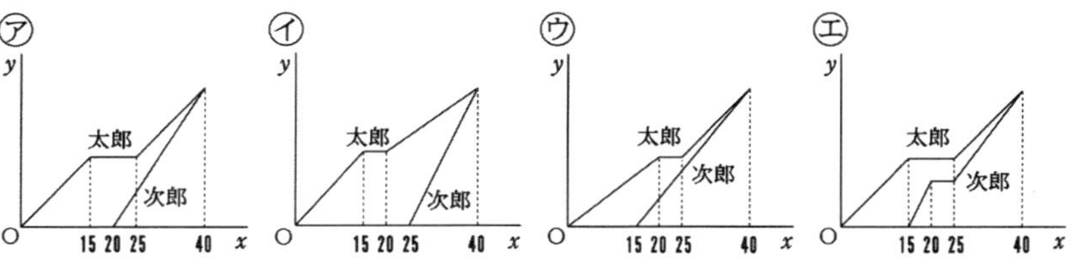

イ 太郎さんが公園を出てから学校に着くまでのある時刻における，太郎さんと次郎さんの，家からの道のりはそれぞれ何mか。太郎さんが公園を出てから学校に着くまでのある時刻を7時x分として，xを使った式で表せ。

ウ 公園と学校の途中にある建物Aの前を，太郎さんは7時a分に通過した。その4分後の7時b分に，次郎さんは建物Aの前を通過した。このとき，a，bの値を求めよ。a，bの値を求める過程も，式と計算を含めて書け。

(2)	ア	○	イ	太郎さん　　m　次郎さん　　m
	ウ	a，bの値を求める過程 答 aの値　　，bの値		

■平成28年度問題

4 次の問いに答えなさい。

(2)　右の図のような，CA∥CBである台形OABCがあり，OA＝25cm，AB＝8cm，BC＝21cm，∠OAB＝∠ABC＝90°である。

点Oを通り，線分OAに垂直な直線をひく。この直線上に，直線OAについて２点E，Cと同じ側にOD＝25 cmとなる点Dをとる。

点Pは，点Oを出発して，毎秒1cmの速さで，線分OA上を点Aまで動く点である。点Qは，点Oを点Pと同時に出発して，OQ＝OPとなるように，線分OD上を動く点である。

２点P，Qが点Oを出発してからx秒後に，台形OABCを線分PQが分けてできる図形のうち，点Oを含む図形をSとするとき，次のア～ウの問いに答えよ。

ア　点Pが点Oを出発してから25秒後にできる図形Sの面積は何cm²か。

イ　$0 \leqq x \leqq 12$，$12 \leqq x \leqq 25$のそれぞれの場合について，図形Sの面積は何cm²か。それぞれxを使った式で表せ。

ウ　点Pが点Oを出発してから点Aまで動く途中の14秒間で，図形Sの面積が６倍になるのは，点Pが点Oを出発してから何秒後から何秒後までの14秒間か。t秒後からの14秒間として，tの値を求めよ。tの値を求める過程も，式と計算を含めて書け。

(2)	ア	cm²	イ	$0 \leqq x \leqq 12$のとき　cm²　$12 \leqq x \leqq 25$のとき　cm²
	ウ	tの値を求める過程 答　tの値		

■令和２年度問題

4 次の問いに答えなさい。

(2)　右の図のような△ABCがあり，AB＝10cm，BC＝20cmで，△ABCの面積は90cm²である。

点Pは，点Aを出発して，毎秒１cmの速さで，辺AB上を点Bまで動く点である。点Qは，点Pが点Aを出発するのと同時に点Bを出発して，毎秒２cmの速さで，辺BC上を点Cまで動く点である。

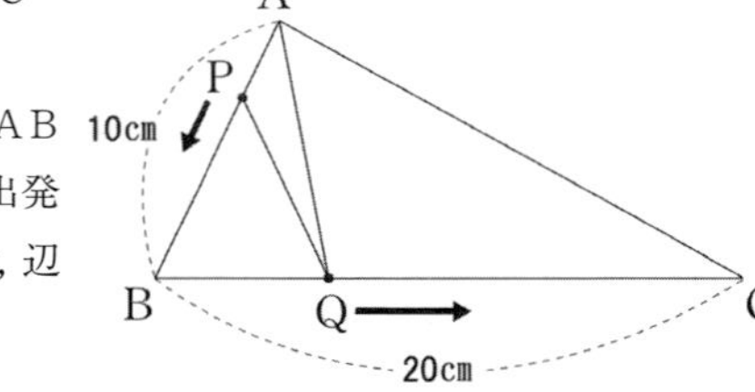

これについて，次のア～ウの問いに答えよ。

ア　点Pが点Aを出発してから３秒後にできる△ABQの面積は何cm²か。

イ　点Pが点Aを出発してからx秒後にできる△APQの面積は何cm²か。xを使った式で表せ。

ウ　$0 < x \leqq 9$とする。点Pが点Aを出発してからx秒後にできる△APQの面積に比べて，その１秒後にできる△APQの面積が３倍になるのは，xの値がいくらのときか。xの値を求める過程も，式と計算を含めて書け。

(2)	ア	cm²	イ	cm²
	ウ	xの値を求める過程 答　xの値		

■令和４年度問題

4 (2) 下の図1のように，BC＝6 cm，CD＝8 cmの長方形ABCDと，FG＝6 cm，GH＝4 cmの長方形EFGHがある。点Aと点Eは重なっており，点Fは辺ABをAの方に延長した直線上にあり，点Hは辺DAをAの方に延長した直線上にある。

図1の状態から，長方形ABCDを固定して，点Eが対角線AC上にあるようにして，矢印の向きに長方形EFGHを平行移動させる。下の図2は，移動の途中の状態を示したものである。

点Eが，点Aを出発して，毎秒1 cmの速さで，対角線AC上を点Cに重なるまで動くとき，点Eが点Aを出発してから x 秒後に，長方形ABCDと長方形EFGHが重なってできる図形をSとして，あとのア～ウの問いに答えよ。

図１

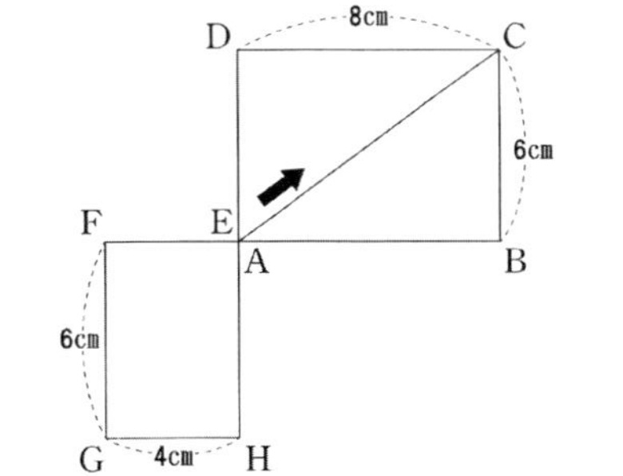

図２

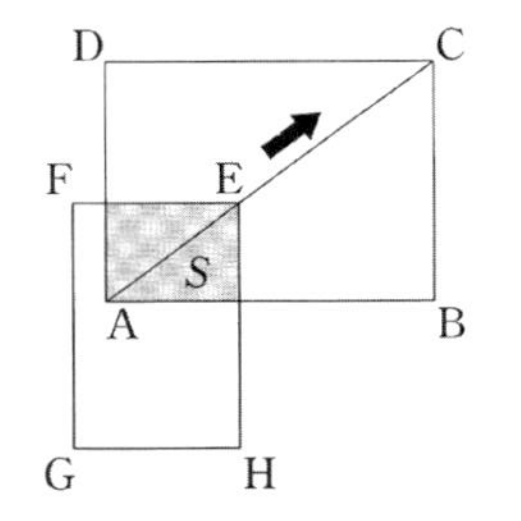

ア　点Fが辺DA上にあるとき，図形Sの面積は何cm²か。

イ　$0 \leqq x \leqq 5$，$5 \leqq x \leqq 10$のそれぞれの場合について，図形Sの面積は何cm²か。xを使った式で表せ。

ウ　点Eが点Aを出発してからt秒後にできる図形Sの面積に比べて，その6秒後にできる図形Sの面積が5倍になるのは，tの値がいくらのときか。tの値を求める過程も，式と計算を含めて書け。

(2)	ア	cm²	
	イ	$0 \leqq x \leqq 5$のとき　cm²	$5 \leqq x \leqq 10$のとき　cm²
	ウ	tの値を求める過程 答 tの値	

資料の整理

■平成26年度問題

3 (2) 右の図は，生徒数40名の学級で，最近１か月間に読んだ本の冊数の分布をヒストグラムに表したものである。このヒストグラムから，生徒40名が最近１か月間に読んだ本の冊数の中央値を求めよ。

(2) ＿＿＿冊

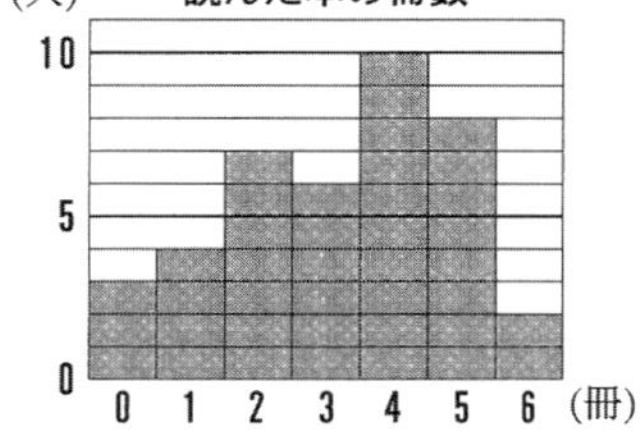

■平成27年度問題

3 (3) 右の表は，花子さんのクラスの女子15人について，立ち幅とびの記録を度数分布表に整理したものである。この表から，この15人の立ち幅とびの記録の最頻値を求めると何cmになるか。

(3) ＿＿＿cm

立ち幅とびの記録

階級(cm)	度数(人)
以上 120 ～ 140 未満	1
140 ～ 160	4
160 ～ 180	5
180 ～ 200	2
200 ～ 220	2
220 ～ 240	1
計	15

■平成29年度問題

3 (2) 右の表は，次郎さんのクラスの40人について，10月に読んだ本の冊数を度数分布表に整理したものである。この表から，この40人が10月に読んだ本の冊数の中央値を含む階級の相対度数を求めよ。

(2) ＿＿＿

読んだ本の冊数

階級(冊)	度数(人)
以上 0 ～ 5 未満	14
5 ～ 10	8
10 ～ 15	10
15 ～ 20	5
20 ～ 25	3
計	40

■令和２年度問題

3 次の問いに答えなさい。

(2) 右の図は，花子さんのクラスの生徒30人について，通学時間をヒストグラムに表したものである。このヒストグラムでは，たとえば，通学時間が30分以上40分未満である生徒が4人いることを表している。このヒストグラムから，この30人の通学時間の最頻値を求めると何分になるか。

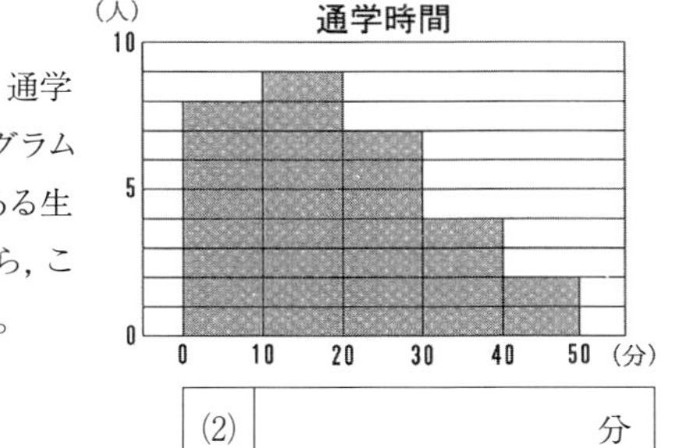

(2) ＿＿＿分

■平成30年度問題

4 (1) 下のメモは，魚釣り大会に参加した太郎さんが，レポートを作成するためにまとめたものである。これについて，あとのア，イの問いに答えよ。

太郎さんのメモ

順位の決め方
・釣った魚は1匹ずつ重さを測定する。
・参加者の記録は，釣った魚のうち，最も重い魚の重さとする。
・参加者の記録の大きい方から順位を決定するが，同じ記録のときは同じ順位とする。

大会の結果
・参加者20人全員が魚を釣った。
・同じ順位の参加者はいなかった。
・参加者全員の記録の平均値は500gであった。
・右の図は，参加者全員の記録のヒストグラムであり，記録が200g以上400g未満の階級の人数が最も多かった。

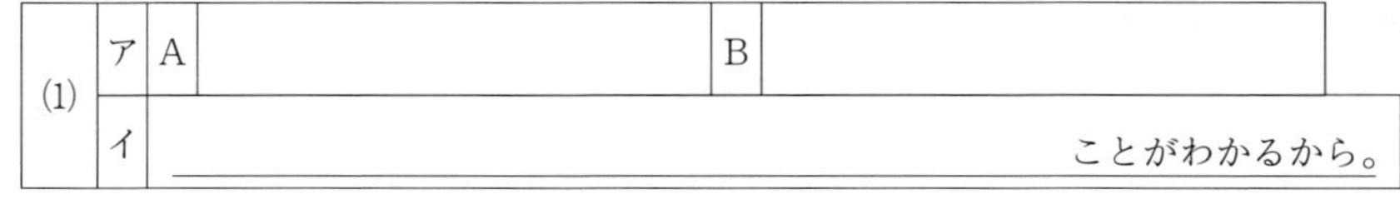

私の結果
・私の釣った魚の重さの測定値は，①382gと460gであった。
・私の記録は460gで，参加者全員の記録の平均値よりも小さかったが，②私の順位は上位10位以内であった。

ア　次の文は，下線部①の測定値について，述べようとしたものである。文中のA，Bの［　　］内にあてはまる数をそれぞれ求めよ。

382gが小数第1位を四捨五入して得られた測定値である場合，真の値の範囲は［ A ］g以上［ B ］g未満となる。

イ　下線部②のようにいえるのは，ヒストグラムからどのようなことがわかるからか。簡単に書け。

(1)	ア	A		B	
	イ	ことがわかるから。			

■平成31年度問題

3 (3) 右の表は，市内にあるA中学校の生徒80人とB中学校の生徒40人について，50m走の記録を度数分布表に整理したものである。記録が7.0秒未満の生徒は市内でおこなわれる陸上競技大会に出場できる。次の文は，この表から読みとれることを述べようとしたものである。文中のP，Qの［　　］内にあてはまる数をそれぞれ求めよ。また，文中の〔　　〕内にあてはまる言葉を㋐，㋑から1つ選んで，その記号を書け。

50m走の記録

階級(秒)	度数(人) A中学校	度数(人) B中学校
以上　未満		
6.0 ～ 6.5	4	2
6.5 ～ 7.0	8	6
7.0 ～ 7.5	20	7
7.5 ～ 8.0	24	13
8.0 ～ 8.5	18	10
8.5 ～ 9.0	6	2
計	80	40

表から，記録が7.0秒未満の階級の相対度数の合計をそれぞれ求めると，A中学校は［ P ］，B中学校は［ Q ］だから，市内でおこなわれる陸上競技大会に出場できる生徒の人数の割合は，A中学校の方がB中学校に比べて〔㋐大きい　㋑小さい〕といえる。

(3)	P		Q		記号	○

■令和3年度問題

3 (1) 右の表は，ある学級の生徒10人について，通学距離を調べて，度数分布表に整理したものである。この表から，この10人の通学距離の平均値を求めると何kmになるか。

通学距離

階級(km)	度数(人)
以上　未満	
0 ～ 1	3
1 ～ 2	4
2 ～ 3	2
3 ～ 4	1
計	10

(1)	km

■令和4年度問題

3 (2) 表は，4月から9月までの6か月間に，太郎さんが図書館で借りた本の冊数を月ごとに記録したものである。太郎さんは，10月に4冊の本を図書館で借りたので，10月の記録をこの表に付け加えようとしている。次の文は，10月の記録をこの表に付け加える前後の代表値について述べようとしたものである。文中の2つの〔　　〕内にあてはまる言葉を，㋐～㋒から1つ，㋓～㋕から1つ，それぞれ選んで，その記号を書け。

太郎さんが図書館で借りた本の冊数について，4月から9月までの6か月間における月ごとの冊数の平均値に比べて，4月から10月までの7か月間における月ごとの冊数の平均値は，〔㋐大きい　㋑変わらない　㋒小さい〕。また，4月から9月までの6か月間における月ごとの冊数の中央値に比べて，4月から10月までの7か月間における月ごとの冊数の中央値は，〔㋓大きい　㋔変わらない　㋕小さい〕。

月	4	5	6	7	8	9
冊数(冊)	1	6	4	2	8	3

(2)	○と○

公立高校入試出題単元

過去9年間
（平成26年～令和4年まで）

英　語

対話文

平成26年 2
平成27年 2
平成28年 2
平成29年 2
平成30年 2
平成31年 2
令和2年 2
令和3年 2
令和4年 2

長文〔スピーチ・手紙・e-mail〕

平成26年 3（スピーチ:適語選択·英訳·語形変化·適語補充·並べ替え）
平成27年 3（スピーチ:適語選択·並べ替え·語形変化·英訳）
平成29年 3（スピーチ:適語選択·並べ替え·語形変化·英訳）
平成30年 3（スピーチ:語形変化·適語選択·英訳·並べ替え）
平成31年 3（スピーチ:並べ替え·適語選択·語形変化·英訳）
令和2年 3（スピーチ:適語選択·語形変化·並べ替え·英訳）
令和3年 3（スピーチ:語形変化・空欄補充・和文英訳・並びかえ）
令和4年 3（スピーチ:適語選択・和文英訳・並びかえ）

長文読解

平成26年 4（内容把握·適語選択·英質英答）
平成27年 4（適語選択·内容把握·英質英答）
平成28年 4（適文選択·内容把握·英質英答）
平成29年 4（適語選択·英訳·内容理解·英質英答）
平成30年 4（適語補充·内容理解·英質英答·内容真偽）
平成31年 4（適語選択·内容把握·適文挿入·英質英答）
令和2年 4（適語選択·内容把握·英質英答·内容真偽）
令和3年 4（空欄補充・内容把握・英質英答・内容真偽）
令和4年 4（適文補充・適語選択・内容把握・英質英答・内容真偽）

英作文

平成26年 5（2文·各5語以上）
平成27年 5（2文·各5語以上）
平成28年 5（2文·各5語以上）
平成29年 5（4文·各5語以上）
平成30年 5（4文·各5語以上）
平成31年 5（4文·各5語以上）
令和2年 5（4文·各5語以上）
令和3年 5（4文·各5語以上）
令和4年 5（4文·各5語以上）

リスニング問題

令和3年 1
令和4年 1

対話文

■平成26年度問題

2 次の対話文は，日本の中学校で英語を教えている Ms. Davis と，生徒の Rika の会話である。これを読んで，あとの(1)～(3)の問いに答えなさい。

Rika: Good morning, Ms. Davis.
Ms. Davis: Good morning, Rika.
Rika: [(a)] You were walking with your friend.
Ms. Davis: Well.... ①I think that's my sister. She's as old as you. She came to Japan last week, and we went to Mayu's concert yesterday.
Rika: Wow! I love Mayu's songs, too. Can I talk with your sister?
Ms. Davis: I'm sorry, Rika. [(b)]
Rika: Oh, no! Will she come to Japan again?
Ms. Davis: Yes, I think so. Perhaps during the summer vacation.
Rika: [(c)]
Ms. Davis: Sure. Why don't you send an e-mail to her?
Rika: Great! I'll write my message in English. [(d)]
Ms. Davis: OK, I will. You can write about Mayu. Oh, let's go to Mayu's concert with her this summer.
Rika: That's wonderful! ②I'm looking [ ] to it.

(1) 本文の内容からみて，文中の(a)～(d)の[ ]内にあてはまる英文は，次のア～クのうちのどれか。最も適当なものをそれぞれ一つずつ選んで，その記号を書け。

ア It's very popular.　イ She bought many Japanese things.
ウ Can I meet her then?　エ I saw you near the station yesterday.
オ Could you check it, please?　カ Do you know my sister?
キ Can you read it for me now?　ク She left Japan this morning.

(1)	(a)		(b)		(c)		(d)	

(2) 下線部①の英文の中で，ふつう最も強く発音される語は，次のア～エのうちのどれか。最も適当なものを一つ選んで，その記号を書け。

I think(ア) that's(イ) my(ウ) sister(エ).

(2)	

(3) 下線部②を，「私はそれを楽しみに待っています。」という意味にするには，[ ]内に，どのような語を入れたらよいか。最も適当な語を一つ書け。

(3)	

■平成27年度問題

2 次の対話文は，日本の中学校で英語を教えている Mr.Brown と，生徒の Koji の会話である。これを読んで，あとの(1)～(3)の問いに答えなさい。（＊印をつけた語は，あとの㊟を参考にしなさい。）

Koji: Mr.Brown, I found an interesting *article in the English newspaper.
Mr.Brown: What article? [(a)]
Koji: Some Japanese soccer fans cleaned the *stadium after they watched the soccer game.
Mr.Brown: [(b)] ①They did a wonderful thing.
Koji: I agree. Oh, Mr.Brown, do you know about some volunteers cleaning the river in this town?
Mr.Brown: Yes. There are many kinds of garbage along the river. [(c)]
Koji: That's right! But how do you know that?
Mr.Brown: [(d)] It was a good experience.
Koji: Really? My father cleaned the river with them too.
Mr.Brown: Wow! I didn't know that.
Koji: In this town, there are nice people like the soccer fans. I'll clean the river with the volunteers next time.
Mr.Brown: ②That's a good [ ].
Koji: Yes, I love this town!

㊟ article：記事　stadium：競技場

(1) 本文の内容からみて，文中の(a)～(d)の[ ]内にあてはまる英文は，次のア～クのうちのどれか。最も適当なものをそれぞれ一つずつ選んで，その記号を書け。

ア I joined the volunteers last month.　イ They clean it three times every year.
ウ They all should do like us.　エ He visited the river last year.
オ My father will be a volunteer.　カ Please tell me about it.
キ I also saw the fans on TV.　ク Have you heard about the stadium?

(1)	(a)		(b)		(c)		(d)	

(2) 下線部①の英文の中で，ふつう最も強く発音される語は，次のア～エのうちのどれか。最も適当なものを一つ選んで，その記号を書け。

They(ア) did(イ) a wonderful(ウ) thing(エ).

(2)	

(3) 下線部②を，「それはよい考えだ。」という意味にするには，[ ]内に，どのような語を入れたらよいか。最も適当な語を一つ書け。

(3)	

■平成28年度問題

2 次の対話文は，新聞部員の Koji が，彼の中学校に新しくALTとして来た Ms.Brownに，インタビューをしたときの会話である。これを読んで，あとの(1)～(3)の問いに答えなさい。（*印をつけた語は，あとの㊟を参考にしなさい。）

Koji: Ms. Brown, I'm Koji. Can I start the *interview now?

Ms.Brown: Hi, Koji. ①Yes, of [　　].

Koji: First, you've just started a new life. What do you think of Kagawa?

Ms.Brown: Well.... ②It's a good place to me. People in Kagawa are kind, and the food is very good.

Koji: Thank you. I think so, too. [(a)]

Ms.Brown: Yes, I'm from Canada.

Koji: Please tell me about your country.

Ms.Brown: Sure. [(b)] We can enjoy beautiful views of the mountains. Koji, a lot of Japanese people visit our country to see them every year.

Koji: Wow! How many Japanese people visit your country?

Ms.Brown: [(c)]

Koji: Oh, so many people! Canada is a popular country in Japan.... *Finally, Ms.Brown, we're looking forward to your English class. Is there anything you want to say about it?

Ms.Brown: Please talk to me in English. [(d)]

Koji: Thank you for your time.

㊟ interview：インタビュー　　finally：最後に

(1) 下線部①を，「はい，もちろんです。」という意味にするには，[　　] 内に，どのような語を入れたらよいか。最も適当な語を一つ書け。

(2) 下線部②の英文の中で，ふつう最も強く発音される語は，次のア～エのうちのどれか。最も適当なものを一つ選んで，その記号を書け。

It's(ア) a good(イ) place(ウ) to me(エ).

(1)		(2)	

(3) 本文の内容からみて，文中の(a)～(d)の [　　] 内にあてはまる英文は，次のア～クのうちのどれか。最も適当なものをそれぞれ一つずつ選んで，その記号を書け。

ア I've been to Kagawa ten times.　　イ Let's study English together.
ウ Many foreign students visit Japan.　　エ Can I study English in Canada?
オ I hear about 240,000 people do.　　カ Do you know why they are good?
キ You're from Canada, right?　　ク We have beautiful nature.

(3)	(a)		(b)		(c)		(d)	

■平成29年度問題

2 次の対話文は，中学生のKeikoと，アメリカから来た留学生のBillとの，学校からの帰り道での会話である。これを読んで，あとの(1)～(3)の問いに答えなさい。（*印をつけた語句は，あとの㊟を参考にしなさい。）

Bill: Hi, Keiko. You're *in a hurry. Why?

Keiko: Because my brother is going to call me from Australia today.

Bill: Oh, really? [(a)]

Keiko: He is studying traditional art in Australia.

Bill: Where is he staying in Australia?

Keiko: [(b)] He gave me a letter with a few pictures. It says that there are a lot of old houses and churches in Sydney.

Bill: That's right. [(c)]

Keiko: Wow! Why did you go to Sydney?

Bill: ①I went there to swim. I like beautiful *beaches in Australia. [(d)]

Keiko: For about two years.

Bill: That's a long time. Have you heard about his life in Australia?

Keiko: No, I haven't. ②He has been very [　　] since he arrived in Sydney. I want to talk with him a lot today.

Bill: Have a good time!

Keiko: Thank you, Bill.

㊟ in a hurry：急いで　　beach(es)：砂浜

(1) 本文の内容からみて，文中の(a)～(d)の [　　] 内にあてはまる英文は，次のア～クのうちのどれか。最も適当なものをそれぞれ一つずつ選んで，その記号を書け。

ア When did he go there?　　イ How long have you been there?
ウ I once visited there.　　エ What is he doing there?
オ He is staying in Sydney.　　カ How long is he going to stay there?
キ He came back from Sydney.　　ク I have never visited there.

(2) 下線部①の英文の中で，ふつう最も強く発音される語は，次のア～エのうちのどれか。最も適当なものを一つ選んで，その記号を書け。

I(ア) went(イ) there(ウ) to swim(エ).

(3) 下線部②を，「彼はシドニーに着いてからとても忙しいです。」という意味にするには，[　　] 内にどのような語を入れたらよいか。最も適当な語を一つ書け。

(1)	(a)		(b)		(c)		(d)		(2)	
(3)										

■平成30年度問題

2 次の対話文は，香川県の栗林（りつりん）公園（Ritsurin Garden）を訪れたいと思っている海外からの旅行者（traveler）と，中学生のMasaoの会話である。これを読んで，あとの(1)～(3)の問いに答えなさい。（＊印をつけた語句は，あとの㊟を参考にしなさい。）

Traveler： [(a)] Could you tell me how to get to Ritsurin Garden?

Masao： Sure. Take that Bus No. 53.

Traveler： [(b)]

Masao： That's right. Then *get off at *Ritsurin Koen Mae.* ①<u>You'll see the garden in front of you.</u>

Traveler： [(c)]

Masao： Well, I don't think it will take a long time. Perhaps about 20 minutes.

Traveler： I decided to visit it during my travel around Japan. ②<u>I heard Ritsurin Garden was very [ ] and beautiful.</u>

Masao： Yes, it's really great. You can enjoy walking around the garden, taking pictures, and also seeing beautiful flowers and trees from a boat on the water.

Traveler： Really? From a boat! That sounds interesting! Thank you very much for telling me the way to Ritsurin Garden and giving me the new *information.

Masao： You're welcome. [(d)]

Traveler： Thanks. Goodbye.

Masao： Goodbye.

㊟ get off：おりる　information：情報

(1) 本文の内容からみて，文中の(a)～(d)の[ ]内にあてはまる英文は，次のア～クのうちのどれか。最も適当なものをそれぞれ一つずつ選んで，その記号を書け。

ア I'm sorry.　イ Excuse me.
ウ I'll stay here.　エ Please leave a message.
オ Please enjoy your stay in Kagawa.　カ Do you often take a walk?
キ How long will it take?　ク Take that bus?

(2) 下線部①の英文の中で，ふつう最も強く発音される語は，次のア～エのうちのどれか。最も適当なものを一つ選んで，その記号を書け。

<u>You'll</u>(ア) <u>see</u>(イ) the <u>garden</u>(ウ) in <u>front</u>(エ) of you.

(3) 下線部②を，「私は，栗林公園はとても静かで美しいと聞きました。」という意味にするには，[ ]内に，どのような語を入れたらよいか。最も適当な語を一つ書け。

(1)	(a)		(b)		(c)		(d)		(2)	
(3)										

■平成31年度問題

2 次の対話文は，日本の中学校に来て間もない留学生のAlexと，中学生のMakotoの会話である。これを読んで，あとの(1)～(3)の問いに答えなさい。

Makoto： Hello, Alex. [(a)]

Alex： Hi, Makoto. I'm reading Japanese *manga.*

Makoto： Can you read *manga* written in Japanese?

Alex： Yes, I can. After I became interested in Japanese *manga* and *anime* in my country, I started to study Japanese. [(b)]

Makoto： Really? That's great. Are Japanese *manga* and *anime* popular in your country?

Alex： Yes. ①<u>They are popular among young people.</u> In my country Japanese *manga* are written in English.

Makoto： [(c)] I love Japanese *manga*, too. I have many comics in my house. Do you want to come to my house this afternoon?

Alex： I want to visit your house, but I have another plan to do this afternoon.

Makoto： Why don't you come to my house this Saturday afternoon?

Alex： [(d)] ②<u>When and where shall [ ] meet?</u>

Makoto： Let's meet in front of the station at 1 p.m.

(1) 本文の内容からみて，文中の(a)～(d)の[ ]内にあてはまる英文は，次のア～クのうちのどれか。最も適当なものをそれぞれ一つずつ選んで，その記号を書け。

ア I'm surprised to hear that.　イ Sure, I will.
ウ Studying math is interesting.　エ I don't know what you mean.
オ What are you doing?　カ What did you do at that time?
キ I have never read Japanese *manga.*
ク I have studied Japanese for three years.

(2) 下線部①の英文の中で，ふつう最も強く発音される語は，次のア～エのうちのどれか。最も適当なものを一つ選んで，その記号を書け。

<u>They</u>(ア) are <u>popular</u>(イ) among <u>young</u>(ウ) <u>people</u>(エ).

(3) 下線部②を，「いつ，どこで会いましょうか。」という意味にするには，[ ]内に，どのような語を入れたらよいか。最も適当な語を一つ書け。

(1)	(a)		(b)		(c)		(d)		(2)	
(3)										

■令和２年度問題

2 次の対話文は，日本の中学校に来ている留学生のEllenと，クラスメートのMisaの会話である。これを読んで，あとの(1)～(3)の問いに答えなさい。（＊印をつけた語句は，あとの㊟を参考にしなさい。）

Misa: Hello, do you like school life in Japan?
Ellen: Hi, Misa. Yes. There are many events.
Misa: [(a)]
Ellen: Yes, such as sports day, chorus contest, and school trip.
Misa: What did you enjoy the most?
Ellen: I enjoyed sports day the most. Can I ask you a question about the school events?
Misa: [(b)]
Ellen: Our school had an *emergency drill last week, and a teacher talked about an earthquake in this *area in the near future. Did you know about it?
Misa: Yes. ①<u>We may have a big earthquake.</u> So, our school has a *hazard map. Have you ever seen it?
Ellen: No. [(c)]
Misa: It's a map which shows you the dangerous places in *disasters. ②<u>If you know about the map, you will be [　　] to save your life when a disaster happens.</u> [(d)]
Ellen: Sure. I should know it!

㊟emergency drill：防災訓練　area：地域　hazard map：ハザードマップ　disaster(s)：災害

(1) 本文の内容からみて，文中の(a)～(d)の[　　]内にあてはまる英文は，次のア～クのうちのどれか。最も適当なものをそれぞれ一つずつ選んで，その記号を書け。

ア I'll call you back.　イ Do you think so many?
ウ What is the hazard map?　エ No, you didn't.
オ Why don't we go to the event?　カ Did you make the hazard map?
キ Yes, of course.　ク Do you want to go and look at it?

(2) 下線部①の英文の中で，ふつう最も強く発音される語は，次のア～エのうちのどれか。最も適当なものを一つ選んで，その記号を書け。

We(ア) may have(イ) a big(ウ) earthquake(エ).

(3) 下線部②を，「もし，あなたがその地図について知っていれば，災害が起きたとき，あなたはあなたの命を救うことができるでしょう。」という意味にするには，[　　]内に，どのような語を入れたらよいか。最も適当な語を一つ書け。

(1)	(a)		(b)		(c)		(d)		(2)	
(3)										

■令和３年度問題

2 次の対話文は，日本の中学校に来ている留学生のMaryと，クラスメートのSakiが，買い物に行ったときの会話である。これを読んで，あとの(1)～(3)の問いに答えなさい。（＊印をつけた語句は，あとの㊟を参考にしなさい。）

Saki: This is the supermarket I always go to. [(a)]
Mary: No. This is my first time. It looks good. Well, what are you going to buy?
Saki: ①<u>I need some eggs to make a cake.</u>
Mary: OK. Let's go.

(*after shopping*)

Mary: I heard that the *cashier said, "'*My bag' o omochidesuka*?" Did she say, "Do you have 'my' bag?"
Saki: Yes, she did.
Mary: So, do you have her bag?
Saki: [(b)] I don't even know her.
Mary: ②<u>What does that [　　] ?</u>
Saki: "Do you have 'my bag'?" is "Do you need a *plastic bag?" If you need a plastic bag, it *costs five yen in this store. All stores started to *charge us for plastic bags last July in Japan.
Mary: Oh, I see! [(c)] I always bring "my bag." But in my country, we say *reusable bags in English.
Saki: Really? I thought "my bag" was English.
Mary: [(d)] But we don't use the words to say "reusable bag." It's a different way of saying.
Saki: I see. That's interesting!

㊟ cashier：レジ係　plastic bag：プラスチック製のレジ袋　cost(s)：費用がかかる
charge～for…：～に…の料金を請求する　reusable：再使用可能な

(1) 本文の内容からみて，文中の(a)～(d)の[　　]内にあてはまる英文は，次のア～クのうちのどれか。最も適当なものをそれぞれ一つずつ選んで，その記号を書け。

ア No, I don't.　イ We didn't use bags.
ウ So, where are you going?　エ Yes, it is English.
オ I don't know how to buy it.　カ Have you ever come here?
キ It's the same in my country.　ク No, they speak English.

(2) 下線部①の英文の中で，ふつう最も強く発音される語は，次のア～エのうちのどれか。最も適当なものを一つ選んで，その記号を書け。

I need(ア) some eggs(イ) to make(ウ) a cake(エ).

(3) 下線部②を，「それはどういう意味ですか。」という意味にするには，[　　]内にどのような語を入れたらよいか。最も適当な語を一つ書け。

(1)	(a)		(b)		(c)		(d)		(2)		(3)	

■令和4年度問題

2 次の対話文は，日本の中学校に来ている留学生のEmmaと，クラスメートのRikoの会話である。これを読んで，あとの(1)～(3)の問いに答えなさい。（＊印をつけた語句は，あとの㊟を参考にしなさい。）

Riko　：　Hi, Emma. ［ (a) ］
Emma：　I'm OK. but I've been busy this week. ［ (b) ］
Riko　：　I'm going to go to a new *aquarium on Sunday. I love *penguins.
Emma：　Oh, you love penguins. In my country, Australia, you can see penguins *in wildlife.
Riko　：　Wow, ①<u>I can't ［　　］ it!</u> If I were in Australia, I could see penguins in wildlife. They are small and so cute!
Emma：　I know. But I watched the news about a *giant penguin.
Riko　：　What? A giant penguin? Tell me more about it.
Emma：　The news said a penguin's leg *fossil was found. It was from about 60 *million years ago. And the giant penguin was about 1.6 meters tall and 80 *kilograms.
Riko　：　Really? ［ (c) ］ I don't like big sea animals. If giant penguins were in this world, ②<u>I would be very scared of them.</u>
Emma：　Don't worry. That's a very long time ago, and penguins in this world are so cute. I want to see penguins in the new aquarium. ［ (d) ］
Riko　：　Sure. Let's enjoy cute little penguins in this world!

㊟ aquarium：水族館　　penguin(s)：ペンギン　　in wildlife：野生の
giant：巨大な　　fossil：化石　　million：100万　　kilogram(s)：キログラム

(1) 本文の内容からみて，文中の(a)～(d)の［　　］内にあてはまる英文は，次のア～クのうちのどれか。最も適当なものをそれぞれ一つずつ選んで，その記号を書け。

ア　What were you doing?　　　イ　They are too expensive!
ウ　How are you?　　　エ　What are your plans for this weekend?
オ　What did you do last night?　　　カ　They help me with my English.
キ　It is taller and bigger than me!　　　ク　Can I join you?

(2) 下線部①を，「私はそれを信じることができない。」という意味にするには，［　　］内に，どのような語を入れたらよいか。最も適当な語を一つ書け。

(3) 下線部②に scared という語があるが，この語と同じような意味を表す語は，次のア～エのうちのどれか。最も適当なものを一つ選んで，その記号を書け。

ア　angry　　イ　happy　　ウ　excited　　エ　afraid

(1)	(a)		(b)		(c)		(d)	
(2)		(3)						

長文〔スピーチ・手紙・e-mail〕

■平成26年度問題

3 次の文章は，香川県の中学生の由紀(ゆき)が，英語の授業でおこなったスピーチである。これを読んで，あとの(1)～(9)の問いに答えなさい。（＊印をつけた語句は，あとの㊟を参考にしなさい。）

Today I'm going to talk about my dream for the future. I want to be a *tour guide and *introduce Kagawa to foreign people.

I have wanted to be a tour guide ①［　　］ last summer. Last August, I visited *Naoshima to see an art festival with my friends. There were many foreign people in Naoshima. ②<u>彼らは古い家の写真を撮っていました。</u> They ③［　　］ really happy. I wanted to show them some other places in Kagawa, too.

When we were coming back from Naoshima, we ④(meet) three foreign students on the *ferry. They were speaking a language which I didn't know, but I asked them in English, "Where are you from?" One of them answered in English, "We are from *France. We came to Japan ⑤<u>for the ［　　］ time</u>. We went to Tokyo and Kyoto, and came to Naoshima today." Another student said, "Wow, look at the *sunset and the *shining sea. The *islands and the bridge over there are beautiful, too. ⑥<u>I think (is　than sea beautiful this more) the sea in my country.</u>" I was happy because they liked our sea, and we enjoyed talking with them in English.

⑦<u>I think English (to important study is because language an) people from different countries can share their ideas through English.</u> ⑧［　　］ I will study English hard. I will also learn about the history and culture of Kagawa. ⑨<u>In the future, (私は香川を世界中で有名にしたい) by working as a tour guide.</u> Thank you.

㊟ tour guide：観光ガイド　　introduce：紹介する
Naoshima：直島(瀬戸内海東部にある香川県に属する島)　　ferry:フェリー
France：フランス　　sunset：夕焼け　　shining：輝いている　　island(s)：島

(1) ①の［　　］内にあてはまる語は，本文の内容からみて，次のア～エのうちのどれか。最も適当なものを一つ選んで，その記号を書け。

ア　for　　イ　in　　ウ　since　　エ　during

(2) 下線部②の日本文を英語で書き表せ。

(3) ③の［　　］内にあてはまる語は，次のア～エのうちのどれか。最も適当なものを一つ選んで，その記号を書け。

ア　saw　　イ　looked　　ウ　watched　　エ　found

(4) ④の（　　）内の meet を，最も適当な形になおして一語で書け。

(5) 下線部⑤を，「はじめて」という意味にするには，［　　］内に，どのような語を入れたらよいか。最も適当な語を一つ書け。

(6) 下線部⑥の（　　）内のすべての語を，意味が通るように，正しく並べかえて書け。

(7) 下線部⑦の（　　）内のすべての語を，意味が通るように，正しく並べかえて書け。

(8) ⑧の [ ] 内にあてはまる語は，本文の内容からみて，次のア～エのうちのどれか。最も適当なものを一つ選んで，その記号を書け。

ア But　　イ When　　ウ If　　エ So

(9) 下線部⑨の（　　）内の日本文を英語で書き表せ。

(1)		(3)		(4)		(5)		(8)	
(2)									
(6)	I think ＿＿＿＿ the sea in my country.								
(7)	I think English ＿＿＿＿ ＿＿ people from different countries can share their ideas through English.								
(9)	In the future, ＿＿＿＿ ＿＿＿＿ by working as a tour guide.								

■平成27年度問題

3 次の文章は，拓也が，英語の授業でおこなったスピーチである。これを読んで，あとの(1)～(9)の問いに答えなさい。（＊印をつけた語句は，あとの㊟を参考にしなさい。）

My family *runs a small *inn. One Saturday, my father came to my room and said, "Two foreign *women came and talked to me, but I can't speak English! Takuya, ①[ ] you help me?" So I went to the *entrance and met them. One of them said to me, "Hello, I'm Kate and this is Becky. We're from America. We want to stay here tonight. Do you have a room for two people?" I couldn't understand ②[ ] she said, so I asked, "Could you say that again, please?" ③(a asked it I question was) many times in my English class. Then, she asked me again slowly. ④This time (English understand to was her it easier). I ⑤(tell) my father about her question, and he said to them, "*OK, OK. Please, please.*" Then he *served tea to them. Becky said, "I have never had such a wonderful tea ⑥[ ]."

After that, my father said to me, "Thank you, Takuya. Now we can welcome foreign people because you can speak English. Our inn is becoming *international." When I heard this, I *was very proud of myself.

After dinner, my father and I served tea to Kate and Becky. ⑦私たちはアメリカと日本の間(あいだ)の違いについて話しました。 Becky said, "I like Japanese *hospitality very much. ⑧[ ], when we came here this afternoon, we didn't say anything about tea, but you served it to us. I was moved by your hospitality." This time I was very proud of my father.

⑨Through this experience, (私はもっと英語を勉強することを決心しました). And in the future, I want to welcome a lot of foreign people to our inn with our best hospitality.

㊟ run(s)：経営する　inn：旅館　women：woman の複数形　entrance：玄関
served tea：お茶を出した　international：国際的な
was very proud of ～：～をとても誇りに思った　hospitality：おもてなし

(1) ①の [ ] 内にあてはまる語は，本文の内容からみて，次のア～エのうちのどれか。最も適当なものを一つ選んで，その記号を書け。

ア should　　イ must　　ウ may　　エ can

(2) ②の [ ] 内にあてはまる語は，本文の内容からみて，次のア～エのうちのどれか。最も適当なものを一つ選んで，その記号を書け。

ア what　　イ who　　ウ which　　エ where

(3) 下線部③の（　　）内のすべての語を，意味が通るように，正しく並べかえて書け。

(4) 下線部④が，「今回は彼女の英語を理解することはより簡単でした。」という意味になるように，（　　）内のすべての語を，正しく並べかえて書け。

(5) ⑤の（　　）内の tell を，最も適当な形になおして一語で書け。

(6) ⑥の [ ] 内にあてはまる語は，次のア～エのうちのどれか。最も適当なものを一つ選んで，その記号を書け。

ア soon　　イ later　　ウ ago　　エ before

(7) 下線部⑦の日本文を英語で書き表せ。

(8) ⑧の [ ] 内にあてはまるものは，本文の内容からみて，次のア～エのうちのどれか。最も適当なものを一つ選んで，その記号を書け。

ア Of course　　イ All day
ウ For example　　エ After a while

(9) 下線部⑨の（　　）内の日本文を英語で書き表せ。

(1)		(2)		(5)		(6)		(8)	
(3)	＿＿＿＿ many times in my English class.								
(4)	This time ＿＿＿＿.								
(7)	＿＿＿＿.								
(9)	Through this experience, ＿＿＿＿ ＿＿＿＿.								

■平成29年度問題

3 次の文章は，健司(けんじ)が，英語の授業でおこなったスピーチである。これを読んで，あとの(1)～(9)の問いに答えなさい。（＊印をつけた語句は，あとの㊟を参考にしなさい。）

This summer, I went to America and stayed with an American family in New York. I visited a lot of sightseeing places ①［　　］ *the Statue of Liberty and Times Square with my host father, Mr. Baker. I also enjoyed the food there.

One morning, Mr. Baker said to me,“Kenji, you have stayed here for two weeks, and you went to some shops near here alone. ②［　　］ don't you go to *Yankee Stadium *by yourself ?” I became afraid because I didn't think I could do it. But he said,“I know you are a fan of *New York Yankees. You can do it !” I was ③［　　］ afraid, but I wanted to try a new thing in New York, so I decided to go there alone. He gave me a map to the stadium and a *ticket for the game.

The next morning, I went to the *subway station. I looked at a subway map. ④<u>There were so many lines (I where that didn't should know I) go</u>. Then an old woman came to me and said,“Where would you like to go ?” I said,“I'd like to go to Yankee Stadium. ⑤<u>(you me to could tell get how) to the stadium ?</u>” She said to me very slowly, ⑥<u>“まっすぐ行ってその角を右に曲がりなさい。</u>Take the No.4 Line to *161 Street-Yankee Stadium. Enjoy your trip !”I said, “ Thank you very much ! Goodbye !” I walked for a few minutes, and I finally ⑦(take) the train.

When I arrived at the station and went outside, the stadium soon ⑧［　　］. It was very big and a lot of people were there. When I arrived at the entrance of the stadium, I couldn't believe my eyes. My host father was standing there! He said to me,“You've arrived here ! I was sure you could do it. This is a *token of your courage.”Then he gave me a New York Yankees cap. I will never forget the day.

⑨<u>If you have a chance to visit New York with me, (私があなたたちを案内できるでしょう).</u>

㊟ the Statue of Liberty and Times Square：自由の女神像とタイムズスクエア(ニューヨークの観光名所)
Yankee Stadium：ヤンキー・スタジアム(ニューヨーク・ブロンクス区にある野球場)
by yourself：一人で
New York Yankees：ニューヨーク・ヤンキース(アメリカのプロ野球チーム)
ticket：チケット
subway:地下鉄
161 Street-Yankee Stadium：161丁目ーヤンキー・スタジアム駅
token of your courage：勇気のしるし

(1) ①の［　　］内にあてはまるものは，本文の内容からみて，次のア～エのうちのどれか。最も適当なものを一つ選んで，その記号を書け。

ア because of　　イ such as　　ウ at that time　　エ in the end

(1)	

(2) ②の［　　］内にあてはまる語は，次のア～エのうちのどれか。最も適当なものを一つ選んで，その記号を書け。

ア What　　イ How　　ウ Why　　エ Where

(2)	

(3) ③の［　　］内にあてはまる語は，本文の内容からみて，次のア～エのうちのどれか，最も適当なものを一つ選んで，その記号を書け。

ア still　　イ always　　ウ never　　エ almost

(3)	

(4) 下線部④の（　　）内のすべての語を，本文の内容からみて，意味が通るように，正しく並べかえて書け。

(4)	There were so many lines ______________ go.

(5) 下線部⑤の（　　）内のすべての語を，本文の内容からみて，意味が通るように，正しく並べかえて書け。

(5)	______________ to the stadium ?

(6) 下線部⑥のの日本文を英語で書き表せ。

(6)	______________.

(7) 下線部⑦の（　　）内のtakeを，最も適当な形になおして一語で書け。

(7)	

(8) ⑧の［　　］内にあてはまる語は，本文の内容からみて，次のア～エのうちのどれか。最も適当なものを一つ選んで，その記号を書け。

ア passed　　イ played　　ウ needed　　エ appeared

(8)	

(9) 下線部⑨の（　　）内の日本文を英語で書き表せ。

(9)	If you have a chance to visit New York with me, ______________ ______________.

■平成30年度問題

3 次の文章は，拓也(たくや)が，英語の授業でおこなったスピーチである。これを読んで，あとの(1)～(9)の問いに答えなさい。（＊印をつけた語句は，あとの㊟を参考にしなさい。）

Have you ever ①(be) abroad? I've never visited *foreign countries, but I am interested in them. Last month, I had an *interview ②[　　] English to go to America. In the interview, the *interviewers asked me some questions. "Why are you interested in America ?" "What is your goal of studying in America?" I answered these questions. ③[　　], the next question was difficult for me. They asked, "What do you want to do in the future?" I didn't know what to say, but I said, "I want to work in America..., well, in *the United Nations. " Then they said, "Please tell us something you know about the United Nations." I couldn't answer this question because I didn't know what the United Nations did. So I didn't get a chance to go to America.

After the interview, I talked about it with my English teacher, Ms. Green. She said to me, "The United Nations tries to *solve problems in the world. ④<u>あなたはそれらを理解する必要があります。</u>"

After that, I looked for some books about the problems. I found there were so many problems. For example, a lot of people can't get clean water. A lot of people can't get *enough food. In some places, children can't go to school because they work for their families. ⑤<u>そのような人々は私たちの努力によって救われるかもしれません。</u> So I wanted to know what to do.

Then I ⑥[　　] to the speeches by two high school students. They went to developing countries as volunteers. One of them took care of children. The ⑦[　　] student visited a small village and *dug a *well for the people living there. ⑧<u>Now I think starting to (is most do important something the) to me.</u> So next year, if I have a chance, I want to work as a volunteer in developing countries. ⑨<u>In the future, I (solve who will a can person be) the problems in the world.</u>

㊟ foreign：外国の　interview：面接試験　interview(s)：面接官
the United Nations：国際連合　solve：解決する　enough：十分な
dug：dig（掘る）の過去形　well：井戸

(1) ①の（　）内のbeを，最も適当な形になおして一語で書け。

(1)	

(2) ②の[　　]内にあてはまる語は，次のア～エのうちのどれか。最も適当なものを一つ選んで，その記号を書け。

ア in　イ from　ウ at　エ to

(2)	

(3) ③の[　　]内にあてはまる語は，本文の内容からみて，次のア～エのうちのどれか。最も適当なものを一つ選んで，その記号を書け。

ア Sometimes　イ Usually　ウ However　エ First

(3)	

(4) 下線部④の日本文を英語で書き表せ。

(4)	＿＿＿＿＿＿＿＿.

(5) 下線部⑤の日本文を英語で書き表せ。

(5)	＿＿＿＿＿＿＿＿.

(6) ⑥の[　　]内にあてはまる語は，本文の内容からみて，次のア～エのうちのどれか。最も適当なものを一つ選んで，その記号を書け。

ア came　イ wrote　ウ talked　エ listened

(6)	

(7) ⑦の[　　]内にあてはまる語は，本文の内容からみて，次のア～エのうちのどれか。最も適当なものを一つ選んで，その記号を書け。

ア another　イ other　ウ one　エ others

(7)	

(8) 下線部⑧が，「今，私は，何かを始めることが私にとって最も大切だと思います。」という意味になるように，（　）内のすべての語を，正しく並べかえて書け。

(8)	Now I think starting to ＿＿＿＿＿＿＿＿ to me.

(9) 下線部⑨が，「将来，私は世界における問題を解決できる人になるつもりです。」という意味になるように，（　）内のすべての語を，正しく並べかえて書け。

(9)	In the future, I ＿＿＿＿＿＿＿＿ ＿＿＿＿＿＿＿＿ the problems in the world.

■平成31年度問題

3 次の文章は，香川県の中学生の陸(りく)が，英語の授業でおこなったスピーチである。これを読んで，あとの(1)～(9)の問いに答えなさい。（*印をつけた語句は，あとの㊟を参考にしなさい。）

Last Sunday, I joined one of the events to celebrate *the 30th Anniversary of the Seto Ohashi Bridge. It was so amazing! The Seto Ohashi Bridge *is made up of several different *bridges. I went to the *top of one of the bridges. ①(high 170 it more meters than was). I thought the *view was so beautiful. I will tell you the story about the Seto Ohashi Bridge which I heard ② ＿＿ a *tour guide.

Trains and cars are ③(run) on the Seto Ohashi Bridge now. Many people have used trains and cars to go to Honshu or come to Shikoku every day since this great bridge was built. It ④ ＿＿ nine years and six months, but finally the bridge *was completed. Many famous people came to the *opening ceremony, and they celebrated the *completion of the bridge. ⑤The dream (for came a time people long had) true. After I listened to the tour guide's story, I could feel the *excitement at the opening ceremony thirty years ago.

A few days ago my grandmother said, "I had to take a *ferry to go to Okayama. I often *felt sick in the ferry. ⑥そこに行くのは簡単ではありませんでした。" Now I use trains to go to Okayama during vacations. I usually don't think about the view of the sea. But on the train some people say, "⑦ ＿＿ a view!" When I hear that, I *am proud of my hometown.

The Seto Ohashi Bridge is also famous for its beautiful lights at night. Sometimes it *is decorated with lights. We can see another beautiful view of the bridge. How ⑧ ＿＿ seeing the beautiful lights of the Seto Ohashi Bridge? ⑨私は，あなたたちがそれを楽しむことを望みます。

㊟ the 30th Anniversary of the Seto Ohashi Bridge：瀬戸大橋開通30周年記念
is made up of～：～から成り立っている　bridge(s)：橋　top：最上部
view：景色　tour guide：観光案内人　was completed：完成した
opening ceremony：開通式　completion：完成　excitement：興奮
ferry：フェリー　felt sick：気分が悪かった　am proud of～：～を誇りに思う
is decorated with～：～で飾られる

(1) 下線部①が，「それは170メートルより高かったです。」という意味になるように，（　　）内のすべての語や数字を，正しく並べかえて書け。

(1)	＿＿＿＿＿＿＿＿ .

(2) ②の ＿＿ 内にあてはまる語は，本文の内容からみて，次のア～エのうちのどれか。最も適当なものを一つ選んで，その記号を書け。
ア from　イ at　ウ on　エ in

(2)	

(3) ③の（　　）内のrunを，最も適当な形になおして一語で書け。

(3)	

(4) ④の ＿＿ 内にあてはまる語は，本文の内容からみて，次のア～エのうちのどれか。最も適当なものを一つ選んで，その記号を書け。
ア brought　イ made　ウ got　エ took

(4)	

(5) 下線部⑤が，「人々が長い間もっていた夢が実現しました。」という意味になるように，（　　）内のすべての語を，正しく並べかえて書け。

(5)	The dream ＿＿＿＿＿＿＿＿ true.

(6) 下線部⑥の日本文を英語で書き表せ。

(6)	＿＿＿＿＿＿＿＿ .

(7) ⑦の ＿＿ 内にあてはまる語は，本文の内容からみて，次のア～エのうちのどれか。最も適当なものを一つ選んで，その記号を書け。
ア Why　イ When　ウ What　エ Where

(7)	

(8) ⑧の ＿＿ 内にあてはまる語は，次のア～エのうちのどれか。最も適当なものを一つ選んで，その記号を書け。
ア long　イ about　ウ much　エ to

(8)	

(9) 下線部⑨の日本文を英語で書き表せ。

(9)	＿＿＿＿＿＿＿＿ .

■令和2年度問題

3 次の文章は，中学生の秀二（しゅうじ）が，香川県のある島を訪れたときの出来事について英語の授業でおこなったスピーチである。これを読んで，あとの(1)～(9)の問いに答えなさい。（*印をつけた語句は，あとの㊟を参考にしなさい。）

This summer, I visited my friend, Hisao. He lives on an *island in Kagawa. He said to me, "Have you ever heard of *Setouchi Triennale? It is held *once every three years in many places in Kagawa and Okayama. We can see a lot of *works of art in my island, too. People from other countries also come here to see them." I said, "That ①[　　] interesting! I want to go and see the works."

The next day, while we were walking around the island, we saw a lot of works of art ②(make) by many *artists from all over the world. ③We (pictures our of favorite taking works enjoyed).

When we were waiting for the bus, a woman asked me in English, "Hi. I'm looking for a *restroom near here. ④あなたはそれがどこにあるのかを知っていますか。" I knew the place ⑤[　　] I said to her, "I'm sorry. I don't know...." At that time, I didn't want to *make a mistake when I used English. Then, she looked sad and left there. I felt very sorry about it. ⑥When I was in such a *situation, (perfect I speak to thought needed I) English.

When I came home, I talked about it to my father. He said to me, "Don't be ⑦[　　] of making mistakes. Just try first. *Practice makes perfect." I could understand what he wanted to tell me. I think he wanted to say that experience is one of the most important things in our lives. *The Olympics and the Paralympics will be held in Tokyo soon. So, we will have more chances to talk with people from other countries. For example, we can join international events and help people as a volunteer. Also, we can make friends from other countries through communication.

*Thanks to this experience, now I am trying to speak English ⑧[　　] worrying about making mistakes. In the future, I want to be a *tour guide for people from other countries. ⑨私は彼らに日本についての新しいものを見つけてほしいです。

㊟ island：島　Setouchi Triennale：瀬戸内国際芸術祭
once every three years：3年ごとに1度　work(s)：作品　artist(s)：芸術家
restroom：トイレ　make a mistake：間違う　situation：状況
practice makes perfect：習うより慣れよ
the Olympics and the Paralympics：オリンピックとパラリンピック
thanks to～：～のおかげで　tour guide：観光ガイド

(1) ①の[　　]内にあてはまる語は，本文の内容からみて，次のア～エのうちのどれか。最も適当なものを一つ選んで，その記号を書け。

ア sees　イ sounds　ウ means　エ hears

(1)	

(2) ②の（　　）内のmakeを，最も適当な形になおして一語で書け。

(2)	

(3) 下線部③が，「私たちは，私たちの大好きな作品の写真を撮るのを楽しみました。」という意味になるように，（　　）内のすべての語を，正しく並べかえて書け。

(3)	We ______________.

(4) 下線部④の日本文を英語で書き表せ。

(4)	______________?

(5) ⑤の[　　]内にあてはまる語は，本文の内容からみて，次のア～エのうちのどれか。最も適当なものを一つ選んで，その記号を書け。

ア but　イ because　ウ and　エ so

(5)	

(6) 下線部⑥の（　　）内のすべての語を，本文の内容からみて，意味が通るように，正しく並べかえて書け。

(6)	When I was in such a situation, ______________ English.

(7) ⑦の[　　]内にあてはまる語は，次のア～エのうちのどれか。最も適当なものを一つ選んで，その記号を書け。

ア interested　イ surprised
ウ necessary　エ afraid

(7)	

(8) ⑧の[　　]内にあてはまる語は，本文の内容からみて，次のア～エのうちのどれか。最も適当なものを一つ選んで，その記号を書け。

ア through　イ by　ウ for　エ without

(8)	

(9) 下線部⑨の日本文を英語で書き表せ。

(9)	______________.

■令和３年度問題

3 次の文章は，中学生の隆史(たかし)が，英語の授業で発表した，「留学生Tomから学んだこと」というタイトルのスピーチである。これを読んで，あとの(1)～(9)の問いに答えなさい。（＊印をつけた語句は，あとの㊟を参考にしなさい。）

Studying English can open a door to a new world. I learned it from my friend Tom. He is from the U.K. and stayed in my house last year. He likes Japan and came to Japan to learn Japanese *culture. I used English a lot and enjoyed ①(talk) with him.

One day, ②［　　］ we were watching TV, Japanese kabuki *appeared in a commercial on TV. Then, Tom said, "Oh, it's kabuki! Kabuki *was performed at a *theater in London about ten years ago. ③<u>私の両親は私をその場所へ連れて行きました。</u> It was the first experience for me and then I became interested in kabuki. Takashi, what is your favorite kabuki *play?" I said, "I don't know.... I have never seen real kabuki." Tom looked surprised and said, "Kabuki has a long history. It is one of the ④［　　］ Japanese cultures. So I thought all Japanese knew about kabuki." I felt very sad because I ⑤［　　］ answer the question from him well.

The next day, I visited my grandmother to ask about kabuki. ⑥<u>She likes kabuki and (lot showed of a pictures me) which were taken in *Kanamaru-za.</u> Those pictures made me excited. Soon I decided to go to *Kanamaru-za* to see kabuki with Tom and bought two *tickets for a kabuki play.

On the day, when I arrived at *Kanamaru-za*, ⑦<u>私は異なる言語を話している多くの人々を見ました。</u> Tom said to me, "*You see, kabuki is very popular in other countries. Japanese people have a great culture!" I was really happy to hear that. After watching kabuki, I became interested in kabuki and felt that I wanted to know more about other Japanese cultures.

⑧<u>From that experience, I thought that learning about our own country (as learning was other important countries as about).</u> Studying English *broadened my view, and I got a chance to understand Japanese culture more. So now I am studying Japanese things ⑨［　　］ its history, food, and famous places. I will study English harder and tell people in other countries many good points of Japan in the future!

㊟ culture：文化　appeared in a commercial：コマーシャルで流れた
was performed：上演された　theater：劇場　play：作品
Kanamaru-za：琴平町にある，現存する日本最古の芝居小屋
ticket(s)：チケット　you see：ほらね　broadened my view：私の視野を広げた

(1) ①の（　　）内のtalkを，最も適当な形になおして一語で書け。　(1)［　　］

(2) ②の［　　］内にあてはまる語は，本文の内容からみて，次のア～エのうちのどれか。最も適当なものを一つ選んで，その記号を書け。

ア before　イ after　ウ if　エ when　(2)［　　］

(3) 下線部③の日本文を英語で書き表せ。

(3) ＿＿＿＿＿＿＿＿＿＿.

(4) ④の［　　］内にあてはまる語は，本文の内容からみて，次のア～エのうちのどれか。最も適当なものを一つ選んで，その記号を書け。

ア busy　イ new　ウ traditional　エ similar　(4)［　　］

(5) ⑤の［　　］内にあてはまるものは，本文の内容からみて，次のア～エのうちのどれか。最も適当なものを一つ選んで，その記号を書け。

ア could　イ could not　ウ must　エ must not　(5)［　　］

(6) 下線部⑥の（　　）内のすべての語を，本文の内容からみて，意味が通るように正しく並べかえて書け。

(6) She likes kabuki and ＿＿＿＿＿＿＿＿ which were taken in *Kanamaru-za*.

(7) 下線部⑦の日本文を英語で書き表せ。

(7) ＿＿＿＿＿＿＿＿＿＿.

(8) 下線部⑧が，「その経験から，私は自分の国について学ぶことは，他の国について学ぶことと同じくらい大切だと思いました。」という意味になるように，（　　）内のすべての語を，正しく並べかえて書け。

(8) From that experience, I thought that learning about our own country ＿＿＿＿＿＿＿＿＿＿.

(9) ⑨の［　　］内にあてはまるものは，本文の内容からみて，次のア～エのうちのどれか。最も適当なものを一つ選んで，その記号を書け。

ア such as　イ because of　ウ kind of　エ look like

(9)［　　］

■令和4年度問題

3 次の文章は，中学生の晃二が，英語の授業で発表した，「剣道から学んだこと」というタイトルのスピーチである。これを読んで，あとの(1)～(9)の問いに答えなさい。（＊印をつけた語句は，あとの㊟を参考にしなさい。）

My grandfather is 70 years old. He has a *kendo school and *teaches kendo to many people. He sometimes *gives trial lessons to people who are interested in kendo, and I often help him in the lessons.

One day, a boy came to the trial lesson. I knew him. His name was John. He came to Japan one year ago. I said to him, "I didn't know that you were interested in kendo." He said, "I'm interested in Japanese culture. I've heard ①[　　] kendo, but I've never *done it before. When did you begin to practice kendo?" I answered, "I ②(begin) it ten years ago. Today I will help you learn kendo."

When we were talking about kendo, John said to me, "When I was learning Japanese, I found that some Japanese words such as judo, shodo, and kendo have the same sound *'dou'*. ③<u>それが何を意味するのかを私に言うことはできますか。</u>" I said, "It means a 'way' in English. Becoming a good player is *the same as walking on a long way. Look at my grandfather. Now he is an *expert ④[　　] he has practiced again and again to become a better player. He has not only good kendo *skills but also *respects for his *opponents. ⑤<u>A (called my like person is grandfather) an expert.</u>" My grandfather heard this and said, "A good kendo player should not forget respects for all people. This is the kendo *spirit." John said, "Wow, kendo is great. I ⑥[　　] all people in the world were kendo players." I asked him, "Why?" He answered, "Because if everyone had this kendo spirit, the world would be ⑦[　　] of respects and a more wonderful place!" When I heard this, I found kendo's great *power. I said to him, "I will become a good player and ⑧<u>I (popular try kendo to will make) in the world.</u>" John said to me, "Great! You can do it!" Everyone, ⑨<u>剣道が，将来，他の国々に広がるだろうことを想像してください。</u> Such a world is cool, isn't it? If you are interested in kendo, why don't you walk on a long way to the same dream together?

㊟ kendo school：剣道の道場　teach (es)：教える
gives trial lessons：体験レッスンを開く　done：doの過去分詞
the same as～：～と同じ　expert：熟練者　skill (s)：技術　respect (s)：敬意
opponent (s)：対戦相手　spirit：精神　power：ちから

(1) ①の[　　]内にあてはまる語は，本文の内容からみて，次のア～エのうちのどれか。最も適当なものを一つ選んで，その記号を書け。
ア in　イ of　ウ on　エ at

(1)	

(2) ②の（　　）内のbeginを，最も適当な形になおして一語で書け。

(2)	

(3) 下線部③の日本文を英語で書き表せ。

(3)	＿＿＿＿＿＿＿＿＿＿＿＿＿＿＿＿＿＿＿＿?

(4) ④の[　　]内にあてはまる語は，本文の内容からみて，次のア～エのうちのどれか。最も適当なものを一つ選んで，その記号を書け。
ア because　イ when　ウ while　エ if

(4)	

(5) 下線部⑤が，「私の祖父のような人が，熟練者と呼ばれているのです。」という意味になるように，（　　）内のすべての語を，正しく並べかえて書け。

(5)	A ＿＿＿＿＿＿＿＿＿＿＿＿＿＿＿＿＿＿＿＿ an expert.

(6) ⑥の[　　]内にあてはまる語は，本文の内容からみて，次のア～エのうちのどれか。最も適当なものを一つ選んで，その記号を書け。
ア know　イ agree　ウ want　エ wish

(6)	

(7) ⑦の[　　]内にあてはまる語は，本文の内容からみて，次のア～エのうちのどれか。最も適当なものを一つ選んで，その記号を書け。
ア free　イ tired　ウ full　エ little

(7)	

(8) 下線部⑧の（　　）内のすべての語を，本文の内容からみて，意味が通るように，正しく並べかえて書け。

(8)	I ＿＿＿＿＿＿＿＿＿＿＿＿＿＿＿＿＿＿＿＿ in the world.

(9) 下線部⑨の日本文を英語で書き表せ。

(9)	Everyone, ＿＿＿＿＿＿＿＿＿＿＿＿＿＿＿＿＿＿＿＿.

長文読解

■平成26年度問題

4 次の英文を読んで，あとの(1)～(8)の問いに答えなさい。（＊印をつけた語句は，あとの㊟を参考にしなさい。）

Eri is a 15-year-old girl living in Kagawa, and her family is going to *move to Tokyo for her father's job.

When she heard about it a month ago, she was very sad because she had to say goodbye to her friends. Eri's mother saw her sad face and said, "Eri, you should visit your grandmother in Okinawa and see the beautiful sea there." Eri's mother lives in Kagawa now, but she is from Okinawa. When Eri was a child, she often went to Okinawa with her family. Then Eri said to her mother, "Well.... ①<u>OK. I will.</u>"

Eri went to Okinawa and visited her grandmother's house the next week. Many people were already in the house to ②[　　] her. During the party, two *women came to her and one of them said, "Nice to meet you, Eri. I'm Kyoko, and this is Asuka. We have been good friends with your mother, and...."

When Kyoko was talking, Eri saw Kyoko's necklace. It was a necklace with a cute small *shell. Eri said, "Oh! My mother *wears the *same necklace." Kyoko said, "You're right. After we heard your mother was going to leave Okinawa, we went to the sea. We picked up beautiful shells, and made necklaces for our *friendship." When Eri heard about it, ③[　　]. Then Asuka said, "We also told her to look up at the *sky when she felt sad in Kagawa. We live in different places, but we always live under the same sky." After Eri listened to her, she said, "Thank you for telling me your story. I was ④[　　] by your strong friendship."

Eri came back to Kagawa and said to her mother, "It's sad to say goodbye to my friends, but I think I'll be all right in Tokyo." Her mother asked, "⑤[　　]?" Eri answered, "Because Kyoko, Asuka and you are still good friends." Then her mother *smiled and showed Eri a necklace. It had a cute small shell.

The next day, Eri's friends Aya and Rika came to her house and said, "Eri, these are letters for you. Please remember us." Eri smiled and said, "Thank you. I have one thing I want to do with you for our friendship. ⑥<u>How [　　] making a necklace with a shell for each of us?</u>" Aya said, "That's a good idea! Let's go to the sea!" They ran to the sea under the beautiful blue sky.

㊟ move to ～：～へ引っ越す　women：womanの複数形　shell：貝がら
wear(s)：身につけている　same：同じ　friendship：友情　sky：空
smiled：smile(ほほえむ)の過去形

(1) 下線部①に OK. I will. とあるが，恵理（えり）がこのように言ったのは，母親のどのような提案に対してか。母親が恵理に提案したことを日本語で書け。

(1)	＿＿＿＿＿＿＿＿＿＿＿＿＿＿こと

(2) ②の[　　]内にあてはまる語は，本文の内容からみて，次のア～エのうちのどれか。最も適当なものを一つ選んで，その記号を書け。

ア send　イ leave　ウ forget　エ welcome

(2)	

(3) ③の[　　]内にあてはまるものは，本文の内容からみて，次のア～エのうちのどれか。最も適当なものを一つ選んで，その記号を書け。

ア she thought of her own friends
イ she came back to the party in Okinawa
ウ she visited her grandmother
エ she was shocked to find Kyoko's necklace

(3)	

(4) ④の[　　]内にあてはまる語は，本文の内容からみて，次のア～エのうちのどれか。最も適当なものを一つ選んで，その記号を書け。

ア seen　イ moved　ウ received　エ heard

(4)	

(5) ⑤の[　　]内には，恵理の母親の質問が入る。本文の内容を参考にして，その質問を5語以上の英文一文で書け。ただし，疑問符，コンマなどの符号は語として数えない。

(5)	＿＿＿＿＿＿＿＿＿＿＿＿＿＿?

(6) 下線部⑥を，「作ってはどうですか」という意味にするには，[　　]内に，どのような語を入れたらよいか。最も適当な語を一つ書け。

(6)	

(7) 次の(a)，(b)の質問に対する答えを，本文の内容に合うように，(a)は3語以上，(b)は5語以上の英文一文で書け。ただし，ピリオド，コンマなどの符号は語として数えない。

(a) Was Eri happy when she heard her family was going to move to Tokyo?
(b) What did Eri's mother show Eri after she came home from Okinawa?

(7)	(a)	＿＿＿＿＿＿＿＿＿＿＿＿＿＿.
	(b)	＿＿＿＿＿＿＿＿＿＿＿＿＿＿.

(8) 次の㋐～㋕のうちから，本文中で述べられている内容に合っているものを二つ選んで，その記号を書け。

㋐ Eri's mother lived in Okinawa, but now she is in Kagawa with her family.
㋑ Two women came to Eri when she was talking with Asuka during the party.
㋒ Eri's mother bought a necklace for Kyoko and gave it to her for their friendship.
㋓ Eri's mother told Kyoko and Asuka to go to the sea when they felt sad in Okinawa.
㋔ When Aya and Rika came to Eri's house, Eri gave them letters to say goodbye.
㋕ Eri and her friends decided to make necklaces for their friendship and went to the sea.

(8) 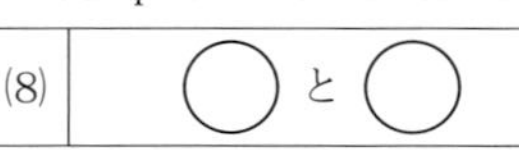

4 次の英文を読んで，あとの(1)～(8)の問いに答えなさい。（＊印をつけた語句は，あとの㊟を参考にしなさい。）

Emi is a junior high school student. One day, she went to a *kindergarten to have work experience because she liked to *play with children. When Emi was a little girl, she went to the kindergarten.

At the kindergarten, a teacher was waiting for her. Emi said, "Oh, Ms. Tanaka! Do you ①[　　] me?" She answered, "Of course. You've *become so tall, Emi!" Ms. Tanaka was Emi's teacher when she was in the kindergarten. She was always ②[　　] everyone, so Emi liked her very much. Ms. Tanaka said, "Today you are a teacher here. I'm happy to work with you. Let's go to the classroom." Emi was very excited.

When Emi went to the classroom, many children came to her. They *pulled Emi's hands and one of the girls said, "Play with me! Play with me!" When Emi was talking with the girl, a boy, Hiroki, said, "Emi, play with me." However, the girl said, "No! Emi is going to play with me." Hiroki became sad and began to cry. Emi wanted him to stop crying, but she didn't know what to do, so she wanted to cry too. At that time Ms. Tanaka came and said to him, "Hiroki, you are crying. What made you sad?" Hiroki answered, "I can't play with Emi." So Ms. Tanaka said to the two children, "Playing together is more fun. Don't you think ③so? Emi wants to play with many children." Then Ms. Tanaka said to the class, "Everyone, how about playing a game together now?" Hiroki stopped crying.

After lunch, Emi became tired and was sitting in the *teachers'room. Ms. Tanaka came to Emi and asked, "Are you all right?" Emi answered, "Yes.... But I didn't know what to do when Hiroki began crying. ④[　　]" Ms. Tanaka said, "Yes, this work is hard sometimes as you said, but please look at this." Then Ms. Tanaka brought something to Emi from her desk. It was a *drawing of Ms. Tanaka's *smile. Ms. Tanaka said, "A girl gave it to me ten years ago." Emi said, "Well.... ⑤[　　]" Ms. Tanaka answered, "Yes, you did. This drawing has always made me happy." Emi was moved because the drawing Emi gave to Ms. Tanaka was still on her desk.

At 2 p.m., when the children began to leave the kindergarten, Hiroki came to Emi. He gave her a piece of paper and said with a smile, "This is for you." It was a drawing of Emi's smile. Taking care of the children was hard, but Hiroki's smile made her very happy. Emi wanted to *keep the ⑥[　　] as Ms. Tanaka did.

㊟ kindergarten：幼稚園　play：遊ぶ　become：becomeの過去分詞
pulled：pull(ひっぱる)の過去形　teachers'room：職員室　drawing：絵
smile：笑顔　keep：持ち続ける

(1) ①の[　　]内にあてはまる語は，本文の内容からみて，次のア～エのうちのどれか。最も適当なものを一つ選んで，その記号を書け。

ア leave　イ call　ウ remember　エ begin

(1)	

(2) ②の[　　]内にあてはまるものは，本文の内容からみて，次のア～エのうちのどれか。最も適当なものを一つ選んで，その記号を書け。

ア famous for　イ kind to　ウ afraid of　エ difficult for

(2)	

(3) 下線部③の so が指しているのはどのようなことがらか。日本語で書け。

(3)	

(4) ④の[　　]内にあてはまるものは，本文の内容からみて，次のア～エのうちのどれか。最も適当なものを一つ選んで，その記号を書け。

ア To become a teacher is very popular.
イ Working as a teacher is very hard.
ウ Playing games with teachers is hard.
エ To take care of children is popular.

(4)	

(5) ⑤の[　　]内には，絵美の質問が入る。本文の内容を参考にして，その質問を4語以上の英文一文で書け。ただし，疑問符，コンマなどの符号は語として数えない。

(5)	________________?

(6) ⑥の[　　]内にあてはまる語は，本文の内容からみて，次のア～エのうちのどれか。最も適当なものを一つ選んで，その記号を書け。

ア problem　イ friend　ウ question　エ present

(6)	

(7) 次の(a)，(b)の質問に対する答えを，本文の内容に合うように，それぞれ3語以上の英文一文で書け。ただし，ピリオド，コンマなどの符号は語として数えない。

(a) Did Emi meet Ms. Tanaka for the first time when she had work experience?
(b) Why was Hiroki sad and crying when Ms. Tanaka talked to him?

(7)	(a)	________________.
	(b)	________________.

(8) 次の㋐～㋕のうちから，本文中で述べられている内容に合っているものを二つ選んで，その記号を書け。

㋐ On the day of the work experience, Ms. Tanaka got to the kindergarten after Emi did.
㋑ Ms. Tanaka was happy because Emi came to her kindergarten to have work experience.
㋒ When Emi entered the classroom, the children were playing games and didn't come to her.
㋓ Emi wanted to cry because she didn't know what to say to Ms. Tanaka in the classroom.
㋔ When Emi was in the teachers'room after lunch, Ms. Tanaka showed Emi a drawing.
㋕ Hiroki gave a drawing of Emi's smile to Ms. Tanaka when he was leaving the kindergarten.

(8)	◯ と ◯

■平成28年度問題

4 次の英文を読んで，あとの(1)～(8)の問いに答えなさい。（＊印は，㊟を参照にしなさい。）

Ryo is a junior high school student. His father has lived in *Singapore for six months *on business One day his father asked Ryo on the phone, "How about coming to Singapore during the summer vacation? There are many interesting places to visit." Ryo answered, "I want to visit you, but I can't speak English well." "①[　　] You will find important things here," his father said. Ryo said, "Well....OK, I will visit you this summer."

This was Ryo's first visit to a foreign country. After Ryo arrived in Singapore, ②[　　]. Many people were working at the company. They were Chinese, *Malaysians, *Australians, and people from many other countries. Ryo sat by his father and was watching him. Ryo was moved because his father was speaking English very well. His father *introduced Ryo to the people working there. An Australian came to Ryo and asked, "Hi, Ryo. How old are you?" "I'm fifteen," Ryo answered. The Australian said to him, "Oh, my son, Tom, is just as old as you. We're going to have a party tomorrow. Why don't you join us?"

The next day, Ryo went to the party. Tom's friends were also there. They were all from different countries. Tom was very kind and introduced Ryo to his friends. They asked Ryo about Japan in English. There were questions he couldn't understand, but he answered some questions. Tom's sister, Meg, said, "I like soccer very much. What sport do you like?" Ryo said, "I like *kendo*." "What is *kendo*?" she asked. Ryo wanted to tell her about it because he is a member of a *kendo* club, but it was difficult for him to *explain *kendo* in English. So he said, "I'll show you some pictures." Then, Meg, Tom, and their friends ③[　　] him and looked at the pictures. They said, "Cool! You are like a *samurai*!" Ryo looked at their faces and thought they were interested in *kendo*. Tom asked, "④[　　]?" Ryo answered, "I have practiced it for six years." They also asked him about *kendo*. "When did *kendo* *originate?" "What's the meaning of the name, *kendo*?" Ryo couldn't answer these questions and didn't know what to do then.

Ryo stayed with his father for two weeks. At the *airport, Ryo said to his father, "Thank you. I enjoyed my stay in Singapore. I wanted to talk about the history of *kendo* at the party, but I couldn't." His father said, "⑤It is difficult for me, too, but you learned a lot from the experience, right?" Ryo said, "Yes. I found that it was ⑥[　　] to study English and know much about Japan." Ryo decided to come back to Singapore and tell his friends in Singapore about *kendo* and many other Japanese things.

㊟ Singapore：シンガポール　on business：仕事で　Malaysian(s)：マレーシア人
Australian(s)：オーストラリア人　introduced：introduce(紹介する)の過去形
explain：説明する　originate：始まる　airport：空港

(1) ①の[　　]内にあてはまるものは，本文の内容からみて，次のア～エのうちのどれか。最も適当なものを一つ選んで，その記号を書け。

ア Yes, please.　イ Here you are.
ウ Help yourself.　エ No problem.

(1) [　　]

(2) ②の[　　]内にあてはまるものは，本文の内容からみて，次のア～エのうちのどれか。最も適当なものを一つ選んで，その記号を書け。

ア he looked for his father　イ his father took Ryo to his company
ウ he visited his friend　エ his father left his company with Ryo

(2) [　　]

(3) ③の[　　]内にあてはまるものは，本文の内容からみて，次のア～エのうちのどれか。最も適当なものを一つ選んで，その記号を書け。

ア came around　イ looked like
ウ heard about　エ wrote about

(3) [　　]

(4) ④の[　　]内には，Tom の質問が入る。本文の内容を参考にして，その質問を6語以上の英文一文で書け。ただし，疑問符，コンマなどの符号は語として数えない。

(4) ______________________________?

(5) 下線部⑤の It が指しているのはどのようなことがらか。日本語で書け。

(6) ⑥の[　　]内にあてはまる語は，本文の内容からみて，次のア～エのうちのどれか。最も適当なものを一つ選んで，その記号を書け。

ア strange　イ important
ウ popular　エ easy

(5) [　　]　(6) [　　]

(7) 次の(a)，(b)の質問に対する答えを，本文の内容に合うように，それぞれ3語以上の英文一文で書け。ただし，ピリオド，コンマなどの符号は語として数えない。

(a) Were people working with Ryo's father all Australians?
(b) How did Meg, Tom, and their friends look when Ryo showed some pictures?

(7) (a) ______________________________.
(b) ______________________________.

(8) 次の㋐～㋕のうちから，本文中で述べられている内容に合っているものを二つ選んで，その記号を書け。

(8) ◯ と ◯

㋐ Ryo went to Singapore and stayed there with his father for six months to find important things.
㋑ Ryo's father was speaking English when Ryo was sitting by his father and watching him at the company.
㋒ Tom was older than Ryo and he was very kind, so he introduced Ryo to his friends at the party.
㋓ Meg liked *kendo* much better than soccer, and she asked Ryo about the history of *kendo*.
㋔ Ryo showed his friends in Singapore some pictures of a *samurai* to explain *kendo* in English.
㋕ Ryo wanted to visit Singapore again to explain Japanese things, especially *kendo*, to his friends.

■平成29年度問題

4 次の英文を読んで，あとの(1)～(8)の問いに答えなさい。（＊印をつけた語句は，あとの㊟を参考にしなさい。）

Sayaka is a junior high school student in Kagawa. She often goes to a *self-service *udon* restaurant near her house. One day she went there with her grandmother. When they started eating *udon*, three foreign people came to the restaurant. Sayaka thought that they were ① [ ] someone who could help them. A few minutes later, they *left without eating.

The next day, Sayaka told her English teacher, Mr. Brown, about the foreign people in the *udon* restaurant. He said, "I had the ② [ ] experience. When I went to a self-service *udon* restaurant for the first time, I couldn't *order *udon* and left without eating." She said, "I was sad when they left. I want more foreign people to enjoy *udon*. What can I do?" Mr.Brown said, "How about making *instructions in English?" "That's a good idea !" she said. After school, she started making them with her friend, Yui.

Two weeks later, Sayaka and Yui brought the English instructions to the *owner of the *udon* restaurant. Sayaka said, "I hope these instructions will help foreign people." He asked, "③ [ ] ?" Sayaka answered, "We did. It was not easy to make them, but our English teacher helped us." "Thank you so much," he said and *put them up. Then two girls came. They were speaking a language Sayaka and Yui couldn't understand. Sayaka said to them, "Excuse me. Please read the instructions, and…." One of them said, "We can't read English." "Oh, I see," Sayaka said and helped them. After that, Yui said, "I think it is difficult to understand the *way to order *udon* only with the instructions." Sayaka said, "I ④ [ ], but what should we do ?" Yui said, "I think pictures are useful." "Good idea!" Sayaka said and *added some pictures under the instructions.

A month later, Sayaka went to the *udon* restaurant with her family again. When Sayaka and her family were eating, a lot of foreign people came to the restaurant. At first, they were looking around, but one of them ⑤ [ ] and said, "Look! We can follow the instructions." When they ordered *udon*, Sayaka was happy and told her family about the English instructions with some pictures. Her father said, "The number of foreign people who visit Kagawa is increasing." Her grandmother said, "Oh, really ? I didn't know ⑥ <u>that</u>. So the instructions Sayaka made will help people from other countries." Sayaka said, "I hope so. I want them to enjoy their stays in Kagawa more. What else can I do ?" Her father said, "Mr. Brown helped you with the English instructions. Ask him about his own experiences." "OK, I will," Sayaka said. She looked at the foreign people again. She was glad that they were enjoying *udon* very much.

㊟ self-service *udon* restaurant：セルフサービス式のうどん店
left：leave(出る)の過去形　order：注文する　instruction(s)：説明書き
owner:店主　put them up：それらを貼った　way to～：～する方法
added:add(加える)の過去形

(1) ①の [ ] 内にあてはまるものは，本文の内容からみて，次のア～エのうちのどれか。最も適当なものを一つ選んで，その記号を書け。

ア writing about　イ listening to
ウ looking for　エ hearing of

(1)	

(2) ②の [ ] 内にあてはまる語は，本文の内容からみて，次のア～エのうちのどれか。最も適当なものを一つ選んで，その記号を書け。

ア same　イ clean　ウ new　エ free

(2)	

(3) ③の [ ] 内には，うどん店の店主の質問が入る。本文の内容を参考にして，その質問を３語以上の英文一文で書け。ただし，疑問符，コンマなどの符号は語として数えない。

(3)	＿＿＿＿＿＿＿＿＿＿＿＿＿＿＿＿＿＿＿＿?

(4) ④の [ ] 内にあてはまる語は，本文の内容からみて，次のア～エのうちのどれか。最も適当なものを一つ選んで，その記号を書け。

ア happen　イ bring　ウ spend　エ agree

(4)	

(5) ⑤の [ ] 内にあてはまるものは，本文の内容からみて，次のア～エのうちのどれか。最も適当なものを一つ選んで、その記号を書け。

ア helped the owner　イ asked Sayaka some questions
ウ started eating *udon*　エ pointed to the instructions

(5)	

(6) 下線部⑥のthatが指しているのはどのようなことがらか。日本語で書け。

(6)	

(7) 次の(a)，(b)の質問に対する答えを，本文の内容に合うように，(a)は３語以上，(b)は７語以上の英文一文で書け。ただし，ピリオド，コンマなどの符号と，(b)で与えられた語句は語として数えない。

(a) Was Sayaka sad when three foreign people left without eating?
(b) What did Sayaka's father tell Sayaka to do?

(7)	(a)	＿＿＿＿＿＿＿＿＿＿＿＿＿＿＿＿＿＿＿＿.
	(b)	He told her to ＿＿＿＿＿＿＿＿＿＿＿＿＿＿.

(8) 次の㋐～㋕のうちから，本文中で述べられている内容に合っているものを二つ選んで，その記号を書け。

㋐ After Sayaka talked with Mr. Brown, she started making English instructions alone.
㋑ Mr. Brown and Yui brought the English instructions to the owner of the *udon* restaurant.
㋒ Sayaka told two girls to read the instructions, but they couldn't read them.
㋓ Sayaka added some pictures under the instructions because the owner asked her to do so.
㋔ When a lot of foreign people read the instructions and ordered *udon*, Sayaka felt happy.
㋕ Sayaka was glad that her father and her grandmother were enjoying *udon* very much.

(8)	◯ と ◯

■平成30年度問題

4 次の英文を読んで，あとの(1)～(8)の問いに答えなさい。（＊印は，㊟を参照。）

Koichi is a junior high school student. One day he was going to the station on his way home and thinking about a basketball game. He played basketball hard, but he couldn't play well in the game. He was sad and began to think of *giving up playing basketball.

Soon Koichi arrived at the station and found a boy using a *wheelchair. Then the boy saw Koichi and the basketball Koichi had, and said, "Do you play basketball? I'm Hikaru. I play wheelchair basketball. I've sometimes seen you on the train, and you were ①[　　　] a basketball." Koichi said, "Oh, really? I'm Koichi. I'm on the basketball team, but I am not a good player." Then Hikaru said, "But you like basketball, right?" Koichi said, "Do I like basketball? I don't know. Now I am thinking of giving up playing basketball." Hikaru ②[　　　] Koichi and said, "I began to play wheelchair basketball two years ago. I once played basketball for a long time. But one day I had an *accident. The doctor said that I could no longer play basketball. When I heard ③that, I was really sad. He talked about wheelchair basketball, but I wasn't interested in it at that time. Then a few days later, I watched it on TV, so I became interested in it. Soon I joined a wheelchair basketball team." Koichi asked, "④[　　　]?" Hikaru answered, "There are twenty players in my team." Koichi asked, "Do you like wheelchair basketball?" Hikaru said, "Yes, I love it! *Thanks to wheelchair basketball, now my life is exciting! Why don't you come to the game next Sunday?" Koichi became interested in wheelchair basketball, so he decided to go to the game.

On Sunday, Koichi saw a lot of people playing wheelchair basketball. Some of them looked older than Koichi, and some players looked as old as him. Koichi was excited to see their games. They moved very quickly, and sometimes *hit each other. Hikaru was also playing wheelchair basketball very hard. He was moving and *turning very quickly, and trying to catch the ball. Koichi said, "Go, Hikaru. Go!" Koichi thought Hikaru really liked wheelchair basketball. He also thought that it was wonderful for Hikaru to do his ⑤[　　　] thing and do his best. Koichi watched Hikaru for a long time.

After the games, Koichi said to Hikaru, "Thank you for inviting me to your games. I was excited to see you because ⑥[　　　]." Hikaru said, "Everyone hits a *barrier, but if you break it, you'll see a new world. So don't give up." Koichi said, "Hikaru, now I know we have the same heart. *No basketball, no life, right? I will practice basketball harder and I will invite you to my next game!"

㊟ giving up：give up（あきらめる）の動名詞　wheelchair：車いす　accident：事故
thanks to～：～のおかげで　hit：hit（ぶつかる）の過去形　turning：turn（回る）の現在分詞
barrier：障壁　No basketball, no life：バスケットボールがなければ人生に意味がない

(1) ①の[　　　]内にあてはまる語は，本文の内容からみて，次のア～エのうちのどれか。最も適当なものを一つ選んで，その記号を書け。
ア carrying　イ starting　ウ playing　エ sharing

(1)	

(2) ②の[　　　]内にあてはまるものは，本文の内容からみて，次のア～エのうちのどれか。最も適当なものを一つ選んで，その記号を書け。
ア heard of　イ left for　ウ worked with　エ looked at

(2)	

(3) 下線部③のthatが指しているのはどのようなことがらか。日本語で書け。

(3)	ひかるが，＿＿＿＿＿＿＿＿

(4) ④の[　　　]内には，孝一（こういち）の質問が入る。本文の内容を参考にして，その質問を6語以上の英文一文で書け。ただし，疑問符，コンマなどの符号は語として数えない。

(4)	＿＿＿＿＿＿＿＿?

(5) ⑤の[　　　]内にあてはまる語は，本文の内容からみて，次のア～エのうちのどれか。最も適当なものを一つ選んで，その記号を書け。
ア similar　イ favorite　ウ easy　エ different

(5)	

(6) ⑥の[　　　]内にあてはまるものは，本文の内容からみて，次のア～エのうちのどれか。最も適当なものを一つ選んで，その記号を書け。
ア you saw the game　イ you were doing your best
ウ you were calling me　エ you visited my basketball game

(6)	

(7) 次の(a)，(b)の質問に対する答えを，本文の内容に合うように，(a)は3語以上，(b)は6語以上の英文一文で書け。ただし，ピリオド，コンマなどの符号は語として数えない。
(a) Was Koichi happy when he was going to the station?
(b) Why did Hikaru become interested in wheelchair basketball after he talked with the doctor?

(7)	(a)	＿＿＿＿＿＿＿＿.
	(b)	＿＿＿＿＿＿＿＿.

(8) 次の㋐～㋕のうちから，本文中で述べられている内容に合っているものを二つ選んで，その記号を書け。
㋐ Hikaru saw Koichi for the first time when they talked about wheelchair basketball.
㋑ Hikaru gave up playing wheelchair basketball two years ago.
㋒ Playing wheelchair basketball made Hikaru's life exciting.
㋓ At the wheelchair basketball game, Koichi thought that all the players were older than Koichi.
㋔ Hikaru was playing wheelchair basketball so hard that Koichi couldn't say anything during the game.
㋕ After Koichi saw the wheelchair basketball game, he found that he liked basketball, and he wanted to play it harder.

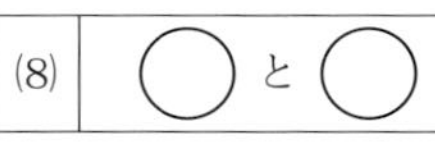

(8)	○ と ○

4 次の英文を読んで，あとの(1)～(8)の問いに答えなさい。（*印をつけた語句は，あとの㊟を参考にしなさい。）

Sachiko is a junior high school student. After she came home from school and finished her homework, she always practiced the guitar. Her father was a *guitarist when he was young, so he gave Sachiko a guitar as a present on her eighth birthday. He taught her how to play the guitar. On weekends, they enjoyed playing and singing their favorite songs together. Her father was not a good singer, but she loved the time with her father. Her guitar had a lot of *scratches and dents, but she loved it.

One day, Sachiko invited her friends Ryoko and Takeo to her house. When they came into Sachiko's room, Takeo found her guitar and said, "Is this your guitar? Wow, it's cool! I've wanted to play the guitar. ①[　　　]?" Sachiko said, "No, you can't!" But it was too *late. He *snatched the guitar and played it. Then the guitar *slipped down from his hands and the guitar *broke. They were all too surprised to say anything. Sachiko couldn't stop the ②[　　　].

Sachiko was still crying during dinner. Her mother didn't know what to do for her. Then, her father came home from work. He saw Sachiko and asked, "What happened to you?" Sachiko talked about the *broken guitar and said, "I'm sorry. I couldn't stop him. I can no longer play the guitar you gave me on my eighth birthday." He said, "Things that have a *shape break someday, and also, friends are more important than things, right?" After dinner Sachiko saw the broken guitar again and still felt sad, but ③<u>she thought he was right.</u> So, she asked her father to *put it away, and decided to say hello to Takeo the next morning.

Three months later, Sachiko's father, mother, and her friends were at Sachiko's house to celebrate her fifteenth birthday. When they tried to sing a song for Sachiko at the party, Takeo came into the room with a guitar. Sachiko was very surprised because it was her guitar. Takeo said, "I'm so ④[　　　]. I couldn't say anything when I *dropped your guitar *by accident....I wanted to *make up for that. So...." Then Sachiko's father said, "So Takeo asked me to help him. I didn't think I could *repair your guitar easily, but he said he wanted to do ⑤<u>it</u> with me. Since that time, Takeo and I have repaired the guitar every weekend for three months. The sound of your guitar may not be so good, but I'm sure ⑥[　　　], from that guitar." She cried and received the guitar from Takeo. Then she said, "Thank you, Takeo. I'm crying because I'm happy. Our friendship will never break." Sachiko's father was looking at them *with a smile.

㊟ guitarist：ギタリスト　scratches and dents：傷やへこみ　late：遅い
snatched：snatch(すばやく取る)の過去形　slipped down：滑り落ちた
broke：break(壊れる)の過去形　broken：壊れた　shape：形　put～away：～を片付ける
dropped：drop(落とす)の過去形　by accident：誤って
make up for～：～の埋め合わせをする　repair：修理する　with a smile：にっこり笑って

(1) ①の[　　　]内には，武夫(たけお)の質問が入る。本文の内容を参考にして，その質問を4語以上の英文一文で書け。ただし，疑問符，コンマなどの符号は語として数えない。

(1)	＿＿＿＿＿＿＿＿＿＿＿＿＿?

(2) ②の[　　　]内にあてはまるものは，本文の内容からみて，次のア～エのうちのどれか。最も適当なものを一つ選んで，その記号を書け。

ア song　イ luck　ウ words　エ tears

(2)	

(3) 下線部③に，she thought he was right とあるが，幸子(さちこ)は父のどのような言葉を正しいと思ったのか。その内容を日本語で書け。

(3)	

(4) ④の[　　　]内にあてはまる語は，本文の内容からみて，次のア～エのうちのどれか。最も適当なものを一つ選んで，その記号を書け。

ア right　イ surprised　ウ sorry　エ difficult

(4)	

(5) 下線部⑤の it が指しているのはどのようなことがらか。日本語で書け。

(5)	

(6) ⑥の[　　　]内にあてはまるものは，本文の内容からみて，次のア～エのうちのどれか。最も適当なものを一つ選んで，その記号を書け。

ア you'll hear no sound　イ you'll see his efforts
ウ you'll feel no life　エ you'll find his mistakes

(6)	

(7) 次の(a)，(b)の質問に対する答えを，本文の内容に合うように，それぞれ3語以上の英文一文で書け。ただし，ピリオド，コンマなどの符号は語として数えない。

(a) Who gave Sachiko a guitar as a present when she was eight?
(b) Was Sachiko sad when she received a guitar from Takeo on her fifteenth birthday?

(8) 次の㋐～㋕のうちから，本文中で述べられている内容に合っているものを二つ選んで，その記号を書け。

㋐ Sachiko and her father enjoyed repairing the guitar together every weekend.
㋑ Sachiko loved the guitar because it still looked new and clean.
㋒ Sachiko's friend Ryoko found Sachiko's guitar and dropped it by accident.
㋓ Sachiko was still sad even during dinner after her guitar broke.
㋔ Sachiko asked her mother to put the broken guitar away after dinner.
㋕ Sachiko's father was happy to find Sachiko and Takeo were still friends at the party.

(7)	(a)	＿＿＿＿＿＿＿＿＿＿＿.
	(b)	＿＿＿＿＿＿＿＿＿＿＿.
(8)	◯ と ◯	

■令和2年度問題

4 次の英文を読んで，あとの(1)～(7)の問いに答えなさい。（*印をつけた語句は，あとの㊟を参考にしなさい。）

Takumi is a junior high school student. One day, when he was cleaning his classroom, he talked to one of his classmates, Emma, a student from London. He said to her, "I don't like cleaning. Why do we have to clean our school?" She said, "You don't like cleaning? When I was in my country, I heard that Japanese people like cleaning, so I thought Japan is the cleanest place in the world. I found it was true when I came to Japan." Takumi agreed but asked, "①[ ]?" Emma answered, "Yes, I do. I can't *explain well why I like cleaning, but I feel very good after cleaning places with friends. You are Japanese, but you don't like cleaning. I'm sorry but it is strange to me...."

After Takumi came back home, he told his mother about the thing Emma said to him. Then she said to him, "Have you heard that some Japanese soccer fans cleaned the stadium even after their team *lost an international game?" He answered, "No, I haven't." Then she continued, "OK. It became *news all over the world and people *admired such *conduct. However, it is not a ②[ ] thing for us Japanese to clean places we use, right? We have learned *cooperation, *responsibility, and *gratitude for things through cleaning time in school. Now some schools in the world try to begin this Japanese way of *education. It is '③[ ] through cleaning'." Then Takumi said, "I have thought that we students clean our school just to make it clean. But now I understand why I have to clean my school. I have to change my *attitude toward cleaning." His mother said, "Yes, you should do ④<u>so</u>. I hope Emma will be happy when she sees the change of your attitude."

The next day, when Takumi saw Emma at school, he said to her, "Let's look for places to clean and make our school clean." Emma said, "Sure! ⑤<u>I'm really happy to hear that!</u>" They *listed places and began to clean them *one by one after school. Some students also started to join them, and their *activity spread to the whole school.

After three months, almost all the places they listed were cleaned. Then Takumi said to Emma, "Why don't we list places to clean in our community? Now more than twenty students have joined our activity, so we can *divide the places among us and decide what to do and when to finish it. By doing so, each student can ⑥[ ] for their places, right?" Emma said, "That's a good idea! I'm sure we will have the gratitude for *ordinary things around us, too." Their activity started to spread *outside their school.

㊟ explain：説明する　lost：lose(負ける)の過去形　news：ニュース
admired：admire(称賛する)の過去形　conduct：おこない
cooperation：協働(協力して共に働くこと)　responsibility：責任
gratitude for～：～への感謝　education：教育　attitude toward～：～に対する態度
listed：list(一覧表にする)の過去形　one by one：ひとつひとつ　activity：活動
divide：分担する　ordinary：ありふれた　outside～：～の外へ

(1) ①の[ ]内には，拓海(たくみ)の質問が入る。本文の内容を参考にして，その質問を4語以上の英文一文で書け。ただし，疑問符，コンマなどの符号は語として数えない。

(1) ____________________?

(2) ②の[ ]内にあてはまる語は，本文の内容からみて，次のア～エのうちのどれか。最も適当なものを一つ選んで，その記号を書け。

ア special　イ happy　ウ useful　エ favorite

(2) [ ]

(3) ③の[ ]内にあてはまる語は，本文の内容からみて，次のア～エのうちのどれか。最も適当なものを一つ選んで，その記号を書け。

ア answering　イ taking　ウ checking　エ learning

(3) [ ]

(4) 下線部④の so が指しているのはどのようなことがらか。日本語で書け。

(4) [ ]

(5) 下線部⑤に，I'm really happy to hear that! とあるが，Emmaは拓海のどのような誘いをうれしく思ったのか。その内容を日本語で書け。

(5) ____________________という誘い

(6) ⑥の[ ]内にあてはまるものは，本文の内容からみて，次のア～エのうちのどれか。最も適当なものを一つ選んで，その記号を書け。

ア list international games　イ find many people
ウ have the responsibility　エ change their school

(6) [ ]

(7) 次の(a)，(b)の質問に対する答えを，本文の内容に合うように，それぞれ3語以上の英文一文で書け。ただし，ピリオド，コンマなどの符号は語として数えない。

(a) How did Emma feel after she cleaned places with her friends?
(b) Did Takumi understand why he should clean his school after listening to his mother's story?

(7)	(a)	____________________.
	(b)	____________________.

■令和３年度問題

4 次の英文を読んで，あとの(1)～(8)の問いに答えなさい。（＊印は，㊟を参考にしなさい。）

Yuki is a junior high school student. She worked hard as the leader of the brass band club. Her school was famous for its brass band, so every club member wanted to win the contest. They practiced hard and often talked about what to do to win the contest. But something was *lacking in their music. They were *irritated. One day, Ken, one of the members, said, "Our club is not ①[　　　], so I will stop joining it." Yuki couldn't say anything to him.

On Saturday afternoon, Yuki met Ken near the school. He was going to a *retirement home to see his grandmother. He said, "My grandmother likes music, so I often visit her to talk about it." Yuki said to him, "I was going home now, but can I come with you?" He looked surprised, but said "Yes."

At the retirement home, Ken's grandmother, Masako, said to Yuki, "You will have a contest soon, right?" Yuki said to her, "Yes. But I think we can't win the contest." Masako looked at Yuki, and then said to Ken, "Please play the piano *as usual." When he began to play the piano, all the *elderly people *got together. While he was playing the piano, Ken sometimes talked to them. Yuki said to Masako, "Wow! Look at Ken! What a happy face! He doesn't look happy in our club." Masako said to Yuki, "Ken wants elderly people to enjoy music, and ②<u>they also understand his wish.</u> They look really happy, right?" Yuki looked at their happy faces. They looked *united through music.

Two weeks later, Yuki, Ken and other club members visited the retirement home. They wanted elderly people to listen to their music. At first, the members played music as usual. Then Ken asked the elderly people, "③[　　　]?" One of them answered, "I would like to listen to your school song. Many of us *graduated from your school." Yuki and other members wanted them to sing the song and ④[　　　] their school days, and decided to play it slowly. When they began to play it, the *audience became excited and many of them sang it *happily. Yuki said to Ken, "*Until now, we've thought about ⑤[　　　]. However, the important thing is to think about how to make the audience happy." Ken said to her, "Yes. That is lacking in our music!"

Two months later, the day of the contest came. At the *side of the stage, the members were very nervous. Then Ken said, "My grandmother is in the audience!" Some of the elderly people in the retirement home were there to listen to their music. Yuki said to the members, "Let's make the audience happy through our music. By doing ⑥<u>so</u>, all the people here will be united." The members looked happy. Yuki said to them, "Now, let's go!"

㊟ lacking：足りない　irritated：いらいらして　retirement home：老人ホーム
as usual：いつものように　elderly：お年寄りの
got together：get together（集まる）の過去形　united：ひとつになって
graduated：graduate（卒業する）の過去形　audience：観客　happily：幸せそうに
until now：今まで　side：かたわら

(1) ①の[　　　]内にあてはまる語は，本文の内容からみて，次のア～エのうちのどれか。最も適当なものを一つ選んで，その記号を書け。

ア weak　イ sad　ウ young　エ fun

(1)	

(2) 下線部②に，they also understand his wish とあるが，彼らが健のどのような願いを理解していると，昌子は思ったのか。その内容を日本語で書け。

(2)	＿＿＿＿＿＿＿＿という願い

(3) ③の[　　　]内には，健の質問が入る。本文の内容を参考にして，その質問を７語以上の英文一文で書け。ただし，疑問符，コンマなどの符号は語として数えない。

(3)	＿＿＿＿＿＿＿＿？

(4) ④の[　　　]内にあてはまる語は，本文の内容からみて，次のア～エのうちのどれか。最も適当なものを一つ選んで，その記号を書け。

ア learn　イ break　ウ remember　エ answer

(4)	

(5) ⑤の[　　　]内にあてはまるものは，本文の内容からみて，次のア～エのうちのどれか。最も適当なものを一つ選んで，その記号を書け。

ア winning the contest　イ singing a song happily
ウ joining the club　エ playing music with elderly people

(5)	

(6) 下線部⑥の so が指しているのはどのようなことがらか。日本語で書け。

(6)	

(7) 次の(a)，(b)の質問に対する答えを，本文の内容に合うように，(a)は３語以上，(b)は２語以上の英文一文で書け。ただし，ピリオド，コンマなどの符号は語として数えない。

(a) Did Ken tell Yuki to come to see his grandmother when he met her near the school?
(b) Who asked Ken to play the piano in the retirement home?

(7)	(a)	＿＿＿＿＿＿＿＿.
	(b)	＿＿＿＿＿＿＿＿.

(8) 次の㋐～㋕のうちから，本文中で述べられている内容に合っているものを二つ選んで，その記号を書け。

(8)	○ と ○

㋐ When Ken said, "I will stop joining the club," Yuki said to him, "Don't do that."
㋑ Ken often visited the retirement home to talk about music with his grandmother.
㋒ When Ken played the piano, Yuki was surprised because he knew how to play the piano.
㋓ The club members visited the elderly people to listen to the music they were going to play.
㋔ When the club members played the school song, many elderly people sang it together.
㋕ The club members were nervous to find the elderly people in the retirement home at the contest.

4 次の英文を読んで，あとの(1)～(8)の問いに答えなさい。（＊印をつけた語句は，あとの㊟を参考にしなさい。）

Yuta is a junior high school student. One day, his father, Kazuo, asked Yuta, "What are you going to do during summer vacation?" Yuta answered, "I'm not going to do anything special. Our town is so *boring." Kazuo said, "Really? ①[　　　]?" Yuta said, "Because this town doesn't have anything interesting for me." Kazuo said, "Are you sure? We have many *chances to enjoy interesting events in our town. For example, every summer, a vegetable cooking contest is held at the park. Why don't you join it?" Yuta said, "That's nice. I like cooking." Yuta decided to join the contest.

On Saturday, Yuta searched for a *recipe for a dish with vegetables on the Internet and *served the dish to Kazuo. Yuta said to Kazuo, "It's delicious, right?" Kazuo said, "It tastes good. *By the way, where are these vegetables from?" Yuta answered, "I don't know." Kazuo asked Yuta, "Then, do you know why the contest is held in our town?" Yuta said, "No. Tell me the reason." Kazuo said, "A cooking *workshop will be held at a *community center tomorrow. The answer will be there." Then Yuta said, "I'll go there to find the answer."

On Sunday, people cooked their dishes and served them at the workshop. Every dish was made with only local summer vegetables from his town. Yuta enjoyed eating them. He was ②[　　　] to know that his town had many local delicious summer vegetables. Yuta said to people around him, "All the summer vegetables here are so great. I like these *tomatoes the best." A man who *grows tomatoes said, "I'm glad to hear ③that. I want many people to know tomatoes here are so nice. However, I have ④[　　　] to *introduce these tomatoes to many people." Just after Yuta heard about that, Yuta remembered his father's words. Then, ⑤he finally found the answer he wanted. The contest is held to introduce delicious vegetables in this town to many people. Then, Yuta decided to cook a dish with the tomatoes for the contest and said to the man, "I'll introduce these sweet tomatoes to many people!"

A week later, a lot of people from Yuta's town and other towns came to the contest. Yuta *did his best but couldn't win the contest. However, he was very happy to get *comments such as "Delicious! I love this tomato." and "I didn't know our town has such a sweet tomato." After the contest, Yuta walked with Kazuo around the park and saw a lot of people who were talking about the dishes of the contest. They looked happy. Yuta said to Kazuo, "Through this great experience, I ⑥[　　　]. So, I want to know more about my *hometown." Then, a little girl came to Yuta and said, "Your dish was best for me. What's the name of the dish?" Yuta answered with a smile, "Sweet hometown."

㊟ boring：退屈な　chance(s)：機会　recipe：調理法　served：serve(出す)の過去形
by the way：ところで　workshop：勉強会　community center：公民館
tomato(es)：トマト　grow(s)：育てる　introduce：紹介する
did his best：最善を尽くした　comment(s)：コメント　hometown：故郷

(1) ①の[　　　]内には，勇太(ゆうた)に対する和夫(かずお)の質問が入る。本文の内容を参考にして，その質問を4語以上の英文一文で書け。ただし，疑問符，コンマなどの符号は語として数えない。

(1) ________________?

(2) ②の[　　　]内にあてはまる語は，本文の内容からみて，次のア～エのうちのどれか。最も適当なものを一つ選んで，その記号を書け。

ア sad　イ surprised　ウ tired　エ kind

(2) [　　]

(3) 下線部③の that が指しているのはどのようなことがらか。日本語で書け。

(3) [　　]

(4) ④の[　　　]内にあてはまる語は，本文の内容からみて，次のア～エのうちのどれか。最も適当なものを一つ選んで，その記号を書け。

ア no reason　イ no chance　ウ some ideas　エ some places

(4) [　　]

(5) 下線部⑤に，he finally found the answer he wanted とあるが，勇太はどのようなことがわかったのか。その内容を日本語で書け。

(5) [　　]

(6) ⑥の[　　　]内にあてはまるものは，本文の内容からみて，次のア～エのうちのどれか。最も適当なものを一つ選んで，その記号を書け。

ア studied everything about tomatoes　イ learned how to grow vegetables
ウ knew the way of using the Internet　エ found a good point of this town

(6) [　　]

(7) 次の(a)，(b)の質問に対する答えを，本文の内容に合うように，(a)は5語以上，(b)は3語以上の英文一文で書け。ただし，ピリオド，コンマなどの符号は語として数えない。

(a) What is held every summer in Yuta's town?
(b) Did Yuta win the contest?

(7) (a) ________________.
(b) ________________.

(8) 次の㋐～㋕のうちから，本文中で述べられている内容に合っているものを二つ選んで，その記号を書け。

(8) ○ と ○

㋐ Yuta had no plans to do during summer vacation before deciding to join the contest.
㋑ Kazuo tried to hold the workshop to sell local summer vegetables in his town.
㋒ Yuta enjoyed eating many vegetables from different places in Japan at the workshop.
㋓ There were only a few people who came to the vegetable cooking contest.
㋔ Kazuo wanted to cook a dish with sweet tomatoes with Yuta after the contest.
㋕ Yuta became interested in his hometown after the vegetable cooking contest.

英作文

〔**注意**〕英文一文の語数は，与えられた語を除いて５語以上とし，ピリオド，コンマなどの符号は語として数えない。

■平成26年度問題

5 下の２枚の絵は，太郎（Taro）のある日の出来事を表したものである。**場面Ａ**から**場面Ｂ**に続くこの２枚の絵を見て，それぞれの場面を説明する適当な英文を，次の〔**注意**〕に従って書きなさい。

〔**注意**〕
① **場面Ａ**から**場面Ｂ**に続くストーリーとなるように書くこと。
② **場面Ａ**，**場面Ｂ**の説明は，それぞれ２文で書き，各場面の１文目については，与えられた語句に続けて書くこと。

場面Ａ

場面Ｂ

場面Ａ	At a store, Taro ＿＿＿＿＿＿＿＿＿＿. ＿＿＿＿＿＿＿＿＿＿.
場面Ｂ	Taro ＿＿＿＿＿＿＿＿＿＿. ＿＿＿＿＿＿＿＿＿＿.

■平成27年度問題

5 ２枚の絵は，太郎（Taro）のある日の出来事を表したものである。**場面Ａ**から**場面Ｂ**に続くこの２枚の絵を見て，それぞれの場面を説明する適当な英文を，次の〔**注意**〕に従って書きなさい。

〔**注意**〕
場面Ａから**場面Ｂ**に続くストーリーとなるように，各場面の説明はそれぞれ２文で書くこと。

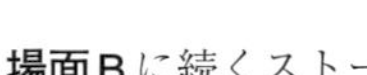

場面Ａ

場面Ｂ

場面Ａ	＿＿＿＿＿＿＿＿＿＿. ＿＿＿＿＿＿＿＿＿＿.
場面Ｂ	＿＿＿＿＿＿＿＿＿＿. ＿＿＿＿＿＿＿＿＿＿.

■平成28年度問題

5 ２枚の絵は，太郎（Taro）のある日の出来事を表したものである。**場面Ａ**から**場面Ｂ**に続くこの２枚の絵を見て，それぞれの場面を説明する適当な英文を，次の〔**注意**〕に従って書きなさい。

〔**注意**〕
場面Ａから**場面Ｂ**に続くストーリーとなるように，各場面の説明はそれぞれ２文で書くこと。

場面Ａ　場面Ｂ

場面Ａ	＿＿＿＿＿＿＿＿＿＿. ＿＿＿＿＿＿＿＿＿＿.
場面Ｂ	＿＿＿＿＿＿＿＿＿＿. ＿＿＿＿＿＿＿＿＿＿.

〔**平成29年度から令和２年度までの英作文を書くにあたっての注意**〕
① ４文で書き，一文の語数は５語以上とし，短縮形は一語と数える。ただし，ピリオド，コンマなどの符号は語として数えない。
② 選んだ品物や行事などが，日本の伝統文化として伝わるよう，まとまりのある内容で書くこと。
③ 日本独特のものの名前は，ローマ字で書いてもよい。

■平成29年度問題

5 あなたは，日本の伝統的な品物や行事などについて，紹介することになりました。次の三つのうちから一つ選んで，それを説明する文を，まえ の〔**注意**〕に従って，英語で書きなさい。

折り紙	ふろしき	正月
origami	*furoshiki*	*shogatsu*

■平成30年度問題

5 あなたは，日本の伝統的なものや行事などについて，紹介することになりました。次の三つのうちから一つ選んで、それを説明する文を，［まえ］の〔**注意**〕に従って，英語で書きなさい。

落語	**和食**	**花見**
rakugo	*washoku*	*hanami*

■平成31年度問題

5 あなたは，日本の伝統的なものや行事などについて，紹介することになりました。次の三つのうちから一つ選んで，それを説明する文を，［まえ］の〔**注意**〕に従って，英語で書きなさい。

年賀状	**ゆかた**	**七五三**
nengajo	*yukata*	*shichigosan*

■令和２年度問題

5 あなたは，日本の伝統的なものや行事などについて，海外の人に紹介することになりました。次の三つのうちから一つ選んで，それを説明する文を，［まえ］の〔**注意**〕に従って，英語で書きなさい。

うどん	**相撲**	**七夕**
udon	*sumo*	*tanabata*

■令和３年度問題

5 英語の授業で，次のテーマについて意見を書くことになりました。あなたなら，新聞とインターネットのどちらを選び，どのような意見を書きますか。あなたの意見を，あとの〔**注意**〕に従って，英語で書きなさい。

> 世の中の情報を得る手段として，新聞とインターネットのどちらがよいか。
> 新聞　a newspaper　　インターネット　the Internet

〔**注意**〕
① 解答欄の［　　］内にa newspaperまたはthe Internetのどちらかを書くこと。
② I think getting information from ［　　］ is better. の文に続けて，４文の英文を書くこと。
③ 一文の語数は５語以上とし，短縮形は一語と数える。ただし，ピリオド，コンマなどの符号は語として数えない。
④ 新聞またはインターネットを選んだ理由が伝わるよう，まとまりのある内容で書くこと。

I think getting information from ［　　　　　　］ is better.

■令和４年度問題

5 英語の授業で，次のテーマについて意見を書くことになりました。あなたなら，田舎と都会のどちらを選び，どのような意見を書きますか。あなたの意見を，あとの〔**注意**〕に従って，英語で書きなさい。

> 将来，あなたが暮らしたい場所は，田舎と都会のどちらか。
> 田舎　the country　　都会　a city

〔**注意**〕
① 解答欄の［　　］内にthe countryまたはa cityのどちらかを書くこと。
② I think living in ［　　］ is better. の文に続けて，４文の英文を書くこと。
③ 一文の語数は５語以上とし，短縮形は一語と数える。ただし，ピリオド，コンマなどの符号は語として数えない。
④ 田舎または都会を選んだ理由が伝わるよう，まとまりのある内容で書くこと。

I think living in ［　　　　　　］ is better.

リスニング問題と台本（H26～R 2 は省く）

■令和３年度問題

1 問題は，A，B，C，D，Eの５種類です。

Aは，絵を選ぶ問題です。今から，Kentaが昨日の昼食後にしたことについて，説明を英語で２回くりかえします。よく聞いて，その説明にあてはまる絵を，①から④の絵の中から一つ選んで，その番号を書きなさい。

Kenta played the violin after lunch yesterday.

①

②

③

④

Bは，スポーツを選ぶ問題です。問題用紙のグラフを見てください。Shihoが，クラスの35人の生徒に，「最も好きなスポーツ」をたずねたところ，５つのスポーツがあげられました。今から，Shihoがその結果を英語で発表します。よく聞いて，グラフの②にあてはまるスポーツとして最も適当なものを，アからエのうちから一つ選んで，その記号を書きなさい。英文は２回くりかえします。

soccer（12人）
①（9人）
②（7人）
③（4人）
④（3人）

The most popular sport is soccer in our class. And nine students like baseball the best. Badminton is more popular than basketball. Swimming is not so popular. Three students like swimming the best.

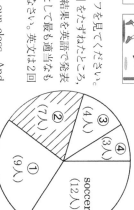

ア badminton　イ baseball　ウ swimming　エ basketball

Cは，応答を選ぶ問題です。今から，LeoとEmilyの対話を英語で２回くりかえします。よく聞いて，Leoの最後のことばに対するEmilyの応答として最も適当なものを，アからエのうちから一つ選んで，その記号を書きなさい。

Leo : Look at that beautiful mountain!
Emily : Wow, I have never seen such a beautiful mountain before.
Leo : Why don't we take a picture of it?

ア I visited there yesterday.　イ You're welcome.
ウ Because it's a beautiful picture.　エ That's a good idea.

Dは，対話の内容を聞き取る問題です。今から，EllenとSamの対話を英語で２回くりかえします。よく聞いて，EllenとSamの待ち合わせ場所，EllenとSamの待ち合わせ時刻およびEllenがSamに持って行くほうがよいと言ったものを，それぞれ日本語で書きなさい。

Ellen : My sister, Lisa, has a tennis game tomorrow. Do you want to come?
Sam : Sure. I want to watch it.
Ellen : So, let's meet in front of the library at 7:20 tomorrow morning.
Sam : Wow, that's too early for me.
Ellen : How about meeting at 7:50? The tennis game starts at 9:00.
Sam : OK. I hope she will win the game.
Ellen : I'm very excited. Oh, you should bring something to drink. It will be sunny tomorrow.

Eは，文章の内容を聞き取る問題です。はじめに，Yutaについての英文を読みます。そのあとで，英語でNo.1，No.2，No.3の三つの質問をします。英文と質問は，２回くりかえします。よく聞いて，質問に対する答えとして最も適当なものを，アからエのうちからそれぞれ一つずつ選んで，その記号を書きなさい。

Yuta is a junior high school student. On Saturday afternoon, Yuta went to the park with his classmate, Junko. She said to him, "Mother's Day is tomorrow. What are you going to do for your mother?" He said, "I have never thought about it. How about you?" She said, "I will buy some flowers. "He was surprised and said, "I have never given my mother any presents." Then, he decided to give his mother something special.

On that evening, Yuta thought about what to buy for his mother, but he could not find any good presents. He felt sorry. Then, he called Junko to ask her about his mother's presents. He said, "I can't decide what to give to my mother. What should I do?" Junko answered, "Don't worry, Yuta. Just say 'Thank you' to her."

On Mother's Day, after Yuta had dinner with his family, he said to his mother, "Mom, today is Mother's Day. I have no presents but here's a letter for you. Thank you for being a nice mom." This made his mother happy.

質問です。

No.1 When did Yuta and Junko go to the park?
No.2 What did Junko tell Yuta to do on the phone?
No.3 Why was Yuta's mother happy?

No.1
ア On Saturday morning.　イ On Saturday afternoon.
ウ On Sunday morning.　エ On Sunday afternoon.

No.2
ア To give some presents to Junko.　イ To say to his mother "Thank you."
ウ To make Junko's mother happy.　エ To think about what to buy for his mother.

No.3
ア Because Yuta went to a flower shop and bought some flowers for her.
イ Because Yuta told her to buy him some presents.
ウ Because Yuta gave a letter to her and said, "Thank you for being a nice mom."
エ Because Yuta said to her, "I couldn't decide what to do for you. "

A	○	B		C	
D	EllenとSamの待ち合わせ場所	＿＿＿＿の前			
	EllenとSamの待ち合わせ時刻	午前＿＿時＿＿分			
	EllenがSamに持って行くほうがよいと言ったもの				
E	No.1		No.2		No.3

■令和4年度問題

1 問題は，A，B，C，D，Eの5種類です。

Aは，絵を選ぶ問題です。今から，Yumiが今していることについて，説明を英語で2回くりかえします。よく聞いて，その説明にあてはまる絵を，①から④の絵の中から一つ選んで，その番号を書きなさい。

Yumi is making a cake with her mother now.

①  ②  ③  ④

Bは，予定表を選ぶ問題です。次の四つの予定表を見てください。今から，MikiとKotaの来週の放課後の予定についての対話を英語で2回くりかえします。よく聞いて，①から④の予定表のうち，Kotaの来週の放課後の予定表として最も適当なものを一つ選んで，その番号を書きなさい。

①

曜日	予定
月	サッカー
火	サッカー
水	買い物
木	サッカー
金	

②

曜日	予定
月	サッカー
火	
水	サッカー
木	買い物
金	サッカー

③

曜日	予定
月	サッカー
火	サッカー
水	
木	サッカー
金	買い物

④

曜日	予定
月	サッカー
火	買い物
水	サッカー
木	
金	サッカー

Miki： I'm going to go to a movie on Monday. I'm excited. How about you, Kota?

Kota： That's good. I'm very busy next week. I'm going to practice soccer on Monday, Wednesday, and Friday. And I'm going to go shopping to buy soccer shoes on Tuesday. I have no plans cn Thursday, so I'm thinking about what I can do on that day.

Cは，応答を選ぶ問題です。今から，店員とTakashiの対話を英語で2回くりかえします。よく聞いて，店員の最後のことばに対するTakashiの応答として最も適当なものを，アからエのうちから一つ選んで，その記号を書きなさい。

Salesclerk：Hello. May I help you?

Takashi：Yes, please I like this sweater. How much is this?

Salesclerk：It's 20 dollars.

ア Here's your change.　イ I'm fine.　ウ OK. I'll take it.　エ Please come again.

Dは，対話の内容を聞き取る問題です。今から，Emiとホテルの受付係の対話を英語で2回くりかえします。よく聞いて，Emiが行こうとしている場所，Emiが選ぶ交通手段でその場所までかかる時間，およびEmiが楽しみにしていることを，それぞれ日本語で書きなさい。

Emi：Excuse me.

Staff：Yes.

Emi：I'm trying to go to the station around here. Could you tell me how to get there?

Staff：Sure. You can use a bus or a taxi. It's 15 minutes by bus or 5 minutes by taxi.

Emi：OK. I'll use a bus because I have enough time. Oh, I have one more question. Is there any good food to eat?

Staff：Well, apples are famous here. You should eat apple pies.

Emi：That's nice I can't wait to eat apple pies! Thank you for your help.

Eは，文章の内容を聞き取る問題です。はじめに，Takuyaによる英語のスピーチを読みます。そのあとで，英語でNo.1，No.2，No.3の三つの質問をします。英文と質問は，2回くりかえします。よく聞いて，質問に対する答えとして最も適当なものを，アからエのうちからそれぞれ一つずつ選んで，その記号を書きなさい。

I like English. I'm studying English hard. This summer, I went to a language school in my town to join an English program. I met people from different countries such as America, China, and India there. They all talked with each other in English, but I couldn't speak English well.

The next day, I told my English teacher about it and said, "I have studied English hard during class. Is there any other good way to improve my English?" She said, "You should have more time to speak English. For example, after you learn some English words and expressions during class, you should try to talk with someone and use them. Practice is important in learning English."

After that, I started to speak English more. At school, I talk with my English teacher only in English. And at home, I want to talk with someone in English, but my family cannot speak English. So I talk to "myself" in English at home. Now, I've got more time to speak English. I will improve my English more.

質問です。

No.1 Where did Takuya go in summer?

No.2 What did the teacher tell Takuya to do?

No.3 Why did Takuya start to talk to himself in English?

No.1 ア A city library.　イ A language school.　ウ A museum.　エ A supermarket.

No.2 ア To listen to English songs.　イ To go to America, China, and India.　ウ To read an English newspaper.　エ To speak English more.

No.3
ア Because it was easy to learn some English words and expressions.
イ Because he wanted to have more time to speak English at home.
ウ Because he didn't like to speak English with his friends at school.
エ Because it was the homework which his teacher told him to do.

A	◯	B	◯	C	
D	Emiが行こうとしている場所				
	Emiが選ぶ交通手段でその場所までかかる時間	＿＿分			
	Emiが楽しみにしていること	＿＿こと			
E	No.1		No.2		No.3

公立高校入試出題単元

過去9年間
（平成26年～令和4年まで）

理　科

《※は問題を省略しております》

◎1分野

身近な科学

平成26年[4] A※（力）
平成27年[4] C（光）
平成28年[4] B※（力）
平成29年[4] A※（音）
平成30年[4] A※（力：ばね）
平成31年[4] B（光）
令和2年[4] A※（浮力）
令和3年[4] C（音）
令和4年[4] B（力：ばね）

物質の性質

平成27年[3] A※（状態変化）
平成28年[3] A※（水溶液の性質）
平成29年[3] A※（気体の特徴）
平成31年[3] B（三態・蒸留）
令和2年[3] A（濃度・溶解度）
令和4年[3] B（有機物・置換法）

化学変化

平成26年[3] B※（酸化還元）
平成27年[3] B（化学変化・水溶液）
平成28年[3] B※（酸化）
平成29年[3] B※（酸化と還元・質量）
平成30年[3] B（分解）
平成31年[3] A（酸化・還元）
令和2年[3] B（分解）
令和3年[3] B（分解）
令和4年[3] A（質量保存）

イオン

平成26年[3] A（電気分解・化学電池）
平成27年[3] A（電気分解）
平成28年[3] A（水溶液の性質）
平成30年[3] A（物質の性質・イオン）
令和3年[3] A（イオン）

電流とその利用

平成26年[4] B（電流と磁界・モーター）
平成27年[4] B※（オームの法則・熱量）
平成28年[4] A（オームの法則・電力）
平成29年[4] B（電圧・磁界）
平成30年[4] C（回路・発熱量）
平成31年[4] C（オームの法則・電力）
令和2年[4] C（電流と磁界・モーター）
令和3年[4] A（電力）
令和4年[4] C（回路・電力）

運動とエネルギー

平成26年[4] C※（エネルギーの関係・速さと時間）
平成27年[4] A※（物体の運動・エネルギー）
平成28年[4] C（物体の運動・エネルギー）
平成29年[4] C（重力・仕事・仕事率）
平成30年[4] B（運動とエネルギー）
平成31年[4] A※（仕事・力学的エネルギー）
令和2年[4] B（仕事・仕事率）
令和3年[4] B（運動とエネルギー）
令和4年[4] A（力学的エネルギー・仕事）

◎2分野

植物の生活と種類

平成26年[2] B（種子植物）
平成27年[2] B※（光合成）
平成28年[2] B※（分類）
平成29年[2] A※（呼吸と光合成）
平成30年[2] A※（蒸散）
平成31年[2] C（光合成）
令和2年[2] B（分類）
令和3年[2] B（光合成・呼吸・細胞）
令和4年[2] C（蒸散）

動物の生活と種類

平成26年[2] A※（消化器官）
平成27年[2] A（ヒトの血液）
平成28年[2] A（刺激と反応）
平成29年[2] B（動物のつくりとしくみ）
平成30年[2] B※（消化）
平成31年[2] A※（血液）
令和2年[2] A（刺激と反応）
令和3年[2] A（動物の分類）
令和4年[2] B（消化）

生物の細胞と生殖

平成26年[2] C（遺伝の規則性）
平成28年[2] C※（細胞分裂）
平成30年[2] C（遺伝）
平成31年[2] B（遺伝）
令和3年[2] C（細胞分裂）

地球と太陽系

平成27年[1] B※（太陽の動き）
平成29年[1] B（星と月の動き）
平成30年[1] A（太陽の動き）
令和2年[1] B（太陽系・金星）
令和3年[1] A（星座）

天気とその変化

平成26年[1] A※（大気の動き・気圧）
平成27年[1] A（水蒸気）
平成28年[1] B（台風）
平成31年[1] B※（天気・気圧）
令和2年[1] A（気圧・気団）
令和4年[1] A（湿度・天気図）

大地の変化

平成26年[1] B※（火成岩・地層）
平成28年[1] A（プレート・地層）
平成29年[1] A（火山岩について）
平成30年[1] B※（地震）
平成31年[1] A※（火山）
令和3年[1] B（地層）
令和4年[1] B（鉱物・火山）

生物界のつながり

平成27年[2] C（分解者・食物連鎖）
平成29年[2] C（食物連鎖）
令和2年[2] C（食物連鎖）
令和4年[2] A（生物のつながり）

◎１分野
身近な科学

■平成27年度問題

4 次の問いに答えなさい。

C　光に関して，次の⑴，⑵の問いに答えよ。

⑴　下の図Ⅰのような装置を用いて，ろうそく，凸レンズ，スクリーンを光学台に並べ，凸レンズによるろうそくの像のでき方を調べる実験をした。下の図Ⅱは，それを模式的に表したものである。ろうそくを凸レンズの焦点距離の３倍の位置に置き，スクリーンをろうそくの鮮明な像ができる位置まで移動させた。このときのスクリーンの位置はどこであると考えられるか。図Ⅱ中の**ア**～**オ**で示した位置のうち，最も適当なものを一つ選んで，その記号を書け。

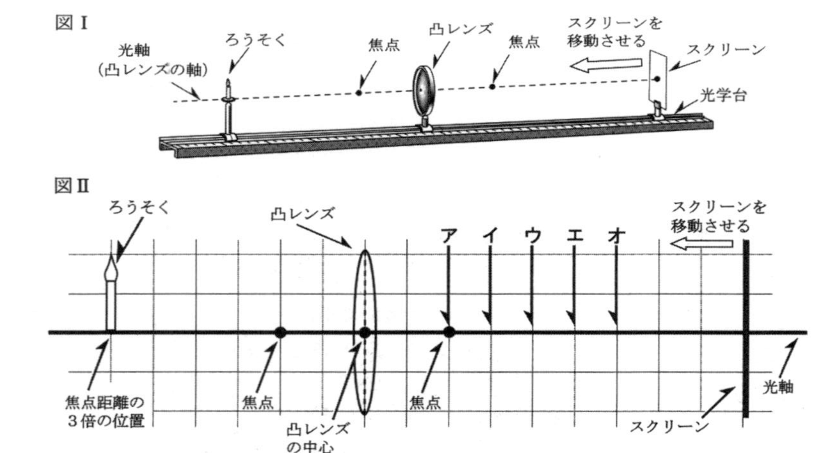

⑵　部屋の壁に平らな鏡がとりつけられている。その部屋の床に６本の長い棒ａ～ｆが垂直に立てられている。太郎さんが鏡を見たところ，鏡には３本の棒がうつっていた。右の図Ⅲは，真上から見た，鏡の位置，６本の棒の位置を模式的に表したものであり，Ｐ点は太郎さんが鏡を見た位置である。太郎さんが鏡を見たとき，鏡にうつっていた３本の棒はどれだと考えられるか。次のア～オから最も適当なものを一つ選んで，その記号を書け。

図Ⅲ（鏡，P，a，b，c，d，e，f）

ア　ａとｂとｃ　　イ　ａとｂとｄ　　ウ　ｂとｃとｅ
エ　ｂとｄとｅ　　オ　ｃとｅとｆ

C	⑴		⑵	

■平成31年度問題

4 次の問いに答えなさい。

B　光に関して，次の⑴，⑵の問いに答えよ

⑴　まっすぐなストローの一部を水中に入れて，空気中から観察すると，ストローは折れ曲がって見える。次の文は，光の進み方から，この理由を述べようとしたものである。文中の２つの〔　　〕内にあてはまる言葉を㋐，㋑から一つ，㋒，㋓から一つ，それぞれ選んで，その記号を書け。

水中にあるストローの先端からくる光が水中から空気中に進むときは，入射角より屈折角が〔㋐大きく　㋑小さく〕なる。そのため，水中にあるストローの先端からくる光が空気との境界面で曲がる道筋を模式的に表すと，下の〔㋒図Ⅰ　㋓図Ⅱ〕のようになるため，水中にあるストローの先端は実際とは違った位置に見え，ストローは折れ曲がって見える。

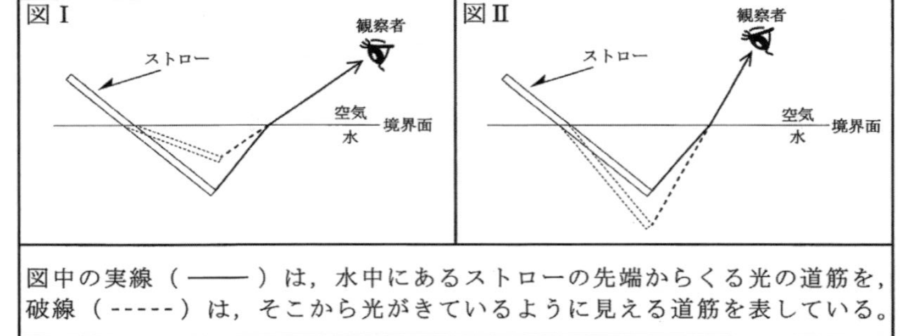

⑵　右の図Ⅲのように，太郎さんと花子さんの間には，水を入れたたらいが置いてあり，太郎さんは，花子さんが火のついた線香花火を持っている様子を正面から見ていた。太郎さんには花子さんの持つ線香花火の玉（火がついて球状になった部分）が，たらいの水面に映って見えた。次の文は，太郎さんの目に届く線香花火の玉から出た光が，図Ⅲ中のたらいの水面で反射する位置について述べようとしたものである。文中の２つの〔　　〕内にあてはまる言葉を㋐～㋒から一つ，㋓，㋔から一つ，それぞれ選んで，その記号を書け。

図Ⅲ（太郎さんの目の位置，線香花火の玉，X，Y，P，Q，R，地面，たらい，水，たらいの水面）

太郎さんの目に届く線香花火の玉から出た光は，図Ⅲ中のたらいの水面の〔㋐P　㋑Q　㋒R〕の位置で反射したものである。また，途中で線香花火の玉が落下すると，太郎さんの目に届く光が水面で反射する位置は図Ⅲ中の〔㋓X　㋔Y〕の向きに動く。

B	⑴	○と○	⑵	○と○

■令和３年度問題

4　次の問いに答えなさい。

C　音に関して，次の(1)，(2)の問いに答えよ。

(1)　光は非常に速く伝わるが，音は光ほど速くは伝わらない。光の速さに比べて音の速さが遅いことがわかる身近な一つの例について，簡単に書け。

(2)　右の図Ⅰのように，モノコードを用いて，弦の張りの強さを変えずにいろいろな大きさと高さの音を出す実験をした。次の文は，その実験結果について述べようとしたものである。文中の２つの〔　　〕内にあてはまる言葉を，㋐，㋑から一つ，㋒，㋓から一つ，それぞれ選んで，その記号を書け。

図Ⅰ

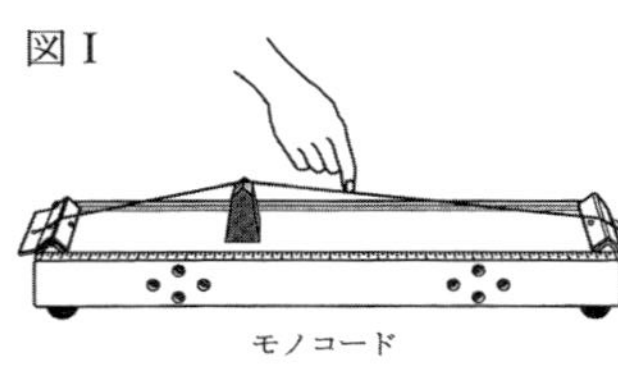

下の図Ⅱ～Ⅴは，モノコードの弦をはじいていろいろな大きさと高さの音を出しているときのようすを模式的に示したものである。モノコードの弦をはじいて，下の図Ⅱと図Ⅲのように音を出しているときを比べると，より大きい音を出しているのは下の〔㋐ 図Ⅱ　㋑ 図Ⅲ〕のように振動しているときであり，下の図Ⅳと図Ⅴのように音を出しているときを比べると，より高い音を出しているのは下の〔㋒ 図Ⅳ　㋓ 図Ⅴ〕のように振動しているときである。

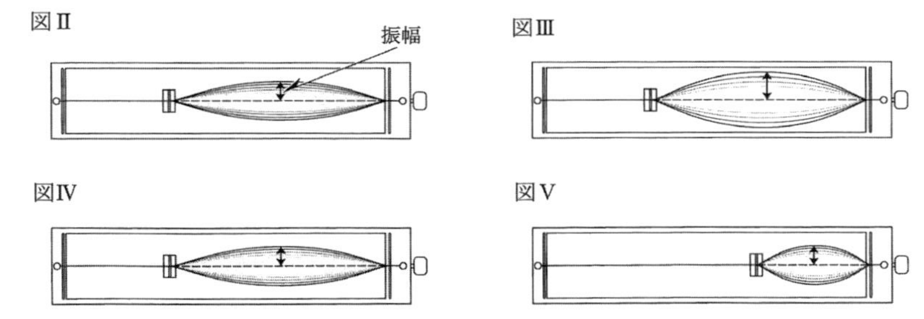

C	(1)	
	(2)	○と○

■令和４年度問題

4　次の問いに答えなさい。

B　右の図のような装置を用いて，ばねを引く力の大きさと，ばねの長さとの関係を調べる実験をした。ばねXの上端をスタンドに固定し，ばねXの下端におもりPをつるして，おもりPが静止したときのばねXの長さを，スタンドに固定したものさしを用いて測定する。この方法で同じ質量のおもりPの個数を増やしながら，ばねXの長さを測定した。次に，強さの異なるばねYにとりかえて，同様にして，ばねYの長さを測定した。下の表は，その結果をまとめたものである。これについて，次の(1)，(2)の問いに答えよ。

図

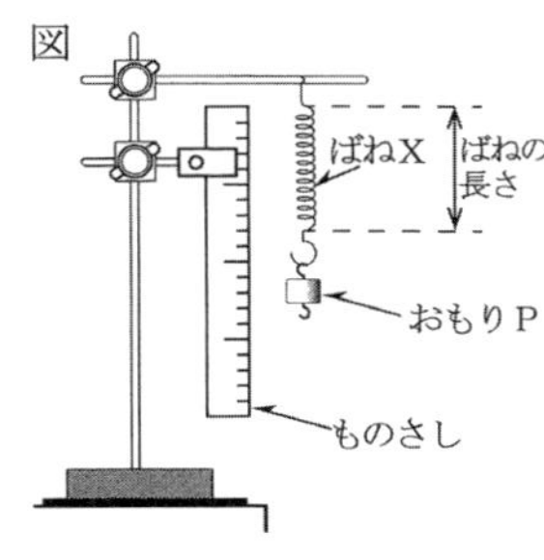

表

おもりPの個数[個]	0	1	2	3	4	5
ばねXの長さ[cm]	6.0	8.0	10.0	12.0	14.0	16.0
ばねYの長さ[cm]	4.0	4.8	5.6	6.4	7.2	8.0

(1)　ばねを引く力の大きさとばねののびは比例することから考えて，ばねXののびとばねYののびを同じにするとき，ばねXを引く力の大きさは，ばねYを引く力の大きさの何倍になると考えられるか。

(2)　実験で用いたおもりPとは異なる質量のおもりQを用意した。図の装置を用いて，ばねXに１個のおもりQをつるしたところ，ばねXの長さは7.0cmであった。次に，ばねYにとりかえて，２個のおもりPと３個のおもりQを同時につるすと，表から考えて，ばねYののびは何cmになると考えられるか。

B	(1)	倍	(2)	cm

物質の性質

■平成31年度問題

3 次の問いに答えなさい。

B　物質の温度による変化について調べるために，次の実験Ⅰ～Ⅲをした。これに関して，あとの(1)～(5)の問いに答えよ。

実験Ⅰ　右の図Ⅰのように，ポリエチレンの袋に少量のエタノールを入れ，空気をぬいて口を閉じた。この袋に熱い湯をかけたところ，袋は大きくふくらんだ。

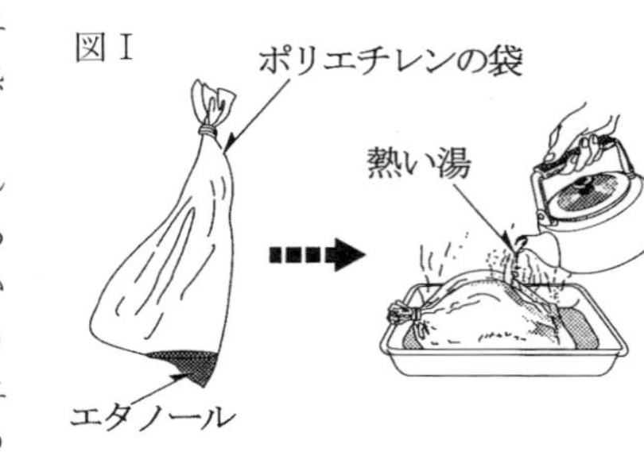

(1)　熱い湯をかけるとポリエチレンの袋が大きくふくらんだのは，エタノールが液体から気体に変わったためである。次の㋐～㋒は，エタノールの固体，液体，気体のいずれかの状態におけるエタノールの粒子の運動のようすを表したモデルである。次の㋐～㋒のうち，液体のエタノールの粒子を示したモデルと，気体のエタノールの粒子を示したモデルとして最も適当なものを，それぞれ一つずつ選んで，その記号を書け。

㋐ 粒子どうしの間隔が広く，自由に飛び回っている

㋑ 粒子が規則正しく並び，ほとんど移動しない

㋒ 粒子が規則正しく並ばず，自由に動くことができる

実験Ⅱ　細かくくだいた固体のロウをビーカーに入れて，おだやかに加熱してロウをとかして液体にした。右の図Ⅱのように，ビーカーの中のロウがすべて液体になった液面の高さに油性ペンで印をつけた後，液体のロウを入れたビーカーごと質量をはかった。その後，静かに放置してロウを固体に変化させ，再び質量をはかったところ，質量の変化はなかった。また，ロウが固まったようすを観察すると，中央がくぼんで体積が減っていることがわかった。

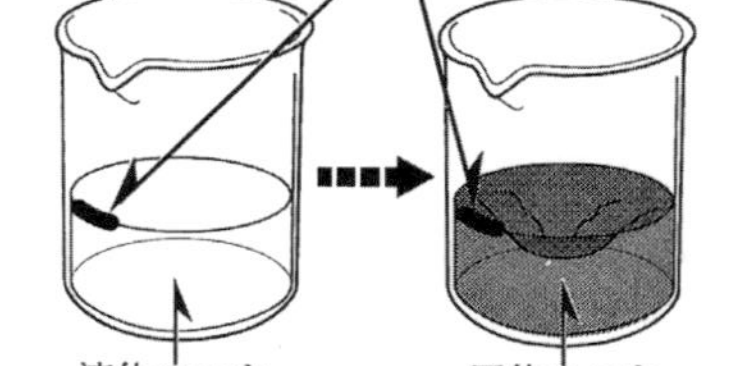

(2)　次の文は，実験Ⅱの結果をもとに液体のロウと固体のロウの質量と体積の関係について述べようとしたものである。文中の２つの〔　　〕内にあてはまる言葉を，㋐～㋒から一つ，㋓，㋔から一つ，それぞれ選んで，その記号を書け。

液体のロウが固体に変化するときに，質量は変わらなかったが，体積は減少した。このことから，固体のロウの密度は液体のロウの密度と比べて，〔㋐大きい　㋑変わらない　㋒小さい〕ことがわかる。また，液体のロウと固体のロウの質量を同じ体積で比べたならば，液体のロウの質量は固体のロウの質量よりも〔㋓大きい　㋔小さい〕。

実験Ⅲ　水17cm³ とエタノール3cm³ の混合物を蒸留するために，下の図Ⅲのような装置を組み立てた。この装置に温度計を正しく取りつけてから，水とエタノールの混合物を蒸留した。加熱を始めてから，試験管Aに約2cm³ の液体がたまると，試験管Bに取り換えた。試験管Bに約2cm³ の液体がたまると試験管Cに取り換え，3本の試験管A～Cに液体を約2cm³ ずつ集めた。試験管Aの液体を，ろ紙にひたし，そのろ紙を蒸発皿に入れてマッチの火をつけると，試験管Aの液体は火がついて，しばらく燃えた。試験管B，Cの液体についても同じように調べると，試験管Bの液体は火がついたがすぐに消え，試験管Cの液体には火がつかなかった。

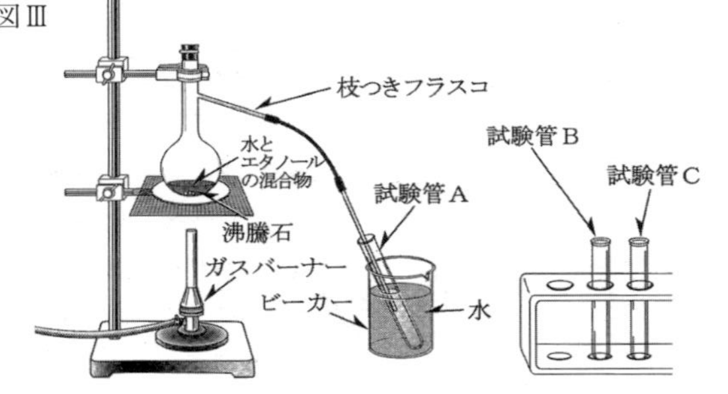

(3)　図Ⅲの装置において，枝つきフラスコの中に沸騰石を入れてあるのはなぜか。その理由を簡単に書け。

(4)　下線部に，温度計を正しく取りつけてから，水とエタノールの混合物を蒸留したとあるが，次の㋐～㋓のうち，温度計を正しく取りつけているものはどれか。一つ選んで，その記号を書け。

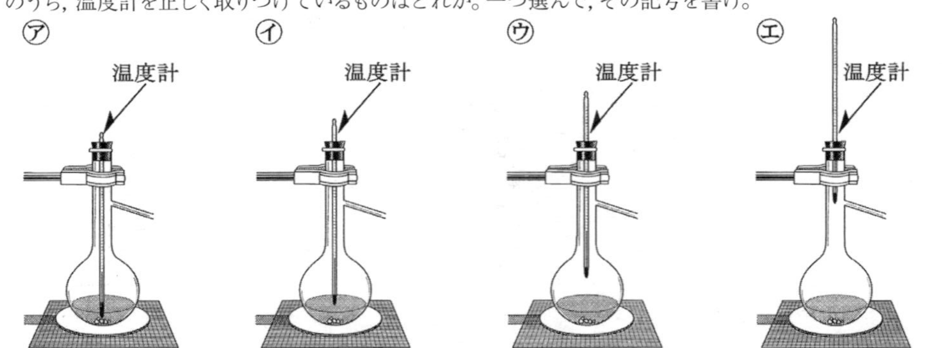

(5)　試験管Aの液体に火がついて，しばらく燃えたのは，試験管A～Cのうち，試験管Aの液体にエタノールが最も多く含まれていたからである。試験管Aの液体にエタノールが最も多く含まれていたのはなぜか。その理由を **沸点** の言葉を用いて簡単に書け。

B					
	(1)	液体のエタノール	○	気体のエタノール	○
	(2)	○と○			
	(3)	混合物を熱したとき，			
	(4)	○			
	(5)				

3 次の問いに答えなさい。

A　物質のとけ方について調べるために，次の実験Ⅰ～Ⅲをした。これに関して，あとの(1)～(5)の問いに答えよ。

実験Ⅰ　5つのビーカーに20℃の水を100gずつはかりとり，それぞれのビーカーに塩化銅，砂糖，硝酸カリウム，ミョウバン，塩化ナトリウムを50gずつ入れてよくかき混ぜ，それぞれのビーカー内のようすを調べた。下の表Ⅰは，その結果をまとめたものである。

表Ⅰ

調べたもの	塩化銅	砂　糖	硝酸カリウム	ミョウバン	塩化ナトリウム
調べた結果	すべてとけた	すべてとけた	とけ残りがあった	とけ残りがあった	とけ残りがあった

(1)　実験Ⅰで水にとけた塩化銅$CuCl_2$は，水溶液中で銅イオンと塩化物イオンに電離している。その電離のようすを，化学式とイオンの記号を用いて表せ。

実験Ⅱ　砂糖を100gはかりとり，実験Ⅰで50gの砂糖がすべてとけたビーカー内に，少しずつ入れてよくかき混ぜ，その砂糖がどれぐらいまでとけるか調べた。その結果，はかりとった100gの砂糖はすべてとけた。

(2)　実験Ⅱでできた，砂糖をとかした水溶液の質量パーセント濃度は何％か。

(3)　右の図Ⅰは，実験Ⅱで砂糖を入れてかき混ぜたあとのビーカー内での砂糖の粒子のようすを，モデルで表したものである。このとき，ビーカー内の水溶液の濃さはどの部分も均一になっており，水溶液の温度は20℃であった。このビーカーを一日置いたあとで水溶液の温度をはかると，温度は20℃のままであった。次の㋐～㋓のうち，一日置いたあとのビーカー内での砂糖の粒子のようすを表したモデルとして，最も適当なものを一つ選んで，その記号を書け。

図Ⅰ

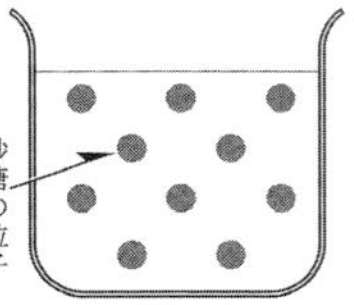

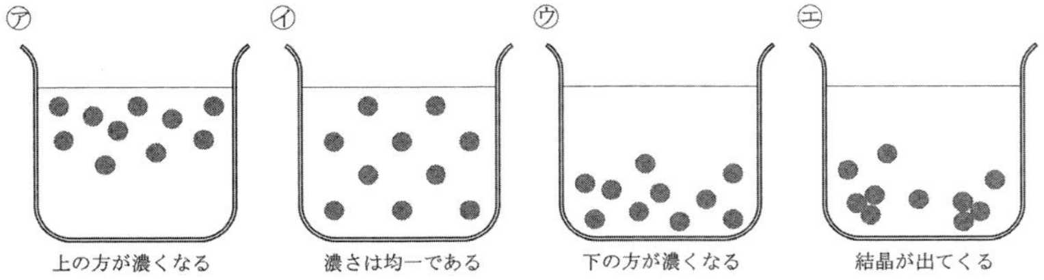

(1)	→ ＋	(2)	％	(3)	○

実験Ⅲ　実験Ⅰでとけ残りがあった硝酸カリウム，ミョウバン，塩化ナトリウムについてさらに調べるため，3つの試験管に20℃の水を5.0gずつ入れて，硝酸カリウム，ミョウバン，塩化ナトリウムをそれぞれ2.5gずつ入れた。図Ⅱのように，それぞれの物質を入れた試験管をビーカー内の水に入れ，温度をはかりながらガスバーナーでゆっくりと加熱し，ときどき試験管をビーカーからとり出して，ふり混ぜながら試験管内のようすを調べた。表Ⅱは，ビーカー内の水の温度と試験管内のようすをまとめたものである。

図Ⅱ

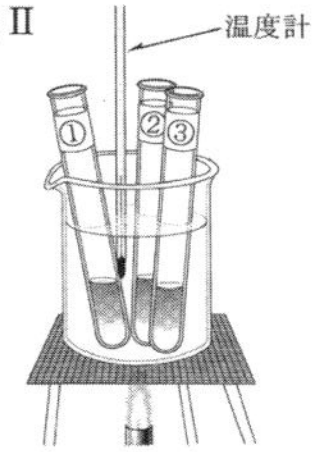

表Ⅱ

	硝酸カリウム	ミョウバン	塩化ナトリウム
40 ℃	すべてとけていた	とけ残りがあった	とけ残りがあった
60 ℃	すべてとけていた	すべてとけていた	とけ残りがあった
80 ℃	すべてとけていた	すべてとけていた	とけ残りがあった

(4)　下の図Ⅲ中にA～Cで表したグラフは，砂糖，硝酸カリウム，ミョウバンのいずれかの溶解度曲線であり，Dのグラフは塩化ナトリウムの溶解度曲線である。実験Ⅱ，Ⅲの結果から，図Ⅲ中のA～Cのグラフは砂糖，硝酸カリウム，ミョウバンのどの溶解度曲線であると考えられるか。その組み合わせとして最も適当なものを，下の表のア～エから一つ選んで，その記号を書け。

図Ⅲ

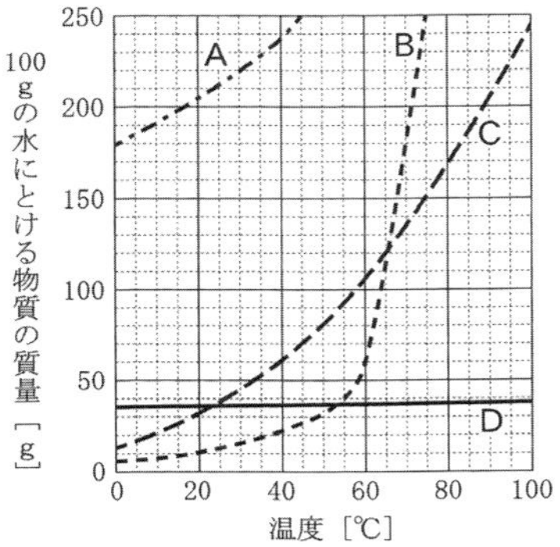

	A	B	C
ア	ミョウバン	硝酸カリウム	砂　糖
イ	硝酸カリウム	ミョウバン	砂　糖
ウ	砂　糖	硝酸カリウム	ミョウバン
エ	砂　糖	ミョウバン	硝酸カリウム

(5)　図Ⅲから，塩化ナトリウムは80℃の水100gに38gとけることがわかる。実験Ⅲで温度が80℃のとき，水5.0gと塩化ナトリウム2.5gを入れた試験管内にとけ残っている塩化ナトリウムは何gと考えられるか。

(4)		(5)	g

3 次の問いに答えなさい。

B　太郎さんは次の実験Ⅰ～Ⅲをした。これに関して，あとの(1)～(6)の問いに答えよ。

図Ⅰ

実験Ⅰ　砂糖，食塩，エタノール，プラスチック，スチールウールをそれぞれ燃焼さじの上にのせ，炎の中に入れて加熱し，燃えるかどうかを調べた。加熱したときに火がついて燃えたものは，右の図Ⅰのように石灰水が入った集気びんの中に入れて，火が消えるまで燃焼させた。そのあと，燃焼さじを集気びんから取り出し，集気びんをよくふって石灰水の変化を調べた。加熱したときに火がつかず燃えなかったものも，石灰水が入った集気びんの中に入れて，温度が下がるまでしばらく待った。そのあと，燃焼さじを集気びんから取り出し，集気びんをよくふって石灰水の変化を調べた。下の表Ⅰは，その結果をまとめたものである。

表Ⅰ

調べたもの	砂　糖	食　塩	エタノール	プラスチック	スチールウール
加熱したときのようす	燃えた	燃えなかった	燃えた	燃えた	燃えた
石灰水のようす	白くにごった	変化なし	白くにごった	白くにごった	変化なし

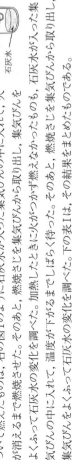

(1)　実験Ⅰで調べたもののうち，砂糖は有機物に分類される。次の㋐～㋓のうち，表Ⅰの結果と調べたものの特徴をふまえて，実験Ⅰで調べたものが有機物かどうかを説明したものとして，最も適当なものを一つ選んで，その記号を書け。

㋐　食塩は燃えなかったが，砂糖と同じように白い固体なので有機物である
㋑　エタノールは燃えたが，砂糖と違って液体なので有機物ではない
㋒　プラスチックは燃えたが，砂糖と違って人工的に合成された物質なので有機物ではない
㋓　スチールウールは燃えたが，砂糖と違って燃えたあとに集気びんの中の石灰水を変化させなかったので有機物ではない

(2)　火がついて燃える物質には，実験Ⅰで調べた固体や液体以外にも，天然ガスに含まれるメタンや，水の電気分解で生成する水素などの気体がある。メタンや水素は，燃焼するときに熱が発生するため，エネルギー源として利用される。一方で，空気中でメタンと水素がそれぞれ燃焼するときに発生する物質には違いがある。どのような違いがあるか。簡単に書け。

実験Ⅱ　鉄粉と活性炭をビーカーに入れてガラス棒で混ぜ，温度計で温度をはかった。そのときの物質の温度は23.0℃であった。次に，右の図Ⅱのように，ビーカー内に食塩水をスポイトで5，6滴加えてガラス棒でかき混ぜると，反応が起こって物質の温度が上がった。最も高くなったときの物質の温度は75.0℃であった。

図Ⅱ（食塩水　ガラス棒　鉄粉と活性炭　温度計）

(3)　下の文は，実験Ⅱで起こった化学変化に関して述べようとしたものである。文中のP，Qの［　］内にあてはまる最も適当な言葉を，それぞれ書け。

実験Ⅱでは，ビーカー内の鉄粉が空気中にある酸素と化合して温度が上がった。このような，物質が酸素と化合する化学変化を［ P ］といい，この反応は市販の化学かいろにも利用されている。このように，化学変化のときに温度が上がる反応を［ Q ］反応という。

B	(1)	○	(3)	P		Q	
	(2)	メタンが燃焼するときには＿＿＿＿＿＿＿，水素が燃焼するときには＿＿＿＿＿＿＿という違いがある。					

実験Ⅲ　太郎さんは実験Ⅱの結果から，「化学変化が起こるときにはいつも温度が上がる」という仮説を立てた。その仮説を確かめるために，先生と相談して，室温と同じ温度になったいろいろな物質をビーカー内で混ぜ合わせて，反応が起こる前の物質の温度と，反応により最も温度が変化したときの物質の温度を記録した。あとの表Ⅱは，その結果をまとめたものである。

表Ⅱ

混ぜ合わせた物質	反応が起こる前の物質の温度［℃］	最も温度が変化したときの物質の温度［℃］
塩酸と水酸化ナトリウム水溶液	23.0	29.5
塩化アンモニウムと水酸化バリウム	23.0	5.0
酸化カルシウムと水	23.0	96.0

(4)　塩酸は塩化水素が水にとけた水溶液である。塩化水素は水にとけると電離する。塩化水素の電離を表す式を化学式を用いて書け。

(5)　塩化アンモニウムと水酸化バリウムを混ぜ合わせると，アンモニアが発生する。次のア～ウのうち，アンモニアの集め方として，最も適しているものを一つ選んで，その記号を書け。また，その集め方をするのは，アンモニアがどのような性質をもつからか。その性質を　**水　空気**　の言葉を用いて書け。

ア　上方置換法　　イ　下方置換法　　ウ　水上置換法

(6)　次の文は，実験Ⅱと実験Ⅲの結果についての太郎さんと先生の会話の一部である。あとのア～エのうち，文中のXの［　］内にあてはまる言葉として最も適当なものを一つ選んで，その記号を書け。

> 太郎：鉄粉と活性炭に食塩水を加えて混ぜ合わせたときや，塩酸と水酸化ナトリウム水溶液を混ぜ合わせたときのように，化学変化が起こるときには温度が上がるということがわかりました。特に，酸化カルシウムと水を混ぜ合わせたときには70℃以上も温度が上がって驚きました。
> 先生：太郎さんの仮説は「化学変化が起こるときにはいつも温度が上がる」というものでしたね。では，塩化アンモニウムと水酸化バリウムを混ぜ合わせてアンモニアが発生したときの結果はどう考えますか。
> 太郎：化学変化が起こるときには［　X　］のではないかと思います。
> 先生：その通りです。

ア　温度が上がるはずなので，この反応は化学変化とはいえない
イ　温度が上がるはずなので，混ぜ合わせる量を増やせば熱が発生して温度が上がる
ウ　温度が上がると考えていましたが，温度が下がる反応もある
エ　温度が上がると考えていましたが，温度が下がったのでこの結果は除いたほうがよい

B	(4)	→ ＋	(6)		
	(5)	記号		性質	＿＿＿＿＿＿＿という性質。

化学変化

■平成27年度問題

3 次の問いに答えなさい。

B 化学変化の前後で，物質の質量がどのように変化するかを調べるために，次の実験Ⅰ，Ⅱをした。これに関して，あとの(1)～(5)の問いに答えよ。

実験Ⅰ 右の図Ⅰのように，うすい塩酸と炭酸水素ナトリウムが入ったプラスチックの容器全体の質量を電子てんびんではかった。次に，その密閉したプラスチックの容器の中で，うすい塩酸と炭酸水素ナトリウムを混ぜ合わせると気体が発生した。反応後のプラスチックの容器全体の質量を電子てんびんではかったところ，反応の前後で質量の変化はなかった。

図Ⅰ

(1) うすい塩酸と炭酸水素ナトリウムを反応させると二酸化炭素が発生する。次の㋐～㋓の実験のうち，二酸化炭素が<u>発生しないもの</u>はどれか。一つ選んで，その記号を書け。

㋐ スチールウールを燃やす　　㋑ 石灰石にうすい塩酸を加える

㋒ 酸化銅に炭素を混ぜて加熱する　　㋓ 砂糖を燃やす

(2) 実験Ⅰより，密閉した容器の中では，うすい塩酸と炭酸水素ナトリウムが反応して気体が発生しても，反応前後の物質全体の質量は変化しないことがわかった。次の文は，この理由について説明しようとしたものである。文中のP～Rの［　　］内にあてはまる言葉の組み合わせとして最も適当なものを，下の表のア～ウから一つ選んで，その記号を書け。また，文中のSの［　　］内にあてはまる最も適当な言葉を書け。

化学変化の前後では，反応に関わった［P］は変化するが，反応に関わった［Q］と［R］は変化しないため，化学変化の前後で，その化学変化に関係している物質全体の質量は変わらない。このことを［S］の法則という。

	P	Q	R
ア	原子の種類	物質をつくる原子の組み合わせ	全体の原子の数
イ	全体の原子の数	物質をつくる原子の組み合わせ	原子の種類
ウ	物質をつくる原子の組み合わせ	原子の種類	全体の原子の数

B	(1)	○	(2)	記号		言葉	＿＿＿＿の法則

実験Ⅱ 右の図Ⅱのように，うすい塩酸30cm³が入ったビーカーの質量を電子てんびんではかった。次に，そのうすい塩酸に炭酸水素ナトリウムを静かに加えて反応させたところ，気体が発生した。気体が発生しなくなった後，反応後のビーカー全体の質量をはかった。この方法で，うすい塩酸30cm³に対して，加える炭酸水素ナトリウムの質量を，1.0g，2.0g，3.0g，4.0g，5.0g，6.0gにして，それぞれ実験した。上の表は，その結果をまとめたものである。

図Ⅱ

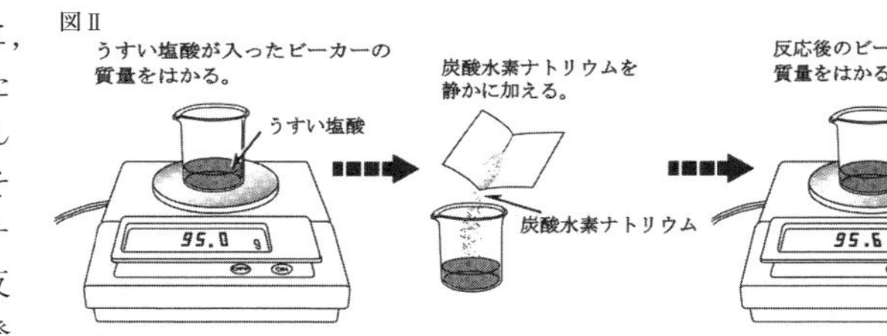
うすい塩酸が入ったビーカーの質量をはかる。
うすい塩酸
95.0 g
炭酸水素ナトリウムを静かに加える。
炭酸水素ナトリウム
反応後のビーカー全体の質量をはかる。
95.6 g

表

うすい塩酸 30 cm³ が入ったビーカーの質量[g]	95.0	95.0	95.0	95.0	95.0	95.0
加えた炭酸水素ナトリウムの質量[g]	1.0	2.0	3.0	4.0	5.0	6.0
反応後のビーカー全体の質量[g]	95.6	96.2	96.8	97.8	98.8	99.8

(3) 実験Ⅰ，Ⅱの結果から考えて，実験Ⅱにおける，加えた炭酸水素ナトリウムの質量と，発生した気体の質量との関係を，グラフに表せ。

(4) 実験Ⅰ，Ⅱの結果から考えて，実験Ⅱで用いたのと同じうすい塩酸をビーカーに10cm³とり，それに炭酸水素ナトリウム2.0gを加えて，十分に反応させたとき，発生する気体は何gと考えられるか。

(5) 塩酸は，塩化水素の水溶液である。塩化水素は水溶液中で，水素イオンと塩化物イオンに電離している。その電離のようすを，化学式とイオンの記号を用いて表せ。

B	(4)	g
	(5)	→ ＋

(3) 発生した気体の質量［g］（0～2.5）／加えた炭酸水素ナトリウムの質量［g］（0～6.0）

■平成30年度問題

3 次の問いに答えなさい。

B 物質の分解について調べるために，次の実験をした。これに関して，あとの(1)～(5)の問いに答えよ。

実験 右の図のように，かわいた試験管①に炭酸水素ナトリウムを入れて加熱した。発生した気体を試験管②に集めて，石灰水を入れてよくふると白くにごった。加熱後，試験管①の口の内側についていた無色の液体を塩化コバルト紙につけると，塩化コバルト紙の色が青色から赤色に変化した。また，試験管①の底にできた白い固体は，炭酸ナトリウムであった。

図

(1) 次の㋐～㋓の文は，ガスバーナーに火をつけ，炎を調節するときの操作における各手順について述べたものである。㋐～㋓を最も適切な順序に並べかえるとどのようになるか。左から右に順に並ぶように，その記号を書け。

㋐ 火のついたマッチをガスバーナーの先に近づける
㋑ ガス調節ねじを動かさないようにおさえて，空気調節ねじを少しずつ開く
㋒ ガス調節ねじを少しずつ開く
㋓ ガス調節ねじと空気調節ねじがしまっていることを確かめて，元栓とコックを順に開く

(2) 実験で試験管①を加熱するとき，試験管①の口を底よりもわずかに下げている。それはなぜか。その理由を簡単に書け。

(3) 2つの試験管に，加熱後にできた炭酸ナトリウムと加熱前の炭酸水素ナトリウムをそれぞれ同じ質量とり，同じ体積の水を加えて水へのとけ方を比べた。さらに，それらの水溶液にフェノールフタレイン溶液を1，2滴加えて，水溶液の色を比べた。次の文は，炭酸ナトリウムと炭酸水素ナトリウムの性質の違いについて述べようとしたものである。文中のP，Qの［　　］内にあてはまる言葉の組み合わせとして最も適当なものを，下の表のア～エから一つ選んで，その記号を書け。

加熱後にできた炭酸ナトリウムは，加熱前の炭酸水素ナトリウムよりも水に［ P ］。また，フェノールフタレイン溶液を加えたとき，炭酸ナトリウムの水溶液は，炭酸水素ナトリウムの水溶液よりも［ Q ］赤色になる。

	P	Q
ア	とけやすい	うすい
イ	とけやすい	濃い
ウ	とけにくい	うすい
エ	とけにくい	濃い

(4) 実験の結果をもとに，炭酸水素ナトリウム$NaHCO_3$が，加熱により分解されて，炭酸ナトリウムNa_2CO_3ができる化学変化を，化学反応式で表せ。

(5) 次の㋐～㋓のうち，物質の分解の例として正しいものを一つ選んで，その記号を書け。

㋐ マグネシウムに火をつけると，強い光を出して燃える
㋑ 氷を蒸発皿に入れて加熱すると，無色の液体になる
㋒ 酸化銀を試験管に入れて加熱すると，白い固体ができる
㋓ 食塩水を蒸発皿に入れて加熱すると，白い固体が残る

B		
	(1)	○→○→○→○
	(2)	＿＿＿＿＿＿ことによって，試験管が割れるのを防ぐため。
	(3)	
	(4)	
	(5)	○

■平成31年度問題

3 次の問いに答えなさい。

A 太郎さんはマグネシウムを用いて，次の実験Ⅰ～Ⅲをした。これに関して，あとの(1)～(4)の問いに答えよ。

実験Ⅰ 右の図Ⅰのように，うすい塩酸の入っている試験管にマグネシウムリボンを入れると，気体が発生した。

(1) 次の㋐～㋓のうち，マグネシウムリボンを入れると，実験Ⅰと同じ気体が発生する液体はどれか。最も適当なものを一つ選んで，その記号を書け。

㋐ 食酢　　㋑ セッケン水
㋒ 水酸化ナトリウム水溶液　　㋓ アンモニア水

図Ⅰ

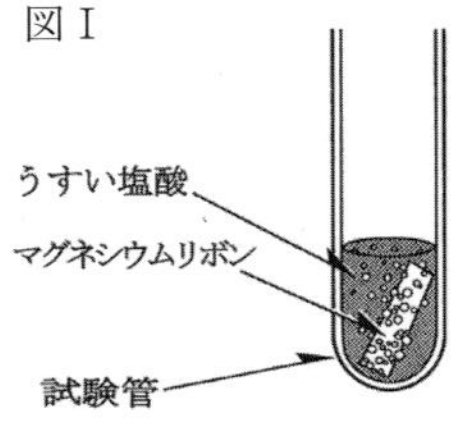

うすい塩酸
マグネシウムリボン
試験管

実験Ⅱ 右の図Ⅱのように，けずり状のマグネシウムを，ステンレス皿に入れてガスバーナーで加熱したあと，よく冷やしてから質量をはかった。さらに，これをよくかき混ぜて再び加熱し，よく冷やしてから質量をはかった。この操作を繰り返しおこない，ステンレス皿の中の物質の質量の変化を調べたところ，はじめは質量が増加したが，やがて増加しなくなった。このとき，ステンレス皿の中の物質は，すべて酸化マグネシウムになっていた。下の表は，けずり状のマグネシウムの質量を0.3g，0.6g，0.9g，1.2gにして実験し，加熱後の物質の質量が増加しなくなったときの物質の質量をまとめたものである。

図Ⅱ

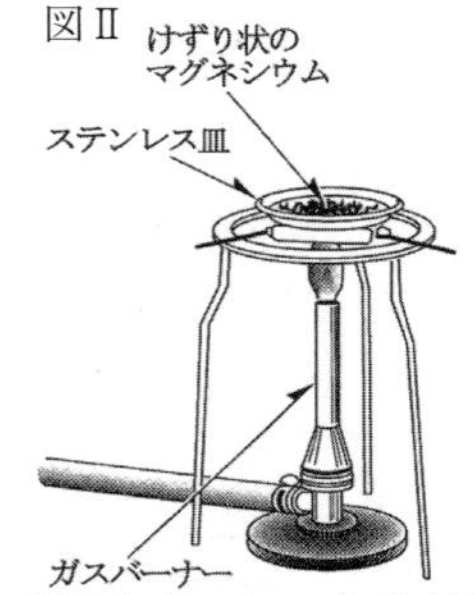

けずり状のマグネシウム
ステンレス皿
ガスバーナー

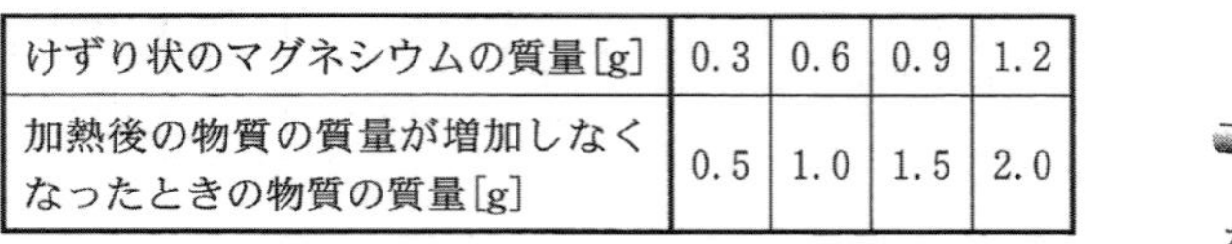
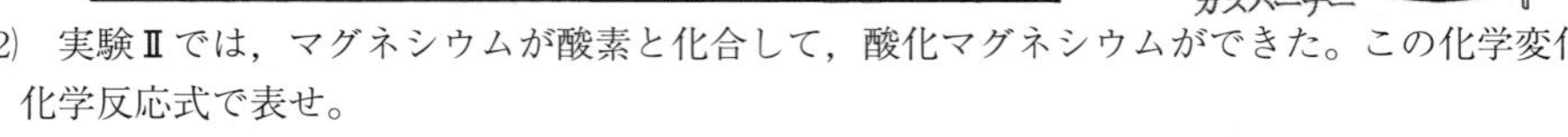

表

けずり状のマグネシウムの質量[g]	0.3	0.6	0.9	1.2
加熱後の物質の質量が増加しなくなったときの物質の質量[g]	0.5	1.0	1.5	2.0

(2) 実験Ⅱでは，マグネシウムが酸素と化合して，酸化マグネシウムができた。この化学変化を，化学反応式で表せ。

(3) けずり状のマグネシウム1.5gを加熱したが，加熱が不十分であったために，加熱後の物質の質量は2.3gになった。このとき，この物質の中には，酸素と化合せずに残っているマグネシウムが何gあると考えられるか。

実験Ⅲ 右の図Ⅲのように，空気中でマグネシウムリボンに火をつけ，火のついたマグネシウムリボンを二酸化炭素の入った集気びんの中に入れた。マグネシウムリボンは，空気中では強い光を発生させながら燃焼していたが，集気びんの中に入れてもしばらくの間火がついたまま燃焼し続け，あとに白色の物質と黒色の物質ができた。

図Ⅲ

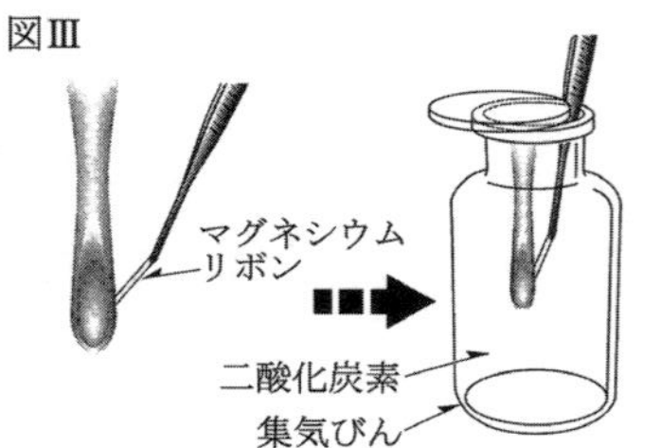

(4) 次の文は，実験Ⅲの結果についての太郎さんと先生の会話の一部である。文中のX～Zの［　］内にあてはまる言葉の組み合わせとして最も適当なものを，あとの表のア～エから一つ選んで，その記号を書け。

表

	X	Y	Z
ア	酸化マグネシウム	マグネシウム	酸　化
イ	酸化マグネシウム	マグネシウム	還　元
ウ	二酸化炭素	炭　素	酸　化
エ	二酸化炭素	炭　素	還　元

太郎：二酸化炭素の中ではものは燃えないと思っていましたが，マグネシウムは二酸化炭素の中でも燃え続けていましたね。
先生：そうだね。燃焼は，物質が酸素と結びつくときに光や熱を出す反応だから，この実験では，マグネシウムが集気びんの中で酸素と結びついていた，ということだね。
太郎：でも，集気びんの中には二酸化炭素しか入っていませんでしたよね。マグネシウムはどこにあった酸素と結びついたのでしょうか。それに集気びんの中でできた黒色の物質は何なのでしょう。
先生：集気びんの中でマグネシウムが燃焼したのは，マグネシウムが［X］中の酸素原子と結びついていたからなんだ。黒色の物質は［X］が酸素原子をうばわれてできた［Y］だよ。つまり，この実験では，マグネシウムによって［X］が［Z］されていた，ということだね。

A	(1)	〇	(2)		(3)	g
	(4)					

■令和２年度問題

3 次の問いに答えなさい。

B 物質の分解について調べるために，次の実験Ⅰ，Ⅱをした。これに関して，あとの(1)～(3)の問いに答えよ。

実験Ⅰ 右の図Ⅰのような装置を用いて，水に水酸化ナトリウム水溶液を加えて電流を流すと，水が電気分解されて，それぞれの電極で気体が発生した。

図Ⅰ

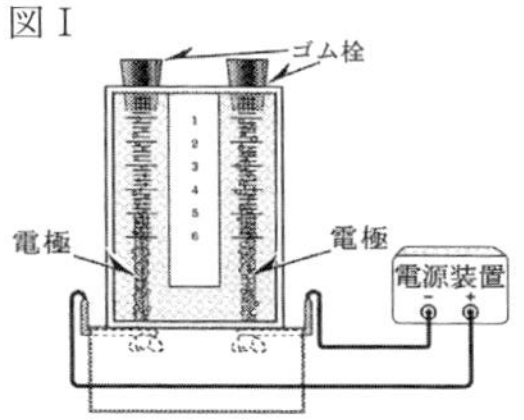

ゴム栓　電極　電極　電源装置

(1) 次の文は，実験Ⅰについての先生と太郎さんの会話の一部である。これに関して，あとのa～cの問いに答えよ。

先生：太郎さん，水を電気分解したときにそれぞれの電極で発生した気体は何ですか。
太郎：はい。陰極で発生した気体は水素で，①陽極で発生した気体は酸素です。
先生：そうですね。つまり，水を電気分解すると，②水素と酸素が発生するということですね。では，この化学変化の化学反応式を書いてください。
太郎：はい。水分子の化学式はH_2Oで，水素分子はH_2，酸素分子はO_2なので，あとの図Ⅱのようになります。
先生：その化学反応式では，式の左辺と右辺，つまり化学変化の前後で，［P］原子の数が違いますね。
太郎：では，［P］原子の数を同じにするために，水分子の係数を２にすればいいですか。
先生：それだけでは，今度は，式の左辺と右辺で，［Q］原子の数が等しくなりませんね。
太郎：ということは，正しい化学反応式は，右の図Ⅲのようになりますか。
先生：その通りです。

図Ⅱ

$H_2O \rightarrow H_2 + O_2$

（太郎さんが初めに書いた化学反応式）

図Ⅲ

［R］

（太郎さんが書き直した化学反応式）

a 文中の下線部①に陽極で発生した気体は酸素とあるが，気体が酸素であることを確認するため，右の図Ⅳのように，火のついた線香を陽極に発生した気体に近づける操作をおこなったとき，どのような結果が確認できればよいか。簡単に書け。

図Ⅳ

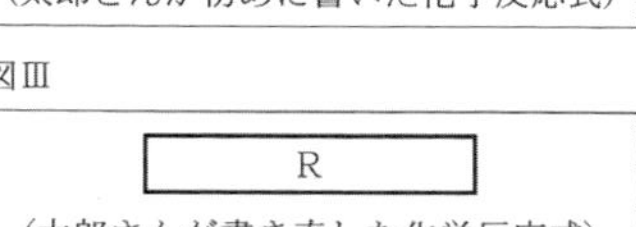

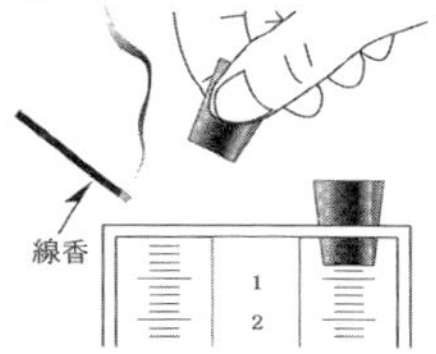

b 文中の下線部②に水素とあるが，次のア～エのうち，水素について述べたものとして，最も適当なものを一つ選んで，その記号を書け。
ア 石灰水を白く濁らせる
イ 鼻をさすような特有の刺激臭がある
ウ 非常に軽い気体で，物質の中で密度が最も小さい
エ 空気中に含まれる気体のうち，最も体積の割合が大きい

c 文中のP，Qの［　］内と，図Ⅲ中のRの［　］内にあてはまるものの組み合わせとして，最も適当なものを，右の表のア～エから一つ選んで，その記号を書け。

	P	Q	R
ア	酸素	水素	$2H_2O \rightarrow H_2 + 2O_2$
イ	酸素	水素	$2H_2O \rightarrow 2H_2 + O_2$
ウ	水素	酸素	$2H_2O \rightarrow H_2 + 2O_2$
エ	水素	酸素	$2H_2O \rightarrow 2H_2 + O_2$

実験Ⅱ 下の図Ⅴのように，酸化銀の黒い粉末をステンレス皿に入れて加熱したあと，よく冷やしてから質量をはかった。この操作を繰り返しおこない，ステンレス皿の中の物質の質量の変化を調べた。下の図Ⅵは，5.8 gの酸化銀の粉末を用いて実験したときの結果を表したものである。この実験で，酸化銀の黒い粉末は，少しずつ白い固体に変化し，3回目に加熱したあとは，すべて白い固体になり，それ以上は変化しなかった。このときの質量は5.4 gであった。また，③白い固体を調べると銀であることがわかった。

図Ⅴ

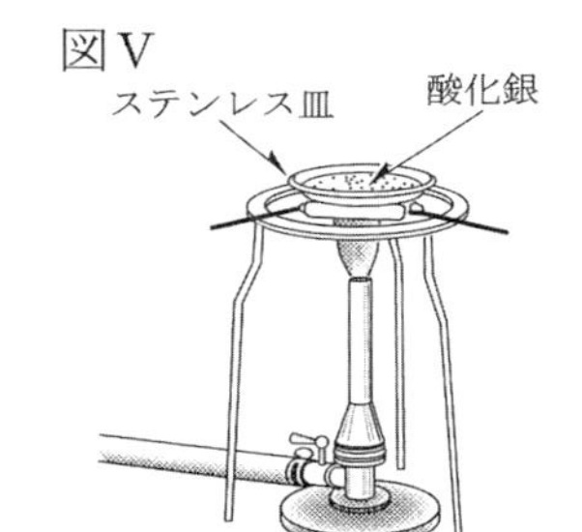

図Ⅵ

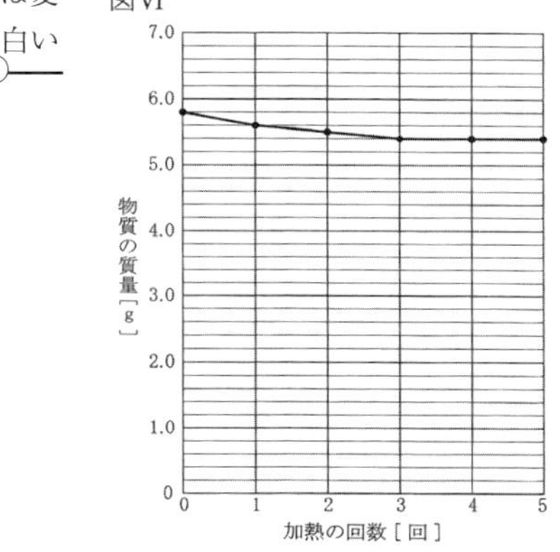

(2) 下線部③に白い固体を調べるとあるが，次の文は，実験Ⅱにおいて，加熱後に残った白い固体の性質を調べる操作とその結果について述べようとしたものである。文中のX，Yの［　　］内にあてはまる言葉の組み合わせとして，最も適当なものを，次の表のア〜エから一つ選んで，その記号を書け。

　ステンレス皿に残った白い固体は，金づちでたたくとうすく広がり，その表面をみがくと［X］，電気を通すかどうか調べたとき，電流が［Y］。このことから，この白い固体には金属特有の性質があることがわかった。

	X	Y
ア	黒くなり	流れなかった
イ	黒くなり	流れた
ウ	光沢が出て	流れなかった
エ	光沢が出て	流れた

(3) 実験Ⅱにおいて，酸化銀の粉末5.8 g を1回目に加熱したあと，ステンレス皿の中の物質の質量をはかると，5.6 g であった。このとき，ステンレス皿の中にできた銀は何 g と考えられるか。

B	(1)	a	火のついた線香を陽極に発生した気体に近づけると，＿＿＿＿＿＿ことを確認する。		
		b		c	
	(2)		(3)	g	

■令和3年度問題

3 次の問いに答えなさい。

B　物質の分解について調べるために，次の実験をした。これに関して，あとの(1)〜(5)の問いに答えよ。

実験　右の図のように，酸化銅と乾燥した炭素粉末をよく混ぜ合わせた混合物を，試験管aに入れて熱すると，気体が発生して試験管bの石灰水が白くにごった。十分に熱して気体が発生しなくなってから，ガラス管を試験管bから抜き，ガスバーナーの火を消した。ゴム管をピンチコックでとめて冷ましてから，試験管aの中に残った固体の質量をはかった。この方法で，酸化銅12.00gに対して，混ぜ合わせる炭素粉末を0.30g, 0.60g, 0.90g, 1.20g, 1.50gにして，それぞれ実験した。次の表は，その結果をまとめたものである。炭素粉末を0.90g混ぜ合わせて反応させたときは，酸化銅と炭素粉末がすべて反応し，赤色の銅のみが残った。

図

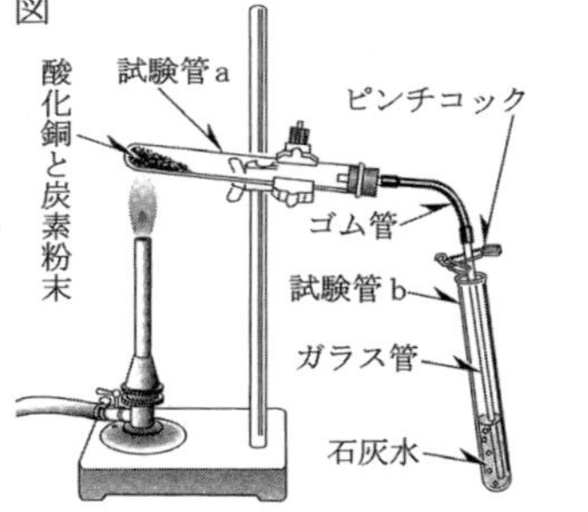

表

混ぜ合わせた炭素粉末の質量[g]	0.30	0.60	0.90	1.20	1.50
酸化銅と炭素粉末をよく混ぜ合わせた混合物の質量[g]	12.30	12.60	12.90	13.20	13.50
試験管aの中に残った固体の質量[g]	11.20	10.40	9.60	9.90	10.20

(1) 次の文は，実験についての花子さんと先生の会話の一部である。文中のP，Qの［　　］内にあてはまる最も適当な言葉を，それぞれ書け。

花子：どうしてガスバーナーの火を消す前にガラス管を石灰水から取り出さなければならないのですか。
先生：もし，ガラス管を石灰水から取り出さずにガスバーナーの火を消してしまうと，石灰水が［P］して，試験管aが割れてしまうおそれがあるからです。そのため，火を消す前にガラス管を石灰水から取り出さなければなりません。
花子：そうなんですね。では，火を消したあと，ゴム管をピンチコックでとめるのはなぜですか。
先生：火を消すと熱された試験管aが少しずつ冷めていき，空気が試験管aに吸いこまれてしまいます。すると，試験管a内でどのようなことが起こると考えられますか。
花子：あ，試験管a内の銅が，吸いこまれた空気中の［Q］してしまい，試験管aの中に残った固体の質量が変化してしまうかもしれません。
先生：そうですね。そのように質量が変化することを防ぐために，火を消したあと，ゴム管をピンチコックでとめるのです。

(2) 実験で発生した気体は，石灰水を白くにごらせたことから，二酸化炭素であることがわかる。次の文は，二酸化炭素について述べようとしたものである。文中の2つの〔　〕内にあてはまる言葉を，㋐，㋑から一つ，㋒，㋓から一つ，それぞれ選んで，その記号を書け。

　二酸化炭素は，無色，無臭の気体であり，水に少しとけ，その水溶液は〔㋐酸　㋑アルカリ〕性を示す。空気よりも密度が大きいので，〔㋒上方　㋓下方〕置換法で集めることができるが，水に少しとけるだけなので，水上置換法を用いることもできる。

(3) 実験における，混ぜ合わせた炭素粉末の質量と，発生した二酸化炭素の質量との関係を，グラフに表せ。

(4) この実験で用いた酸化銅は，銅原子と酸素原子が1：1の割合で結びついたものである。この酸化銅が炭素粉末によって酸素をうばわれ，赤色の銅となり，二酸化炭素が発生するときの化学変化を，化学反応式で表せ。

(5) 実験において，炭素粉末を0.60g混ぜ合わせて反応させたとき，反応後の試験管aの中には，銅が何g生じていると考えられるか。

B	(1)	P		(3)	発生した二酸化炭素の質量[g] (0〜4.0) ／ 混ぜ合わせた炭素粉末の質量[g] (0〜1.5)
		Q			
	(2)		○と○		
	(4)				
	(5)		g		

■令和4年度問題

3 次の問いに答えなさい。

A 化学変化の前後で，物質の質量がどのように変化するかを調べるために，次の実験Ⅰ～Ⅲをした。これに関して，あとの(1)～(4)の問いに答えよ。

実験Ⅰ うすい硫酸10cm³が入ったビーカーと，うすい水酸化バリウム水溶液10cm³が入ったビーカーの質量をまとめて電子てんびんではかった。次に，そのうすい硫酸をうすい水酸化バリウム水溶液に静かに加えたところ，水溶液が白くにごった。これを静かに置いておくと，ビーカーの底に白い固体が沈殿した。この白い固体が沈殿しているビーカーと，うすい硫酸が入っていたビーカーの質量をまとめて電子てんびんではかったところ，反応の前後で質量の変化はなかった。

(1) 実験Ⅰにおける，うすい硫酸とうすい水酸化バリウム水溶液が反応して白い固体ができたときの化学変化を，化学反応式で表せ。

実験Ⅱ 下の図Ⅰのように，うすい塩酸と炭酸水素ナトリウムをプラスチックの容器に入れて密閉し，その容器全体の質量を電子てんびんではかった。次に，その密閉したプラスチックの容器の中で，うすい塩酸と炭酸水素ナトリウムを混ぜ合わせると気体が発生した。反応後のプラスチックの容器全体の質量を電子てんびんではかったところ，反応の前後で質量の変化はなかった。

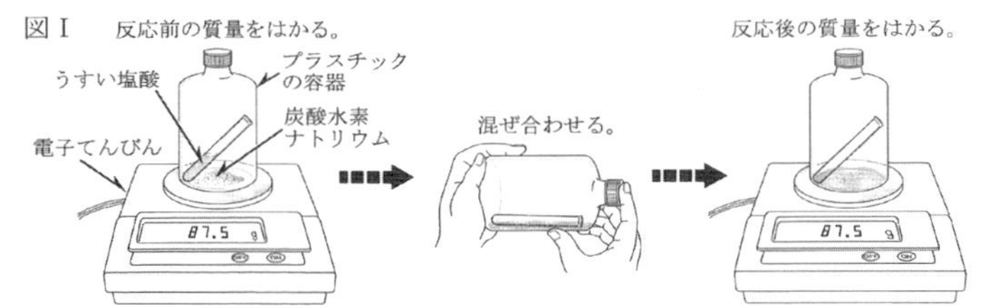

(2) 実験Ⅰ，Ⅱのそれぞれの文中の下線部に，反応の前後で質量の変化はなかったとあるが，次の文は，化学変化の前後で，その反応に関係している物質全体の質量が変化しない理由について述べようとしたものである。文中の２つの〔　　〕内にあてはまる言葉を，㋐，㋑から一つ，㋒，㋓から一つ，それぞれ選び，その記号を書け。また，文中の□内にあてはまる最も適当な言葉を書け。

　化学変化の前後で，その反応に関係している物質全体の質量が変化しないのは，反応に関わった物質をつくる原子の組み合わせは変化〔㋐する　㋑しない〕が，反応に関わった物質をつくる原子の種類と数は変化〔㋒する　㋓しない〕ためである。このように，化学変化の前後で，その反応に関係している物質全体の質量が変わらないことを□の法則という。

(3) 実験Ⅱで，気体が発生しなくなってから，プラスチックの容器のふたをゆっくりとあけ，もう一度ふたを閉めてから，再びプラスチックの容器全体の質量を電子てんびんではかったところ，質量は減少していた。ふたをあけて，もう一度ふたを閉めたプラスチックの容器全体の質量が減少したのはなぜか。その理由を簡単に書け。

実験Ⅲ 図Ⅱのように，うすい塩酸20cm³が入ったビーカーの質量を電子てんびんではかった。次に，そのうすい塩酸に炭酸水素ナトリウムを静かに加えて反応させたところ，気体が発生した。気体が発生しなくなったあと，反応後のビーカー全体の質量をはかった。この方法で，うすい塩酸20cm³に対して，加える炭酸水素ナトリウムの質量を，0.5g，1.0g，1.5g，2.0g，2.5g，3.0gにして，それぞれ実験した。あとの表は，その結果をまとめたものである。

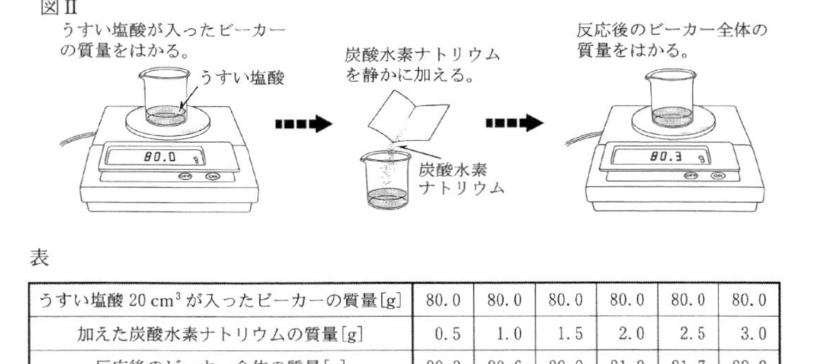

表

うすい塩酸 20 cm³ が入ったビーカーの質量[g]	80.0	80.0	80.0	80.0	80.0	80.0
加えた炭酸水素ナトリウムの質量[g]	0.5	1.0	1.5	2.0	2.5	3.0
反応後のビーカー全体の質量[g]	80.3	80.6	80.9	81.2	81.7	82.2

(4) 実験Ⅱ，Ⅲの結果から考えて，実験Ⅲで用いたのと同じうすい塩酸をビーカーに30cm³とり，それに炭酸水素ナトリウム4.0gを加えて，十分に反応させたとき，発生する気体は何gと考えられるか。

A				
	(1)	$H_2SO_4+Ba(OH)_2 \rightarrow$ ＿＿＿＿	(4)	g
	(2)	記号 ◯ と ◯	言葉	＿＿＿＿の法則
	(3)	＿＿＿＿		

イオン

■平成26年度問題

3 次の問いに答えなさい。

A　塩酸を用いて，次の実験Ⅰ～Ⅲをした。これに関して，あとの(1)～(5)の問いに答えよ。

実験Ⅰ　右の図Ⅰのように，BTB溶液を2～3滴加えたうすい塩酸の入っている試験管にマグネシウムリボンを入れると，気体が発生した。この試験管にうすい水酸化ナトリウム水溶液を少しずつ加えていくと，水溶液の色が緑色になった。

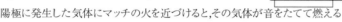

図Ⅰ

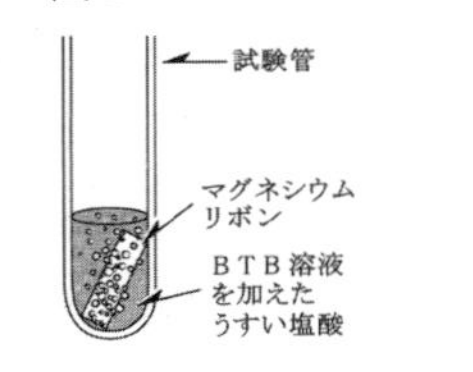

(1)　次のア～エのうち，実験Ⅰで見られる変化として，最も適当なものを一つ選んで，その記号を書け。

ア　水溶液の色は青色から緑色へと変化し，気体の発生はしだいに弱くなった
イ　水溶液の色は青色から緑色へと変化し，気体の発生はしだいに強くなった
ウ　水溶液の色は黄色から緑色へと変化し，気体の発生はしだいに弱くなった
エ　水溶液の色は黄色から緑色へと変化し，気体の発生はしだいに強くなった

実験Ⅱ　右の図Ⅱのような装置を用いて，うすい塩酸を電気分解したところ，一方の電極には水素が，もう一方の電極には塩素が，それぞれ発生した。

図Ⅱ

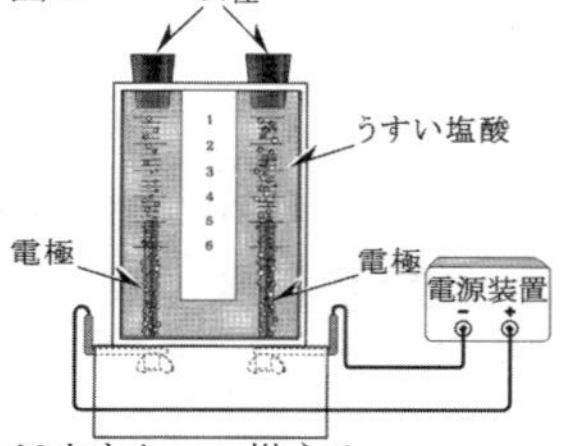

(2)　実験Ⅱで起こった電気分解の反応を，化学反応式で表せ。

(3)　図Ⅱの陽極で発生した気体の種類を確かめるためには，どのような実験をおこない，どのような結果が確認できればよいか。次のア～エのうち，最も適当なものを一つ選んで，その記号を書け。

ア　陽極に発生した気体にマッチの火を近づけると,その気体が音をたてて燃える
イ　陽極に発生した気体に火のついた線香を入れると,線香が炎を出して激しく燃える
ウ　陽極付近の水溶液をスポイトで取り,赤インクで着色した水に加えると,インクの色が消える
エ　陽極に発生した気体に水で湿らせた赤色リトマス紙を近づけると,リトマス紙が青色になる

A	(1)		(2)		(3)	

実験Ⅲ　うすい塩酸を入れたビーカーに亜鉛板と銅板の2種類の金属板を入れ,その金属板を,導線を用いて電子オルゴールにつなぐと,電子オルゴールが鳴った。

図Ⅲ

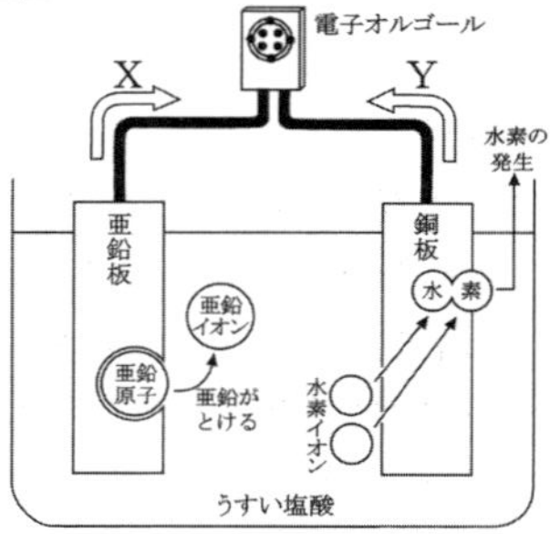

(4)　右の図Ⅲは，実験Ⅲで亜鉛板と銅板の２種類の金属板とうすい塩酸が電池としてはたらくしくみを，モデルで示そうとしたものである。これについて，次のａ，ｂの問いに答えよ。

ａ　実験Ⅲにおいて，亜鉛原子は電子を２個失って，亜鉛イオンとなって塩酸中に溶け出している。亜鉛イオンをイオン式で書け。

ｂ　あとの文は，図Ⅲのモデルを用いて，実験Ⅲにおける電流の流れる向きについて述べようとしたものである。文中の２つの〔　　〕内にあてはまる言葉を，㋐，㋑から一つ，㋒，㋓から一つ，それぞれ選んで，その記号を書け。

図Ⅲにおいて，亜鉛原子が亜鉛イオンとなるときに生じた電子は，導線中を移動する。したがって，この電池の－（マイナス）極となるのは〔㋐ 亜鉛板　㋑ 銅板〕で，導線の中を流れる電流の向きは，図Ⅲ中の〔㋒ X　㋓ Y〕の矢印の向きである。

	溶　液	金属板の組み合わせ
ア	エタノールの水溶液	マグネシウムリボンと亜鉛板
イ	砂糖水	亜鉛板と銅板
ウ	レモン汁	銅板と銅板
エ	食塩水	アルミニウム板と銅板

(5)　実験Ⅲで，ビーカーに入れる溶液や金属板の組み合わせを変えた。上の表のア～エのうち，電子オルゴールが鳴るものを一つ選んで，その記号を書け。

A	(4)	a		b	○と○	(5)	

■平成27年度問題

3 A　水の状態変化やエネルギーの移り変わりについて調べるために，次の実験Ⅲをした。これに関して，あとの(5)，(6)の問いに答えよ。

実験Ⅲ　右の図Ⅲのような装置を用いて，水に水酸化ナトリウム水溶液を加えて電流を流すと，水が電気分解されて，それぞれの電極に気体が発生した。しばらく電気分解した後，電源をはずして電極に電子オルゴールをつなぐと，電子オルゴールが鳴った。

図Ⅲ

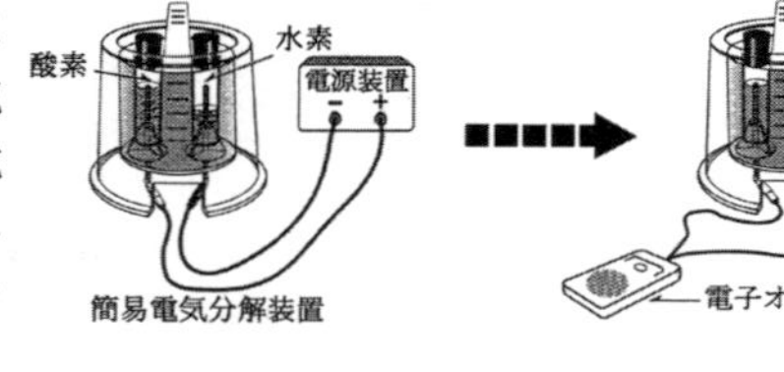

(5)　実験Ⅲの電気分解で発生した気体は，水素と酸素である。水が電気分解されて水素と酸素になる化学変化を，化学反応式で表せ。

(6)　電子オルゴールが鳴ったのは，水素と酸素が反応して水ができるときに，電気エネルギーが発生するからである。このように，水の電気分解とは逆の化学変化を利用して，電気エネルギーを直接とり出している電池は何と呼ばれるか。その名称を書け。

A	(5)		(6)	

■平成28年度問題

3 次の問いに答えなさい。

A　水溶液の性質を調べるために，次の実験Ⅱをした。これに関して，あとの(2)、(3)の問いに答えよ。

実験Ⅱ　うすい塩酸10cm³をビーカーにとり，ＢＴＢ溶液を２～３滴加えると黄色になった。これに，うすい水酸化ナトリウム水溶液を2cm³ずつ加えてよくかき混ぜ，水溶液が青色になるまで加えた。そのあと，うすい塩酸を１滴ずつ加え，水溶液の色が緑色になったところでやめた。緑色になった水溶液をスライドガラスに１滴とり，おだやかに加熱して水を蒸発させると，白い固体が残った。次に，別のビーカーにうすい硫酸10cm³をとり，うすい水酸化バリウム水溶液を5cm³加えると，水溶液が白くにごった。これをしばらく静かに置いておくと，ビーカーの底に白い固体が沈殿した。

(2) 実験Ⅱにおいて，うすい硫酸とうすい水酸化バリウム水溶液が反応してできた白い固体は，水酸化バリウムから生じるバリウムイオンと硫酸から生じる陰イオンとが結びついてできた物質である。この白い固体に含まれる，硫酸から生じる陰イオンをイオン式で書け。

(3) 次の文は，酸の水溶液とアルカリの水溶液の反応について述べようとしたものである。文中のX～Zの[　　]内にあてはまる言葉の組み合わせとして最も適当なものを，表のア～カから一つ選んで，その記号を書け。

実験Ⅱの反応において，それぞれできた白い固体は，酸の陰イオンとアルカリの陽イオンが結びついてできた物質で，これを[X]という。うすい塩酸とうすい水酸化ナトリウム水溶液が反応してできた[X]は，水に[Y]。うすい硫酸とうすい水酸化バリウム水溶液が反応してできた[X]は，水に[Z]。

	X	Y	Z
ア	塩	とける	とける
イ	塩	とける	とけない
ウ	塩	とけない	とける
エ	分子	とける	とけない
オ	分子	とけない	とける
カ	分子	とけない	とけない

A	(2)		(3)	

■平成30年度問題

3 A 次の実験Ⅰ，Ⅱをした。これに関して，あとの(1)～(5)の問いに答えよ。

実験Ⅰ 蒸留水，塩化ナトリウムの結晶，砂糖，質量パーセント濃度が5％の塩化ナトリウム水溶液，質量パーセント濃度が5％の砂糖水にそれぞれ電流が流れるかどうかを調べた。次の表Ⅰは，その結果をまとめたものである。

表Ⅰ

調べたもの	蒸留水	塩化ナトリウムの結晶	砂糖	塩化ナトリウム水溶液	砂糖水
調べた結果	流れない	流れない	流れない	流れる	流れない

(1) この実験をおこなうために，5％の塩化ナトリウム水溶液を200gつくった。この水溶液には，水が何g含まれているか。

(2) 次の文は，実験Ⅰの結果について述べようとしたものである。文中のP，Qの[　　]内にあてはまる最も適当な言葉を，それぞれ書け。

蒸留水にはイオンがほとんど存在しないため電流が流れない。塩化ナトリウムのように，水にとかしたときにイオンに分かれて，電流が流れる物質を[P]といい，砂糖のように，水にとかしても電流が流れない物質を[Q]という。

実験Ⅱ うすい塩酸10.0cm³をビーカーにとり，BTB溶液を2～3滴加え，ガラス棒でよくかき混ぜながらうすい水酸化ナトリウム水溶液を少しずつ加えていった。うすい水酸化ナトリウム水溶液を2.0cm³加えるごとに，できた水溶液の色を調べた。下の表Ⅱは，その結果をまとめたものである。うすい水酸化ナトリウム水溶液を合計8.0cm³加えたときにできた水溶液のpHの値は，ちょうど7であった。

表Ⅱ

加えたうすい水酸化ナトリウム水溶液の体積の合計[cm³]	2.0	4.0	6.0	8.0	10.0
できた水溶液の色	黄色	黄色	黄色	緑色	青色

(3) 酸性とアルカリ性の水溶液を混ぜ合わせたときにできた水溶液が中性にならなくても中和は起きている。中和とはどのような反応か。 **性質** の言葉を用いて簡単に書け。

(4) 実験Ⅱにおいて，うすい塩酸10.0cm³にうすい水酸化ナトリウム水溶液を加えて，よくかき混ぜてできた水溶液の色が黄色を示しているとき，水溶液中には何種類かのイオンが含まれている。この水溶液に含まれているイオンのうち，数が最も多いイオンは何か。次の㋐～㋓のうち，最も適当なものを一つ選んで，その記号を書け。

㋐ 水素イオン　㋑ 塩化物イオン　㋒ ナトリウムイオン　㋓ 水酸化物イオン

(5) 実験Ⅱで用いたのと同じうすい塩酸16.0cm³に，実験Ⅱで用いたのと同じうすい水酸化ナトリウム水溶液14.0cm³を混ぜ合わせてできた水溶液30.0cm³は中性ではなかった。次の文は，混ぜ合わせてできた水溶液30.0cm³を中性にする方法について述べようとしたものである。文中の〔　　〕内にあてはまる言葉を，㋐，㋑から一つ選んで，その記号を書け。また，文中の[　　]内にあてはまる数値を書け。

混ぜ合わせてできた水溶液30.0cm³を中性にするためには，実験Ⅱで用いたのと同じ〔㋐うすい塩酸　㋑うすい水酸化ナトリウム水溶液〕を[　　]cm³加えればよい。

(1)	g	(2)	P		Q	
(3)	酸とアルカリが＿＿＿＿反応。					
(4)	○	(5)	記号	○	数値	

■令和3年度問題

3 A 次の実験Ⅰ，Ⅱをした。これに関して，あとの(1)～(5)の問いに答えよ。

実験Ⅰ 5つのビーカーに蒸留水，食塩水，砂糖水，うすい塩酸，うすい水酸化ナトリウム水溶液をそれぞれとり，右の図Ⅰのような装置を用いて，ビーカー内の液体に電流が流れるかどうかを調べた。下の表Ⅰは，その結果をまとめたものである。

図Ⅰ

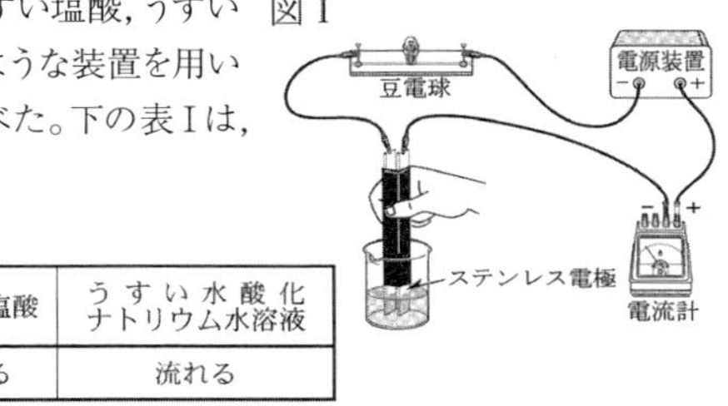

表Ⅰ

調べたもの	蒸留水	食塩水	砂糖水	うすい塩酸	うすい水酸化ナトリウム水溶液
調べた結果	流れない	流れる	流れない	流れる	流れる

(1) 次の㋐～㋓のうち，砂糖のように蒸留水にとかしても電流が流れない物質として最も適当なものを一つ選んで，その記号を書け。

㋐ 塩化銅　㋑ 硝酸カリウム　㋒ レモンの果汁　㋓ エタノール

(2) 水酸化ナトリウムは，蒸留水にとけると陽イオンと陰イオンを生じる。水酸化ナトリウムから生じる陽イオンと陰イオンを，イオン式でそれぞれ書け。

実験Ⅱ 亜鉛板，銅板，アルミニウム板をそれぞれ2枚ずつ用意し，そのうち2枚を金属板X，Yとして用い，右の図Ⅱのようにうすい塩酸を入れたビーカーに2枚の金属板X，Yを入れて光電池用モーターをつなぎ，モーターが回るかどうかを調べた。次の表Ⅱは，金属板X，Yをいろいろな組み合わせに変えて実験をおこない，モーターが回るかどうかを調べた結果をまとめたものである。

図Ⅱ

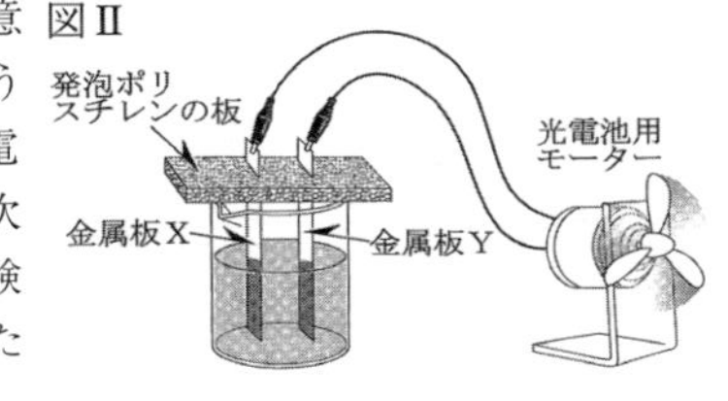

表Ⅱ

金属板X	亜鉛板	亜鉛板	亜鉛板	銅　板	銅　板	アルミニウム板
金属板Y	亜鉛板	銅　板	アルミニウム板	銅　板	アルミニウム板	アルミニウム板
調べた結果	回らない	回　る	回　る	回らない	回　る	回らない

(3) 実験Ⅱにおいて，金属板Xとして亜鉛板を，金属板Yとして銅板を用いると，モーターが回った。しばらくモーターが回ったあとで亜鉛板と銅板をとり出すと，亜鉛板がとけているようすが見られた。次の文は，亜鉛板と銅板とうすい塩酸が電池としてはたらいているときのようすについて述べようとしたものである。文中の2つの〔　　〕内にあてはまる言葉を，㋐，㋑から一つ，㋒，㋓から一つ，それぞれ選んで，その記号を書け。

モーターが回っているとき，亜鉛は電子を失って亜鉛イオンになっている。このとき，電子は導線中を〔㋐亜鉛板→モーター→銅板　㋑銅板→モーター→亜鉛板〕の向きに移動しており，亜鉛板は〔㋒＋（プラス）極　㋓－（マイナス）極〕になっている。

(4) 図Ⅱで，うすい塩酸のかわりに食塩水を入れたビーカーに2枚の金属板X，Yを入れてモーターをつなぎ，金属板X，Yの組み合わせを変えてモーターが回るか調べたところ，どの組み合わせにおいても表Ⅱと同じ結果が得られた。次に，食塩水のかわりに砂糖水を入れたビーカーに2枚の金属板X，Yを入れてモーターをつなぎ，金属板X，Yの組み合わせを変えて同じように実験をしたところ，金属板X，Yの組み合わせをどのように変えてもモーターは回らなかった。これらのことから考えて，モーターが回るためにはどのような条件が必要であると考えられるか。簡単に書け。

(5) 身のまわりにある電池の多くは，物質がもつ化学エネルギーを，化学変化によって電気エネルギーに変換してとり出している。このような電池には，使いきりタイプで充電ができない一次電池と，充電によりくり返し使える二次電池がある。次の㋐～㋓のうち，一次電池はどれか。一つ選んで，その記号を書け。

㋐ 鉛蓄電池　　㋑ アルカリ乾電池
㋒ ニッケル水素電池　　㋓ リチウムイオン電池

A	(1)	〇	(2) 陽イオン		陰イオン	
	(3)	〇と〇	(5)	〇		
	(4)	＿＿＿＿金属板と，うすい塩酸や食塩水のように，＿＿＿＿がとけてイオンが含まれている水溶液を用いる必要がある。				

電流とその利用

■平成26年度問題

4 次の問いに答えなさい。

B 電流と磁界の関係について調べる実験をした。これに関して，次の(1)～(4)の問いに答えよ。

実験 下の図Ⅰの装置を用いて，スイッチ②は入れずに，スイッチ①のみを入れたとき，あとの図Ⅱのようにコイル P，Q に電流が流れ，コイル P，Q とも動いた。

図Ⅰ

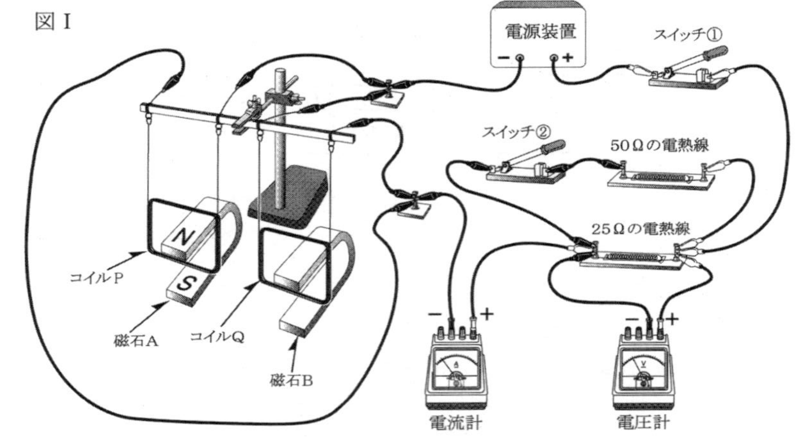

(1) 図Ⅱ中の磁石Aによる磁界の向きは，X，Yのうちどちらか。また，磁石Bの上側の極は，N極，S極のうちどちらか。あとの表のア～エのうち，最も適当な組み合わせを一つ選んで，その記号を書け。

	磁石Aによる磁界の向き	磁石Bの上側の極
ア	X	N極
イ	X	S極
ウ	Y	N極
エ	Y	S極

図Ⅱ

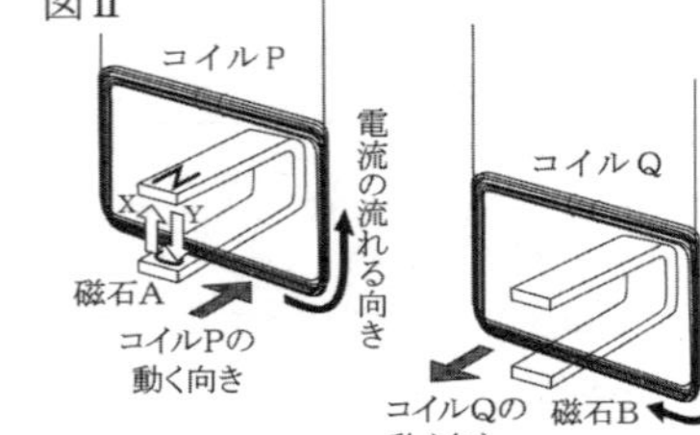

(2) 図Ⅰの装置で電流計の－（マイナス）端子を500mA端子にして，スイッチ①のみを入れたとき，電流計の針の振れが，右の図Ⅲのようになった。このとき，25Ωの電熱線につないだ電圧計は何Vを示していると考えられるか。

図Ⅲ

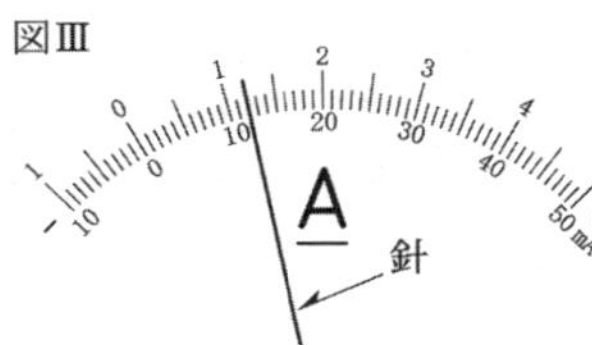

(3) 図Ⅰの装置で，スイッチ①のみを入れた状態から，さらにスイッチ②を入れ，50Ωの電熱線にも電流が流れるようにすると，コイルの動き方が変化した。これについて，次のａ，ｂの問いに答えよ。

ａ 次の文は，このときの回路に流れる電流とコイルの動き方について述べようとしたものである。文中の２つの〔　　〕内にあてはまる言葉を，㋐，㋑から一つ，㋒，㋓から一つ，それぞれ選んで，その記号を書け。

　スイッチ②を入れると，スイッチ①のみを入れているときに比べて，電流計の示す値は〔㋐ 大きく　㋑ 小さく〕なる。このとき，コイルの動き方は〔㋒ 大きく　㋓ 小さく〕なる。

ｂ スイッチ①とスイッチ②を両方入れた状態から，電源装置の電圧を変化させたところ，電流計が390mAを示した。このとき，25Ωの電熱線につないだ電圧計は何Ｖを示していると考えられるか。

(4) 電流と磁界の関係を利用したものとして，モーターがある。右の図Ⅳはモーターが回転するしくみを表したものであり，コイルにＤ→Ｃ→Ｂ→Ａの向きに電流を流したときに，コイルのABの部分とCDの部分が磁界から受ける力の向きを示している。このコイルが図Ⅳの状態から135度回転したときには，整流子とブラシのはたらきにより，Ａ→Ｂ→Ｃ→Ｄの向きに電流が流れる。このとき，コイルのABの部分とCDの部分が磁界から受ける力の向きを矢印（➡）で示すと，どのようになるか。次の㋐～㋓のうち，最も適当なものを一つ選んで，その記号を書け。

図Ⅳ

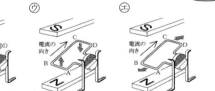

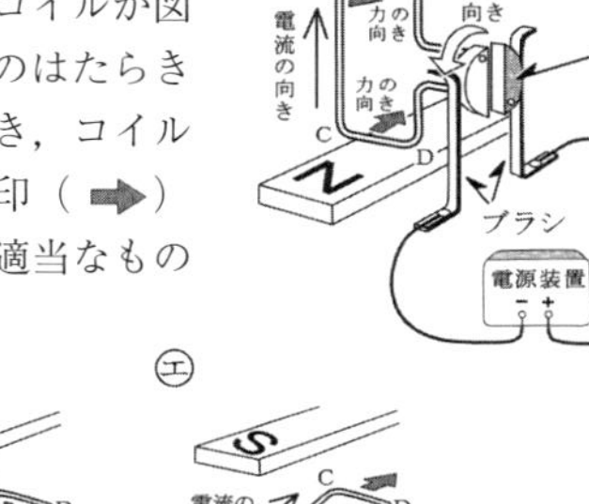

㋐　㋑　㋒　㋓

B	(1)		(2)	V
	(3)	a ◯と◯　b　V	(4)	◯

■平成28年度問題

4 次の問いに答えなさい。

A 右の図のような装置を用いて，電熱線に加わる電圧と流れる電流を調べる実験Ⅰ～Ⅲをした。これに関して，あとの(1)～(5)の問いに答えよ。

図

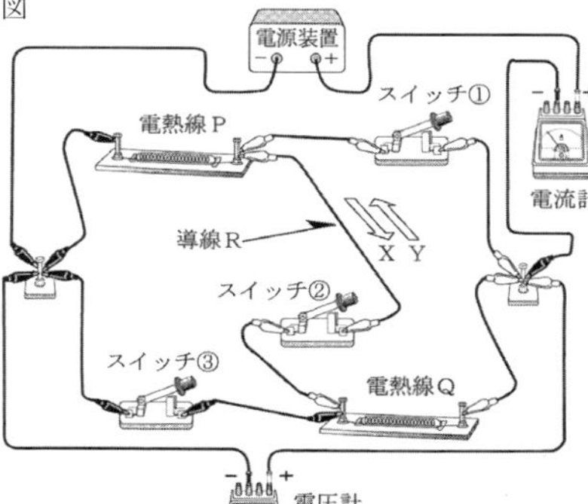

実験Ⅰ はじめに，電熱線Ｐに加わる電圧と流れる電流を調べるために，図のスイッチ①だけを入れて電圧計と電流計の示す値を調べた。表Ⅰは，その結果をまとめたものである。次に，電熱線Ｑに加わる電圧と流れる電流を調べるために，図のスイッチ①を切り，スイッチ③だけを入れて電圧計と電流計の示す値を調べた。表Ⅱは，その結果をまとめたものである。

表Ⅰ

電圧[V]	1.0	2.0	3.0	4.0	5.0
電流[mA]	10	20	30	40	50

表Ⅱ

電圧[V]	1.0	2.0	3.0	4.0	5.0
電流[mA]	40	80	120	160	200

実験Ⅱ 図のスイッチ②は入れずに，スイッチ①とスイッチ③を入れ，電熱線Ｐ，Ｑに電流を流し，回路全体に加わる電圧と回路全体に流れる電流を調べた。

(1) 表Ⅰ，Ⅱをもとにして，実験Ⅱのときの，回路全体に加わる電圧と回路全体に流れる電流の関係をグラフに表したい。グラフの縦軸のそれぞれの（　　）内に適当な数値を入れ，回路全体に加わる電圧と回路全体に流れる電流の関係を，右のグラフに表せ。

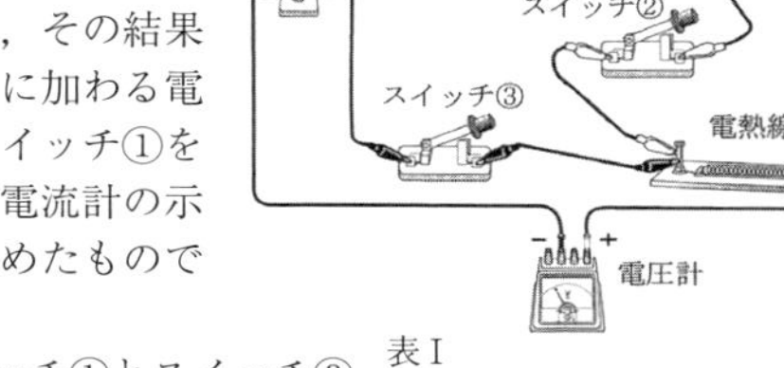

(2) 実験Ⅱのときの，回路全体の抵抗は何Ωか。

実験Ⅲ 図のスイッチ①とスイッチ③は入れずに，スイッチ②だけを入れ，電熱線Ｐ，Ｑに電流を流したところ，電圧計は5.0Vを示していた。

(3) 実験Ⅲのとき，図中の導線Ｒを流れる電流の向きは図中のＸ，Ｙのうちどちらか。また，導線Ｒ中の電子の移動の向きはＸ，Ｙのうちどちらか。右上の表のア～エのうち，最も適当な組み合わせを一つ選んで，その記号を書け。

	電流の向き	電子の移動の向き
ア	X	X
イ	X	Y
ウ	Y	X
エ	Y	Y

(4) 実験Ⅱで５.０Ｖの電圧を加えたときの電熱線Ｑの消費電力は，実験Ⅲのときの電熱線Ｑの消費電力の何倍か。

(5) 図の装置で,スイッチをすべて切ったとき,導線中に電子が存在する部分を■,電子が存在しない部分を▒として,電圧計と電流計を省略して,模式的に表すとどうなるか。あとの㋐～㋓のうち,最も適当なものを一つ選んで,その記号を書け。

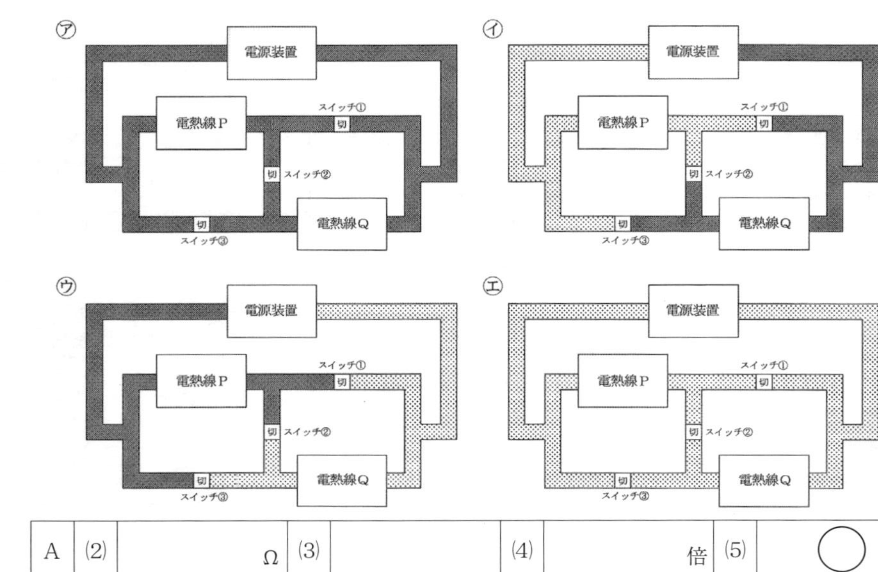

A	(2)	Ω	(3)		(4)	倍	(5)	◯

■平成29年度問題

4 B　電流がつくる磁界や，電磁誘導について調べる実験Ⅰ～Ⅲをした。これに関して，あとの(1)～(5)の問いに答えよ。

実験Ⅰ　右の図Ⅰのように，コイルを厚紙の中央に差しこんでとめた装置を用いて回路を作った。次に，スイッチを入れて，この回路に電流を流した。

(1)　このとき，電流計は1.2Ａを示していた。抵抗の大きさが4.5Ωの電熱線につないだ電圧計は何Ｖを示していると考えられるか。

(2)　スイッチを入れたとき，この装置を真上から観察すると，右の図Ⅱのように，磁針のＮ極は南を指した。次に，図Ⅱ中の磁針を動かしてＸの位置に置くと，磁針はどうなると考えられるか。次のア～エのうち，Ｘの位置に置いた磁針を表した図として最も適当なものを一つ選んで，その記号を書け。

図Ⅰ
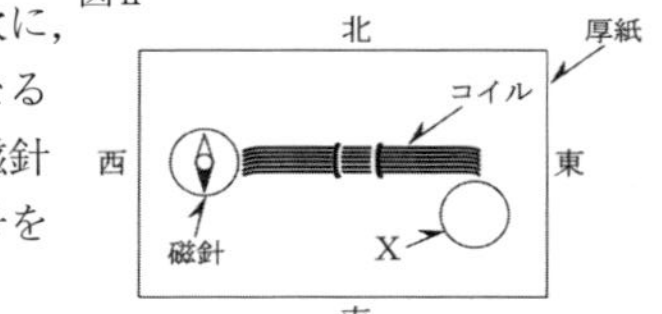

図Ⅱ
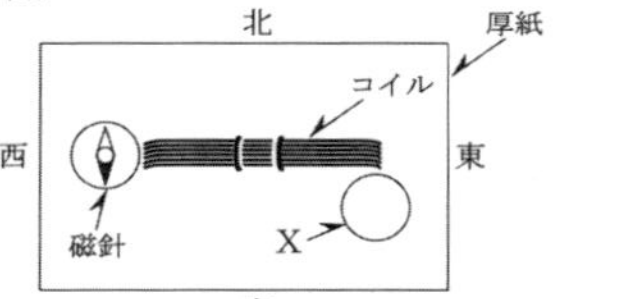

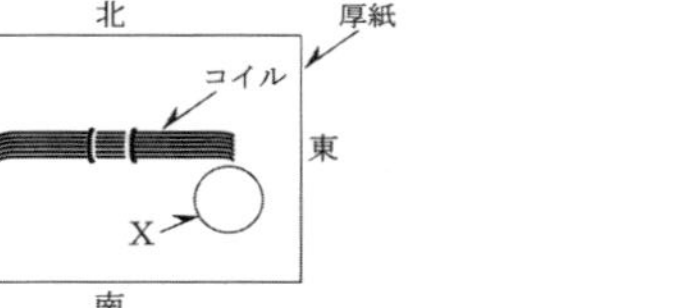

(3)　コイルのつくる磁界をこの実験より強くするためには，どのようにすればよいか。図Ⅰに示した器具のみを用いて強くする方法を一つ書け。

図Ⅲ　図Ⅳ
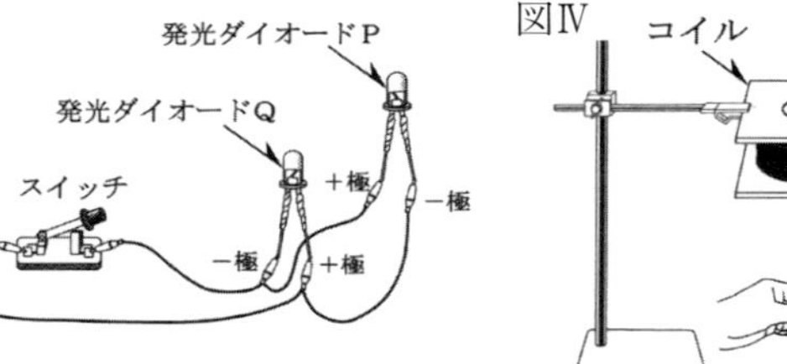

実験Ⅱ　図Ⅲのように，電源装置とスイッチに2個の発光ダイオードＰとＱの向きを逆にしてつないだものを接続した。次に，スイッチを入れて，この回路に電流を流したところ，発光ダイオードＱは点灯せず，発光ダイオードＰだけが点灯した。

実験Ⅲ　図Ⅳのように，実験Ⅱで用いた回路の電源装置とスイッチをスタンドに固定されたコイルに変えた。次に，強力な棒磁石のＳ極をコイルの下からコイルの中まですばやく動かす実験をすると，発光ダイオードＱだけが一瞬点灯した。

(4)　下の図Ⅴのように実験Ⅲとコイルの面の向きは同じ状態で，強力な棒磁石のＮ極をコイルの上からコイルの中まですばやくさし込み，すぐにコイルの上まですばやく引き上げると，発光ダイオードの光り方はどのようになると考えられるか。次のア～エのうち，最も適当なものを一つ選んで，その記号を書け。

ア　Ｐだけが一瞬点灯する　　イ　Ｑだけが一瞬点灯する
ウ　Ｐが一瞬点灯し，次にＱが一瞬点灯する　　エ　Ｑが一瞬点灯し，次にＰが一瞬点灯する

(5)　次の文は，家庭のコンセントの電流について述べようとしたものである。文中の２つの〔　〕内にあてはまる言葉を㋐，㋑から一つ，㋒，㋓から一つ，それぞれ選んで，その記号を書け。

一般に，私たちの家庭のコンセントに供給される電流のようすをオシロスコープで調べると，下の〔㋐図Ⅵ　㋑図Ⅶ〕のようになり，このような電流のことを一般に〔㋒直流　㋓交流〕という。

図Ⅴ
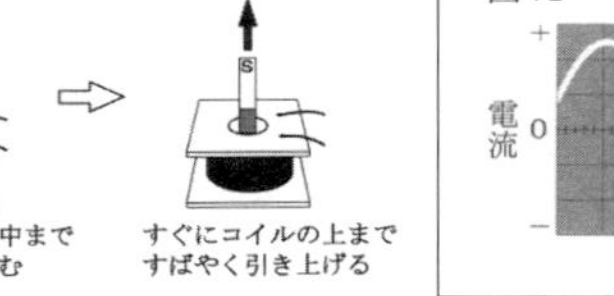

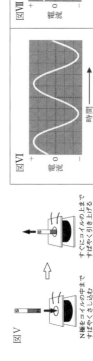

図Ⅵ
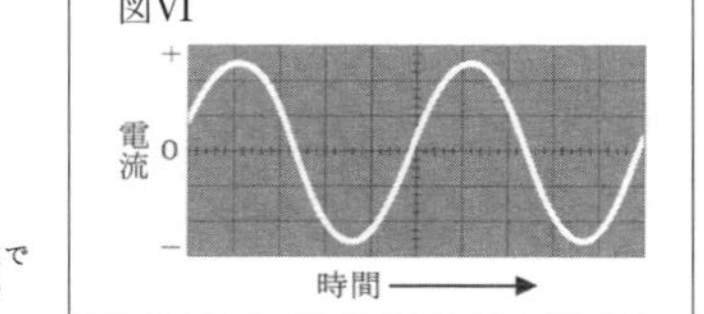

図Ⅶ
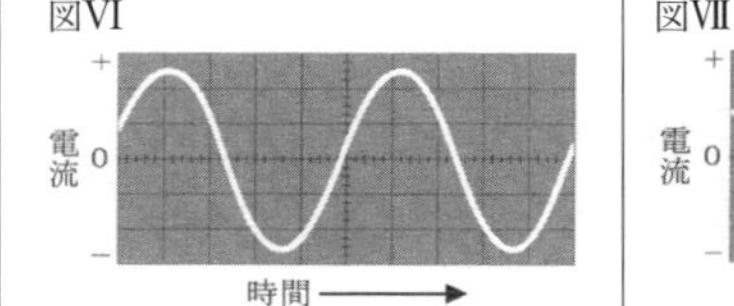
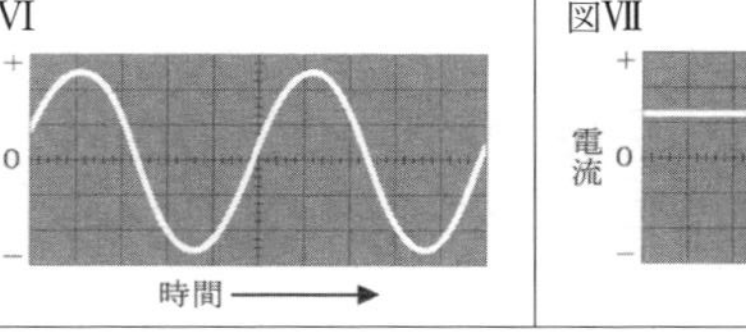

B	(1)	V	(2)		(3)	
	(4)		(5)	◯ と ◯		

■平成30年度問題

4 次の問いに答えなさい。

C 次の実験Ⅰ，Ⅱについて，あとの(1)～(5)の問いに答えよ。

実験Ⅰ 右の図Ⅰのような装置を用いて，電熱線Ⓐに電流を流したときの，水の上昇温度を調べる実験をした。まず，発泡ポリスチレンのカップの中に，室温と同じ21.0℃の水85gを入れ，スイッチを入れて，電熱線Ⓐに6.0Vの電圧を加え，水をときどきかき混ぜながら，5分間電流を流し，電流の大きさと水温を測定した。次に，電熱線Ⓑ，Ⓒにとりかえ，同じように実験をした。右の表Ⅰは，電熱線Ⓐ～Ⓒを用いて実験したときの結果をまとめたものである。

実験Ⅱ 図Ⅰの装置を用いて，電熱線Ⓓにとりかえ，スイッチを入れて，水をときどきかき混ぜながら，電熱線Ⓓに1.0Aの電流を5分間流し，電圧の大きさと水温を測定した。次に，電熱線Ⓔにとりかえ，同じように実験をした。表Ⅱは，電熱線Ⓓ，Ⓔを用いて実験したときの結果をまとめたものである。

図Ⅰ

表Ⅰ

電熱線	Ⓐ	Ⓑ	Ⓒ
電流[A]	1.5	2.0	2.5
電圧[V]	6.0	6.0	6.0
はじめの水温[℃]	21.0	21.0	21.0
5分後の水温[℃]	28.5	31.0	33.5

表Ⅱ

電熱線	Ⓓ	Ⓔ
電流[A]	1.0	1.0
電圧[V]	2.4	6.0
はじめの水温[℃]	21.0	21.0
5分後の水温[℃]	23.0	26.0

(1) 実験Ⅰ，Ⅱにおいて，水をときどきかき混ぜる必要があるのはなぜか。その理由を簡単に書け。

(2) 電熱線Ⓐの抵抗は何Ωか。

(3) 次の文は，実験Ⅰ，Ⅱにおいて，電熱線に電流を流したときの発熱量について述べようとしたものである。文中の〔　　〕内にあてはまる言葉を㋐，㋑から一つ選んで，その記号を書け。また，文中の□内にあてはまる数値を書け。

電熱線に加わる電圧や流れる電流の値が大きいほど，電熱線に電流を流したときの発熱量は〔㋐大きく　㋑小さく〕なる。電熱線Ⓒに5分間電流を流したときの発熱量は□Jである。

(4) 図Ⅰの装置を用いて，1.0Aの電流を流すと3.6Vの電圧が加わる電熱線にとりかえて，同じように実験すると，5分間電流を流したときの，水の上昇温度は何℃になると考えられるか。

(5) 次に，右の図Ⅱのように，電熱線Ⓑと電熱線Ⓔをつなぎ，発泡ポリスチレンのカップの中に，室温と同じ21.0℃の水を85g入れ，スイッチを入れ，水の上昇温度を調べる実験をした。水をときどきかき混ぜながら，5分間電流を流した。このとき，電流計は1.0Aを示していた。実験Ⅰ，Ⅱの結果から考えて，スイッチを入れてから5分後の水温は，何℃になると考えられるか。

図Ⅱ

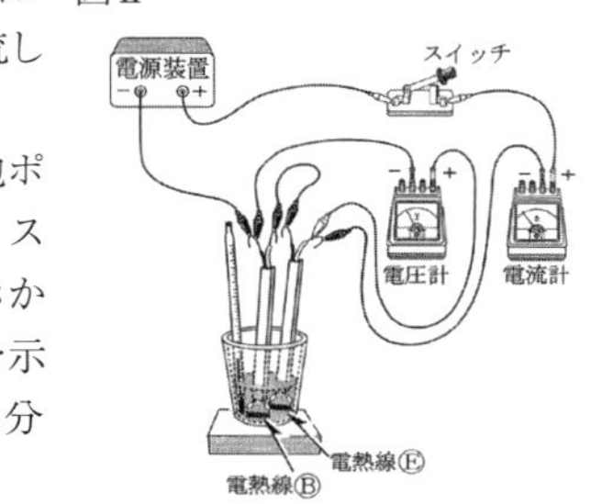

C	(1)				(2)	Ω		
	(3)	記号	◯	数値		(4)	℃	(5) ℃

■平成31年度問題

4 次の問いに答えなさい。

C 電熱線に加わる電圧と流れる電流を調べる実験Ⅰ，Ⅱをした。これに関して，次の(1)～(5)の問いに答えよ。

実験Ⅰ 下の図Ⅰのような装置を用いて，電熱線Pと電熱線Qについて，電熱線に加える電圧を変えて電熱線に流れる電流の強さを調べた。まず，図Ⅰの装置のスイッチを入れて，電熱線Pに加わる電圧と流れる電流を調べた。次に，電熱線Pを電熱線Qにとりかえ，同じように実験をした。下の図Ⅱは，電熱線に加わる電圧と流れる電流の関係をグラフに表したものである。

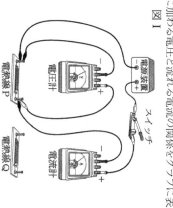

図Ⅰ

図Ⅱ

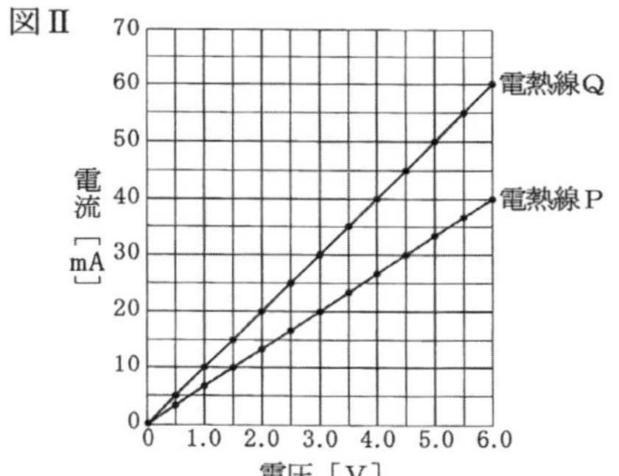

(1) 次の文は，電圧計の使い方について述べようとしたものである。文中の2つの〔　　〕内にあてはまる言葉を㋐，㋑から一つ，㋒～㋔から一つ，それぞれ選んで，その記号を書け。

電圧計は，電圧をはかろうとする回路に対して〔㋐直列　㋑並列〕につなぐ。また，300V，15V，3Vの3つの−(マイナス)端子をもつ電圧計を用いて電圧をはかろうとする場合，電圧の大きさが予想できないときは，はじめに〔㋒300V　㋓15V　㋔3V〕の−端子につなぐようにする。

(2) 電熱線Pの抵抗は何Ωか。

実験Ⅱ 実験Ⅰと同じ電熱線Pと電熱線Qを用いた下の図Ⅲ，図Ⅳのような装置を用いて，それぞれスイッチを入れ，電熱線P，Qに電流を流し，回路全体に加わる電圧と回路全体に流れる電流を調べた。

図Ⅲ

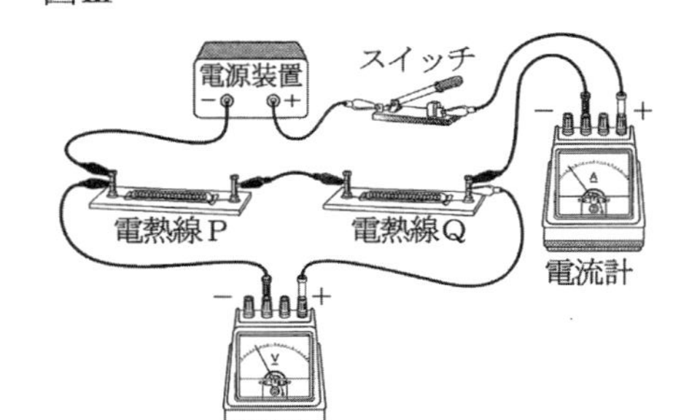

図Ⅳ

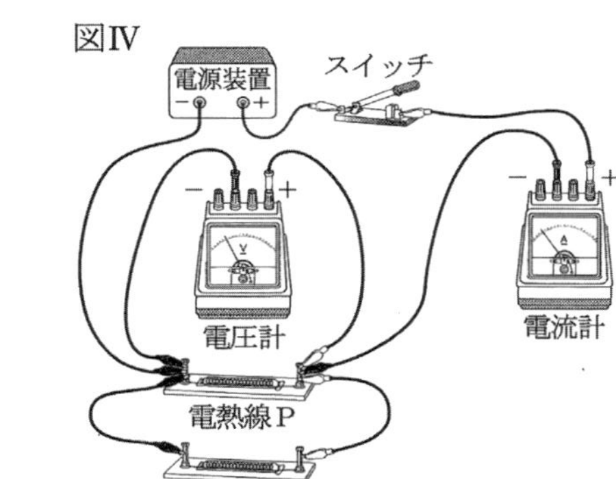

(3)　図Ⅱをもとにして，図Ⅲの装置について回路全体に加わる電圧と回路全体に流れる電流の関係をグラフに表したい。グラフの縦軸のそれぞれの（　　　）内に適当な数値を入れ，図Ⅲの装置の回路全体に加わる電圧と，回路全体に流れる電流の関係を，グラフに表せ。

(4)　図Ⅳの装置で電圧計の値が2Ｖを示すときの電熱線Qでの消費電力に対して，図Ⅳの装置で電圧計の値が6Ｖを示すときの電熱線Qでの消費電力は何倍になると考えられるか。

(5)　電熱線Pを接続した図Ⅰ，図Ⅲ，図Ⅳの各装置のスイッチを入れ，各装置の電圧計が同じ値を示しているとき，各装置の電流計が示す値をそれぞれx，y，zとする。次のア～カのうち，x，y，zの関係を表す式として最も適当なものはどれか。一つ選んで，その記号を書け。

ア　x＜y＜z　　イ　y＜x＜z　　ウ　z＜x＜y
エ　x＜z＜y　　オ　y＜z＜x　　カ　z＜y＜x

C		
	(1)	◯ と ◯
	(2)	Ω
	(4)	倍
	(5)	

C (3)

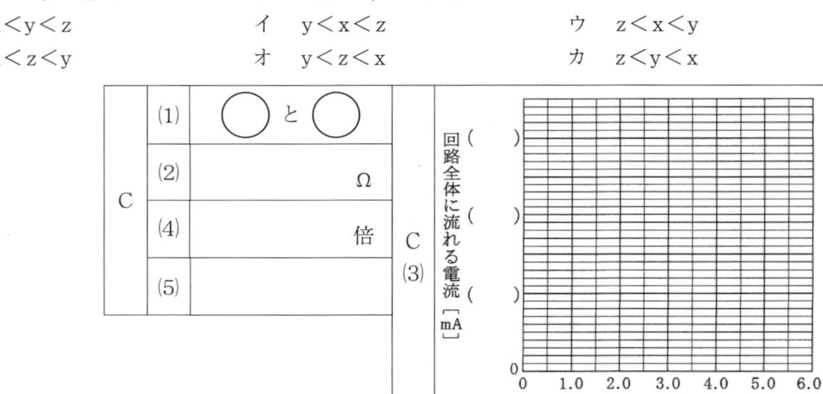

■令和２年度問題

4　次の問いに答えなさい。

C　電流と磁界に関する実験をした。これに関して，あとの(1)～(5)の問いに答えよ。

実験　図Ⅰのような装置を用いて，スイッチを入れたとき，コイルには電流が流れ，コイルが動いた。

(1)　スイッチを入れたとき，電流計は180mＡを示していた。このとき，抵抗の大きさが20Ωの電熱線につないだ電圧計は何Ｖを示していると考えられるか。

(2)　図Ⅱのようにコイルに，**A→B→C→D**の向きに電流を流した。このとき，コイルの**B→C**の向きに流れる電流のまわりには磁界ができる。このコイルの**B→C**の向きに流れる電流がつくる磁界の向きを磁力線で表した図として最も適当なものを，次の㋐～㋓から一つ選んで，その記号を書け。

図Ⅰ

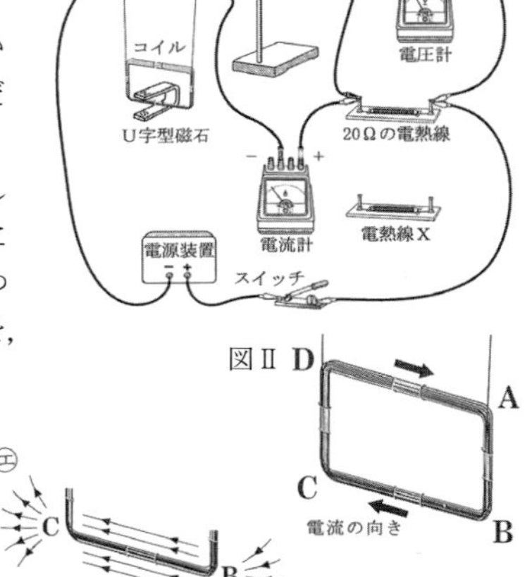

図Ⅱ

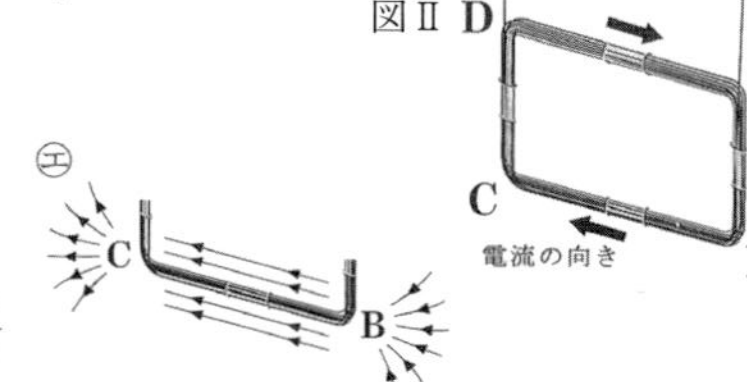

㋐　㋑　㋒　㋓

(3)　この実験において，コイルの動き方をより大きくするためには，どのようにすればよいか。その方法を一つ書け。

(4)　図Ⅰの装置を用いて，電熱線Xを抵抗の大きさが20Ωの電熱線に並列につないでからスイッチを入れた。電源装置の電圧を変化させ，20Ωの電熱線と電熱線Xの両方に4.8Vの電圧を加えたところ，電流計は400mＡを示した。電熱線Xの抵抗は何Ωか。

(5)　コイルに流れる電流が磁界から受ける力を利用したものとして，モーターがある。下の図Ⅲ，図Ⅳは，コイルが回り続けるようすを示そうとしたものである。次の文は，コイルの ＥＦの部分に流れる電流と，コイルのＥＦの部分が磁界から受ける力について述べようとしたものである。文中の２つの〔　　〕内にあてはまる言葉を，㋐，㋑から一つ，㋒，㋓から一つ，それぞれ選んで，その記号を書け。

図Ⅲは，コイルに**E→F**の向きに電流を流したときに，コイルの ＥＦの部分が，磁石がつくる磁界から受ける力の向きを矢印（➡）で示している。このコイルが図Ⅲの状態から，180度回転して図Ⅳのようになったときに，コイルの ＥＦの部分に流れる電流の向きは〔㋐ **E→F**　㋑**F→ E**〕となり，コイルのＥＦの部分が，磁石がつくる磁界から受ける力は図Ⅳ中の〔㋒**P**　㋓**Q**〕の矢印の向きである。

図Ⅲ　図Ⅳ

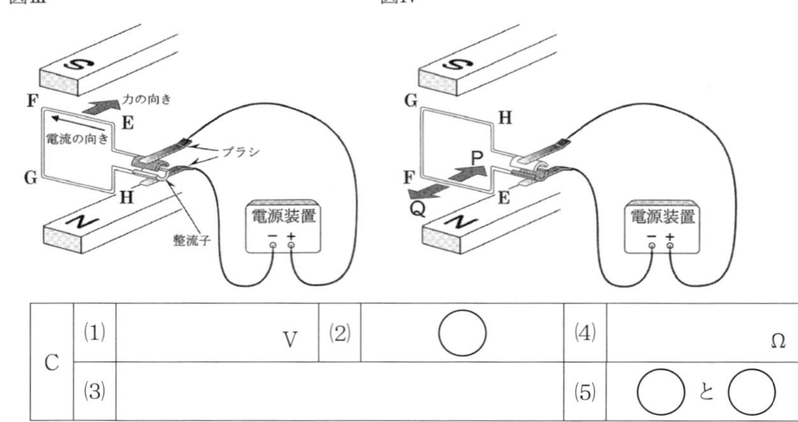

C	(1)	V	(2)	◯	(4)	Ω
	(3)				(5)	◯ と ◯

■令和３年度問題

4　Ａ　次の実験Ⅰ，Ⅱについて，あとの(1)～(5)の問いに答えよ。

実験Ⅰ　あとの図Ⅰのような装置を用いて，6Ｖ－3Ｗの電熱線P，6Ｖ－6Ｗの電熱線Q，6Ｖ－12Ｗの電熱線Rに電流を流したときの，水の上昇温度を調べる実験をした。6Ｖ－3Ｗの電熱線は6Ｖの電圧を加えたときに消費電力が3Ｗになる電熱線のことである。まず，発泡ポリスチレンのカップの中に，85gの水を入れ，室温と同じくらいになるまで放置しておいた。次に，スイッチを入れ，電熱線Pに6.0Vの電圧を加え，水をときどきかき混ぜながら，1分ごとに水温を測定した。このとき，電流計の値は0.50Aを示していた。その後，電熱線Pを電熱線Q，電熱線Rにとりかえ，それぞれの電熱線に6.0Vの電圧を加えて，同じように実験をした。あとの図Ⅱは，電熱線P～Rを用いて実験したときの，電流を流した時間と水の上昇温度との関係をグラフに表したものである。

図 I

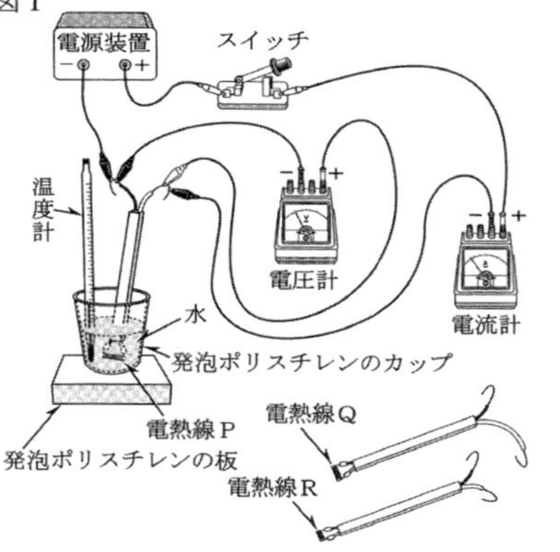

図 II

水の上昇温度[℃]
電流を流した時間[分]
電熱線R 6V−12W
電熱線Q 6V−6W
電熱線P 6V−3W

(1) 電熱線Pの抵抗は何Ωか。

(2) 次の文は，実験Iの結果から考えて，わかることを述べようとしたものである。文中のX，Yの［　　］内にあてはまる最も適当な言葉を簡単に書け。

どの電熱線においても，水の上昇温度は，［　X　］。また，電流を流した時間が同じであれば,水の上昇温度は，［　Y　］。

(3) 次の文は，電熱線Qと電熱線Rについて述べようとしたものである。文中の2つの〔　　〕内にあてはまる言葉を，㋐，㋑から一つ，㋒～㋔から一つ，それぞれ選んで，その記号を書け。

電熱線Qの抵抗は，電熱線Rの抵抗より〔㋐大きい　㋑小さい〕。また，電熱線Rに加える電圧を電熱線Qに加える電圧の $\frac{1}{2}$ 倍にしたとき，電熱線Rの消費電力は電熱線Qの消費電力と比べて〔㋒大きい　㋓変わらない　㋔小さい〕。

実験 II　実験Iで用いた電熱線Pと電熱線Qを用いて右の図IIIのように，電熱線Pと電熱線Qをつなぎ，電圧を加えて，水の上昇温度を調べる実験をした。まず，発泡ポリスチレンのカップの中に，水85gを入れ，室温と同じくらいになるまで放置しておいた。次にスイッチ②は切ったままでスイッチ①を入れ，電熱線Pに6.0Vの電圧を加え，水をときどきかき混ぜながら，水の上昇温度を調べた。スイッチ①を入れてから1分後にスイッチ②を入れ，引き続き，水の上昇温度を調べた。このときも，電圧計の値は6.0Vを示していた。

図 III

(4) スイッチ②を入れたとき，電流計の値は何Aを示しているか。

(5) 実験Iの結果から考えて，実験IIの電熱線P，Qを入れたカップの水温は，スイッチ①を入れて電流を流し，1分後にスイッチ①は入れたままで，スイッチ②を入れて，さらに4分間電流を流したとき，何℃上昇したと考えられるか。

A	(1)	Ω	(3)	◯ と ◯	(4)	A	(5)	℃
	(2) X							
	(2) Y							

■令和4年度問題

4　C　電熱線に加わる電圧と流れる電流を調べる実験I，IIをした。これに関して，あとの(1)～(5)の問いに答えよ。

実験 I　右の図Iのように電熱線Pと電熱線Qをつないだ装置を用いて，電熱線Pと電熱線Qに加わる電圧と流れる電流の関係を調べた。まず，電熱線Pに加わる電圧と流れる電流を調べるために，図Iのスイッチ①だけを入れて電圧計と電流計の示す値を調べた。下の表Iは，その結果をまとめたものである。次に，図Iのスイッチ①とスイッチ②を入れ，電圧計と電流計の示す値を調べた。下の表IIは，その結果をまとめたものである。

図 I

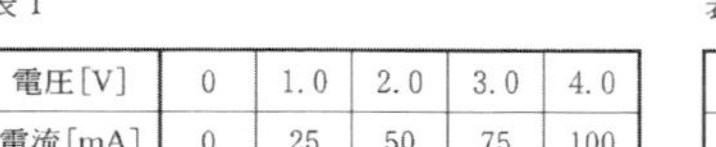

表 I

電圧[V]	0	1.0	2.0	3.0	4.0
電流[mA]	0	25	50	75	100

表 II

電圧[V]	0	1.0	2.0	3.0	4.0
電流[mA]	0	75	150	225	300

(1) 次の文は，電流計の使い方について述べようとしたものである。文中の2つの〔　　〕内にあてはまる言葉を，㋐，㋑から一つ，㋒～㋔から一つ，それぞれ選んで，その記号を書け。

電流計は，電流をはかろうとする回路に対して〔㋐直列　㋑並列〕につなぐ。また，5A，500mA，50mAの3つの−（マイナス）端子をもつ電流計を用いて電流をはかろうとする場合，電流の大きさが予想できないときは，はじめに〔㋒5A　㋓500mA　㋔50mA〕の−端子につなぐようにする。

(2) 電熱線Pの抵抗は何Ωか。

(3) 表I，IIをもとにして，電熱線Qに加わる電圧と，電熱線Qに流れる電流の関係をグラフに表したい。グラフの縦軸のそれぞれの（　　）内に適当な数値を入れ，電熱線Qに加わる電圧と，電熱線Qに流れる電流の関係を，グラフに表せ。

実験 II　実験Iと同じ電熱線Pと電熱線Qを用いた右の図IIのような装置のスイッチを入れ，電圧計と電流計の示す値を調べた。このとき，電圧計は3.0V，電流計は50mAを示した。

図 II

(4) 実験I，IIの結果から考えて，実験IIの電熱線Qに加わっている電圧は何Vであると考えられるか。

(5) 図Iの装置のすべてのスイッチと，図IIの装置のスイッチを入れた状態から，それぞれの回路に加わる電圧を変えたとき，電流計はどちらも75mAを示した。このときの図IIの電熱線Pで消費する電力は，このときの図Iの電熱線Pで消費する電力の何倍か。

C	(1)	◯ と ◯
	(2)	Ω
	(4)	V
	(5)	倍

(3)
電熱線Qに流れる電流[mA]
電熱線Qに加わる電圧[V]

運動とエネルギー

■平成28年度問題

4 C　次の実験Ⅰ～Ⅲに関して，あとの(1)～(5)の問いに答えよ。

実験Ⅰ　小球Xを手で持ち上げ，静止した状態から静かに手を離して，自由落下させた。図Ⅰは，自由落下させた小球Xを一定の時間間隔で発光するストロボスコープを使って写真にとったものである。図Ⅰ中のK点は小球Xが手から離れた位置，L～N点は手を離れてから$\frac{1}{10}$秒ごとの小球Xの位置である。

図Ⅰ

小球X
K
L
M
N
4.9cm
14.7cm
24.5cm

(1)　図Ⅰで，K点とM点の間の小球Xの平均の速さは何m/sか。

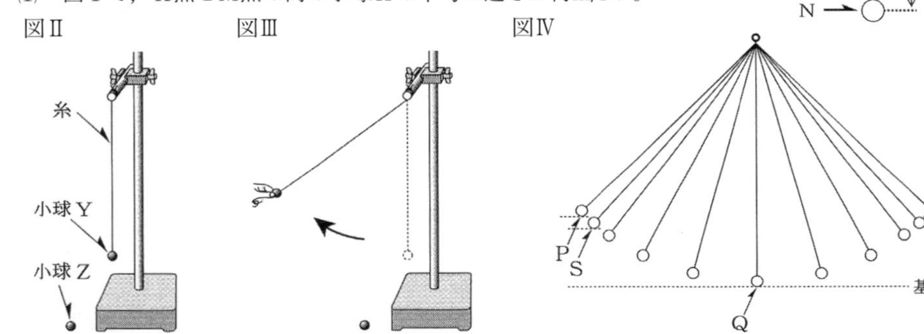

図Ⅱ　図Ⅲ　図Ⅳ

実験Ⅱ　図Ⅱのように実験Ⅰで用いた小球Xと同じ大きさと質量の小球Yに糸をつけてまっすぐにつるした。次に，上の図Ⅲのように，糸がたるまないように小球Yを持ち上げ，静かに手を離した。図Ⅳは，そのときのふりこの運動のようすを模式的に示したものである。図Ⅳ中のP点は小球Yが手から離れた点，Q点は小球Yの位置が最も低くなった点，R点は小球Yが再びP点と同じ高さに達した点である。

(2)　次の㋐～㋓のうち，小球Yが図Ⅳ中のP点から運動をはじめてS点を通るとき，小球Yにはたらく力をすべて矢印で表したものとして，最も適当なものを一つ選んで，その記号を書け。

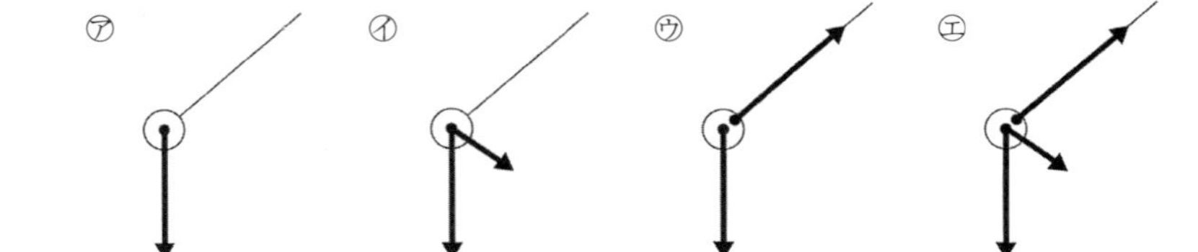

(3)　図Ⅳにおいて，小球YはP点では位置エネルギーだけをもっており，この位置エネルギーは，ふりこが振れて小球YがQ点に近づくにつれて減少し，減少した分だけ，小球Yの運動エネルギーが増加する。小球YがQ点に達したときには，小球Yは運動エネルギーだけをもっている。Q点での運動エネルギーがS点での運動エネルギーの6倍であったとすると，P点での位置エネルギーはS点での位置エネルギーの何倍であると考えられるか。

(4)　右の図Ⅴは，小球YがP点からR点まで運動するときの位置エネルギーの大きさの変化を，小球YがP点にあるときの位置エネルギーの大きさを1として表したグラフである。小球Yと同じ大きさで2倍の質量をもつ小球Zを用いて，同じ実験をしたときの小球Zの位置と位置エネルギーの大きさの変化を図Ⅴのグラフに破線（━ ━ ━）で表すとどうなるか。次の㋐～㋓のうち，最も適当なものを一つ選んで，その記号を書け。

図Ⅴ

位置エネルギーの大きさ
2
1
0
P　Q　R

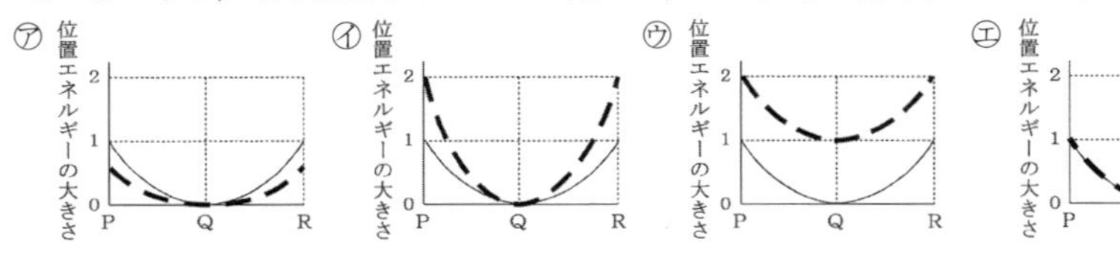

実験Ⅲ　実験Ⅰで用いた小球Xを，実験Ⅱの小球YのP点と同じ高さのA点で静止させ，小球YをP点から静かに手を離すのと同時に，小球Xも静かに手を離した。図Ⅵは，そのときの2つの小球の運動のようすを模式的に示したものである。図Ⅵ中のB点は，小球YがS点を通過する時刻の小球Xの位置である。C点は小球XがQ点と同じ高さまで落下したときの位置である。また，図Ⅶは，小球XがA点からC点まで自由落下したときの小球Xの位置と，そのときの小球Xのもつ，位置エネルギーの大きさと運動エネルギーの大きさの関係を表したグラフである。

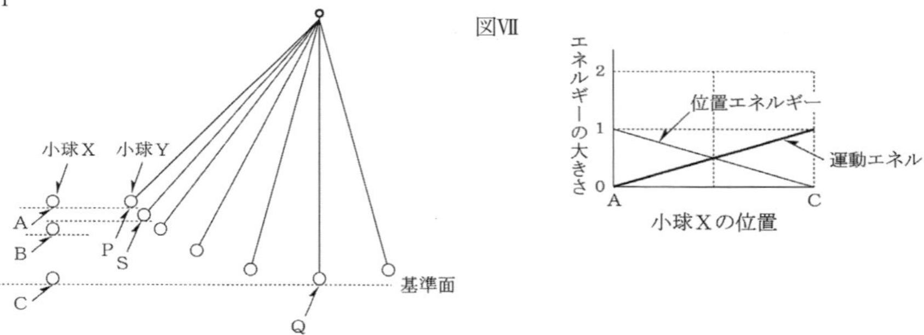

図Ⅵ　図Ⅶ

(5)　図ⅥにおいてB点，C点にあるときの小球Xの速さをそれぞれb，c，小球YがS点，Q点にあるときの小球Yの速さをそれぞれs，qとする。エネルギーの関係から考えると，次のア～カのうち，b，c，s，qの関係を表す式として最も適当なものはどれか。一つ選んで，その記号を書け。

ア　s＜b＜c＜q　　イ　s＜b＜q＜c　　ウ　s＜b＜c＝q
エ　s＝b＜c＜q　　オ　s＝b＜q＜c　　カ　s＝b＜c＝q

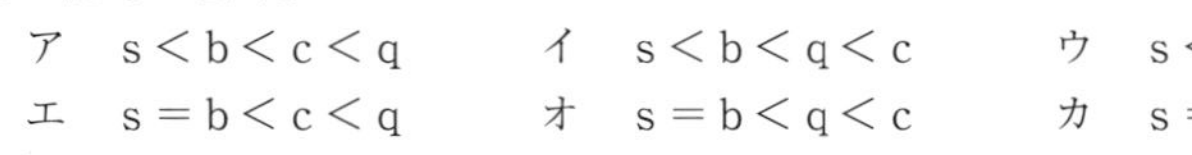

C	(1)	m/s	(2)	◯	(3)	倍
	(4)	◯	(5)			

■平成29年度問題

C　次の(1)，(2)の問いに答えよ。

(1)　力について，次のa，bの問いに答えよ。

a　右の図Ⅰは，水平な机の上に置いた物体が静止しているときに，物体や机にはたらく力を①～③の矢印で示したものである。①～③は，机が物体を押す力，物体が机を押す力，物体にはたらく重力のいずれかである。図Ⅰ中の①～③のうち，つり合っている2力はどれとどれか。その番号を書け。

b　右の図Ⅱのように，糸をつけた物体を斜面の上で静止させた。物体にはたらく重力を，斜面に平行な方向と斜面に垂直な方向に分解し，それぞれの分力を解答欄の図中に矢印で表せ。解答欄の図中には，物体にはたらく重力を矢印（━━▶）で，また，斜面に平行な方向と垂直な方向とを破線（┈┈┈）で表してある。

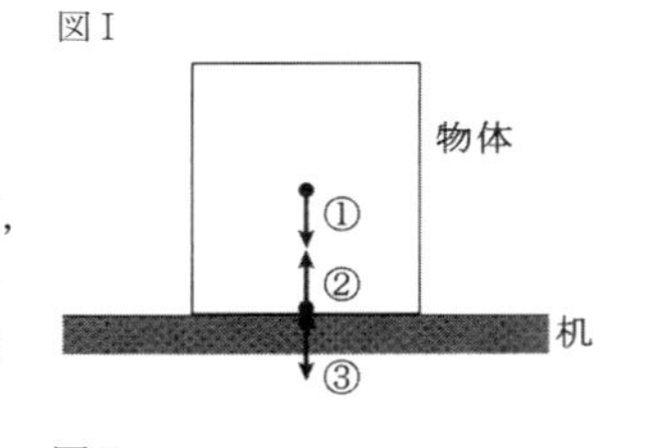

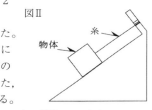

(2)　滑車をとりつけた力学台車を用いて，次の実験Ⅰ，Ⅱをした。これに関して，あとのa～cの問いに答えよ。

実験Ⅰ　下の図Ⅲのように，力学台車につけた糸をばねばかりXに結びつけた。次に，力学台車が図の位置より３０ｃｍ高くなるように，ばねばかりXを真上にゆっくりと引き上げた。このとき，ばねばかりXは５.０Ｎを示していた。

実験Ⅱ　下の図Ⅳのように，実験Ⅰで使った力学台車の滑車にかけた糸の一端をばねばかりXに結びつけ，もう一端をスタンドに固定したばねばかりYに結びつけた。次に，力学台車が図の位置より３０ｃｍ高くなるように，ばねばかりXを真上にゆっくりと引き上げた。

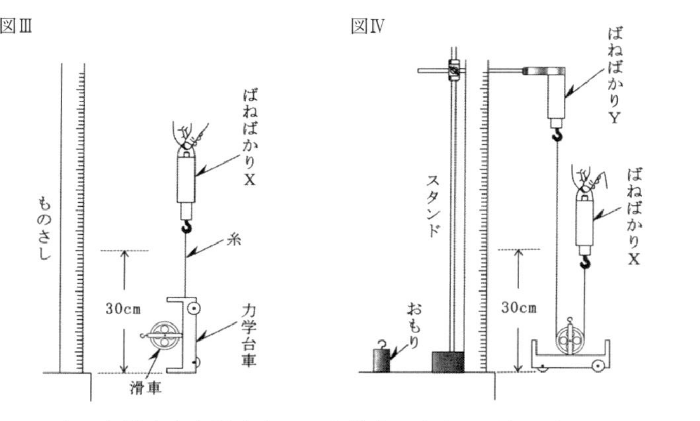

a　実験Ⅰにおいて，糸が力学台車を引く力がした仕事の大きさは何Ｊか。

b　実験Ⅱにおいて，ばねばかりXを引き上げているとき，ばねばかりYの目盛りは何Ｎを示しているか。

c　実験Ⅱの力学台車におもりをとりつけ，実験Ⅱと同じように力学台車が図の位置より30cm高くなるように，ばねばかりXを5.0cm/ｓの一定の速さで引き上げた。このときの仕事率は0.20Wであった。おもりをとりつけた力学台車の質量は，おもりをとりつける前の力学台車の質量の何倍か。

C	(1)	a	◯ と ◯	b	
	(2)	a	J		
		b	N		
		c	倍		

■平成30年度問題

B　太郎さんは小球の運動やエネルギーについて調べるために，次の実験Ⅰ，Ⅱをした。これに関して，あとの(1)～(4)の問いに答えよ。

実験Ⅰ　右の図Ⅰの装置を用いて斜面上から小球を静かに転がし，X点とY点に置いた速さ測定器を用いて小球の速さを調べた。X点とY点は42ｃｍ離れている。図Ⅰの斜面の部分を表した図Ⅱのように，Pの位置からレールに沿って斜面上の高さが10ｃｍの位置Q，20ｃｍの位置R，30ｃｍの位置S，40ｃｍの位置Tから，質量10ｇの小球A，質量20ｇの小球Bをそれぞれ静かに転がした。表は，その結果をまとめたものである。

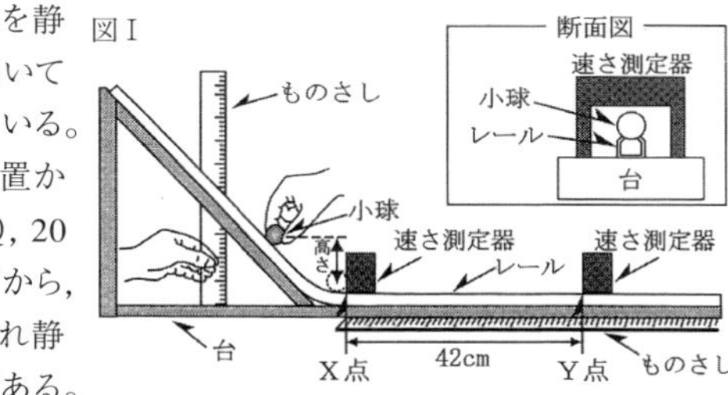

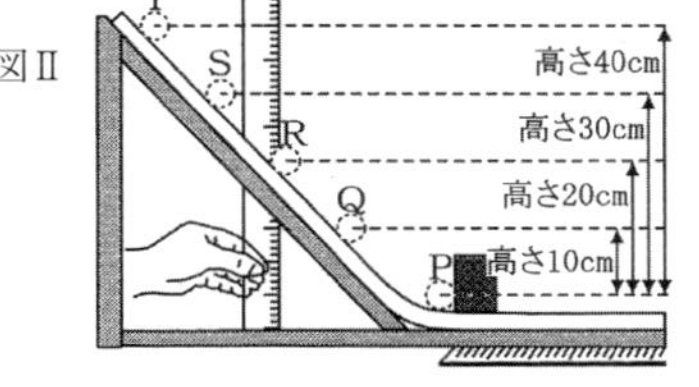

表

	質量10ｇの小球A				質量20ｇの小球B			
高さ[cm]	10	20	30	40	10	20	30	40
X点での速さ[m/s]	1.4	2.0	2.4	2.8	1.4	2.0	2.4	2.8
Y点での速さ[m/s]	1.4	2.0	2.4	2.8	1.4	2.0	2.4	2.8

(1)　次の文は，小球がXY間を移動するときの運動について述べようとしたものである。文中の〔　〕内にあてはまる言葉を㋐，㋑から一つ選んでその記号を書け。また，文中の［　　］内にあてはまる最も適当な言葉を書け。

XY間を通るとき，小球にはたらく力は〔㋐つりあっている　㋑つりあっていない〕ため，小球は等速直線運動を続ける。これを［　　］の法則という。

(2)　小球Aを10cmの高さから転がした時，XY間を移動するのに何秒かかると考えられるか。

(3)　右の図Ⅲは，小球Aを10cmの高さから転がしたときの，速さと時間の関係をグラフに表したものである。小球Bを40cmの高さから転がしたときの，転がりだしてからY点に到達するまでの小球Bの速さと時間の関係をグラフに表すとどうなるか。次の㋐～㋓のうち，最も適当なものを一つ選んで，その記号を書け。

図Ⅲ

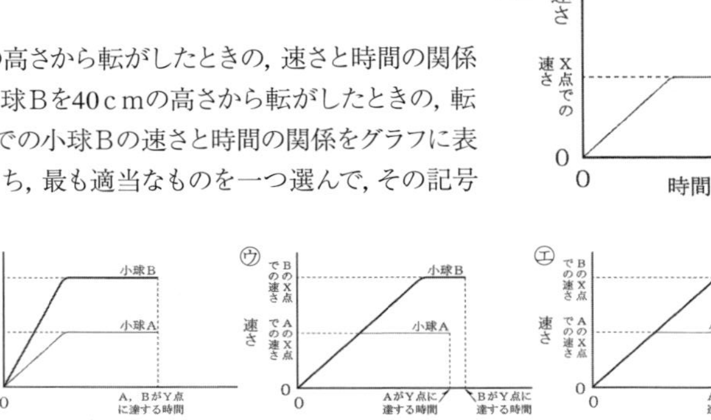

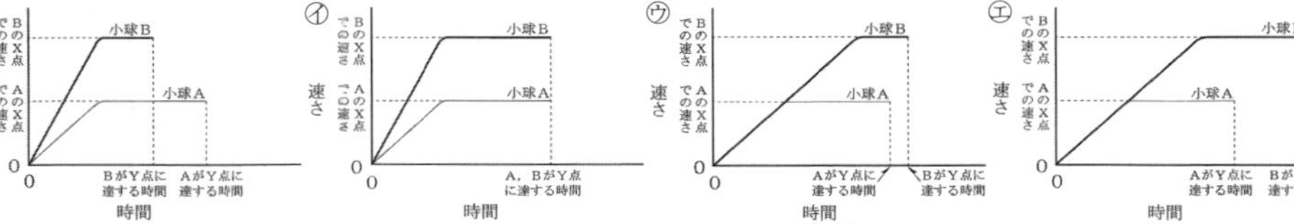

(4)　実験Ⅰの結果から，太郎さんは次のような仮説①，②を立てた。これらの仮説を確かめるため，太郎さんはあとの実験Ⅱをおこなった。これに関して，あとのa，bの問いに答えよ。

> 仮説①　同じ質量の物体のもつ位置エネルギーは高さが高いほど大きい。
> 仮説②　同じ高さにある物体のもつ位置エネルギーは物体の質量に関わらず一定である。

実験Ⅱ　右の図Ⅳのような装置を用いて，いろいろな質量の小球をいろいろな高さから静かに転がし，X点に置いた木片に衝突させたところ，衝突後，木片は小球と一緒に動いて止まった。このようにして木片の動いた距離を，繰り返し測定した。図Ⅴは，質量が10g，20g，30gの小球を用いて実験したときの，小球を転がす高さと木片の動いた距離との関係を表したものである。

図Ⅳ

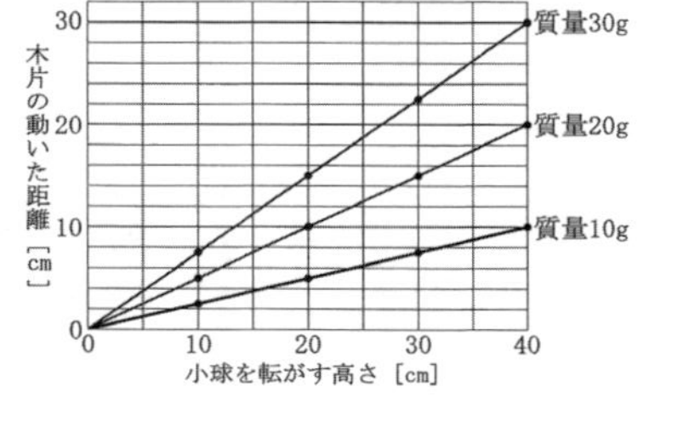

図Ⅴ

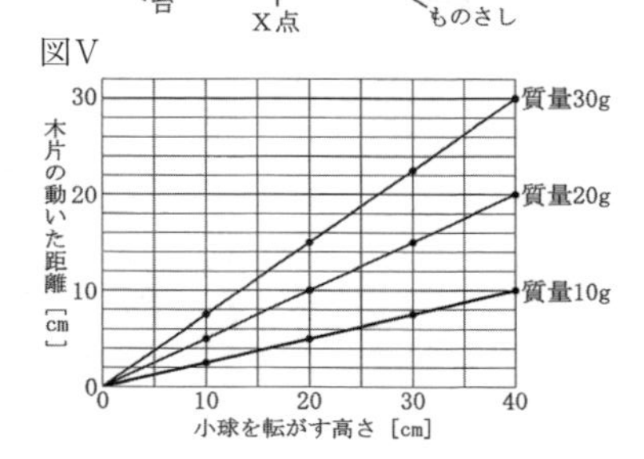

a　実験Ⅱの結果から考えると，仮説①は正しいが，仮説②は正しくないことがわかった。仮説②が正しくないといえる理由を **位置エネルギー** の言葉を用いて簡単に書け。

b　実験Ⅱの結果から考えると，この装置を用いて，質量16gの小球で木片を10cm動かすためには，小球を何cmの高さから転がせばよいと考えられるか。

<table>
<tr><td rowspan="4">B</td><td>(1)</td><td>記号</td><td>◯</td><td>言葉</td><td></td></tr>
<tr><td>(2)</td><td colspan="2">秒</td><td>(3)</td><td>◯</td></tr>
<tr><td rowspan="2">(4)</td><td>a</td><td colspan="3">同じ高さで実験を行うと，木片の動いた距離は
＿＿＿＿＿＿＿＿＿＿から。</td></tr>
<tr><td>b</td><td colspan="3">cm</td></tr>
</table>

■令和2年度問題

4

B　仕事と仕事率に関する実験Ⅰ，Ⅱをした。これに関して，あとの(1)～(5)の問いに答えよ。

実験Ⅰ　右の図Ⅰのように，おもりを滑車にとりつけ，この滑車に糸をかけ，糸の一端をスタンドに固定し，もう一端をばねばかりに結びつけた。次に，おもりが図Ⅰの位置より20cm高くなるように，ばねばかりを4.0cm/sの一定の速さで真上に引き上げた。このとき，ばねばかりは5.0Nを示していた。

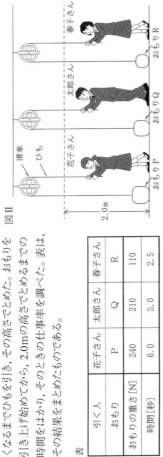

図Ⅰ

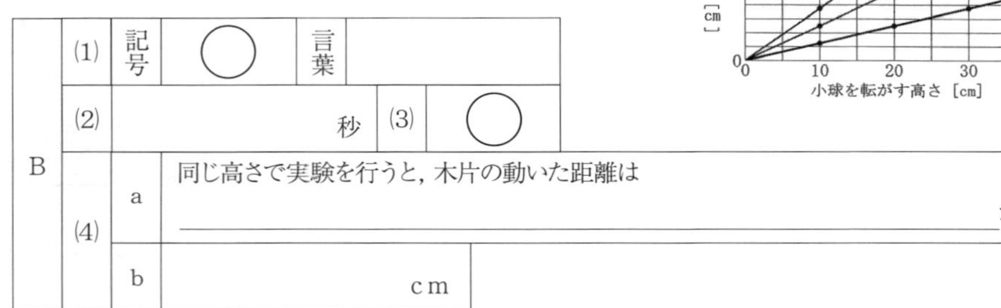

(1)　実験Ⅰにおいて，おもりが動きはじめてから，図Ⅰの位置より20cm高くなるまでにかかった時間は何秒か。

(2)　実験Ⅰにおいて，糸がおもりをとりつけた滑車を引く力がした仕事の大きさは何Jか。

(3)　次の文は，実験Ⅰにおけるおもりのエネルギーの変化について述べようとしたものである。文中の2つの〔　　〕内にあてはまる言葉を，㋐，㋑から一つ，㋒～㋔から一つ，それぞれ選んで，その記号を書け。

おもりが動きはじめてから，1秒後から4秒後までの間におもりの〔㋐運動　㋑位置〕エネルギーは増加するが，おもりの〔㋒運動　㋓位置　㋔力学的〕エネルギーは変化しない。

実験Ⅱ　図Ⅱのように，花子さん，太郎さん，春子さんは，それぞれおもりP，おもりQ，おもりRにつけたひもを天井に固定した滑車にかけ，その一端を真下に引き下げて，それぞれのおもりが図Ⅱの位置より2.0m高くなるまでひもを引き，その高さでとめた。おもりを引き上げ始めてから，2.0mの高さでとめるまでの時間をはかり，そのときの仕事率を調べた。表は，その結果をまとめたものである。

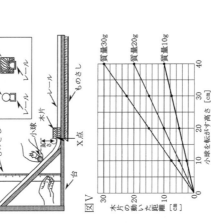

図Ⅱ

表

引く人	花子さん	太郎さん	春子さん
おもり	P	Q	R
おもりの重さ[N]	240	210	110
時間[秒]	6.0	5.0	2.5

(4)　次の文は，重さと質量について述べようとしたものである。文中の2つの〔　　〕内にあてはまる言葉を，㋐，㋑から一つ，㋒，㋓から一つ，それぞれ選んで，その記号を書け。

重さと質量は，区別して使う必要がある。〔㋐重さ　㋑質量〕は場所によって変わらない物質そのものの量であり，地球上と月面上でその大きさは変わらない。また，ばねばかりは物体の〔㋒重さ　㋓質量〕を測定するので，地球上と月面上で同じおもりをつり下げたとき，異なる値を示す。

(5)　実験Ⅱにおいて，おもりP，おもりQ，おもりRを図Ⅱの位置より2.0m高くなるまで引き上げるときの，それぞれのひもがおもりを引く仕事率のうち，最も大きい仕事率は何Wか。

<table>
<tr><td rowspan="2">B</td><td>(1)</td><td>秒</td><td>(2)</td><td>J</td><td></td><td></td></tr>
<tr><td>(3)</td><td>◯ と ◯</td><td>(4)</td><td>◯ と ◯</td><td>(5)</td><td>W</td></tr>
</table>

令和3年度問題

4 次の問いに答えなさい。

B　斜面上での小球の運動を調べる実験をした。これに関して，あとの(1)～(5)の問いに答えよ。

実験　右の図Ⅰのようになめらかな板で斜面をつくり，斜面上のK点に小球を置き，静かに手を離した。手を離してから0.1秒ごとの小球の位置をストロボ写真にとったところ，図Ⅰのようになった。図Ⅰ中のL～O点は，手を離してからの0.1秒ごとの小球の位置である。

(1)　図Ⅰで，L点とN点の間の小球の平均の速さは何m/sか。

(2)　次の文は，この実験において，小球にはたらく力と小球の運動について述べようとしたものである。文中の2つの〔　〕内にあてはまる言葉を，㋐～㋒から一つ，㋓～㋕から一つ，それぞれ選んで，その記号を書け。

図Ⅰ

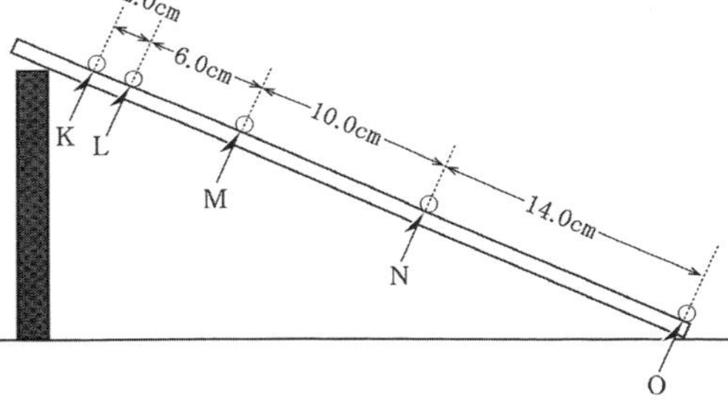

図Ⅰで，小球がL点を通過してからO点に達するまで，小球にはたらく斜面に平行な下向きの力は〔㋐大きくなっていく　㋑一定である　㋒小さくなっていく〕。また，小球がN点にあるときから斜面にそって5.0cm下る時間は，小球がM点にあるときから斜面にそって5.0cm下る時間に比べて〔㋓長い　㋔変わらない　㋕短い〕。

(3)　図Ⅰにおいて，小球はK点では位置エネルギーだけをもっており，この位置エネルギーは，小球が斜面を下るにつれて減少し，減少した分だけ，小球の運動エネルギーが増加する。小球がO点に達したときには，小球は運動エネルギーだけをもっている。小球がM点に達したとき，小球の位置エネルギーが小球の運動エネルギーの3倍であったとすると，M点での小球の運動エネルギーは，O点に達したときの小球の運動エネルギーの何倍であると考えられるか。

(4)　図Ⅰの装置を用いて，はじめに小球を置く斜面上の位置だけをK点より低い位置に変えて，同じように実験をしたところ，小球は，手を離れてから0.3秒後にO点に達した。このとき，はじめに小球を置いた位置はK点から斜面にそって下向きに何cmの位置であったと考えられるか。

(5)　太郎さんは，ジェットコースターのコースの模型を作り，小球を転がしてその運動を観察した。右の図Ⅱは，そのときのようすを示したものである。また，あとの図Ⅲは，太郎さんが作成したジェットコースターのコースの模型を真横から見たときのようすを模式的に表したものである。P点に小球を置き，静かに手を離すと，小球はQ点，R点，S点，T点を通過し，P点と同じ高さになるU点まで達した。小球がQ点，R点，S点，T点にあるときの小球の速さをそれぞれq，r，s，tとする。エネルギーの関係から考えて，q～tを小球の速さが大きい順に並べかえたとき，1番目と4番目はそれぞれどれになると考えられるか。その記号を書け。

図Ⅱ

図Ⅲ

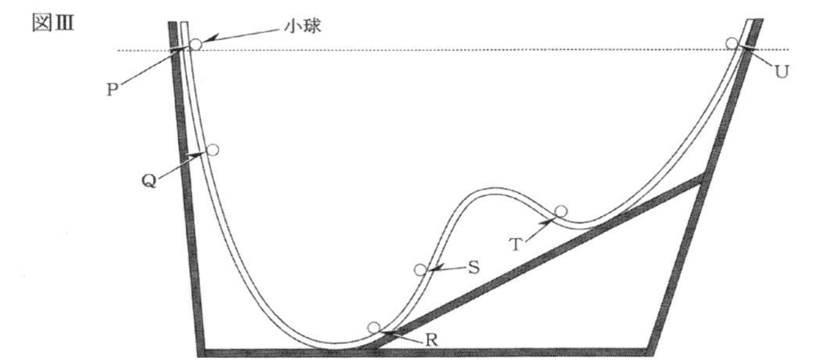

<table>
<tr><td rowspan="2">B</td><td>(1)</td><td>m/s</td><td>(2)</td><td>◯ と ◯</td><td>(3)</td><td colspan="2">倍</td></tr>
<tr><td>(4)</td><td>cm</td><td>(5)</td><td>1番目</td><td></td><td>4番目</td><td></td></tr>
</table>

■令和4年度問題

4 次の問いに答えなさい。

A　太郎さんは，スキー競技のテレビ中継の録画を見ながら，理科の授業で学習したことについて考えた。これに関して，次の(1)～(5)の問いに答えよ。

(1)　右の図Ⅰは，ある選手が水平面上を滑っているようすを模式的に表したものであり，この選手にはたらく重力を矢印（⟶）で，水平面に平行な方向とそれに垂直な方向を，等間隔にひいた破線（………）で表してある。また，右の図Ⅱは，この選手が斜面上を滑っているようすを模式的に表したものであり，この選手にはたらく重力を矢印（⟶）で，斜面に平行な方向とそれに垂直な方向を，等間隔にひいた破線（………）で表してある。図Ⅱの斜面上で，この選手にはたらく重力の斜面に平行な分力の大きさは，この選手にはたらく重力の大きさの何倍と考えられるか。

図Ⅰ　図Ⅱ

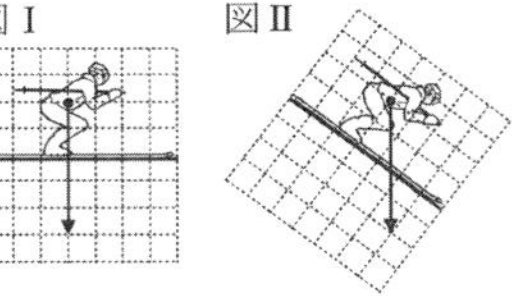

(2)　右の図Ⅲは，ある選手が起伏のあるコースを滑っているようすを模式的に表したものである。この選手はX点を通過したあと，X点より下にあるY点を通過して，X点より下にあり，Y点より上にあるZ点を通過した。この選手がX点，Y点，Z点を通過するときの速さをそれぞれx，y，zとする。このとき，x，y，zの関係は$x<z<y$であった。このときのX～Z点でこの選手がもつ運動エネルギーや位置エネルギーの関係について述べた，次のア～エのうち，最も適当なものを一つ選んで，その記号を書け。

図Ⅲ

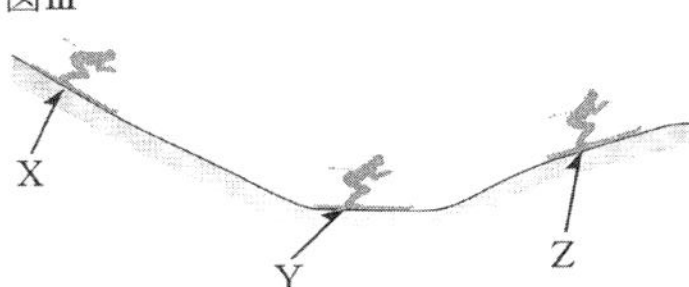

ア　Y点はX点に比べ，位置エネルギー，運動エネルギーともに増加している
イ　Z点はY点に比べ，位置エネルギーは増加しているが，運動エネルギーは変化していない
ウ　Z点はX点に比べ，位置エネルギーは減少しているが，運動エネルギーは増加している
エ　X点，Y点、Z点のうち，運動エネルギーが最小のところはY点である

(3) 太郎さんは，テレビの録画の映像が$\frac{1}{30}$秒で１コマになっていることを用いて，スロー再生を行い，ある選手の速さを調べた。右の図Ⅳは，この選手のスキー板の前の端がちょうどゴールライン上に達した瞬間のようすである。この瞬間から，テレビの録画の映像を６コマ進めたときに，スキー板の後ろの端がちょうどゴールライン上に達した。この選手のスキー板の，前の端から後ろの端までの長さは1.8mであり，この選手がゴールライン上を通過する間，スキー板はゴールラインに対して垂直であった。ゴールライン上を通過する間の，この選手の平均の速さは何m/sと考えられるか。

図Ⅳ

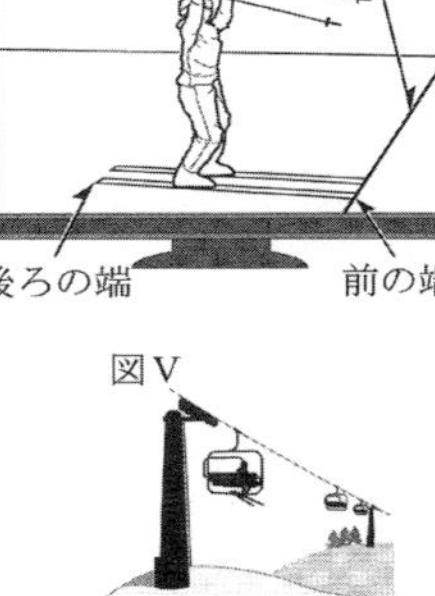

図Ⅴ

(4) 右の図Ⅴは，選手がコースを滑り降りたあと，リフトで山頂のスタート地点まで登るようすを示したものである。リフトは選手に仕事をすることで，重力に逆らって，高い位置に移動させている。次の文は，リフトが選手にする仕事と仕事率について述べようとしたものである。文中の２つの〔　　〕内にあてはまる言葉を，㋐～㋒から一つ，㋓～㋕から一つ，それぞれ選んで，その記号を書け。

リフトで選手を山頂のスタート地点まで運ぶとき，体重が重い選手にリフトがする仕事の大きさに比べて，体重が軽い選手にリフトがする仕事の大きさは〔㋐大きい　㋑変わらない　㋒小さい〕。また，同じ選手を運ぶとき，山頂に着くまでの時間が長い低速リフトの仕事率に比べて，山頂に着くまでの時間が短い高速リフトの仕事率は〔㋓大きい　㋔変わらない　㋕小さい〕。

(5) 靴で雪の上に立つと雪に沈むが，それに比べて，スキー板を履いて雪の上に立つと沈みにくい。スキー板は，力のはたらく面積を大きくすることで圧力を小さくし，雪に沈みにくくなるという利点がある道具である。これとは逆に，力のはたらく面積を小さくすることで圧力を大きくした身近な道具の例を一つあげ，その一つの例について，圧力を大きくすることの利点を簡単に書け。

A	(1)	倍	(2)		(3)	m/s	(4)	◯と◯
	(5)	＿＿＿＿は，力のはたらく面積を小さくすることで圧力を大きくし，＿＿＿＿する道具である。						

◎２分野

植物の生活と種類

■平成26年度問題

2 次の問いに答えなさい。

B　花のつくりを調べるため，アブラナとイチョウの花を観察した。

まず，アブラナの花のおしべ，めしべ，がく，花びらのつき方を調べ，それぞれピンセットで取り外し，特徴を観察した。次に，めしべの根もとのふくらんだ部分をかみそりの刃で切って，断面をルーペなどで観察した。また，イチョウの雄花（おばな）と雌花（めばな）のつくりを観察した。これについて，次の(1)～(4)の問いに答えよ。

(1) 下の図Ⅰは，取り外したアブラナの花の各部分をまとめたものであり，a～dは，おしべ，めしべ，がく，花びらのいずれかである。a～dの各部分を，花の外側から内側（中心）に向けて，ついていた順に並べるとどのようになるか。あとのア～エから一つ選んで，その記号を書け。

図Ⅰ　a　b　c　d

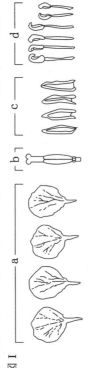

ア　a→d→c→b　　イ　a→c→d→b　　ウ　c→a→d→b　　エ　c→d→a→b

(2) 次の文は，花びらのつき方による植物のなかま分けについて述べようとしたものである。文中の□内にあてはまる最も適当な言葉を書け。

アブラナ，サクラ，ツツジは，花びらのつき方によって，２つのなかまに分けることができる。アブラナやサクラのように花びらが１枚ずつに分かれている植物を□花類という。一方，ツツジのように花びらの根もとがくっついている植物を合弁花類という。

(3) 次の図Ⅱはアブラナのめしべの断面を模式的に示したものである。また，図Ⅲはイチョウの雄花と雌花をスケッチしたものである。あとのア～エのうち，胚珠（はいしゅ）について述べたものとして最も適当なものはどれか。一つ選んで，その記号を書け。

図Ⅱ

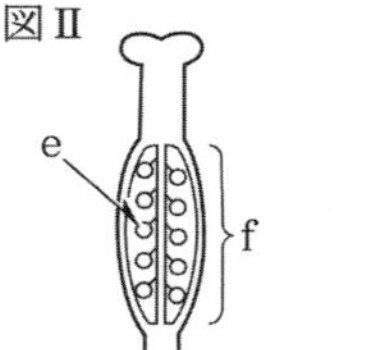

図Ⅲ

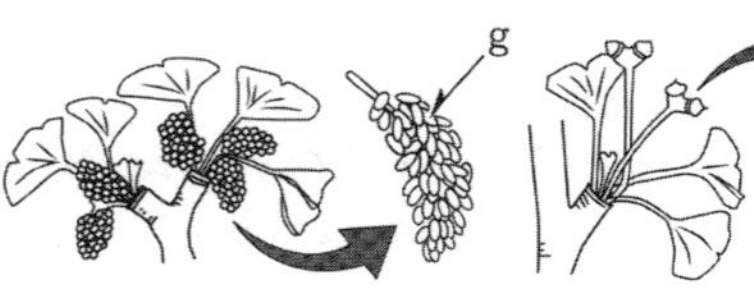

ア　胚珠はeとgであり，受粉がおこなわれると，将来種子となる
イ　胚珠はeとhであり，受粉がおこなわれると，将来種子となる
ウ　胚珠はfとgであり，受粉がおこなわれると，将来果実となる
エ　胚珠はfとhであり，受粉がおこなわれると，将来果実となる

(4) イチョウのように，胚珠がむき出しになっている植物は何と呼ばれるか。その名称を書け。

B	(1)		(2)	花類
	(3)		(4)	

■平成31年度問題

2 次の問いに答えなさい。

C　太郎さんは光合成について調べるために，ふ（緑色でない部分）のある葉をもつ鉢植えのゼラニウムを使って，次のような実験をした。

右の図Ⅰのように，ふのある葉を選び，葉の一部をアルミニウムはくで表裏ともにおおい，ある操作をおこなった。その後，その葉に十分に日光を当てた後，その葉を切り取り，アルミニウムはくをはずして熱湯につけてから，90℃のお湯であたためたエタノールにつけた。その葉を水洗いした後，ヨウ素溶液につけてその反応を観察した。その結果，図Ⅰ中のａ～ｄで示した部分のうち，ｂの部分だけが青紫色になった。その後，ｂの部分の表皮の細胞を顕微鏡で観察した。これに関して，次の(1)～(4)の問いに答えよ。

図Ⅰ

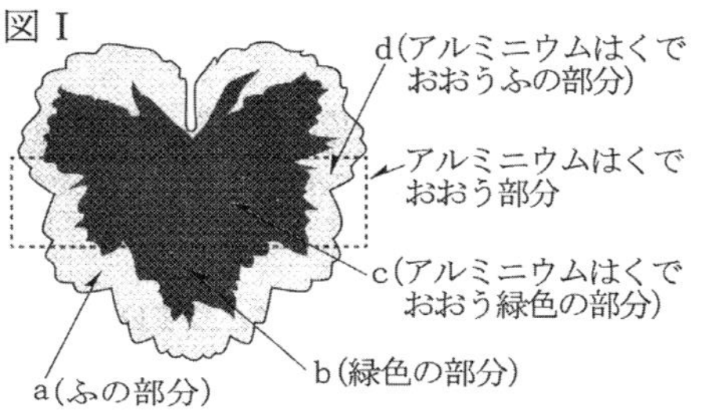

(1)　下線部にある操作とあるが，これは葉にあるデンプンをなくすためにおこなった操作である。それはどのような操作か。次のア～エのうち，最も適当なものを一つ選んで，その記号を書け。

ア　葉の裏面のアルミニウムはくでおおっていない部分にワセリンを塗った
イ　透明なポリエチレンの袋を，鉢植えのゼラニウム全体にかぶせた
ウ　水を十分に与えた
エ　鉢植えのゼラニウムを一日暗室に置いた

(2)　この実験で，ゼラニウムの葉をエタノールにつけたのは，何のためか。簡単に書け。

(3)　次の文は，太郎さんが実験結果をもとに光合成について述べようとしたものである。文中のＰ，Ｑの［　　］内にあてはまる図Ⅰ中のａ～ｄの記号の組み合わせとして最も適当なものを，右の表のア～カから一つ選んで，その記号を書け。

図Ⅰ中のｂの部分と［ P ］の部分を比べることによって，光合成には光だけでなく，葉の緑色の部分も必要であることがわかる。また，図Ⅰ中のｂの部分と［ Q ］の部分を比べることによって，光合成には葉の緑色の部分だけでなく，光も必要であることがわかる。

	P	Q
ア	a	c
イ	a	d
ウ	c	a
エ	c	d
オ	d	a
カ	d	c

(4)　右の図Ⅱは，太郎さんがこの実験で用いた図Ⅰ中のｂの部分の孔辺細胞を模式的に示したものである。太郎さんが観察したとき，孔辺細胞の中で青紫色に染まっていた部分を■■で示すとどうなるか。次の㋐～㋓のうち，最も適当なものを一つ選んで，その記号を書け。

図Ⅱ

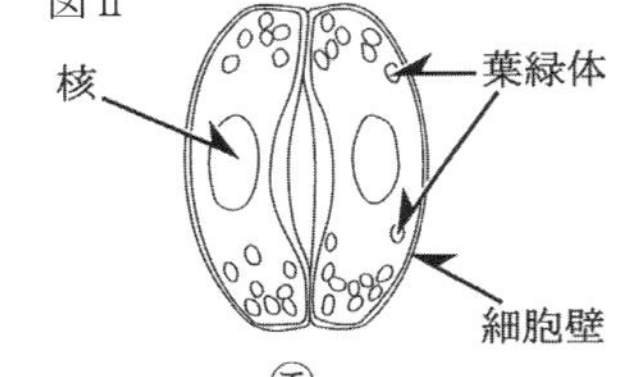

㋐

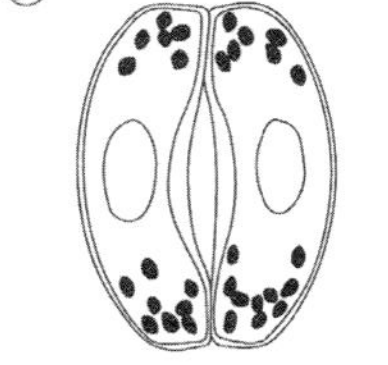

㋑

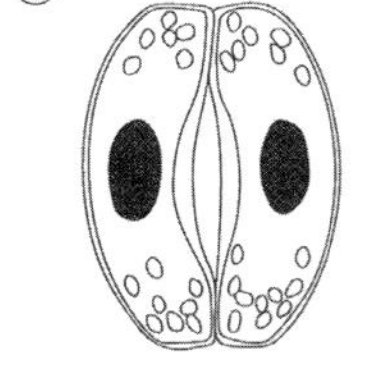

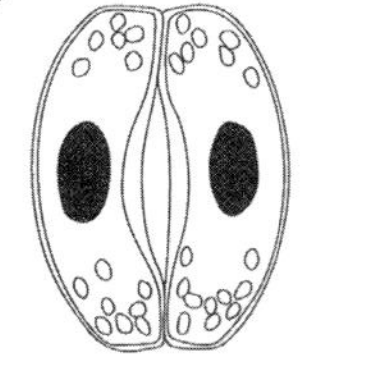

㋒

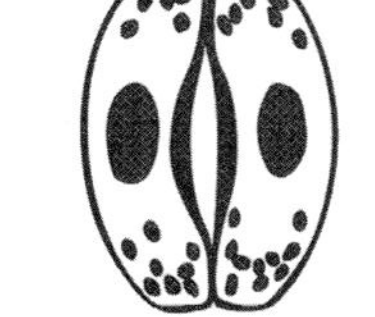

㋓

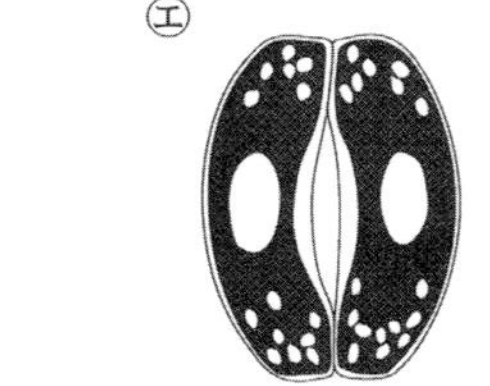

C	(1)		(3)		(4)	○
	(2)	エタノールにつけることで，＿＿＿＿＿，ヨウ素溶液につけた後の反応を観察しやすくするため。				

■令和２年度問題

2 B　下の図は，さまざまな植物を，からだのつくりやふえ方の特徴をもとに，なかま分けしたものである。これに関して，次の(1)～(4)の問いに答えよ。

図

子孫をふやす方法
- 胚珠（はいしゅ）のようす
  - 葉・茎・根のようす
    - サクラ，アブラナなど
    - トウモロコシ，イネなど
  - イチョウ，マツなど
- 葉・茎・根のようす
  - イヌワラビ，ゼンマイなど
  - ゼニゴケ，スギゴケなど

(1)　次の文は，図中に示した子孫をふやす方法について述べようとしたものである。文中の［　　］内にあてはまる最も適当な言葉を書け。

植物には，サクラ，トウモロコシ，イチョウなどのように種子をつくって子孫をふやすものと，イヌワラビやゼニゴケなどのように種子をつくらず［　　］をつくって子孫をふやすものがある。

(2)　図中のサクラにできた「さくらんぼ」は，食べることができる。また，図中のイチョウは，秋ごろになると，雌花がある木にオレンジ色の粒ができるようになる。この粒は，イチョウの雌花が受粉したことによってできたものであり，乾燥させたあと，中身を取り出して食べられるようにしたものを「ぎんなん」という。次の文は，「さくらんぼ」と「ぎんなん」のつくりのちがいについて述べようとしたものである。文中のＰ～Ｓの［　　］内にあてはまる言葉の組み合わせとして，最も適当なものを，右の表のア～エから一つ選んで，その記号を書け。

「さくらんぼ」の食べている部分は［ P ］が成長した［ Q ］であり，「ぎんなん」の食べている部分は［ R ］が成長した［ S ］の一部である。

	P	Q	R	S
ア	子房	果実	胚珠	種子
イ	子房	種子	胚珠	果実
ウ	胚珠	果実	子房	種子
エ	胚珠	種子	子房	果実

(3)　次の㋐～㋓のうち，図中のアブラナとトウモロコシのからだのつくりについて述べたものとして，最も適当なものを一つ選んで，その記号を書け。

㋐　アブラナの茎の維管束は散らばっており，トウモロコシの茎の維管束は輪の形に並んでいる
㋑　アブラナの子葉は１枚であり，トウモロコシの子葉は２枚である
㋒　アブラナの葉脈は網目状であり，トウモロコシの葉脈は平行である
㋓　アブラナはひげ根をもち，トウモロコシは主根とそこから伸びる側根をもつ

B	(1)		(2)		(3)	○

(4)　次の文は，図中のイヌワラビとゼニゴケのからだのつくりについて述べようとしたものである。文中の〔　　〕内にあてはまる言葉を，㋐，㋑から一つ，㋒，㋓から一つ，それぞれ選んで，その記号を書け。

イヌワラビには，葉・茎・根の区別が〔㋐あり　㋑なく〕，ゼニゴケには，維管束が〔㋒ある　㋓ない〕。

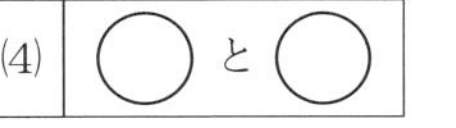

(4)	○ と ○

■令和３年度問題

2 次の問いに答えなさい。

B　植物の呼吸と光合成について調べるために，次のような実験をした。

まず，透明なポリエチレンの袋ａ～ｃを用意し，下の図Ⅰのように，袋ａ，ｃに新鮮なコマツナの葉を入れ，袋ｂには植物を入れず，それぞれの袋に十分な空気を入れて口を閉じた。次に，袋ａ，ｂを光が当たらない暗いところに，袋ｃを光が十分に当たる明るいところにそれぞれ３時間置いた。その後，下の図Ⅱのように，袋ａ～ｃの中の空気をそれぞれ石灰水に通して，石灰水の変化を観察した。下の表は，その結果をまとめたものである。これに関して，あとの(1)，(2)の問いに答えよ。

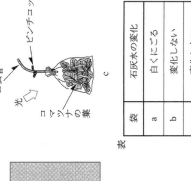

図Ⅰ

光が当たらない暗いところ

コマツナの葉

a　b

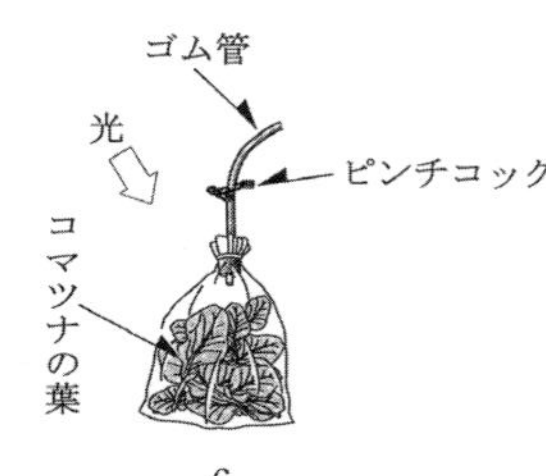

図Ⅱ

石灰水

表

袋	石灰水の変化
a	白くにごる
b	変化しない
c	変化しない

(1)　植物を入れた袋ａ，ｃに加え，植物を入れず，空気だけを入れた袋ｂを含めて実験をおこなうのはなぜか。その理由を簡単に書け。

(2)　右の図Ⅲは，植物がおこなう呼吸と光合成における気体の出入りを模式的に示したものである。次の文は，袋ａ，ｃの実験結果について述べようとしたものである。文中のＰ～Ｒの［　］内にあてはまる言葉の組み合わせとして最も適当なものを，右表のア～エから一つ選んで，その記号を書け。

図Ⅲ

酸素
植物
呼吸　光合成
二酸化炭素

袋ａ内のコマツナの葉では，［Ｐ］のみおこなわれているため，袋ａの中の空気を通すと石灰水が白くにごった。一方，袋ｃ内のコマツナの葉では，［Ｐ］がおこなわれているが，同時に［Ｑ］もおこなわれている。このとき，［Ｐ］によって放出される二酸化炭素の量よりも，［Ｑ］によって吸収される二酸化炭素の量の方が［Ｒ］ため，袋ｃの中の空気を通しても石灰水が変化しなかった。

	P	Q	R
ア	呼　吸	光合成	少ない
イ	光合成	呼　吸	多　い
ウ	呼　吸	光合成	多　い
エ	光合成	呼　吸	少ない

B	(1)	＿＿＿＿＿＿＿＿によるものだということを確認するため。	(2)	

■令和４年度問題

2 次の問いに答えなさい。

C　植物の蒸散について調べるために，単子葉類の一つであるムラサキツユクサを用いて，次の実験Ⅰ，Ⅱをした。これに関して，あとの(1)～(5)の問いに答えよ。

実験Ⅰ　ムラサキツユクサの葉の表側の表皮と裏側の表皮をそれぞれはぎ取り，その表皮を小さく切ってスライドガラスの上に広げて置いた。次に，水を１滴落としてからカバーガラスをかけてプレパラートをつくり，それぞれ顕微鏡で観察した。

(1)　プレパラートをつくるときには，観察しやすくするために，右の図Ⅰに示すように，カバーガラスを端からゆっくりと静かにおろしてかけるのがよい。それはなぜか。その理由を簡単に書け。

図Ⅰ

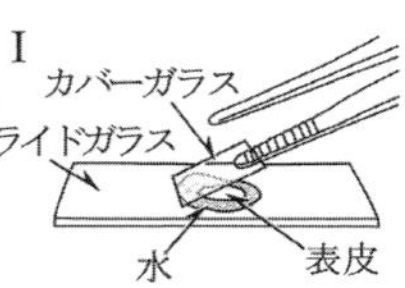

(2)　次の文は，顕微鏡で観察したときの，倍率や対物レンズの先端からプレパラートまでの距離について述べようとしたものである。文中の［　　］内にあてはまる数値を書け。また，文中の〔　〕内にあてはまる言葉を，㋐～㋒から一つ選んで，その記号を書け。

まず，15倍の接眼レンズと10倍の対物レンズを用いて観察した。このとき顕微鏡の倍率は，［　　］倍である。この倍率で観察した後，接眼レンズの倍率はそのままで，対物レンズの倍率を40倍にかえて観察した。それぞれピントを合わせて観察したとき，40倍の対物レンズの先端からプレパラートまでの距離は，10倍の対物レンズの先端からプレパラートまでの距離と比べて〔㋐近くなる　㋑変わらない　㋒遠くなる〕。

(3)　右の図Ⅱは，顕微鏡で観察した葉の裏側の表皮の細胞を模式的に示したものである。葉の裏側の表皮では，三日月形の細胞が，葉の表側の表皮よりも多く見られた。図Ⅱ中にＸで示した，２つの三日月形の細胞に囲まれたすきまは何と呼ばれるか。その名称を書け。

図Ⅱ

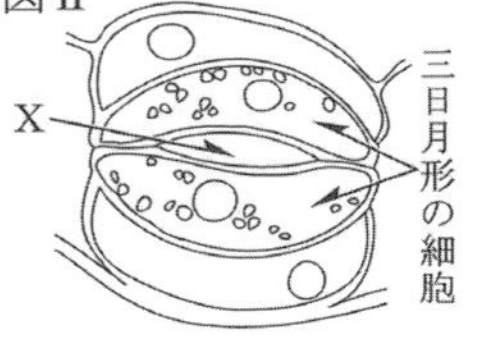

実験Ⅱ　葉の大きさと枚数がほとんど等しいムラサキツユクサの茎を４本，同じ量の水を入れたメスシリンダーＰ～Ｓ，蒸散を防ぐためのワセリンを用意した。メスシリンダーＰにはそのままの茎を，メスシリンダーＱにはすべての葉の表側にワセリンをぬった茎を，メスシリンダーＲにはすべての葉の裏側にワセリンをぬった茎を，メスシリンダーＳにはすべての葉の表側と裏側にワセリンをぬった茎を入れ，それぞれのメスシリンダーの水面に，水面からの蒸発を防ぐために同じ量の油を注いだ。図Ⅲは，そのようすを模式的に示したものである。メスシリンダー全体の質量をそれぞれ電子てんびんで測定し，風通しのよい明るいところに３時間放置したあと，再び全体の質量をそれぞれ測定すると，メスシリンダーＰ～Ｓのすべてで質量の減少がみられた。あとの表は，その質量の減少量の結果をまとめたものである。

図Ⅲ

メスシリンダーP　そのままの茎
メスシリンダーQ　すべての葉の表側にワセリンをぬった茎
メスシリンダーR　すべての葉の裏側にワセリンをぬった茎
メスシリンダーS　すべての葉の表側と裏側にワセリンをぬった茎
油
水

表

メスシリンダー	P	Q	R	S
質量の減少量[g]	1.24	0.95	0.65	0.40

(4) 下のア～カのうち，実験Ⅱの結果からわかることについて述べたものとして，最も適当なものを一つ選んで，その記号を書け。

ア　葉の表側と裏側の蒸散量に差はなく，葉以外からも蒸散していることがわかる
イ　葉の表側と裏側の蒸散量に差はなく，葉以外からは蒸散していないことがわかる
ウ　葉の表側は裏側よりも蒸散量が多く，葉以外からも蒸散していることがわかる
エ　葉の表側は裏側よりも蒸散量が多く，葉以外からは蒸散していないことがわかる
オ　葉の裏側は表側よりも蒸散量が多く，葉以外からも蒸散していることがわかる
カ　葉の裏側は表側よりも蒸散量が多く，葉以外からは蒸散していないことがわかる

(5) ムラサキツユクサの茎を，赤インクで着色した水の入った三角フラスコに入れたまま，3時間放置した。その後，この茎をできるだけうすく輪切りにし，顕微鏡で観察した。右の図Ⅳは，このときの茎の横断面の一部のようすを模式的に示したものである。図Ⅳ中にYで示した管は濃く着色されており，根から吸収した水や，水にとけた肥料分の通り道になっている。この管は何と呼ばれるか。その名称を書け。

図Ⅳ

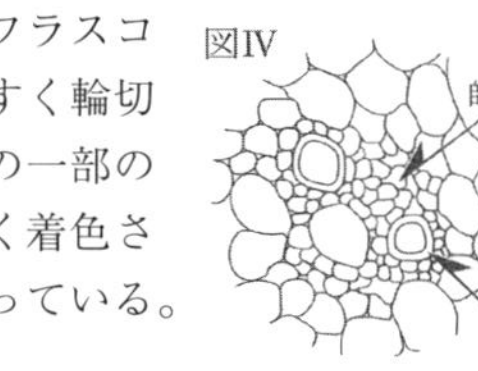

C	(1)					
	(2) 数値		記号		(3)	
	(4)		(5)			

動物の生活と種類

■平成27年度問題

2　次の問いに答えなさい。

A　ヒトの血液の循環に関して，次の(1)，(2)の問いに答えよ。

(1) 右の図Ⅰは，ヒトの心臓をからだの正面からみたときの模式図であり，血液の流れを矢印（➔）で示したものである。また，図Ⅰ中のa～dは，心臓の4つの部屋を示している。a～dの名称の組み合わせとして最も適当なものを，右下の表のア～エから一つ選んで，その記号を書け。

図Ⅰ

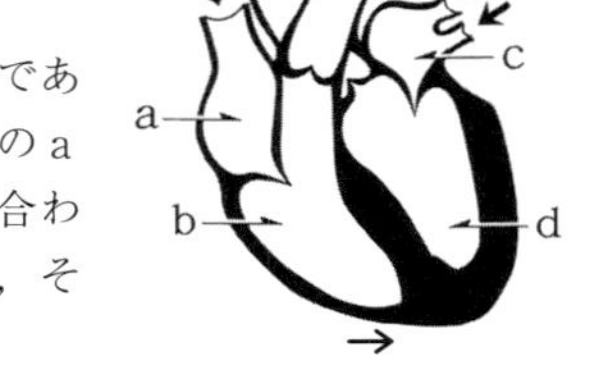

	a	b	c	d
ア	右心房	右心室	左心房	左心室
イ	右心室	右心房	左心室	左心房
ウ	左心房	左心室	右心房	右心室
エ	左心室	左心房	右心室	右心房

(2) 図Ⅱは，ヒトの血液の循環を模式的に示したものである。図Ⅱ中の矢印（→）は，血管の中を血液が流れる向きを示している。これに関して，次のa～cの問いに答えよ。

a　次のア～エのうち，図Ⅱ中にXで示した血管について述べたものはどれか。最も適当なものを一つ選んで，その記号を書け。

ア　肺動脈といい，動脈血が流れる
イ　肺動脈といい，静脈血が流れる
ウ　肺静脈といい，動脈血が流れる
エ　肺静脈といい，静脈血が流れる

b　体内で生じた有害なアンモニアは，ある器官で害の少ない尿素に変えられる。この器官は何か。図Ⅱ中に示した器官のうち，最も適当なものを一つ選んで，その名称を書け。また，図Ⅱ中に㋐～㋓で示した血管のうち，尿素の濃度が最も低い血液が流れているのはどれか。図Ⅱから考えて，最も適当なものを一つ選んで，その記号を書け。

c　ヒトの血管のうち，静脈にはところどころに弁がある。血液の循環のしくみから，これらの弁には，どのようなはたらきがあると考えられるか。簡単に書け。

図Ⅱ

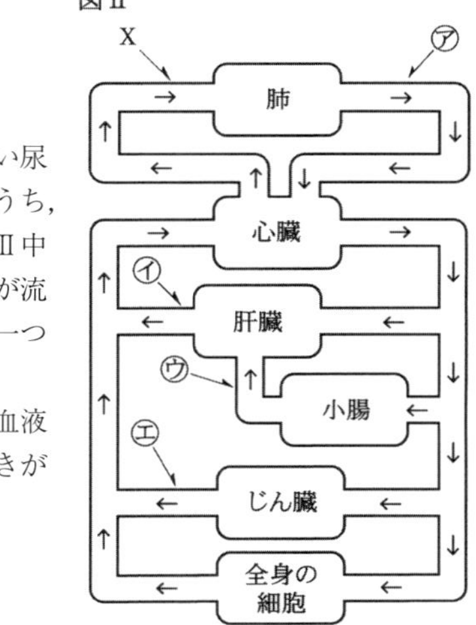

A	(1)		(2) a		b 名称		記号	◯
	(2) c							

■平成28年度問題

2 次の問いに答えなさい。

A 刺激に対する反応を調べるために，次の実験Ⅰ，Ⅱをした。これに関して，次の(1)～(3)の問いに答えよ。

実験Ⅰ 図Ⅰのように，太郎さんと花子さんが２人１組になり，花子さんが落ちるものさしをつかむまでに何秒かかるかを測定した。はじめに，太郎さんはものさしの上部を持ち，花子さんは，ものさしに触れないように，０のめもりのところに指をそえ，ものさしを見た。次に，太郎さんは，花子さんの準備ができたことを確認してから，ものさしを離した。花子さんは，ものさしが落ちはじめるのを見たら，すぐにものさしをつかんだ。つかんだ位置のめもりを読んで，ものさしが落ちた距離を４回測定した。右の表は，実験Ⅰの結果をまとめたものである。

図Ⅰ

表

	ものさしが落ちた距離[cm]
1回目	24
2回目	20
3回目	20
4回目	16

(1) 右の図Ⅱは，実験Ⅰで用いたものさしが落ちる距離と，ものさしが落ちるのに要する時間の関係を表したグラフである。１回目の結果では，ものさしが落ちた距離が24cmであるので，つかむのに約0.22秒かかっていることがグラフからわかる。表と図Ⅱから，太郎さんがものさしを離してから，花子さんがつかむまでにかかった４回の時間を平均すると，約何秒になると考えられるか。次のア～エのうち，最も適当なものを一つ選んで，その記号を書け。

図Ⅱ
ものさしが落ちるのに要する時間[秒]（0～0.3）
ものさしが落ちる距離[cm]（0～30）

ア 約0.18秒　イ 約0.20秒　ウ 約0.22秒　エ 約0.24秒

(2) 実験Ⅰにおいて，花子さんは，ものさしが落ちはじめるのを見て，すぐにものさしをつかんだ。右の㋐～㋓のうち，この反応が起こるまでの刺激が，信号として伝わる経路を模式的に表しているものはどれか。最も適当なものを一つ選んで，その記号を書け。

㋐ 目　脳　せきずい　筋肉
㋑ 目　脳　せきずい　筋肉
㋒ 目　脳　せきずい　筋肉
㋓ 目　脳　せきずい　筋肉

実験Ⅱ 太郎さんは，明るい部屋で手鏡を見ながらひとみの大きさを観察した。次に，部屋を暗くして，ひとみの大きさの変化を観察した。右の図Ⅲは，明るい部屋でのひとみの大きさを示したものである。また，右の図Ⅳは，暗い部屋でのひとみの大きさを示したものである。

図Ⅲ

図Ⅳ

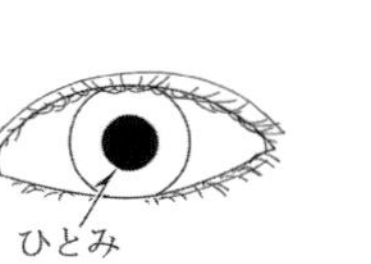

(3) 実験Ⅱにおいて，明るい部屋を暗くしたことで，ひとみの大きさが大きくなった。このように，部屋の明るさによって，ひとみの大きさが大きくなったり，小さくなったりするのはなぜか。その理由を **光** の言葉を用いて簡単に書け。

A	(1)		(2)	○	(3)	

■平成29年度問題

2 次の問いに答えなさい。

B 下の表は，身近な動物を無脊椎（せきつい）動物と脊椎動物に分け，さらに，体のつくりや生活のしかたなどの特徴で，無脊椎動物はA，Bに，脊椎動物はC～Gになかま分けしたものである。これに関して，あとの(1)～(4)の問いに答えよ。

表

	無脊椎動物		脊椎動物				
なかま分け	A	B	C	D	E	F	G
	X 動物	軟体動物	魚類	両生類	ハ虫類	鳥類	ホ乳類
身近な動物	エビ トンボ	イカ アサリ	アジ マグロ	カエル イモリ	カメ トカゲ	スズメ ニワトリ	イヌ クマ

(1) 表中のXの［　　］内にあてはまる最も適当な言葉を書け。また，次のア～エのうち，Aのなかまに共通する特徴を述べたものとして，最も適当なものを一つ選んで，その記号を書け。

ア 内臓をおおう外とう膜をもっており，体やあしに節がある
イ 内臓をおおう外とう膜をもっており，体やあしに節がない
ウ 体が外骨格でおおわれており，体やあしに節がある
エ 体が外骨格でおおわれており，体やあしに節がない

(2) 次の㋐～㋓のうち，まわりの温度が１０℃と３５℃のとき，ハ虫類と鳥類の体温と，まわりの温度との関係をそれぞれ表したものとして，最も適当なものを一つ選んで，その記号を書け。

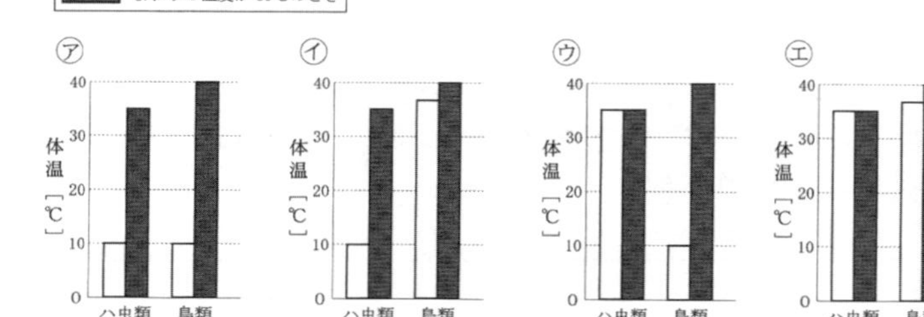

(3) 表中のC～Gのうち，主な呼吸のしかたとして，えらで呼吸する時期があるなかまはどれか。次のア～エのうち，最も適当なものを一つ選んで，その記号を書け。

ア CとD　イ CとE　ウ CとDとE　エ EとFとG

(4) 水辺をはなれて生活できない両生類から進化したと考えられているハ虫類は，より陸上での生活に適した体のつくりになった。両生類の卵には殻がないが，ハ虫類の卵には殻がある。この殻は，陸上で産卵するハ虫類にとって，外敵から中身を守ったり，中身がつぶれにくくしたりすることのほかに，もう一つ大切な役割を果たしている。それはどのようなことか。簡単に書け。

B	(1)	X		記号		(2)	○
	(3)		(4)				

■令和２年度問題

2 次の問いに答えなさい。

A 刺激に対する反応に関して，次の⑴，⑵の問いに答えよ。

⑴ 右の図Ⅰのように，太郎さん，花子さん，次郎さんが順に手をつないでいる。花子さんは，太郎さんに右手をにぎられると，すぐに次郎さんの右手をにぎり，刺激に対する反応について調べた。これに関して，次のａ，ｂに答えよ。

図Ⅰ

ａ 次の文は，花子さんが，太郎さんに右手をにぎられてから，次郎さんの右手をにぎるまでの刺激の信号の伝わるようすについて述べようとしたものである。文中の□内にあてはまる最も適当な言葉を書け。

花子さんが，太郎さんに右手をにぎられると，刺激の信号が末しょう神経である感覚神経を通って，□神経である脳やせきずいに伝わる。そのあと，信号が末しょう神経である運動神経を通って運動器官に伝わり，次郎さんの右手をにぎった。

ｂ 花子さんは，ヒトが反応するのにかかる時間に興味をもち，図書館で調べたところ，脳での判断に0.10秒から0.20秒かかり，信号が神経を伝わる速さが40m/sから90m/sであることがわかった。右の図Ⅱは，右手で受けた刺激の信号が脳に伝わり，脳で判断してから，命令の信号が左うでの筋肉まで伝わる経路を模式的に表したものである。

図Ⅱ

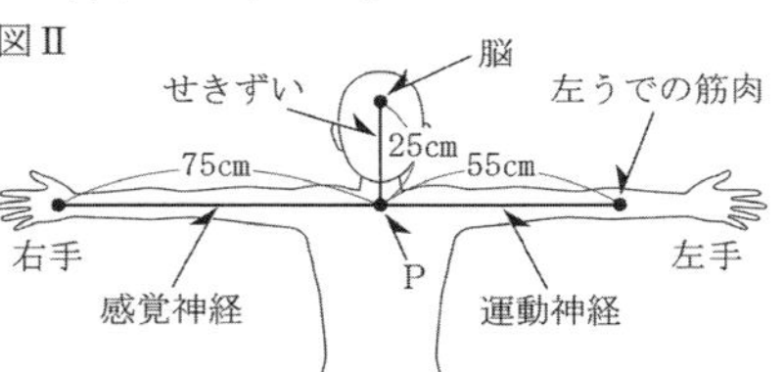

図Ⅱ中のＰは，感覚神経と運動神経がせきずいとつながっているところを表している。右手からＰまでが75ｃｍ，Ｐから脳までが25ｃｍ，Ｐから左うでの筋肉までが55ｃｍと仮定する。この仮定と，花子さんが図書館で調べた数値から考えて，右手で刺激の信号を受けとってから，脳で判断し，左うでの筋肉に伝わるまでの時間が最も短くなるとき，その時間は何秒と考えられるか。

⑵ 図Ⅲは，熱いものにふれてしまい，とっさに手を引っ込めるときのようすを模式的に示そうとしたものである。これに関して，次のａとｂの問いに答えよ。

図Ⅲ

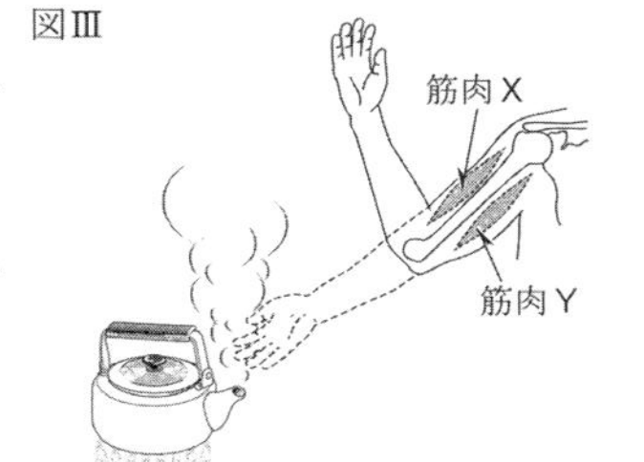

ａ 熱いものにふれてしまい，とっさに手を引っ込めるときのように，刺激に対して無意識におこる反応は何と呼ばれるか。その名称を書け。

ｂ このとき，収縮している筋肉は，図Ⅲ中の筋肉Ｘと筋肉Ｙのどちらか。その記号を書け。また，うでを曲げのばしするためには，筋肉Ｘと筋肉Ｙは，それぞれ骨とどのようにつながっていなければならないと考えられるか。次の㋐〜㋓のうち，最も適当なものを一つ選んで，その記号を書け。

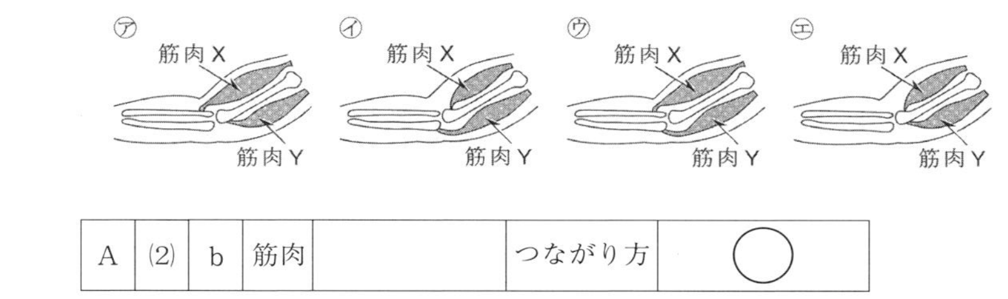

A	⑴	a	神経	b	秒
	⑵	a			

A	⑵	b	筋肉		つながり方	◯

■令和３年度問題

2 次の問いに答えなさい。

A 身のまわりの自然の中で生活している動物は，いくつかのなかまに分けることができる。これに関して，次の⑴〜⑸の問いに答えよ。

⑴ 下の図Ⅰは，カブトムシ，イカ，コウモリ，メダカ，イモリ，トカゲ，ハトを，からだのつくりや生活のしかたなどの特徴をもとになかま分けをしたものである。図Ⅰ中の観点①〜③には，あとの表で示したア〜ウのいずれかが，一つずつあてはまる。観点①〜③にあてはまるものとして，最も適当なものを，表のア〜ウから一つずつ選んで，その記号を書け。

図Ⅰ

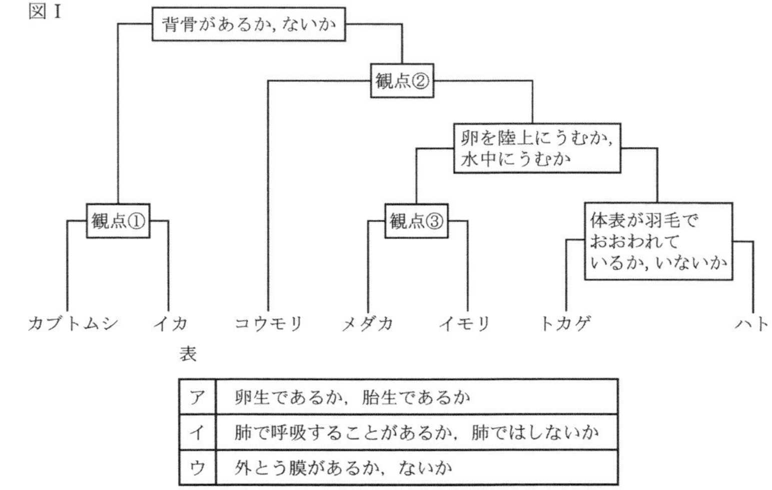

表

ア	卵生であるか，胎生であるか
イ	肺で呼吸することがあるか，肺ではしないか
ウ	外とう膜があるか，ないか

(2)　カブトムシのような節足動物は，からだをおおっている殻をもっている。からだを支えたり保護したりするはたらきをしているこの殻は，何と呼ばれるか。その名称を書け。

(3)　右の図Ⅱは，イカを解剖し，からだの中のつくりを観察したときのスケッチである。図Ⅱ中に**P**～**S**で示した部分のうち，呼吸器官はどれか。最も適当なものを一つ選んで，その記号を書け。

図Ⅱ

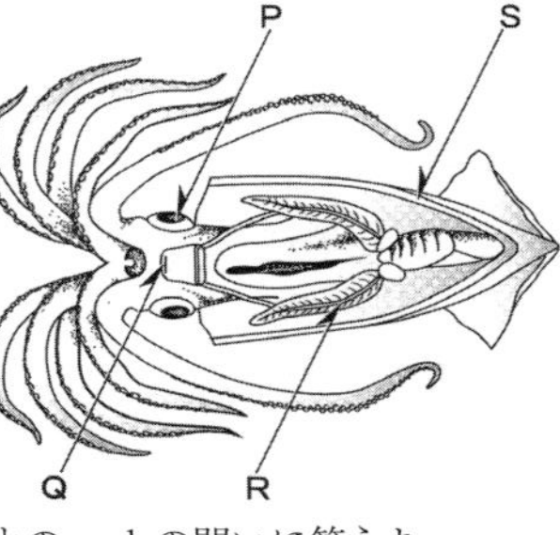

(4)　次の文は，太郎さんと先生の会話の一部である。これに関して，あとのa，bの問いに答えよ。

太郎：昨日，学校周辺の野外観察会に参加しました。
先生：それはよかったですね。どのような生物が観察できましたか。
太郎：コウモリやハト，トカゲやイモリも観察できました。トカゲとイモリは見た目がよく似ていますが，同じ仲間なんですか。
先生：トカゲとイモリをよく観察するとちがいが見られます。
［　　　　X　　　　］
このように，ハ虫類は，両生類よりも乾燥に強く，陸上生活に合うようにからだのしくみを変化させたと考えられています。
太郎：そうだったのですね。よく理解できました。そういえば，去年の冬に参加した観察会では，トカゲやイモリは観察できませんでした。
先生：そうですね。どうしてか考えてみましょう。

a　次の文は，会話文中のXの［　　］内にあてはまる，トカゲとイモリのちがいについて述べようとしたものである。次の文中の２つの〔　　〕内にあてはまる言葉を，㋐，㋑から一つ，㋒，㋓から一つ，それぞれ選んで，その記号を書け。

トカゲは，〔㋐湿った皮膚　㋑うろこ〕でおおわれています。また，卵にもちがいがあり，トカゲは，〔㋒殻のある　㋓殻のない〕卵をうみます。

b　太郎さんが，冬に参加した観察会で，トカゲやイモリが観察できなかったのは，トカゲやイモリが活動しなくなったからである。次の文は，トカゲやイモリが冬に活動しなくなる理由について述べようとしたものである。文中のY，Zの［　　］内にあてはまる言葉の組み合わせとして，最も適当なものを，あとの表のア～エから一つ選んで，その記号を書け。

トカゲやイモリのような動物は，［　Y　］と呼ばれ，冬に活動をしなくなるのは，［　　Z　　］からである。

	Y	Z
ア	変温動物	まわりの温度が下がっても，体温がほぼ一定に保たれている
イ	変温動物	まわりの温度が下がると，体温が下がる
ウ	恒温動物	まわりの温度が下がっても，体温がほぼ一定に保たれている
エ	恒温動物	まわりの温度が下がると，体温が下がる

(5)　ホ乳類であるコウモリ，クジラ，ヒトについて，コウモリの翼，クジラのひれ，ヒトのうでを調べてみると，骨格の形や並び方に，基本的に共通のつくりがみられる。このことは，共通の祖先から進化したことを示す証拠と考えられる。このように，形やはたらきはちがっていても，基本的には同じつくりで，起源が同じであると考えられる器官は何と呼ばれるか。その名称を書け。

A	(1)	観点①		観点②		観点③	
	(2)			(3)			
	(4)	a	◯ と ◯	b		(5)	

■令和４年度問題

2　次の問いに答えなさい。

B　デンプンの消化とそれにかかわる消化酵素のはたらきについて調べるために，次の実験をした。これに関して，あとの(1)～(5)の問いに答えよ。

実験　下の図Ⅰのように４本の試験管**a**～**d**にデンプン溶液を５cm^{3}ずつ入れ，試験管**a**と**b**には水でうすめただ液１cm^{3}を，試験管**c**と**d**には水１cm^{3}を，それぞれ入れた。次に約40℃の湯に10分間つけたあと，試験管**a**～**d**を湯から取り出し，試験管**a**と**c**には，ヨウ素液をそれぞれ２滴加えて，色の変化を観察した。試験管**b**と**d**には，ベネジクト液をそれぞれ少量加え，十分に加熱したあと，色の変化を観察した。下の表は，そのときの色の変化をまとめたものである。

図Ⅰ

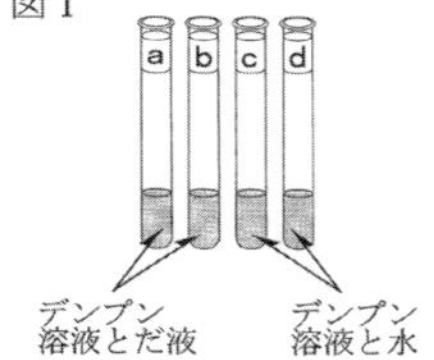

表

	加えた液	色の変化
試験管a	ヨウ素液	変化なし
試験管b	ベネジクト液	赤褐色になった
試験管c	ヨウ素液	青紫色になった
試験管d	ベネジクト液	変化なし

(1)　下線部に十分に加熱したとあるが，次の㋐～㋓のうち，試験管に入った溶液をガスバーナーで加熱するときの操作として最も適当なものを一つ選んで，その記号を書け。

㋐　ゴム栓で試験管にすきまなくふたをしてから加熱する
㋑　加熱を始めてしばらくたってから沸騰石を入れる
㋒　ときどき試験管の口から中をのぞきこんで，ようすを確認する
㋓　試験管を軽くふりながら加熱する

(2) 次の文は，実験の結果からわかることを述べようとしたものである。文中のP，Qの［　　］内にあてはまる試験管の組み合わせとして最も適当なものを，次のア～カからそれぞれ一つずつ選んで，その記号を書け。

この実験において、試験管［ P ］で見られた溶液の色の変化を比べることで，だ液のはたらきにより，デンプンがなくなったことがわかる。また，試験管［ Q ］で見られた溶液の色の変化を比べることで，だ液のはたらきにより，麦芽糖などができたことがわかる。

ア　aとb　イ　aとc　ウ　aとd　エ　bとc　オ　bとd　カ　cとd

(3) 次の文は，デンプンの消化について述べようとしたものである。文中の２つの〔　　〕内にあてはまる言葉を，㋐，㋑から一つ，㋒，㋓から一つ，それぞれ選んで，その記号を書け。

デンプンは，だ液にふくまれる消化酵素である〔㋐ペプシン　㋑アミラーゼ〕によって分解されたあと，〔㋒胃液　㋓すい液〕にふくまれる消化酵素や，小腸のかべの消化酵素によって，さらに分解されてブドウ糖になる。

(4) デンプンは，さまざまな消化酵素のはたらきでブドウ糖に分解されたのち，小腸のかべから吸収される。小腸のかべには，たくさんのひだがあり，その表面には小さな突起が多数ある。右の図Ⅱは，この小さな突起の断面を模式的に示したものである。これに関して，次のａ，ｂの問いに答えよ。

図Ⅱ

ａ　小腸のかべのひだの表面にある小さな突起は何と呼ばれるか。その名称を書け。

ｂ　小腸のかべから吸収された栄養分（養分）のうち，アミノ酸は図Ⅱ中にRで示した管に入り，脂肪酸とモノグリセリドは脂肪となって図Ⅱ中にSで示した管に入る。次の文は，ブドウ糖が小腸のかべから吸収されて入る管と吸収されたあとに運ばれる器官について述べようとしたものである。文中の２つの〔　　〕内にあてはまる言葉を，㋐，㋑から一つ，㋒，㋓から一つ，それぞれ選んで，その記号を書け。

ブドウ糖は，小腸のかべから吸収されて図Ⅱ中に〔㋐R　㋑S〕で示した管に入る。吸収されたブドウ糖が最初に運ばれる器官は，〔㋒肝臓　㋓心臓〕である。

(5) ブドウ糖をはじめとして，消化管で吸収された栄養分は，全身の細胞に運ばれ，成長や活動に使われる。栄養分が使われると不要な物質が生じ，体外に排出される。じん臓は，排出にかかわる器官の一つである。じん臓のはたらきを一つ，簡単に書け。

B	(1)	○	(2)	P		Q	
	(3)	○と○	(4)	a		b	○と○
	(5)						

生物の細胞と生殖

■平成26年度問題

2 次の問いに答えなさい。

C　エンドウの種子には丸形としわ形があり，丸形の遺伝子をA，しわ形の遺伝子をａとする。遺伝子Aは遺伝子ａに対して優性である。Ａａの遺伝子の組み合わせをもち，丸形の種子を育てたものを親Xとし，ある遺伝子の組み合わせをもち，丸形の種子を育てたものを親Yとする。親Xと親Yをかけ合わせると，得られた種子（子にあたる個体）は丸形としわ形の割合が約３：１になった。

右の図は，染色体と遺伝子が親から子へ伝わる様子を模式的に示そうとしたものである。これに関して，次の(1)～(4)の問いに答えよ。

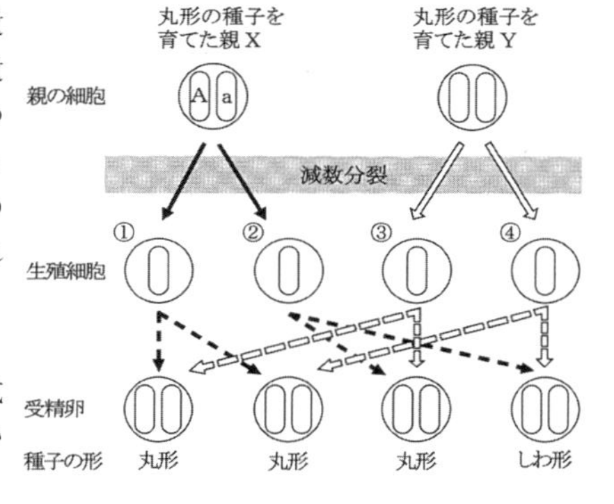

(1) エンドウのように，雄（おす）と雌（めす）の生殖細胞が受精することによって子をつくる生殖は，何と呼ばれるか。その名称を書け。

(2) 図のように生殖細胞は減数分裂によってつくられる。このとき，対（つい）になっている遺伝子は分かれて別々の生殖細胞に入る。この法則は何と呼ばれるか。その法則名を書け。

(3) 図中の生殖細胞①～④は，それぞれA，ａのどちらの遺伝子をもつと考えられるか。その組み合わせとして最も適当なものを，右の表のア～エから一つ選んで，その記号を書け。

	①	②	③	④
ア	A	a	a	A
イ	a	A	a	A
ウ	A	a	A	a
エ	a	A	A	a

(4) 親Xと同じ遺伝子をもつ個体と，しわ形の種子を育てて得た個体を親としてかけ合わせると，得られる種子（子にあたる個体）は，丸形としわ形がどのように現れると考えられるか。次のア～オから一つ選んで，その記号を書け。

ア　すべて丸形で現れる　イ　すべてしわ形で現れる
ウ　丸形としわ形が約3：1の割合で現れる　エ　丸形としわ形が約1：3の割合で現れる
オ　丸形としわ形が約1：1の割合で現れる

C	(1)	＿＿＿＿＿生殖	(2)	
	(3)		(4)	

■平成30年度問題

2 次の問いに答えなさい。

C　エンドウの種子の形には丸形としわ形があり，丸形の遺伝子をA，しわ形の遺伝子をaとする。遺伝子Aは遺伝子aに対して優性である。この形質がどのように遺伝するかを調べるために，次の実験Ⅰ，Ⅱをした。これに関して，あとの(1)～(3)の問いに答えよ。

実験Ⅰ　丸形の種子を育てた個体どうしをかけ合わせたところ，右の図Ⅰのように，得られた種子（子にあたる個体）はすべて丸形になった。

実験Ⅱ　丸形の種子を育てた個体としわ形の種子を育てた個体をかけ合わせたところ，図Ⅱのように，得られた種子（子にあたる個体）は丸形としわ形の割合が約1：1になった。

図Ⅰ
親　丸形　丸形
子　丸形

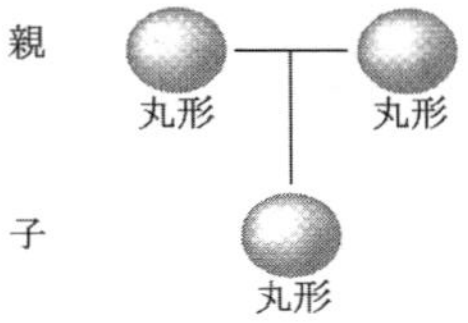

図Ⅱ
親　丸形　しわ形
子　丸形　しわ形
1　：　1

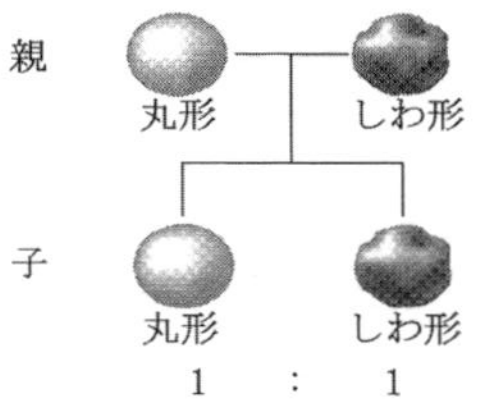

(1)　生殖細胞は減数分裂によってつくられる。このとき，対になっている遺伝子は分かれて別々の生殖細胞に入る。この法則は何と呼ばれるか。その法則名を書け。

(2)　実験Ⅰでは，どのような遺伝子の組み合わせをもった個体どうしをかけ合わせたときにこのような結果になるか。次の㋐～㋕のうち，考えられる親の遺伝子の組み合わせとして正しいものを２つ選んで，その記号を書け。

㋐　どちらの個体もＡＡである
㋑　どちらの個体もＡａである
㋒　どちらの個体もａａである
㋓　一方の個体はＡＡ，もう一方の個体はＡａである
㋔　一方の個体はＡａ，もう一方の個体はａａである
㋕　一方の個体はＡＡ，もう一方の個体はａａである

(3)　実験Ⅱで得られた種子を育てた個体をそれぞれ自家受粉させたところ，得られるエンドウの種子（孫にあたる個体）は，丸形としわ形がどのように現れると考えられるか。次のア～カから一つ選んで，その記号を書け。

ア　すべて丸形で現れる　　イ　すべてしわ形で現れる
ウ　丸形としわ形が約1：1の割合で現れる　　エ　丸形としわ形が約3：1の割合で現れる
オ　丸形としわ形が約3：5の割合で現れる　　カ　丸形としわ形が約5：7の割合で現れる

C	(1)		(2)	○と○	(3)	

■平成31年度問題

2 次の問いに答えなさい。

B　次の文は，ジャガイモの品種についての太郎さんと先生の会話の一部である。これに関して，あとの(1)～(4)の問いに答えよ。

太郎：先日，スーパーマーケットにジャガイモを買いに行くと，男爵やメークインの他にもさまざまなジャガイモの品種があってとても興味深かったです。
先生：そうですね。最近は，甘みの強い品種や紫色をした品種など，さまざまなジャガイモの品種を目にすることが多くなりましたね。
太郎：ジャガイモの品種が異なるということは，もっている遺伝子が異なるということですよね。先生の授業で，ジャガイモはⓐ無性生殖でふえると学習しました。ⓑ無性生殖で新しい品種をつくるのは難しいのではないですか。
先生：確かに，無性生殖のみでは，新しい品種をつくるのは難しいかもしれませんね。しかし，ジャガイモは無性生殖の他にⓒ有性生殖でも子孫をふやすことができるのですよ。
太郎：そうだったのですね。ジャガイモに多くの品種がある理由が理解できました。

(1)　文中の下線部ⓐに無性生殖とあるが，次の㋐～㋓のうち，無性生殖の例はどれか。一つ選んで，その記号を書け。

㋐　ホウセンカは，種子から新しい個体ができる
㋑　メダカは，受精卵から新しい個体ができる
㋒　オランダイチゴは，茎の一部が伸び，先端にできた葉や根が独立して新しい個体となる
㋓　ヒキガエルは，おたまじゃくしが成長することで成体となる

(2)　文中の下線部ⓑに無性生殖で新しい品種をつくるのは難しいとあるが，それはなぜか。その理由を **遺伝子** の言葉を用いて簡単に書け。

(3)　文中の下線部ⓒに有性生殖とあるが，有性生殖では生殖細胞がつくられる。右の図は，花粉管が伸びたジャガイモの花粉を模式的に示したものである。図中にXで示したものは，生殖細胞の一つである。これは何と呼ばれるか。その名称を書け。

図

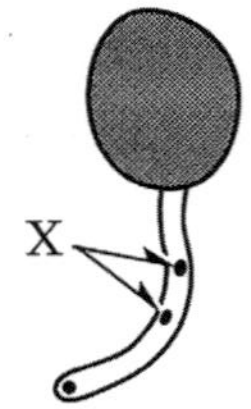

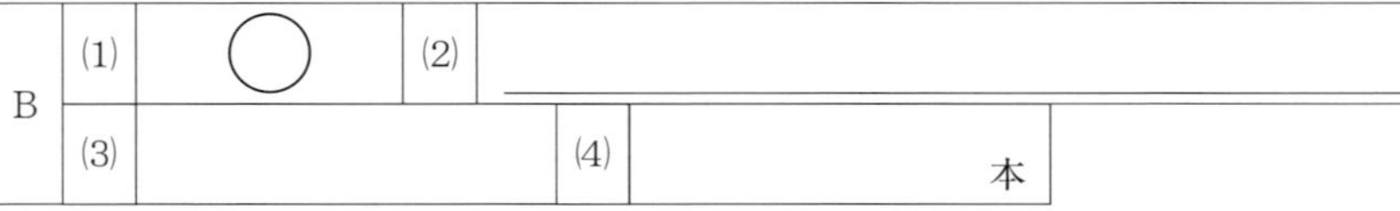

(4)　ジャガイモのからだをつくる細胞が48本の染色体をもつとき，正常に減数分裂をしてできた生殖細胞は，何本の染色体をもっていると考えられるか。その本数を書け。

B	(1)	○	(2)	
	(3)		(4)	本

■令和3年度問題

2 C　花子さんは，植物の体細胞分裂のようすを調べる実験をした。次のレポートは，花子さんがおこなったその実験についてまとめようとしたものの一部である。これに関して，あとの(1)～(5)の問いに答えよ。

【テーマ】タマネギの根の体細胞分裂

【方法】

① タマネギの種子を，吸水させたろ紙の上にまき，20～25℃で暗いところに4日間置いた。

② 長さが10mm程度になった根の先端を，3mmぐらい切り取り，ⓐうすい塩酸に4分間ひたしたのち，取り出して水ですすいだ。

③ 水ですすいだ根をスライドガラスの上に置き，えつき針で細かくほぐし，ⓑ染色液を1滴落として10分間置いた。

④ カバーガラスをかけて，さらにその上をろ紙でおおい，親指でゆっくりと押しつぶした。

⑤ できあがったプレパラートを顕微鏡で観察し，いろいろな段階のようすをスケッチした。

【スケッチ】

P 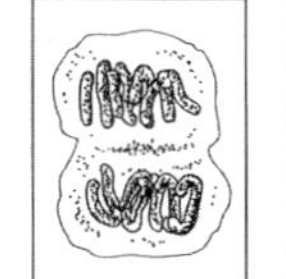
Q 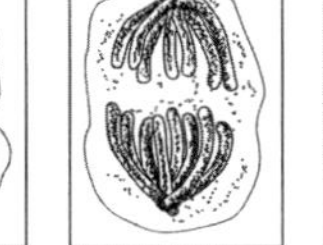
R 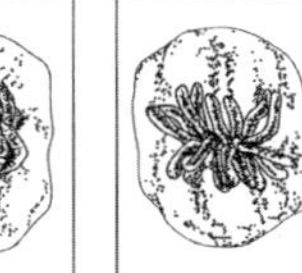
S 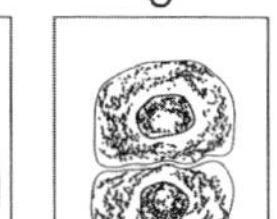
T 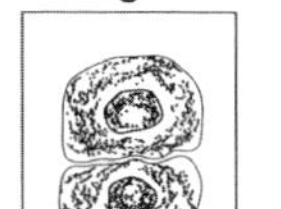
U

(1) 下線部ⓐにうすい塩酸に4分間ひたしたとあるが，体細胞分裂を観察しやすくするためにおこなうこの処理のはたらきを，簡単に書け。

(2) 下線部ⓑに染色液とあるが，次の㋐～㋓のうち，この実験で使用する染色液として，最も適当なものはどれか。一つ選んで，その記号を書け。

㋐ ヨウ素溶液　　㋑ ベネジクト溶液

㋒ 酢酸オルセイン溶液　　㋓ フェノールフタレイン溶液

(3) レポート中の**P**～**U**は，観察した体細胞分裂のいろいろな段階のようすをスケッチしたものである。**P**を始まりとして，**U**が最後になるように，**P**～**U**を体細胞分裂の順に左から右に並べるとどのようになるか。次のア～エのうち，最も適当なものを一つ選んで，その記号を書け。

ア　P→S→T→Q→R→U　　イ　P→S→T→R→Q→U

ウ　P→T→S→Q→R→U　　エ　P→T→S→R→Q→U

(4) 次の文は，細胞のつくりと体細胞分裂について述べようとしたものである。文中の□内に共通してあてはまる最も適当な言葉を書け。

細胞は，核とそのまわりの□からできている。□のいちばん外側には細胞膜があり，植物細胞ではさらにその外側に細胞壁がある。体細胞分裂では，まず，核から染色体が生じ，それが分かれることで2個の核ができる。続いて，□が2つに分かれ，2個の細胞ができる。

(5) 体細胞分裂では，分裂が始まる前にそれぞれの染色体が複製され，同じものが2本ずつできる。染色体が複製される理由を簡単に書け。

C	(1)	植物細胞どうしを＿＿＿＿＿＿するはたらき。			
	(2)	◯	(3)		(4)	
	(5)	複製前の細胞と分裂直後の細胞の＿＿＿＿＿＿ため。			

地球と太陽系

■平成29年度問題

1　次の問いに答えなさい。

B　天体に関して，次の問いに答えよ。

(2) 太郎さんは6月のある日，日本のある地点で，西の空に見えた月を観察した。右の図Ⅲは，このとき太郎さんが観察した月のスケッチである。これに関して，次のa，bの問いに答えよ。

図Ⅲ

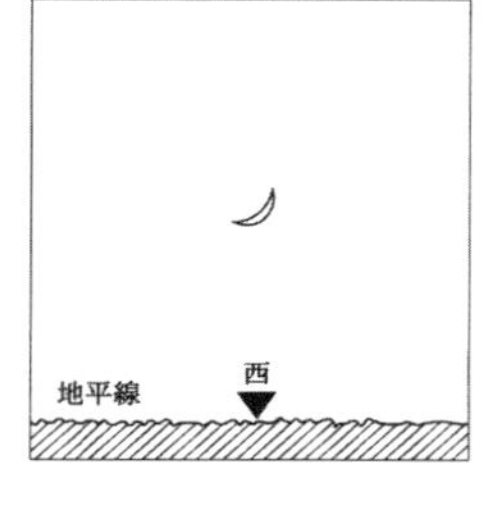

a　図Ⅳは，地球の北極側から見た，地球のまわりを回る月の位置と，太陽の光を模式的に示したものである。この日，太郎さんが観察した月の位置として最も適当なものを，図Ⅳ中のP～Sから一つ選んで，その記号を書け。また，この日，太郎さんが月を観察した時刻は，何時ごろと考えられるか。あとのア～エのうち，最も適当なものを一つ選んで，その記号を書け。

ア　午後3時ごろ

イ　午後6時ごろ

ウ　午後9時ごろ

エ　午前0時ごろ

図Ⅳ

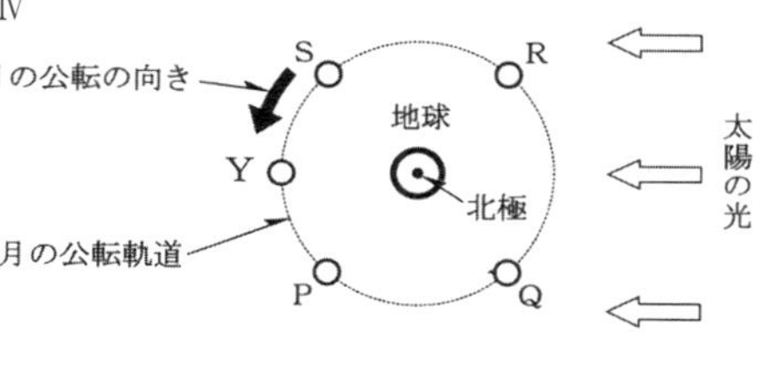

b　次の文は，図Ⅳ中の月がYの位置にあるときに起こる現象について述べようとしたものである。文中の2つの〔　〕内にあてはまる言葉を，㋐，㋑から一つ，㋒，㋓から一つ，それぞれ選んで，その記号を書け。

図Ⅳ中の月がYの位置にあるとき，太陽と地球と月が一直線に並ぶことがある。そのとき，〔㋐月が地球のかげ　㋑地球が月のかげ〕に入り，〔㋒日食　㋓月食〕という現象が起こる。

B	(2)	a	位置		時刻		b	◯ と ◯

■平成30年度問題

1　次の問いに答えなさい。

A　地球の運動と太陽の動きに関して，次の(1)，(2)の問いに答えよ。

(1) 太郎さんは，夏至の日に，日本のある地点で太陽の動きを観察するために，あとの図Ⅰのように，午前8時から午後4時まで，1時間ごとの太陽の位置を透明半球上にフェルトペンで記録し，その後，あとの図Ⅱのように，記録した点をなめらかな線で結び，透明半球上に太陽の動いた道筋をかいた。図Ⅰ，図Ⅱ中の点Oは，透明半球の中心を表している。図Ⅱ中の点P，点Qは，太陽の動いた道筋を延長した線と透明半球のふちとが交わる点であり，点Pは日の出の位置を，点Qは日の入りの位置を表している。下の図Ⅲは，点Pから点Qまで透明半球上にかいた太陽の動いた道筋に紙テープを重ねて，点Pと1時間ごとの太陽の位置と点Qを写しとり，各点の間の長さをそれぞれはかった結果を示したものである。これに関して，あとのa～cの問いに答えよ。

図Ⅰ

図Ⅱ

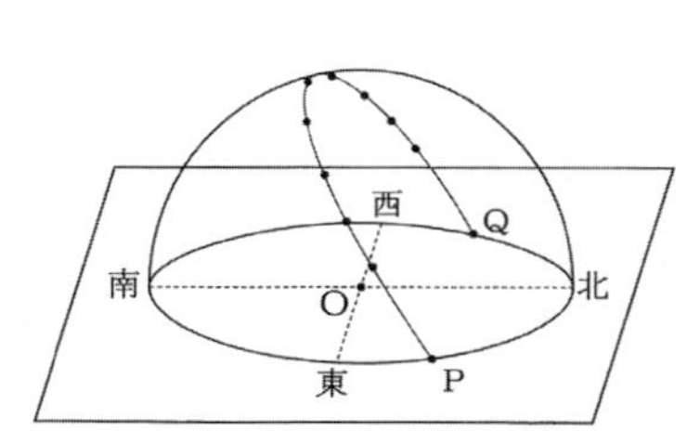

図Ⅲ

7.9cm　2.5cm　2.5cm　2.5cm　2.5cm　2.5cm　2.5cm　2.5cm　2.5cm　8.3cm

P　Q

a　太陽の位置を透明半球上に記録するとき，フェルトペンの先のかげが，どの位置にくるようにすればよいか。簡単に書け。

b　図Ⅱの記録から，太陽は透明半球上を東から西へ移動していることがわかる。次の文は，地上から見た太陽の1日の動きについて述べようとしたものである。文中の□内にあてはまる最も適当な言葉を書け。また，文中の〔　　〕内にあてはまる言葉を，㋐，㋑から一つ選んで，その記号を書け。

地上からは，太陽は東から西へ動いているように見える。これは，地球が□を中心にして西から東へ自転しているために起こる見かけの動きである。また，地球は，１日に１回自転するため，太陽は１時間に約〔㋐15°　㋑30°〕ずつ動いているように見える。

c　図Ⅲの結果において，点Ｐと点Ｑの中点は，図Ⅱにおける透明半球上での太陽の位置が点Oに対して真南にきた時の位置である。この地点における，この日の太陽の南中する時刻は，いつごろであると考えられるか。次のア～オから最も適当なものを一つ選んで，その記号を書け。

ア　午前11時50分ごろ　　イ　午前11時55分ごろ　　ウ　午後０時０分ごろ
エ　午後０時５分ごろ　　オ　午後０時10分ごろ

(2)　日本の夏至の日に，赤道上のある地点で太陽の動きを観察すると，透明半球上の太陽の動いた道筋はどのようになると考えられるか。次の㋐～㋔のうち，最も適当なものを一つ選んで，その記号を書け。

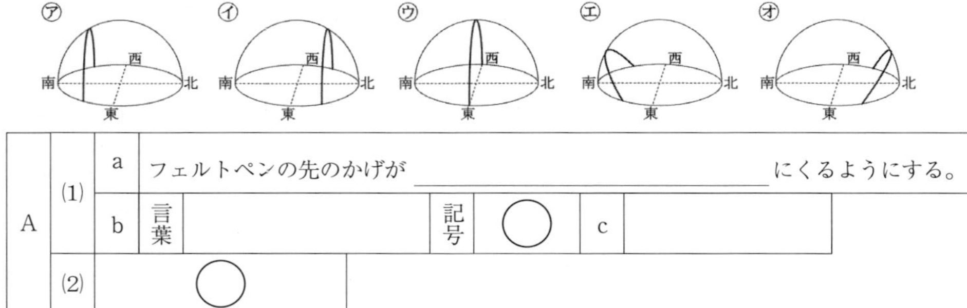

A	(1)	a	フェルトペンの先のかげが＿＿＿＿にくるようにする。			
		b	言葉	記号	c	
	(2)					

■令和２年度問題

1　次の問いに答えなさい。

B　天体について，次の(1)～(3)の問いに答えよ。

(1)　右の図Ⅰは，地球の半径を１としたときの太陽系の８つの惑星の半径と，それぞれの惑星の密度の関係を表したものである。これに関して，次のａ，ｂの問いに答えよ。

図Ⅰ

密度〔g/cm³〕　半径（地球＝1）　X　Y

a　太陽系の８つの惑星は，その特徴から，図Ⅰ中にX，Yで示した２つのグループに分けられる。Xのグループは何と呼ばれるか。その名称を書け。

b　図Ⅰより，Yのグループの惑星は，Xのグループの惑星に比べて，半径は小さく，密度は大きいということがわかる。このことのほかに，Yのグループの惑星の特徴について，簡単に書け。

(2)　日本のある地点で，金星を観察した。これについて，次のａ，ｂの問いに答えよ。

a　下の図Ⅱは，地球を基準とした太陽と金星の位置関係を模式的に示したものである。天体望遠鏡を使って同じ倍率で図Ⅱ中の地球の位置から金星を観察したとき，金星の位置が図Ⅱ中のＰの位置にあるときに比べて，Ｑの位置にあるときの金星の見かけの大きさと欠け方は，どのように変化するか。次のア～エのうち，最も適当なものを一つ選んで，その記号を書け。

ア　見かけの大きさは小さくなり，欠け方は小さくなる
イ　見かけの大きさは小さくなり，欠け方は大きくなる
ウ　見かけの大きさは大きくなり，欠け方は小さくなる
エ　見かけの大きさは大きくなり，欠け方は大きくなる

図Ⅱ

公転の向き　金星の軌道　太陽　地球の軌道　自転の向き　地球

b　下の図Ⅲは，ある日の太陽と金星と地球の位置関係を模式的に示したものである。地球は太陽のまわりを１年で１回公転する。それに対して，金星は太陽のまわりを約0.62年で１回公転する。図Ⅲに示したある日から地球は，半年後に図Ⅳに示した位置にある。このときの金星の位置として最も適当なものを，図Ⅳ中の**R**～**U**から一つ選んで，その記号を書け。また，次の文は，図Ⅲに示したある日から半年後に，日本のある地点から，金星がいつごろ，どの方向に見えるかについて述べようとしたものである。文中の２つの〔　　〕内にあてはまる言葉を，㋐～㋒から一つ，㋓～㋖から一つ，それぞれ選んで，その記号を書け。

図Ⅲ

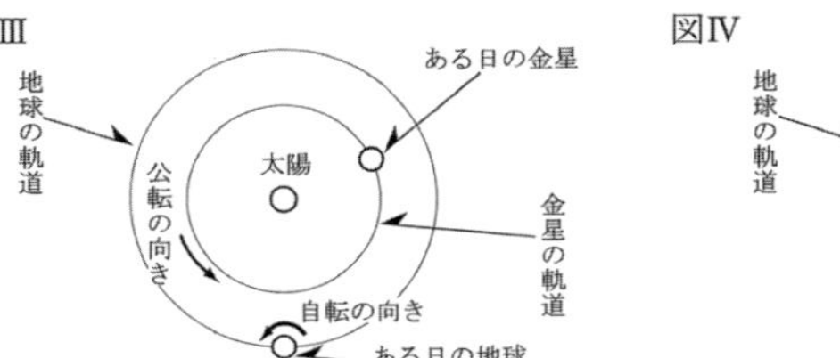

図Ⅳ

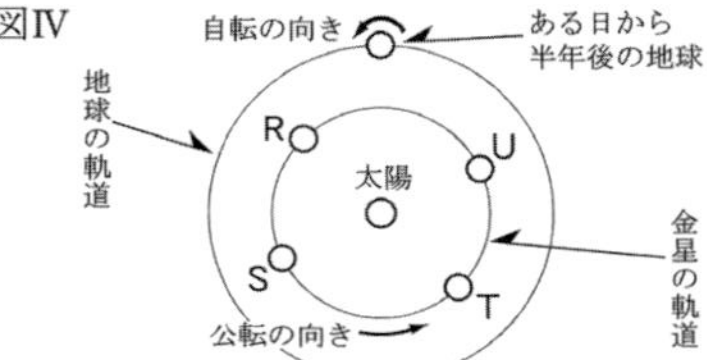

金星は〔㋐日の出直前　㋑真夜中　㋒日の入り直後〕に，〔㋓北　㋔天頂付近　㋕東　㋖西〕の空に見える。

(3) 次の文は，太陽系のある天体について述べようとしたものである。文中の［　　］内に共通してあてはまる言葉として最も適当なものを，あとのア～エから一つ選んで，その記号を書け。

太陽系の天体には，惑星以外にもさまざまな天体があり，2019年，日本の探査機「はやぶさ２」が探査したことで知られている［　　］「リュウグウ」もその一つである。

［　　］は，主に火星と木星の軌道の間に数多く存在する天体で，太陽のまわりを公転しており，不規則な形をしているものが多い。

ア　衛星　　イ　小惑星　　ウ　すい星　　エ　太陽系外縁天体

B	(1)	a	＿＿＿＿型惑星	(3)	
		b	Yのグループの惑星は，Xのグループの惑星に比べて，質量は＿＿＿＿，太陽からの距離は＿＿＿＿。		
	(2)	a		b 位置	言葉 ○と○

■令和３年度問題

1 次の問いに答えなさい。

A 天体に関して，次の(1)，(2)の問いに答えよ。

(1) 下の図Ｉは，日本のある地点で，１月１日の午後11時に見える北極星と，恒星Ｘの位置を，それぞれ示したものである。また，下の図Ⅱは，同じ地点で同じ時刻に見えるオリオン座の位置を示したものである。これに関して，あとのa，bの問いに答えよ。

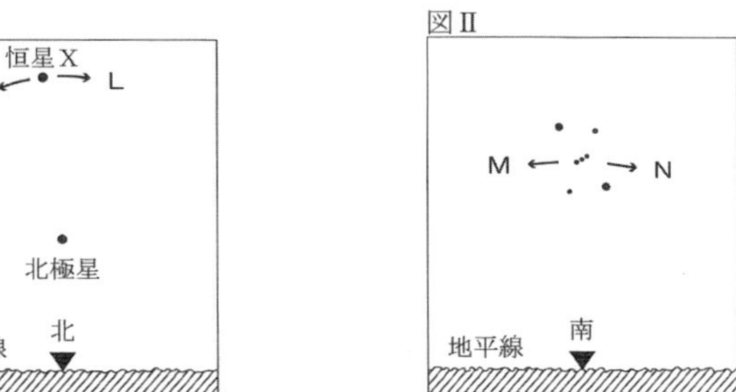

a 次の文は，恒星Ｘとオリオン座の動きについて述べようとしたものである。文中の２つの〔　〕内にあてはまる言葉を，㋐，㋑から一つ，㋒，㋓から一つ，それぞれ選んで，その記号を書け。また，恒星Ｘやオリオン座がこのような向きに動いて見えるのはなぜか。その理由を簡単に書け。

同じ地点で，しばらく観察をすると，恒星Ｘは，図Ｉ中の位置から北極星を中心に，〔㋐**K**の向き　㋑**L**の向き〕に動いて見える。また，オリオン座は図Ⅱ中の位置から，〔㋒**M**の向き　㋓**N**の向き〕に動いて見える。

b 同じ地点で観察するとき，オリオン座を図Ⅱとほぼ同じ位置に見ることができるのは，次のア～エのうちのどのときか。最も適当なものを一つ選んで，その記号を書け。

ア　この日から１か月後の日の午後９時ごろ
イ　この日から１か月後の日の午前１時ごろ
ウ　この日から２か月後の日の午後８時ごろ
エ　この日から２か月後の日の午前２時ごろ

(2) 右の図Ⅲは，太陽のまわりを公転する地球と，天球上の一部の星座を模式的に示したものであり，図Ⅲ中のＰ～Ｓは，春分，夏至，秋分，冬至のいずれかの日の地球の位置を示している。これに関して，次のa～cの問いに答えよ。

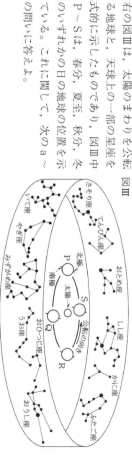

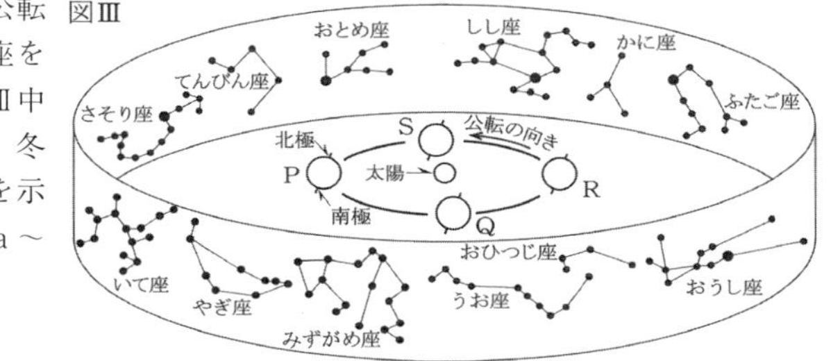

a 図Ⅲ中のＰは，春分，夏至，秋分，冬至のうち，いずれの日の地球の位置を示しているか。次のア～エのうち，最も適当なものを一つ選んで，その記号を書け。

ア　春分の日　　イ　夏至の日　　ウ　秋分の日　　エ　冬至の日

b 次のア～エのうち，日本のある地点での星座の見え方について述べたものとして，最も適当なものを一つ選んで，その記号を書け。

ア　地球が図Ⅲ中のＱの位置にあるとき，真夜中に観察すると，南の空にはうお座が，西の空にはおうし座が見える
イ　地球が図Ⅲ中のＱの位置にあるとき，明け方に観察すると，南の空にはいて座が，西の空にはうお座が見える
ウ　地球が図Ⅲ中のＳの位置にあるとき，真夜中に観察すると，南の空にはふたご座が，西の空にはおひつじ座が見える
エ　地球が図Ⅲ中のＳの位置にあるとき，明け方に観察すると，南の空にはさそり座が，西の空にはおとめ座が見える

c 地球から見た太陽は，星座の星の位置を基準にしたとき，地球が公転しているために，図Ⅲの星座の中を移動し，１年でひと回りしてもとの星座にもどっているように見える。このような，星座の中の太陽の通り道は，何と呼ばれるか。その名称を書け。

A	(1)	a	言葉	○と○	b	
			理由	このような向きに星が動いて見えるのは，地球が＿＿＿＿から＿＿＿＿へ＿＿＿＿ため。		
	(2)	a		b		c

天気とその変化

■平成27年度問題

1 A　次の(1)～(3)の問いに答えよ。

(1)　太郎さんは，教室の空気中の水蒸気量の変化を調べるために，ある年の４月21日と22日の２日間，９時と15時に次の実験をおこなった。

室温を測定した後，右の図Ⅰのように，表面をふいた金属製のコップにくみ置きの水を入れた。次に，氷を入れた試験管をその金属製のコップの中に入れ，コップの表面がくもり始めたときの水の温度を測定した。右の表Ⅰはその結果をまとめたものであり，表Ⅱは気温と飽和水蒸気量の関係を示したものである。これに関して，あとのａ～ｃの問いに答えよ。

図Ⅰ

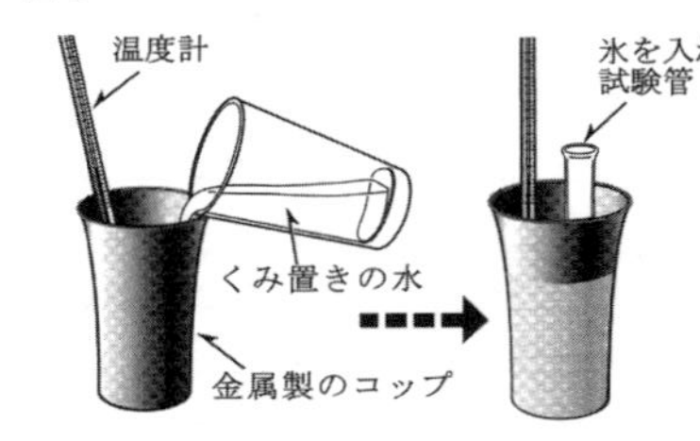

表Ⅰ

日時	４月21日		４月22日	
	９時	15時	９時	15時
室温	20 ℃	25 ℃	16 ℃	15 ℃
くもり始めたときの水の温度	11 ℃	10 ℃	10 ℃	12 ℃

表Ⅱ

気温[℃]	飽和水蒸気量[g/m³]
10	9.4
11	10.0
12	10.7
13	11.4
14	12.1
15	12.8
16	13.6
17	14.5
18	15.4
19	16.3
20	17.3
21	18.3
22	19.4
23	20.6
24	21.8
25	23.1

ａ　次の文は，この実験で金属製のコップの中の水の温度を測定することによって，教室の空気中の水蒸気量を推測することができる理由を述べようとしたものである。文中の〔　　〕内にあてはまる言葉を，㋐，㋑から一つ選んで，その記号を書け。また，文中の［　　］内にあてはまる最も適当な言葉を書け。

金属は熱を伝えやすいため，水と金属製のコップと，そのコップに接している空気の温度はほぼ同じと考えられる。氷を入れた試験管を金属製のコップの中に入れると，コップに接している空気の温度が下がり，その飽和水蒸気量は〔㋐大きく　㋑小さく〕なり，湿度が100%になると，コップの表面がくもり始める。このくもり始める温度を［　　］といい，この温度から教室の空気中の水蒸気量を推測できる。

ｂ　太郎さんがこの実験をした教室の容積は150m³であった。４月21日９時のこの実験をした教室の空気中には，教室を閉め切ると，湿度が100%になるまでにあとどのくらいの水蒸気をふくむことができると考えられるか。次のア～エのうち，最も適当なものを一つ選んで，その記号を書け。

ア　約1100g　　イ　約1500g　　ウ　約2600g　　エ　約4100g

ｃ　この実験をおこなったそれぞれの日時において，教室の湿度が最も低いのはいつであったと考えられるか。次のア～エのうち，最も適当なものを一つ選んで，その記号を書け。

ア　4月21日9時　　イ　4月21日15時　　ウ　4月22日9時　　エ　4月22日15時

A	(1)	a	記号		言葉		b		c	

(2)　右の図Ⅱのような装置を使って，雲を作る実験をした。内側を少量の水でぬらした丸底フラスコに線香の煙を少量入れて，大型注射器をつなぎ，ピストンを押したり引いたりして，丸底フラスコ内のようすを観察した。次の文は，丸底フラスコ内に雲ができたときのようすについて述べようとしたものである。文中のＸ～Ｚの［　　］内にあてはまる言葉の組み合わせとして最も適当なものを，右の表のア～エから一つ選んで，その記号を書け。

大型注射器のピストンを急に［Ｘ］とき，丸底フラスコ内の空気は［Ｙ］，その温度が［Ｚ］，雲ができた。

図Ⅱ

デジタル温度計
少量の水でぬらし，線香の煙を少量入れた丸底フラスコ
大型注射器

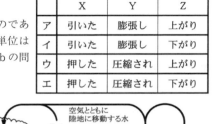

	X	Y	Z
ア	引いた	膨張し	上がり
イ	引いた	膨張し	下がり
ウ	押した	圧縮され	上がり
エ	押した	圧縮され	下がり

(3)　図Ⅲは，地球上の水の循環を模式的に表したものである。図Ⅲ中の数字は，１年間に移動する水の量（単位は万km³）を表している。これについて，あとのａ，ｂの問いに答えよ。

ａ　次の文は，地球上の水の循環について述べようとしたものである。文中のＰ～Ｒの［　　］内にあてはまる言葉の組み合わせとして最も適当なものを，右の表のア～エから一つ選んで，その記号を書け。また，文中のＸの［　　］内にあてはまる最も適当な言葉を書け。

地球上の水の約97%は［Ｐ］に存在し，約３%が［Ｑ］に存在する。これらの水は［Ｘ］によってあたためられて蒸発し，気体の水となって上空に移動する。この一部が［Ｒ］に変化して雲となり，やがて降水として地表に戻る。このように，地球上の水は絶えずその状態を変えながら循環している。この循環をもたらしているのが［Ｘ］からのエネルギーである。

図Ⅲ

空気とともに陸地に移動する水
7.1
42.5 蒸発
降水 11.1
蒸発　蒸散
降水 38.5
湖沼（こしょう）
河川
海
陸地から海への流れ
地下水の流れ

（国立天文台編「環境年表　平成25・26年」より作成）

	P	Q	R
ア	湖沼・河川・地下水などとして陸地	海	水蒸気
イ	湖沼・河川・地下水などとして陸地	海	水滴や氷の粒
ウ	海	湖沼・河川・地下水などとして陸地	水蒸気
エ	海	湖沼・河川・地下水などとして陸地	水滴や氷の粒

ｂ　図Ⅲから，陸地への降水には陸地からの蒸発や蒸散による水蒸気だけでなく，海面から蒸発した水蒸気の一部が空気とともに移動し，陸地に運ばれたものもあることがわかる。図Ⅲから，海面から空気とともに陸地に移動する水の量は１年間で何万km³になると考えられるか。

A	(2)		(3)	a	記号		言葉		b	万km³

■平成28年度問題

1　B　次の問いに答えよ。

(1)　台風に関して，次のａ～ｃの問いに答えよ。

ａ　次の文は，台風の発生と勢力について述べようとしたものである。文中の２つの〔　　〕内にあてはまる言葉を，㋐，㋑から一つ，㋒，㋓から一つ，それぞれ選んで，その記号を書け。

台風は，熱帯地方のあたたかい海上で発生した〔㋐低気圧　㋑高気圧〕が発達したものであり，日本列島本州付近の海水の温度が低い所まで北上するなどして，あたたかい海からの熱と水蒸気の補給が〔㋒少なくなる　㋓多くなる〕とおとろえていく。

ｂ　右の図Ⅰは，ある年の９月に発生したある台風の進路を模式的に示したものである。次の文は，９月に日本に近づく台風の多くが，図Ⅰ中の矢印のような進路をとる理由について述べようとしたものである。文中の２つの〔　　〕内にあてはまる言葉を，㋐，㋑から一つ，㋒，㋓から一つ，それぞれ選んで，その記号を書け。

台風が，秋になって弱まった小笠原気団の〔㋐中心付近を通って　㋑ふちに沿って〕北上すると，偏西風の影響を受けて〔㋒西寄り　㋓東寄り〕に進むため，図Ⅰ中の矢印のような進路をとる。

図Ⅰ

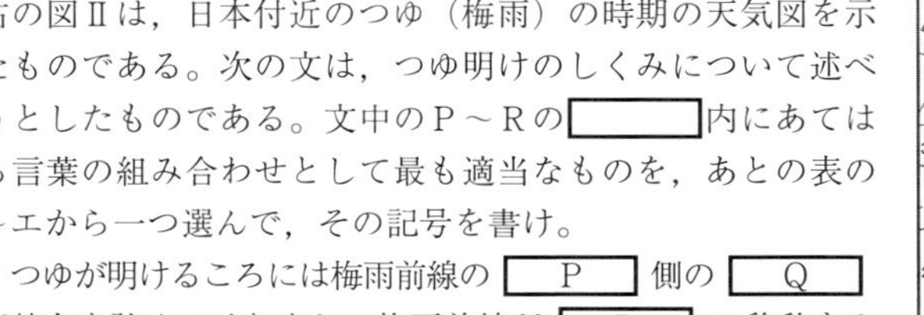

ｃ　台風の周辺で平均風速が25m/s以上の風が吹いている領域を暴風域といい，一般にその範囲は円で示される。右の図Ⅱ中に ▨ で示した領域は，ある台風の中心がXの位置にあるときの暴風域を表している。また，図Ⅲは，図Ⅱ中にＰ～Ｓで示した地上の各地点で，台風の中心がXの位置にあるときに観測された天気および風向・風力をそれぞれ天気図記号で示したものであり，風力は10であることを表している。この台風は暴風域の大きさおよび風向・風力を保ったまま移動し，その中心は図Ⅱ中のXの位置からYの位置になった。Ｐ地点で観測される風向は台風の中心がXの位置にあるときと，Yの位置にあるときで，それぞれどうなると考えられるか。あとのア～エのうち，観測される風向を示したものとして最も適当なものを，それぞれ一つずつ選んで，その記号を書け。

図Ⅱ

P　Y　Q　X　S　R　北

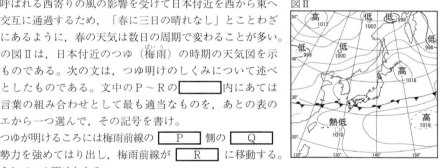

図Ⅲ

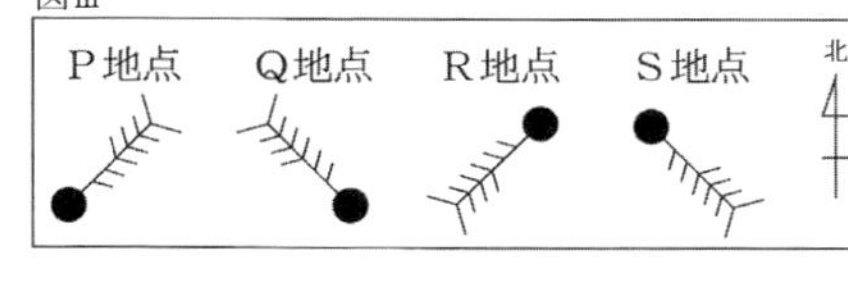

ア　北東　　イ　南東　　ウ　南西　　エ　北西

B	(1)	a	○と○	b	○と○	c	X		Y	

■令和２年度問題

1　A　気象に関して，次の(1)～(3)の問いに答えよ。

(1)　右の図Ⅰは，日本付近の４月のある日の天気図を示したものである。これに関して，次のａ，ｂの問いに答えよ。

図Ⅰ

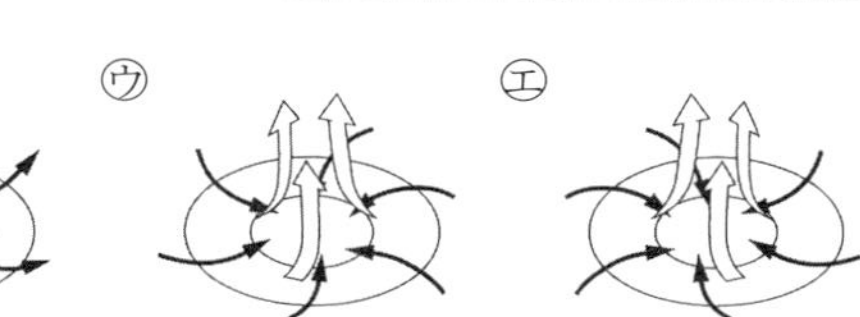

ａ　図Ⅰ中のXは低気圧を示している。北半球の低気圧における地表をふく風と中心付近の気流を表したものとして，最も適当なものを，次の㋐～㋓から一つ選んで，その記号を書け。

→地表をふく風　⇨中心付近の気流

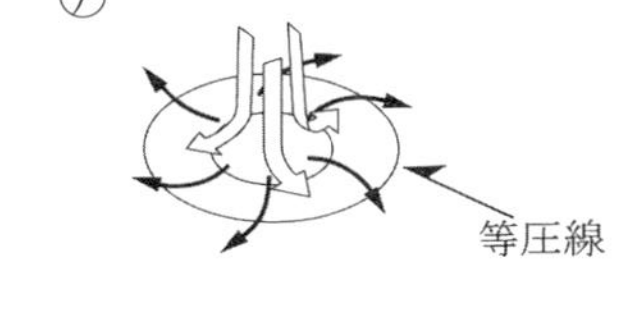
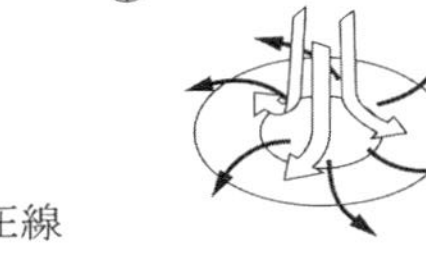
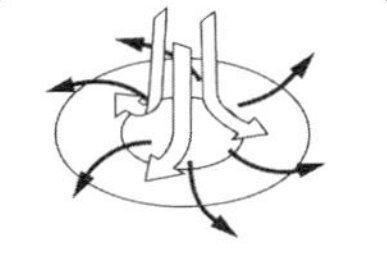
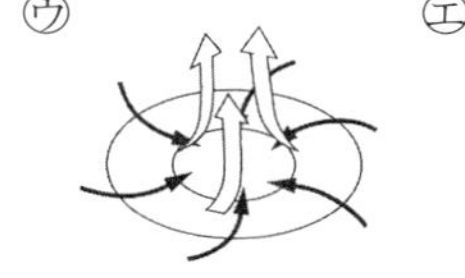
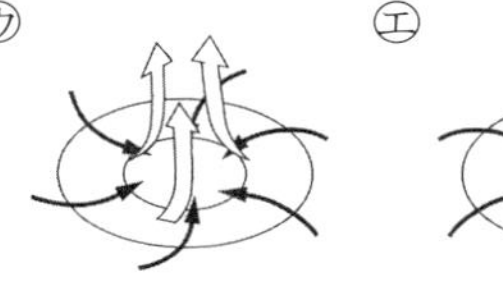

㋐　㋑　㋒　㋓

等圧線

ｂ　次の文は，日本付近における春の天気の特徴について述べようとしたものである。文中の［　　］内にあてはまる最も適当な言葉を書け。

図Ⅰ中にYで示した移動性高気圧の前後には，図Ⅰ中にXで示したような温帯低気圧ができやすい。春には，これらの高気圧と低気圧が，中緯度帯の上空をふく［　　］風と呼ばれる西寄りの風の影響を受けて日本付近を西から東へ交互に通過するため，「春に三日の晴れなし」とことわざにあるように，春の天気は数日の周期で変わることが多い。

(2)　右の図Ⅱは，日本付近のつゆ（梅雨）の時期の天気図を示したものである。次の文は，つゆ明けのしくみについて述べようとしたものである。文中のＰ～Ｒの［　　］内にあてはまる言葉の組み合わせとして最も適当なものを，あとの表のア～エから一つ選んで，その記号を書け。

図Ⅱ

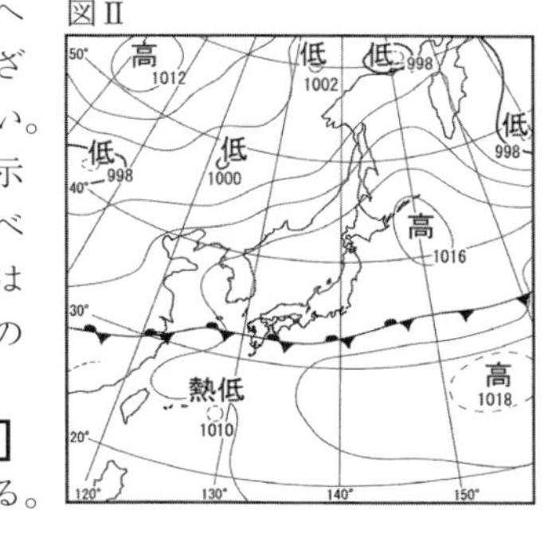

つゆが明けるころには梅雨前線の［Ｐ］側の［Ｑ］が勢力を強めてはり出し，梅雨前線が［Ｒ］に移動する。こうしてつゆ明けとなる。

	P	Q	R
ア	北	シベリア気団(シベリア高気圧)	南
イ	北	小笠原気団(太平洋高気圧)	南
ウ	南	シベリア気団(シベリア高気圧)	北
エ	南	小笠原気団(太平洋高気圧)	北

■令和4年度問題

1 次の問いに答えなさい。

A　気象に関して，次の(1)～(3)の問いに答えよ。

(1)　太郎さんは，学校の校庭で，ある年の11月19日9時に，気象観測をおこなった。下の表Ⅰは，そのときの気象観測の結果の一部であり，下の図Ⅰは，そのときの乾湿計の一部を示したものである。また，下の表Ⅱは，湿度表の一部である。これに関して，あとのa，bの問いに答えよ。

表Ⅰ

観測場所	学校の校庭
天　気	くもり
雲　量	10
風　向	西南西
風　力	2

図Ⅰ

表Ⅱ

乾球の示度[℃]	乾球と湿球の示度の差[℃] 0.0	1.0	2.0	3.0	4.0	5.0
15	100	89	78	68	58	48
14	100	89	78	67	57	46
13	100	88	77	66	55	45
12	100	88	76	65	53	43
11	100	87	75	63	52	40

a　次のア～エのうち，気象観測についての説明として最も適当なものを一つ選んで，その記号を書け。

ア　天気は，雲が空をしめる割合である雲量と，雲の形を観測して決める
イ　気温と湿度は，風通しのよい直射日光の当たる場所に乾湿計を置いて測定する
ウ　風向は，風向計やけむりがたなびく向きなどで調べ，風が吹いていく方位を16方位で表す
エ　風力は，風力階級表を用いて，0～12の13段階で判断する

b　図Ⅰと表Ⅱより，太郎さんが観測をおこなった11月19日9時の湿度を求めよ。

(2)　下の図Ⅱは，太郎さんが観測をおこなった11月19日9時における日本付近の天気図である。太郎さんは，図Ⅱの天気図から，太郎さんが住んでいる地域では，11月20日に前線が通過すると予測した。これに関して，次のa，bの問いに答えよ。

図Ⅱ

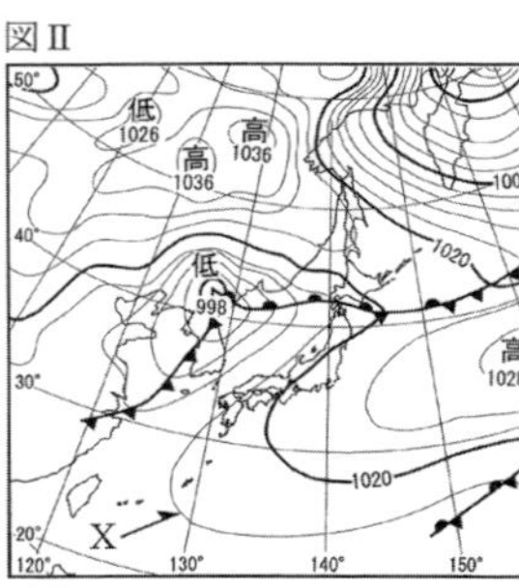

a　図Ⅱ中にXで示した等圧線は，何hPaを示しているか。

b　太郎さんは，気象庁ホームページを利用して11月20日の気象観測のデータを集めた。あとの表Ⅲは，太郎さんが住んでいる地域のある地点における，11月20日3時から24時までの気象観測のデータをまとめたものである。また，この日，この地点では，前線が通過したことを確認できた。あとの文は，この地点を前線が通過した時刻と，この地点を通過した前線について述べようとしたものである。表Ⅲの気象観測のデータから考えて，文中の2つの〔　　〕内にあてはまる言葉を，㋐，㋑から一つ，㋒，㋓から一つ，それぞれ選んで，その記号を書け。

(3)　右の図Ⅲは，日本付近の8月のある日の天気図を示したものである。太郎さんは，夏にこのような気圧配置になる理由を調べるために，次の実験をした。これに関して，あとのa，bの問いに答えよ。

図Ⅲ

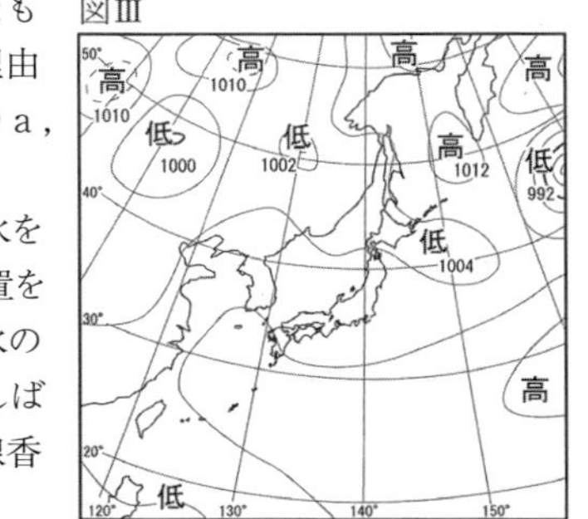

実験　下の図Ⅳのように，同じ大きさのプラスチック容器に砂と水をそれぞれ入れて，透明なふたのある水槽の中に置いた。この装置をよく日の当たる屋外に置き，3分ごとに15分間，温度計で砂と水の温度を測定し，その後，火のついた線香を入れてふたを閉め，しばらく観察した。下の図Ⅴは，砂と水の温度変化を，下の図Ⅵは，線香の煙のようすを示したものである。

図Ⅳ　（透明なふた，吸盤，温度計，プラスチック容器，砂，水，粘土，水槽）

図Ⅴ　（温度[℃]，時間[分]，砂，水）

図Ⅵ　（線香の煙，線香，砂，水）

a　図Ⅵから，空気は砂の上で上昇し，水の上で下降していることがわかった。砂の上の空気が上昇したのはなぜか。その理由を，図Ⅴの結果から考えて **密度** の言葉を用いて書け。

b　日本付近の夏の気圧配置と季節風は，この実験と同じようなしくみで起こると考えられる。日本付近の夏の気圧配置と季節風について述べた文として最も適当なものを，次の㋐～㋓から一つ選んで，その記号を書け。

㋐　ユーラシア大陸の方が太平洋よりもあたたかくなり，ユーラシア大陸上に高気圧が，太平洋上に低気圧が発達するため，北西の季節風がふく
㋑　ユーラシア大陸の方が太平洋よりもあたたかくなり，ユーラシア大陸上に低気圧が，太平洋上に高気圧が発達するため，南東の季節風がふく
㋒　太平洋の方がユーラシア大陸よりもあたたかくなり，太平洋上に低気圧が，ユーラシア大陸上に高気圧が発達するため，北西の季節風がふく
㋓　太平洋の方がユーラシア大陸よりもあたたかくなり，太平洋上に高気圧が，ユーラシア大陸上に低気圧が発達するため，南東の季節風がふく

A	(1)	a	◯	b	＿＿＿＿風	(2)	
	(3)	a	日が当たったとき，砂は水と比べて＿＿＿＿。このため，砂の上の空気が，水の上の空気より＿＿＿＿ため。				
		b	◯				

表Ⅲ

時 刻	3	6	9	12	15	18	21	24
天 気	雨	雨	くもり	くもり	雨	くもり	晴 れ	晴 れ
気温[℃]	17.0	15.8	18.2	22.3	17.7	17.6	16.0	15.1
湿度[%]	86	87	83	69	92	86	72	67
気圧[hPa]	1002.7	1002.9	1001.5	997.1	998.7	999.7	1001.4	1002.6
風 向	南南西	北 西	南南西	南南東	北	東南東	北北西	北 西
風 力	1	2	1	2	2	2	2	4

11月20日の〔㋐9時から12時 ㋑12時から15時〕にかけての気温と風向の変化から，この時間帯に，この地点を〔㋒温暖 ㋓寒冷〕前線が通過したと考えられる。

(3) 次の文は，「山がかさ雲をかぶれば近いうちに雨」という天気にかかわるいい伝えについての太郎さんと先生の会話の一部である。これについて，あとのa，bの問いに答えよ。

> 太郎：「山がかさ雲をかぶれば近いうちに雨」といういい伝えにある，かさ雲は，どのようなときにできるのですか。
> 先生：低気圧や前線が接近すると，あたたかくしめった空気が入ってきます。その空気が，山の斜面に沿って上昇すると，かさ雲ができることがありますよ。あたたかくしめった空気が上昇すると，どのように変化するか覚えていますか。
> 太郎：はい。［　　X　　］そのため，上昇した空気の温度は下がります。
> 先生：そうですね。では，次に，しめった空気の温度が下がることで雲ができるしくみについて考えてみましょう。
> 太郎：はい。［　　Y　　］
> 先生：その通りです。かさ雲ができるしくみは，低気圧や前線による天気の変化と関係しているのですよ。

a 次の文は，会話文中のXの［　　］内にあてはまる，あたたかくしめった空気が上昇するときの変化について述べようとしたものである。次の文中の2つの〔　　〕内にあてはまる言葉を，㋐，㋑から一つ，㋒，㋓から一つ，それぞれ選んで，その記号を書け。

あたたかくしめった空気が上昇すると，上空ほど気圧は〔㋐高い ㋑低い〕ので，上昇する空気は〔㋒膨張 ㋓収縮〕します。

b 会話文中のYの［　　］内にあてはまる，しめった空気の温度が下がることで雲ができるしくみについての説明を，**露点　水蒸気**　の言葉を用いて，簡単に書け。

<table>
<tr><td rowspan="4">A</td><td>(1)</td><td>a</td><td></td><td>b</td><td>%</td></tr>
<tr><td>(2)</td><td>a</td><td>hPa</td><td>b</td><td>○と○</td></tr>
<tr><td rowspan="2">(3)</td><td>a</td><td colspan="3">○と○</td></tr>
<tr><td>b</td><td colspan="3">しめった空気の温度が下がることで，＿＿＿＿＿＿＿＿＿＿＿＿，雲ができます。</td></tr>
</table>

大地の変化

■平成28年度問題

1 A 次の(1)，(2)の問いに答えよ。

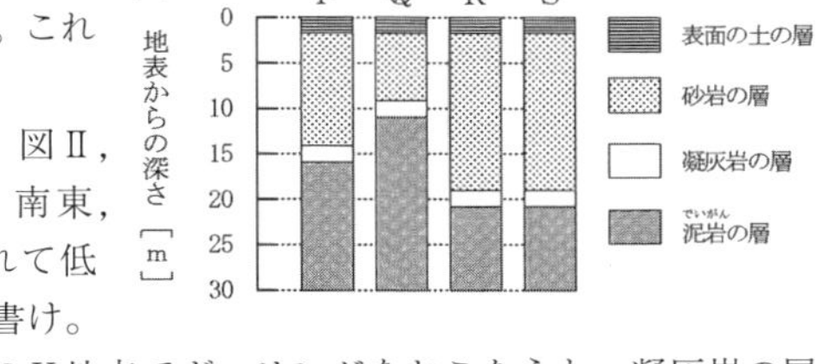

図Ⅰ

(1) 右の図Ⅰは，日本付近の4つのプレートとその境界を模式的に示したものである。これに関して，次のa，bの問いに答えよ。

a 次の㋐～㋓のうち，図Ⅰ中に示したプレートの関係について述べたものとして，正しいものを2つ選んで，その記号を書け。

㋐ 北アメリカプレートの下に太平洋プレートが沈み込んでいる
㋑ 太平洋プレートの下に北アメリカプレートが沈み込んでいる
㋒ ユーラシアプレートの下にフィリピン海プレートが沈み込んでいる
㋓ フィリピン海プレートの下にユーラシアプレートが沈み込んでいる

b 太平洋プレートの中央部には，約2770万年前にできた火山島があり，太平洋プレートの動きによって，現在の位置まで約2500km移動したと考えられている。太平洋プレートは同じ方向に同じ速さで動き続けるものとして，この火山島は1年間に約何cm移動したと考えられるか。次のア～エのうち，最も適当なものを一つ選んで，その記号を書け。

ア 約0.9cm　　イ 約1.1cm　　ウ 約9.0cm　　エ 約11cm

(2) 右の図Ⅱは，ある学校の敷地を模式的に示したものであり，図Ⅱ中に示したP～Sは，この敷地の地層を調べるためにボーリングをおこなった地点を示している。この敷地の表面は平らに整地されており，P～Sの各地点の標高は同じである。また，この地域では，断層やしゅう曲は見られず，凝灰岩の層は一定の厚さで平面状に広がっている。図Ⅲは，P～Sの各地点でおこなったボーリングによって得られた試料をもとにして作成した柱状図である。これに関して，あとのa～dの問いに答えよ。

図Ⅱ
P　R　体育館　北
Q　X　S
校舎
20m

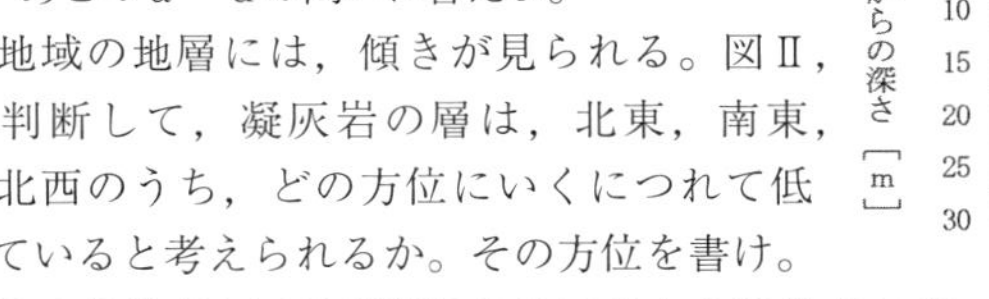

図Ⅲ

a この地域の地層には，傾きが見られる。図Ⅱ，Ⅲから判断して，凝灰岩の層は，北東，南東，南西，北西のうち，どの方位にいくにつれて低くなっていると考えられるか。その方位を書け。

b P～Sの各地点と同じ標高にある図Ⅱ中のX地点でボーリングをおこなうと，凝灰岩の層は，地表からの深さがおよそ何mのところで見られると考えられるか。次のア～エのうち，最も適当なものを一つ選んで，その記号を書け。

ア 10m　　イ 15m　　ウ 20m　　エ 25m

c 図Ⅲ中には，凝灰岩の層が見られるが，凝灰岩は何が積み重なり，おし固められてできたものか。その名称を書け。

d 右の写真で示した化石は，ボーリングによって得られた泥岩の層の中で見つかったビカリアの化石であり，新生代の代表的な示準化石である。次の㋐～㋓のうち，新生代の地層中から発見される可能性のある化石として，最も適当なものを一つ選んで、その記号を書け。

1cm

㋐ フズリナ　　㋑ サンヨウチュウ　　㋒ アンモナイト　　㋓ メタセコイア

<table>
<tr><td rowspan="2">A</td><td>(1)</td><td>a</td><td>○と○</td><td>b</td><td colspan="4"></td></tr>
<tr><td>(2)</td><td>a</td><td></td><td>b</td><td></td><td>c</td><td></td><td>d</td><td>○</td></tr>
</table>

■平成29年度問題

1 次の問いに答えなさい。

A 太郎さんは，香川県の屋島で見られる安山岩と花こう岩のつくりの違いがどのようにできるかについて調べるために，実験をした。次のレポートは，太郎さんがまとめた実験レポートの一部について示そうとしたものである。これに関して，あとの(1)，(2)の問いに答えよ。

【目的】温度の違いが，結晶のでき方に与える影響について調べる。
【方法】
① 約70℃の湯にミョウバンをとかし，飽和水溶液をつくった。この飽和水溶液を，あらかじめ約70℃の湯であたためておいたペトリ皿A，ペトリ皿Bにそれぞれ注いだ。
② 右の図のように，十分な量の約60℃の湯を入れた水そうにペトリ皿A，ペトリ皿Bをそれぞれ浮かべた。その後，結晶が十数個できたところで，ペトリ皿Aはそのままで，ペトリ皿Bは十分な量の氷水を入れた水そうに移した。
③ しばらくおいて，それぞれのペトリ皿の結晶のようすを観察してスケッチした。

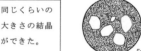

図

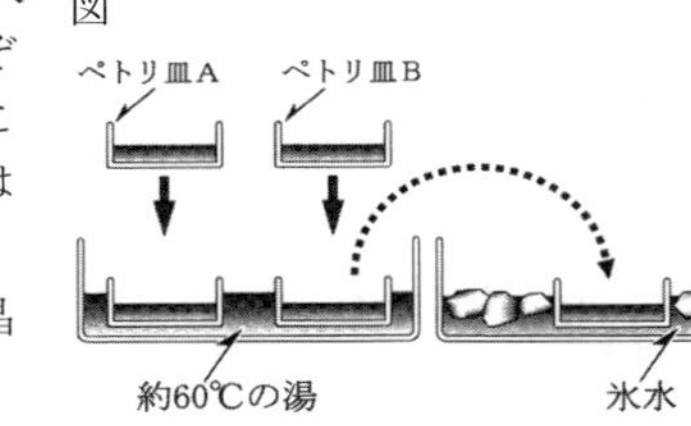

【結果】

スケッチⅠ（ペトリ皿Aの結晶のようす）

同じくらいの大きさの結晶ができた。

5mm

スケッチⅡ（ペトリ皿Bの結晶のようす）

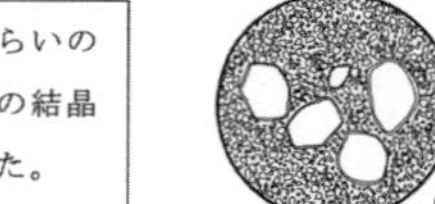

大きな結晶と，その周りをうめる小さな結晶ができた。

【考察】
スケッチⅠは花こう岩のつくりと似ている。このことから，花こう岩はマグマが［P］冷えて固まったものであると考えられる。
スケッチⅡは安山岩のつくりと似ている。安山岩中の斑晶はスケッチⅡの中の［Q］に対応し，［P］冷やされてできたものと考えられる。一方，安山岩中の石基はスケッチⅡの中の［R］に対応し，斑晶ができたのちに，［S］冷やされてできたものと考えられる。

(1) 実験の【結果】をもとに考えられる【考察】として正しいものとなるように，【考察】の文中のP～Sの［　　］内にあてはまる言葉の組み合わせとして最も適当なものを，下の表のア～エから一つ選んで，その記号を書け。

	P	Q	R	S
ア	急に	小さな結晶	大きな結晶	ゆっくり
イ	急に	大きな結晶	小さな結晶	ゆっくり
ウ	ゆっくり	小さな結晶	大きな結晶	急に
エ	ゆっくり	大きな結晶	小さな結晶	急に

(2) 次の文は，実験レポートについての先生と太郎さんの会話の一部である。これについて，あとのa～dの問いに答えよ。

先生：【考察】もよく考えられており，丁寧にまとめられたよい実験レポートですね。安山岩のつくりは［X］組織と呼ばれています。この実験から，ⓐ<u>斑晶と石基ができた場所</u>について理解できましたか。
太郎：はい。また，実験レポートをまとめてみて，【方法】の①で，ⓑ<u>ペトリ皿A，ペトリ皿Bをあらかじめ約７０℃の湯であたためておく</u>ことが重要なポイントだったことに気がつきました。
先生：それはこの実験の重要な点ですね。ところで，この実験レポートでは，【目的】として，「温度の違いが，結晶のでき方に与える影響について調べる。」と書かれていますが，これでは不十分ではありませんか。ⓒ<u>実験を通して考えてみると，結晶のでき方に影響を与えているのは何でしたか。「温度の違い」よりも的確な表現はありませんか。</u>
太郎：では少し考えてみます。

a 文中のXの［　　］内にあてはまる最も適当な言葉を書け。
b 次の文は，下線部ⓐの斑晶と石基ができた場所について述べようとしたものである。文中の2つの〔　　〕内にあてはまる言葉を，㋐，㋑から一つ，㋒，㋓から一つ，それぞれ選んで，その記号を書け。
　斑晶はマグマが〔㋐地表や地表付近　㋑地下深く〕で冷えてできたもので，石基はマグマが〔㋒地表や地表付近　㋓地下深く〕で冷えてできたものである。
c 下線部ⓑの操作をおこなうのはなぜか。その理由を簡単に書け。
d 次の文は，下線部ⓒについて，実験レポートの【目的】を書き直そうとしたものである。文中のYの［　　］内にあてはまる最も適当な言葉を書け。
【目的】［Y］の違いが，結晶のでき方に与える影響について調べる。

A	(1)					
	(2)	a		b	○と○	d
		c	ペトリ皿に飽和水溶液を注いだときに，＿＿＿＿＿＿＿＿ことを防ぐため。			

■令和３年度問題

1 次の問いに答えよ。

B　地層に関して，次の(1)，(2)の問いに答えよ。

(1)　地層に興味をもった太郎さんは，クラスの友達と，学校の近くにある道路の切り通しへ出かけ，地層を観察した。右の図Ⅰは，太郎さんが観察した地層をスケッチしたものである。これに関して，次のａ～ｄの問いに答えよ。

図Ⅰ

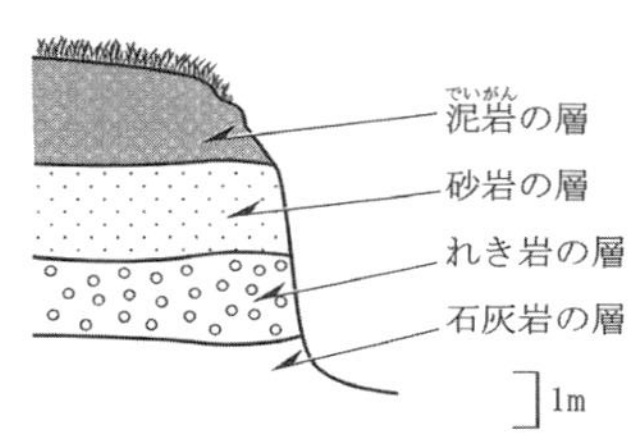

ａ　太郎さんは，地層の近くに転がっているれき岩を拾い，下の図Ⅱのようなルーペを用いて表面を観察した。次の文は，手に持ったれき岩を観察するときのルーペの使い方について述べようとしたものである。文中の２つの〔　　〕内にあてはまる言葉を，㋐，㋑から一つ，㋒，㋓から一つ，それぞれ選んで，その記号を書け。

まず，ルーペをできるだけ〔㋐手に持ったれき岩　㋑目〕に近づける。次に〔㋒ルーペ　㋓手に持ったれき岩〕を動かしながら，よく見える位置をさがす。

図Ⅱ

ｂ　太郎さんが観察したれき岩は，まるみを帯びたれきの粒でできていた。れきの粒がまるみを帯びているのはなぜか。その理由を簡単に書け。

ｃ　図Ⅰ中に示した石灰岩の層の中から，サンゴの化石が見つかった。サンゴの化石は，それを含む地層が堆積した当時の環境を知る手がかりとなる。サンゴの化石を含む石灰岩の層は，どのような環境で堆積したと考えられるか。次のア～エのうち，最も適当なものを一つ選んで，その記号を書け。

ア　あたたかくて深い海　　イ　あたたかくて浅い海
ウ　つめたくて深い海　　エ　つめたくて浅い海

ｄ　図Ⅰのスケッチを見ると，石灰岩の層の上には，れき岩，砂岩，泥岩の層が下から順に堆積していることがわかる。次の文は，れき岩が堆積してから砂岩が堆積を始めるまでの間に，この地域でおこった変化について述べようとしたものである。文中のＸ，Ｙの［　　］内にあてはまる言葉の組み合わせとして最も適当なものを，下の表のア～エから一つ選んで，その記号を書け。

図Ⅰ中のスケッチに示した，れき岩，砂岩，泥岩の層が海底でできたものとすると，れき岩が堆積してから砂岩が堆積を始めるまでの間に，この地域では，［　Ｘ　］により，［　Ｙ　］へと変わったと考えられる。

	Ｘ	Ｙ
ア	土地の隆起や海水面の低下	海岸から近い，浅い海
イ	土地の隆起や海水面の低下	海岸から遠い，深い海
ウ	土地の沈降や海水面の上昇	海岸から近い，浅い海
エ	土地の沈降や海水面の上昇	海岸から遠い，深い海

(2)　図Ⅲは，ある川の河口付近の地形を模式的に示したものである。図Ⅲ中に示したＰ～Ｓは，この川の河口付近の地層を調べるためにボーリングをおこなった地点を示しており，Ｐ～Ｓの各地点の標高は同じである。また，この地域では，断層やしゅう曲は見られず，凝灰岩の層が一定の厚さで平面状に広がっている。図Ⅳは，Ｐ～Ｓの各地点でおこなったボーリングによって得られた試料をもとにして作成した柱状図である。これに関して，あとのａ，ｂの問いに答えよ。

図Ⅲ

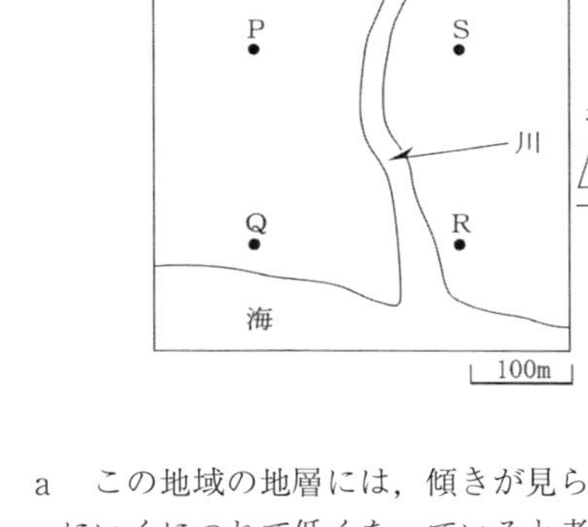

図Ⅳ

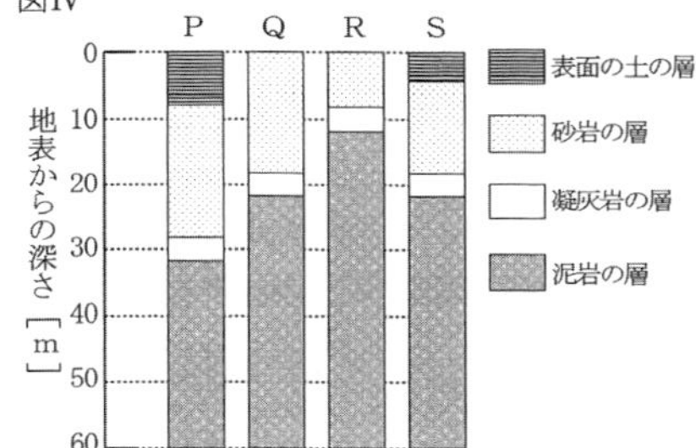

ａ　この地域の地層には，傾きが見られる。図Ⅲ，Ⅳから判断して，凝灰岩の層は，どの方位にいくにつれて低くなっていると考えられるか。次のア～エのうち，最も適当なものを一つ選んで，その記号を書け。

ア　北東　　イ　南東　　ウ　南西　　エ　北西

ｂ　図Ⅳ中に示した泥岩の層の中からビカリアの化石が見つかった。ビカリアの化石は，その化石を含む層が堆積した年代を決めるのに役立つ。次の文は，ビカリアのように，その化石を含む層ができた年代を決めるのに役立つ生物のなかまがもつ特徴について述べようとしたものである。文中の２つの〔　　〕内にあてはまる言葉を，㋐，㋑から一つ，㋒，㋓から一つ，それぞれ選んで，その記号を書け。

その化石を含む層ができた年代を決めるのに役立つ生物のなかまは，地球上の〔㋐広い範囲　㋑せまい範囲〕にすんでいて，〔㋒長い期間にわたって栄えた　㋓短い期間にのみ栄えて絶滅した〕という特徴をもつ。

B						
	(1)	a	○と○	c		d
		b	れきの粒がまるみを帯びているのは，＿＿＿＿ため。			
	(2)	a		b	○と○	

■令和4年度問題

1 次の問いに答えよ

B　次の(1)～(3)の問いに答えよ。

(1)　次の図は，太郎さんが，花こう岩と安山岩，香川県で産出される庵治(あじ)石を観察したときのスケッチである。太郎さんは，スケッチしたあと，花こう岩を鉄製の乳鉢の中で細かく砕いた。細かく砕いた破片をルーペで観察したところ，色や形が異なる3種類の鉱物P～Rが見られた。あとの表Iは，鉱物P～Rを観察し，その主な特徴をまとめたものである。これについて，あとのa～cの問いに答えよ。

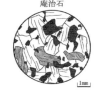

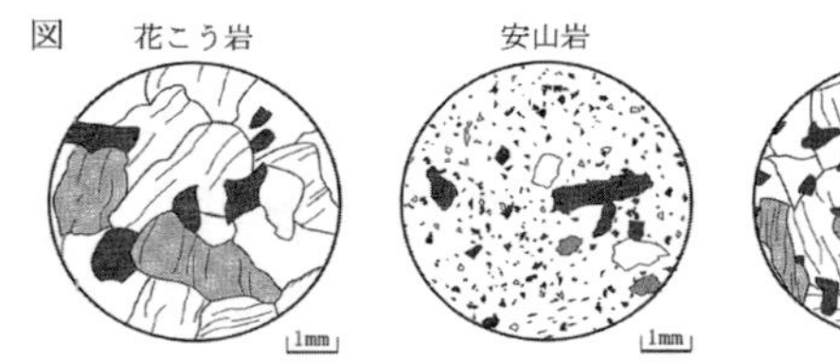

図

表I

	鉱物P	鉱物Q	鉱物R
主な特徴	黒色の板状で，決まった方向にうすくはがれる	無色で，不規則な形に割れる	白色の柱状で，決まった方向に割れる

a　表I中の鉱物P～Rの鉱物名の組み合わせとして最も適当なものを，右の表のア～エから一つ選んで，その記号を書け。

	鉱物P	鉱物Q	鉱物R
ア	キ　石	セキエイ	チョウ石
イ	クロウンモ	セキエイ	チョウ石
ウ	キ　石	チョウ石	セキエイ
エ	クロウンモ	チョウ石	セキエイ

b　太郎さんが観察した安山岩は，比較的大きな結晶になった鉱物の部分と，大きな結晶になれなかった細かい粒などの部分からできている。このうち，比較的大きな結晶になった鉱物の部分は何と呼ばれるか。その名称を書け。

c　図のスケッチから考えると，庵治石は，比較的大きな結晶になった鉱物だけでできており，花こう岩とつくりが似ていることがわかる。次の文は，庵治石のつくりやでき方について述べようとしたものである。文中の2つの〔　　〕内にあてはまる言葉を，㋐，㋑から一つ，㋒，㋓から一つ，それぞれ選んで，その記号を書け。

庵治石のように，比較的大きな結晶になった鉱物だけでできている岩石は，マグマが〔㋐地下深く　㋑地表や地表付近〕で，〔㋒ゆっくり　㋓急に〕冷えて固まってできたと考えられる。

(2)　次の文は，マグマと火山に関しての太郎さんと先生の会話の一部である。これについて，あとのa，bの問いに答えよ。

> 先生：太郎さんが観察した岩石は，マグマが冷えて固まってできる火成岩のなかまですね。
> 太郎：はい。たしか，マグマは火山の特徴とも関係していましたよね。
> 先生：そうですね。特に，マグマのねばりけは，溶岩の色や噴火のようすと関係が深かったですね。
> 太郎：火成岩のほかにも火山に関係する岩石はありますか。
> 先生：堆積岩には，火山と関係しているものがありますよ。火山から噴出した火山灰が堆積して固まると［ X ］という岩石になります。

a　会話文中の下線部に，マグマのねばりけとあるが，次の文は，マグマのねばりけと火山の噴火のようすについて述べようとしたものである。次の文中の2つの〔　　〕内にあてはまる言葉を，㋐，㋑から一つ，㋒，㋓から一つ，それぞれ選んで，その記号を書け。

マグマのねばりけが〔㋐小さい（弱い）　㋑大きい（強い）〕火山ほど，噴火によってふき出す溶岩や火山灰などの噴出物の色は白っぽいことが多く，〔㋒激しく爆発的な　㋓比較的おだやかな〕噴火になることが多い。

b　会話文中のXの［　　］内にあてはまる言葉として最も適当なものを，次の㋐～㋓から一つ選んで，その記号を書け。

㋐　チャート　　㋑　れき岩　　㋒　石灰岩　　㋓　凝灰岩

(3)　火山のもたらす恵みの一つに地熱発電がある。地熱発電は，地下のマグマの熱エネルギーを利用して発電しているため，発電量が天候に左右されず，二酸化炭素を排出しないという長所がある。下の表のア～エのうち，発電方法と発電に利用するエネルギー，長所の組み合わせとして最も適当なものを一つ選んで，その記号を書け。

	発電方法	発電に利用するエネルギー	長　所
ア	風力発電	風による空気の運動エネルギー	発電量が天候に左右されない
イ	バイオマス発電	生物資源の燃焼による熱エネルギー	大気中の二酸化炭素を減少させる
ウ	水力発電	高い位置にある水の位置エネルギー	エネルギー変換効率が高い
エ	太陽光発電	太陽光の熱エネルギー	発電量が安定している

B	(1)	a		b		c	○と○
	(2)	a	○と○	b	○	(3)	

生物界のつながり

■平成27年度問題

2 C　太郎さんは，身近な自然環境を調査するために，学校の近くにある川の水質調査に出かけた。

下の図Ⅰは，川とその周辺の様子を模式的に示したものであり，水質調査は図Ⅰ中に示したA～Dの4つの地点について水生生物を採集することでおこなった。下の表は，川の水質の目安となる代表的な生物とA～D地点での調査結果を，環境省の水生生物調査の方法をもとにまとめたものである。各地点で採集できた生物のうち，●は数の多かった上位2種類を示し，その他は○で示している。これに関して，あとの(1)～(4)の問いに答えよ。

図Ⅰ

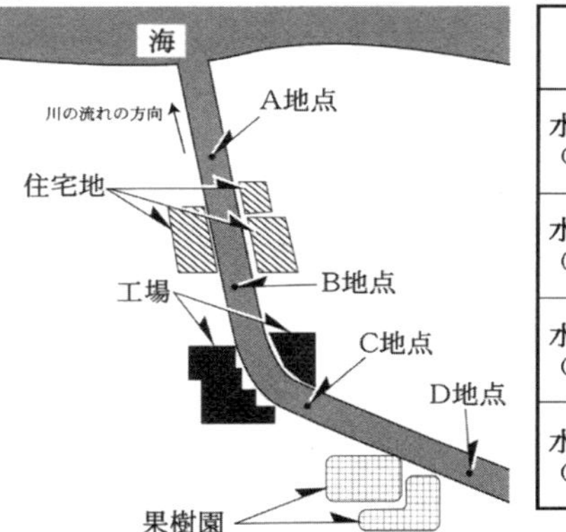

表

水質階級	水生生物	A地点	B地点	C地点	D地点
水質階級Ⅰ（きれいな水）	サワガニ ヒラタカゲロウ（幼虫） ウズムシ		○ ○	○ ○ ○	● ● ○
水質階級Ⅱ（少しきたない水）	カワニナ ゲンジボタル（幼虫） スジエビ	○	● ○ ●	● ●	○ ○
水質階級Ⅲ（きたない水）	シマイシビル ミズカマキリ タニシ	●	○	○	
水質階級Ⅳ（大変きたない水）	セスジユスリカ（幼虫） サカマキガイ アメリカザリガニ	● ○			

(1)　この調査方法では，表中の●は2点，○は1点として，各水質階級ごとに点数を合計し，最も合計点の高い階級をその地点の水質階級と判定する。例えばA地点の各水質階級の合計点は，水質階級Ⅰは0点，水質階級Ⅱは1点，水質階級Ⅲは2点，水質階級Ⅳは3点となり，A地点は水質階級Ⅳと判定される。このとき，C地点はどの水質階級と判定できるか。判定した水質階級とその合計点を書け。

(2)　この水質調査の結果から判断して，図Ⅰ中の住宅地，工場，果樹園のうち，A地点における川の水の汚れをつくっている主な原因と考えられるものはどれか。最も適当なものを一つ選んで書け。

(3)　下水処理場では，微生物を利用して水を浄化している。下水は，まず，砂などの固形物が除去され，次に細かい汚れが沈められ，生物反応槽に送られる。生物反応槽では，細菌類をはじめとする微生物を含んだ泥（活性汚泥（おでい））を加え，空気をふきこみながらかき混ぜ，微生物の活動を活発にし，水を浄化している。次のア～エのうち，水を浄化する微生物について説明したものとして，最も適当なものを一つ選んで，その記号を書け。

ア　水を浄化する微生物は，主に呼吸によって無機物を分解している
イ　水を浄化する微生物は，主に光合成によって無機物を分解している
ウ　水を浄化する微生物は，主に呼吸によって有機物を分解している
エ　水を浄化する微生物は，主に光合成によって有機物を分解している

図Ⅱ

Q → P，Q → S，S → P，S → R，R → P

(4)　右上の図Ⅱは水中の生物の間で，生物のからだをつくる有機物がどのように移動するかを，模式的に示そうとしたものである。

図Ⅱ中のP～Sは，それぞれ生産者，消費者（草食動物），消費者（肉食動物），分解者のいずれかを示している。水質調査で採集したゲンジボタルの幼虫は，カワニナという貝を主食としている。ゲンジボタルの幼虫はP～Sのうちどれにあたるか。最も適当なものを一つ選んで，その記号を書け。

C	(1)	水質階級	＿＿＿＿	合計点	点	(2)		(3)		(4)	

■平成29年度問題

2 C　次の(1)～(3)の問いに答えよ。

(1)　右の図Ⅰは，自然界における生物どうしの数量的関係を模式的に示したものであり，つり合いが保たれた状態を表している。これに関して，次のa，bの問いに答えよ。

図Ⅰ

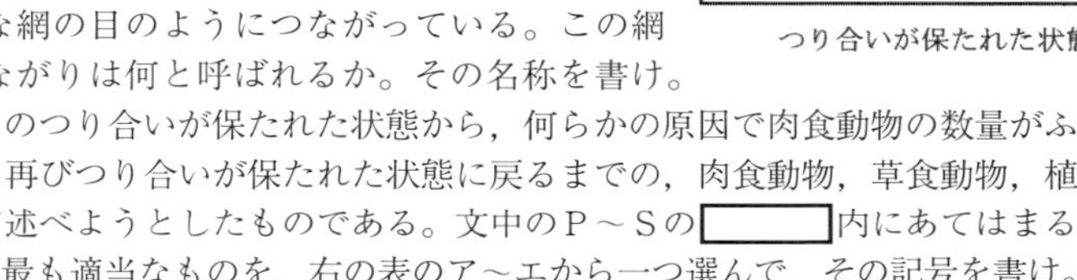

つり合いが保たれた状態

a　自然界の生物の間には，食べる，食べられるという鎖のようにつながった食物連鎖の関係がある。生物全体では，その関係が複雑な網の目のようにつながっている。この網の目のようなつながりは何と呼ばれるか。その名称を書け。

b　次の文は，図Ⅰのつり合いが保たれた状態から，何らかの原因で肉食動物の数量がふえ，長い時間をかけて，再びつり合いが保たれた状態に戻るまでの，肉食動物，草食動物，植物の数量の変化について述べようとしたものである。文中のP～Sの□内にあてはまる言葉の組み合わせとして最も適当なものを，右の表のア～エから一つ選んで，その記号を書け。

肉食動物がふえたことで，草食動物が［P］，植物が［Q］はじめる。続いて，肉食動物が［R］，草食動物が［S］はじめる。やがて，肉食動物がふえ，植物が減りはじめて，つり合いが保たれた状態に戻ると考えられる。

	P	Q	R	S
ア	ふえ	減り	減り	ふえ
イ	ふえ	減り	ふえ	減り
ウ	減り	ふえ	減り	ふえ
エ	減り	ふえ	ふえ	減り

(2)　右の図Ⅱは，ライオンとシマウマを正面から見たときのようすである。シマウマの目は，顔の側面についているのに対して，ライオンの目は，顔の前面についている。ライオンの目が顔の前面についていることは，ライオンの生活のなかで大切な役割を果たしている。それはどのようなことか。簡単に書け。

図Ⅱ

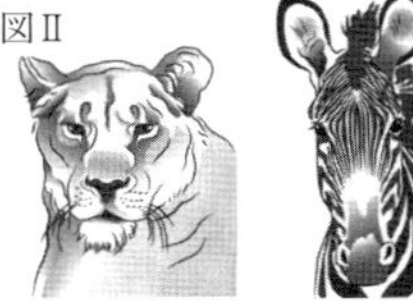

(3)　下の図Ⅲは，ある池の魚類の生態調査を目的として定置網で捕獲した主な魚類について，漁獲量の経年変化を示したものである。あとの文は，図Ⅲから考えられる，この池の生態系の変化について述べようとしたものである。文中のP，Qの□内にあてはまる言葉として最も適当なものを，あとの㋐～㋔からそれぞれ一つずつ選んで，その記号を書け。

図Ⅲ

漁獲量［t］（0～25），1993～2000［年］
凡例：バス類，コイ類，フナ類，モツゴ類，タナゴ類

1995年までは，全体の漁獲量が多く，体の大きなコイ類から体の小さなタナゴ類まで，大小さまざまな魚類を捕獲することができた。しかし，1996年以降に，［P］が捕獲されるようになってからは，全体の漁獲量が大幅に減少した。特に，1996年以降は［Q］が，1997年以降はモツゴ類が，ほとんど捕獲できなくなっている。このことから，［P］が捕獲されるようになってから，この池の生態系が大きく変化したことが推測できる。

㋐　バス類　㋑　コイ類　㋒　フナ類　㋓　モツゴ類　㋔　タナゴ類

C	(1)	a		b		(3)	P	○	Q	○
	(2)	ライオンの目は顔の前面についているので，								

■令和２年度問題

2 C　生態系における生物の役割やつながりに関して，次の(1)，(2)の問いに答えよ。

(1)　下の図は，ある森林の生態系における炭素の循環を模式的に示したものである。これに関して，あとのａ，ｂの問いに答えよ。

図

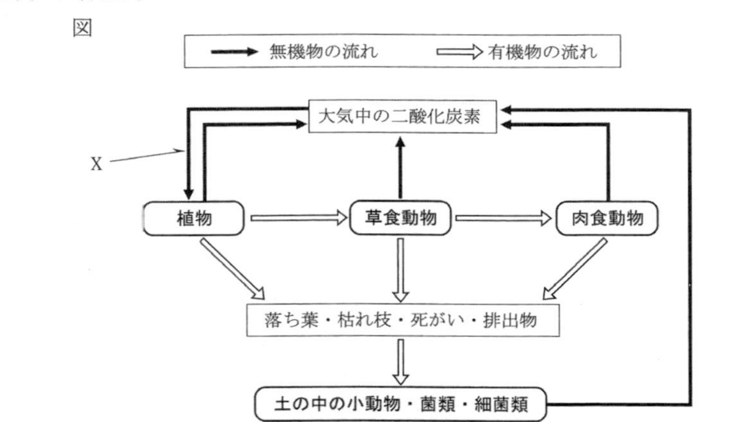

ａ　図中にＸで示した炭素の流れは，植物のあるはたらきによるものである。このはたらきは何と呼ばれるか。その名称を書け。

ｂ　次のア～エのうち，図中の生物について述べたものとして誤っているものを一つ選んで，その記号を書け。

ア　土の中の小動物には，落ち葉などを食べて二酸化炭素を放出しているものがいる

イ　肉食動物は消費者と呼ばれ，有機物を消費している

ウ　生態系における生物は，植物，草食動物，肉食動物の順に数量が少なくなることが多い

エ　草食動物は，肉食動物に食べられることから，生産者と呼ばれている

(2)　土壌中の微生物のはたらきについて調べるために，次のような実験をした。

ある森林の落ち葉の下から土を採取してビーカーに入れ，そこに水を加えてよくかき回し，布でこして，ろ液をつくった。試験管Ａと試験管Ｂに同量のろ液を入れ，試験管Ｂのみ沸騰するまで加熱した。試験管Ｂをよく冷やしてから，試験管Ａと試験管Ｂに同量のデンプン溶液を加え，ふたをした。３日間放置したあと，各試験管にヨウ素液を加えて，色の変化を観察した。下の表は，そのときのヨウ素液の色の変化についてまとめたものである。試験管Ａの色が変化しなかった理由を　**微生物**　の言葉を用いて，簡単に書け。

表

	試験管Ａ	試験管Ｂ
ヨウ素液を加えたあとの色の変化	変化なし	青紫色になった

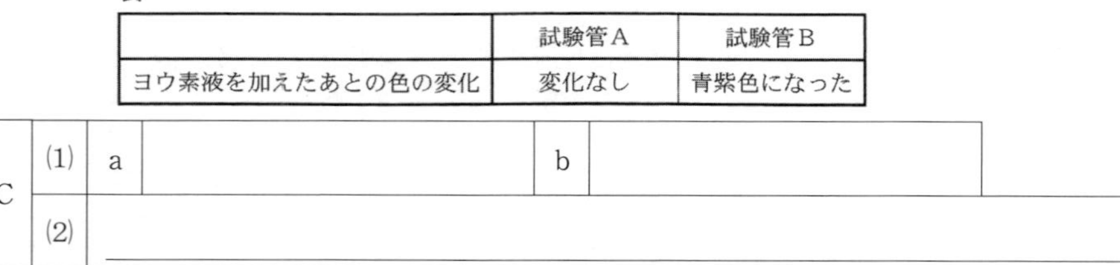

C	(1)	ａ		ｂ	
	(2)				

■令和４年度問題

2　次の問いに答えなさい。

Ａ　自然界の生態系に関して，次の(1)，(2)の問いに答えよ。

(1)　次の文は，自然界における生物どうしのつながりについて述べようとしたものである。文中のＰ，Ｑの［　　］内にあてはまる最も適当な言葉を，それぞれ書け。

自然界では，生物どうしの間に，食べる，食べられるという関係が見られる。このような生物どうしのひとつながりの関係を［　Ｐ　］という。実際には，多くの動物が複数の種類の植物や動物を食べるため，一通りの単純なつながりではなく，［　Ｐ　］が複雑な網の目のようにからみあっている。この網の目のようなつながりを［　Ｑ　］という。

(2)　右の図は，自然界における生物どうしの数量的関係を模式的に示したものであり，つり合いが保たれた状態を表している。図の状態から，何らかの原因で，肉食動物の数量が減ってつり合いがくずれたが，長い時間をかけて，つり合いが保たれたもとの状態にもどった場合，生物の数量はその間，どのように変化したと考えられるか。次の㋐～㋒が，最も適当な順に左から右に並ぶように，その記号を書け。

図

肉食動物
草食動物
植　物
つり合いが保たれた状態

㋐　草食動物の数量がふえ，植物の数量が減る

㋑　肉食動物の数量が減り，植物の数量がふえる

㋒　肉食動物の数量がふえ，草食動物の数量が減る

A	(1)	P		Q	
	(2)	肉食動物の数量が減少 →〇→〇→〇→ もとの状態			

公立高校入試出題単元

過去９年間
（平成26年～令和４年まで）

社　会

（問題を精選しているため※は省いております。）

地形図に関する問題
平成31年 3 (4)
令和２年 3 (4)
令和３年 3 (2)
令和４年 3 (5)

日本地理
平成27年 3 (2)(3)(5)（人口・地形の特徴）
平成28年 3 (2)(3)（中国・四国地方について・米）
平成29年 3 (3)（東北・中部・関東地方）
平成30年 3 (2)(3)（九州地方・香川県）
平成31年 3 (3)(5)（資料読み取り・気候）
令和２年 3 (3)(5)(6)(7)（農業・気候・貿易）
令和３年 3 (3)(4)(5)（気候・人口・環境）
令和４年 3 (4)（人口と生産）

世界地理
平成26年 3 (1)（経緯線・生活）
平成27年 3 ※(1)（経緯線・気候・時差）
平成28年 3 (1)（気候・時差・石炭）
平成29年 3 ※(1)（気候・時差・降水量）
平成30年 3 (1)（地理・時差・降水量）
平成31年 3 (1)(2)（地理・時差・仏教）
令和２年 3 (1)(2)（山脈・気候・中国）
令和３年 3 (1)（地理・山脈・宗教）
令和４年 3 (1)(2)(3)（緯度・時差・降水量・人口）

歴史
平成26年 2 ※（古代～現代）
平成27年 2（飛鳥～現代）
平成28年 2 ※（弥生～現代）
平成29年 2 ※（文化と対外政策）
平成30年 2（古代～近代）
平成31年 2 ※（古代～近現代）
令和２年 2（古代～近現代）
令和３年 2（古代～近現代）
令和４年 2（古代～現代）

日本国憲法と人権
平成27年 1 (1)
平成28年 1 (1)
平成29年 1 (1)
平成31年 1 (2)
令和４年 1 (1)
令和２年 1 (2)ab
令和３年 1 (1)

政治
平成26年 1 (1)（国会）
平成27年 1 (2)（地方自治）
平成29年 1 (2)(3)（三権分立・憲法）
平成30年 1 (1)～(3)（裁判・選挙）
平成31年 1 (1)（国会）
令和２年 1 (2)cde（裁判・三権分立）
令和３年 1 (2)(3)（選挙・地方税）
令和４年 1 (2)（三権分立・議会）

経済と福祉
平成27年 1 ※(5)(6)（景気・銀行）
平成28年 1 (2)(3)（企業・労働・消費）
平成29年 1 (7)(8)（市場・社会保障）
平成30年 1 (4)(5)(8)（社会保障・経済）
平成31年 1 (4)(5)(6)（需要供給・財政）
令和２年 1 (4)（社会保障・財政）
令和３年 1 (4)(5)(6)(7)（消費・景気・為替）
令和４年 1 (4)（資金・生産・企業）

現代社会
平成27年 1 (3)(4)(7)(8)（生活・国際社会）
平成28年 1 (4)（情報化社会・環境問題）
平成30年 1 (6)(7)(9)（国連・環境問題）
平成31年 1 (3)(7)（国連・国際社会）
令和２年 1 (1)(3)（環境問題）
令和４年 1 (3)(5)（環境問題・国際社会）

地形図に関する問題

■平成31年度問題

3 次の問いに答えなさい。

(4) 下の地形図は，旅行で愛知県を訪れた中学生のひろきさんが，豊橋(とよはし)市で地域調査をおこなった際に使用した，国土地理院発行の２万５千分の１の地形図(豊橋)の一部である。これに関して，あとのａ～ｄの問いに答えよ。

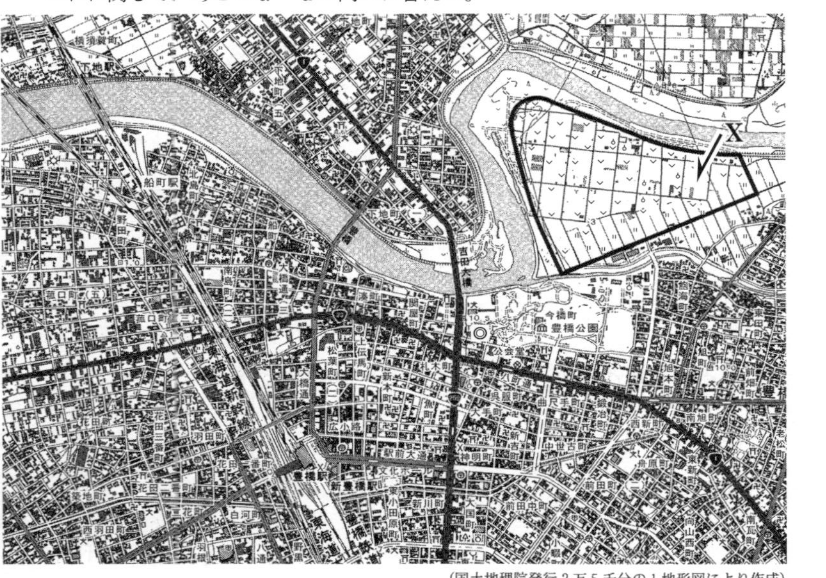

(国土地理院発行２万５千分の１地形図により作成)

a　地形図中の「船町駅」と，市役所を結んだ直線距離を，この地形図上で約7.0cmとするとき，この間の実際の距離は約何ｍか。その数字を書け。

b　地形図中にＸで示した地域には，さまざまな土地利用がみられる。次のア～エのうち，地形図中にＸで示した地域にみられないものはどれか。一つ選んで，その記号を書け。

ア　田　　イ　畑　　ウ　果樹園　　エ　茶畑

c　右の写真は，豊橋市を流れる河川の河口部を上空から写したものの一部である。この河口部では，河川が運んできた土砂が，河口付近にたまってできた地形がみられる。このような地形は何と呼ばれるか。その呼び名を書け。

「国土地理院撮影の空中写真(2006年撮影)」

d　ひろきさんは，豊橋市の人口について興味をもち，豊橋市の人口の変化についての資料を集めた。下の資料Ⅰは，豊橋市の1980年，2010年，2040年(推計)のそれぞれの人口ピラミッドを示したものである。また，資料Ⅱは，豊橋市の1980年から2040年における，総人口，年少人口　(14歳以下)，生産年齢人口(15歳以上64歳以下)，老年人口(65歳以上)の推移をそれぞれ示したものである。資料Ⅱ中の㋐～㋓のうち，生産年齢人口の推移を示したものはどれか。一つ選んで，その記号を書け。

資料Ⅰ

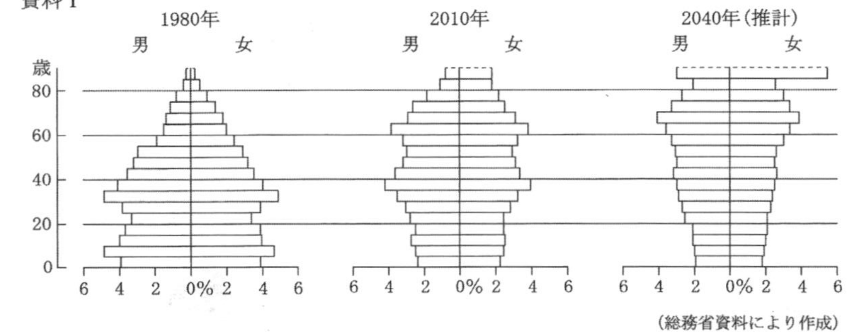

(総務省資料により作成)

資料Ⅱ

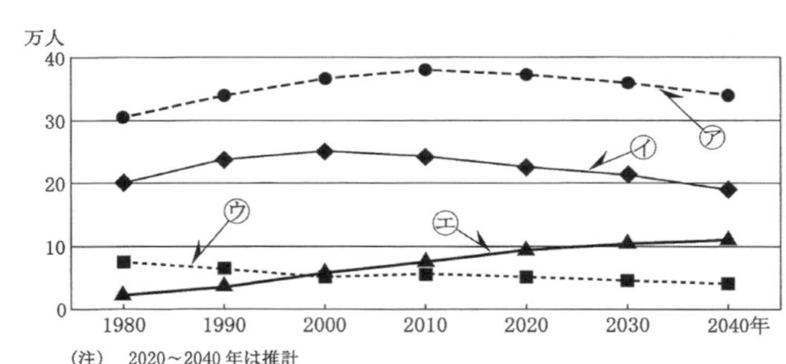

(注)　2020～2040年は推計

(総務省資料により作成)

<table>
<tr><td rowspan="2">(4)</td><td>a</td><td>約　　　　m</td><td>b</td><td></td></tr>
<tr><td>c</td><td></td><td>d</td><td>○</td></tr>
</table>

■令和２年度問題

3 次の問いに答えなさい。

(4) 下の地形図は，旅行で島根県を訪れた中学生のりょうたさんが，奥出雲町で地域調査をおこなった際に使用した，国土地理院発行の２万５千分の１の地形図（湯村）の一部である。これに関して，あとのａ～ｅの問いに答えよ。

（国土地理院発行２万５千分の１地形図により作成）

ａ 地形図中の町役場と交番を結んだ直線距離を，この地図上で約1.6cmとするとき，この間の実際の距離は約何ｍか。その数字を書け。

ｂ 次のア～エのうち，地形図中の A———B の断面図として最も適当なものはどれか。一つ選んで，その記号を書け。

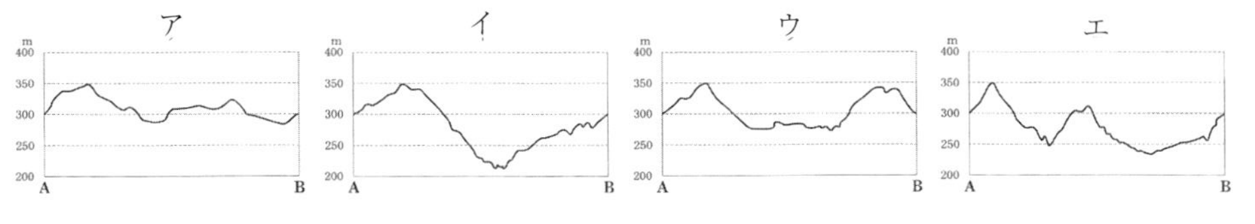

ｃ 次のア～ウの写真は，りょうたさんが地形図中の①～③のいずれかの地点から，矢印の向きの風景を撮影したものである。①の地点と②の地点から撮影した写真として最も適当なものは，それぞれア～ウのうちのどれか。一つずつ選んで，その記号を書け。

ア

イ

ウ

ｄ りょうたさんは，奥出雲町では，かつて砂鉄と木炭を使用して鉄を作るたたら製鉄が盛んにおこなわれていたことを知り，わが国の鉄鋼業について調べた。下の資料Ⅰは，2017年の鉄鋼業の製造品出荷額等の上位4県における鉄鋼業の製造品出荷額等とその事業所数をそれぞれ示したものである。また，資料Ⅱは，わが国の主な鉄鋼工場の位置を示したものである。資料Ⅰ，Ⅱからわかることを述べたあとのア～エのうち，誤っているものはどれか。一つ選んで，その記号を書け。

資料Ⅰ

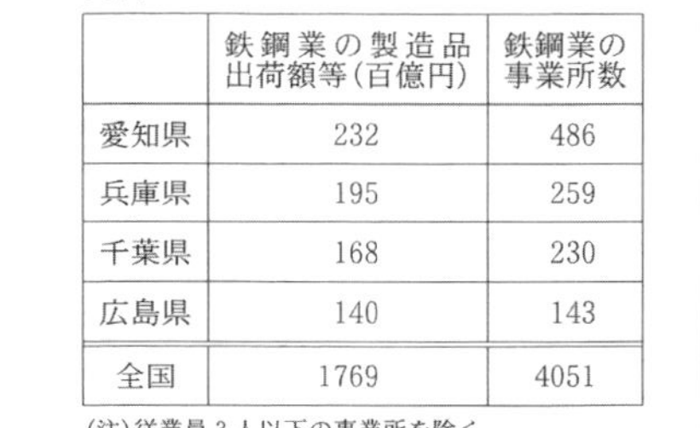

	鉄鋼業の製造品出荷額等（百億円）	鉄鋼業の事業所数
愛知県	232	486
兵庫県	195	259
千葉県	168	230
広島県	140	143
全国	1769	4051

（注）従業員３人以下の事業所を除く
（経済産業省資料により作成）

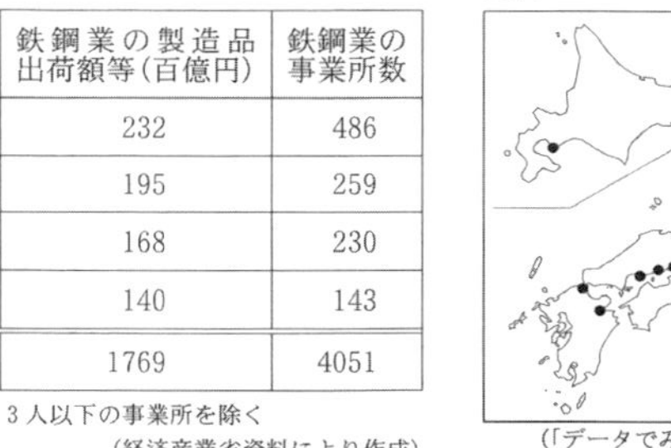

資料Ⅱ

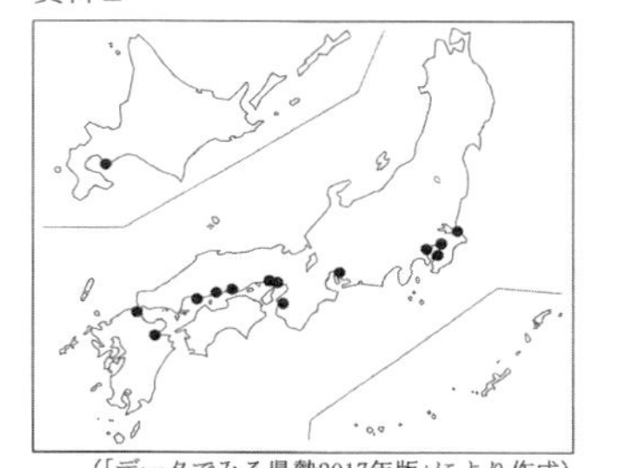
（「データでみる県勢2017年版」により作成）

ア 鉄鋼業の製造品出荷額等の上位４県は，太平洋ベルトを構成する工業地帯や工業地域を有する県である

イ わが国の主な鉄鋼工場は，臨海部に立地している

ウ 鉄鋼業の製造品出荷額等の上位３県の合計額が，全国の鉄鋼業の製造品出荷額等に占める割合は，30％以上である

エ 愛知県と広島県の１事業所あたりの鉄鋼業の製造品出荷額等を比べると，愛知県の方が多い

ｅ りょうたさんは，斐伊川には尾原ダムなどのダムが設置されていることを知った。わが国の川は，アマゾン川などの大陸にある川に比べ，標高の高いところから海までの短い距離を急流となって流れる特徴があるため，川の上流には多くのダムが建設されている。これは主に，農業，工業などの産業や生活に必要な水を確保したり，水力発電をおこなったりする目的がある。このように水資源を活用する以外に，ダムにはどのような目的があると考えられるか。簡単に書け。

(4)	a	約　　　　m	b			
	c	①		②	d	
	e					

■令和３年度問題

3 次の問いに答えなさい。

⑵ 次の地形図は，旅行で千葉県を訪れた中学生の太郎さんが，銚子（ちょうし）市で地域調査をおこなった際に使用した，国土地理院発行の２万５千分の１の地形図（銚子）の一部である。これに関して，あとのａ～ｅの問いに答えよ。

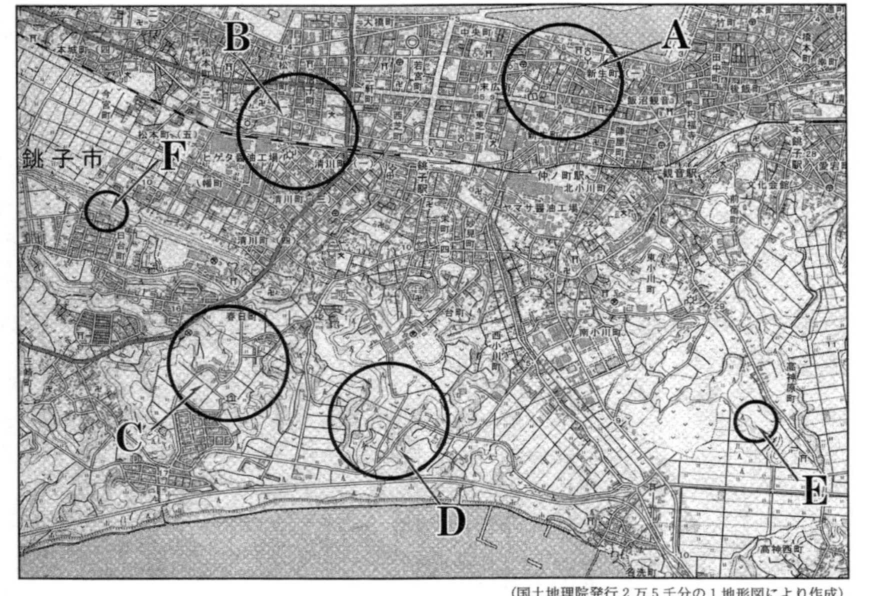

（国土地理院発行２万５千分の１地形図により作成）

ａ 地形図中の市役所と銚子駅を結んだ直線距離を，この地図上で約2.4cmとするとき，この間の実際の距離は約何ｍか。その数字を書け。

ｂ この地形図から読みとれることについて述べた次のア～エのうち，誤っているものはどれか。一つ選んで，その記号を書け。

ア 地形図中に**A**で示した地域には，官公署がみられる
イ 地形図中に**B**で示した地域には，発電所または変電所がみられる
ウ 地形図中に**C**で示した地域には，博物館または美術館がみられる
エ 地形図中に**D**で示した地域には，風車がみられる

ｃ 地形図中に**E**で示した地域の等高線の間隔は，地形図中に**F**で示した地域の等高線の間隔よりも広い。**E**の地域の傾斜と，**F**の地域の傾斜を比べると，**E**の地域の傾斜はどうであるか。簡単に書け。

ｄ 太郎さんは，千葉県の成田（なりた）国際空港は旅客輸送だけではなく貨物輸送もおこなっていることを知り，わが国の貨物輸送について調べた。次の表は，太郎さんが，2019年における成田国際空港，千葉港，東京港，名古屋港の輸出額と主な輸出品目をまとめたものである。表中のア～エのうち，成田国際空港にあたるものはどれか。一つ選んで，その記号を書け。

	輸出額（億円）	主な輸出品目
ア	123068	自動車，自動車部品，エンジン，金属加工機械
イ	105256	半導体等製造装置，科学光学機器（カメラなど），金，電気回路用品
ウ	58237	半導体等製造装置，自動車部品，コンピュータ部品，エンジン
エ	7180	石油製品，化学製品（プラスチックなど），鉄鋼，自動車

（「日本国勢図会 2020/21」により作成）

ｅ 右の地図は，太郎さんが銚子市のホームページで見つけたハザードマップの一部である。このようなハザードマップは，全国の市町村などで作成されている。ハザードマップは，どのような目的で作成されるか。簡単に書け。

（銚子市ホームページにより作成）

⑵	ａ	約　　　　ｍ	ｂ		
	ｃ	Ｅの地域の傾斜の方が，		ｄ	
	ｅ				

■令和4年度問題

3 次の問いに答えなさい。

(5) 下の地形図は，旅行で秋田県を訪れた中学生の太郎さんが，大潟(おおがた)村で地域調査をおこなった際に使用した，国土地理院発行の２万5000分の１の地形図（大潟）の一部である。これに関して，あとのａ～ｆの問いに答えよ。

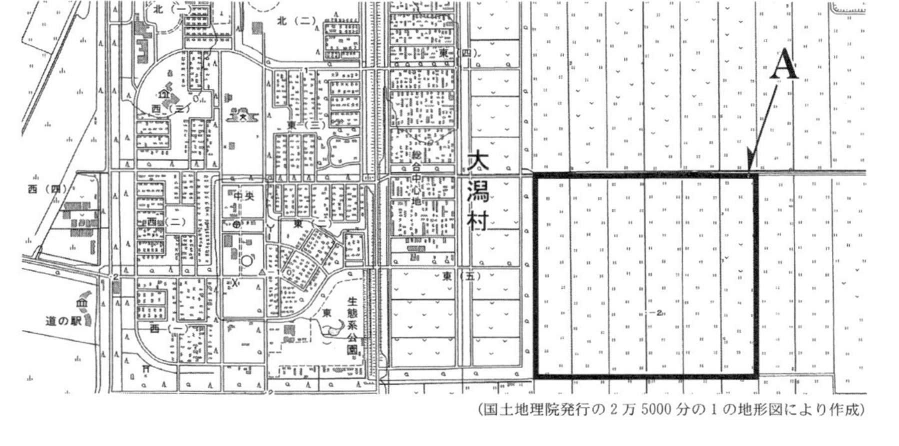

（国土地理院発行の２万5000分の１の地形図により作成）

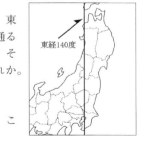

a　地形図中にＡで示した範囲を，この地図上で縦約3.9cm，横約4.1cmの長方形とすると き，Ａで示した範囲の周囲の実際の距離は約何ｍか。その数字を書け。

b　次のア～エのうち，地形図中にみられないものはどれか。一つ選んで，その記号を書け。

ア　寺院　　イ　消防署　　ウ　老人ホーム　　エ　交番

c　大潟村には，東経140度の経線が通っている。右の略地図は，東経140度の経線が通る地域を示している。東経140度の経線が通る県のうち，県名と県庁所在地の都市名が異なる県は二つある。その二つの県の県庁所在地の都市名は，次の㋐～㋓のうちのどれか。二つ選んで，その記号を書け。

東経140度

㋐　水戸市　　㋑　宇都宮市　　㋒　前橋市　　㋓　甲府市

d　大潟村が属する秋田県の沖合には，ある暖流が流れている。この暖流は何と呼ばれるか。その呼び名を書け。

e　太郎さんは，大潟村の農業について調べた。資料Ⅰは，2015年における大潟村の耕地面積別農家戸数を，資料Ⅱは，2015年における全国の農家一戸あたりの耕地面積を，資料Ⅲは，2015年における大潟村と全国の農家一戸あたりの農業産出額をそれぞれ示したものである。資料Ⅰ～Ⅲから，大潟村の農業にはどのような特徴があると読みとれるか。　**耕地**　**高い**　の二つの言葉を用いて，簡単に書け。

資料Ⅰ

耕地面積	戸数（戸）
10 ha 未満	14
10 ha 以上 20 ha 未満	339
20 ha 以上	147

資料Ⅱ

全国の農家一戸あたりの耕地面積（ha）	2.5

資料Ⅲ

	大潟村	全国
農家一戸あたりの農業産出額（万円）	2106	639

（農林水産省資料などにより作成）

f　太郎さんは，秋田市にある秋田空港を訪れ，秋田空港からわが国のいくつかの都市やその近郊にある空港に旅客機が就航していることを知った。下の図は，秋田空港，新千歳(ちとせ)空港（札幌），東京国際空港（東京），中部国際空港（名古屋），大阪国際空港（大阪）について，それぞれの空港間の2018年における旅客輸送数を示そうとしたものである。図中の**ア**～**エ**のうち，東京国際空港（東京）にあたるものはどれか。一つ選んで，その記号を書け。

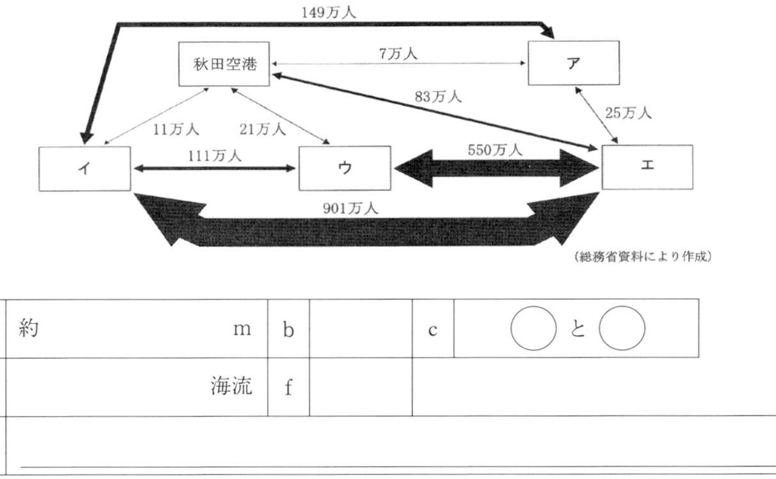

（総務省資料により作成）

(5)	a	約　　　　　m	b		c	◯と◯
	d	海流	f			
	e					

日本地理

■平成27年度問題

3 (2) 右の表は，近畿地方の各府県における，2013年の人口密度と人口増加率，65歳以上人口割合の推移を示したものである。この表を見て，あとのａ～ｄの問いに答えよ。

項目 府県名	人口密度 (人/km²)	人口増加率 (%)	65歳以上人口割合(%) 2003年	2008年	2013年
三重	316	−0.44	20.5	23.1	25.7
滋賀	347	0.06	17.3	19.7	22.0
京都	549	−0.26	19.2	22.4	25.3
大阪	4,561	−0.07	17.0	21.2	23.7
兵庫	662	−0.14	18.6	22.1	24.3
奈良	377	−0.46	18.5	22.6	25.7
和歌山	213	−0.75	22.8	26.1	28.0

(「データブック オブ・ザ・ワールド2014」および総務省統計局「人口推計」により作成)

ａ　表中に示す七つの府県のうち，府県名と府県庁所在地の都市名が異なる府県はいくつあるか。その数字を書け。

ｂ　京都府の面積を大阪府の面積の約2.5倍とし，2013年の大阪府の人口を約870万人とすると，2013年の京都府の人口は約何万人か。次のア～エのうち，最も適当なものを一つ選んで，その記号を書け。

ア　約60万人　　イ　約160万人　　ウ　約260万人　　エ　約360万人

ｃ　右の略地図は，表をもとに，近畿地方の各府県の人口増加率を四つの階級に区分し，階級ごとに異なる模様で表そうとしているものである。略地図中には，七つの府県のうち，六つの府県の人口増加率が示されている。略地図中にＸで示した府または県の人口増加率は，次のア～エのうち，どの模様で表すことができるか。一つ選んで，その記号を書け。

ア ▓▓　　イ ▦　　ウ ▨　　エ ⁘

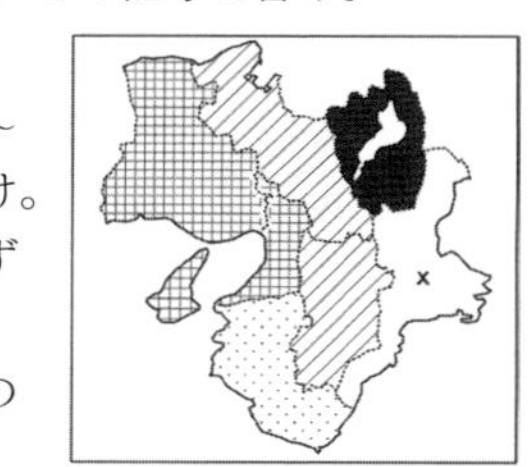

ｄ　表中の65歳以上人口割合の推移からわかることを述べた次のア～エのうち，誤っているものはどれか。一つ選んで，その記号を書け。

ア　65歳以上人口割合が，2003年，2008年，2013年のいずれにおいても最も高いのは，和歌山県である

イ　65歳以上人口割合は，2008年と2013年を比べると，七つの府県すべてにおいて，2.5%以上増加している

ウ　65歳以上人口割合が，2003年から2013年までの10年間で最も増加したのは，奈良県である

エ　65歳以上人口割合は，七つの府県すべてにおいて，2003年に比べて2013年の方が高い

(3) 下のグラフは，わが国における産業別人口割合の推移を示そうとしたものである。グラフ中のＡ～Ｃが示す産業の分類の組み合わせとして，正しいものはどれか。あとの表中のア～エのうちから一つ選んで，その記号を書け。

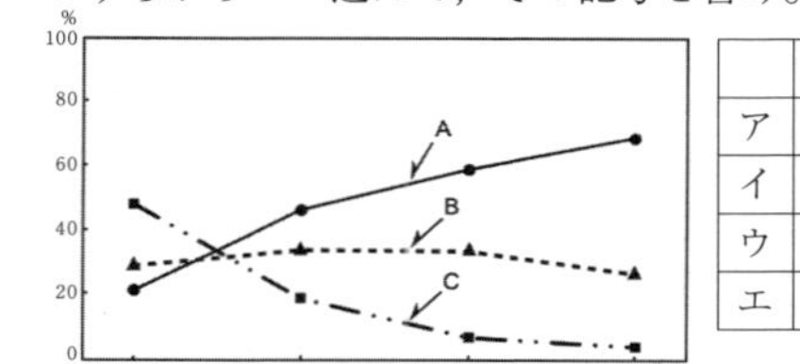

	A	B	C
ア	第１次産業	第３次産業	第２次産業
イ	第２次産業	第３次産業	第１次産業
ウ	第３次産業	第１次産業	第２次産業
エ	第３次産業	第２次産業	第１次産業

(2)	a		b		c		d		(3)	

(5) 右の略地図を見て，次のａ，ｂの問いに答えよ。

ａ　略地図中にＸで示した地域が面する太平洋沖は，たくさんの魚が集まる，世界でも有数の漁場となっている。それはなぜか。**潮目**　または　**潮境**　の言葉を用いて，簡単に書け。

ｂ　次の文は，わが国の山地について述べようとしたものである。文中の□内に共通してあてはまる最も適当な言葉を書け。

日本アルプスと呼ばれる飛騨山脈，木曽山脈，赤石山脈の東側には□がある。□は，略地図中に示した糸魚川・静岡構造線（糸魚川市と静岡市をつないだ線）を西端としている。この□を境に，日本列島は折れ曲がり，地形が東西二つに分かれる。

糸魚川・静岡構造線

X

(5)	a	と　　が　　から。
	b	

■平成28年度問題

3 次の問いに答えなさい。

(2) 右の中国・四国地方の略地図を見て，次のａ～ｄの問いに答えよ。

ａ　中国・四国地方には，香川県高松市のように県名と異なる都市名の県庁所在地が，高松市以外にも二つある。このうち，中国地方にある県庁所在地はどこか。その都市名を書け。また，その都市は略地図中の**ア～オ**のどの県にあるか。一つ選んで，その記号を書け。

ｂ　略地図中の ▓▓ は，南海トラフと呼ばれる，日本列島の南の海底に連なる，水深約4000mの深い溝の一部を模式的に示している。南海トラフでは大規模な地震の発生が予測されており，周辺の沿岸部では津波などの影響があると考えられている。このような自然災害による被害を少なくするために，日ごろから私たちができることにはどのようなことがあるか。具体的に一つ書け。

c　略地図中のXは，1988年に開通した瀬戸大橋を示している。右の資料Ⅰは，JR高松駅とJR岡山駅との間の1日あたりの定期券利用者数の推移を示しているが，定期券利用目的の大半は，高松－岡山間の通勤・通学である。次の文は，高松－岡山間で通勤・通学客が増加した理由についてまとめようとしたものである。文中の［　　　］内にあてはまる適当な言葉を書け。

瀬戸大橋が開通するまでは，高松－岡山間は主に船と鉄道を使って行き来していたが，瀬戸大橋の開通により鉄道だけでも行き来することができるようになった。これにより高松－岡山間の［　　　］が大幅に短縮されたため，通勤・通学客が増加したと考えられる。

資料Ⅰ

(注)1987年は，船(宇高連絡船)の定期券利用者数。
(JR四国資料などにより作成)

資料Ⅱ

1970年代は，日本の造船量が三つの国の中で最も多かった。1980年代から経済成長にともない造船量の増加した韓国が2000年に日本を上回った。経済成長が著しい中国は，造船量が2000年以降急激に増加し，2010年に韓国を上回り，三つの国の中で最も多くなっている。

資料Ⅲ

(「日本国勢図会2015/16」などにより作成)

d　略地図中に▲で示した地域は，造船業のさかんなところである。波のおだやかな瀬戸内海沿岸地域は，造船業に適しているとされる。上の資料Ⅱは，日本，韓国，中国の造船量についてまとめたもので，資料Ⅲは，それぞれの国の造船量の推移を示そうとしたものである。資料Ⅲ中のA～Cはそれぞれどの国を示しているか。その組合せとして正しいものを，右の表中のア～エから一つ選んで，その記号を書け。

	A	B	C
ア	日本	韓国	中国
イ	日本	中国	韓国
ウ	韓国	日本	中国
エ	韓国	中国	日本

(2)	a	都市名	市	記号		b	
	c			d			

(3)　右のグラフは，わが国における米の生産量と自給率の推移を示したものであり，下の文は，このグラフからわかることを述べようとしたものである。文中の二つの〔　　〕内にあてはまる言葉を，㋐，㋑から一つ，㋒～㋔から一つ，それぞれ選んで，その記号を書け。

わが国では，米の生産量は〔㋐ 増加　㋑ 減少〕しているが，自給率は100％前後で変わっていないので，米の消費量は〔㋒ 増加している　㋓減少している　㋔変わっていない〕と考えられる。

(農林水産省資料により作成)

(3)	○と○

■平成29年度問題

3　次の問いに答えなさい。

(3)　右の略地図を見て，次のa～dの問いに答えよ。

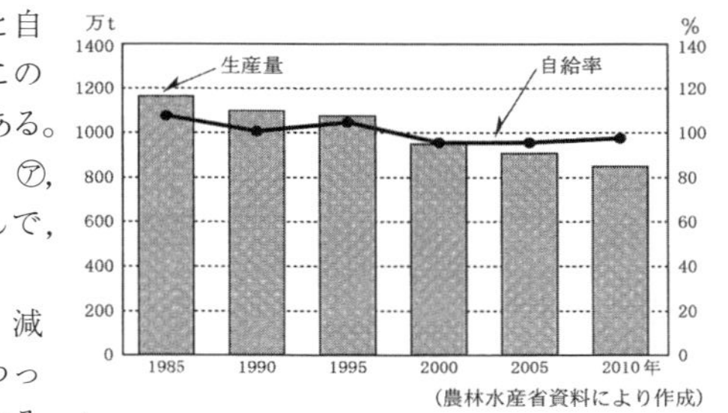

a　2016年3月に北海道新幹線が開業し，東京都と北海道が新幹線で結ばれた。略地図中の ━━ は，東京都と北海道を結んだ新幹線の路線を示している。略地図中にXで示した県は，この路線において，駅数が最も多い。Xで示した県の県庁所在地はどこか。その都市名を書け。

b　略地図中にYで示した島は，わが国の領土の最北端に位置している。この島は何と呼ばれるか。次のア～エから一つ選んで，その記号を書け。

ア　歯舞群島　　イ　色丹島
ウ　国後島　　エ　択捉島

c　略地図中の△は，おもな火山の位置を示している。火山は噴火すると火山灰や溶岩を噴出したり，火砕流が発生したりして，人々の生命を危険にさらすことがある。その一方，私たちの生活にめぐみをもたらすこともある。火山がもたらすめぐみにはどのようなことがあるか。簡単に書け。

d　右の略地図は，わが国を，北海道，東北，関東，中部，近畿，中国・四国，九州の7地方に区分した場合の，東北，関東，中部の3地方を示したものである。また，略地図中の破線（-----）は，都府県の境を示している。東北と関東，東北と中部，関東と中部のそれぞれの地方の境は，略地図中のどの部分か。図中の破線を，実線（――）でなぞって書け。

(3)	a	市	b		c	

■平成30年度問題

3 次の問いに答えなさい。

(2) 右の表は，2014年のわが国と九州地方の各県における製造品出荷額等の総計と，そのうちの金属製品と食料品の出荷額をそれぞれ示したものである。この表からわかることを述べたあとのア～エのうち，正しいものはどれか。一つ選んで，その記号を書け。

	製造品出荷額等の総計(百億円)	金属製品の出荷額(百億円)	食料品の出荷額(百億円)
福岡	848	49	91
佐賀	174	10	33
長崎	157	6	25
熊本	249	15	33
大分	457	6	15
宮崎	154	4	32
鹿児島	193	5	66
沖縄	64	4	15
九州	2296	99	310
全国	30701	1420	2607

(「データでみる県勢 2017 年版」により作成)

ア　九州地方の各県のうち，製造品出荷額等の総計に占める金属製品の出荷額の割合が最も高いのは，鹿児島県である

イ　九州地方の各県のうち，製造品出荷額等の総計に占める食料品の出荷額の割合が最も高いのは，宮崎県である

ウ　福岡県と大分県のそれぞれの製造品出荷額等の総計の合計が，九州地方の製造品出荷額等の総計に占める割合は，50％以上である

エ　九州地方の食料品の出荷額の合計が，わが国の食料品の出荷額に占める割合は，20％以上である

資料Ⅰ　わが国における外国人延べ宿泊者数の推移

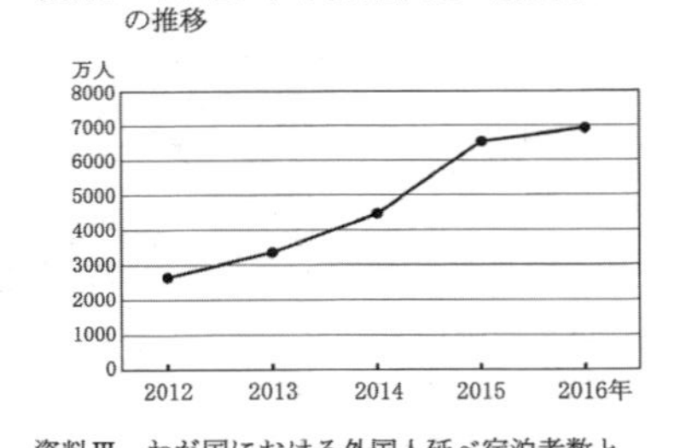

資料Ⅱ　香川県における外国人延べ宿泊者数の推移

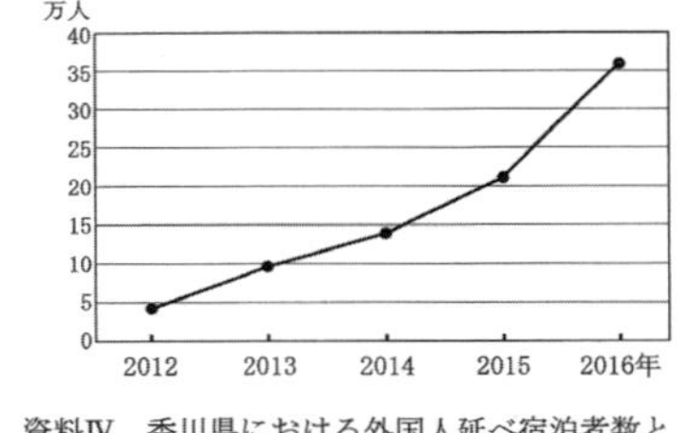

資料Ⅲ　わが国における外国人延べ宿泊者数とその国籍(出身地)別割合

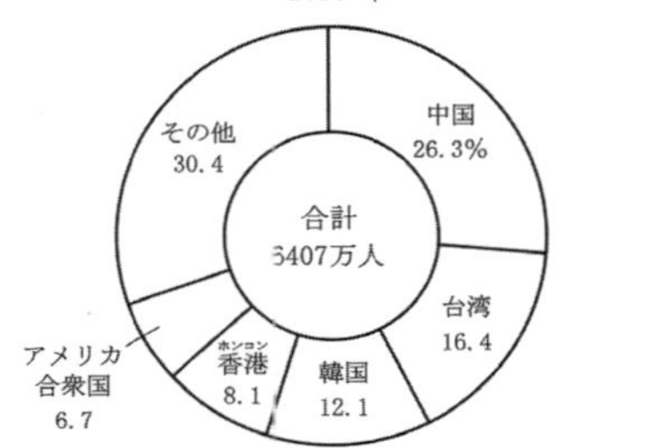

資料Ⅳ　香川県における外国人延べ宿泊者数とその国籍(出身地)別割合

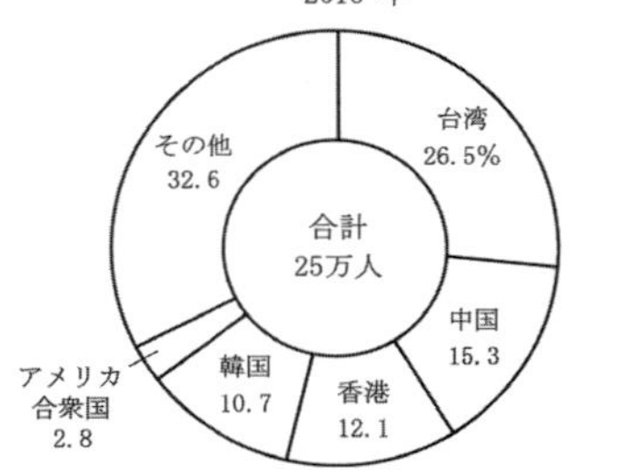

(注)資料Ⅲ，Ⅳは従業者数 10 人以上の施設に対する調査から作成
(観光庁資料により作成)

(3) 近年，わが国への外国人観光客が増加している。資料Ⅰと資料Ⅱは，2012年から2016年のわが国および香川県における外国人延べ宿泊者数の推移を示したものである。資料Ⅲと資料Ⅳは，2016年のわが国および香川県における外国人延べ宿泊者数とその国籍（出身地）別割合を示したものである。これらの資料からわかることを述べたあとのア～エのうち，正しいものはどれか。一つ選んで，その記号を書け。

ア　2012年と2016年のわが国における外国人延べ宿泊者数を比べると，2016年は2012年の3倍以上である

イ　2012年から2016年のわが国と香川県における外国人延べ宿泊者数の増加率を比べると，わが国の方が増加率が高い

ウ　2016年のわが国における外国人延べ宿泊者数のうち，中国，台湾，韓国，香港のいずれかを国籍(出身地)とする宿泊者数の合計は5000万人を上回っている

エ　2016年の香川県における外国人延べ宿泊者数のうち，台湾を国籍(出身地)とする宿泊者数は，6万人を上回っている

(2)		(3)	

■平成31年度問題

3 次の問いに答えなさい。

(3) 下の資料Ⅰは，百貨店，大型スーパーマーケット，コンビニエンスストアの店舗数の推移を示したものである。下の資料Ⅱは，百貨店，大型スーパーマーケット，コンビニエンスストアの販売総額の推移を示したものである。これらの資料からわかることを述べたあとのア～エのうち，誤っているものはどれか。一つ選んで，その記号を書け。

資料Ⅰ　店舗数の推移(店)

	2000年	2005年	2010年	2015年
百貨店	417	345	274	246
大型スーパーマーケット	3375	3940	4683	4818
コンビニエンスストア	35461	39600	42347	54505

資料Ⅱ　販売総額の推移

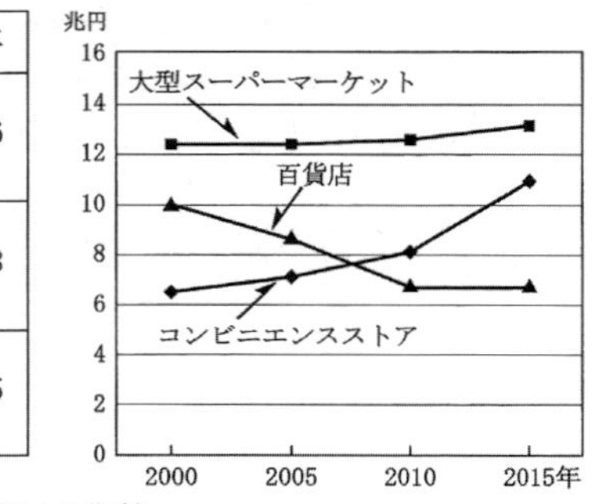

(経済産業省資料により作成)

ア　2000年と2015年の百貨店，大型スーパーマーケット，コンビニエンスストアの店舗数を比べると，店舗数が減少しているのは百貨店である

イ　百貨店，大型スーパーマーケット，コンビニエンスストアのうち，2010年から2015年にかけて，販売総額が最も増加したのは，コンビニエンスストアである

ウ　2000年と2015年の百貨店における1店舗あたりの販売額を比べると，百貨店の1店舗あたりの販売額が少ないのは，2015年である

エ　2015年における，大型スーパーマーケットとコンビニエンスストアの1店舗あたりの販売額を比べると，大型スーパーマーケットはコンビニエンスストアの10倍以上である

(5) 中学生のあおいさんは，オリーブについて調べた。下の資料Ⅰは，2014年のオリーブの生産量とその生産国別割合を示したものである。また，資料Ⅱは，2014年のわが国におけるオリーブの収穫量とその都道府県別割合を示したものである。これに関して，a～cの問いに答えよ。

資料Ⅰ　2014年のオリーブの生産量とその生産国別割合

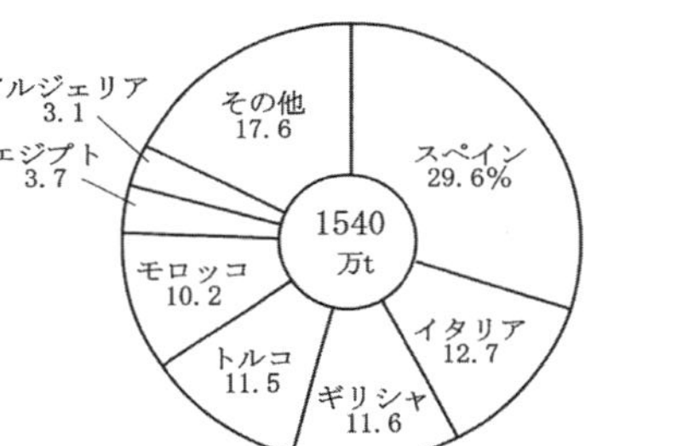

（「データブック オブ・ザ・ワールド2018」により作成）

資料Ⅱ　2014年のわが国におけるオリーブの収穫量とその都道府県別割合

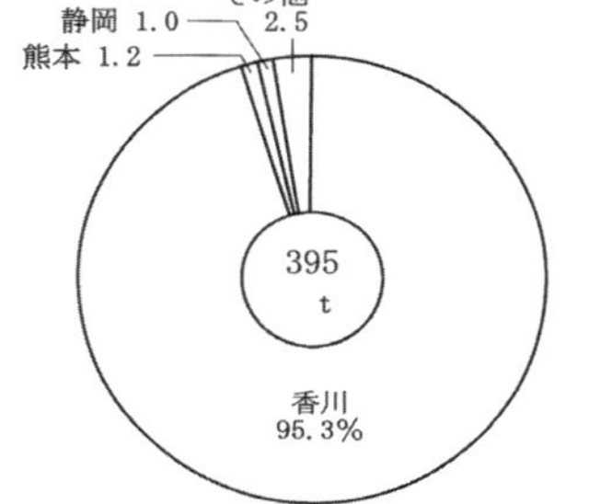

（農林水産省資料により作成）

a　右の略地図中に ▓▓ で示した地域は，2014年におけるオリーブの生産量上位５か国に共通してみられる，ある気候帯の分布を示したものである。また，略地図中のラバトの気候は，その気候帯の地中海性気候に区分されている。略地図中に示したこの気候帯は，何と呼ばれるか。また，右のA，Bのグラフのうち，ラバトの月平均気温と月降水量を表したものはどちらか。その呼び名とグラフの組み合わせとして正しいものを，次の表中のア～エから一つ選んで，その記号を書け。

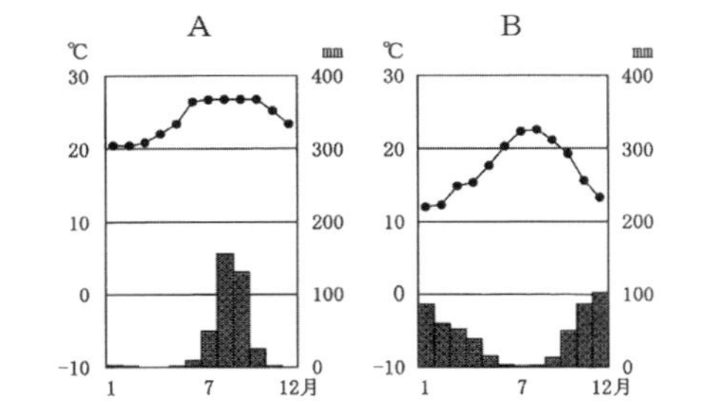

	呼び名	グラフ
ア	温　帯	A
イ	温　帯	B
ウ	乾燥帯	A
エ	乾燥帯	B

A　B

（気象庁資料により作成）

b　オリーブの栽培が盛んである香川県では，日照時間が長く，降水量が少ない。下の図は，瀬戸内地方周辺の断面を模式的に示したものである。香川県などの瀬戸内海に面した地域で年間を通じて降水量が少ないのはなぜか。 **山地** という言葉を用いて，簡単に書け。

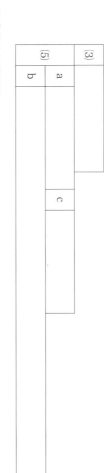

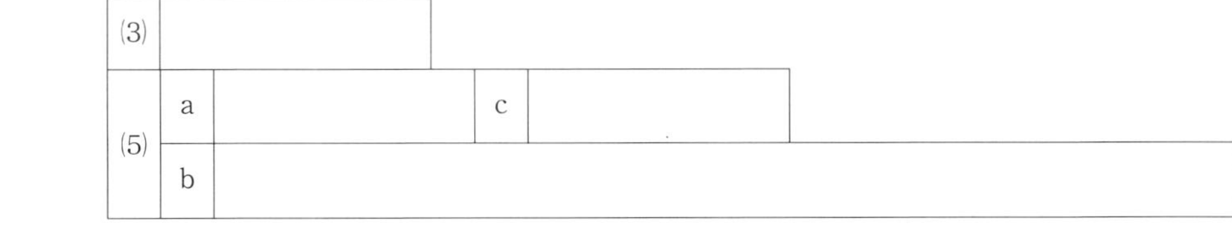

c　あおいさんは，香川県で，オリーブの葉が魚介類のえさの一部として利用されていることを知り，わが国の水産業の特徴について興味をもち，調べた。次の文は，あおいさんが，わが国の水産業の特徴についてまとめようとしたものの一部である。文中の□内にあてはまる最も適当な言葉を書け。

近年では，とる漁業から育てる漁業への転換がすすめられている。とくに海や池などでいけすやいかだを使って，卵や稚魚などを出荷できる大きさになるまで育てる漁業は□と呼ばれる。

(3)				
(5)	a		c	
	b			

■令和２年度問題

3 次の問いに答えなさい。

(3) 下の略地図中に ░░ で示した範囲は，わが国の領海と排他的経済水域を示そうとしたものである。また，次の表は，アメリカ合衆国，ブラジル，オーストラリアとわが国の国土面積，領海と排他的経済水域を合わせた面積を示したものである。わが国が，国土面積に比較して，領海と排他的経済水域を合わせた面積が広いのはなぜか。簡単に書け。

国名	国土面積（万 km^2）	領海と排他的経済水域を合わせた面積（万 km^2）
アメリカ合衆国	983	762
ブラジル	852	317
オーストラリア	769	701
日本	38	447

（「海洋白書 2015」により作成）

(5) 花子さんは，わが国の農業に興味をもち，その特色について調べた。下の資料Ⅰは，花子さんが，わが国の農業の特色についてまとめたものの一部である。また，資料Ⅱは，2017年における北海道，茨城県，新潟県，鹿児島県の農業産出額の総計と米，野菜，畜産の産出額についてそれぞれ示そうとしたものである。資料Ⅱ中のア～エのうち，資料Ⅰから考えると，鹿児島県にあてはまるものはどれか。一つ選んで，その記号を書け。

資料Ⅰ

【わが国の農業の特色】
- 稲作がとくに盛んな地域は，北海道や東北地方，北陸などである
- 北海道や近郊農業がおこなわれている地域では，野菜の生産が盛んである
- 畜産の産出額が多い地域は，大規模な経営がおこなわれている北海道や九州地方南部などである

資料Ⅱ

	農業産出額の総計(億円)	米の産出額(億円)	野菜の産出額(億円)	畜産の産出額(億円)
ア	12762	1279	2114	7279
イ	5000	221	657	3162
ウ	4967	868	2071	1336
エ	2488	1417	352	517

(農林水産省資料により作成)

(6) 次のア～エのグラフはそれぞれ，右の略地図中の小樽(おたる)，松本，敦賀(つるが)，延岡(のべおか)のいずれかの都市の月平均気温と月降水量を表したものである。松本にあたるものはア～エのうちのどれか。一つ選んで，その記号を書け。

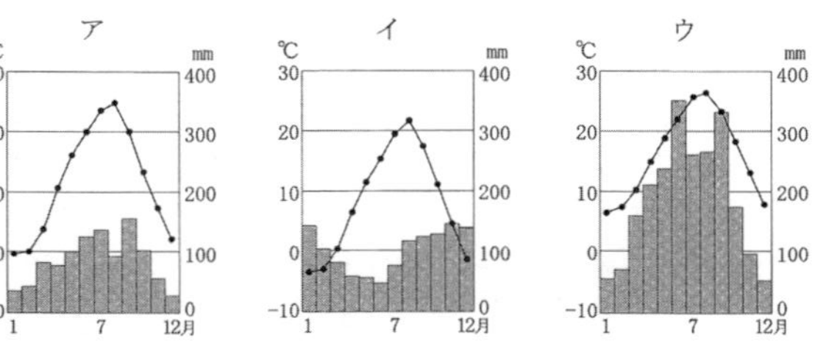

(気象庁資料により作成)

(7) 貿易に関して，次のa，bの問いに答えよ。

a　わが国は，加工貿易を通して発展してきた。加工貿易とはどのような貿易か。**原料　工業製品**　の二つの言葉を用いて，簡単に書け。

b　次の資料Ⅰ，Ⅱは，わが国の1960年と2017年における輸入品の構成と輸出品の構成をそれぞれ示したものである。資料Ⅰ，Ⅱからわかることについて述べたあとのア～エのうち，正しいものはどれか。一つ選んで，その記号を書け。

資料Ⅰ　わが国の輸入品の構成

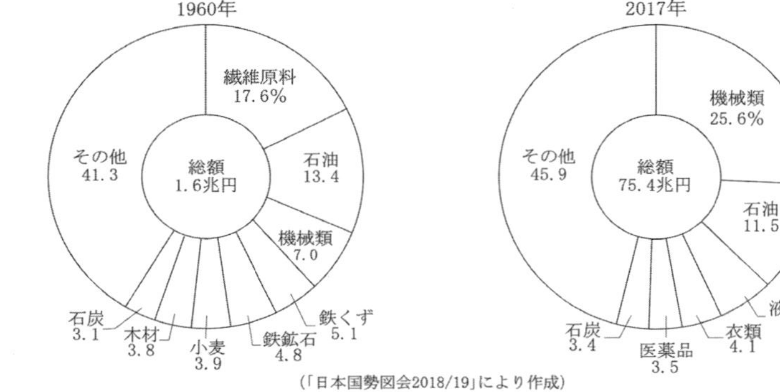

(「日本国勢図会2018/19」により作成)

資料Ⅱ　わが国の輸出品の構成

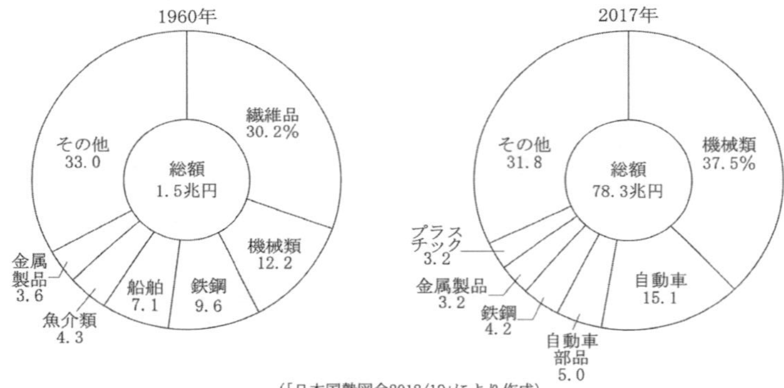

(「日本国勢図会2018/19」により作成)

ア　1960年と2017年はそれぞれ，輸入総額に比べて輸出総額の方が多い
イ　機械類の輸出額は，1960年と比べて2017年の方が少ない
ウ　石油の輸入額は，1960年と比べて2017年の方が多い
エ　2017年の自動車の輸出額は，10兆円よりも少ない

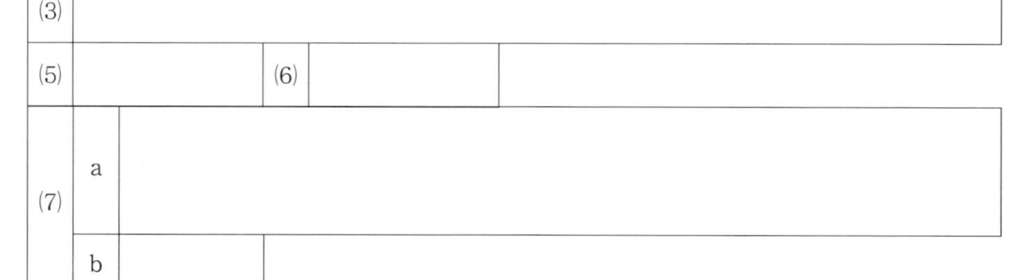

■令和３年度問題

3 次の問いに答えなさい。

(3) 太郎さんは，わが国の気候について学び，日本海側の気候の特徴について調べることにした。下の資料は，福井市の月平均気温と月降水量を示したものである。この資料を見て，あとのａ，ｂの問いに答えよ。

	1月	2月	3月	4月	5月	6月	7月	8月	9月	10月	11月	12月
気温(℃)	3.0	3.4	6.8	12.8	17.7	21.6	25.6	27.2	22.7	16.6	11.0	5.9
降水量(mm)	285	170	157	127	146	167	233	128	202	145	205	273

(気象庁資料により作成)

ａ 右のグラフは，太郎さんが福井市の月平均気温と月降水量を表そうとしたものである。資料を用いて，８月の気温と降水量について作図し，右のグラフを完成させよ。

ｂ 次の文は，太郎さんが福井市など日本海側の地域において，冬の降水量が多い理由についてまとめようとしたものである。文中の□内に共通してあてはまる言葉を書け。

わが国の気候には，夏に太平洋から暖かく湿った大気を運び，冬にユーラシア大陸から冷たく乾いた大気を運ぶ□と呼ばれる風が影響している。日本海側では，北西から吹く冬の□が，日本海をわたるときに水蒸気を含んで雲をつくり，山地にぶつかって雨や雪を降らせる。

(4) 次の資料Ⅰは，2015年における関東地方の６県から東京都へ通勤・通学する人口をそれぞれ示したものである。また，資料Ⅱは，2015年における関東地方の６県の人口をそれぞれ示したものである。資料Ⅰ，Ⅱからわかることについて述べたあとのア～エのうち，誤っているものはどれか。一つ選んで，その記号を書け。

資料Ⅰ

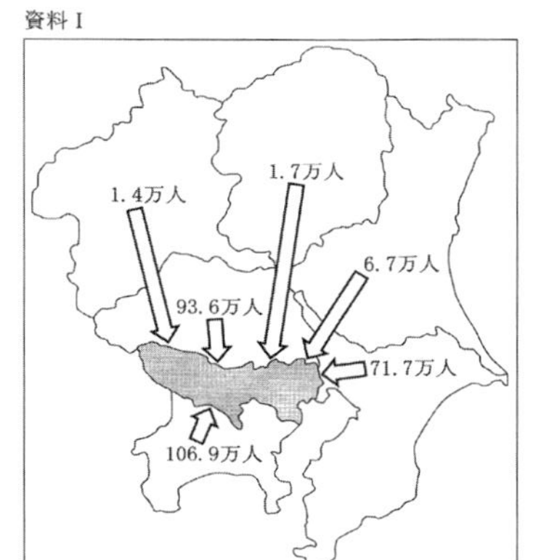

(総務省資料により作成)

資料Ⅱ

県名	人口(万人)
茨城	292
栃木	197
群馬	197
埼玉	727
千葉	622
神奈川	913

(総務省資料により作成)

ア 神奈川県から東京都へ通勤・通学する人口は，埼玉県から東京都へ通勤・通学する人口より多い

イ 千葉県から東京都へ通勤・通学する人口が，千葉県の人口に占める割合は10%以上である

ウ 茨城県，埼玉県，神奈川県のうち，各県の人口に占める東京都へ通勤・通学する人口の割合が最も高いのは，神奈川県である

エ 埼玉県，千葉県，神奈川県から東京都へ通勤・通学する人口の合計は，茨城県，栃木県，群馬県から東京都へ通勤・通学する人口の合計の20倍以上である

(5) 右の表は，わが国の2008年，2013年，2018年の水力発電，火力発電，原子力発電，太陽光発電の発電電力量の推移をそれぞれ示したものである。表中のア～エのうち，原子力発電と太陽光発電にあたるものはそれぞれどれか。一つずつ選んで，その記号を書け。

	発電電力量(百万kWh) 2008年	2013年	2018年
ア	798930	987345	823589
イ	258128	9303	62109
ウ	83504	84885	87398
エ	11	1152	18478

(経済産業省資料により作成)

(3)	b		(4)		(5)	原子力		太陽光	

■令和４年度問題

3 次の問いに答えなさい。

(4) 次のア～エの略地図は，2017年における都道府県別の，第三次産業就業者の割合，総人口に占める65歳以上の人口の割合，人口密度，工業生産額（製造品出荷額等）のいずれかについて，それぞれ上位10都道府県を▒で示したものである。ア～エのうち，工業生産額（製造品出荷額等）を示した略地図はどれか。一つ選んで，その記号を書け。

ア

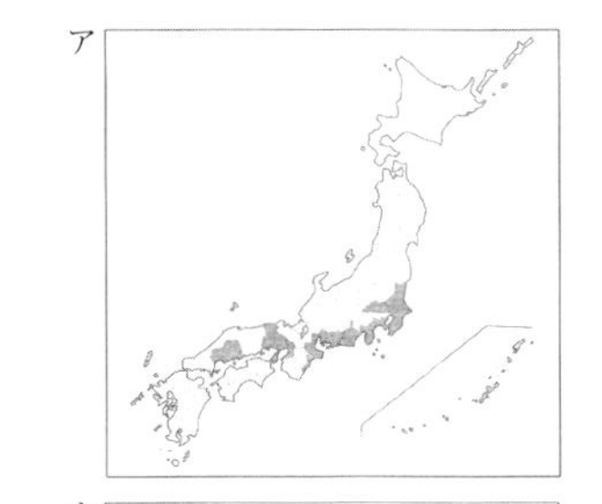

イ

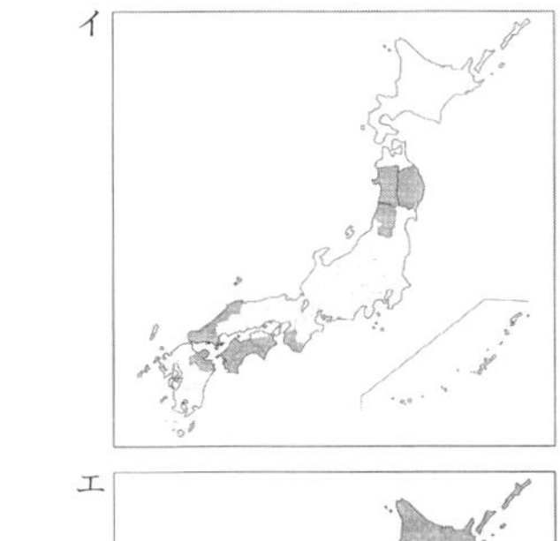

ウ

エ

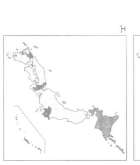

(「日本国勢図会2020/21」などにより作成)

(4)	

世界地理

■平成26年度問題

3 次の問いに答えなさい。

(1) 下の略地図を見て，あとのａ～ｅの問いに答えよ。

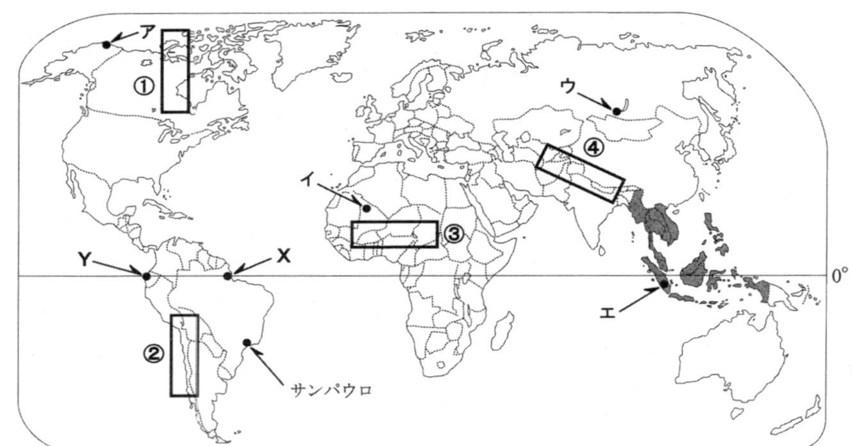

ａ　略地図中に［　　］で示した①～④の地域のうち，造山帯に属し，おもな地震の震源が多く分布しているのはどこか。二つ選んで，その番号を書け。

ｂ　赤道は，南アメリカ大陸において，略地図中の**X**地点で西経50度の経線，**Y**地点で西経80度の経線と交わっている。赤道一周が約40000kmだとすると，この大陸における**X**と**Y**の間の実際の距離は約何kmか。次のア～エのうち，最も適当なものを一つ選んで，その記号を書け。

ア　約1300km　　イ　約3300km　　ウ　約5000km　　エ　約6600km

ｃ　2014年のサッカーのワールドカップで，開催国のブラジルが登場する開幕戦は，略地図中のサンパウロでおこなわれ，その試合開始はサンパウロの日時で６月12日午後５時の予定である。この試合の生中継を東京でテレビ観戦しようとすると，その試合の開始予定は，東京の日時で６月何日の何時であるか。サンパウロは西経45度の経線を標準時子午線としているとして，その日時を午前，午後の区別をつけて書け。

ｄ　右の写真は，土をこねてつくる日干しれんがを利用した住居を写したものである。略地図中に**ア**～**エ**で示した地点のうち，このような伝統的な住居が見られるのはどこか。一つ選んで，その記号を書け。

ｅ　略地図中に［■］で示した10か国は，政治や経済などの分野で協力を進めるため，ある組織をつくっている。1967年に結成されたこの組織は何と呼ばれるか。その呼び名を書け。

(1)	a	○ と ○	b			
	c	6月　　日　　　時	d		e	

■平成28年度問題

3 次の問いに答えなさい。

(1) 下の略地図を見て，あとのａ～ｄの問いに答えよ。

ａ　略地図中に［■］で示した①～④の国のうち，領土内を赤道がとおっている国はどこか。一つ選んで，その番号を書け。

ｂ　略地図中のラパスはボリビアの首都で，標高が4000m前後に位置している。次のア～エのグラフのうち，ラパスの月平均気温と月降水量を表したものはどれか。一つ選んで，その記号を書け。

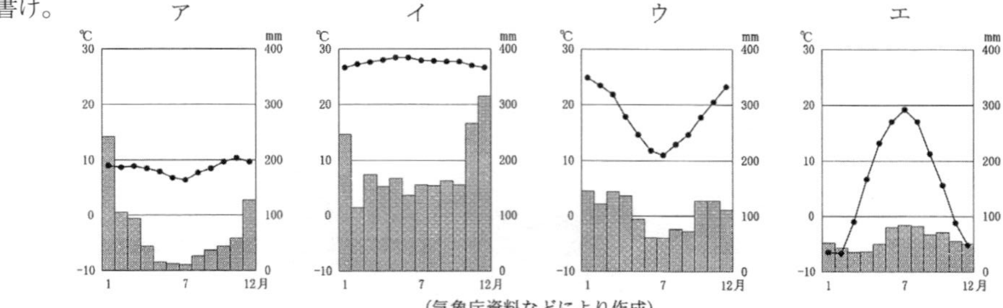

(気象庁資料などにより作成)

ｃ　略地図中のコロンビアで，2016年９月にフットサルの第８回ワールドカップが開催されることが決まっており，この大会の開会式はコロンビアの日時で９月10日午後６時に始まる予定である。このとき，日本の日時は９月何日の何時であるか。コロンビアは西経75度の経線を標準時子午線としているとして，その日時を午前，午後の区別をつけて書け。

ｄ　略地図中のサウジアラビアでは，ある宗教が人々の生活と密接にかかわっており，この宗教を信仰する人々は，聖地であるメッカに向かって１日５回礼拝をおこなうことや豚肉を食べないことなど，この宗教のきまりに従いながら生活している。この宗教は何と呼ばれるか。その呼び名を書け。

(1)	a	○	b		c	9月　　日　　　時	d	教

■平成30年度問題

3 次の問いに答えなさい。

(1) 下の略地図は，緯線と経線が直角に交わる地図で，経線は等間隔で引かれている。この略地図を見て，あとのa～gの問いに答えよ。

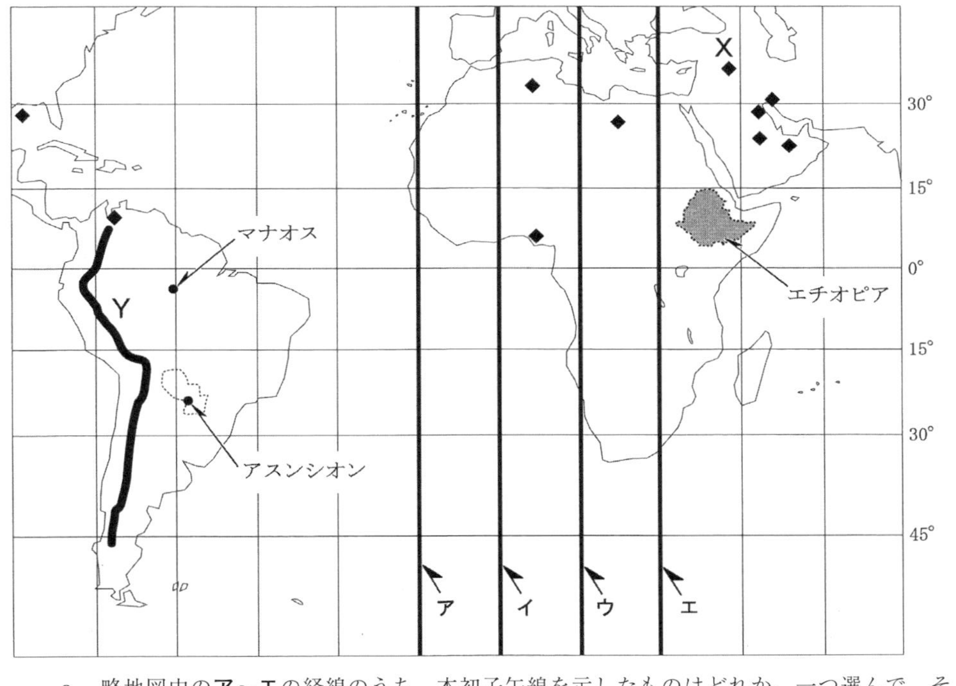

a 略地図中の**ア**～**エ**の経線のうち，本初子午線を示したものはどれか。一つ選んで，その記号を書け。

b 略地図中に**X**で示した陸地は，六大陸のうちいずれかの大陸の一部である。この大陸は何と呼ばれるか。その大陸名を書け。

c 略地図中の ▒▒ で示したエチオピアは，国土が全く海に面していない。このような国土が全く海に面していない国は，一般に何と呼ばれるか。その呼び名を書け。

d 略地図中に**Y**で示した山脈や北アメリカ大陸のロッキー山脈，日本列島を含む造山帯は何と呼ばれるか。その造山帯名を書け。

e 略地図中のアスンシオンは，パラグアイの首都で，西経60度の経線を標準時子午線としている。アスンシオンが8月5日午後8時であるとき，東京の日時は8月何日の何時であるか。その日時を午前，午後の区別をつけて書け。

f 略地図中の◆は，エネルギー源や工業原料として利用される，ある鉱産資源の主な産出地を示している。また，右のグラフは，2013年におけるこの鉱産資源の産出国とその割合を示したものである。この鉱産資源は何か。その資源名を書け。

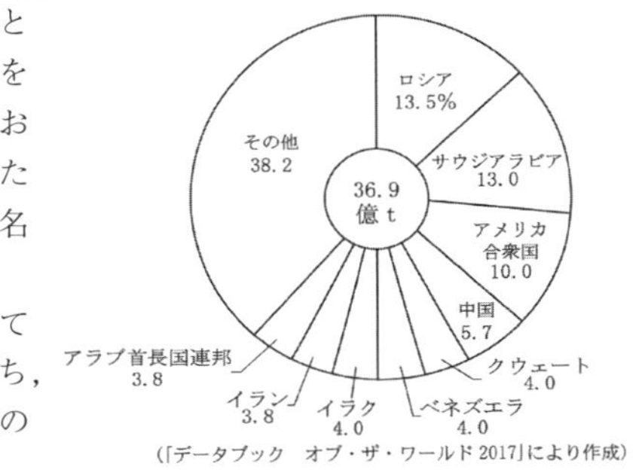

(「データブック オブ・ザ・ワールド 2017」により作成)

g 略地図中のマナオスは，赤道付近に位置している都市である。次のア～エのグラフのうち，マナオスの月平均気温と月降水量を表したものはどれか。一つ選んで，その記号を書け。

ア　イ　ウ　エ

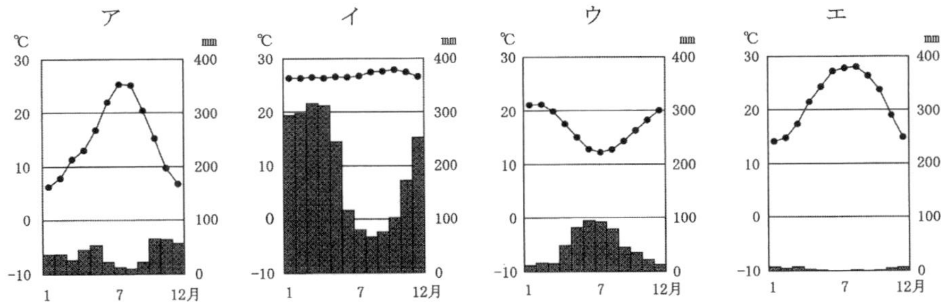

(気象庁資料などにより作成)

(1)	a		b	大陸	c	
	d	造山帯	e	8月　日　時		
	f		g			

■平成31年度問題

3 次の問いに答えなさい。

(1) 下の略地図は，シンガポールからの距離と方位が正しくあらわされているものである。この略地図を見て，あとのａ～ｄの問いに答えよ。

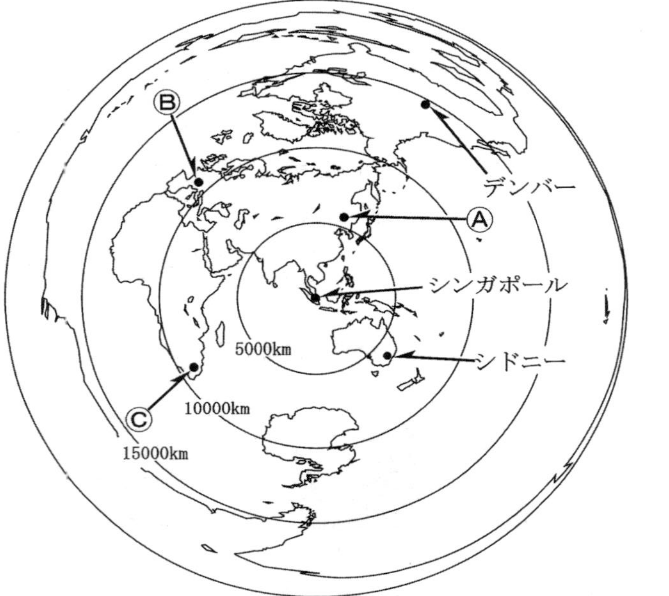

ａ 略地図中に示したシンガポールとアフリカ大陸との間に広がる海洋は，三大洋の一つである。この海洋は何と呼ばれるか。その呼び名を書け。

ｂ 略地図中のシドニーは，シンガポールから見たとき，どの方位にあるか。その方位を８方位で書け。

ｃ 略地図中にⒶ～Ⓒで示した都市が，シンガポールからの距離の近い順に左から右に並ぶように記号Ⓐ～Ⓒを用いて書け。

ｄ 略地図中のデンバーは，西経105度の経線を標準時子午線としている。東京が12月10日午前９時であるとき，デンバーの日時は12月何日の何時であるか。その日時を<u>午前，午後の区別をつけて</u>書け。

(1)	a		b		
	c	◯→◯→◯	d	12月　　日　　時	

(2) 右の略地図は，ある宗教の主な分布を■■で示したものである。この宗教は何か。次の㋐～㋓から，最も適当なものを一つ選んで，その記号を書け。

㋐ 仏教
㋑ イスラム教
㋒ キリスト教
㋓ ヒンドゥー教

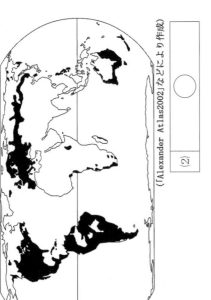

(「Alexander Atlas2002」などにより作成)

(2)	◯

■令和２年度問題

3 次の問いに答えなさい。

(1) 下の略地図は，緯線と経線が直角に交わる地図で，経線は等間隔で引かれている。この略地図を見て，あとのａ～ｅの問いに答えよ。

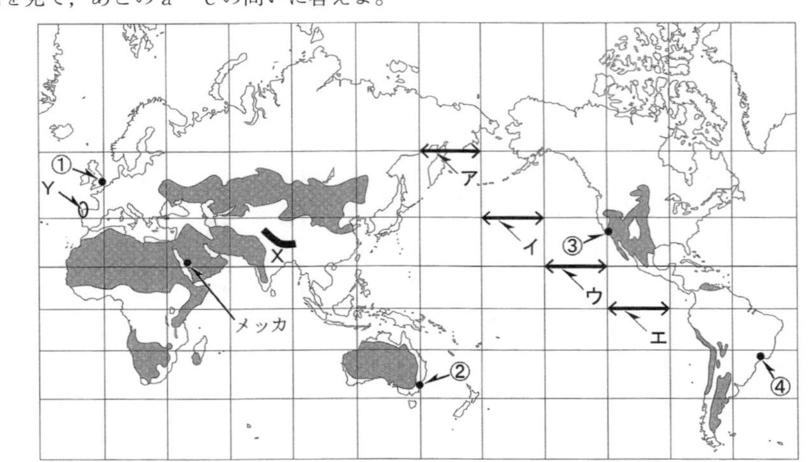

ａ 略地図中の**ア**～**エ**の ⟷ で示した長さは，地図上ではすべて同じであるが，実際の距離はそれぞれ異なっている。略地図中の**ア**～**エ**の ⟷ のうち，実際の距離が最も長いものはどれか。一つ選んで，その記号を書け。

ｂ あとの表は，略地図中に①～④で示した都市の標準時子午線をそれぞれ示したものである。略地図中の①～④の都市のうち，わが国との時差が最も大きい都市はどれか。一つ選んで，その番号を書け。

都市	①	②	③	④
標準時子午線	経度０度	東経 150 度	西経 120 度	西経 45 度

c　略地図中にXで示した山脈を含む，ヨーロッパからアジアにつらなる造山帯は何と呼ばれるか。その造山帯名を書け。

d　略地図中に［網かけ］で示した地域は，ある気候帯の分布を示したものである。また，右のグラフは，この気候帯に属する略地図中のメッカの月平均気温と月降水量を表したものである。この気候帯は何と呼ばれるか。次のア～エから一つ選んで，その記号を書け。

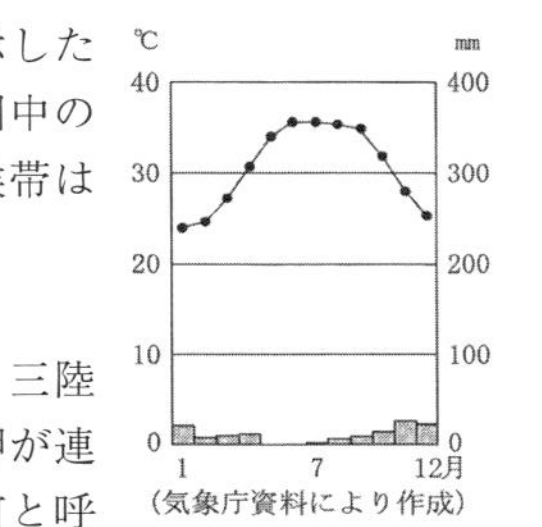

（気象庁資料により作成）

ア　熱帯　　イ　乾燥帯　　ウ　温帯　　エ　寒帯

e　略地図中にYで示した地域の海岸には，わが国の志摩半島，三陸海岸のように，山地が海にせまり，奥行きのある湾と小さな岬が連続する入り組んだ海岸がみられる。このような海岸の地形は何と呼ばれるか。その呼び名を書け。

(2)　下の資料Ⅰは，中国の年降水量を，資料Ⅱは，中国の1月の平均気温をそれぞれ示したものである。資料Ⅰ，Ⅱからわかることについて述べたあとの㋐～㋓のうち，誤っているものはどれか。一つ選んで，その記号を書け。

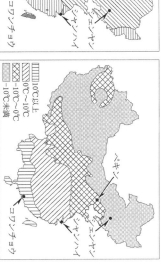

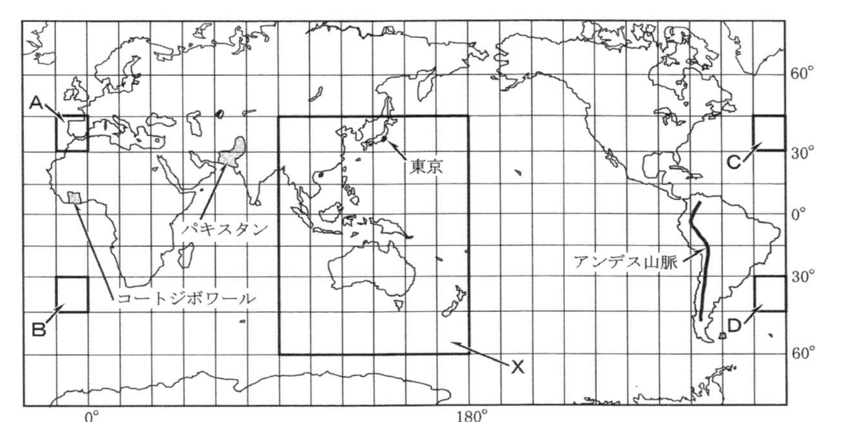

（「中国地図帳」などにより作成）

㋐　ペキンの年降水量は，1000mm未満である
㋑　シェンヤンの1月の平均気温は，－10℃未満である
㋒　シェンヤンとコワンチョウの年降水量を比べると，コワンチョウの方が多い
㋓　シャンハイの年降水量は，1000mm未満であり，1月の平均気温は，0℃以上である

(1)	a		b	◯	c	造山帯
	d		e		(2)	◯

■令和3年度問題

3　次の問いに答えなさい。

(1)　下の略地図を見て，あとのa～eの問いに答えよ。

（略地図：A，B，C，D，X，東京，パキスタン，コートジボワール，アンデス山脈，60°，30°，0°，30°，60°，0°，180°）

a　地球は球体であり，北極点を，地球の中心を通って正反対側に移した地点は南極点である。略地図中の東京を，地球の中心を通って正反対側に移した地点は，略地図中のA～Dのうち，どの範囲内に位置するか。最も適当なものを一つ選んで，その記号を書け。

b　略地図中のアンデス山脈では，標高3000m以上の高地で暮らしている人々がいる。次の㋐～㋓のうち，アンデス山脈の標高3000m以上の高地でおこなわれている農牧業の特徴について述べたものとして最も適当なものはどれか。一つ選んで，その記号を書け。

㋐　温暖で夏が暑く乾燥する気候に適したオリーブやぶどう，オレンジなどが栽培されている
㋑　1年を通して暑い地域でよく育つキャッサバやタロいも，ヤムいもなどが栽培されている
㋒　オアシスの周辺での乾燥に強い穀物などの栽培や，らくだや羊などの遊牧がおこなわれている
㋓　寒さに強いじゃがいもなどの栽培や，リャマやアルパカなどの放牧がおこなわれている

c　右の写真は，略地図中のパキスタンにおけるある宗教の礼拝堂の前で祈りをささげる人々のようすを写したものである。この宗教を信仰する人々は，聖地メッカに向かって1日5回の礼拝をおこなうことや豚肉を食べないことなど，この宗教のきまりに従いながら生活している。この宗教は何と呼ばれるか。その呼び名を書け。

d　略地図中にXで示した地域において，主な火山を▲で示したとき，その分布を表したものとして最も適当なものは，次のア～エのうちのどれか。一つ選んで，その記号を書け。

ア
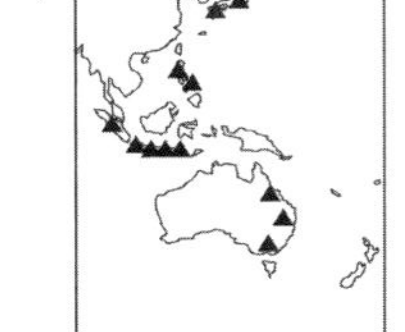
イ

ウ
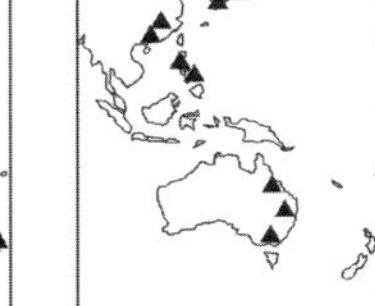
エ
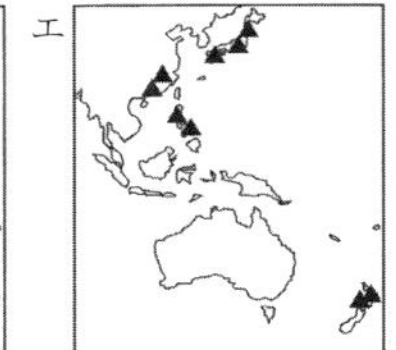

e　中学生の太郎さんは，略地図中のコートジボワールでは，カカオ豆が多く生産されていることを知った。太郎さんは，「カカオ豆の国際価格の変動が，コートジボワールの輸出総額に影響する」と予想し，それを確認するために三つの資料を用意することにした。カカオ豆の国際価格の推移とコートジボワールの輸出総額の推移を示す資料のほかに，次の㋐～㋓のうちのどの資料を準備すれば，予想を確認することができるか。最も適当なものを一つ選んで，その記号を書け。

㋐　コートジボワールにおけるカカオ豆の生産量の推移を示す資料
㋑　コートジボワールにおけるカカオ豆の消費量の推移を示す資料
㋒　コートジボワールにおけるカカオ豆の輸出額の推移を示す資料
㋓　コートジボワールにおけるカカオ豆の輸入額の推移を示す資料

(1)	a		b	○	c	教	d		e	○

■令和４年度問題

3　次の問いに答えなさい。

(1)　次の略地図は，緯線と経線が直角に交わる地図で，経線は等間隔で引かれている。この略地図を見て，あとのａ～ｅの問いに答えよ。

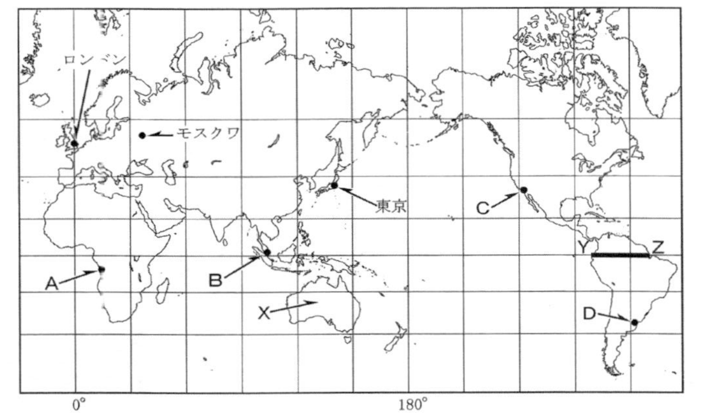

a　略地図中に**A**～**D**で示した都市のうち，赤道をはさんで反対側に移すと，東京と緯度がほぼ同じになる都市はどれか。最も適当なものを一つ選んで，その記号を書け。

b　下の表は，略地図中のロンドンから東京に向かうある飛行機の，ロンドンを出発した日時をイギリスの標準時で，東京に到着した日時をわが国の標準時で示したものである。この飛行機がロンドンを出発してから東京に到着するまでにかかった時間は，何時間何分か。その数字を書け。

ロンドンを出発した日時	東京に到着した日時
２月９日19時00分	２月10日15時50分

c　略地図中に**X**で示した大陸は，六大陸の一つである。この大陸は何と呼ばれるか。その呼び名を書け。

d　略地図中のモスクワはロシアの首都であり，亜寒帯（冷帯）に属している。次のア～エのグラフのうち，モスクワの月平均気温と月降水量を表したものはどれか。一つ選んで，その記号を書け。

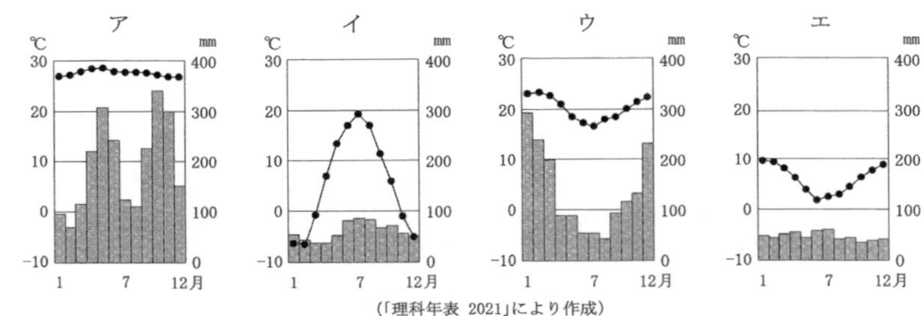

（「理科年表 2021」により作成）

e　次のア～エのうち，略地図中の Y▬▬Z の断面図として最も適当なものはどれか。一つ選んで，その記号を書け。

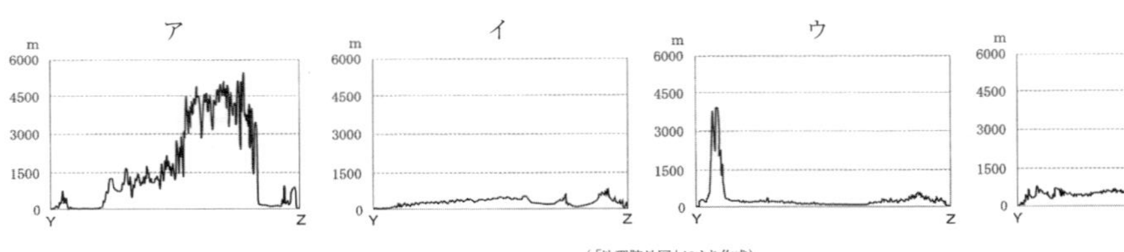

（「地理院地図」により作成）

(2)　下の資料は，2015年におけるインドの年齢別人口構成比を示したものである。また，下の図は，その資料をもとに作成しようとしている人口ピラミッドである。資料を用いて，下の人口ピラミッドを完成させよ。

資料

年齢（歳）	男（%）	女（%）	年齢（歳）	男（%）	女（%）
0～4	9	9	45～49	5	5
5～9	10	10	50～54	5	5
10～14	10	9	55～59	4	4
15～19	10	9	60～64	3	3
20～24	9	9	65～69	2	2
25～29	9	9	70～74	1	2
30～34	8	8	75～79	1	1
35～39	7	7	80以上	1	1
40～44	6	6			

（注）表中の数字は，小数点以下を四捨五入してある。
（総務省資料により作成）

歳　男　女　歳
80　70　60　50　40　30　20　10　0
12 10 8 6 4 2 0 2 4 6 8 10 12
%

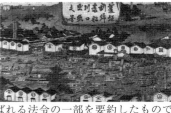

(3) 次の資料Ⅰ，Ⅱは，わが国とタイとの貿易について，1970年と2018年における，タイへの輸出品の構成とタイからの輸入品の構成をそれぞれ示したものである。資料Ⅰ，Ⅱからわかることについて述べたあとの㋐～㋓のうち，誤っているものはどれか。一つ選んで，その記号を書け。

資料Ⅰ タイへの輸出品の構成

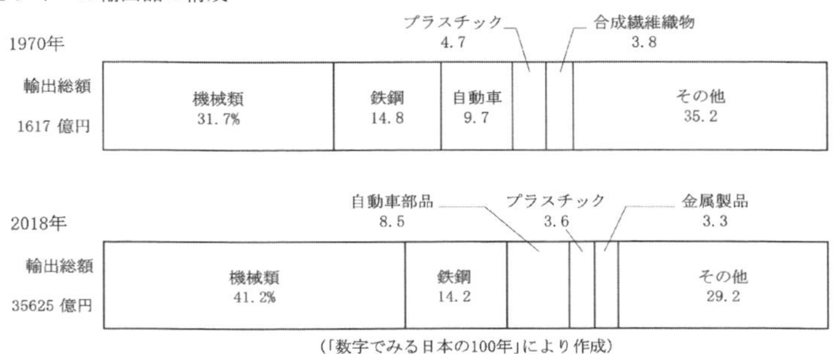

(「数字でみる日本の100年」により作成)

資料Ⅱ タイからの輸入品の構成

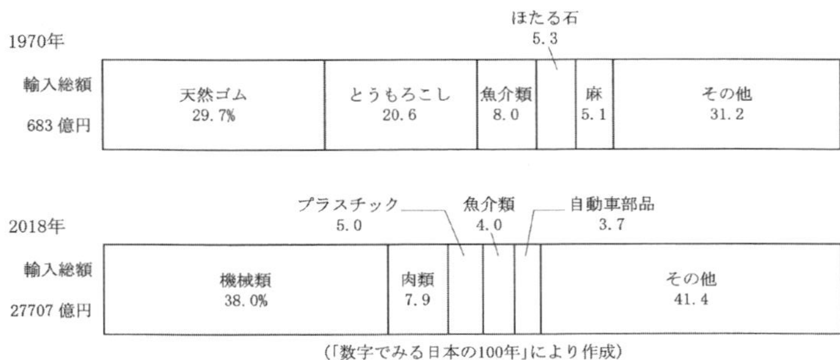

(「数字でみる日本の100年」により作成)

㋐ 1970年において，タイからの輸入総額は，タイへの輸出総額よりも少ない
㋑ タイへの機械類の輸出額は，1970年と比べて2018年の方が多い
㋒ タイからの魚介類の輸入額は，1970年と比べて2018年の方が少ない
㋓ 2018年において，自動車部品のタイへの輸出額は，タイからの輸入額よりも多い

(1)	a		b	時間　　分	c	大陸
	d		e			
(3)	◯					

歴 史

■平成27年度問題

2 次の(1)～(9)の問いに答えなさい。

(1) 次の㋐～㋒のできごとが，年代の古い順に左から右に並ぶように，記号㋐～㋒を用いて書け。

㋐ 律令国家のしくみを定めた大宝律令が完成した
㋑ 中大兄皇子や中臣鎌足らが蘇我氏をたおした
㋒ 推古天皇が即位し，聖徳太子が摂政となった

年代	できごと	
710	都を平城京に移す	Ⓐ
794	都を平安京に移す	Ⓑ
894	①遣唐使が停止される	Ⓒ
1016	藤原道長が摂政となる	Ⓓ
1192	②源頼朝が征夷大将軍となる	

(2) 右の略年表を見て，次のa～cの問いに答えよ。

a 次のア～エのうち，年表中のⒶ～Ⓓの時期とその時期のできごとを示した組み合わせとして，誤っているものはどれか。一つ選んで，その記号を書け。

ア Ⓐ－東大寺の大仏が完成する　　イ Ⓑ－「古今和歌集」がつくられる
ウ Ⓒ－平将門が反乱をおこす　　エ Ⓓ－白河上皇の院政が始まる

b 年表中の下線部①に遣唐使が停止されるとあるが，遣唐使の停止を提案した人物はだれか。次のア～エから一つ選んで，その記号を書け。

ア 菅原道真　　イ 藤原純友　　ウ 平清盛　　エ 坂上田村麻呂

c 年表中の下線部②に源頼朝が征夷大将軍となるとあるが，鎌倉時代には，新しい仏教の教えが広まった。そのようななかで一遍は，諸国をまわりながら踊念仏をおこなうことで，念仏の教えを広めた。一遍が開いたこの教えは何と呼ばれるか。その呼び名を書け。

(3) 次のア～エのうち，鎌倉～室町時代の産業のようすについて述べたものとして，あてはまらないものはどれか。一つ選んで，その記号を書け。

ア 貨幣として宋銭や明銭などが使われ，金融業を営む土倉や酒屋が活動した
イ 商品の流通がさかんとなり，運送業をおこなう馬借や問(問丸)などが活躍した
ウ 座と呼ばれる同業者の組織が，営業を独占した
エ 三井や鴻池などの両替商が，大名に金の貸しつけをおこなった

(4) 次の資料A，Bと図Cを見て，あとのa～cの問いに答えよ。

A
一 本拠である朝倉館のほか，国内に城をかまえてはならない。
(「朝倉孝景条々」より)
一 けんかをした者は，いかなる理由による者でも処罰する。
(「甲州法度之次第」より)

B
一 諸国の城は，修理する場合であっても，必ず幕府にもうし出ること。まして新しい城をつくることは厳しく禁止する。
一 幕府の許可なしに，婚姻を結んではならない。

C

a 資料Aは，戦国大名が定めた，いわゆる分国法と呼ばれる法令の一部を要約したものである。次のア～エのうち，これらの法令が出された当時の社会のようすについて述べたものとして，最も適当なものはどれか。一つ選んで，その記号を書け。

ア 将軍は武士に以前からの領地を保護し，新しい領地を与えた
イ 武士やさまざまな勢力が北朝と南朝に分かれて戦い，対立が続いた
ウ 将軍は京都を中心とするわずかな地域を支配するだけとなり，その影響力は失われた
エ 荘園領主や幕府に従わず，年貢を奪う悪党と呼ばれる武士が登場した

b　資料**B**は，大名が江戸幕府の許可なく城を修理したり，結婚したりすることを禁止した法令の一部を要約したものである。この法令は，大名を統制するために，将軍の代替わりごとに出された。この法令は何と呼ばれるか。その呼び名を書け。

c　図**C**は，江戸時代に「天下の台所」と呼ばれた大阪の港のようすを描いたものである。当時の大阪には，各藩の蔵屋敷が置かれ，全国の商業や金融の中心として発展した。大阪に置かれた蔵屋敷は，どのような役割を果たしたか。流通面に着目して，簡単に書け。

(5)　右の図は，文化・文政期の浮世絵師である葛飾北斎(かつしかほくさい)によって描かれた「富嶽(ふがく)三十六景」の一つである。次の㋐～㋓のうち，文化・文政期の学問や文化について述べたものとして<u>あてはまらないもの</u>はどれか。一つ選んで，その記号を書け。

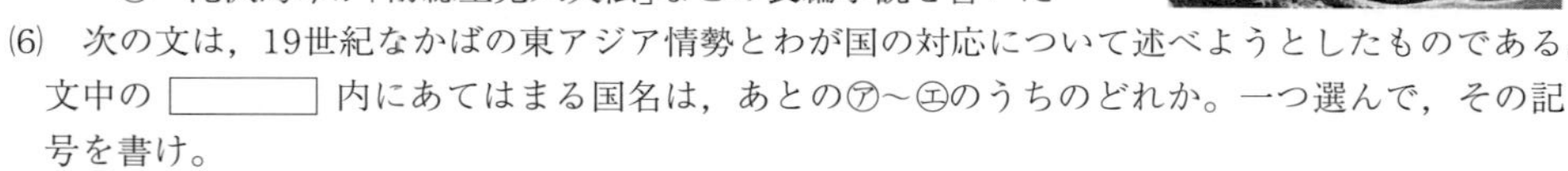

㋐　近松門左衛門(ちかまつもんざえもん)が人形浄瑠璃(じょうるり)の台本を書いた
㋑　小林一茶が農民の生活を題材に俳句をつくった
㋒　オランダ商館の医師シーボルトが医学塾をひらいた
㋓　滝沢馬琴(ばきん)が「南総里見八犬伝(なんそうさとみはっけんでん)」などの長編小説を書いた

(6)　次の文は，19世紀なかばの東アジア情勢とわが国の対応について述べようとしたものである。文中の［　　］内にあてはまる国名は，あとの㋐～㋓のうちのどれか。一つ選んで，その記号を書け。

1842年，アヘン戦争に勝利した［　　］は，清(しん)と南京(ナンキン)条約を結んで，香港(ホンコン)を手に入れ，ほかに5港での自由貿易を認めさせた。江戸幕府は，このできごとに大きな衝撃を受け，異国船打払(うちはらい)令を見直して，寄港した外国船に燃料や水をあたえるよう命じた。

㋐　アメリカ　　㋑　イギリス　　㋒　オランダ　　㋓　ロシア

(7)　明治時代の政治・外交・文化に関して，次のa～dの問いに答えよ。

a　右下の図は，明治時代初期の富岡製糸場の作業風景を描いたものである。2014年6月，世界文化遺産に登録された富岡製糸場は，生糸の増産をはかるため，明治政府が1872年に設立した官営模範工場であった。明治時代初期，「富国強兵」をかかげた政府が，欧米の進んだ技術や機械を取り入れ，近代的な産業を育てようとした政策は何と呼ばれるか。その呼び名を書け。

b　右の表は，香川県の1890年と2012年の有権者数と有権者の県人口に占める割合を，それぞれ示したものである。1890年にわが国ではじめておこなわれた衆議院議員総選挙における有権者の県人口に占める割合は，2012年におこなわれた衆議院議員総選挙における有権者の県人口に占める割合と比べ，大幅に低かったことがわかる。これは，選挙権が与えられる有権者の資格が，大きく異なっていたことなどによるものである。現在の有権者の資格が，「20歳以上の男女」であるのに対し，1890年当時の有権者の資格は，どのように定められていたか。簡単に書け。

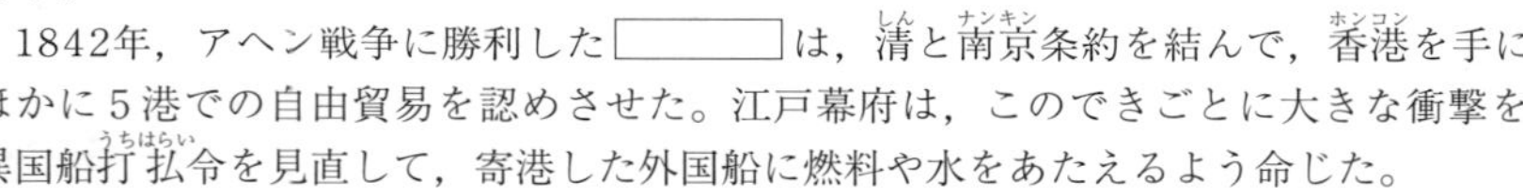

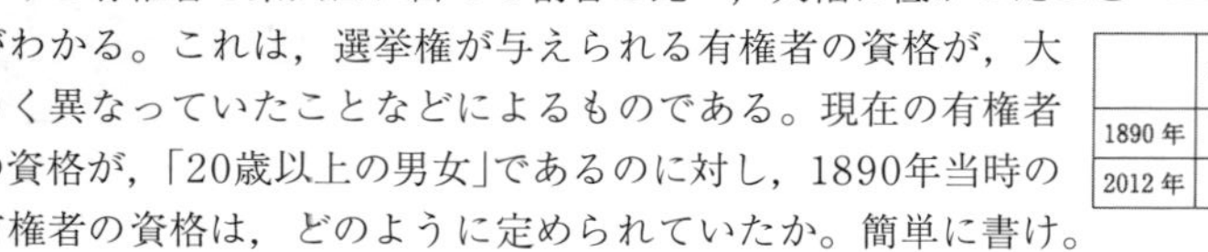

	有権者数(人)	有権者の県人口に占める割合(%)
1890年	5,344	0.8
2012年	824,554	83.3

(「香川県史」などにより作成)

c　次の㋐～㋒のできごとが，年代の古い順に左から右に並ぶように，記号㋐～㋒を用いて書け。

㋐　ポーツマス条約が結ばれた　　㋑　甲午農民戦争(東学党の乱)がおこった
㋒　義和団事件がおこった

d　次のア～エのうち，明治時代に，文語の表現にかえて，話し言葉に近い口語で文章を書く言文一致を主張し，口語体で書いた小説「浮雲」を発表した小説家はだれか。一つ選んで，その記号を書け。

ア　十返舎一九(じっぺんしゃいっく)　　イ　二葉亭四迷(ふたばていしめい)　　ウ　樋口一葉(ひぐちいちよう)　　エ　芥川龍之介(あくたがわりゅうのすけ)

(8)　右の略年表を見て，次のa～cの問いに答えよ。

a　下の資料は，わが国が中華民国に対して出した要求の一部を要約したものである。この要求が出されたのは，年表中のⒶ～Ⓓのどの時期か。一つ選んで，その記号を書け。

年代	できごと
1914	第一次世界大戦が始まる
1920	①国際連盟が発足する
1929	②世界恐慌(きょうこう)がおこる
1937	日中戦争が始まる
1945	ポツダム宣言が受諾される

（Ⓐ：1914～1920，Ⓑ：1920～1929，Ⓒ：1929～1937，Ⓓ：1937～1945）

一　中国政府は，ドイツが山東(シャントン)省に持っているいっさいの利権を日本にゆずること。
一　日本の旅順(リュイシュン)・大連(ターリエン)の租借の期限，南満州鉄道の権利保有の期限を99か年延長すること。
一　中国政府は，南満州及び東部内蒙古(うちもうこ)(内モンゴル)にある鉱山の採掘権を日本国民に許可すること。

b　年表中の下線部①に国際連盟とあるが，国際連盟は，アメリカ大統領ウィルソンの提案にもとづき，世界平和と国際協調のための機関として設立されたものである。1921～22年には，アメリカの呼びかけで国際会議が開かれ，わが国やアメリカ，イギリスなど9か国が参加して，海軍の軍備の制限や日英同盟の解消などについて話し合った。この会議は何と呼ばれるか。その呼び名を書け。

c　年表中の下線部②に世界恐慌とあるが，次の文は，世界恐慌に対する欧米諸国の政策について述べようとしたものである。文中の［　　］内にあてはまる最も適当な言葉を書け。

世界恐慌とその後の不況に対して，イギリスやフランスなどは，本国と植民地などとの貿易を拡大する一方で，それ以外の国から輸入される商品にかける税(関税)を［　　］するブロック経済と呼ばれる政策をおこなった。また，アメリカでは，失業者対策として大規模な公共事業をおこすなど，ニューディール政策がおこなわれた。

(9)　わが国では，1950年代後半からその後20年近くにわたって高度経済成長が続き，そのなかで，1960年に池田勇人(いけだはやと)内閣が，所得倍増計画を発表した。次の㋐～㋓のうち，1960年以降におこったできごととして<u>あてはまらないもの</u>はどれか。一つ選んで，その記号を書け。

㋐　アジアで最初のオリンピックが，東京で開催された
㋑　大気汚染などの公害に対応するため，公害対策基本法が制定された
㋒　産業や経済を独占してきた財閥の解体が始められた
㋓　石油価格の引き上げによって石油危機がおこり，物価が急上昇した

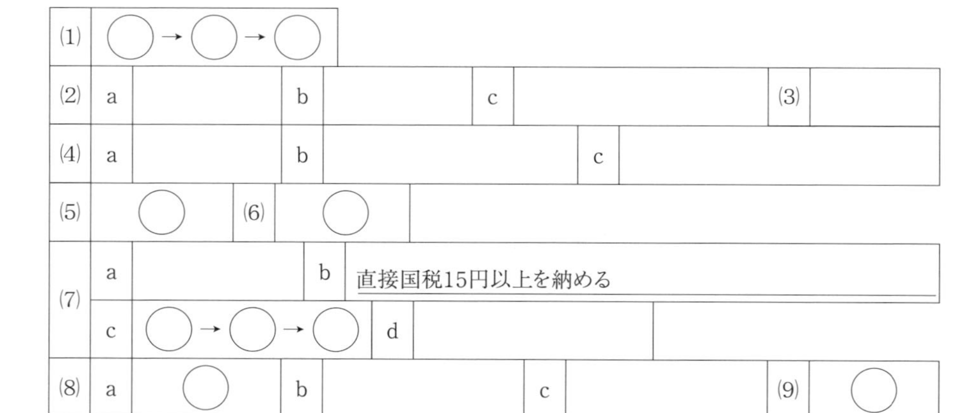

(1)	○→○→○						
(2)	a		b		c		(3)
(4)	a		b		c		
(5)	○	(6)	○				
(7)	a		b	直接国税15円以上を納める			
	c	○→○→○	d				
(8)	a	○	b		c		(9) ○

■平成30年度問題

2 次の(1)～(8)の問いに答えなさい。

(1) 下の文は，中学生のゆきさんが校外学習で香川県立ミュージアムを見学したときの先生との会話の一部である。これを読んで，あとのａ～ｅに答えよ。

ゆき：今から約１万年前に氷河時代が終わり，現在の日本列島ができたのですね。
先生：そうですね。縄文時代は，①狩りや漁などで食料を得て，たて穴住居で生活していました。
ゆき：稲作は，どこから伝わってきたのですか。
先生：大陸や朝鮮半島から伝わってきました。他にも，青銅器や鉄器，②漢字，③仏教など，多くのものが伝わっています。また，④政治のしくみや制度などを学ぶために大陸へ何度も使者が送られました。
ゆき：その使者は，いつ頃まで派遣されたのですか。
先生：讃岐国の⑤国司をつとめたこともある菅原道真の意見によって，９世紀の終わりに停止されましたが，その後も大陸や朝鮮半島などとの交易は続きました。

ａ 下線部①に狩りや漁などで食料を得て，たて穴住居で生活とあるが，縄文時代の生活のようすを知る手がかりとなる遺跡のうち，骨や貝がらなどの食べ物の残り，石器や土器などが堆積したものは何と呼ばれるか。その呼び名を書け。

ｂ 下線部②に漢字とあるが，わが国では，奈良時代に入ると，神話や国のおこり，地方の産物や地名の由来などをまとめようとする動きがおこった。次のア～エのうち，奈良時代につくられたものとしてあてはまらないものはどれか。一つ選んで，その記号を書け。

ア 日本書紀　　イ 古事記　　ウ 風土記　　エ 方丈記

ｃ 下線部③に仏教とあるが，わが国には，６世紀頃に仏教が伝わり，その後，多くの人々に信仰されるようになった。わが国の仏教に関して述べた次の㋐～㋒のできごとが，年代の古い順に左から右に並ぶように，記号㋐～㋒を用いて書け。

㋐ 国ごとに国分寺と国分尼寺を建てることが命じられた
㋑ 念仏を唱えれば極楽浄土へだれでもいけると説く浄土宗がひらかれた
㋒ 北陸の加賀国では，一向一揆によって守護大名が倒された

ｄ 下線部④に政治のしくみや制度とあるが，わが国では，８世紀の初めに大宝律令が定められ，全国を統一して支配するしくみが完成した。次の文は，大宝律令による全国を支配するしくみについて述べようとしたものである。文中のＡ，Ｂの［　　］内にあてはまる最も適当な言葉をそれぞれ書け。

わが国では，６年ごとにつくられる戸籍にもとづいて，６歳以上の男女に［　Ａ　］と呼ばれる土地があたえられた。また，成人男性は，［　Ｂ　］・庸と呼ばれる税を都まで運んで納めた。

ｅ 下線部⑤に国司とあるが，わが国では，10世紀に入ると，地方を支配するしくみが大きく変わった。それはどのように変わったのか。**国司** という言葉を用いて，簡単に書け。

(2) 右の略年表を見て，次のａ，ｂの問いに答えよ。

年代	できごと	
1192	源頼朝が征夷大将軍となる	Ⓐ
1221	承久の乱がおこる	Ⓑ
1338	足利尊氏が征夷大将軍となる	Ⓒ
1392	南北朝が統一される	Ⓓ
1467	応仁の乱がおこる	
1543	種子島に鉄砲が伝わる	

ａ 武士の社会の慣習をまとめた御成敗式目（貞永式目）が定められたのは，年表中Ⓐ～Ⓓのどの時期か。一つ選んで，その記号を書け。

ｂ 年表中の下線部に種子島に鉄砲が伝わるとあるが，織田信長は鉄砲を有効に使って長篠の戦いで武田氏を倒した。次の㋐～㋓のうち，織田信長がおこなったことについて述べたものはどれか。一つ選んで，その記号を書け。

㋐ 関東の北条氏を滅ぼし，東北の大名を従え，全国統一を完成させた
㋑ キリスト教の布教を認め，ローマ教皇に使節を送った
㋒ 対立していた足利義昭を追放し，室町幕府を滅亡させた
㋓ 禁中並公家諸法度を定め，天皇や公家を統制した

(3) あとのⒶ～Ⓒのカードは，中学生のはるとさんが「幕府による政治」をテーマにレポートを作成するために鎌倉幕府，室町幕府，江戸幕府のそれぞれの政治組織をまとめたものである。このうち，室町幕府の政治組織をまとめたカードとして，最も適当なものは次のⒶ～Ⓒのうちのどれか。一つ選んで，その記号を書け。また，そのカードが最も適当であると考えたのはなぜか。その理由を簡単に書け。

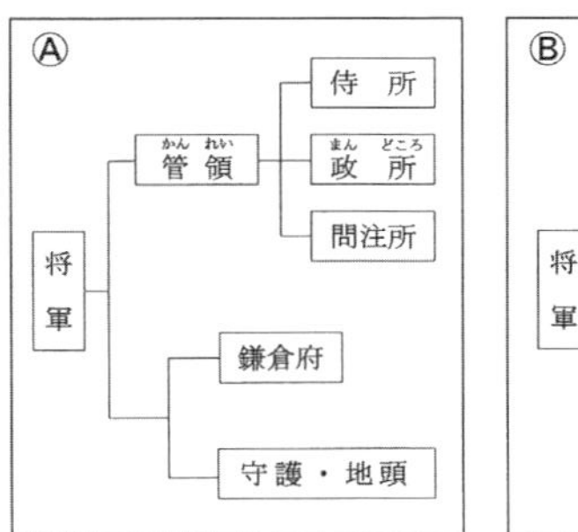

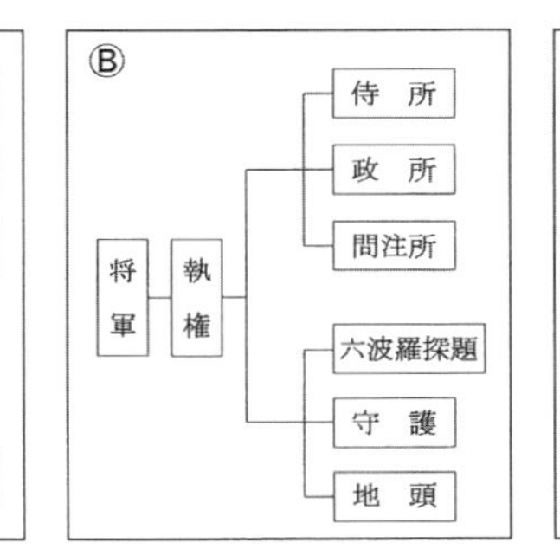

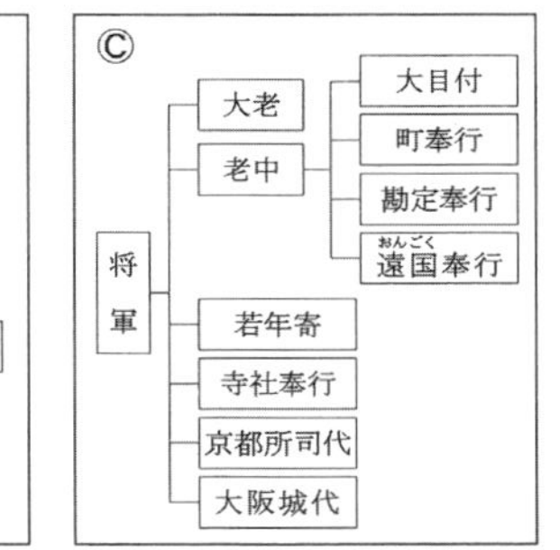

(4) 右の図は，ある人物が江戸時代に描いた「見返り美人図」の一部である。これを描いたのはだれか。次のア～エから一つ選んで，その記号を書け。

ア 俵屋宗達　　イ 菱川師宣
ウ 喜多川歌麿　　エ 葛飾北斎

(5) 幕末から明治時代のできごとに関して，次のａ，ｂの問いに答えよ。

ａ 次の㋐～㋒のできごとが，年代の古い順に左から右に並ぶように，記号㋐～㋒を用いて書け。

㋐ 戊辰戦争が始まる　　㋑ 廃藩置県がおこなわれる
㋒ 大政奉還がおこなわれる

ｂ 明治新政府の改革に不満をもつ士族たちは，各地で反乱をおこした。なかでも，1877年に鹿児島の士族などがおこした反乱は，最も大規模なものであったが，徴兵制によってつくられた政府軍によって鎮圧された。この反乱は何と呼ばれるか。その呼び名を書け。

(6) 次のグラフは，1892年と1899年におけるわが国の輸出入品の構成をそれぞれ示している。この時期にわが国では，綿花を原料として綿糸をつくる紡績業が大きく発展したが，このことは，輸出入品の構成がどのように変化していることから説明できるか。1892年と1899年のグラフを比較して，簡単に書け。

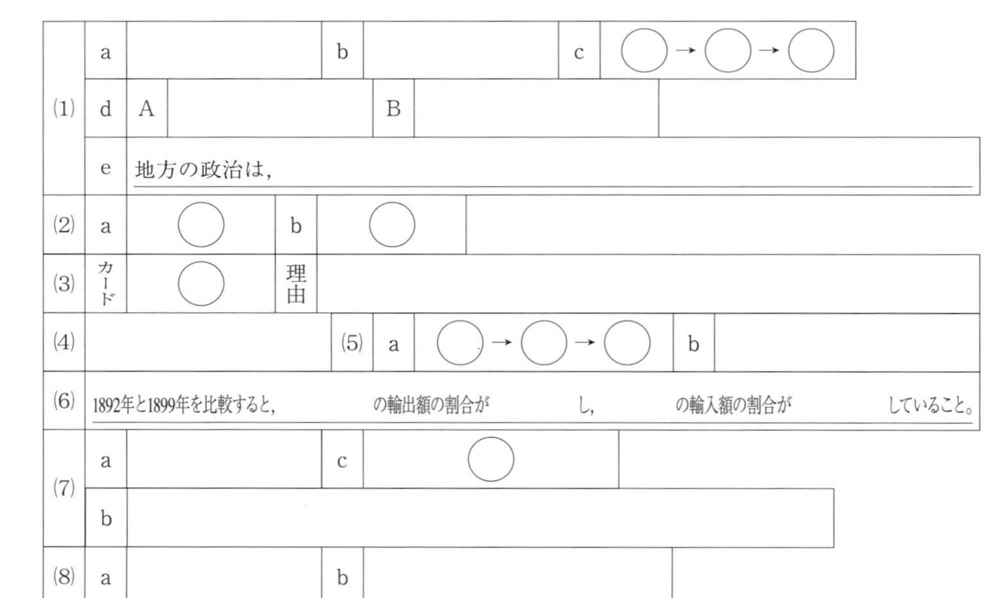

（「大日本外国貿易年表」により作成）

(7) 右の略年表を見て，次のa～cの問いに答えよ。

年代	できごと	
1914	①第一次世界大戦が始まる	
1929	世界恐慌（きょうこう）がおこる	Ⓐ
1932	五・一五事件がおこる	Ⓐ
1936	②二・二六事件がおこる	Ⓑ
1937	盧溝橋（ルーコウチアオ／ろこうきょう）事件がおこる	Ⓑ
1941	太平洋戦争が始まる	Ⓒ
1945	ポツダム宣言が受諾される	Ⓓ

a 年表中の下線部①に第一次世界大戦とあるが，第一次世界大戦について述べたものとしてあてはまらないものは，次のア～エのうちのどれか。一つ選んで，その記号を書け。

ア この戦争は，オーストリアの皇太子夫妻がサラエボでセルビアの青年に暗殺され，国際的な緊張が高まるなかで始まった

イ この戦争において，わが国は，ドイツ，イタリアなどの枢軸国の一員として，アメリカ，イギリスなどの連合国と戦った

ウ この戦争中に，ロシア革命がおこり，ロシアの革命政府はドイツと講和条約を結んでこの戦争から離脱した

エ この戦争の講和条約として結ばれたベルサイユ条約によって，ドイツは植民地を失い，巨額の賠償金を要求された

b 年表中の下線部②に二・二六事件とあるが，この事件が，その後のわが国の政治にもたらした影響を **軍部** という言葉を用いて，簡単に書け。

c わが国では，国家総動員法が制定され，政府が戦争のために物資や労働力を優先して動員できる体制がつくられた。国家総動員法が制定されたのは，年表中のⒶ～Ⓓのどの時期か。一つ選んで，その記号を書け。

(8) 第二次世界大戦後におこったできごとに関して，次のa，bの問いに答えよ。

a 第二次世界大戦後，わが国では連合国軍総司令部（GHQ）の指令のもとに改革が進められた。次のア～エのうち，この改革でおこなわれたことについて述べたものはどれか。一つ選んで，その記号を書け。

ア 国家の財政を安定させるため，地租改正が実施された

イ 公害問題に対応するため，環境庁が設置された

ウ はじめて25歳以上のすべての男性に選挙権が与えられた

エ 治安維持法が廃止され，政治活動の自由が認められた

b わが国と中華人民共和国は，1972年に国交を正常化し，1978年に両国の関係を深めるため，ある条約を結んだ。この条約は何と呼ばれるか。その呼び名を書け。

(1)	a		b		c ○→○→○
	d	A		B	
	e	地方の政治は，			
(2)	a	○	b	○	
(3)	カード	○	理由		
(4)		(5)	a ○→○→○	b	
(6)	1892年と1899年を比較すると，　　の輸出額の割合が　　し，　　の輸入額の割合が　　していること。				
(7)	a		c	○	
	b				
(8)	a		b		

■令和２年度問題

2 次の(1)～(9)の問いに答えなさい。

(1) 中学生のすずさんは，わが国の古代についての学習のまとめとして歴史新聞をつくることにした。下の資料Ⓐ～Ⓒは，その取材メモの一部である。これを見て，あとのａ～ｃの問いに答えよ。

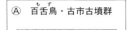

Ⓐ 百舌鳥（もず）・古市古墳群

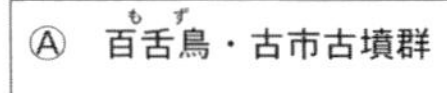

・大仙（大山）（だいせん）古墳を含む49基の古墳が世界文化遺産に登録された

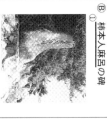

Ⓑ 柿本人麻呂の碑（①）

・柿本人麻呂が現在の坂出（さかいで）市沙弥（しゃみ）島に立ち寄り，歌をよんだ

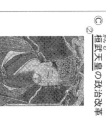

Ⓒ 桓武（かんむ）天皇の政治改革（②）

・政治を立て直そうとした
・東北地方に大軍を送り，支配を広げた

ａ　資料Ⓐの写真は，世界文化遺産に登録された「百舌鳥・古市古墳群」を写したものの一部である。この古墳群の中でも大仙（大山）古墳は，５世紀頃につくられたわが国で最大の前方後円墳であり，大和政権（ヤマト王権）の勢力の大きさを示すものと考えられている。中国の南朝の歴史書には，５世紀頃から大和政権（ヤマト王権）の王が南朝の皇帝にたびたび使者を送っていたことが記録されている。大和政権（ヤマト王権）の王が中国の南朝の皇帝にたびたび使者を送っていたのはなぜか。その理由を　**朝鮮半島**　という言葉を用いて，簡単に書け。

ｂ　下線部①に柿本人麻呂とあるが，この人物が現在の坂出市沙弥島に立ち寄ってよんだ歌は，奈良時代に大伴家持（おおとものやかもち）らによってまとめられたとされる歌集に収められている。天皇や貴族だけでなく，防人（さきもり）や農民がつくった歌も収められたこの歌集は何と呼ばれるか。その呼び名を書け。

ｃ　下線部②に桓武天皇とあるが，次のア～エのうち，桓武天皇がおこなったことについて述べたものはどれか。一つ選んで，その記号を書け。

ア　和同開珎（わどうかいちん）を発行した
イ　口分田の不足に対応するため，墾田永年私財法を定めた
ウ　都を平城京から長岡京にうつした
エ　菅原道真（すがわらのみちざね）の提案により，遣唐使の派遣の停止を決定した

(2) 次の文は，鎌倉時代の武士について述べようとしたものである。文中の［　　　］内にあてはまる最も適当な言葉を書け。また，文中の二つの〔　　〕内にあてはまる言葉を，㋐，㋑から一つ，㋒，㋓から一つ，それぞれ選んで，その記号を書け。

鎌倉幕府の将軍に忠誠を誓い，その家来となった武士は［　　　］と呼ばれ，幕府から荘園（しょうえん）や公領の〔㋐守護　㋑地頭〕などに任命された。また，武士の間では，〔㋒栄西　㋓日蓮（にちれん）〕らによって宋（そう）から伝えられた禅宗が広く受け入れられ，幕府も積極的に保護した。

(3) 次の㋐～㋒のできごとが，年代の古い順に左から右に並ぶように，記号㋐～㋒を用いて書け。

㋐　イエズス会によって，大友氏らキリシタン大名の使節がローマ教皇のもとへ派遣された
㋑　フランシスコ・ザビエルが，キリスト教を伝えるために鹿児島に上陸した
㋒　重い年貢（ねんぐ）の取り立てやキリスト教徒への弾圧に抵抗して，島原・天草一揆（いっき）がおこった

(4) 太郎さんは，友人と一緒に参加した瀬戸内国際芸術祭について調べた。下の資料は，この芸術祭のテーマについて述べた文章の一部である。これを見て，あとのａ，ｂの問いに答えよ。

「海の復権」をテーマに掲げ，美しい自然と人間が交錯し交響してきた瀬戸内の島々に活力を取り戻し，瀬戸内が地球上のすべての地域の「希望の海」となることを目指しています。

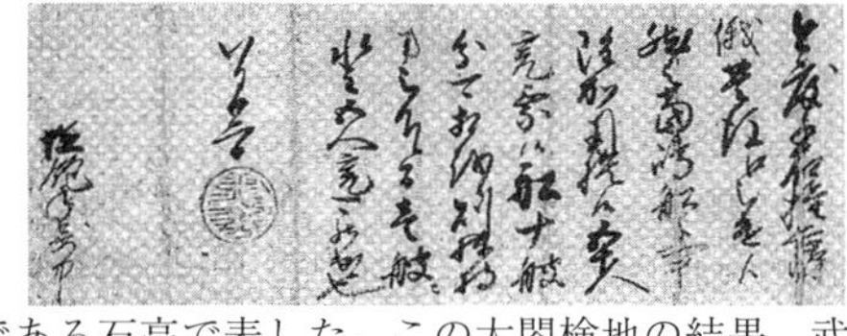

ａ　下線部に瀬戸内の島々とあるが，右の写真は，豊臣秀吉が全国統一をめざす戦いの中で，瀬戸内海の塩飽（しわく）諸島の人々に与えた朱印状を写したものの一部である。豊臣秀吉は，太閤（たいこう）検地をおこない，統一した基準で全国の田畑の面積やよしあしを調べ，収穫量を米の体積である石高で表した。この太閤検地の結果，武士は領地から年貢を徴収する一方，石高に応じてどのようなことが義務づけられるようになったか。簡単に書け。

ｂ　太郎さんは，この芸術祭が開催された瀬戸内には多くの港町が発展しており，江戸時代にはこれらの港町が大阪とつながり，当時の大阪は各地から多くの物資が集まることで，商業の中心として発展していったことを知った。次のア～エのうち，江戸時代の物資の輸送について述べたものとしてあてはまらないものはどれか。一つ選んで，その記号を書け。

ア　東北地方から日本海沿岸をまわって大阪まで物資を運ぶ西廻（まわ）り航路がひらかれた
イ　大阪と江戸を結ぶ航路では，定期的に物資を輸送する菱垣廻船（ひがきかいせん）や樽（たる）廻船が活躍した
ウ　五街道が整備され，手紙や荷物を運ぶ飛脚の制度がつくられた
エ　問（問丸）と呼ばれる荷物の保管や輸送をおこなう業者が活躍するようになった

(5) 右の写真は，本居宣長（もとおりのりなが）が学問の研究を続けた鈴屋（すずのや）と呼ばれる書斎を写したものの一部である。本居宣長は18世紀後半に「古事記伝」をあらわして，ある学問を大成させた。この学問は，当時の社会を批判する考えや天皇を尊ぶ思想と結びつき，幕末の尊王攘夷（じょうい）運動にも影響をあたえた。18世紀後半に本居宣長によって大成されたこの学問は何と呼ばれるか。その呼び名を書け。

(6) アメリカは，1854年に日米和親条約によりわが国を開国させ，さらに，貿易を始めることを強く要求した。そのため，江戸幕府は，1858年に日米修好通商条約を結んだが，この条約はわが国にとって不利な不平等条約であり，この条約の改正には長い年月を費やすことになった。1858年に結ばれた日米修好通商条約の内容のうち，どのようなことがわが国にとって不利であったか。二つ簡単に書け。

(7) 右の略年表を見て，次のa～dの問いに答えよ。

年代	できごと
1867	①王政復古の大号令が出される
1868	五箇条の御誓文が出される ↕Ⓟ
1880	国会期成同盟が結成される
1912	②第一次護憲運動がおこる
1925	③治安維持法が成立する

a　年表中の下線部①に王政復古の大号令とあるが，この王政復古の大号令によって成立した新政府は，さらに徳川慶喜に対して官職や領地の返還を求めた。このことをきっかけとしておこった，1868年の鳥羽・伏見の戦いに始まり，約1年5か月にわたる，新政府軍と旧幕府側との戦争は何と呼ばれるか。その呼び名を書け。

b　年表中のⓅの時期におこったできごととしてあてはまらないものは，次のア～エのうちのどれか。一つ選んで，その記号を書け。

ア　新橋・横浜間に鉄道が開通した

イ　徴兵令が出され，20歳になった男子に兵役が義務づけられた

ウ　内閣制度がつくられ，初代内閣総理大臣に伊藤博文が任命された

エ　学制が公布され，6歳以上の子どもに教育を受けさせるように定められた

c　年表中の下線部②に第一次護憲運動とあるが，これは憲法にもとづく政治を守ることをスローガンとする運動であり，民衆もこれを支持した。この運動の結果，陸軍や藩閥に支持されたある内閣が退陣した。この内閣の内閣総理大臣はだれか。次のア～エから一つ選んで，その記号を書け。

ア　大隈重信　　イ　桂太郎　　ウ　原敬　　エ　近衛文麿

d　年表中の下線部③に治安維持法とあるが，この法律が成立した1925年に，わが国では選挙権が与えられる有権者の資格が変わった。右の表は1924年と1928年にそれぞれ実施された衆議院議員総選挙における有権者数と全人口に占める有権者数の割合を，それぞれ示したものである。1928年のわが国における全人口に占める有権者数の割合を1924年と比較すると，大幅に増加していることがわかる。わが国における全人口に占める有権者数の割合が大幅に増加したのは，1925年に有権者の資格がどのようになったからか。簡単に書け。

	有権者数(万人)	全人口に占める有権者数の割合(%)
1924年	329	5.6
1928年	1241	19.8

(総務省資料により作成)

(8) 右の絵画は，ある人物が明治時代に描いた「湖畔」である。この人物は，フランスで絵画を学び，明るい画風の西洋画を描いて，わが国に欧米の新しい表現方法を紹介した。この絵画を描いたのはだれか。次のア～エから一つ選んで，その記号を書け。

ア　尾形光琳　　イ　横山大観

ウ　狩野芳崖　　エ　黒田清輝

(9) 20世紀の国際関係に関して，次のa，bの問いに答えよ。

a　次の㋐～㋒のできごとが，年代の古い順に左から右に並ぶように，記号㋐～㋒を用いて書け。

㋐　国際連盟が設立される

㋑　ワシントン会議が開かれる

㋒　ベルサイユ条約が結ばれる

b　1955年にインドネシアで，第二次世界大戦後に植民地支配から独立した国々を中心に，植民地支配の反対や冷戦の下での平和共存の路線が確認されたある会議が開かれた。この会議は何と呼ばれるか。その呼び名を書け。

(1)	a					
	b		c			
(2)	言葉		記号	○と○		
(3)	○→○→○	(5)				
(4)	a	石高に応じて　　こと。	b			
(6)	こと。					
	こと。					
(7)	a		b		c	
	d					
(8)						
(9)	a	○→○→○	b			

■令和３年度問題

2 次の⑴～⑹の問いに答えなさい。

⑴ 下の資料は，中学生の太郎さんが香川県の歴史について調べたものを社会科の授業で発表するために作成したポスターの一部である。これを見て，あとのａ～ｄの問いに答えよ。

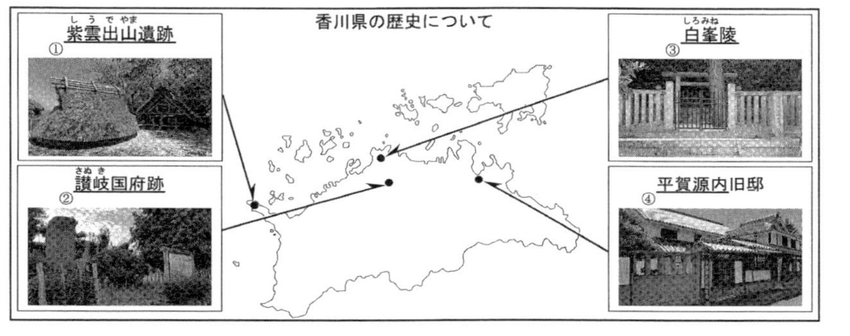

ａ 下線部①に紫雲出山遺跡とあるが，この遺跡は，瀬戸内海を見下ろす高い山の上にある弥生時代を代表する集落の遺跡の一つである。次のア～エのうち，弥生時代のできごとについて述べたものはどれか。一つ選んで，その記号を書け。

ア 邪馬台国の卑弥呼が魏に使いを送り，倭王の称号と金印などを授けられた
イ 進んだ制度や文化を取り入れるために，遣隋使が送られた
ウ 百済の復興を助けるために送られた倭の軍が，唐・新羅の連合軍に白村江の戦いで敗れた
エ 唐にわたった最澄が，仏教の新しい教えをわが国に伝えた

ｂ 下線部②に讃岐国府跡とあるが，この遺跡は，讃岐国の役所が８世紀頃にはこの地にあったことを示すものであり，2020年３月に国の史跡の指定を受けた。全国を統一して支配するために，８世紀頃の律令国家において，地方はどのように治められていたか。**都　地方の豪族** の二つの言葉を用いて，簡単に書け。

ｃ 下線部③に白峯陵とあるが，白峯陵は，現在の坂出市に流された崇徳上皇の陵墓である。次の文は，太郎さんが授業で発表するために崇徳上皇について調べたことをまとめようとしたものである。文中の〔　〕内にあてはまる言葉を，㋐，㋑から一つ選んで，その記号を書け。また，文中の□内にあてはまる最も適当な言葉を書け。

崇徳上皇は，朝廷における政治の実権をめぐる後白河天皇との対立からおこった〔㋐保元の乱　㋑壬申の乱〕で敗れたのち，現在の坂出市に流され，死後，白峯陵に葬られた。この地を訪れたとされる西行は，歌人として有名であり，後鳥羽上皇の命令によって藤原定家らが編集した歌集である□にも西行の歌が収められている。

ｄ 下線部④に平賀源内とあるが，平賀源内は，現在のさぬき市に生まれ，西洋の学問を学び，エレキテルを製作するなど，多方面で活躍した。平賀源内が活躍した頃，江戸幕府の老中であった田沼意次は，幕府の財政を立て直すために政治改革をおこなった。次のページのア～エのうち，幕府の財政を立て直すために田沼意次がおこなったこととして最も適当なものはどれか。一つ選んで，その記号を書け。

ア 上米の制を定め，大名から米を幕府に献上させた
イ 株仲間の結成や長崎貿易における海産物の輸出を奨励した
ウ 各地に倉を設けて米を蓄えさせ，商品作物の栽培を制限した
エ 江戸や大阪周辺の土地を幕府の領地にしようとした

⑵ 下の資料は，中学生の花子さんが鎌倉時代から室町時代にかけての産業のようすと民衆の生活のようすについてまとめたワークシートの一部である。これを見て，あとのａ，ｂの問いに答えよ。

産業のようす	民衆の生活のようす
・二毛作が始まり，牛馬による耕作や肥料の使用もおこなわれ，生産力が向上した ・各地で特産物が生産され，①定期市などで取引された	・惣と呼ばれる自治組織が有力な農民を中心に運営された ・②土一揆がおこり，近畿地方を中心に広がった

ａ 下線部①に定期市とあるが，右の図は，鎌倉時代に現在の岡山県に開かれた定期市で，ある人物が仏教の教えを広めるようすを描いたものである。この人物は，諸国をまわり，念仏の札を配ったり，踊念仏を取り入れたりすることで念仏の教えを広め，時宗を開いた。この人物は誰か。その人物名を書け。

ｂ 下線部②に土一揆とあるが，この土一揆では，土倉や酒屋が襲われた。土一揆で，土倉や酒屋が襲われたのは，当時の土倉や酒屋がどのようなことを営んでいたからか。簡単に書け。

⑶ 下のⒶ～Ⓒのカードは，中学生のみかさんが，戦国時代の終わりから江戸時代のはじめまでの学習のまとめとして，作成したものであり，カードに書かれているできごとがおこった年代の古い順に左から右に並べられている。これを見て，あとのａ，ｂの問いに答えよ。

Ⓐ 豊臣秀吉が関東の北条氏を倒し，全国を統一した	Ⓑ 徳川家康が関ヶ原の戦いで石田三成を倒した	Ⓒ 徳川家康が征夷大将軍となり，江戸幕府を開いた

ａ 下のⓍ，Ⓨは，みかさんが新しく作成したカードである。Ⓧ，Ⓨのカードを，Ⓐ～Ⓒのカードとともに，そのできごとがおこった年代の古い順に左から右に並べたものとして正しいものは，あとのア～エのうちのどれか。一つ選んで，その記号を書け。

Ⓧ 織田信長が足利義昭を京都から追放して室町幕府を滅ぼした	Ⓨ 徳川家康が大阪城を攻めて豊臣氏を滅ぼした

ア 〔Ⓧ→Ⓐ→Ⓑ→Ⓨ→Ⓒ〕　　イ 〔Ⓐ→Ⓧ→Ⓑ→Ⓨ→Ⓒ〕
ウ 〔Ⓧ→Ⓐ→Ⓑ→Ⓒ→Ⓨ〕　　エ 〔Ⓐ→Ⓧ→Ⓑ→Ⓒ→Ⓨ〕

ｂ Ⓒのカード中の下線部に江戸幕府とあるが，江戸幕府は，大名が幕府の許可なく城を修理したり，大名どうしが無断で結婚したりすることなどを禁止したある法令を定めた。大名を統制するために，将軍の代替わりごとに出されたこの法令は何と呼ばれるか。その呼び名を書け。

(4) 次の文は，18世紀末から19世紀半ばの東アジア情勢とわが国の対応について述べようとしたものである。文中の二つの〔　　〕内にあてはまる言葉を，㋐，㋑から一つ，㋒，㋓から一つ，それぞれ選んで，その記号を書け。

18世紀末から，わが国の沿岸には，ロシアなどの外国船が頻繁に現れるようになった。江戸幕府は，1825年に異国船打払(うちはらい)令を出して，わが国の沿岸に接近してくる外国船を追い払う方針を示した。この方針を批判した高野長英や渡辺崋山(わたなべかざん)らの蘭学(らんがく)者たちが，1839年に幕府によって処罰される〔㋐蛮社の獄　㋑安政の大獄〕がおこった。しかし，1842年，アヘン戦争で清(しん)が〔㋒オランダ　㋓イギリス〕に敗れたことに大きな衝撃を受けた幕府は，異国船打払令を見直し，寄港した外国船に燃料や水を与えるように命じた。

(5) 明治時代の政治や社会に関して，次のa～cの問いに答えよ。

a　右の図は，明治時代のはじめの東京のようすを描いたものである。都市では，レンガづくりの西洋建築や馬車が見られるようになり，また，洋服の着用や牛肉を食べることも広まるなど，欧米の文化がさかんに取り入れられ，それまでの生活に変化が見られるようになった。明治時代のはじめに見られたこのような風潮は何と呼ばれるか。その呼び名を書け。

b　1881年に政府が10年後に国会を開くことを約束すると，国会開設に備えて政党をつくる動きが高まった。1882年に大隈重信が，国会開設に備えて結成した政党は何と呼ばれるか。その呼び名を書け。

c　下の図は，日露戦争の講和条約であるポーツマス条約の内容について不満をもつ人々が政府を攻撃した日比谷(ひびや)焼き打ち事件のようすを描いたものである。また，下の表は，日清戦争と日露戦争におけるわが国の動員兵力，死者数，戦費とわが国が得た賠償金についてそれぞれ示したものである。当時の国民がポーツマス条約の内容について不満をもったのはなぜか。下の表から考えて，その理由を簡単に書け。

	日清戦争	日露戦争
動員兵力(万人)	24.1	108.9
死者数(万人)	1.4	8.5
戦費(億円)	2.3	18.3
賠償金(億円)	3.1	0

(「日本長期統計総覧」などにより作成)

(6) 右の略年表を見て，次のa～dの問いに答えよ。

a　年表中のⓅの時期におこったできごととして<u>あてはまらないもの</u>は，あとの㋐～㋓のうちのどれか。一つ選んで，その記号を書け。

年代	できごと	
1914	第一次世界大戦が始まる	↑
1931	①<u>満州事変</u>が始まる	Ⓟ
1937	日中戦争が始まる	↓
1945	国際連合が成立する	↑
1973	②<u>石油危機</u>がおこる	Ⓠ
1991	ソ連が解体される	↓

㋐　ロシア革命の影響をおそれて，わが国やアメリカなどがシベリア出兵をおこなった
㋑　民族自決の考え方に影響を受けて，三・一独立運動が，朝鮮各地に広がった
㋒　アメリカから始まった世界恐慌(きょうこう)の影響により，わが国で昭和恐慌がおこった
㋓　わが国は，ドイツ，イタリアと日独伊三国同盟を結び，結束を強化した

b　年表中の下線部①に満州事変とあるが，満州の主要地域を占領した関東軍は，1932年に満州国の建国を宣言した。この1932年に，わが国では五・一五事件がおこった。五・一五事件がもたらした影響を　**政党内閣**　という言葉を用いて，簡単に書け。

c　年表中のⓆの時期におこった次の㋐～㋒のできごとが，年代の古い順に左から右に並ぶように，記号㋐～㋒を用いて書け。

㋐　日中平和友好条約が結ばれる
㋑　「ベルリンの壁」が取り払われる
㋒　北大西洋条約機構（NATO）が結成される

d　年表中の下線部②に石油危機とあるが，次の文は，わが国における石油危機以降の経済の状況について述べようとしたものである。文中の二つの〔　　〕内にあてはまる言葉を，㋐，㋑から一つ，㋒，㋓から一つ，それぞれ選んで，その記号を書け。

1973年に〔㋐朝鮮戦争　㋑中東戦争〕の影響を受けて，石油の価格が大幅に上がった。この石油危機によって大きな打撃を受けたわが国は，省エネルギーや経営の合理化により乗り切った。1980年代後半からは，銀行の資金援助を受けた企業が，余った資金を土地や株に投資し，地価や株価が異常に高くなる〔㋒高度経済成長　㋓バブル経済〕と呼ばれる好景気が生じた。

<table>
<tr><td rowspan="2">(1)</td><td>a</td><td></td><td>c</td><td>記号</td><td>○</td><td>言葉</td><td></td></tr>
<tr><td>b</td><td colspan="4">国ごとに</td><td>d</td><td></td></tr>
<tr><td>(2)</td><td>a</td><td></td><td>b</td><td colspan="4"></td></tr>
<tr><td>(3)</td><td>a</td><td></td><td>b</td><td></td><td>(4)</td><td colspan="2">○と○</td></tr>
<tr><td rowspan="2">(5)</td><td>a</td><td></td><td>b</td><td colspan="4"></td></tr>
<tr><td>c</td><td colspan="6">日清戦争に比べ，日露戦争は，　　　　にもかかわらず，　　　　から。</td></tr>
<tr><td rowspan="2">(6)</td><td>a</td><td>○</td><td>b</td><td colspan="4"></td></tr>
<tr><td>c</td><td>○→○→○</td><td>d</td><td colspan="4">○と○</td></tr>
</table>

■令和4年度問題

2 次の(1)〜(7)の問いに答えなさい。

(1) 佐賀県の吉野ケ里遺跡は，弥生時代を代表する遺跡の一つである。次のア〜エのうち，弥生時代におこなわれたこととしてあてはまらないものはどれか。一つ選んで，その記号を書け。

ア 稲作　イ 鉄器の使用　ウ 青銅器の使用　エ 国分寺の建立

(2) 中学生の太郎さんは，2021年11月に新500円硬貨が発行されたことをきっかけに，わが国で使用された貨幣の歴史に興味をもった。下の表は，太郎さんがわが国で使用された貨幣について調べ，まとめたものの一部である。これを見て，あとのa〜eの問いに答えよ。

富本銭		①7世紀ごろの天武天皇の時代に，わが国でつくられた，最も古い銅銭ではないかと考えられている。
和同開珎		唐の貨幣にならってわが国でつくられた貨幣である。本格的に物と交換できるお金として使用された。
宋銭		②宋との貿易のなかで輸入されて国内に流通した。③鎌倉時代にも国内に流通し，室町時代に入っても使用された。
明銭		④明との貿易のなかで大量に輸入されて，広く国内に流通した。定期市でも多く使用された。
寛永通宝		江戸幕府が新たにつくった銅貨である。広く流通して，農民も貨幣を使う機会が増えた。米の生産を中心としていた農民の生活が変化するなかで，⑤諸産業が発達した。

a 下線部①に7世紀ごろの天武天皇の時代とあるが，次のア〜エのうち，天武天皇がおこなったこととして最も適当なものはどれか。一つ選んで，その記号を書け。

ア 十七条の憲法を定めて，役人の心構えを示した
イ 壬申の乱に勝利して，天皇を中心とする政治のしくみをつくっていった
ウ わが国ではじめて，全国の戸籍を作成した
エ 平安京に都を移して，政治を立て直すために国司に対する監督を強化した

b 下線部②に宋との貿易とあるが，次のア〜エのうち，日宋貿易について述べたものとして最も適当なものはどれか。一つ選んで，その記号を書け。

ア 平清盛が，現在の神戸市にあった港を整備し，積極的に貿易をおこなった
イ 貿易をおこなう港が長崎に限定されて，生糸などの輸入がおこなわれた
ウ 朱印状によって海外への渡航を許可された船が，貿易をおこなった
エ 菅原道真によって停止が提案されるまで，派遣がおこなわれた

c 下線部③に鎌倉時代とあるが，この時代には，2度にわたって元軍がわが国に襲来した。この元軍の襲来があったときに，幕府の執権であった人物はだれか。その人物名を書け。

d 下線部④に明との貿易とあるが，次の文は，日明貿易が開始された頃のわが国の文化の特色について述べようとしたものである。文中の二つの〔　〕内にあてはまる言葉を，㋐，㋑から一つ，㋒，㋓から一つ，それぞれ選んで，その記号を書け。

日明貿易が開始された頃のわが国の文化は，〔㋐足利義満　㋑足利義政〕が京都に建てた金閣にその特色がよく表れている。〔㋒北山文化　㋓東山文化〕と呼ばれるこの頃の文化は，貴族の文化と武士の文化を合わせた特色をもち，禅宗や大陸の文化の影響も見られる。

e 下線部⑤に諸産業が発達したとあるが，右の図は，江戸時代に現在の千葉県の九十九里浜でおこなわれていた鰯漁のようすを描いたものである。江戸時代の九十九里浜では，鰯漁が盛んにおこなわれていた。その主な理由の一つに，綿（綿花）などの商品作物の栽培が盛んになったことがあげられる。鰯は，綿（綿花）などの商品作物の栽培においてどのように用いられたか。簡単に書け。

(3) 安土桃山時代から江戸時代の政治や社会に関して，次のa〜cの問いに答えよ。

a 次のア〜エのうち，豊臣秀吉が国内の統治のためにおこなったこととして最も適当なものはどれか。一つ選んで，その記号を書け。

ア 関白として，朝廷の権威を利用して，全国の大名の争いに介入し停戦を命じた
イ 幕府と藩の力で，全国の土地と民衆を支配する体制をつくった
ウ 琵琶湖のほとりに安土城を築いて，全国統一のための拠点とした
エ 守護大名の細川氏と対立して，京都から全国に広がる戦乱を繰り広げた

b 次の㋐〜㋒のできごとが，年代の古い順に左から右に並ぶように，記号㋐〜㋒を用いて書け。

㋐ 裁判や刑の基準を定めた公事方御定書が制定された
㋑ 物価の上昇をおさえるため，株仲間の解散が命じられた
㋒ 大名に江戸と領地を1年ごとに往復させる参勤交代の制度が定められた

c 江戸時代には，幕府によって宗門改が命じられ，宗門改帳が各地で作成された。この宗門改は，どのような目的でおこなわれたのか。簡単に書け。

(4) 幕末から明治時代のできごとに関して，次のa，bの問いに答えよ。

a 次の㋐〜㋒のできごとが，年代の古い順に左から右に並ぶように，記号㋐〜㋒を用いて書け。

㋐ 江戸幕府の15代将軍であった徳川慶喜は，政権を朝廷に返上した
㋑ 尊王攘夷の考え方をとる長州藩は，関門（下関）海峡を通る外国船を砲撃した
㋒ 土佐藩出身の坂本龍馬らのなかだちにより，薩摩藩と長州藩の間で同盟が結ばれた

b　わが国は，1875年に，ロシアと樺太（からふと）・千島交換条約を結び，両国の国境を確定した。次のア～エのうち，この条約によって定められたわが国の領土を ▒ で示した略地図として最も適当なものはどれか。一つ選んで，その記号を書け。

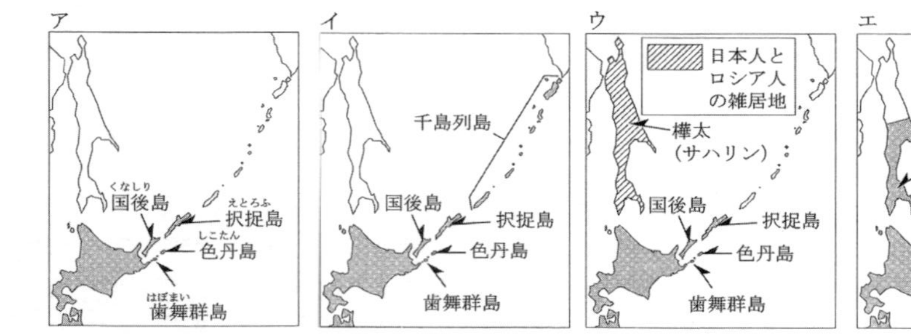

(5)　右の略年表を見て，次のa～dの問いに答えよ。

年代	できごと
1894	日英通商航海条約が結ばれる　↕Ⓟ
1904	日露戦争が始まる
1914	①第一次世界大戦が始まる
1921	②ワシントン会議が開かれる
1929	③世界恐慌（きょうこう）がおこる

a　年表中のⓅの時期におこったできごととしてあてはまらないものは，次のア～エのうちのどれか。一つ選んで，その記号を書け。

ア　官営の八幡（やはた）製鉄所が操業を開始した
イ　大日本帝国憲法が発布された
ウ　清（しん）で義和団事件がおこり，列強の連合軍に鎮圧された
エ　三国干渉により，わが国は遼東（リアオトン／りょうとう）半島を清に返還した

b　年表中の下線部①に第一次世界大戦とあるが，右のグラフは，大正時代のわが国の輸出額の推移を示したものであり，第一次世界大戦中の1914年～1918年頃は輸出額が大幅に伸びていることがわかる。この頃のわが国は，大戦景気と呼ばれるかつてない好況であった。わが国の輸出額が大幅に伸びたのはなぜか。その理由を，わが国における第一次世界大戦の経済的な影響に着目して，簡単に書け。

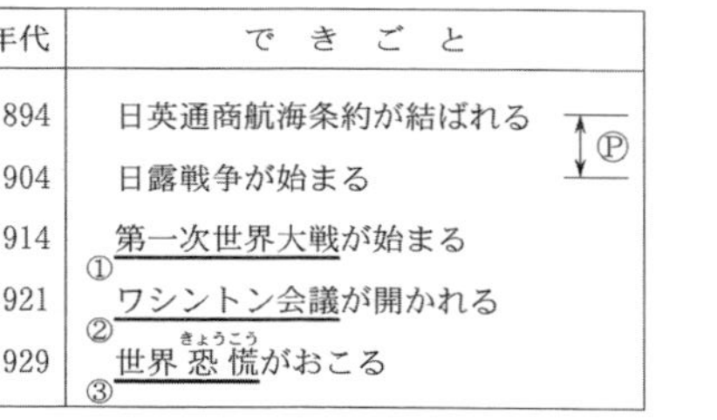

（「明治大正国勢総覧」により作成）

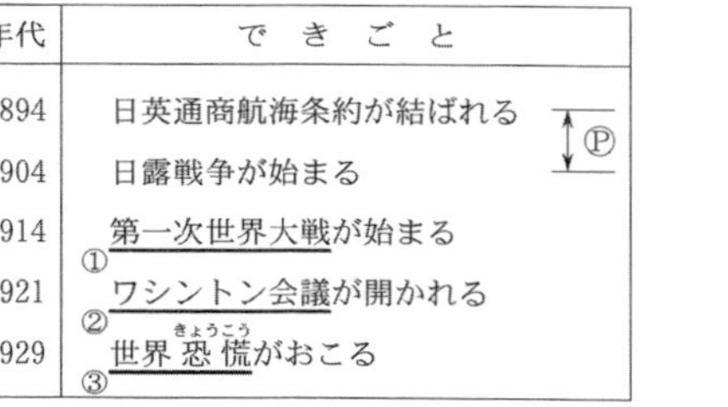

c　年表中の下線部②にワシントン会議とあるが，次のア～エのうち，この会議で決められた内容について述べたものはどれか。一つ選んで，その記号を書け。

ア　わが国は日英同盟を解消し，列強とともに海軍の軍備を制限した
イ　わが国はソ連との国交を回復した
ウ　わが国はアメリカとの間で，関税自主権を回復した
エ　わが国は中国の山東（シャントン／さんとう）省の旧ドイツ権益を引きついだ

d　年表中の下線部③に世界恐慌とあるが，次の文は，世界恐慌に対する欧米諸国の政策について述べようとしたものである。文中の二つの〔　〕内にあてはまる言葉を，㋐，㋑から一つ，㋒，㋓から一つ，それぞれ選んで，その記号を書け。

世界恐慌とその後の不況に対して，イギリスやフランスなどは，本国と植民地や，関係の深い国や地域との貿易を拡大する一方，それ以外の国から輸入される商品にかける税（関税）を〔㋐高く　㋑低く〕するブロック経済と呼ばれる政策をおこなった。ソ連は，〔㋒レーニン　㋓スターリン〕の指導の下，計画経済をおし進めた結果，世界恐慌の影響をほとんど受けず，国内生産を増強し，アメリカに次ぐ工業国となった。

(6)　右の新聞記事は，1945年８月15日に重大な放送がおこなわれることを予告したものの一部である。1945年８月14日にわが国は，アメリカなどの連合国が無条件降伏を求めたある宣言を受け入れて降伏することを決定し，８月15日に昭和天皇がラジオ放送で国民に知らせた。連合国がわが国に無条件降伏を求めたこの宣言は何と呼ばれるか。その呼び名を書け。

けふ正午に重大放送
國民必ず嚴粛に聽取せよ

(7)　20世紀のわが国の政治や外交に関して，次のa，bの問いに答えよ。

a　1950年に連合国軍総司令部（GHQ）は，わが国の政府に指令を出して，警察予備隊を創設させた。次の㋐～㋓のうち，GHQが警察予備隊の創設の指令を出すきっかけとなった当時の国際的なできごととして最も適当なものはどれか。一つ選んで，その記号を書け。

㋐　朝鮮戦争が始まった　　㋑　中国で五・四運動がおこった
㋒　日中共同声明が発表された　　㋓　ソ連が解体した

b　サンフランシスコ平和条約が結ばれた後も，引き続きアメリカの統治下におかれた沖縄では，長い間，わが国への復帰を求める運動がおこなわれていた。わが国の政府は，アメリカ政府と交渉を進め，1972年，ある内閣のときに沖縄のわが国への復帰が実現した。この内閣の内閣総理大臣はだれか。次のア～エから一つ選んで，その記号を書け。

ア　吉田茂（しげる）　イ　岸信介（のぶすけ）　ウ　池田勇人（はやと）　エ　佐藤栄作

(1)						
(2)	a		b		c	
	d	◯と◯	e			
(3)	a		b	◯→◯→◯		
	c	領民の信仰する宗教が　　　　ことを証明させるため。				
(4)	a	◯→◯→◯	b			
(5)	a		c		d	◯と◯
	b					
(6)		(7)	a	◯	b	

日本国憲法と人権

■平成27年度問題

1 次の問いに答えなさい。

(1) 右の図は，日本国憲法で保障されている基本的人権の構成について示したものである。これを見て，あとのa～cの問いに答えよ。

自由権	社会権	参政権など 人権を守るための権利
個人の尊重 と 平等権		

a 日本国憲法で保障されている教育を受ける権利は，図中に示された権利のうち，どの権利の一つにあてはまるか。次のア～エのうち，最も適当なものを一つ選んで，その記号を書け。

ア 平等権　　イ 自由権
ウ 社会権　　エ 人権を守るための権利

b 図中の下線部に個人の尊重とあるが，次の文は，個人の尊重と国民の権利について述べようとしたものである。文中の［　　］内に共通してあてはまる最も適当な言葉を書け。

日本国憲法第13条では，「すべて国民は，個人として尊重される。生命，自由及び幸福追求に対する国民の権利については，［　　］に反しない限り，立法その他の国政の上で，最大の尊重を必要とする。」と定められている。ただし，この権利は，感染症の発生により感染者が隔離される場合などのように制限されることがある。これを［　　］による制限という。

c 社会が大きく変化するとともに，日本国憲法が直接規定していないことにも権利が認められるようになってきている。情報化が進んだことで，プライバシーを守る権利（プライバシーの権利）が主張されるようになり，個人情報保護法など，この権利に関係する法律や制度が整備された。国民の個人情報を保護するために，国，地方公共団体や民間企業には，どのようなことが求められると考えられるか。簡単に書け。

(1)	a		b	
	c	国,地方公共団体や民間企業は,個人情報を		

■平成28年度問題

1 次の問いに答えなさい。

(1) 次の文は，中学生のまいさんが日本国憲法について先生に質問をしている会話の一部である。これを読んで，あとのa～gの問いに答えよ。

> まい：先生，①日本国憲法は，第二次世界大戦が終わってからできたのですよね。
> 先生：はい。平和で民主的な国をつくるために，1946年に公布されました。公布されて今年でちょうど70年になりますね。
> まい：憲法が新しくなって，どのように変わったのですか。
> 先生：②国民主権，③基本的人権の尊重，④平和主義を三大原則としました。また，政治組織の原理として，⑤国会と内閣と⑥裁判所の三つの機関に権力を分ける三権分立の制度をとりました。
> まい：近年では，憲法に関するできごとは何かありましたか。
> 先生：2007年に⑦憲法を改正する手続きを決めた法律が制定され，2010年に施行されました。

a 下線部①に日本国憲法とあるが，次の文は，憲法の性格について述べようとしたものである。文中のA，Bの［　　］内にそれぞれあてはまる言葉の組み合わせとして最も適当なものは，あとのア～エのうちのどれか。一つ選んで，その記号を書け。

憲法は，［A］と［B］との関係を定めており，［A］の権力が乱用されることのないよう制限して，［B］の自由や権利を守るという性格をもっている。

ア 〔A 国際機関　B 国民〕　イ 〔A 国家　B 国民〕
ウ 〔A 国際機関　B 国家〕　エ 〔A 国民　B 国家〕

b 下線部②に国民主権とあるが，主権者である国民が間接的に政治に参加する方法に選挙がある。次の文は，わが国の衆議院議員の選挙について述べようとしたものである。文中のC，Dの［　　］内にあてはまる最も適当な言葉をそれぞれ書け。

現在，衆議院議員の選挙は，国民が候補者に投票して，一つの選挙区から1人が選出される［C］制と，国民が政党に投票して，得票に応じて各政党へ議席が配分される［D］制の二つの選挙制度を組み合わせた制度でおこなわれている。

c 下線部③に基本的人権の尊重とあるが，基本的人権の一つに自由権がある。次のア～エのうち，自由権にあてはまるものはどれか。一つ選んで，その記号を書け。

ア 健康で文化的な最低限度の生活を営むこと　イ 国に損害賠償を請求すること
ウ 子どもに普通教育を受けさせること　エ 職業を選択すること

(1)	a		b	C	制	D	制
	c						

d　下線部④に平和主義とあるが，次の文は，平和主義に関して述べようとしたものである。文中の［　　］内に共通してあてはまる最も適当な言葉を書け。

日本国憲法第９条では，「①日本国民は，正義と秩序を基調とする国際平和を誠実に希求し，国権の発動たる戦争と，武力による威嚇又は武力の行使は，国際紛争を解決する手段としては，永久にこれを放棄する。②前項の目的を達するため，陸海空軍その他の［　　］は，これを保持しない。国の交戦権は，これを認めない。」と定められている。政府は，憲法は自衛のための必要最小限の実力をもつことは禁じていないため，自衛隊は憲法で禁止されている［　　］にあたらず，憲法に違反していないと説明している。

e　下線部⑤に国会とあるが，わが国の国会では，衆議院と参議院の二院制がとられている。衆議院と参議院とで議決が異なった場合には，いくつかのことがらについて，衆議院の優越が憲法で定められている。衆議院が優越するのは，衆議院が参議院と比較して，国民の意思をより反映すると考えられているからである。その理由として，衆議院の議員の任期が参議院の議員の任期より短いことのほかに，どのようなことがあるか。簡単に書け。

f　下線部⑥に裁判所とあるが，裁判所のなかでも，最高裁判所は「憲法の番人」と呼ばれている。それは最高裁判所がどのようなことについて，いかなる判断をする権限をもっているからか。簡単に書け。

g　下線部⑦に憲法を改正するとあるが，下の図は，日本国憲法第96条などに定められている憲法改正の手続きについて示そうとしたものである。図中の［ X ］内にあてはまる最も適当な言葉は何か。あとのア～エから一つ選んで，その記号を書け。

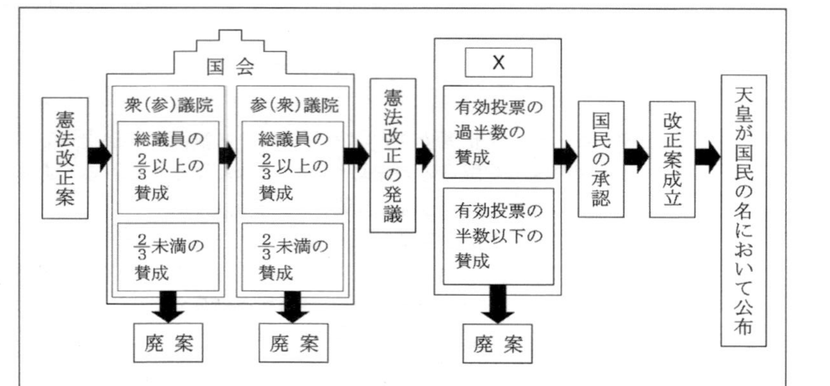

ア　住民投票　　イ　国事行為　　ウ　国民投票　　エ　国民審査

(1)	d		g	
	e	衆議院には		
	f	最高裁判所が，　　　　権限をもっているから。		

■平成29年度問題

1　(1)　基本的人権に関して，次のａ，ｂの問いに答えよ。

ａ　社会権は，国民に人間らしい生活を保障するために，国家が国民の生活に積極的に関わるべきという考え方から主張されるようになった権利である。社会権が主張されるようになった背景には，資本主義経済の発展にともない，社会にどのような変化があったからか。**貧富**　という言葉を用いて，簡単に書け。

ｂ　次のア～エのうち，日本国憲法で保障されている請求権にあてはまらないものはどれか。一つ選んで，その記号を書け。

ア　権利が侵害された場合に裁判を受ける権利
イ　公務員の不法行為によって受けた損害に対して賠償を求める権利
ウ　労働者の団体が労働条件の改善を求めて使用者と交渉する権利
エ　刑事裁判で無罪になったときに補償を求める権利

(1)	a	から。	b	

■平成31年度問題

1　(2)　次の文は，わが国におけるある民事裁判の内容を説明しようとしたものである。あとのア～エのうち，文中の［ Y ］内に共通してあてはまる最も適当なものはどれか。一つ選んで，その記号を書け。

Ａさんが，知人の作家Ｂさんが著した小説を読んでいると，その小説の主人公と自分の置かれた状況がとても似ていて，自分をモデルとしているに違いないと感じた。Ａさんは自分の私生活がみだりに公開されていて精神的に苦痛であるとして，出版差し止めを求めて提訴した。それに対してＢさんは，出版差し止めは憲法が保障する［ Y ］の侵害であると主張した。裁判所は，小説の公表によってＡさんのプライバシーが侵害されており，出版差し止めは，［ Y ］を保障した憲法の規定に違反しないとして，出版差し止めを命じる判決を下した。

ア　表現の自由　　イ　財産権　　ウ　職業選択の自由　　エ　生存権

(2)	

■令和４年度問題

1　(1)　私たちが個人として尊重され，国家から不当に強制や命令をされない権利が自由権である。次のア～エのうち，日本国憲法が定める自由権にあてはまるものはどれか。一つ選んで，その記号を書け。

ア　国や地方公共団体が保有している情報の公開を求める権利
イ　労働者が団結して行動できるように，労働組合を結成する権利
ウ　自分の権利や利益を守るために，裁判所に公正に判断してもらう権利
エ　宗教を信仰するかどうかや，どの宗教を信仰するかを自分で決める権利

(1)	

■令和２年度問題

1 (2) わが国の政治のしくみに関して，次のａ，ｂの問いに答えよ。

ａ　太郎さんは，社会科の授業で，日本国憲法はわが国の最高法規であり，憲法改正については，厳格な手続きや条件が定められていることを学んだ。憲法改正の発議について，賛成か反対かを問う衆参両議院での投票結果が，下の図のようになったとする。あとの文は，この投票結果の場合における憲法改正の発議について述べようとしたものである。文中の〔　〕内にあてはまる言葉を，㋐，㋑から一つ選んで，その記号を書け。また，文中の［　　］内には，憲法改正の発議ができるかできないかの理由が入る。その理由を **総議員** という言葉を用いて，簡単に書け。

衆議院における投票結果
反対 75
総議員数465
投票総数465
賛成 390

参議院における投票結果
反対 108
総議員数248
投票総数248
賛成 140

上のような結果の場合，日本国憲法の規定により，国会は憲法改正を発議することが〔㋐できる　㋑できない〕。その理由は［　　］ためである。

ｂ　太郎さんは，社会科の授業で，基本的人権は最大限尊重されなければならないが，公共の福祉によって制限される場合があることを学んだ。下の表は，公共の福祉によって自由権が制限される事例をまとめようとしたものである。あとのア～エのうち，表中の［Ｘ］内にあてはまる言葉として最も適当なものはどれか。一つ選んで，その記号を書け。

公共の福祉によって自由権が制限される事例	制限される自由権の種類
・他人の名誉を傷つける行為を禁止すること	表現の自由
・新しい道路を建設するために住居の立ち退きを求めること ・耐震基準を満たさない建物の建築を禁止すること	Ｘ

ア　財産権　　イ　思想・良心の自由　　ウ　黙秘権　　エ　苦役からの自由

(2)	a	記号	◯	理由	ためである。
	b				

■令和３年度問題

1 次の問いに答えなさい。

(1) 太郎さんのクラスでは，わが国の政治のしくみについての学習のまとめとして，レポートをつくった。下の表は，各班がレポートに掲載した内容を示したものである。これを見て，あとのａ～ｃの問いに答えよ。

１班	天皇の国事行為について
２班	裁判所を見学したことについて
３班	日本国憲法のしくみについて
４班	議院内閣制の特徴について

ａ　１班の内容に関して，日本国憲法では，天皇は日本国の象徴として位置づけられており，国の政治について権限をもたず，国事行為をおこなうと定められている。次のア～エのうち，日本国憲法で天皇の国事行為として定められているものはどれか。一つ選んで，その記号を書け。

ア　予算を作成すること　　イ　法律を公布すること
ウ　内閣総理大臣を指名すること　　エ　条約を承認すること

ｂ　２班の内容に関して，下の文は，太郎さんが，国民審査の対象となる裁判官の所属する裁判所を見学したとき，その裁判官と交わした会話の一部である。あとの表中のア～エのうち，文中のＸ，Ｙの［　　］内にあてはまる言葉の組み合わせとして最も適当なものはどれか。一つ選んで，その記号を書け。

> 太郎　：さきほどは，ていねいに説明をしていただき，本当にありがとうございました。
> 裁判官：こちらこそ，見学してくださり，ありがとうございました。太郎さんが見学したこの裁判所は，［Ｘ］する権限をもっています。
> 太郎　：はい。学校でもそのように学習しました。
> 裁判官：また，さきほど見学した時にも話をしましたが，犯罪と刑罰は法律で定めなければならず，犯罪の疑いをかけられた場合でも，取り調べや裁判は，法にもとづいておこなわれます。取り調べにおいては，自白を強要されず，自分に不利なことを話す必要はありません。
> 太郎　：これらは，自由権のうち，［Ｙ］を保障している内容のことですね。
> 裁判官：はい。そのとおりです。

	Ｘ	Ｙ
ア	重大なあやまちのあった裁判官をやめさせるかどうかを決定	身体の自由（生命・身体の自由）
イ	重大なあやまちのあった裁判官をやめさせるかどうかを決定	精神の自由
ウ	法律が憲法に違反していないかどうかを最終的に決定	身体の自由（生命・身体の自由）
エ	法律が憲法に違反していないかどうかを最終的に決定	精神の自由

ｃ　３班の内容に関して，日本国憲法は，国の理想や基本的なしくみ，政府と国民との関係などを定めている。国民の自由や権利を守るために憲法によって政治権力を制限し，憲法にのっとって国を運営することは，何主義と呼ばれるか。その呼び名を書け。

(1)	a		b		c	

政治

■平成26年度問題

1 次の問いに答えなさい。

(1) 下の図は，わが国の３つの独立した機関と国民との関係を示そうとしたものである。これを見て，あとのａ～ｅの問いに答えよ。

立法権
国　会
X 権
内　閣 ①
司法権
裁判所
選挙 ②
世論
Y
国　民

ａ　図中の X 内にあてはまる最も適当な言葉を書け。

ｂ　図中の Y 内にあてはまる最も適当な言葉は何か。次のア～エから一つ選んで，その記号を書け。

　ア　国民投票　　イ　国民審査
　ウ　住民投票　　エ　弾劾裁判

ｃ　図中の下線部①に内閣とあるが，内閣の最高責任者である内閣総理大臣は，どのようにして選ばれるか。その選ばれ方を **国民　指名** の二つの言葉を用いて，簡単に書け。

ｄ　図中の下線部②に選挙とあるが，現在の参議院議員選挙について述べた次のア～エのうち，正しいものはどれか。一つ選んで，その記号を書け。

　ア　参議院議員選挙における被選挙権は，満25歳以上の国民に与えられている
　イ　参議院議員選挙は，３年ごとに実施され，参議院議員の半数が改選される
　ウ　参議院議員選挙は，参議院議員が任期に達した場合か，参議院が解散された場合に実施される
　エ　参議院議員選挙では，選挙区で選ばれる議員数よりも，比例代表で選ばれる議員数の方が多い

ｅ　わが国では，国会と内閣と裁判所の３つの機関に権力を分ける三権分立の制度をとっている。この制度がとり入れられているのはなぜか。その理由を簡単に書け。

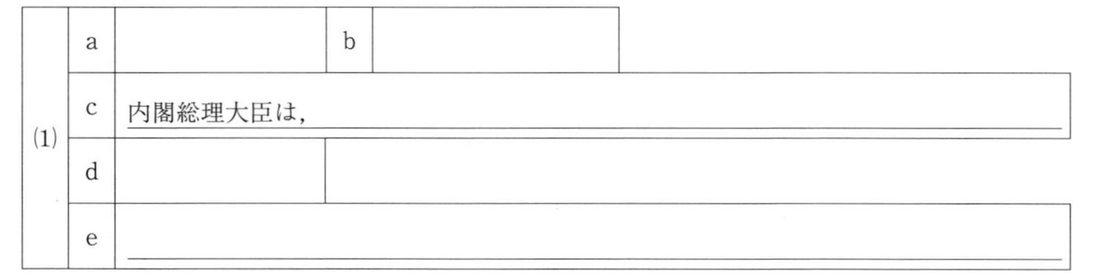

(1)	a		b	
	c	内閣総理大臣は，		
	d			
	e			

■平成27年度問題

1 次の問いに答えなさい。

(2) わが国の地方自治に関して，次のａ～ｃの問いに答えよ。

ａ　地方公共団体の議会は，その地方公共団体だけに適用されるきまりを法律の範囲内で制定することができる。このようにして制定されるきまりは何と呼ばれるか。その呼び名を書け。

ｂ　地方公共団体の住民は，首長の解職を請求することができる。住民が首長の解職を請求する手続きについて述べようとした次の文中の二つの〔　　〕内にあてはまる言葉を，㋐，㋑から一つ，㋒，㋓から一つ，それぞれ選んで，その記号を書け。

　地方公共団体の住民は，その地方公共団体の有権者の〔㋐３分の１　㋑50分の１〕以上の署名を集めて，〔㋒監査委員　㋓選挙管理委員会〕に首長の解職を請求することができる。

ｃ　国の方針に従って地方公共団体が政治をおこなう中央集権から，国と地方公共団体とが対等の関係で仕事を分担して政治をおこなえるように政治のしくみを変えることを目指して，地方自治に関する法律が1999年に成立し，2000年に施行された。この法律により，多くの仕事を国から地方に移すことになり，地方公共団体がそれぞれの特徴に応じた独自の活動をおこなえるようになった。この法律は何と呼ばれるか。その呼び名を書け。

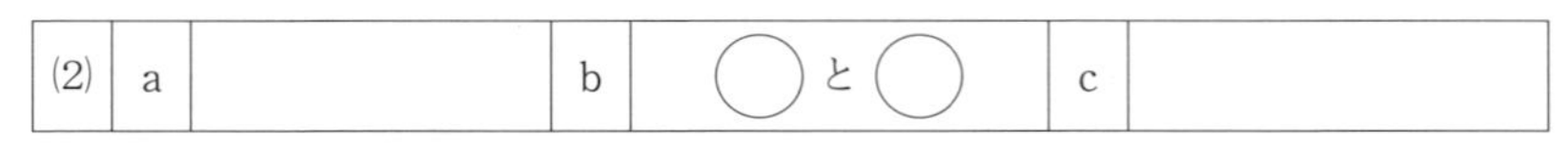

(2)	a		b	◯と◯	c	

■平成29年度問題

1 次の問いに答えなさい。

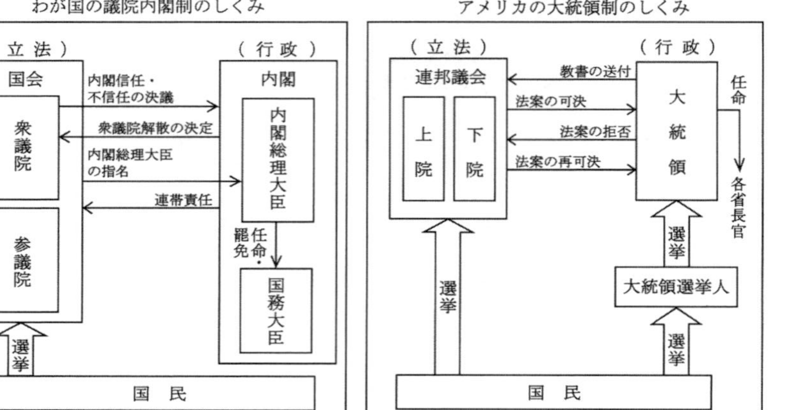

(2) 三権分立に関して，次のａ，ｂの問いに答えよ。

ａ 前の図は，わが国の議院内閣制のしくみとアメリカの大統領制のしくみについて示したものの一部である。わが国の議院内閣制では，国会の指名により内閣総理大臣が選ばれるのに対し，アメリカの大統領制では，どのようにして大統領が選ばれるか。図からわかることを簡単に書け。

ｂ 次の文は，権力の行使に行き過ぎがないようにするしくみに関して述べようとしたものである。文中の □ 内にあてはまる最も適当な言葉を書け。

わが国の刑事裁判では，被疑者や被告人の権利を保障するために，警察や検察官による捜索や逮捕には原則として □ が発行する令状が必要である。

(3) わが国では，2015年に公職選挙法が改正されて，2016年６月以降の選挙では，選挙権を得られる年齢が引き下げられた。この改正で選挙権を得られる年齢は満何歳から満何歳に引き下げられたか。その年齢をそれぞれ書け。

(2)	a	アメリカの大統領制では，　　　　大統領が選ばれる。	b	
(3)	満　　歳から満　　歳に引き下げられた。			

■平成30年度問題

1 次の問いに答えなさい。

(1) 右の写真は，内閣総理大臣と国務大臣が出席して内閣の方針を決定するために開かれる会議のようすを写したものである。この会議は，内閣総理大臣によって開かれ，全会一致によって議決される。この会議は何と呼ばれるか。その呼び名を書け。

(2) 下の図は，わが国の刑事裁判のしくみを示そうとしたものである。あとの文は，刑事裁判について説明しようとしたものである。図中と文中の X 内に共通してあてはまる最も適当な言葉を書け。

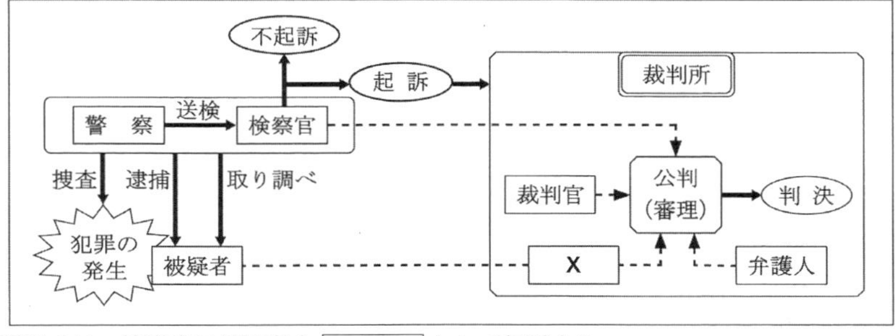

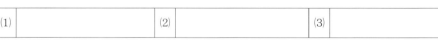

刑事裁判では，検察官は被疑者を X として起訴する。

(3) 2016年7月10日に実施された第24回参議院議員選挙は，選挙権年齢が20歳以上から高校生を含む18歳以上に引き下げられてから初めて実施された国政選挙であった。下の資料Ⅰは，この選挙におけるわが国の年代別投票率を示したものである。下の資料Ⅱは，この選挙における香川県内の８つの市などの10歳代の有権者数と投票者数を示したものである。次のア～エのうち，これらの資料からわかることを述べたものとして，正しいものはどれか。一つ選んで，その記号を書け。

資料Ⅰ

	全　体	10歳代	20歳代	30歳代	40歳代	50歳代	60歳代	70歳以上
投票率(%)	54.7	46.8	35.6	44.2	52.6	63.3	70.1	61.0

(総務省資料により作成)

資料Ⅱ

	香川県全体	高松市	丸亀市	坂出市	善通寺市	観音寺市	さぬき市	東かがわ市	三豊市	その他(町合計)
有権者数(人)	18782	8027	2345	936	580	1179	956	546	1294	2919
投票者数(人)	6860	2979	837	351	231	384	345	190	455	1088

(香川県選挙管理委員会資料により作成)

ア わが国における20歳代から60歳代までの各年代の投票率を比べると，年代が上がるほど投票率が低くなっている

イ わが国における10歳代の投票率は，20歳代の投票率より低く，全体の投票率より高い

ウ 香川県内の８つの市の10歳代の投票率は，すべての市においてわが国における10歳代の投票率より低い

エ 香川県全体の10歳代の投票率は，わが国における全体の投票率より高い

(1)		(2)		(3)	

■平成31年度問題

1 次の問いに答えなさい。

(1) わが国の政治に関して，次のａ～ｄの問いに答えよ。

ａ 下の図は，国会において法律が制定されるしくみを示そうとしたものである。図中のXは，それぞれの議院に所属する議員全員で構成され，Xで法律案などが議決される。あとの写真は，国会の各議院においてXが開かれる議場をそれぞれ写したものである。図中のXに共通してあてはまる最も適当な言葉を書け

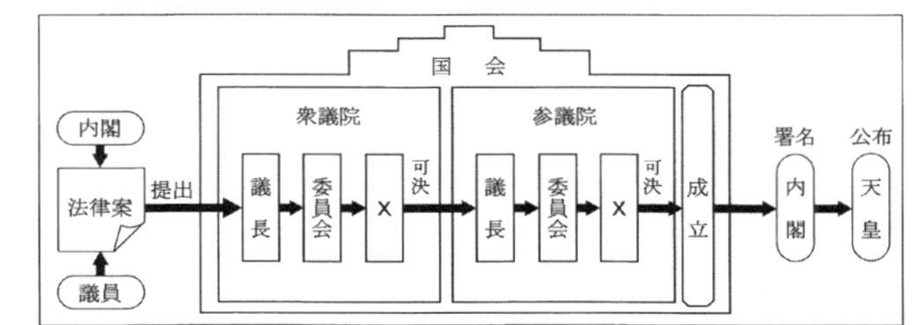

衆議院の議場

参議院の議場

b　政権を担当する政党は与党と呼ばれ，内閣を組織する。一つの政党だけで政権を担当する場合は単独政権と呼ばれる。一方，一つの政党だけでは国会で過半数に達しない場合などには，複数の政党が協力して政権を担当する場合がある。このような複数の政党が協力して担当する政権は，一般に何と呼ばれるか。その呼び名を書け。

c　近年，簡素で効率的な行政を目指す行政改革が進められ，行政機関の許認可権を見直して自由な経済活動をうながす規制緩和がおこなわれてきた。次のア～エのうち，規制緩和の例としてあてはまらないものはどれか。一つ選んで，その記号を書け。

　ア　株式会社が保育所を設置できるようになると，保育所が増える
　イ　電気事業が自由化されると，利用者は電力会社を選ぶことができるようになる
　ウ　派手な色の看板を掲げられないようにすると，景観が保たれて観光客が増える
　エ　航空業界に新規参入ができるようになると，価格競争がおこり運賃が安くなる

d　若者の意見を政治に反映させるために，2015年に公職選挙法が改正されて，2016年６月以降の選挙では，選挙権を得られる年齢が20歳から18歳に引き下げられた。主権者である国民は，選挙で投票するだけでなく，さまざまな方法で政治に参加することができる。政治に参加する方法には，選挙で投票すること以外にどのようなものがあるか。簡単に書け。

(1)	a		b	政権	c	
	d					

■令和２年度問題

1　次の問いに答えなさい。

(2)　わが国の政治のしくみに関して，次のｃ～ｅの問いに答えよ。

c　わが国では，国民の中からくじなどで選ばれた人が，裁判に参加する制度が2009年から実施されている。この制度では，重大な犯罪についての刑事裁判が対象となり，国民が裁判に参加することにより，司法に対する国民の理解と信頼が深まることが期待されている。この制度は何と呼ばれるか。その呼び名を書け。

d　わが国では，国民の自由や権利を守るために，国会，内閣，裁判所が互いに抑制し合い，均衡を保つことで，権力が集中しないようにしている。次のア～エのうち，内閣の権限でおこなわれるものはどれか。一つ選んで，その記号を書け。

　ア　違憲審査権（違憲立法審査権）を行使する　　イ　国政調査権を行使する
　ウ　最高裁判所長官を指名する　　エ　外国と結ぶ条約を承認する

e　下の表は，ある人物の経歴の一部を示したものである。あとのア～エのうち，下の表から考えて，この人物が28歳の時に選挙で当選して就いた職はどれか。一つ選んで，その記号を書け。

　ア　衆議院議員　　イ　参議院議員
　ウ　都道府県の知事　　エ　都道府県議会の議員

22歳	大学を卒業し，国会議員の秘書となる
28歳	初めて選挙に立候補し，当選する
30歳	28歳で当選して就いた職において解職請求があったが，失職せずにすむ
32歳	４年の任期を終え，２期目に向けて立候補する

(2)	c		d		e	

■令和３年度問題

1　次の問いに答えなさい。

(2)　わが国の選挙のしくみに関して，次のａ，ｂの問いに答えよ。

a　わが国では，国民の政治参加の手段の一つとして選挙権が保障されており，四つの原則にもとづいて選挙がおこなわれている。四つの原則のうち，18歳以上のすべての国民に選挙権を保障する原則は，次のア～エのうちのどれか。一つ選んで，その記号を書け。

　ア　直接選挙　　イ　普通選挙　　ウ　平等選挙　　エ　秘密選挙

b　花子さんは，社会科の授業で，わが国では，多様な民意を政治に反映させるために，さまざまな特徴がある選挙制度が採用されていることを学んだ。小選挙区制による選挙において，１区から４区までの各選挙区に，Ａ党，Ｂ党，Ｃ党からそれぞれ一人ずつ立候補し，各選挙区における各政党の候補者の得票数が下の表のようになったとする。この選挙の結果について述べたあとのア～エのうち，正しいものはどれか。一つ選んで，その記号を書け。

	１区	２区	３区	４区	合計
Ａ党の候補者の得票数(千票)	30	60	80	40	210
Ｂ党の候補者の得票数(千票)	40	70	30	50	190
Ｃ党の候補者の得票数(千票)	60	40	60	70	230

　ア　三つの政党のうち，得票数の合計が最も少ない政党が，最も多くの議席を獲得した
　イ　三つの政党のうち，議席をいずれの選挙区においても獲得できなかった政党がある
　ウ　四つの選挙区のうち，当選者の得票数が最も多いのは１区である
　エ　四つの選挙区のうち，いずれの選挙区においても，当選者の得票数より，死票の方が多い

(3) 下の表は，2016年度における東京都，静岡県，香川県の地方交付税交付金，人口1人あたりの地方交付税交付金，歳入総額に占める地方税の割合をそれぞれ示したものである。地域により地方交付税交付金に差が見られるのは，地方交付税交付金にはどのような役割があるからか。簡単に書け。

	東京都	静岡県	香川県
地方交付税交付金(億円)	0	1594	1114
人口1人あたりの地方交付税交付金(円)	0	43227	114625
歳入総額に占める地方税の割合(%)	74.7	47.0	29.8

(総務省資料により作成)

(2)	a		b	
(3)	地方交付税交付金には，			という役割があるから。

■令和4年度問題

1

(2) わが国の政治のしくみに関して，次のa～dの問いに答えよ。

a わが国の政治は，国会，内閣，裁判所のそれぞれが独立し，権力の抑制を図る三権分立を採用している。国会の各議院には，証人喚問をおこなったり，政府に記録の提出を求めたりするなど，正しい政策の決定に必要な情報を収集する権限が与えられている。この権限は何と呼ばれるか。その呼び名を書け。

b 下の表は，平成30年から令和2年の国会における議員提出法案の提出件数と成立件数，内閣提出法案の提出件数と成立件数をそれぞれ示そうとしたものである。表中のⒶ～Ⓒには，議員提出法案の成立件数，内閣提出法案の提出件数，内閣提出法案の成立件数のいずれかが入る。Ⓐ～Ⓒにあてはまる言葉の組み合わせとして最も適当なものは，あとのア～エのうちのどれか。一つ選んで，その記号を書け。

	平成30年	平成31年及び令和元年	令和2年
議員提出法案の提出件数(件)	159	96	89
Ⓐ	78	72	66
Ⓑ	73	68	62
Ⓒ	29	22	13

(内閣法制局資料により作成)

ア Ⓐ 内閣提出法案の提出件数（件） Ⓑ 内閣提出法案の成立件数（件） Ⓒ 議員提出法案の成立件数（件）

イ Ⓐ 内閣提出法案の提出件数（件） Ⓑ 議員提出法案の成立件数（件） Ⓒ 内閣提出法案の成立件数（件）

ウ Ⓐ 内閣提出法案の成立件数（件） Ⓑ 内閣提出法案の提出件数（件） Ⓒ 議員提出法案の成立件数（件）

エ Ⓐ 議員提出法案の成立件数（件） Ⓑ 内閣提出法案の提出件数（件） Ⓒ 内閣提出法案の成立件数（件）

c 国会における内閣総理大臣の指名について，投票の結果が右の表のようになったとする。あとの文は，この投票の結果の場合において，国会がX～Zのうちのどの人物を内閣総理大臣に指名するかについて述べようとしたものである。文中の〔　〕内にあてはまる人物として適当なものを，㋐～㋒から一つ選んで，その記号を書け。また，文中の ＿＿ 内には，日本国憲法の規定により，国会がその人物を内閣総理大臣に指名する理由が入る。その理由を簡単に書け。

衆議院（総議員数465）		参議院（総議員数245）	
人物	得票数(票)	人物	得票数(票)
X	55	X	130
Y	170	Y	95
Z	240	Z	20

上のような結果の場合，衆議院はZを，参議院はXを，それぞれ内閣総理大臣として指名する議決をおこなうこととなる。衆議院と参議院が異なった議決をおこなったため，日本国憲法の規定により，両院協議会を必ず開かなければならない。両院協議会において意見が一致しない場合，国会は〔㋐X　㋑Y　㋒Z〕を内閣総理大臣として指名する。その理由は，日本国憲法の規定により， ＿＿ からである。

d 太郎さんは，社会科の授業で，学習のまとめとして，わが国の政治のしくみを発表することになった。下の資料Ⅰ，Ⅱは，太郎さんが発表するために，国または地方公共団体の政治のしくみの一部をそれぞれ示そうとしたものである。図中の**ア**～**エ**は，国会，内閣，地方議会，地方公共団体の首長，のいずれかにあたる。**ア**～**エ**のうち，地方議会にあたるものはどれか。一つ選んで，その記号を書け。

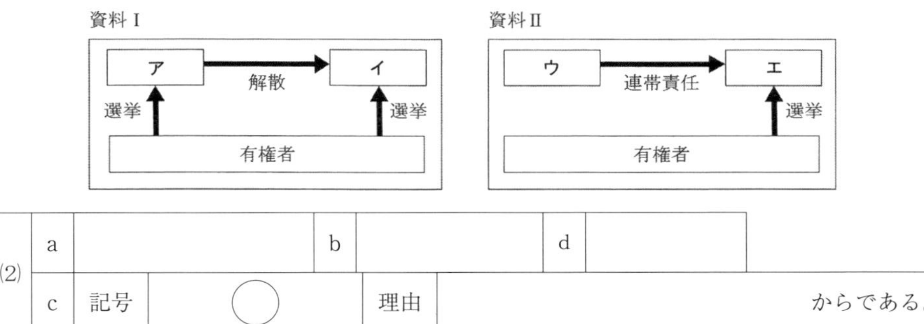

(2)	a		b		d	
	c	記号	◯	理由		からである。

経済と福祉

■平成28年度問題

1 次の問いに答えなさい。

(2) 下の資料は，太郎さんが社会科の授業で，「パン屋を経営する」をテーマに，企業の活動について発表するためにまとめたものの一部である。これを見て，あとのa～cの問いに答えよ。

【テーマ】企業の活動　～パン屋を経営する～
・店の名前や，どのようなパンをつくり，どのように売るかを決める。
・パン屋を設立するための①資金を集める。
・店をつくり，設備をそろえ，原材料を仕入れ，②従業員を雇う。
・パンをつくり，販売する。
・売上金からかかった費用を支払い，残った金額が利潤になる。
・③税金を納める。

a 下線部①に資金を集めるとあるが，次の文は，企業が資金を集める方法に関して述べようとしたものである。文中の□内に共通してあてはまる最も適当な言葉を書け。

企業が資金を集める方法には，銀行からの借り入れや□の発行などがある。□を購入した人は，その持ち分に応じて，企業の利潤から配当を受け取ることができたり，経営者の選出や事業の基本方針などについて議決したりする権利をもつ。

b 下線部②に従業員を雇うとあるが，労働者個人と企業の関係は必ずしも対等ではないため，労働者は団結してある組織をつくり，経営者と対等な立場で，賃金や労働環境などの労働条件について交渉し，要求の実現のためにストライキなどの団体行動をすることができる。この組織は何と呼ばれるか。その呼び名を書け。

c 下線部③に税金を納めるとあるが，消費税や酒税のように，税金を負担する人と納める人が異なる税金は何と呼ばれるか。その呼び名を書け。

(3) 右の資料は，同業の経営者A，Bの会話である。このような会話のあと，両者が実際に値上げをした場合，企業の公正かつ自由な競争が弱まり，消費者が不当に高い価格を支払うことになりかねないため，1947年に制定されたある法律に違反する可能性がある。この法律は何と呼ばれるか。次のア～エから一つ選んで，その記号を書け。

ア　消費者基本法　　イ　独占禁止法
ウ　製造物責任法　　エ　消費者契約法

A：最近は原料価格も上がってきて苦しいですね。うちは価格を上げなければとてもやっていけないですよ。Bさんの会社はどうですか。
B：うちも似たような状況ですよ。価格を上げなければどうにもなりませんね。
A：Bさんの会社ではいくらくらい上げますか。
B：100円は値上げしないといけませんね。

（経済産業省資料により作成）

(2)	a		b		c	
(3)						

■平成29年度問題

1 次の問いに答えなさい。

(7) 下の資料Ⅰは，市場経済における需要量・供給量と価格の関係を示したグラフであり，資料Ⅱは，資料Ⅰに関して述べたものである。これらの資料を見て，あとのa，bの問いに答えよ。

資料Ⅰ

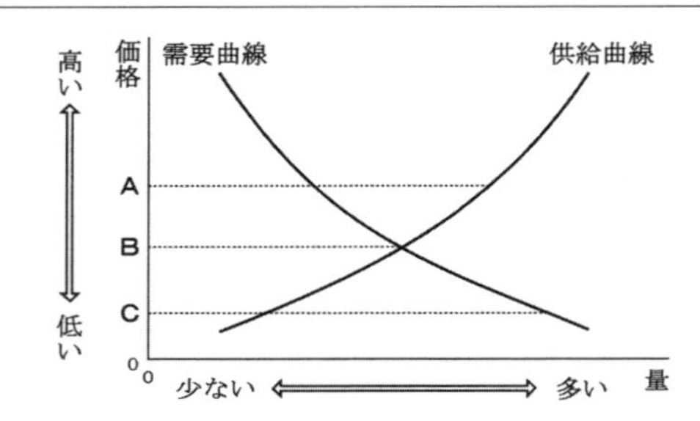

資料Ⅱ

モノやサービスの需要量が供給量を上回り，品不足の状態となると，価格が上がることで，需要量が減り，供給量が増え，需要量と供給量が一致する。このように需要量と供給量が一致するときの価格を均衡価格という。

a 資料Ⅱについて述べた次のア～エのうち，最も適当なものはどれか。一つ選んで，その記号を書け。

ア　資料Ⅱは，資料Ⅰのグラフ内の価格がAからBに変化することを説明している
イ　資料Ⅱは，資料Ⅰのグラフ内の価格がBからAに変化することを説明している
ウ　資料Ⅱは，資料Ⅰのグラフ内の価格がCからBに変化することを説明している
エ　資料Ⅱは，資料Ⅰのグラフ内の価格がCからAに変化することを説明している

b 資料Ⅱ中の下線部に価格が上がるとあるが，物価が上がり続ける現象は一般に何と呼ばれるか。その呼び名を書け。

(8) 次の文は，少子高齢化が社会保障に及ぼす影響について述べようとしたものである。文中のAの□内にあてはまる最も適当な言葉と，文中のBの□内にあてはまる最も適当な数字を，それぞれ書け。

右の図は，わが国の65歳以上の人口に対する20～64歳の人口の比率について，2000年当時と2050年の予測を示したものである。少子高齢化が進み，働く現役世代が減少することで，税収や社会保険料収入が減少する一方，高齢者が増加することで，医療や年金，介護などの社会保障の給付が増加することが予想される。そこで，不足する部分を補うために，政府は，2014年4月1日から，［A］の税率を1997年以来17年ぶりに引き上げ，［B］%とした。

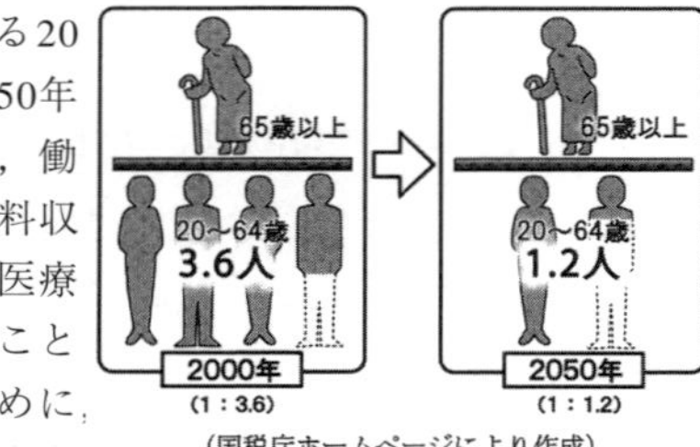

（国税庁ホームページにより作成）

(7)	a		b	
(8)	A		B	

■平成30年度問題

1 次の問いに答えなさい。

(4) 今日の社会では，だれもが等しく自由に移動し生活できることを目指して，バリアフリー化したまちづくりが進められている。わたしたちの身近な施設では，バリアフリーを実現するためにどのような工夫がなされているか。具体的に一つ書け。

(5) 近年では，医療においてインフォームド・コンセントが求められている。次のア～エのうち，インフォームド・コンセントにあてはまらないものはどれか。一つ選んで，その記号を書け。

ア　複数の手術例を伝え，どの手術にするか患者に選択してもらう
イ　薬の副作用について説明し，患者と一緒に処方する薬を考える
ウ　手術で輸血をする際に，輸血の必要性を患者に説明して納得してもらう
エ　患者に代わって，専門家として最善の治療方法を決定する

(4)	
(5)	

(8) 下の文は，「私たちの暮らしと財政」をテーマに，太郎さんたちの班が討論した内容の一部である。これを読んで，あとのa～dの問いに答えよ。

司会：現在わが国では，政府の財政赤字が問題となっています。この問題を，どのように解決すればよいでしょうか。
太郎：財政赤字は，税収よりも政府支出が大きくなることで生じます。政府支出を減らすことで財政赤字を解決するべきだと思います。そのために，国の仕事を民営化するなどして減らすべきです。
花子：国の仕事を減らすことには反対です。私たちの生活を支えるために，①社会資本の整備や，②少子高齢化への対策など，国がするべき仕事はたくさんあります。税収を増やすことで財政赤字の問題を解決するべきです。多くの人から同じ税率で集められる消費税を増税するべきだと思います。
ゆか：国の仕事を減らさず，税収を増やすことには賛成ですが，所得の低い人の負担が増えるのは反対です。③税は所得の高い人が多く負担するべきだと思います。また，企業が支払う税金を増やすことも考えられます。
花子：企業が支払う税金を増やすことは，景気に悪い影響をあたえるのではないでしょうか。また，企業が税金の安い海外に移転することも考えられます。
太郎：いずれにしても，増税によって税収を増やす方法には，問題があります。国の仕事を減らし，政府の支出を減らすことで，税金の負担も減らすべきです。
ゆか：労働問題や福祉の充実など，政府によって解決されるべき問題はたくさんあります。所得の高い人から税金を多く徴収し，所得の低い人を支え，だれもが健康で文化的な最低限度の生活を送れるようにすることも，政府の大切な役割です。
司会：④それぞれの立場から発言してもらいましたが，効率と公正の観点から議論を深めて，合意できる解決策を考えることが大切です。

a　下線部①に社会資本とあるが，道路，港湾，公園などの社会資本の多くは，私企業により供給することが困難であるため，政府や地方公共団体の支出でまかなわれている。私企業が社会資本を供給することが困難であるのはなぜか。**利益**　という言葉を用いて，簡単に書け。

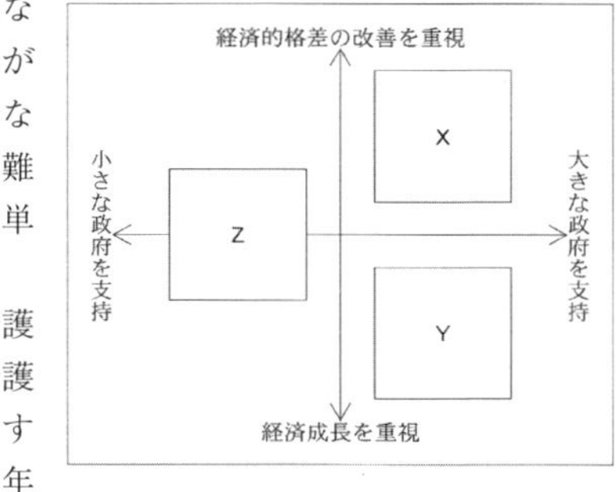

b　下線部②に少子高齢化とあるが，わが国では，介護が必要になったときに支援を受けることができる介護保険制度が2000年に始まった。この介護保険に加入することが義務づけられているのは何歳以上か。その年齢を書け。

c　下線部③に税は所得の高い人が多く負担するべきとあるが，所得税は所得が高くなればなるほど高い税率を適用するしくみがとられている。このしくみは，一般に何と呼ばれるか。その呼び名を書け。

d　下線部④にそれぞれの立場とあるが，上の図は，太郎さん，花子さん，ゆかさんがそれぞれ述べたことを，「経済的格差の改善を重視」，「経済成長を重視」，「小さな政府を支持」，「大きな政府を支持」の観点から整理しようとしたものである。次のア～カのうち，太郎さん，花子さん，ゆかさんのそれぞれの意見を，上の図中の**X**，**Y**，**Z**のいずれかにあてはめたときの組み合わせとして最も適当なものはどれか。一つ選んで，その記号を書け。

ア　太郎－**X**　花子－**Y**　ゆか－**Z**　　イ　太郎－**X**　花子－**Z**　ゆか－**Y**
ウ　太郎－**Y**　花子－**X**　ゆか－**Z**　　エ　太郎－**Y**　花子－**Z**　ゆか－**X**
オ　太郎－**Z**　花子－**X**　ゆか－**Y**　　カ　太郎－**Z**　花子－**Y**　ゆか－**X**

(8)	a	から。			
	b	歳以上	c		d

■平成31年度問題

1 次の問いに答えなさい。

(4) 右の表は，自由競争がおこなわれている市場における，ある施設の1時間あたりの利用料金の変動による，利用者が施設を利用したい時間と，事業者が施設を提供したい時間の変化を示したものである。次の文は，この表からわかることを述べようとしたものである。文中のP，Q，Rの［　］内にそれぞれあてはまる言葉の組み合わせとして正しいものは，あとのア～エのうちのどれか。一つ選んで，その記号を書け。

1時間あたりの利用料金(円)	利用者が施設を利用したい時間(時間)	事業者が施設を提供したい時間(時間)
500	3.5	1.0
1000	2.5	2.5
1500	1.5	3.0
2000	1.0	4.0

事業者が１時間あたりの利用料金を1500円に設定した場合，事業者が施設を提供したい時間が，利用者が施設を利用したい時間よりも1.5時間多くなる。このように［P］が［Q］を上回る場合には，価格は［R］する。価格が［R］すると［P］は減少し，［Q］は増加する。こうして，［P］と［Q］はしだいにつり合うようになり，一致する。

ア〔P　需要量　　Q　供給量　　R　上昇〕
イ〔P　供給量　　Q　需要量　　R　上昇〕
ウ〔P　需要量　　Q　供給量　　R　下落〕
エ〔P　供給量　　Q　需要量　　R　下落〕

(5)　下の資料Ⓐは，わが国の国債残高とＧＤＰに対する国債残高の比率の推移を示したものである。資料Ⓑは，わが国の2018年度一般会計予算の歳入と歳出を示したものである。資料Ⓒは，わが国の2018年度予算編成の基本方針の一部を示したものである。これらの資料を見て，あとのａ～ｄの問いに答えよ。

資料Ⓐ　わが国の国債残高とＧＤＰに対する国債残高の比率の推移

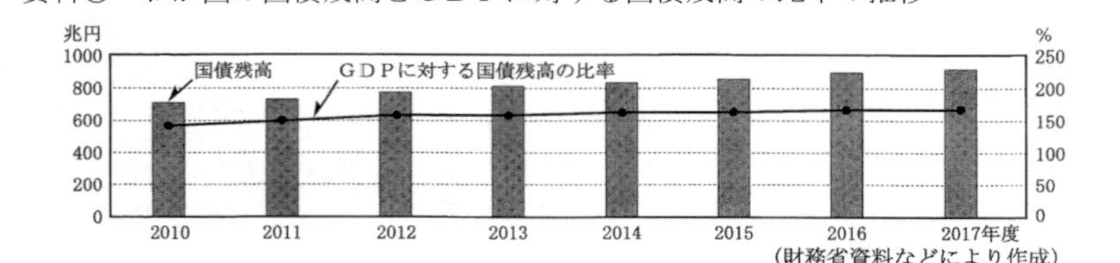

（財務省資料などにより作成）

資料Ⓑ　わが国の2018年度一般会計予算の歳入と歳出

2018年度一般会計予算　歳入総額　97兆7128億円

所得税	法人税	消費税	その他税収	その他収入	公債金
19.4％	12.3	17.9	11.0	5.0	34.4

2018年度一般会計予算　歳出総額　97兆7128億円

社会保障	地方交付税交付金等	公共事業	文教科学	防衛	その他	国債費
33.7％	15.9	6.1	5.5	5.3	9.7	23.8

（財務省資料などにより作成）

資料Ⓒ　わが国の2018年度予算編成の基本方針（一部）

- 構造改革と，①金融政策に成長指向の財政政策をうまく組み合わせる
- 設備や人材への，②企業による力強い投資，③研究開発・イノベーションの促進など重要な政策課題について，必要な予算措置を講じる
- 一億総活躍社会の実現と，各地の災害からの復興
- 歳出全般にわたり，聖域なき徹底した見直しを推進

（内閣府資料により作成）

ａ　わが国において，財政赤字や国債残高の増加が問題となっているが，2018年度も国債残高は確実に増えると考えられる。そのように考えられる根拠となる資料として，最も適当なものは資料Ⓐ～Ⓒのうちのどれか。一つ選んで，その記号を書け。また，2018年度も国債残高が確実に増えると考えられるのはなぜか。その理由を，選んだ資料中の言葉を用いて，簡単に書け。

ｂ　下線部①に金融政策に成長指向の財政政策をうまく組み合わせるとあるが，次の文は，金融政策と財政政策について述べようとしたものである。文中の三つの〔　　〕内にあてはまる言葉を，㋐，㋑から一つ，㋒，㋓から一つ，㋔，㋕から一つ，それぞれ選んで，その記号を書け。

不況のときにおこなわれる金融政策には，日本銀行が，〔㋐銀行に国債を売る　㋑銀行のもつ国債を買う〕というものがある。また，不況のときにおこなわれる財政政策には，政府による公共事業への支出を〔㋒増やす　㋓減らす〕というものがある。これらの政策は，世の中に出回るお金の量や雇用を〔㋔増やす　㋕減らす〕ことで，景気の回復をうながすねらいがある。

ｃ　下線部②に企業とあるが，次の文は，株式会社について述べようとしたものである。文中の二つの〔　　〕内にあてはまる言葉を，㋐，㋑から一つ，㋒，㋓から一つ，それぞれ選んで，その記号を書け。

株式会社は，株式を発行し，元手になる資金を集める。株式を購入した出資者は，株式会社の利潤の一部から〔㋐利子　㋑配当〕を受け取ることができる。また，株式を購入した出資者は，〔㋒株主総会　㋓取締役会〕に出席し，保有する株式数に応じて議決権をもち，経営の基本方針の決定や役員の選出をすることができる。

ｄ　下線部③に研究開発・イノベーションの促進とあるが，近年，独自の技術や高度な知識で挑戦するベンチャー企業と呼ばれる中小企業が注目されている。次のア～ウのグラフは，2014年のわが国の製造業における，従業者数，事業所数(企業数)，出荷額のいずれかについて，大企業と中小企業の占める割合をそれぞれ示している。従業者数について，大企業と中小企業の占める割合を示したグラフは，次のア～ウのうちのどれか。一つ選んで，その記号を書け。

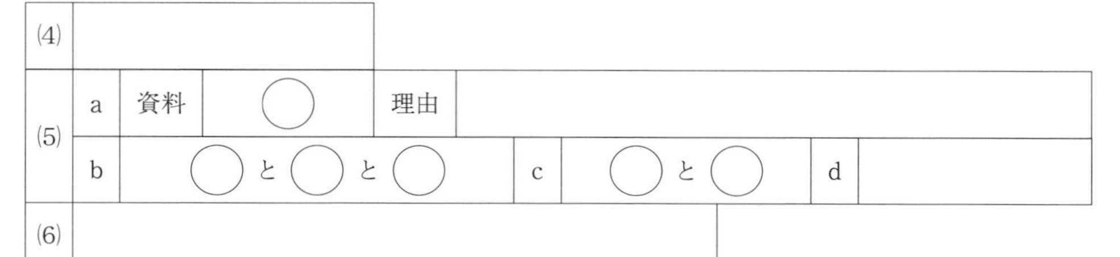

（「日本国勢図会2018/19」により作成）

(6)　近年，わが国では，仕事と家庭生活などとを両立できる社会を実現することが課題となっている。企業には，ワーク・ライフ・バランスに配慮することが求められている。ワーク・ライフ・バランスを実現するためには，企業は具体的にどのようなことをすればよいか。簡単に書け。

(4)							
(5)	a	資料	○	理由			
	b	○と○と○		c	○と○	d	
(6)							

■令和２年度問題

1 次の問いに答えなさい。

(4) 下の文は，「わたしたちの暮らしと消費税」をテーマに，すずさんたちの班が討論した内容の一部である。これを読んで，あとのａ～ｆの問いに答えよ。

すず：わが国では，1989年に消費税が導入されて以来，消費税の増税について，さまざまな意見が交わされてきました。皆さんの意見はどうですか。

太郎：消費税は，所得に関係なく，同じ金額の商品を購入したら同じ金額の税金を負担するしくみなので，逆進性があります。消費税の増税には疑問をもっています。

花子：これからの①社会保障を幅広い世代で支える②財源として，消費税増税は必要だと思います。わが国の消費税率は，諸外国と比べて，そんなに高くはありません。また，消費税は他の税金に比べて，③景気が後退していても税収が確保できる安定的な財源です。

太郎：景気との関係でいうと，1990年代において，消費税増税のあと，景気が悪化して，増税前よりもむしろ法人税や所得税による税収が下がってしまうこともありました。④経済活動全体への影響を考えると，増税はやはり慎重に考えるべきではないでしょうか。

花子：経済への悪影響を小さくするためには，技術革新を促して⑤企業の競争力を高めたり，諸外国でもおこなわれているように，食料品の税率を下げたりすることなども考えられます。

すず：国民の公平な税負担のあり方について話し合ってきましたが，私たちは納税者の一人として，政府が税金を有効に使っているのか，関心をもって見ていく必要があります。

ａ　下線部①に社会保障とあるが，次のＡ～Ｄは，わが国の社会保障の四つの柱について説明したものである。社会保障の四つの柱の説明とその呼び名の組み合わせとして正しいものは，あとのア～エのうちのどれか。一つ選んで，その記号を書け。

Ａ　病気やけがで医療を受けた者，一定の年齢に達した者などへの給付
Ｂ　伝染病，感染症の予防や公害対策などの環境改善
Ｃ　生活保護法にもとづく最低限度の生活の保障
Ｄ　障害者や高齢者，児童などへの支援

ア〔Ａ　社会福祉　Ｂ　公衆衛生　Ｃ　公的扶助　Ｄ　社会保険〕
イ〔Ａ　社会保険　Ｂ　公的扶助　Ｃ　公衆衛生　Ｄ　社会福祉〕
ウ〔Ａ　社会保険　Ｂ　公衆衛生　Ｃ　公的扶助　Ｄ　社会福祉〕
エ〔Ａ　社会福祉　Ｂ　公的扶助　Ｃ　公衆衛生　Ｄ　社会保険〕

ｂ　下線部②に財源とあるが，次のア～エのうち，地方公共団体の自主財源を増額する政策として最も適当なものはどれか。一つ選んで，その記号を書け。

ア　国庫支出金を増やす　　イ　地方交付税交付金を増やす
ウ　税源を国から地方に移す　　エ　地方債の発行を減らす

ｃ　下線部③に景気とあるが，景気の安定化を図る金融政策を実施しているのは日本銀行である。日本銀行は，一般の銀行とは異なり，「銀行の銀行」と呼ばれている。それは日本銀行がどのような役割を果たしているからか。簡単に書け。

ｄ　下線部④に経済活動全体とあるが，右の図は，経済の循環を示そうとしたものであり，図中の ⟶ は，モノやサービス，お金などの流れを示している。図中のＸには，家族や個人などの経済活動の単位を表す言葉が入る。Ｘにあてはまる最も適当な言葉を書け。また，次のア～エのうち，図中にＰで示した ⟶ にあてはまるものとして最も適当なものはどれか。一つ選んで，その記号を書け。

Ｘ　Ｐ　政府　企業

ア　税金　　イ　賃金　　ウ　公共サービス　　エ　労働力

ｅ　下線部⑤に企業の競争力とあるが，市場での競争の結果，商品を供給する企業が１社だけの状態は独占と呼ばれるのに対し，商品を供給する企業が少数である状態は一般に何と呼ばれるか。その呼び名を書け。

ｆ　次の㋐～㋒の資料は，太郎さんと花子さんが，討論の中で自分の意見を支える根拠として用いたものである。次の㋐～㋒のうち，太郎さんのみが用いた資料として適当なものを一つ，花子さんのみが用いた資料として適当なものを一つ，太郎さんも花子さんも用いた資料として適当なものを一つ，それぞれ選んで，その記号を書け。

（注）税率はすべて2019年1月現在のものである。イギリスの食料品にかかる消費税率は0%である。
（財務省資料により作成）

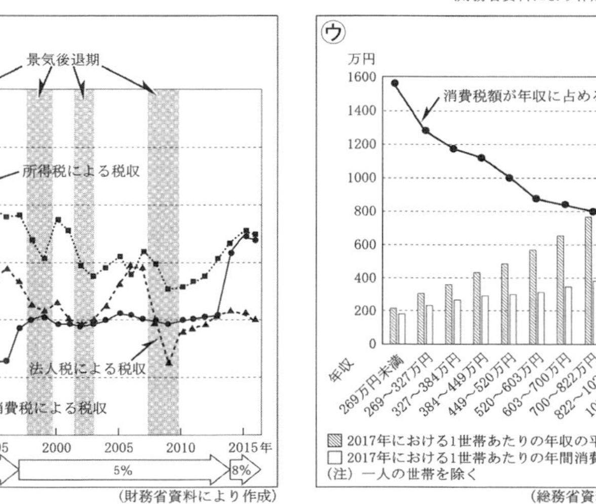

（財務省資料により作成）
（総務省資料により作成）

<table>
<tr><td rowspan="5">(4)</td><td>a</td><td></td><td>b</td><td></td><td>e</td><td></td></tr>
<tr><td>c</td><td colspan="5">日本銀行が，＿＿＿＿＿＿＿＿＿＿＿＿＿＿＿＿役割を果たしているから。</td></tr>
<tr><td>d</td><td>言葉</td><td colspan="2"></td><td>記号</td><td></td></tr>
<tr><td rowspan="2">f</td><td>太郎さんのみが用いた資料</td><td>○</td><td>花子さんのみが用いた資料</td><td colspan="2">○</td></tr>
<tr><td>太郎さんも花子さんも用いた資料</td><td>○</td><td colspan="3"></td></tr>
</table>

■令和３年度問題

1　次の問いに答えなさい。

(4)　今日の資本主義経済では，企業の自由な競争を原則としながらも，政府による介入や調整がおこなわれている。政府の経済へのかかわりに関して，次のａ，ｂの問いに答えよ。

ａ　わが国では，消費者の利益を守り，企業に健全な競争を促すことを目的に，独占禁止法が定められている。この法律を実際に運用するために，内閣府の下にある機関が設けられている。この機関は何と呼ばれるか。その呼び名を書け。

ｂ　わが国では，生活の基盤となる電気，ガス，水道などの料金や鉄道の運賃などは，国民生活の安定のために，国や地方公共団体の決定や認可が必要とされている。このように，国や地方公共団体の決定や認可により，市場に左右されずに決まる価格は何と呼ばれるか。その呼び名を書け。

(5)　下の資料Ⅰは，わが国の経済成長率の推移を示したものである。また，資料Ⅱは，わが国の一般会計における歳出額，税収額，国債発行額の推移をそれぞれ示したものである。これらの資料を見て，あとのａ～ｃの問いに答えよ。

資料Ⅰ

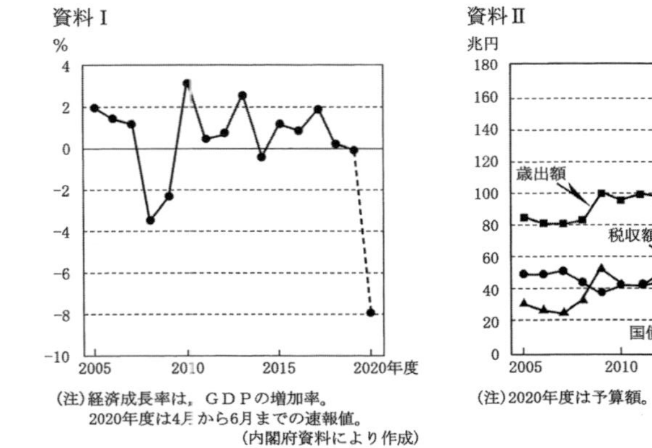

(注)経済成長率は，ＧＤＰの増加率。
2020年度は4月から6月までの速報値。
(内閣府資料により作成)

資料Ⅱ

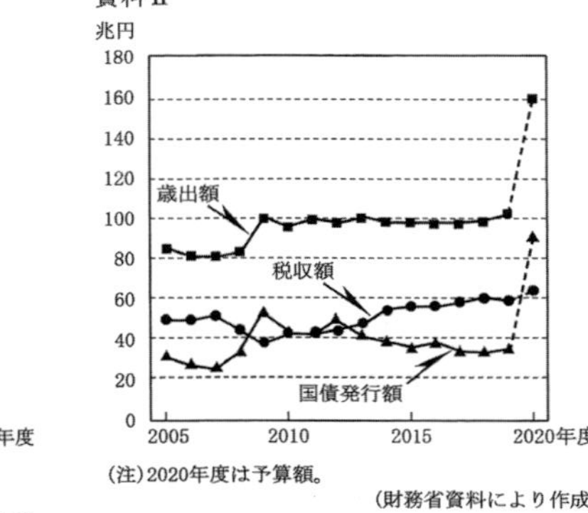

(注)2020年度は予算額。
(財務省資料により作成)

ａ　資料Ⅰと資料Ⅱに関して，次の文は，財政と景気について述べようとしたものである。文中のＰ～Ｒの［　　］内にあてはまる言葉の組み合わせとして最も適当なものは，下の表中のア～カのうちのどれか。一つ選んで，その記号を書け。

経済成長率が大きく低下するなど景気の落ち込みがみられるとき，政府は［Ｐ］を増やし，景気の落ち込みを緩和しようとする。また，［Ｐ］の増加分を［Ｑ］でまかなえない場合には，［Ｒ］によってまかなわれる。

	P	Q	R
ア	国債の発行	税　収	歳　出
イ	国債の発行	歳　出	税　収
ウ	税　収	歳　出	国債の発行
エ	税　収	国債の発行	歳　出
オ	歳　出	国債の発行	税　収
カ	歳　出	税　収	国債の発行

ｂ　資料Ⅰに関して，次のア～エのうち，不景気（不況）のときにおこる一般的な傾向について述べたものとして最も適当なものはどれか。一つ選んで，その記号を書け。

ア　失業者が増えて商品の需要量が供給量より少なくなるため，物価は上昇する
イ　人々の所得が減って商品の需要量が供給量より少なくなるため，物価は下落する
ウ　企業の倒産が増えて商品の供給量が需要量より少なくなるため，物価は下落する
エ　企業の生産量が減って商品の需要量が供給量より少なくなるため，物価は上昇する

ｃ　資料Ⅱ中に国債発行額とあるが，下の資料は，中学生の，みかさん，ゆりさん，まさしさん，けんじさんが，新たな国債発行を抑制するために考えた政策を示したものである。他の歳入額と歳出額について変化がないとした場合，新たな国債発行を抑制する効果のある政策を考えた中学生の組み合わせとして最も適当なものは，あとのア～エのうちのどれか。一つ選んで，その記号を書け。

みか　：相続税の税率を引き下げて税収を減らし，防衛関係費を増やす
ゆり　：消費税の税率を引き上げて税収を増やし，公共事業費を減らす
まさし：所得税の税率を引き下げて税収を減らし，国債を返済するための国債費を増やす
けんじ：法人税の税率を引き上げて税収を増やし，生活保護などの社会保障関係費を減らす

ア　〔みか　と　まさし〕　　イ　〔みか　と　けんじ〕
ウ　〔ゆり　と　まさし〕　　エ　〔ゆり　と　けんじ〕

(6)　わが国では，仕事や職場における，性別による差別の禁止や男女平等を定めたある法律が，1985年に制定され，1986年に施行された。この法律は一般に何と呼ばれるか。その呼び名を書け。

(7) 右のグラフは，2005年１月から2020年１月までの，アメリカの通貨１ドルに対する日本円の為替相場の推移を示したものである。グラフ中の点Ａから点Ｂに為替相場が変化した場合について述べた次のア～エのうち，誤っているものはどれか。一つ選んで，その記号を書け。

ア　点Ａから点Ｂの変化は，円安である

イ　点Ａから点Ｂの変化により，アメリカから日本に輸入された商品の円での価格は上昇する

ウ　点Ａから点Ｂの変化により，日本からアメリカに輸出された商品のドルでの価格は下落する

エ　点Ａの時点で円をドルに換えて，点Ｂの時点でそのドルを円に再び換えると，点Ａの時点よりも円でみた金額は減少している

(日本銀行資料により作成)

(4)	a		b			
(5)	a		b		c	
(6)					(7)	

■令和４年度問題

1 次の問いに答えなさい。

(4) 下の図は，起業に興味をもった中学生の花子さんが，株式会社における資金の流れについて調べ，まとめたものの一部である。これを見て，あとのａ～ｅの問いに答えよ。

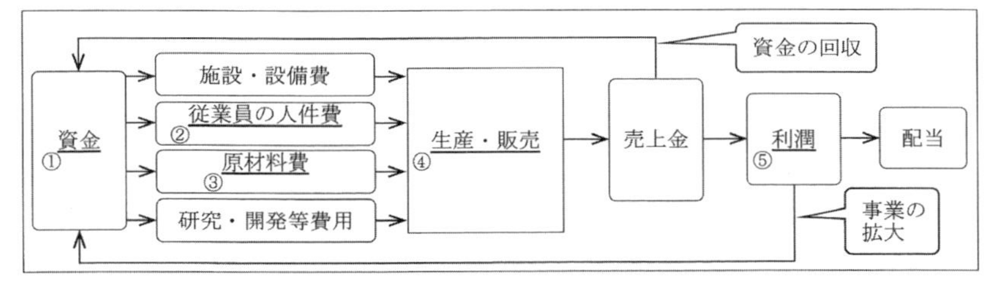

ａ　下線部①に資金とあるが，次の㋐～㋓の資金の集め方のうち，直接金融にあてはまるものはどれか。二つ選んで，その記号を書け。

㋐　銀行からお金を借りる　　㋑　銀行から預金を引き出す

㋒　社債などの債券を発行してお金を借りる　　㋓　株式を発行する

ｂ　下線部②に従業員の人件費とあるが，あとの表は，ある従業員のある月の給与明細を示したものである。給与は，労働の対価として支給される賃金や各種の手当の合計である総支給額から，所得税や健康保険などが総控除額として差し引かれて支給される。あとのア～エのうち，この表から読み取れるものとして最も適当なものはどれか。一つ選んで，その記号を書け。

総支給額	基本給	残業代	休日出勤手当	住宅手当	通勤手当
257,706	191,000	13,566	10,260	10,000	32,880
総控除額	所得税	住民税	健康保険	厚生年金	雇用保険
45,083	5,700	9,900	9,265	18,935	1,283
差引支給額	212,623				

(東京都主税局ホームページにより作成)

ア　この従業員が勤める企業の配当　　イ　この従業員の間接税の納税額

ウ　この従業員が納める社会保険料　　エ　この従業員の公的扶助の受給額

ｃ　下線部③に原材料費とあるが，下の資料Ⅰは，コーヒー豆１ポンド（約454グラム）あたりの国際価格の推移を，資料Ⅱは，コーヒー豆１ポンドあたりの，フェアトレードの取り組みによる価格の推移をそれぞれ示したものである。フェアトレードとは，何を目的にどのようなことをする取り組みか。資料Ⅰ，Ⅱを見て，**発展途上国**　**価格**　の二つの言葉を用いて，簡単に書け。

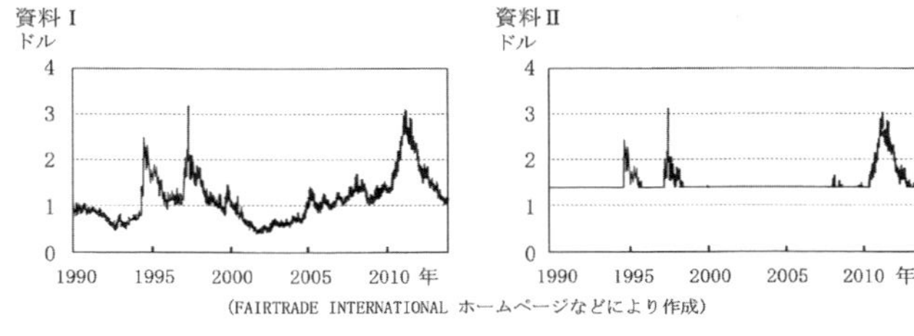

(FAIRTRADE INTERNATIONAL ホームページなどにより作成)

ｄ　下線部④に生産・販売とあるが，次のア～エのうち，製造物責任法（ＰＬ法）について述べたものとして最も適当なものはどれか。一つ選んで，その記号を書け。

ア　消費者が不当に高い価格で購入することを防ぐため，企業の健全な競争の促進と公正な取り引きの確保について定めている

イ　容器包装，小型家電，自動車，食品などのリサイクルについて定めている

ウ　訪問販売などによる契約の場合，一定期間内であれば消費者側から無条件に契約を解除できることについて定めている

エ　消費者が欠陥商品により被害をうけた場合，企業に対して賠償請求ができることについて定めている

ｅ　下線部⑤に利潤とあるが，近年では，企業は利潤を求めるだけではなく，社会的責任を果たすべきであると考えられている。企業が果たすことを求められている社会的責任には，どのようなことがあるか。一つ簡単に書け。

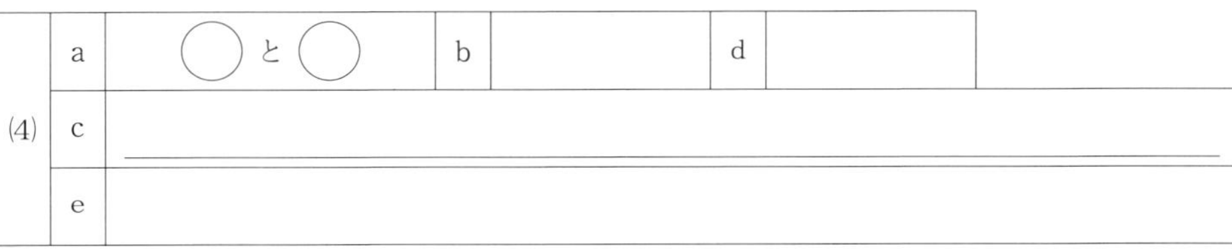

(4)	a	○と○	b		d	
	c					
	e					

現代社会

■平成27年度問題

1 次の問いに答えなさい。

(3) 新聞やテレビなどのマスメディアは，世論調査を実施してその結果を報じるなど，世論と政治を結ぶ重要な役割を果たしている。しかし，マスメディアが常に正確な情報を伝えているとは限らない。国民は，マスメディアから情報を得る際にどのようなことに気をつける必要があるか。簡単に書け。

(4) 私たちの社会では，よりよい生活を営むために，効率や公正の観点から，誰もが合意できるように，さまざまな取り決めやルールがつくられている。

ある遊園地には，4人乗りの人気のアトラクションがあり，常に長い行列ができている。この遊園地では，右の図のように，そのアトラクションに通常の入り口だけでなく，1人乗り専用の入り口を設けている。1人乗り専用の入り口は，空席ができた場合に，その空席に乗ることを希望する人のための入り口であり，この入り口に並ぶ人は，通常の入り口に並ぶ人より後から来ても，先に乗ることができている。

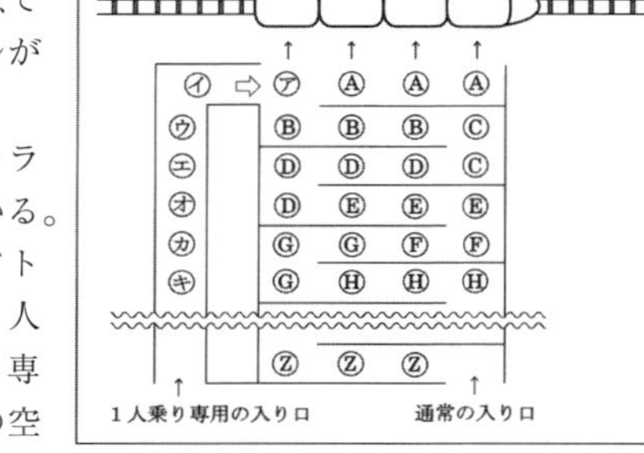

※Ⓐ，Ⓑ … は，それぞれ家族や友達など，同じグループを表している。

この遊園地はどのような考えにもとづいて，1人乗り専用の入り口を設けていると考えられるか。効率の観点から，簡単に書け。

(7) 右の図は，2020年に開催されることが決まった東京オリンピック・パラリンピックの招致活動で用いられたマークである。パラリンピックは，肢体不自由や視覚障害のある身体障害者などを対象とした競技大会である。

わが国の社会保障制度のうち，障害者をはじめ，高齢者や児童などを支援し，自立を助ける制度として最も適当なものは，次のア～エのうちのどれか。一つ選んで，その記号を書け。

ア　社会保険　　イ　公的扶助　　ウ　社会福祉　　エ　公衆衛生

(8) 国際連合（国連）の主な機関のうち，世界の平和と安全の維持を目的として強い権限が与えられ，5か国の常任理事国と10か国の非常任理事国で構成される機関は何と呼ばれるか。その呼び名を書け。また，この機関の議決方式の特徴を簡単に書け。

(3)	マスメディアが常に正確な情報を伝えているとは限らないので，　　必要がある。			
(4)				
(7)				
(8)	機関名		特徴	常任理事国のうち，　　議決できない。

■平成28年度問題

1 次の問いに答えなさい。

(4) 次の文を読んで，あとのa～cの問いに答えよ。

近年の技術の進歩により，大量の人や商品，お金，①情報などが国境を越えて容易に移動できるようになり，世界の一体化が進んでいる。これを②グローバル化という。これにより私たちの生活は便利になる一方で，感染症の世界的流行，経済格差の拡大，③地球環境問題など，世界全体として各国が協力して取り組むべき課題も増えている。

a　下線部①に情報とあるが，インターネットの普及により，私たちはたくさんの情報を容易に集めたり，発信したりすることができるようになっている。私たちが情報を発信する際には，どのようなことに注意する必要があるか。簡単に書け。

b　下線部②にグローバル化とあるが，右の表は，2001年度と2014年度におけるわが国の輸出および輸入相手国(地域)の上位6か国(地域)と，輸出および輸入の金額，総額に占める割合を示している。この表からわかることを述べたあとの㋐～㋓のうち，正しいものはどれか。一つ選んで，その記号を書け。

年度	2001		2014	
輸出入	輸出	輸入	輸出	輸入
総額	485928	415091	746703	838146
1位	アメリカ合衆国 145896 (30.0％)	アメリカ合衆国 74544 (18.0％)	アメリカ合衆国 142122 (19.0％)	中国 191859 (22.9％)
2位	中国 38865 (8.0％)	中国 71548 (17.2％)	中国 134204 (18.0％)	アメリカ合衆国 76863 (9.2％)
3位	韓国 30803 (6.3％)	韓国 19458 (4.7％)	韓国 55080 (7.4％)	オーストラリア 50060 (6.0％)
4位	台湾 29049 (6.0％)	オーストラリア 17877 (4.3％)	台湾 43079 (5.8％)	サウジアラビア 43633 (5.2％)
5位	ホンコン 28327 (5.8％)	インドネシア 17359 (4.2％)	ホンコン 41940 (5.6％)	アラブ首長国連邦 40025 (4.8％)
6位	ドイツ 17619 (3.6％)	台湾 16341 (3.9％)	タイ 34197 (4.6％)	韓国 34452 (4.1％)

(注)金額の単位は億円。表中の( )内は総額に占める割合を表す。

(「財務省貿易統計」により作成)

㋐　わが国は，いずれの年度も，輸出総額が輸入総額を上回っている

㋑　韓国に対しては，いずれの年度も，輸出金額が輸入金額を上回っているが，それぞれの年度における輸出金額と輸入金額との差は，2001年度より2014年度の方が小さい

㋒　中国は，2014年度の輸出金額と輸入金額を合わせた額が最大になる相手国であり，中国への輸出金額は，2014年度が2001年度の３倍以上である

㋓　アメリカ合衆国に対しては，輸出金額，輸入金額，輸出総額に対する割合，輸入総額に対する割合のいずれについても，2001年度よりも2014年度の方が少ない

c　下線部③に地球環境問題とあるが，このような環境問題に対処するために，わが国では公害対策基本法を発展させ，環境の保全について社会全体の責務を明らかにするとともに，環境政策の全体的な枠組みを定めたある法律が，1993年に制定された。この法律は何と呼ばれるか。その呼び名を書け。

(4)	a			
	b	○	c	

■平成30年度問題

1　次の問いに答えなさい。

(6)　次の図は，領土，領海，領空などを示そうとしたものである。図中の Y では，どの国の船も自由に航行したり，漁をしたりすることができる。図中の Y にあてはまる最も適当な言葉を書け。

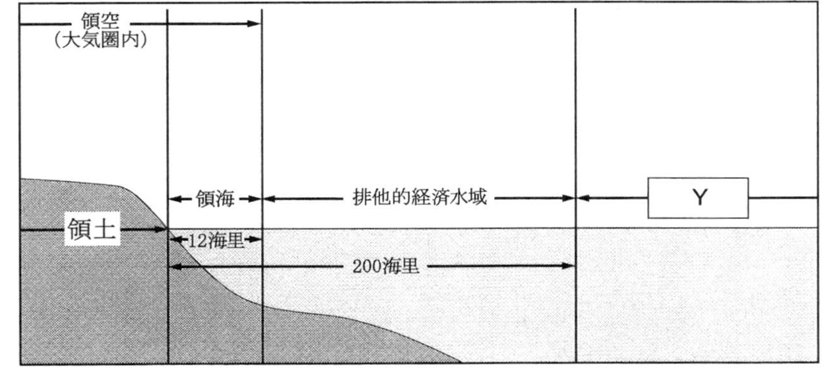

(7)　右の写真は，マララ・ユスフザイさんが2013年7月12日に国際連合の本部で演説をしているようすを写したものである。この演説では，「１人の子ども，１人の教師，１冊の本，そして１本のペンが，世界を変えられるのです。」と述べられるなど，教育の必要性が訴えられた。この演説がおこなわれた国際連合の本部がおかれている都市はどこか。その都市名を書け。

(9)　次の文を読んで，あとのa～cの問いに答えよ。

今日の世界では，経済のグローバル化が進展しており，環境破壊や①地球温暖化，②資源・エネルギー問題，地域間格差などの問題が深刻化している。これらの諸問題について合意を積み重ねながら，③持続可能な社会を形成することが大切である。

a　下線部①に地球温暖化とあるが，気候変動に関する国際的枠組みであるパリ協定が2015年に採択された。この協定に先立ち，1997年には，気候変動枠組条約の締約国会議において，地球温暖化の原因となる温室効果ガスの排出量の削減目標を，先進国に対して初めて数値目標として定めたある議定書が採択された。この議定書は一般に何と呼ばれるか。その呼び名を書け。

b　下線部②に資源・エネルギー問題とあるが，右の表は，中学生のあやかさんが，化石燃料による発電と再生可能エネルギーによる発電の，それぞれの利点と問題点を整理しようとしたものである。次のア～エのうち，右の表中のCで示した欄にあてはまるものとして，最も適当なものはどれか。一つ選んで，その記号を書け。

	化石燃料による発電	再生可能エネルギーによる発電
利点	A	B
問題点	C	D

ア　電力の供給が自然条件に左右されること

イ　埋蔵量に限界があり，採掘できる年数が限られていること

ウ　地球温暖化の原因となる二酸化炭素などの温室効果ガスを排出しないこと

エ　少ない燃料で多くのエネルギーを取り出せること

c　下線部③に持続可能な社会とあるが，持続可能な社会とはどのような社会のことか。**現在**　**将来**　の二つの言葉を用いて，簡単に書け。

(6)		(7)	
(9)	a		b	
	c			

■平成31年度問題

1 次の問いに答えなさい。

(3) 右の写真は，2017年12月に核兵器廃絶国際キャンペーン(ICAN)がノーベル平和賞を受賞したようすを写したものである。この組織のように国際的に活動をおこなう民間の組織は何と呼ばれるか。次のア～エから一つ選んで，その記号を書け。

ア PKO　　イ NGO　　ウ ODA　　エ TPP

(7) 国家と国家の関係を円滑に保つために必要なルールとして，条約や，長年の慣行が法になったものがある。国家と国家の関係を定めるこれらのルールは，一般に何法と呼ばれるか。その呼び名を書け。

(3)		(7)	法

■令和２年度問題

1 次の問いに答えなさい。

(1) 花子さんは，美化委員の役割として，クラスの清掃計画の案をつくることになった。次の㋐～㋓の観点は，花子さんが案をつくる上で，みんなが納得できるものにするために，効率と公正の考え方にもとづいて考えたものである。次の㋐～㋓のうち，効率の考え方にもとづいて考えた観点として最も適当なものはどれか。一つ選んで，その記号を書け。

㋐ 時間内で清掃を終えるために，それぞれの清掃場所に何人の生徒が必要か
㋑ クラスの生徒全員が清掃に参加しているか
㋒ 当番の割りあてが，一部の生徒に過大な負担となっていないか
㋓ 清掃計画の案に対する意見をクラスの生徒全員からきく機会を設けているか

(3) 花子さんは，社会科の授業で，できるだけ環境への負担を減らすためには，循環型社会の形成に向けた取り組みが必要であることを学習し，自分でできることを考えてみた。下のⒶ，Ⓑのカードは，花子さんが考えた提案をまとめたものであり，リデュース，リユース，リサイクルのいずれかにあてはまる。あとのア～エのうち，その組み合わせとして最も適当なものはどれか。一つ選んで，その記号を書け。

Ⓐ 家族への提案 　ストローを使用しないようにすることで，プラスチックのごみを減らす	Ⓑ 生徒会への提案 　ペットボトルを分別して回収することで，再資源化を図る

ア〔Ⓐ リデュース　Ⓑ リユース〕
イ〔Ⓐ リデュース　Ⓑ リサイクル〕
ウ〔Ⓐ リユース　Ⓑ リデュース〕
エ〔Ⓐ リサイクル　Ⓑ リデュース〕

(1)	○	(3)	

■令和４年度問題

1 次の問いに答えなさい。

(3) 地球環境問題の解決には，国際協力が必要である。1997年に温室効果ガスの排出量の削減目標を定めた京都議定書が採択された。京都議定書は，先進国と発展途上国との間で温室効果ガスの排出量の削減に対する考え方に違いがあるなど，課題が指摘されていた。この課題を解決するために，ある合意が2015年に多くの国家間で採択され，先進国も発展途上国も温室効果ガスの排出削減に取り組むことが決められた。この合意は何と呼ばれるか。その呼び名を書け。

(5) 国際連合について，次のａ，ｂの問いに答えよ。

ａ 国際連合は，国連憲章にもとづいた安全保障理事会の決定により，侵略などをした国に対して制裁を加えることができる。このようにして国際社会の平和と安全の維持を図ることは，何と呼ばれるか。次のア～エから一つ選んで，その記号を書け。

ア 集団的自衛権　　イ 平和維持活動
ウ 集団安全保障　　エ 人間の安全保障

ｂ 次の文は，安全保障理事会の決議のルールについて述べようとしたものである。文中の〔　〕内にあてはまる言葉を，㋐，㋑から一つ選んで，その記号を書け。また，文中の□内にあてはまる最も適当な言葉を書け。

　安全保障理事会は，常任理事国５か国，非常任理事国10か国で構成され，平和に関する決議をおこなうことができる。その決議において，〔㋐常任理事国　㋑常任理事国と非常任理事国〕のすべての国は□と呼ばれる権限をもつため，１か国でも反対すると決議ができなくなる。

(3)					
(5) a		b 記号	○	言葉	

■令和2年度問題

四 あなたの学校の図書委員会では、読書に親しんでもらうために、スローガン（標語）を考えることになりました。その結果、次のA、Bの二つのスローガンが提案され、この中から一つを採用することになりました。あなたなら、どちらを読書に親しんでもらうためのスローガンとして選びますか。AとBの違いと、どちらのスローガンを採用するのがよいかについて、あなたの意見を、あとの**条件1**～**条件3**と前の〔**注意**〕に従って、書きなさい。

A　**「出会おう　まだ見ぬ多くの本に」**

B　**「見つけよう　心にずっと残る一冊を」**

条件1　二段落構成で書くこと。
条件2　第一段落にはAとBの違いについて書き、第二段落にはどちらのスローガンを採用するのがよいかについてのあなたの意見を、その理由がよくわかるように、身近な生活における体験などを示しながら、具体的に書くこと。
条件3　二百五十字程度で書くこと。

■令和3年度問題

四 あなたは国語の授業の中で、若者たちが中心となって生み出し、使っている、いわゆる「若者言葉」について議論しています。最初にクラスメートの花子さんが、次のような意見を発表しました。あなたなら、花子さんの発言に続いてどのような意見を発表しますか。あなたの意見を、あとの**条件1**～**条件3**と前の〔**注意**〕に従って、書きなさい。

花子――私は、若者言葉には優れた特徴があると思います。若者言葉を使って友人と会話すると、仲間意識や一体感が生まれ、楽しい気分になり、会話も弾みます。若者言葉は、私たちのコミュニケーションを豊かにする可能性を持っていると思います。

条件1　花子さんの意見をふまえて、「若者言葉」に対するあなたの意見を書くこと。
条件2　身近な生活における体験や具体例を示しながら書くこと。
条件3　二百五十字程度で書くこと。

■令和4年度問題

四 あなたは国語の授業の中で、「成長するために大切なこと」について議論しています。最初にクラスメートの太郎さんが次のような意見を発表しました。あなたなら、太郎さんの発言に続いてどのような意見を発表しますか。あなたの意見を、あとの**条件1**～**条件3**と前の〔**注意**〕に従って、書きなさい。

太郎――私は、成長するためにはいろいろな人からの助言をしっかり受け止めることが大切だと思います。実際に、部活動で悩んでいたときに、先輩からアドバイスをいただいて、新しい考え方に気づくことができました。周囲の助言をよく聞くことで、これからも私は成長していけると思います。皆さんは、成長するためにはどのようなことが大切だと思いますか。

条件1　太郎さんの意見をふまえて、「成長するために大切なこと」に対するあなたの意見を書くこと。
条件2　身近な生活における体験や具体例などを示しながら書くこと。
条件3　二百五十字程度で書くこと。

作　文

〔注意〕 一　段落や構成に注意して（百五十字以上）書くこと。

二　原稿用紙の正しい使い方に従って書くこと。ただし、部分的な書き直しや書き加えなどをするときは、必ずしも「ますめ」にとらわれなくてよい。

三　**題名や氏名は書かないで、本文から書き始めること。また、本文の中にも氏名や出身校名は書かないこと。**

■平成26年度問題

四 あなたのクラスで、「国際化が進む中で大切になるものは何か」ということについて話し合いをすることになりました。あなたならどのような意見を発表しますか。あなたの意見を、そう考える理由がよくわかるように、体験や具体例を示しながら、前の〔注意〕に従って、二百五十字程度で書きなさい。

■平成27年度問題

四 あなたのクラスで、「学校生活で学ぶことや体験することが、将来仕事に就いて社会生活を送っていく中でどのように役立つと思うか」ということについて話し合いをすることになりました。あなたならどのような意見を発表しますか。あなたの意見を、そう考える理由がよくわかるように、体験や具体例を示しながら、前の〔注意〕に従って、二百五十字程度で書きなさい。

■平成28年度問題

四 あなたのクラスで、「人を支えることや人に支えられることの意味」ということについて話し合いをすることになりました。あなたならどのような意見を発表しますか。あなたの意見を、そう考える理由がよくわかるように、体験や具体例を示しながら、前の〔注意〕に従って、二百五十字程度で書きなさい。

■平成29年度問題

四 あなたのクラスでは、国語の授業で「後世に伝えたい言葉」について考えることになり、その結果、次の①〜③の三つの言葉の中から、一つを選ぶことになりました。あなたならば、どの言葉を「後世に伝えたい言葉」として選びますか。次の①〜③から一つ選んで、あなたの意見を、後世に伝えたいと考える理由がよくわかるように、体験や具体例を示しながら、前の〔注意〕に従って、二百五十字程度で書きなさい。

① 「石の上にも三年」　（困難なことでも根気よく続ければ、最後には必ず成し遂げられるということ）

② 「初心忘るべからず」　（何事も始めたころの謙虚で真剣な気持ちを忘れてはならないということ）

③ 「失敗は成功のもと」　（失敗をしても、反省し欠点を改めていけば、やがては成功するということ）

■平成30年度問題

四 あなたのクラスでは、「クラスの目標を表す言葉」について考えることになり、その結果、次の①〜③の三つの言葉の中から、一つを選ぶことになりました。あなたならば、どの言葉を「クラスの目標を表す言葉」として選びますか。次の①〜③から一つ選んで、あなたの意見を、その言葉をクラスの目標にしたいと考える理由がよくわかるように、体験や具体例を示しながら、前の〔注意〕に従って、二百五十字程度で書きなさい。

① 「切磋琢磨（せっさたくま）」　（自ら努力を続けたり仲間と励まし合ったりして学徳を高めること。）

② 「一期一会（いちごいちえ）」　（生涯にただ一度出会うこと。一生に一度限りであること。）

③ 「無我夢中」　（我を忘れるほど、ある物事に熱中すること。）

■平成31年度問題

四 あなたのクラスでは、校内で行われる合唱コンクールを盛り上げるために、クラスのスローガン（標語）を考えることになりました。その結果、次のA、Bの二つのスローガンが提案され、この中から一つを採用することになりました。あなたならば、どちらを合唱コンクールのスローガンとして選びますか。AとBの違いと、どちらのスローガンを採用するのがよいかについて、あなたの意見を、あとの**条件1〜条件3**と前の〔注意〕に従って、書きなさい。

A　**「めざせ、金賞！　最高のハーモニーで」**

B　**「響け！　私たちの歌声、絆（きずな）とともに」**

条件1　二段落構成で書くこと。

条件2　第一段落にはAとBの違いについて書き、第二段落にはどちらのスローガンを採用するのがよいかについてのあなたの意見を、その理由がよくわかるように、身近な生活における体験や具体例を示しながら書くこと。

条件3　二百五十字程度で書くこと。

(八) ⑥の一様でないの意味として最も適当なものを、次の1〜4から一つ選んで、その番号を書け。

1 同じ状態ではない　2 見通しが立たない　3 すぐに理解できない　4 意思が統一できない

(八)	

(九) 次の会話文は、⑦の「フレーム」とはどのような枠組みであるかを理解するために、春男さんたちが授業で話し合ったときの内容の一部である。次の文中のⒶ〜Ⓓの═══をつけた部分のうち、本文から読み取れる内容と**異なっているもの**を一つ選んで、その記号を書け。

(九)	○

春男──私たちは、自分の身のまわりで起きていることの意味を自分なりに捉えるときには、Ⓐ意識しているかどうかは別にして、必ず何かしらの枠組みを通して考えることになるんだね。そんなことは、気にしたことなんてなかったね。

夏希──自分と同じ体験をした他の人が、その体験をどう思っているかについて考えるときは、できるだけ相手の立場に立って考えようとしても、Ⓑ人によって生活や文化が違うので、相手と全く同じ枠組みで見ているとは限らないと思うよ。

秋人──同じ枠組みを選ぼうと努力しても、それぞれの生き方が違うわけだから、やっぱり違いは生じてくるよ。けれど、自分を取りまく世界を認識するのに枠組みを通さずにいられない以上、Ⓒ自分や相手の枠組みを意識しながら相手の話を聞くことが大切だと思うんだ。だって、自分の枠組みの幅を広げないと、世界への認識は深まらないから。

冬美──相手がどのような枠組みで世界を理解しているかを常に意識して、Ⓓ相手と同じ枠組みで物事を捉えようとすることで揺るぎない枠組みを構築していくことが大切になるよね。

(十) 本文を通して筆者が特に述べようとしていることは何か。次の1〜4から最も適当なものを一つ選んで、その番号を書け。

1 「聞く」という行為は他者との関わりを通して共同認識を構築してくれるだけでなく、物事の真実を明らかにすべき時にも非常に有効なものとなる

2 想像力を働かせて「聞く」ことが地域社会を理解する唯一の手段であるため、みずからの認識の再構築よりも想像力を養うことを優先すべきである

3 相手の全体性を会話の中で再構築するためには、言葉や感覚に対して自分の感性を働かせることなく受け身の姿勢で話を「聞く」ことが必要である

4 多面的で流動的な自然や社会と私たちとの関係の再構築のため、社会全体への感受性を働かせて「聞く」という行為を続けていくことが求められる

(十)	

(一)　a〜dの――のついているかたかなの部分にあたる漢字を楷書で書け。

(一)	a	b	c	d
	タン　なる	フクザツ	セイサク	ゼンテイ

(二)　①の　相互　と、上下の文字の意味のつながり方が同じ熟語を、次の1〜4から一つ選んで、その番号を書け。

1 就職　2 歓喜　3 必要　4 温泉

(二) [　　]

(三)　②に　聞き手がしゃしゃり出ては、そのダイナミズムは絶たれてしまう　とあるが、筆者がこのようにいうのは、「物語」がどのようなもので、聞き手にはどのようなことが求められると考えているからか。「物語は、それが語られたときの雰囲気や」という書き出しに続けて、本文中の言葉を用いて、五十字以内で書け。

(三) 物語は、それが語られたときの雰囲気や［　　　］が求められると考えているから

(四)　③に　聞くという行為が根本的である　とあるが、筆者がこのようにいうのはどうしてか。次の1〜4から最も適当なものを一つ選んで、その番号を書け。

1 相手の全体性をより強く認識するためには、意識的に新しい物語を生み出していく必要があり、聞くという行為はその手段として最も効果的だから

2 人は聞かれるという行為を経て認識を再構築するものであり、聞くという行為そのものが、自然や社会との関係の再構築を促すはたらきを持つから

3 合意形成のために必要なコミュニケーションには、みずからの認識よりも、聞くという行為を通して構築されていく新しい物語のほうが重要だから

4 私たちが新しい物語を創造するためには、誰かに聞かれるという行為を通して、みずからの認識を周りに深く理解させていかなければならないから

(四) [　　]

(五)　第9段落は、本文中においてどのような役割を果たしているか。次の1〜4から最も適当なものを一つ選んで、その番号を書け。

1 既に述べられた「感受性」とはつながりのない一般的な具体例を用いることで、この後に話の内容が大きく変化することを伝える役割

2 聞くべきことの内容を分かりやすく挙げることにより、後で述べられる「共同認識」を構築する際に用いる問いかけ方を例示する役割

3 相手の全体性を再構築するために想像すべきことの具体例を示して、ここまでに述べられてきた「物語」の創造についてまとめる役割

4 話を聞くときに働かせるべき「想像力」の例を挙げることにより、後に述べられている感受性がどういうものかを捉えやすくする役割

(五) [　　]

(六)　④に　生活者の「意味世界」を重視し　とあるが、生活者の「意味世界」を重視するべきだと筆者がいうのはどうしてか。それを説明しようとした次の文のア、イの[　　]内にあてはまる最も適当な言葉を、本文中からそのまま抜き出して、アは十字以内、イは二十字以内でそれぞれ書け。

[　ア　]を用いて解釈するのでなく、現場の人びとの視点に立ち、物事を見たり考えたりすることによって、それぞれの世界には、[　イ　]ということに気づくことができるから。

(六) ア [　　]　イ [　　]

(七)　⑤に　社会のダイナミズムや多元性への想像力　とあるが、これはどのような想像力のことをいっているのか。次の1〜4から最も適当なものを一つ選んで、その番号を書け。

1 自分が現在直面している事象そのものだけではなく、その変化や背後にあるであろう多くの要素に対してできる限り広範に想像できる力

2 自分が実感している現実の表面的な部分の観察に基づいた客観的な考察を通して、過去に起こった事実とその背景を鮮明に想像できる力

3 実際に見聞きしたことで地域社会の全体像を把握するために、現実の様々な情報を集めて今後の社会の変化について明確に想像できる力

4 地域社会では様々な事実がからみ合い広がっていることを理解した上で、その歴史にとらわれず未来のことについて多様に想像できる力

(七) [　　]

■令和4年度問題

三 次の文章を読んで、あとの(一)〜(十)の問いに答えなさい。なお、1〜20は段落につけた番号です。

1 聞くという作業は、たいへんおもしろく、奥深い作業だ。聞くということのなかには、私たちが自然や社会とどう向き合うべきかについての示唆が含まれている。

2 聞き取り調査というと、あらかじめ作っておいた質問があって、それに対して話し手が「答（こたえ）」を語る、というイメージをもつかもしれない。しかし、聞き取り調査はそういうものではない。実際にやってみると、それはすぐにわかる。

3 聞くということはみな、aタンなるQ&Aではなく、①相互的なコミュニケーションを通して、相手の全体性を話の中で再構築することだ。

4 私たちの認識は、一人では成り立たない。一人ひとりの認識そのものが、他人との関係のなかで成立している。それは日々構築されるものだとも言える。何かを聞かれる者は、その聞かれるという行為によって、みずからの認識を再構築する。

5 語られたこととは、「真実」であるというよりも、聞き手と語り手の相互作用やその場の空気といった条件下で創造された「物語」である。社会的真実とは、常にそうした「物語」である。聞き書きは、それ自体が新たに作られた「物語」であり、だからこそダイナミックなものとなりえる。

6 だからといって、②聞き手がしゃしゃり出ては、そのダイナミズム（活発さ）は絶たれてしまう。聞き手の姿勢としては、まずもって耳を傾けること、受容的に聞くことが重要になってくる。もちろん、耳を傾けるというのは透明人間になることではない。積極的に相手を受容することで、物語が生まれる。

7 聞くこと自体が共同認識の構築であり、新しい物語の創造であり、そして合意形成のプロセスでもある。自然との関係、社会の中での関係を再構築するとき、最も基本的かつ根本的な方法が「聞く」という行為である。

8 ③聞くという行為が根本的であるだけに、ただ聞けばよいというわけにはいかない。「聞く」にあたっての感受性、人や社会に対する聞き手の感受性が大事になってくる。

9 聞いている相手の話が、地域社会のさまざまな人のなかで、あるいは地域の歴史の中でどういう位置づけにあるか。（たとえば昭和三〇年ごろの話を聞いているとすれば）昭和三〇年ごろという、この地域全体はどういう様子だったか。食べものの話、電気の話、学校の話、親族の話、祭りの話、そうした地域の多面性が、その人の話の中でどう位置づけられそうか。

10 そのような想像力を働かせながら、話を聞く。相手の話の向こうにある家族や友人関係、あるいは小さいころの経験や大人になってからの経験、そうしたものへの想像力も大切だ。

11 マクロ（非常に大きいこと）からミクロ（非常に小さいこと）までのさまざまな社会のなかにその人のいとなみがあり、地域の自然がある。狭い「自然」だけ、狭い「文化」だけでない、生活の全体性に対する感受性、地域社会全体に対する感受性。社会学的感受性とでもいうべき、そのような感受性が重要になってくる。

12 社会学的感受性のまず第一は、現場の事実、④生活者の「意味世界」を重視し、そのリアリティから物事を見ようとする姿勢だ。

13 「意味世界」とは、人が、自分を取りまく世界について、こうなっている、あるいはこうあるべきだ、と解釈しているその体系だ。決められた枠組みで物事を見るのではなく、現場の人びとの意味世界から何かを見よう、考えようという姿勢が、社会学的感受性の第一だ。

14 数字では表されない、言葉や感覚で表されるものへの感性。「自然との共生」「持続可能性」といった大きな物語に収斂（しゅうれん）（集まって一つにまとまること）されないものへの感性と言ってもよいだろう。それぞれの地域、それぞれの人生には、決して代替できない固有の価値があり、意味がある。そこに思いをいたすことが、まずもって大切なことだ。

15 社会学的感受性の第二は、⑤社会のダイナミズムや多元性への想像力である。

16 今見ている「現実」、今聞いている「歴史」は地域社会のダイナミックな動きの一局面に過ぎない。その「現実」の背景には、マクロからミクロまでのさまざまな背景がbフクザツにからみあっている。語りの向こうにあるもの、その時代の状況、地域の揺れ動く状況、背景にあるcセイサク。それらに思いをいたす。その人がもっている人的ネットワークの広がりを想像する。地域社会の中でのその人の位置はどのようなものか、その人の話の前の時代には何があったか。その人の話は、地域の歴史の中で、どう位置づけられるか。一年後に同じことを聞いても同じ話になりそうか。

17 社会も個人も、つねに動いている。⑥また一様でない。そうしたことへの想像力が求められる。

18 そして社会学的感受性の第三は、「フレーミング（枠組み形成）」への意識である。

19 いくら現場のディテール（全体の中の細部）から物事を見ようとしても、ディテールは無数にある。そのどこに注目するかは、私たちの⑦「フレーム」にかかっている。「フレーム」とは、私たちが物事を見るときの「枠組み」である。「フレーム」を通さないで物事を見ることは不可能と言ってよい。人びとの「生活」について話を聞きたいと考えたとき、すでに「生活」という「フレーム」がdゼンテイになっている。こちらの思う「生活」と相手の「生活」では、その範囲は違っているかもしれない。

20 「フレーム」があること自体は悪いことではないし、人間の認識はそれから完璧に逃れることはできない。求められるのは、つねに「フレーム」について意識をすることだ。現実を見るなかで、あるいは、話を聞く中で、その「フレーム」を絶えず壊したり再構築したりすることが求められる。実のところ、これはなかなかむずかしい。しかし、それを助けてくれるのも、やはり現場のディテールである。現場のディテールを見落とさないという意識があれば、あらかじめ持っている「フレーム」の組み直しが必ず必要になってくるに違いない。

（宮内泰介の文章による。一部省略等がある。）

(三) ②に この押し付けられた他律的な規律を内面化し、それに合わせようと固執し とあるが、これは、具体的にはどうすることであると筆者はいっているか。それを説明しようとした次の文のア、イの□内にあてはまる最も適当な言葉を、本文中からそのまま抜き出して、アは十字以内、イは二十五字程度でそれぞれ書け。

人々は、一見、どこから発せられるのかわからないようで、実際には［ア］から発せられる、［イ］といったものに従えという命令を自らのものとして取り入れ、その基準に自分自身をかたくなに合わせようとすること

(四) ③の なろ の活用形を、次の1～4から一つ選んで、その番号を書け。

1 未然形　2 連用形　3 仮定形　4 命令形

(五) 本文中の□内に共通してあてはまる言葉は何か。次の1～4から最も適当なものを一つ選んで、その番号を書け。

1 内面的　2 階層的　3 合理的　4 民主的

(三) ア（十字以内の解答欄）　イ（二十五字程度の解答欄）

(四)［解答欄］　(五)［解答欄］

(六) ④に 哲学対話の問い とあるが、哲学対話の問いはどのようなものであり、どうすることで社会を結びつけていくと筆者はいっているか。「哲学対話の問いは」という書き出しに続けて、本文中の言葉を用いて七十字程度で書け。

(六) 哲学対話の問いは［解答欄］ことで社会を結びつけていく

(七) ⑤に 対話と平和の関係は、さらに緊密である とあるが、対話と平和の関係はどのようなものであると筆者はいっているか。次の1～4から最も適当なものを一つ選んで、その番号を書け。

1 対話が戦争を避けるための平和的手段となり得る上に、平和への思いが他者との対話を哲学的なものに変えていくという互いに強く結びついた関係

2 哲学的な対話をしていくことは民主的な社会の構築につながる以前に、平和的な社会の構築にも欠かすことのできない条件になってくるという関係

3 開かれた対話をしていくことは戦争を回避し平和を生み出す源になるだけでなく、その平和をより堅固に構築し直していくことにもなるという関係

4 対話をすることが平和を作り出し保持していくための条件であると同時に、平和な社会でなければ対話は成り立たないという相互に必要とする関係

(七)［解答欄］　(八)［解答欄］

(八) ⑥の 契機 の意味として最も適当なものを、次の1～4から一つ選んで、その番号を書け。

1 一つの物事を成り立たせる約束　2 未来を見とおす重要な手掛かり

3 ある事象を生じさせるきっかけ　4 自分たちにとっての大きな利益

(九) この文章の[1]～[8]の八つの段落を、三つのまとまりに分けるとどうなるか。次の1～4から最も適当なものを一つ選んで、その番号を書け。

1 ([1][2][3]) ― ([4]) ― ([5][6][7][8])　2 ([1][2][3]) ― ([4][5][6]) ― ([7][8])

3 ([1][2]) ― ([3][4][5][6]) ― ([7][8])　4 ([1]) ― ([2][3][4]) ― ([5][6][7][8])

(九)［解答欄］

(十) 本文を通して筆者が特に述べようとしていることは何か。次の1～4から最も適当なものを一つ選んで、その番号を書け。

1 平和構築を目的とし、様々な人々と対話していくことで自分と他者との差異を認識し、互いに妥協し合う合理的な文化を生み出していくべきである

2 平和をめざし、相互に連帯していく中で、互いの差異により生まれる考えの違いを限りなく少なくするための対話文化を追求することが重要である

3 平和構築を目的とし、従来の関係を互いに保ちつつ、対話により生じた相互の小さな差異を認め合うような開かれた文化を創造していくべきである

4 平和の構築をめざして、他者との差異を認めつつ、互いに互いを変容させながら相互に結びつくことを目的とした対話文化を築くことが大切である

(十)［解答欄］

三

次の文章を読んで、あとの(一)～(十)の問いに答えなさい。なお、1～8は段落につけた番号です。

1 現代の日本社会では、人々を結びつけているのは、「普通」と呼ばれる基準である。「普通」とされている基準に合わせることで、自分が多くの人と一緒であることを確認する。しかしその「普通」とは明確には何のことかがよくわからず、自分で選んだり決めたりしたものでもない。私たちは「普通」と呼ばれる他律的な基準を、暗黙のうちに強制されている。①「普通」の代わりに「空気」という言葉を使ってもよいかもしれない。ここで、「普通」とされていることは、「平均的」とか「通常の」を意味するのではない。「普通」とは、どこからともなく世間が求めてくる、個人が到達すべき水準のことを意味している。つまり、会社の暗黙の慣習に合わせるのが「普通」であり、学校では協調行動ができるのが「普通」である。ここでの「普通」とは能力ばかりを指しているのではない。暗黙の規律やローカルな慣習、多くの人が同調している流行に従うのが「普通」である。「普通」とは、「それに合わせよ」という、どこから発せられているのかわからない命令である。公私を厳密に切り分け、公の場では私事を慎み、公の流れを妨げてはならない。その公の流れこそが、「普通」であり、「空気」である。そして、実際には、「普通」を命じているのは特定の権威や権力である。その権威と権力の流れにaサカらうのは「普通」ではない。したがって、「普通」という言葉には、権威や権力への恭順と、それに従う人々への同調という二つの圧力が働いている。

2 多くの人々は、②この押し付けられた他律的な規律を内面化し、それに合わせようと固執しつつも、そうなりきれないでいる。そして、そこから生じた自己否定的な感情を他者へと投げつけ、「普通ではない」他者を排除しようとする。本人は「普通」に③なろうと頑張っているのに、「普通」ではないくせに「ノウノウと生きている」人々がbユルせなくなる。日本の社会は、この「普通」、すなわち、権威や権力への恭順によって個人が結びついている【　】な構造をしている。

3 「普通」によって成り立っている社会には対話はない。対話をするならば、何が尊ぶべき規範であるかを議論できるだろう。それはこれまでの「普通」とは異なる規範かもしれない。だから、権威と権力に執着する者は対話を恐れる。

4 ④哲学対話の問いは、私たちの世界の分類法を「～とは何か」という問いによって問いただす。それは、現在の私たちの社会における物事の区別の仕方と、それに伴う物事の扱い方を再検討しようとする。「礼儀とは何か」と問うときに私たちは、何が礼儀であり、どのような行動をとれば人に礼を尽くしたといえるのかをcアラタめて議論する。それは、現在の社会における社会的な関係を考え直すことである。「仕事は何のためにあるのか」と問うことは、労働が人間にとってどのような意義を持つのか、生活と仕事のバランスや仕事の社会的な意味を問い直すことである。それは、社会の労働のあり方を変更する可能性を探ることである。「なぜ」という問いで、私たちはさまざまな事象と行為の究極の目的を探る。「なぜ勉強するのか」という問いは、現在の勉強が自分の将来の人生のあり方と目的にどのようにつながっているのかを問い直している。哲学対話が、子どもに考えさせ、子どもに対話させるのは、他者とともに人間の世界を組み直していくためである。対話は、「普通」を求める【　】な社会では決して得られない人間的な絆（きずな）によって社会を連帯させるのである。

5 最終的に私が主張したいことは、哲学対話を教育する目的は平和の構築の仕方を学ぶことにあることである。

6 事実として、民主主義国家内では市民戦争が起きることはほとんどなく、また民主主義国家間でも戦争がきわめて生じにくい。これは、民主主義がすべての人間が参加できる開かれた対話を基礎にした社会であることから来ている。哲学対話が民主的な社会の構築に資する（役立つ）とすれば、それは平和の構築にも資するはずである。

7 しかし⑤対話と平和の関係は、さらに緊密である。子どもの哲学の第一の意義は、真理を探求する共同体に誰をも導き入れ、互いが互いの声を傾聴し、自分を変える準備をしながら対話を行うことにある。これは戦争を止める最後の平和的手段なのだ。対話は、平和を作り出し、それを維持する条件だからである。対話とは、国際社会に見られるように、戦争を回避するための手段である。また、平和は対話を行うための条件である。平和とは対話できる状態のことであり、対話することが平和を保証する。対話において、人は互いの差異によって同じ問いに結びつく。話し合えない人として特定の「非合理な」他者を対話の相手から外していくことは、もはや互いに互いを変化させる⑥契機を失うことである。自らを変化させることのない人々の間には、妥協以外には、争いの可能性しか残されていない。平和とは、人々が対話できる状態だと定義できるだろう。

8 したがって、対話の文化を構築することとは平和構築に他ならない。対話は、戦争を、互いに結びついた差異へと変換する。対話すること、しかも誰もが参加できるもっとも広いテーマによって哲学的な対話をすることは、子どもの教育にとって、もっともdユウセンすべき必須の活動である。

（河野哲也の文章による。一部省略等がある。）

(一) a～dの――のついているかたかなの部分にあたる漢字を楷書で書け。

(一)	a	サカ　らう	b	ユル　せなく	c	アラタ　めて	d	ユウセン

(二) ①に「普通」の代わりに「空気」という言葉を使ってもよいかもしれないとあるが、筆者はなぜこのようにいうのか。それを説明しようとした次の文の【　】内にあてはまる最も適当な言葉を、本文中からそのまま抜き出して、十五字程度で書け。

人々は、「普通」と呼ばれる基準によって結びついてはいるが、「普通」とは不確かで、【　】ではないために、われわれはその存在を意識することもなく、知らず知らずのうちに受け入れているから

(二)																

われわれが科学と哲学を対立するものとみなして、科学の時代である現代において、哲学は今となっては［ア］ものだと考えようとしたり、哲学が事柄の真実のすがたをとらえるものであるのに対して、科学は事柄をただ［イ］ものであると考えようとしたりすること

(二)	ア											イ								

(三) ②に 科学は事実についての知識を得ようとするもの とあるが、これはどのようなことをいっているのか。次の１〜４から最も適当なものを一つ選んで、その番号を書け。

(三)	

1 科学は、科学自身が適切な価値判断を行うために、客観的な事実を見つけ出そうとするものであるということ
2 科学は、人間生活をより豊かにするために、事実についての価値判断を試みようとするものであるということ
3 科学は、価値判断を伴わずに、事実がどのようなものであるかを明らかにしようとするものであるということ
4 科学は、事実についての価値判断を避けることで、より多くの知識を獲得しようとするものであるということ

(四) ③に 単に事実がいかにあるかということにとどまらず、事実の奥にある本質をとらえようとした当時の哲学 とあるが、当時の哲学は何と何を混同して、何ができると考えていたところに問題があったと筆者はいっているのか。「当時の哲学は」という書き出しに続けて、本文中の言葉を用いて三十字以内で書け。

(四)	当時の哲学は	
		と考えていたところに問題があった

(五) ④の れ は、次の１〜４のうちの、どの れ と同じ使われ方をしているか。同じ使われ方をしているものを一つ選んで、その番号を書け。

(五)	

1 校長先生が全校集会で話されます　　2 遠く離れた故郷がしのばれた
3 雨に降られて試合は延期になった　　4 友人に紹介されて挨拶をした

(六) ⑤に いっさいの問題は科学によって解決されると考える とあるが、これは、科学はどのようなものであると考えることか。それを説明しようとした次の文の［　　］内にあてはまる最も適当な言葉を、第1段落〜第4段落からそのまま抜き出して、漢字二字で書け。

科学は［　　］であると考えること

(六)		

(七) ⑥に われわれは、どんな目的のためにも科学的知識を利用することができるのです とあるが、科学的知識を利用するにあたって、われわれにはどのような存在でいることが求められ、哲学を用いてどのように生きてゆく必要があると筆者はいっているのか。「われわれには」という書き出しに続けて五十五字以内で書け。

(七)	われわれには	
		生きてゆく必要がある

(八) ⑦に 割り切ろう とあるが、「割り切る」の意味として最も適当なものを、次の１〜４から一つ選んで、その番号を書け。
1 他人の心中を推し量る　　2 思い切って受け入れる　　3 きっぱりと結論を出す　　4 困難なことを排除する

(九) 次の〔　　〕内の文は、第5段落〜第11段落のいずれかの段落の最後に続く文である。それはどの段落か。最も適当な段落の番号を書け。

〔しかし、このこともまた、科学が自己の領域を越えた越権行為をしようとすることに外なりません。〕

(十) 本文を通して筆者が特に述べようとしていることは何か。次の１〜４から最も適当なものを一つ選んで、その番号を書け。
1 科学が驚異的に発展している現在、自然の奥には神の力が存するという考え方は意味をなさないので、しっかりと事実を見つめることが大切である
2 われわれは時として科学と哲学は互いに対立関係にあると考えるが、元来科学は哲学から派生していったもので、科学と哲学は不可分なものである
3 科学は現在では人類の脅威となる可能性があるので、科学の持つ価値をしっかりと見極めたうえで、科学的知識を利用するように努めねばならない
4 われわれが科学を賢明に駆使して生きるには、哲学によって価値の問題にしっかりと向き合うことが必要だということを、十分に認識すべきである

(八)		(九)	第［　］段落	(十)	

三　次の文章を読んで、あとの(一)〜(十)の問いに答えなさい。なお、1〜11は段落につけた番号です。

1　われわれはときどき、「科学か哲学か」という形で、問題を考えようとします。現代は科学の時代であるから、哲学というようなものはもはや存在理由をもたないとか、あるいは科学というものは事象を単に外面的にしか見ないものであり、哲学こそ事象の真相をとらえるものであるとかいうような考えは、いずれも、「科学か哲学か」という形で問題を考え、その問題に対してなんらかの解答を与えようとするものといえるでしょう。

2　しかしわたくしは、①このような考えは根本的に誤っているのではないかと考えます。「科学か哲学か」という問題提出そのものが間違っているのです。誤って立てられたこの問題に対して、どういう解答を与えようとも、その解答の正しいはずはありません。哲学と科学はけっして相対立するものではありません。むしろ両者は相補うべきものといわねばなりません。

3　哲学と科学が対立するものと考えられるのは、ただ哲学がその本来の領域を越えようとし、また科学が自分を万能と考えようとするときです。

4　哲学が価値判断という問題を取り扱うにとどまらず、事実の問題にまで、口をさしはさもうとすると、そこには当然科学との衝突が生じてきます。なぜなら、②科学は事実についての知識を得ようとするものですから、もしも哲学が事実について科学とは異なった知識をもつことができると主張するならば、科学が正しいか哲学が正しいか、という問題が生じてくるからです。

5　近世になってから、自然科学をはじめとして多くの科学が哲学から独立していったが、それはそれ以前の哲学にあっては、価値の問題と事実の問題とが意識的に分けられていず、そのため哲学は事実の問題についても発言する権利があると考えていたからではなかったかと思うのです。

6　このことは、たとえばその当時の哲学が、「自然の奥には神の力がある」というような主張をしていたことを見てもわかると思われます。「自然の奥に神の力がある」ということは、それ自身としては事実に関する判断です。なぜなら、それは自然の奥に事実、神の力があるということを述べているからです。しかし同時にそれは、神の力というような価値的な概念を考えることによって、価値判断という意味をももっていることはヒテイできません。その奥に神の力が存するなら、自然というものもまた価値高いものであるという見方が、そこに含まれることになるからです。このように価値の問題と事実の問題が区別されていなかったため、哲学は事実についても判断を下しうると考えられていたわけです。こうして哲学は科学と対立したのです。

7　しかし、事実についての判断に関しては、哲学は科学に譲らねばなりませんでした。なぜなら、人間は事実について知ろうとするとき、単に事実がいかにあるかということを知ることができるのみであり、この人間の知識の本質的性格をはっきり自覚したのが科学であったからです。③単に事実がいかにあるかということにとどまらず、事実の奥にある本質をとらえようとした当時の哲学は、この点でまったく誤っていたといわねばなりません。科学はセイコウし、そして哲学に対して不信の目を向けて、続々と哲学から独立してゆきました。

8　だが、このことはけっして哲学にとって悲しむべきことではなかったのではないかと思われます。④なぜなら、このことによって、価値と事実の問題がまったく異なるものであるということを、われわれは十分に知ることができたからです。われわれは哲学の領域は価値判断であるということをはっきり意識すべきです。そうすれば、哲学が科学と対立するというような誤解はまったく氷解してしまうでしょう。

9　同様にまた、われわれが、科学が事実についての知識であるということを忘れて、⑤いっさいの問題は科学によって解決されると考えるとき、科学は哲学と対立するにいたります。

10　科学が驚くべき発展をとげている現在、われわれはともすると、このような誤りに陥りがちです。しかし、科学というものが事実についての知識であるということさえ、しっかり頭においておけば、われわれはこの種の誤りから免(まぬか)れることができるでしょう。われわれが人間として生きてゆくかぎり、われわれはツネに価値判断を行わねばなりません。価値判断を行わないでは、⑥自分の行為を選ぶことができないからです。そしてこの価値判断の問題は、事実についての知識である科学の領域外の問題です。われわれは、どんな目的のためにも科学的知識を利用することができるのです。

11　もしもわれわれがこの点を忘れ、科学によっていっさいを⑦割り切ろうとすると、われわれは人間みずからのつくりだした科学によって、かえってシハイされてしまうという結果になってしまうのではないでしょうか。科学は人類にとってかえって害悪をもたらすものとなるのではないでしょうか。科学をつくりだした人間はあくまでも科学を自由に用いる、科学の主人としてとどまらねばなりません。そして、このためには、われわれは科学によっては解決できない価値の問題が存するということ、そしてまた哲学というものが必要であるということを、十分に理解しなければならないと思うのです。

（岩崎武雄の文章による。一部省略等がある。）

(一)　a〜dの＝＝のついているかたかなの部分にあたる漢字を楷書で書け。

(一)	
a	ヒテイ
b	セイコウ
c	ツネに
d	シハイ

(二)　①に　このような考え　とあるが、これはわれわれが科学と哲学をどのように考えようとすることをいっているのか。それを説明しようとした次の文のア、イの□内にあてはまる最も適当な言葉を、本文中からそのまま抜き出して、それぞれ十字以内で書け。

特定の専門家、政治・経済レベル、特定の地域や国家に限定して対処が不可能な現代社会が抱え込んだ諸問題は、［　ア　］では解決できないものであり、社会の様々な物事に対するわたしたちの従来の考え方じたいを［　イ　］ことを要求するものである。

（二）ア［　　］　イ［　　］

（三）②に「専門を究めた」個々のプロフェッショナルは、他のプロ、あるいは他のノン・プロと協同しなければ、何一つ専門家としての仕事をなしえないとあるが、ほんとうのプロフェッショナルは、どのようなことができる人だと筆者はいっているのか。それを説明しようとした次の文の［　　］内にあてはまる言葉を、本文中の言葉を用いて五十字以内で書け。

ほんとうのプロフェッショナルは、他のプロと協力して一緒に作業ができ、［　　］ことができる人

（三）［解答欄］

（四）③のにには、次の1～4のうちの、どのにと同じ使われ方をしているか。同じ使われ方をしているものを一つ選んで、その番号を書け。

1　道をきれいに掃除する　　2　会議は夜までに終わる　　3　さらに一年が経過する　　4　道ばたに花が毎年咲く

（四）［　　］

（五）④に「教養人」でなければいけないとあるが、教養人とはどのような人だと筆者はいっているのか。「一つの問題をいくつもの異なる視点から見ることで」という書き出しに続けて、**客観的　感知**の二語を用いて五十字以内で書け。

（五）一つの問題をいくつもの異なる視点から見ることで［　　］人

（六）⑤に同時代の社会の全体を遠近法的に見るとあるが、これはどういうことか。次の1～4から最も適当なものを一つ選んで、その番号を書け。

1　社会に存在することがらについて、その必要性や重要度をひとまずより大きな視野で捉えていくということ
2　社会が本当に必要とすることがらを、大きな枠組みから一つに絞り込みその実現に尽力していくということ
3　社会で需要の高いことがらが、自分にとっても価値があるのかをまずは大局的な視点から考えるということ
4　社会のニーズに対して、その実現の可能性がどれだけあるのかを長期的な観点から検討しなおすということ

（六）［　　］

（七）本文中の［　　］内にあてはまる言葉は何か。次の1～4から最も適当なものを一つ選んで、その番号を書け。

1　柔軟に　　2　実直に　　3　性急に　　4　悠長に

（七）［　　］

（八）次の〔　　〕内の文は、本文中のいずれかの段落の最後に続く文である。それはどの段落か。最も適当な段落の番号を書け。

〔さらにそれを新製品として実現するためには、さらに別のプロ、たとえば消費者とじかにつながっている営業のプロ、広報のプロ、そしてもちろんコスト計算をしてくれる会計のプロとも組まねばならない。〕

（九）本文を通して筆者が特に述べようとしていることは何か。次の1～4から最も適当なものを一つ選んで、その番号を書け。

1　一人では解決できない問題が溢れる社会の中で、専門性ではなく「教養」と大きな視野によって、いかなる問いにも解決策を見いだすことができる
2　複雑な問題に他の専門家と共に取り組むために、自らの専門性や「教養」へのこだわりを捨てて、答えが出ない状況でも考え抜く姿勢が必要である
3　一つの問題を大きな視野で捉えるためには、他者と競い合い自らの専門性に磨きをかけて、安易に答えを求めずに自分で思考する態度が重要である
4　容易には解決できない様々な問題に対して、他者と協同しつつ大きな視野で社会を捉え、答えが見いだせない中でも考え続ける力が求められている

（八）第［　　］段落　　（九）［　　］

三　次の文章を読んで、あとの(一)～(九)の問いに答えなさい。なお、1～8は段落につけた番号です。

1　現実の社会では、特定の専門家だけではとても解決できないような問題が溢れかえっている。環境危機、生命操作、医療過誤、介護問題、食品の安全などなど。これら①現代社会が抱え込んだ諸問題は、もはやかつてのように政治・経済レベルだけで対応できることがらではないし、また特定の地域や国家に限定して処理しうる問題でもない。これらの問題は小手先の制度改革で解決できるものではなく、環境、生命、ₐヤマイ、老い、食についてのわたしたちのこれまでの考え方そのものを、その根もとから洗いなおすことを迫るものである。

2　これらの問題への取り組みにおいて、②「専門を究めた」個々のプロフェッショナルは、他のプロ、あるいは他のノン・プロと協同しなければ、何一つ専門家としての仕事をなしえない。たとえば情報端末の微細な回路設計を専門とする技術者がいるとする。その彼／彼女は、超微細な回路を実現するためには、それを可能にするような材料の専門家と組まねばならない。どんな機能をどんなふうに載せるかについて、システム設計の専門家とも組まねばならない。

3　ここで注意を要するのは、これら協同するプロたちにとって、組む相手はいずれも、じぶんの専門領域からすればアマチュアだということだ。とすれば、ほんとうのプロというのは他のプロとうまく共同作業ができる人のことであり、彼／彼女らにじぶんがやろうとしていることの大事さを、そしておもしろさを、きちんと伝えられる人であり、そのために他のプロの発言にもきちんと耳を傾けることのできる人だということになる。一つのことしかできないというのは、プロフェッショナルではなく、スペシャリストであるにすぎないのである。

4　このことが意味しているのは、ある分野の専門研究者が真のプロフェッショナルでありうるためには、③つねに同時に④「教養人」でなければいけないということである。「教養」とは、一つの問題に対して必要ないくつもの思考のᵦホジョ線を立てることができるということである。いいかえると問題を複眼で見ること、いくつもの異なる視点から問題を照射することができるということである。このことによって一つの知性はより客観的なものになる。そのためには常日頃から、じぶんの関心とはさしあたって接点のない思考や表現にふれるよう、心懸けていなければならない。じぶんの専門外のことがらに対していつも感度のいいアンテナを張っていること、そう、専門外のことがらに対して狩猟民族がもっているような感度の高いアンテナを、いつもじぶんのまわりに張りめぐらせていなければならない。要するに、狩猟民族が数キロメートル離れた地点での自然環境の微細な変化に的確に感応するのとおなじような仕方で、同時代の社会の、微細だけれども根底的な変化を感知するセンスをもつということである。

5　そういう視点から、わたしはいわゆる教養教育は、高年次になればなるほど不可欠のものになると考えている。専門研究者には、いま右で述べたような意味で、じぶんの専門とは異なるディシプリン（学問分野）に問題を翻訳できる能力が必要となるからである。

6　複眼をもつことととしての「教養」は、⑤同時代の社会の全体を遠近法的に見るということである。これはじぶんが立っているｃイチを、より大きなパースペクティヴ（視野）のなかで見定めるということである。遠近法とはこのばあい、知の使用をめぐる「価値の遠近法」（猪木武徳）にかかわる。つまり、人が絶対に見失ってならないものと、あってもいいけどなくてもいいものと、端的になくていいもの、絶対にあってはならぬものとの区別を、さしあたり大括りに摑むことができるということである。それは社会のニーズに従うことではなく、ニーズに対して、それはほんとうに応えるべきニーズなのかと問うことである。

7　わたしたちは社会のᵈムズカしい問題に直面するとすぐに白黒をつけたがる。わかりやすい答え、明確な答えを［　　］求める。しかし、学術の問題でも政治・経済の問題でも、あるいは身の回りの人づきあいの問題でも、じぶんの生き方の問題でも、重要な問題ほど答えはすぐに出てこない。そういう問題には、二つの対立する答えがともに成り立つことがあるし、答えがない場合もあるし、また問題じたいが脈絡によって別様にも立てられることがある。さらに答えを求めているうちに、その前提となる事態が刻々様変わりしているといったケースもある。

8　そのようななかでもっとも重要なことは、わかることよりもわからないことを知ること、わからないけれどこれは大事ということを知ること、そしてわからないものにわからないままに的確に対処できるということである。複雑性がますます堆積（積み重なること）するなかで、この無呼吸の潜水のような過程をどれほど先まで行けるかという、思考の耐性こそがいま求められている。それこそ逆説的な物言いではあるが、人が学ぶのは、わからないという事態に耐え抜くことのできるような知性の体力、知性の耐性を身につけるためでないのかと言いたいくらいである。そういう知性の耐性を高めるジムナスティックス（知的鍛錬）こそが、いま「教養教育」には強く求められているようにおもう。

（鷲田清一の文章による。一部省略等がある。）

(一)　a～dの＝＝のついているかたかなの部分にあたる漢字を楷書で書け。

(一)	
a	ヤマイ
b	ホジョ
c	イチ
d	ムズカしい

(二)　①に現代社会が抱え込んだ諸問題とあるが、これらはどのようなやり方では解決できないものであり、どのようなことをわたしたちに要求するものだと筆者はいっているのか。それを説明しようとした次の文のア、イの［　　］内にあてはまる最も適当な言葉を、第1段落の中からそのまま抜き出して、それぞれ十字以内で書け。

(一) a〜dの ━━ のついているかたかなの部分にあたる漢字を楷書で書け。

(一)	a	ミチビき	b	ヒョウカ	c	ハイケイ	d	ハタラかせて

(二) ①に 科学的思考ができるようになる とあるが、科学的思考とは、どのようなもののことであり、どうすることを目的としたものだと筆者はいっているのか。それを説明しようとした次の文のア、イの□内にあてはまる最も適当な言葉を、第3段落の中からそのまま抜き出して、それぞれ十五字以内で書け。

科学的思考とは、[ア]のことであり、[イ]ことを目的としたもの

(二)																
	ア															
	イ															

(三) ②の 単なる の品詞は何か。次の1〜4から最も適当なものを一つ選んで、その番号を書け。

1 動詞　2 連体詞　3 副詞　4 形容動詞

(三)	

(四) ③に 「体で覚える」ことによって初めて体得できるのである とあるが、これは、どのようなものをどうすることによって、批判的思考を体得できるといっているのか。**知識** **経験** の二語を用いて、二十五字程度で書け。

(五) ④に この「矛盾」 とあるが、筆者は、どのような点を「矛盾」といっているのか。「学びの達人になるためには、」という書き出しに続けて、**批判的思考** **直観力** の二語を用いて六十字程度で書け。

(六) ⑤に 科学者にも直観は大事だ とあるが、筆者がこのようにいうのはどうしてか。次の1〜4から最も適当なものを一つ選んで、その番号を書け。

1 仮説の妥当性を吟味するためには、集めたデータと仮説との整合性を直観により検討することが大切であるから
2 科学者として高みを目指すためには、いちいち仮説を精査せずとも真理を見極められる直観力が大切であるから
3 事象を科学的に捉えてそのしくみを明らかにするためには、精度の高い直観による仮説づくりが大切であるから
4 複数の仮説から真実を見つけ出すためには、論理性と鋭い勘がバランスよく合わさった直観力が大切であるから

(七) 本文中の□内にあてはまる言葉は何か。次の1〜4から最も適当なものを一つ選んで、その番号を書け。

1 経験的　2 感覚的　3 主観的　4 意識的

(八) 次の〔　　〕内の文は、本文中のいずれかの段落の最後に続く文である。それはどの段落か。最も適当な段落の番号を書け。

〔一手一手を吟味して、他によりよい手がなかったかを振り返る。〕

(四)		
	こと	

(五)	
	学びの達人になるためには、

点	(六)		(七)		(八)	第□段落

(九) 本文を通して筆者が特に述べようとしていることは何か。次の1〜4から最も適当なものを一つ選んで、その番号を書け。

1 私たちが「科学を実践する」力を伸ばし熟達者になるためには、自然科学のみならず、心理学や経済学や法学など幅広い知識の習得が必要である
2 私たちが批判的思考力を育むためには、知識の論理的な修正を促す「ひらめき」を鍛え、直観による素早い判断力を身につけることが必要である
3 私たちが「生きた知識のシステム」を構築し更に成長させるためには、直観と批判的思考を相互に関連させながら、高めていくことが必要である
4 私たちが科学的思考を身につけるためには、新しい知識を性急に獲得するのではなく、むしろ既存の知識を精査し直す「振り返り」が必要である

(十) この文章の1〜13の十三の段落を、「科学的思考の習得のために」、「批判的思考とはどのようなものか」、「直観とはどのようなものか」、「新たな知識を創りだすために」の四つのまとまりに分けるとどうなるか。次の1〜4から最も適当なものを一つ選んで、その番号を書け。

1 (1 2 3) — (4 5 6) — (7 8 9 10) — (11 12 13)
2 (1 2 3) — (4 5 6 7) — (8 9 10 11) — (12 13)
3 (1 2 3 4) — (5 6) — (7 8 9 10) — (11 12 13)
4 (1 2 3 4) — (5 6 7) — (8 9 10 11) — (12 13)

(九)	
(十)	

■平成29年度問題

三　次の文章を読んで、あとの(一)～(十)の問いに答えなさい。なお、1～13は段落につけた番号です。

1　科学を学習する目的は、発見された「事実」を覚えることではない。今日覚えた事実や理論が、一〇年後には棄却されているかもしれない。

2　科学はデータをもとに論理を組み立て、理論を構築するプロセスである。では、「科学を実践する」ために、子どもは何を学ばなければならないのだろうか？　学校で、理科の時間などで実験をし、データをとり、分析する、という学習はしているだろう。しかし、それらは「科学を行う」ための要素に過ぎない。①科学的思考ができるようになるために必要なのは、むしろ、理論の検討のしかた、仮説の立て方、仮説の検討のための実験のデザインのしかた、データの解釈の仕方、結論の[a]ミチビき出し方、などの論理を組み立てるスキル（技能や技術）なのである。

3　もちろん、ここでいう「科学」は自然科学に限らない。心理学はもちろんのこと経済学、法学のような社会科学も同じだ。さらに敷衍（ふえん）（おし広げること）すれば、どのようなことであれ、②単なる好き嫌いではなく、理にかなった意思決定をするために、論理構築スキルに則（のっと）った思考が必要である。

4　いま、いたる所で「批判的思考」ということばを聞く。しかし、批判的思考の定義に関して、ほとんどの人はあやふやな考えしか持っていないようだ。

5　批判的思考とはつまり、科学的思考と基本的に同じで、ある仮説、理論、あるいは言説を、証拠にもとづいて論理的に積み重ねて構築していく思考のしかたのことを言う。単に「感情にとらわれず客観的にものごとを考える」とか「多角的に物事を検討する」ということではないのだ。

6　このような科学的思考、批判的思考のバックボーン（思想・信条等を支えるもの）になっている仮説検証のプロセスと理論構築のプロセスはもちろん、本で読んだだけ、あるいは誰かに説明されただけでは理解できない。知識を構築していく実際の道筋がわからないと、様々な仮説を適当に立てるだけで終わってしまう。自分で仮説を考え、実験をデザインし、データを取って分析し、吟味し、論を構築し、それを[b]ヒョウカする。「批判的思考」はこのようなプロセスを何度も繰り返し経験すること、つまり、③「体で覚える」ことによって初めて体得できるのである。

7　批判的思考は学びの達人になるためにとても大事で、最近は教育界のキーワードになっている。他方、熟達者の特徴は鋭い直観力にあることも、誰もが認めるところである。批判的思考を重要視するということは直観的思考をどれだけ排除できるか、と考えられるのに、④この「矛盾」はどのように考えればよいのだろうか。

8　じつは「直観」ということばは、いくつかの意味合いを持つ。三つの形を考えてみよう。

（1）ある状況で何がしかの判断をするとき、知識がないときは、コイントスのように適当にするしかない。

（2）子どもが単語の意味を考えるとき、「形ルール」（形から判断しようとすること）のようなスキーマ（外界を認識するときに使われる知識の枠組み）に沿って、その場ですぐに初めて聞いた単語の意味を考え、その単語が使える範囲を決めてしまう。

（3）将棋の達人は、次の一手についてあれこれ可能性を考えなくても最善の一手が頭に浮かぶ。

9　（1）から（3）はすべて一般的には「直観的思考」と考えられる。しかし、その判断の精度や質はそれぞれ異なる。（3）は非常に精度が高い判断。（2）はいわゆる「スキーマ」に頼った思考で、「当たらずとも遠からず」の判断になる場合もよくある。（1）の判断はまったく偶然のレベルである。これら三つの形の「直観」は、まったく違う種類の思考というよりは、判断の拠（よ）り所となる[c]ハイケイの知識のありかたが違う思考と考えたほうがよい。豊富で精緻な知識を持っていれば直観の精度は上がり、「ひらめき」になる。知識がないところで直観に頼れば、「あてずっぽう」になってしまう。

10　⑤科学者にも直観は大事だ。そもそも、理論を構築するためには仮説がなければならない。仮説をつくるときに直観は絶対に必要である。ニュートン（十七～十八世紀の科学者）の万有引力の発見も、ケプラー（十六～十七世紀の科学者）の楕円（だえん）軌道の発見も、データを積み上げて吟味する批判的思考だけで生まれたわけではない。批判的思考により、仮説とデータが整合的に一致しているかを検討することは絶対に必要だ。しかし、現象のしくみを説明するための仮説をつくるには「ひらめき」が必要で、それには熟達した科学者の直観がモノをいうのである。

11　知識は常に変化をつづけている流動的なものだし、最終的な姿は誰にもわからない。最終的な姿がわからないのにシステムを構築するためには、要素を増やしつつ、それに伴ってシステムも変化させながら、成長させていくしかない。「生きた知識のシステム」を構築し、さらに新しい知識を創造していくためには、直観と批判的思考による熟慮との両方を両輪として[d]ハタラかせていく必要がある。

12　子どもは完璧でなくてもよいから、とにかくコミュニケーションをするためにたくさんの単語を短期間で学習したい。大人の実社会でも多くの場合、非常に短い時間で判断を迫られる。そういうときには直観に頼らざるをえない。他方、自分の思考や行為を自分でモニター（監視）し、□に過（あやま）ちを見つけようとしないとなかなか過ちは見つからず、知識の修正はされない。どの分野でも、本当の達人は、常識的な「思い込み」を排除して現場を観察し、記憶や判断がスキーマで歪（ゆが）まないようにコントロールをしている。例えば、将棋では対局の後の感想戦で対局を振り返る。これはいわば批判的思考だ。

13　どの分野でも多かれ少なかれ、達人たちはこのような「振り返り」をしているはずだ。直観に頼った素早い判断、素早い学習は、熟慮による修正を伴って初めて、精緻な知識のシステムへ成長していくことが可能になるのである。また、それが直観力をさらに磨くためにも必要なことなのだ。

（今井むつみの文章による。一部省略等がある。）

(二) 本文中のAの[　　]内にあてはまる言葉は何か。次の1～4から最も適当なものを一つ選んで、その番号を書け。

1 普遍性　　2 特異性　　3 客観性　　4 偶然性

(二)	

(三) ①の<u>身体</u>と上下の文字の意味のつながり方が同じ漢語を、次の1～4から一つ選んで、その番号を書け。

1 再会　　2 日没　　3 着席　　4 増加

(三)	

(四) ②に<u>自己自身の図式</u>とあるが、自己自身の図式は、どのようなものが積み重なり、さらに、どのようなものに影響されながら形成されると筆者は考えているか。「自己自身の図式は、」という書き出しに続けて、**各個体**　**集団**　の二語を用いて四十字以内で書け。

(四)	自己自身の図式は、 ………… に影響されながら形成される

(五) ③に<u>われわれは、なお、～変わりはない</u>とあるが、これはどのようなことをいっているのか。次の1～4から最も適当なものを一つ選んで、その番号を書け。

1 他者の立場に身を置いてながめる場合でも、それは独自の経験に基づく解釈であり、他者の認識をありのまま理解したことにはならないということ

2 自己の立場と他者の立場に違いがある場合には、別の視点で物事をながめて他者の認識を知ることで、自己の解釈を変えることができるということ

3 他者の立場に身を置いてながめる場合には、自己と他者の経験を重ね合わせていくことで、世界への新しい意味づけを行うことができるということ

4 自己の立場と他者の立場に違いがある場合でも、両者の解釈は同じ事象を見て導き出されたものであるため、優劣をつけるべきではないということ

(六) ④に<u>異文化間のコミュニケーションの場合にも、誤解や摩擦はつきものである</u>とあるが、異文化間のコミュニケーションは誤解や摩擦を引き起こすことになるが、そのような誤解や摩擦は、われわれにとってどのような働きをしていると筆者はいっているのか。「誤解や摩擦は、」という書き出しに続けて、**反省**　**他文化**　の二語を用いて六十字以内で書け。

(七) ⑤に<u>そのためのコミュニケーションが成り立つのである</u>とあるが、われわれが互いにコミュニケーションをとるのはなぜであると筆者は考えているか。それを説明しようとした次の文のア、イの[　　]内にあてはまる最も適当な言葉を、第7段落の中からそのまま抜き出して、アは三字以内、イは五字以内でそれぞれ書け。

われわれの言動がもつ[ア]は、多くの個人が作り出す文脈によってさまざまに解釈され、確定することがないので、コミュニケーションをとることによって[イ]を図らなければならないから

(八) 本文中のBの[　　]内にあてはまる言葉は何か。次の1～4から最も適当なものを一つ選んで、その番号を書け。

1 石橋をたたいて渡る　　2 昨日の敵が今日の友になる　　3 一を聞いて十を知る　　4 ちりも積もれば山となる

(九) 次の〔　　　〕内の文は、第1段落～第6段落のいずれかの段落の最後に続く文である。それはどの段落か。最も適当な段落の番号を書け。

〔自己と他者の間にまったく同一の世界と意味しか与えられていないのなら、自己と他者の間で語り合う必要もないであろう。〕

(十) 本文を通して筆者が特に述べようとしていることは何か。次の1～4から最も適当なものを一つ選んで、その番号を書け。

1 人間関係や社会は常に変化していくものだという自覚をもっておくことで、自己と他者との間で誤解や摩擦が生じないように振る舞うことができる

2 個人の言動に対する誤解は新しい視野を共同社会にもたらすことがあるため、機会があるたびに社会に誤解や摩擦を起こすことを恐れてはいけない

3 物事の理解の仕方が異なる多くの人が関わり合うことで行為や表現の意味は変化し、またそれによって人々の関係や社会は変動していくものである

4 日頃から他者の立場に身を置いて考えていなければ、自分と異なる他者の解釈を取り入れたとしても自らの考えを進展させることにはつながらない

(六)	誤解や摩擦は、 ………… という働きをしている

(五)		(七)	ア		イ		(八)		(九)	第　段落	(十)	

■平成27年度問題

三　次の文章を読んで、あとの(一)〜(十)の問いに答えなさい。なお、1〜8は段落につけた番号です。

1　同じ行為でも、人によって受け取り方が異なる。表情一つとっても、人によって、その解釈は一致するとはカギ[a]らない。同じ一つの言葉でも、各個人がそれぞれ違う意味で理解していることは、数多くある。一つの状況を多くの人々がまったく異なって評価することは、珍しくない。世界そのものが、自己と他者の間では、その様相が違って現れる。私が見ている世界は、他者には、また別の意味をもって受け取られている。各個人は、固有のパースペクティブ（物事の見方 視点）をもっており、それぞれのパースペクティブから世界を映し取り、そこから世界を解釈しているのである。それぞれの解釈が、それぞれに異なるのは、そのためである。

2　その解釈の［A］を形成するのは、各個体がもつ固有の経験である。各個人は、それぞれ異なった①身体をもち、異なった体験をもち、異なった志向をもっているから、それに応じて、一つの行為も、事象も、世界も、異なった仕方で解釈される。もともと、理解するということは、②自己自身の図式から物事を区別し位置づけることであるから、図式が異なれば、物事の意味づけも異なってくる。人間にとって値打ちのあるものでも、動物にとっては、何の価値もない。物事の価値や意味は、それぞれの個体によって選択されているのである。

3　この選択の図式を形成するのは、各個体がもつ経験であり、その経験の積み重ねとしての歴史である。誕生以来の過去のさまざまな経験が積み重なって、一つの個体の解釈図式が出来上がる。人は、それに基づいて、他者の言動を評価しているのである。さらに、各個体の判断や理解は、その個体が属している集団の経験や歴史にも影響される。物事を認識する視野そのものが、共同社会によって、歴史的に形成される。個人は、その影響のもとに常に立っている。人は、自分が生まれ育ったフウド[b]、歴史や伝統によって、自己自身の価値観を形成し、そこから物事を判断しているのである。

4　なるほど、われわれは、それぞれ別々の視点から物事をながめ、別々の意味づけをしているということを、同時に、また、自覚することもできる。そして、自己と他者の立場を置き換えて、他者の立場に身を置いてながめれば、物事は、また、別様に見えるであろうことに気づくことができる。しかし、それでも、③われわれは、なお、一つの事象をそれぞれ別々の視点からながめ、それぞれ独自の経験に照らし合わせて意味づけを行っていることに、変わりはない。

5　その意味では、あるシュ[c]の誤解が、社会の進展にとっては重要な働きをしていると言わねばならない。私の言動が、多くの他者によって、私の意図したところとは違った仕方で理解されていくことによって、私の言動は、私の意図を越えて、社会的に意味づけられ、解釈されていく。理解は誤解なくしてありえない。誤解があるからこそ、コミュニケーションも進展し、自己と他者の関係の発展もある。

6　例えば、④異文化間のコミュニケーションの場合にも、誤解や摩擦はつきものである。われわれは、互いに自己の背後に自己の文化的背景をもっており、それが、一つの行為や言葉を理解する上でも、互いに違った理解を引き起こすことになる。そこに理解のズレが生まれ、これがコミュニケーション・ギャップとか文化摩擦となる。しかし、この相互誤解が、逆に、自己自身とは何かという反省を起こすきっかけとなる。そして、何より、自己自身の理解を進展させていく。と同時に、この誤解の背景が自覚されることによって、他文化の理解も進展していくのである。

7　われわれの営む社会は、多くの個人が相互に連関し、相互に映し合い、相互に作用し合って、一つの場を形成している。この場が文脈（物事の背景 筋道）となって、われわれの行為や言葉の意味をさまざまに変えていく。われわれの言動は、文脈によって、絶えず違った仕方で解釈されていく。そのために、行為や表現の意味は絶えず動いていく。意味は、一義的に決定されるものではなく、コンテキスト（文脈）によって絶え間なく変化し、変動していくものである。意味は、変化する過程であり、運動である。意味は、空間的にも、時間的にも、絶えず移し替えられていき、確定しない。むしろ、確定しないからこそ、相互理解は必要になり、⑤そのためのコミュニケーションが成り立つのである。

8　一つの行為や表現が、多くの他者によって形成される文脈に応じて、別々に解釈される。この解釈のズレによって、関係の変動は起きてくるのだと言える。私の行為や表現が、他者によって別様に受け取られ、それに応じて、他者も、また、私の思惑とは違った対応の仕方をする。このズレによって、関係の変動は起き、社会の変動も起きてくるのである。ちょうど、相手が思わぬ一手を打ってくることによって大きく展開が変わっていくゲームのように、私がもっている図式とは違った図式から、他者がヨソウガイ[d]の行動に出てくることによって、自己と他者の関係は大きく変動していく。それぞれ違った図式と解釈に基づく違った言動の錯綜（さくそう）（複雑に入り混じること）によって、関係は変わっていくのである。［B］というようなことがありうるのも、そのためである。置かれる関係の違いによって、意味が変わると同時に、意味の変化によって、関係も変わる。

（小林道憲の文章による。一部省略等がある。）

(一)　a〜dの＝＝のついているかたかなの部分にあたる漢字を楷書（かいしょ）で書け。

(一)	
a	カギらない
b	フウド
c	シュ
d	ヨソウガイ

二　次の文章を読んで、あとの(一)～(五)の問いに答えなさい。

(注1)小早川中納言殿(こばやかわちゅうなごんどの)、三原(みはら)の館に①おはしける時、京の人来りて、この頃(注2)京わらんべの(注3)謡(うたひ)に、「おもしろの春雨(はるさめ)や。花のちらぬほどふれかし」とうたふよし②語りければ、③中納言殿感じ給(たま)ひて、「それはすべての物事に渉(わた)りてことわりある謡なり。いかばかりおもしろき物も、よき程といふ事ありて、(注4)茶や香やおもしろくても、(注5)猿楽がおもしろくても、学問がおもしろくても、本業を喪(うしな)はぬほどになすべき事なり」と(注6)仰(おほ)せられしよし。いかにも茶香猿楽の類(たぐひ)はさる事なれども、学問して本業を喪ふとおほせしは本意違(たが)へり。学問は身を修め家を斉(ととの)へ、(注7)国天下を平治するの道なれば、その本業を失ふは学問にはあらず。身修まり家斉ひては、④いかで本業を失ふべきや。

(注1)　小早川中納言＝小早川隆景(たかかげ)。戦国時代・安土桃山時代の武将。　(注2)　京わらんべ＝京の町の若者。
(注3)　謡＝詩歌や文章に節をつけて歌ったもの。　(注4)　香＝香木の香りを楽しむ芸道。　(注5)　猿楽＝能楽の古い呼び方。
(注6)　仰せられしよし＝おっしゃったということだ。　(注7)　平治する＝世の中を平和に治める。

(一)　①の　おはし　は、現代かなづかいでは、どう書くか。ひらがなを用いて書きなおせ。

(二)　②に　語りければ　とあるが、これはだれが何をしたことを表現しているのか。次の１～４から最も適当なものを一つ選んで、その番号を書け。

1　京の知人を訪ねていた中納言が、京の町で若者が歌っていた謡について尋ねたこと
2　中納言を訪ねてきた京の人が、京の若者の間で流行している謡を話題に出したこと
3　京の町中で中納言に出会った若者が、近頃気に入っている謡を中納言に教えたこと
4　中納言の館に滞在していた京の若者が、中納言に求められて京の謡を披露したこと

(一)		(二)	

(三)　③に　中納言殿感じ給ひて　とあるが、中納言が感心したのはなぜか。それを説明しようとした次の文の□内にあてはまる言葉を、本文中からそのまま抜き出して、五字以内で書け。

「なんと趣深い春雨だことよ。花が散らない程度に降ってくれ」という意味を持つ謡が、広く一般に通用する世の□を含んでいると感じたため

(四)　④に　いかで本業を失ふべきや　とあるが、これはどういう意味か。次の１～４から最も適当なものを一つ選んで、その番号を書け。

1　どうして本業を失わないといえるのか
2　どうすれば本業を失っても許されるか
3　どうして本業を失うことがあるものか
4　どうすれば本業を失わなくてすむのか

(三)						(四)	

(五)　本文の中で述べられている、茶や香、猿楽などの諸芸と学問についての、中納言と筆者の考えとして最も適当なものを、次の１～４から一つ選んで、その番号を書け。

1　中納言は諸芸や学問を本来の職務を果たしたうえでなすべきものと考えており、筆者は諸芸や学問を追究することを最優先とするべきと考えている
2　中納言は諸芸や学問を文化として奨励するべきと考えており、筆者は本来の職務を果たす妨げにならない程度に諸芸を楽しむのがよいと考えている
3　中納言は諸芸や学問をいずれもやりすぎないことがよいものと考えており、筆者は天下を治める道に通じる学問は諸芸とは異なるものと考えている
4　中納言は諸芸や学問を国を治めるために必要な教養と考えており、筆者は諸芸や学問などよりも家や国のことを大切に思うべきであると考えている

(五)	

■令和3年度問題

二

次の文章を読んで、あとの(一)～(五)の問いに答えなさい。

小松内府(注1)、賀茂祭(注2)見むとて、車四五両ばかりにて(注3)、一条大路に出で給へり。物見車はみな立てならべて、すきまもなし。「いかなる車か、のけられむずらむ」と、①人々目をすましたるに、ある便宜の所なる(注4)車どもを、引き出しけるを見れば、みな、人も乗らぬ車なりけり。かねて見所を取りて、人をわづらはさじのために、②空車を五両立て置かれたりけるなり。そのころの内府の綺羅(注5)にては、③いかなる車なりとも、あらそひがたくこそありけめども、④六条の御息所のふるき例もよしなくや(注6)おぼえ給ひけむ。さやうの心ばせ(注7)、情深し。

(注1) 小松内府＝平清盛の子、平重盛。内府とは内大臣のこと。　(注2) 賀茂祭＝京都の賀茂神社の祭り。
(注3) 車四五両ばかりにて＝牛車四、五両ほどで。　(注4) 便宜の所なる＝都合のよさそうな所にある。　(注5) 綺羅＝栄華。
(注6) よしなく＝好ましくないと。　(注7) 心ばせ＝心配り。

(一) 本文中の さやう は、現代かなづかいでは、どう書くか。ひらがなを用いて書きなおせ。

(二) ①に 人々目をすましたるに とあるが、人々がこのようにしたのはなぜか。次の1～4から最も適当なものを一つ選んで、その番号を書け。

1 小松内府が、どこに車で移動しようとしているのか知りたかったから
2 小松内府が、誰の乗った車を探そうとしているのか知りたかったから
3 小松内府が、どの車を立ちのかせようとしているのか気になったから
4 小松内府が、どうして停車を禁じようとしているのか気になったから

(三) ②に 空車 とあるが、これはどのようなもののことをいっているのか。本文中からそのまま抜き出して、五字程度で書け。

(四) ③に いかなる車なりとも、あらそひがたくこそありけめ とあるが、筆者はどのような思いからこのようにいったと考えられるか。次の1～4から最も適当なものを一つ選んで、その番号を書け。

1 小松内府なら、どこでも好きな場所で見物できただろうという思い
2 小松内府なら、気づかれずに見物するのは難しいだろうという思い
3 小松内府なら、どのような人にも配慮を忘れないだろうという思い
4 小松内府なら、最も早く見物場所へ到着していただろうという思い

(五) 次の会話文は、④の 六条の御息所のふるき例 についての、先生と太郎さんの会話の一部である。会話文中の[　　]内にあてはまる最も適当な言葉を、あとの1～4から一つ選んで、その番号を書け。

先生――この六条の御息所のふるき例とは、「源氏物語」の「車争い」と呼ばれるできごとを指しています。
太郎――「源氏物語」というと、平安時代の物語ですね。車争いは聞いたことはあるけれど、詳しくは知りません。どんなお話ですか。
先生――「六条の御息所」と「葵の上」という、二人の女性が関係するお話です。賀茂祭を訪れた六条の御息所の一行と葵の上の一行は、車の場所をめぐって激しく争うことになり、最後には六条の御息所が、葵の上の従者たちにひどく恥をかかされます。この事件でプライドを傷つけられた六条の御息所は、生霊となり葵の上を呪い殺してしまうのです。
太郎――そういうお話だったのですね。六条の御息所のふるき例に触れ、「源氏物語」の車争いのできごとを読者に思い起こさせることで、[　　]がより際立つように感じます。
先生――その通りです。この言葉があることで、作品の内容がより深まりをみせています。

1 恥をかかされ人々に笑われないよう、人目につく場所からすぐに退散した小松内府の用心深さ
2 騒動を起こさないためにあらかじめ準備をし、人々が困らないようにした小松内府の思いやり
3 人々に迷惑をかけ恨みをかわないよう、自分の従者たちを厳しくいましめた小松内府の統率力
4 事の成り行きを正確に予想し、誰と争っても負けることのないよう準備した小松内府の競争心

(一)		(二)	

(三)						(四)	

(五)	

㈢　③に印の押し所　とあるが、鶴亭は印の押し所についてどのように言っているか。それを説明しようとした次の文の□内にあてはまる言葉を、五字程度で書け。

印の押し所というものは□ものではなく、完成した絵が待つ所に押すものである

㈣　本文中には、「　」で示した会話の部分以外に、もう一箇所会話の部分がある。その会話の言葉はどこからどこまでか。初めと終わりの三字をそれぞれ抜き出して書け。

㈤　本文中で述べられている内容として最も適当なものを、次の1〜4から一つ選んで、その番号を書け。

1　あらゆる物事に精通する人は、それぞれの場にふさわしい適切な基準を用いることで、状況により融通をきかせ自分の考えを変えられるものである

2　あらゆる物事に融通をきかせず従来の規則を尊重する人は、主観的な感情に流されることがないため、場を客観的に眺めることができるものである

3　あらゆる物事は昔の習慣から生み出されるので、たとえ場を理解していたとしても、融通をきかせずに先例にしたがうことでうまくいくものである

4　あらゆる物事はその時々の状況や事情によって変化していくので、場の様子を理解する人は、その場に応じて融通をきかせ対処していくものである

㈣	初め				終わり				㈤	

■令和2年度問題

二　次の文章は丹後（現在の京都府北部）の国司である藤原保昌が任国（国司として任命された国）へ向かう途中で起きた出来事について書かれたものである。なお、保昌は武人としても名高い人物であった。これを読んで、あとの㈠〜㈤の問いに答えなさい。

丹後守保昌、任国に下向の時、（注1）与謝の山にて、白髪の武士一騎①あひたりけり。木の下に少しうち入りて、笠をかたぶけて立ちたりけるを、国司の郎等（注2）いはく、「この老翁、なんぞ馬より下りざるや。とがめ下ろすべし」といふ。ここに国司のいはく、「一人当千の馬の立てやうなり。ただものにあらず。あるべからず」と②制止して、うち過ぐるあひだ、三町（注3）ばかりさがりて、大矢右衛門尉致経あひたり。国司に会釈のあひだ、致経いはく、「ここに老翁や一人、あひ奉りて候ひつらむ。あれは父平五大夫（注4）にて候ふ。堅固の田舎人にて、子細（注5）を知らず。さだめて（注6）無礼をあらはし候ふらむ」といひけり。致経過ぎてのち、国司、「③されぱこそ。致頼にてありけり」といひけり。保昌、かれが振舞を見知りて、さらに侮らず。郎等をいさめて、無為（注7）なりけり。④いみじき高名なり。

（注1）下向＝都から地方へ行くこと。　（注2）郎等＝家来。　（注3）三町ばかりさがりて＝三町ほど遅れて。町は距離の単位。一町は約一〇九メートル。
（注4）平五大夫＝致経の父である平致頼。武人として名高い。　（注5）子細＝詳しい事情。　（注6）さだめて＝きっと。　（注7）無為＝無事。

㈠　①のあひたり　は、現代かなづかいでは、どう書くか。ひらがなを用いて書きなおせ。

㈡　②に制止して　とあるが、保昌が家来を制止したのはなぜか。それを説明しようとした次の文の□内にあてはまる言葉を、本文中からそのまま抜き出して、五字以内で書け。

老翁の振る舞いを見て、□ではないと感じたため

㈠		㈡					

㈢　③にされぱこそ。致頼にてありけり　とあるが、これはどういう意味か。次の1〜4から最も適当なものを一つ選んで、その番号を書け。

1　やはりそうだった。あれは致頼だったのだ
2　なぜそう思うのか。致頼であるはずがない
3　そうだろう。致頼に似ていると思ったのだ
4　そうだったのか。致頼だとは思わなかった

㈢	

㈣　本文中には、「　」で示した会話の部分以外に、もう一箇所会話の部分がある。その会話の言葉はどこからどこまでか。初めと終わりの四字をそれぞれ抜き出して書け。

㈤　④にいみじき高名なり　とあるが、保昌は人々からどのようなところを評価されたと考えられるか。次の1〜4から最も適当なものを一つ選んで、その番号を書け。

1　老翁の態度に誰よりも腹立たしさを感じたが、表には出さずに家来たちの行き過ぎた行動をくい止め、その場をやり過ごしたところ

2　老翁の様子から勇猛な人物ではないかと気づき、決して見くびることなく適切に状況を判断し、何事もなくその場をおさめたところ

3　老翁の言動に家来たちの身の危険を感じ取り、彼らを守るためにあえて弱者を演じることにより、うまくその場を切り抜けたところ

4　老翁の雰囲気から手ごわい人物だと判断し、相手を見下したような家来の言動を厳しく罰して、何とかその場の危機を逃れたところ

㈣	初め					終わり					㈤	

■平成30年度問題

二 次の文章を読んで、あとの(一)〜(五)の問いに答えなさい。

(注1)九国ある国の主、(注2)東関に参られける時、①前舟には某氏をなん(注3)と若き家老の(注4)はかりて啓せしに、②主曰く、「某なる者先祖武功の名ありて、彼もまた武業に拙からざれば、舟の先に置くべき事もつともながら、いまだ船中にして人を左右する事は、馴れざるべし。(注5)いはんや風波の時船を指揮せん者、海上の事につとからば、時にとりて③あやふかるべし。④度々渡海して案内よく知れる者を選ぶべし」といへりしと、その国の人語りしこそ、(注6)げにもと覚え侍る。それ官を置き、人を待ちて、その職に居らしむるは、明君の国を治むる第一義なり。もし任ずる所を誤らば、馬をして(注7)閭を守らしむるに等しかるべし。

(注1) 九国＝九州。　(注2) 東関＝関東。　(注3) 某＝具体的な名をあげないで、その人を指し示す語。　(注4) はかりて啓せしに＝計画して申し上げたところ。　(注5) いはんや＝まして。　(注6) げにも＝なるほどその通りだ。　(注7) 閭＝村の入り口の門。

(一) ①に 前舟には某氏をなん とあるが、ここではどのようなことをいっているのか。次の1〜4から最も適当なものを一つ選んで、その番号を書け。

1 先頭の船に某氏を乗せることには、賛成いたしません　　2 先頭の船に乗る某氏に、いくら報酬を与えましょうか

3 先頭の船に乗る者として、某氏をおすすめいたします　　4 先頭の船に乗って、某氏とともに私も参上いたします

(二) ②に 主曰く とあるが、主が言った言葉は、どこまでか。終わりの五字を抜き出して書け。

(三) ③の あやふかる は、現代かなづかいでは、どう書くか。ひらがなを用いて書きなおせ。

(四) ④に 度々渡海して案内よく知れる者 とあるが、これはどのような者のことをいうのか。それを説明しようとした次の文の □ 内にあてはまる言葉を、本文中からそのまま抜き出して、四字で書け。

航海の経験が豊富で □ に詳しく、風波の強い時であっても船を指揮することができる者

(五) 本文の中で述べられている、明君に対する筆者の考えとして最も適当なものを、次の1〜4から一つ選んで、その番号を書け。

1 賢明な君主というものは、軍事力の強化を第一に考え、主要な官職には武芸に優れた勇猛な人材を配置するものである

2 賢明な君主ならば、将来役に立つと思われる官職を積極的に設置し、意欲のある若手人材の指導に尽力するものである

3 賢明な君主というものは、官職の特性をよく理解し、その官職に必要な能力を備えた人材を適切に任用するものである

4 賢明な君主ならば、あらゆる官職に、深い見識を備えながら学問や武術にも熟達した万能な人材を起用するものである

(一)		(二)						(三)		(四)					(五)	

■平成31年度問題

二 次の文章を読んで、あとの(一)〜(五)の問いに答えなさい。

長崎の(注1)鶴亭隠士は少年より画を(注2)たしみ、墨画の花鳥などことによく得られたるよし。元より人目驚かさんとにもあらず、みづから①心のうつり行くにまかせ、②あはれにやさしくうつせり。ある時友人来りて(注3)物語のついでに(注4)③印の押し所を問ひしに、答へていふ。「印はその押し所定まれるものにあらず。その絵が出来終はれば、ここに押してくれよと絵の方から待つものなり」といへり。ある人これを聞きて、よろづの道是におなじ、たとへば座敷座敷もその客の居やうによりて上中下の居り所が出来、また人のあいさつもその時時のもやうにあり。臨機応変とも、時のよろしきにしたがふともいへるごとく、一定の相はなきもの。しかしその時のもやうの見わからぬ人にはこの段さとしがたし。よくわかる人はよくその場をしるなれば、(注5)琴柱にかはせずといへり。

(注1) 鶴亭隠士＝江戸時代の画家。　(注2) たしみ＝好んで心をうちこみ。　(注3) 物語のついでに＝話をした機会に。　(注4) 印＝書・絵画などに押して作品が自分の作であることを表すための判。　(注5) 琴柱にかはせず＝琴の胴の上に立てて弦を支える琴柱は、音を調整するためににかわで固定しないことから、ここでは融通がきくことのたとえ。

(一) ①に 心のうつり行くにまかせ とあるが、これはどういう意味か。次の1〜4から最も適当なものを一つ選んで、その番号を書け。

1 心が変化していくことにそのままにしたがって　　2 心がひかれた場所に気のむくまま行ってみて

3 心の中に残ったものを忘れないよう記録して　　4 心の動きや迷いを悟られないよう包み隠して

(一)	

(二) ②の あはれに は、現代かなづかいでは、どう書くか。ひらがなを用いて書きなおせ。

(二)	

(一) ①に 破損いたし候ふにつき とあるが、破損した城門の屋根について、山田利安はどうするべきであると考えているか。それを説明しようとした次の文の［　　］内にあてはまる言葉を、本文中からそのまま抜き出して、五字以内で書け。

破損した城門の屋根の修復に際しては、今まで通りでなく［　　］につくり替えるべきである

(二) ②の おはせける は、現代かなづかいでは、どう書くか。ひらがなを用いて書きなおせ。

(三) ③に 心ある者 とあるが、ここではどのような人物のことをいっているのか。次の1～4から最も適当なものを一つ選んで、その番号を書け。

1 幅広い教養を持っており、しきたりに精通する人物　　2 過失を見逃さずに、きちんと改善しようとする人物
3 大きな志を抱いて、民の知恵を学ぼうと考える人物　　4 高い見識を備え、国の情況を正しく把握できる人物

(四) 本文中には、「　　」で示した会話の部分以外に、もう一箇所会話の部分がある。その会話の言葉はどこからどこまでか。初めと終わりの三字をそれぞれ抜き出して書け。

(五) 本文中で述べられている竜伯の考えとして最も適当なものを、次の1～4から一つ選んで、その番号を書け。

1 家臣の忠告に耳を傾けて、城門のつくりのような細かなことにも苦労を惜しまないで万全を期すべきである
2 自分の国が他の国からどう見られているかに注意を払い、隙を見せないように気をつけて対処すべきである
3 見かけのよさにとらわれることなく、治世のよしあしが表れる民の暮らしぶりを大切にしていくべきである
4 たとえ民に負担をかけたとしても、人々の心のより所としての城の威厳を保つ努力を続けていくべきである

(一)					
(二)					
(三)		(四) 初め		終わり	
(五)					

■平成29年度問題

二 次の文章を読んで、あとの(一)～(五)の問いに答えなさい。

長常(ながつね)といふ彫り物師は、類ひなき上手なり。円山応挙(まるやまおうきょ)も画の上手なりしが、阿波守(あはのかみ)といふ人、長常に「小柄(こづか)(注1)を彫りてよ。応挙の下絵をかかせん」とあつらへければ(注2)、長常うべなひたり(注3)。よりて阿波守、応挙にしかじかといひければ、すみやかに下絵をかきておくりしかば、①阿波守、長常の方に持ち至りて、下絵を与へければ、長常、②「この下絵にては え彫らじ」といひたり。「いかなれば」と阿波守問ひつれば、「これはわれに彫らさんと告げて、応挙に下絵をかかせ③たまひし と見えて、応挙は画の上手なれば、わが彫るたがねぐせ(注4)をそのままかきたり。常に悪しきたがねぐせなれば、直さんとのみ思ふ。そのくせを彫らんとするはいと難(かた)きことなり」と④いひければ、阿波守ものの上手どもの妙なるを感じて、⑤小柄を彫らすをやめたり。

(注1) 小柄＝日本刀に添える小刀の飾り。　(注2) あつらへければ＝頼んだところ。
(注3) うべなひたり＝引き受けた。　(注4) たがねぐせ＝彫り物をする際に出るくせ。

(一) ①に 阿波守、長常の方に持ち至りて とあるが、阿波守は長常のところに何を持ってきたのか。本文中からそのまま抜き出して、五字で書け。

(二) ②に この下絵にては え彫らじ とあるが、長常はなぜこの下絵では彫ることはできないと言ったのか。次の1～4から最も適当なものを一つ選んで、その番号を書け。

1 名人の下絵をもとに彫り物をすると、張り合おうとする気持ちが生じて普段は現れない自分の悪いくせが出てきてしまうから
2 くせのある下絵をもとに彫り物をすることは、その下絵の影響を強く受けてしまい自分らしさを失うことになってしまうから
3 自分の悪いくせを捉えた下絵をもとに彫り物をすることは、直そうと思っているくせをわざわざ彫ることになってしまうから
4 細部まで巧みにかかれた下絵をもとに彫り物をすると、自分の悪いくせがより強く出て下絵の良さを台無しにしてしまうから

(三) ③の たまひし は、現代かなづかいでは、どう書くか。ひらがなを用いて書きなおせ。

(四) ④に いひければ とあるが、これが示す会話の言葉はどこからどこまでか。初めと終わりの三字をそれぞれ抜き出して書け。

(五) ⑤に 小柄を彫らすをやめたり とあるが、阿波守はどのような思いからこのようにしたと考えられるか。次の1～4から最も適当なものを一つ選んで、その番号を書け。

1 長常と応挙の、作品づくりにおいては誰の意見にも左右されまいという態度に触れて、二人の誇りを尊重するべきだという思い
2 長常と応挙には、名人同士であるが故に互いに気づくものもあるのだと感心して、これ以上立ち入ることはできないという思い
3 長常と応挙の、技術の向上のためには他のすべてを捨て去るのだという覚悟を知って、容易には仕事を依頼できないという思い
4 長常と応挙には、互いに短所を指摘し技を高め合うようなつながりがあると感じ、名人にしかわからない境地があるという思い

(一)						(二)		(三)		(四) 初め				終わり				(五)	

■平成27年度問題

二 次の文章は、将棋の名人にまつわる話について書かれたものである。なお、将棋とは、二人が将棋盤を挟んで向かい合い、盤面に置かれた駒を交互に指す（動かす）ことで攻め合う遊戯である。これを読んで、あとの(一)～(五)の問いに答えなさい。

近世、将棋といふものに、その名高き宗桂と①いへる人、常にまだいと未錬(注1)なる若輩を敵にして、終日終夜、明くるも知らず指されけるに、その弟子ども思ふやう、さばかりの者を敵にては、われらだに飽き疲れて、一日といへども え指さざるを、吾が大人(注2)は日々にかの悪者ども(注3)と指し給ひて、飽き給へる色も見えぬはいかなる心にかとて、ある時②そのよしを問ひけるに宗桂答へていはく、しか思ふは却りて汝等がまだしき心(注4)なり。なまじひに手を知りたる者(注5)は、③いつもさだまれる手の外は指さざるを、かのまだしき悪者は、おのが随意に指すめるより(注6)、その悪き手の中に、まれまれめづらしき指しざまのまじれる事あり。それを得て楽しぶなりといへり。

（注1）未錬なる＝技量の未熟な。　（注2）大人＝先生。　（注3）悪者ども＝技量の未熟な者たち。　（注4）汝等がまだしき心＝おまえたちの不十分な心。
（注5）なまじひに手を知りたる者＝中途半端に将棋の指し方（戦術）を知っている者。　（注6）おのが随意に指すめるより＝自分の思いに任せて指しているようなので。

(一) ①に いへる は、現代かなづかいでは、どう書くか。ひらがなを用いて書きなおせ。

(二) ②の そのよしを問ひけるに とあるが、弟子たちは、どのようなことに疑問を持ち、その理由を尋ねたのか。それを説明しようとした次の文の□内にあてはまる言葉を、五字以内で書け。

宗桂が、毎日、夜の明けるのも気がつかずに、技量の未熟な者たちと将棋を指しても、□様子も感じられないこと

(三) ③に いつもさだまれる手の外は指さざる とあるが、これはどういう指し方をすることか。次の1～4から最も適当なものを一つ選んで、その番号を書け。

1　普段よりも優れた指し方をすること　　2　常に一風変わった指し方をすること
3　普段と全く違った指し方をすること　　4　常に型に基づいた指し方をすること

(四) 本文中には、宗桂の言った言葉があるが、それはどこからどこまでか。初めと終わりの三字をそれぞれ抜き出して書け。

(五) 本文の中で述べられている宗桂の考えとして最も適当なものを、次の1～4から一つ選んで、その番号を書け。

1　将棋において相手は関係なく、対局経験を積めば積むほど強くなるので、自ら率先して対戦を申し込むべきである
2　将棋において技量の未熟な者との対戦では、たまに今まで見たことのない指し方に出会うので、新しい発見がある
3　将棋において勝ちたいと思えば、上手な人の指し方をまねながら、最終的には独自の指し方を見つけるべきである
4　将棋において上手な者と対戦すると、自分も自然と正しい指し方になるため、未熟な者にとって大いに勉強になる

(一)	

(二)					

(三)	

(四)	初め				終わり			

(五)	

■平成28年度問題

二 次の文章を読んで、あとの(一)～(五)の問いに答えなさい。

薩州国分(注1)の城御門かやぶき(注2)にてこれあり候ふところ、①破損いたし候ふにつき、山田利安(注3)、竜伯様(注4)へ申し上げられ候ふは、この節修復のついでに、小板ぶきに仕り申すべく候ふ。他国より使者など参り申し候ふに、かやぶきにてはあまりいかがに候ふと申されければ、竜伯様②おほせけるは、「使者をつかはし候はば、③必ず心ある者をつかはすべく候ふ。尤も当国の地を数里通り参るべく候ふ。しからば城門はかやぶきなれども、国民の風俗を見候へば富み栄えたり、仁政定めてあつくこれあるべくと、肝要のところに気をつけ申すべし。小板ぶき結構にいたし候ふとも、民百姓疲れば、国主の仕置き(注5)よろしからずと見申すべき間(注6)、肝要のところに気をつけ申すべく、いらざることに気をつけ申すまじく候ふ(注7)」となり。

（注1）薩州国分＝薩摩国の国分地域。鹿児島県霧島市の地名。　（注2）かやぶき＝すすきなどの草を積み重ねてつくった屋根。　（注3）山田利安＝島津家の家臣。
（注4）竜伯＝島津義久。薩摩国の大名。　（注5）仕置き＝統治。　（注6）見申すべき間＝見申し上げるだろうから。
（注7）気をつけ申すまじく候ふ＝気を配るべきではありません

古文

■平成26年度問題

二　次の文章を読んで、あとの(一)〜(五)の問いに答えなさい。

高橋作左衛門、天学(注1)に長ぜしかば登用せられしなり。庭に大なる柿の樹あり。秋ごとにその実を売りて若干のこがねを得しとぞ。然るにその辺の若者ども、夜にまぎれて盗むこと数しらず。よりてその守りに、主寝も安からで(注2)、①夜もすがら見めぐりなどす。ある時帰りて見れば、さばかりの大木を根ぎはより伐り倒してあり。「こはいかなることぞ」と驚き慌てければ、妻の②いふやう、「わらはが伐らせぬるなり」と。「③何故にさはせしぞ」と咎めければ、ぬしは天学にて必ず、家をおこさせ給ふべききざし見えはべり。されば夜ごとに屋根にのぼり、霄漢(注3)をうかがひ深更(注4)に至り、その上にこの樹の為に精神をつひやし給ふは便なき事なり。この木あらずば、本業専一にてよかるべしと思ひはべるによりて、かくはからひしといひけるとぞ。

（注1）天学＝天文学。　（注2）寝も安からで＝安心して眠ることもできないで。

（注3）霄漢＝天空。　（注4）深更＝深夜。

(一)　①に夜もすがら見めぐりなどすとあるが、作左衛門が一晩中、見回りをしたのはなぜか。その理由を説明しようとした次の文の□内にあてはまる言葉を、十字以内で書け。

夜の間に□ようにするため

(二)　②のいふやうは、現代かなづかいでは、どう書くか。ひらがなを用いて書きなおせ。

(三)　③に何故にさはせしぞとあるが、作左衛門は妻のどのような行いに対してこのように言ったのか。次の1〜4から最も適当なものを一つ選んで、その番号を書け。

1　作左衛門の留守中に柿の樹を伐って売ろうとしていたこと
2　柿の樹を伐らせたことを作左衛門に隠そうとしていたこと
3　作左衛門の知らぬ間に柿の樹を伐り倒させてしまったこと
4　柿の樹を作左衛門に言われた通りに伐り倒さなかったこと

(一)											(二)		(三)	

(四)　本文中には、「　」で示した会話の部分以外に、もう一箇所会話の部分がある。その会話の言葉はどこからどこまでか。初めと終わりの三字をそれぞれ抜き出して書け。

(五)　本文の中で述べられている、作左衛門に対する妻の思いとして最も適当なものを、次の1〜4から一つ選んで、その番号を書け。

1　作左衛門の心には、天文学に対する迷いのきざしが見られるため、他の余計な考えを除くことで再び本業への情熱を取り戻してほしい
2　作左衛門の心には、天文学に打ち込もうとする決意のきざしが感じられるので、家の実情を気遣うことなく本業だけに集中してほしい
3　作左衛門には天文学の才能があると察せられるため、家の主として行う日常的な雑事だけではなく、本業にも真剣に取り組んでほしい
4　作左衛門には天文学の才能があり、いずれ家の名をあげると思われるので、他の余計なことに惑わされず本業だけに打ち込んでほしい

(四)	初め				終わり				(五)	

(一) a〜dの══のついている漢字のよみがなを書け。

(一)	a 校庭	b 漂わせて	c 丁寧	d 刻まれて

(二) ①に 俺は言葉を失いかけた とあるが、徹が言葉を失いかけたのは、これまで川木をどのようなものと感じていた徹が、川木の発言のどのような点を意外に感じたからか。「川木に『勝ったときは徹のおかげだ』と言われ、これまで川木を」という書き出しに続けて、三十五字以内で書け。

(二) 川木に「勝ったときは徹のおかげだ」と言われ、これまで川木を〔　　　〕ような点を意外に感じたから

(三) ②に 追い越し走とか俺すげえキツくってさ とあるが、川木は追い越し走についての話をする中で、徹にどのようなことを伝えようとしていると考えられるか。次の1〜4から最も適当なものを一つ選んで、その番号を書け。

1 徹に印象的な出来事を思い出してもらうことで、日本で最後に出る試合でも、二人で一緒に勝負に挑みたいと伝えようとしている

2 川木を過大評価していた徹に、川木も様々な悩みを抱えながら練習に取り組む、ごく普通の選手であることを伝えようとしている

3 川木の言葉にいまだ納得しきれない徹に対し、具体的な出来事を通して、川木には真似のできない徹の良さを伝えようとしている

4 徹の卑屈な態度を指摘することを通して、徹が逃げずに川木を乗り越えていくことが、徹の成長につながると伝えようとしている

(三)〔　〕

(四) 本文中の〔　〕内にあてはまる表現として最も適当なものを、次の1〜4から一つ選んで、その番号を書け。

1 笑いが止まらなくなって　　2 和やかな気持ちになって

3 寂しさがこみ上げて　　4 居心地が悪くなって

(四)〔　〕

(五) ③に そしてダブルスにおいて選手の精神は、二つで一つだ とあるが、徹がこのことを意識したきっかけは、徹がどのようなことを知ったことだと考えられるか。その内容を **信念** という語を用いて、四十字程度で書け。

(五)〔　　　〕を知ったこと

(六) ④に 俺の背中ちゃんと見ててくれよ とあるが、このように言ったときの川木の気持ちはどのようなものだと考えられるか。次の1〜4から最も適当なものを一つ選んで、その番号を書け。

1 川木は、負けても平常心を失わない徹に憧れていたため、日本で暮らす徹と遠く離れることになっても、自分を忘れてほしくないと思っている

2 川木は、地道な練習を欠かさない徹を温かく見守っており、新たな道へ踏み出す自分を誇らしく感じながらも、徹との別れを寂しく思っている

3 川木は、妥協せず努力を続ける徹の姿に励まされてきたため、これからも徹の存在を感じることで、前向きな自分であり続けたいと思っている

4 川木は、いつも冷静な態度で試合に臨む徹を目標にしており、一時の感情のすれ違いで、尊敬し合える徹との関係を壊したくないと思っている

(六)〔　〕

(七) 本文中には、徹に自分の思いを伝えようとして空回りしている川木の様子を、徹が比喩的に捉えたことが表されている一文がある。その一文として最も適当なものを見つけて、初めの三字を抜き出して書け。

(八) 本文中の徹について述べたものとして最も適当なものはどれか。本文全体の内容をふまえて、次の1〜4から一つ選んで、その番号を書け。

1 川木の才能に引け目を感じていたが、川木の言葉に向き合ってその思いを知ったことで、新たな視点で川木との関係を捉え始めている

2 川木をうらやましく思うばかりで視野を狭くしていたが、川木が悩みを打ち明けたことで、川木に対して仲間意識が生まれ始めている

3 川木の留学にあせりと失望を感じていたが、出会ってからの思い出を語り合ったことで、共に目標に向け努力する決意が芽生えている

4 川木を説得することを半ばあきらめかけていたが、人知れず努力する川木の姿に気づいたことで、憧れの思いがわき上がってきている

(七)〔　　　〕　(八)〔　〕

言いながら川木は、俺が避けたボールを拾いにいった。一人で「取ってこい」をやっている犬みたいだ。

「それでも川木は、インハイ（全国高等学校総合体育大会）に出てる。それだけの力がある。海外にだって呼ばれてる。それだけ認められてるってことだろ。誰でもいいわけじゃない。それは、川木じゃなきゃダメってことだろ」

俺は淡々と事実を述べる。川木がもう一度ボールを投げる。俺は避ける。

「この世界には、調子崩さないし、調子崩しても自力で戻せるし、朝練は毎日出るし、ラリー長くなっても根気強くチャンス待つし、決め所はきちんとエース決めるようなやつが、いるんだよ」

川木が言いながら、またボールを拾いにいった。なにをしているんだ、こいつは。

「そんな化け物みたいなやつ、いねえよ」

俺が言うと、川木は笑った。

「おまえのことだよ、徹」

ぽーん、とボールが放られて、無意識に手を伸ばしていたようだった。ぽすっと手の中に収まったボールを見て、川木を見た。

「……は？」

「だから、徹のことだって」

もう一度言って、川木は空を見上げた。

ついこないだまで桜の花びらが舞っていたはずの空は、一層青さを増して、初夏の気配を漂[b]わせている。風が吹いて、鼻孔をくすぐる。薬を飲んだはずの鼻がむずがゆい。

くしゃみを一つした。川木が笑った。

「一年の頃からずっと、すげーなあって思ってた。入部した最初の頃ってさ、一年は全然打たせてもらえなくて外周とかめっちゃ走らされるじゃん。②追い越し走とか俺すげえキツくってさ」

追い越し走というのは、部員が一列になって一定の速度で走りながら、一番後ろの人が列の一番先頭まで走って先頭者になる、というのを延々繰り返すランニングだ。ただ走り続けるのと比べて加減速を繰り返すので負担が大きく、体力のないやつはそのうち追い越せなくなって列から脱落していく。

「翼がスタミナ馬鹿だろ。あいつが先頭になるとなんかペース上がって追い越すのほんとしんどいんだよ。絶対嫌がらせしてんだぜ」

確かに山本は強かった。追い越し走で脱落したことがないのは山本と、それから、

「でも徹だけは、いつも山本に食らいついていってたからな」

……そう。最後にはいつも、俺と山本が二人で追い越し走するという地獄絵図になっていたっけ。

「最初はなんか弱っちそうだなと思ってた。でも徹は朝練は絶対毎日最初に出てるし、練習中もすげえ真面目だし、冷静だし、どんどん上手（じょうず）くなるし、プレーは丁寧（ていねい）[c]でミスもないし、決め所は絶対ミスんねえし」

俺はだんだん［　　］きて、遮ろうと思った。でもそのとき、川木が言ったのだ。

「なにより徹は、下を見ないから」

――下を見るな。

コーチに言われた言葉。自分の中に刻[d]まれている信念。

誰にも気づかれていないと思っていた。ましてや自分のことなんか、まるで眼中にないだろうと思っていた川木なんかに。

ずっと見ていたのだろうか。

俺が川木の背中を見続けたように。

その背中は振り返らないと思っていた。

俺のことなんか見ていないのだと思っていた。

同じ場所にはいないのだと思っていた。

――でも。

「おまえが前見てるから、俺も下見ないようにしようって思うんだぜ。おまえが背中見てるって思うと、なんか背筋が伸びるんだ。だからダブルスの方が安定してるんだよ。おまえが同じコートにいるだけで、すげえ助けられてるんだ」

「そんな精神論……」

苦し紛れの反論は、自分でも無意味だとわかっていた。なぜなら、

「テニスはメンタルスポーツだからな」

川木はにやっと笑う。

③そうだ。

そしてダブルスにおいて選手の精神は、二つで一つだ。

当たり前のようで、わかっていなかったこと。

「ダブルスパートナー、誰だってよかったわけじゃねえよ」

ぽそりと、川木はそう言って、遠くを見る目になった。

「なあ徹、おまえはずっと前見ててくれよ。俺がアメリカ行っても、どこにいても、④俺の背中ちゃんと見ててくれよ」

その目に何が映っているのか、その日、俺はようやく少しだけわかったような気がする。

（天沢夏月の文章による。一部省略等がある。）

(五) ④に 鶴田さんは、しくしくと泣きだした とあるが、なぜ鶴田さんは泣きだしたと考えられるか。次の1～4から最も適当なものを一つ選んで、その番号を書け。

1 クラス全体がやっとまとまってきた中で、より団結力を強めていけるよう頑張っていたのに、それを批判された上に誰も助けてくれなかったから

2 クラス全体が歌の練習に無気力な中で、行事を成功させようとひとりで奮闘していたのに、反発されやりこめられてしまったのが悔しかったから

3 クラス全体が思うようにまとまらない中で、金賞をとることに価値を見いだして何とか頑張ってきたのに、その努力さえも冷たく否定されたから

4 クラス全体が練習に熱心とはいえない中で、みんなで歌いたいという思いから一生懸命に声をかけていたのに、心ない言葉を言われ傷ついたから

(五) [解答欄]

(六) ⑤に 口が言う代わりに、両手を動かして弾きはじめた とあるが、このときのオレはどのような思いでピアノを弾きはじめたと考えられるか。その思いを クラス という語を用いて、六十字以内で書け。

(六) [解答欄] 思い

(七) 本文中には、音楽室の中に、オレの弾くピアノ伴奏の音だけが鳴り続けている様子が表されている一文がある。その一文として最も適当なものを見つけて、初めの五字を抜き出して書け。

(八) 本文中のオレの気持ちを述べたものとして最も適当なものはどれか。本文全体の内容をふまえて、次の1～4から一つ選んで、その番号を書け。

1 伴奏者への立候補を通して気持ちを明確に伝えることの大切さが認識され、困ったときでも必ず助けてくれる友人のありがたさを実感している

2 伴奏者になり意気込む中でクラスの思いを一つにする困難さを実感したが、状況に合わせて演奏するやりがいを感じ意欲がさらに高まっている

3 教室の重い空気を変えることができた自分に自信が生まれ、クラスが思うようにまとまらなくても最後には必ず成功するだろうと確信している

4 先生やクラスメートに応援されていることが誇らしく、伴奏者の立場から合唱を成功させるための方法を何とか見つけようと必死になっている

(七) [解答欄] (八) [解答欄]

■令和4年度問題

一 次の文章は、高校のテニス部に所属する俺（徹(てつ)）が、ダブルスでペアを組んでいる川木がスカウトされてアメリカに留学すると知り、部長の山本翼と同様に割り切れなさを抱いていたところ、ある日、川木と言い合いになり、「勝てば川木のおかげだと思うし、負けたら俺のせいだと思う」という日頃の思いを告げ、ペアを解消したいと伝えた場面に続くものである。これを読んで、あとの(一)～(八)の問いに答えなさい。

テニスコートは校舎を挟んで校庭(a)の反対側にあるので、昼休みにこっちの方にくる人は少なくて、なんだか別世界のように感じる。コートの上に、俺と川木だけ。だけど、俺は一人だ。ここには俺しかいない。川木は別次元の存在だ。同じコートの上に立っていても、川木は俺と同じ土俵でテニスをしていたことなんて、一度だってないのだ。

でも、どうせあと数ヶ月(すうかげつ)待てば川木はいなくなる。今揉(も)める必要なんてなかったのに、言ってしまった自分にちくちくと後悔が込み上げてきたとき、

「嫌だ」

川木の声は小さかったが、やけに大きくコートに響いて、俺は顔を上げた。

川木の真顔がそこにあった。

テニスをしているときだけに見せる、ぎらぎらとした夏の日差しのようなまなざし。

「話聞いてたのか？」

「聞いてたけど納得はしてねえ」

「納得なんか求めてねえよ。どうせ川木にはわからない」

「俺は勝ったとき徹のおかげだと思うし、負けたら自分のせいだと思ってる」

①俺は言葉を失いかけた。

かろうじて言い返した。

「真似(まね)すんな」

「マジなんだな、これが」

いつぞや聞いた口調で川木は笑う。なぜ笑うのだろう。俺は今度こそ言葉を失う。

「なあ徹。俺はおまえが思ってくれてるほどすげえ選手じゃねえよ」

コートの隅っこに落ちているボールを見つけて、川木が小走りに拾いにいく。拾ったボールをくるくると手の中で転がしてから俺に向かって投げる。俺がひょ(よ)いと避けると「避けんなよッ」と怒鳴る。

「すぐ調子崩すし、調子崩れたら戻らねーし、朝練は気分乗らなきゃ出ねーし、ラリー長くなるとついつい一発エース（相手にボールを打ち返すチャンスを与えず得点すること）に頼っちまうし、でもミスるし」

オレも、ピアノのイスにすわったまま、どうしようかとおろおろした。
鶴田さんはみんなで歌いたい。菅山くんは、歌いたくない。でも、これはきっと、ふたりだけの問題じゃない。音楽室の中で、クラスのひとりずつのちがった気持ちが、ごちゃ混ぜになっている。
だったら、同じ歌を歌えばいいじゃないか。オレは思った。歌いたくても歌いたくなくても、今ここで同じ音を聞いたらどうだろう。だったら、弾いてみよう。
オレは、ぐっと勇気を出した。⑤口が言う代わりに、両手を動かして弾きはじめた。
初めの二十秒間は、前奏だ。それに続いて、歌がはじまる。
だけど、突然、c響きはじめたピアノといっしょに歌いだす子はいなかった。みんな、ぎょっとして、身を固くしているようだ。それでも、オレは、弾くのを止めなかった。オレは、ピアノを弾くって決めたんだ。それには、みんなに歌ってもらわなくちゃ、なんにも始まらない。そのために、家で毎日、たくさん練習をしているんだ。
三十秒、四十秒……。オレの指から、ピアノのカラオケが流れていく。
オレと同じく、勇気を出してだれかが歌いだしてくれれば……。期待しながら弾いたのに、楽譜の最後まで来てしまった。だったらもう一度。こんなにいい曲なんだ。声が聞こえるまで、弾けばいい。オレは、夢中でくり返した。
曲の真ん中あたりまできた時、山川さんが、鶴田さんの手を引っぱって、ピアノの横まで来て、歌いだした。
山川さんの声が、ピアノに乗ったと思ったら、つぎにひとり、男子の声が重なってきた。それから、だんだんと声は増えて、ちらっと見ると、鶴田さんも歌っていたので、ほっとしながら、一番を弾きおえた時。
ガラッと音楽室のドアがあいて、久保先生が顔を出した。
「お、いい調子。みんながんばってるな」
ちょうどすぐ近くにいた菅山くんを、ニコニコしながらd激励した。
「期待してるからな。金賞はどうでも、歌は楽しめ」
まさか。先生は、今の様子を見ていた？
オレたちが、おたがいに、まごつきながらもぞもぞする中で、
「あ、ああ、はい」
菅山くんは、答えにつまっていた。
オレは、菅山くんが帰らなくてよかったと思った。こうして、みんなで歌いはじめられたんだ。これなら、だいじょうぶかもしれない。
それからの練習で、だんだん声もそろってきた。人の声は、いつも同じじゃない。「生もの」だ。弾きながら聞いているうちにわかってきた。だから、その時の歌の調子に合わせて、オレは、ピアノのテンポや強さを加減できるように努力した。
家での練習も、ラストスパートだ。

（横田明子の文章による。一部省略等がある。）

(一)　a〜dの‖のついている漢字のよみがなを書け。

(一)	a	b	c	d
	推　薦	楽　譜	響　き	激　励

(二)　①に下を見て、えっ？ってなったとあるが、このときのオレの気持ちはどのようなものだと考えられるか。次の1〜4から最も適当なものを一つ選んで、その番号を書け。

1　クラス内の重苦しい雰囲気にある程度理解を示しつつも、なぜかいら立ちを覚え、知らず知らずのうちにとっていた自分の行動に驚き戸惑う気持ち
2　クラス内が一つにならない状況を理解しているものの、クラスの重い空気にそぐわない音をたてて貧乏ゆすりをしている自分を面白く思う気持ち
3　クラス内のしらけた空気に不満を持ちつつも仕方のないことだと納得していたつもりだったのに、思いのほかいら立っている自分にあせる気持ち
4　クラス内で遠慮しあう状況に納得ができずいら立つだけでなく、何もできないままにただ貧乏ゆすりを繰り返す自分をも腹立たしいと思う気持ち

(二)	

(三)　②にとたん、オレは急に不安におそわれたとあるが、なぜオレはこのような気持ちになったのか。それを説明しようとした次の文のア、イの□内にあてはまる最も適当な言葉を、本文中からそのまま抜き出して、アは十五字以内、イは十字以内でそれぞれ書け。

無意識の指の動きが、［ア］だと気づき、自分のピアノへの思いが自覚されて伴奏者に立候補したが、［イ］しているように見られるのではないかと心配になったから

(四)　③のないは、次の1〜4のうちの、どのないと同じ使われ方をしているか。同じ使われ方をしているものを一つ選んで、その番号を書け。

1　二人がしていることに違いはない
2　この重い荷物は簡単には運べない
3　散らかっている部屋は美しくない
4　今あきらめるなんてもったいない

(三)	ア															
	イ											(四)				

■令和3年度問題

一 次の文章は、幼い頃から習っているピアノを続けるかどうかで悩んでいる小学六年生のオレ（沢くん）と担任の久保(くぼ)先生やクラスメートの菅山(すがやま)くん、山川さんたちが、学級委員の鶴田さんの司会のもとで、合唱コンクールのクラスのピアノ伴奏者を決めようとしているものの、なかなか決まらない場面に続くものである。これを読んで、あとの(一)～(八)の問いに答えなさい。

「六年最後の行事だぞ。だれか、ピアノで盛りあげてくれよ」

久保先生が、明るく見まわしたが、教室は、静かなまんまだ。

オレは、自分の席からこっそり首を回して、何人かをちらちら見た。

どの子も、下やそっぽを向いて、自分から手をあげる感じじゃなさそうだ。

ピアノ伴奏は、責任があるし、失敗したら、みんなになにを言われるかわからない。それに、ひとりだけ目立つのもいやだ、ってこともある。かといって、だれかを推薦(a)して、あとでうらまれるのもごめんだ。それもわかる。

けれど、クラスにただようどんよりとした空気を吸ったり吐いたりしているうちに、なんだか無性にイライラしてきた。机がカタカタ音をたてるので、①下を見て、えっ？ってなった。無意識にオレ、貧乏ゆすりをしていた。おまけにひざの上で、両手の指をツンツンとはじいている。いつのまにか、ひどくおちつかなくなっていたんだ。

『今日の議題　ピアノ伴奏者決め』

鶴田さんが書いた白い文字が、正面の黒板に宙ぶらりんで浮かんでいる。

それをながめながら、オレは考えた。イライラするのは、本当に、このじとっとした雰囲気のせいなんだろうか。

ますます強くなる貧乏ゆすりのひざの上で、ツンツンする指も止まらない。オレは、はっとした。この動きは、ピアノを弾いている指と同じじゃないか。

だれかが言いだせばいいことなのに。さっきからそう思っていた。そのだれかって、もしかして……。じつは、このオレだ。オレがピアノを弾きたいって思っているんだ。

オレは、おなかにぐっと力を入れた。

「やってもいいよっ」

みんなの視線がいっせいに集まった。

②とたん、オレは急に不安におそわれた。ひとりで空まわりしてるやつだ、って思われたらどうしよう。

でも、鶴田さんは、ほっとしたようだ。

「わあ、よかった。沢くん、ピアノ習ってるものね。ありがとう！」

「上手(うま)くできるかわかんないけど。オレ、歌うと音程はずしそうなんで」

てれくさくなったので、冗談を言ったら本気にされた。

なんかいい感じに教室の空気がほぐれて、『帰りの会』は終わった。

そのあとオレは、伴奏用の楽譜(b)をもらいに、職員室へ行った。

「沢、引き受けてくれてありがとな。あとは任せた！」

肩をバシッとたたかれた。

「任せた」なんて言われると責任重大だけど、初めて、自分で決めた目標だ。この伴奏を納得がいくように弾く。

「わかりました。任せてください！」

大口をたたいてしまった。そのままの勢いで、さっそく感じをつかんでみようと思い、音楽室に行った。

それから二週間。六年生の各クラスが、放課後順番に音楽室に集まって、歌の練習をした。塾やおけいこがある子は、家で歌うのが宿題になった。練習に出ても、ふざけてばかりでまともに歌おうとしないやつもいた。

二回目の練習の時も、学級委員の鶴田さんが、必死にまとめようとしていた。

「みんなで金賞目指そうよ」

ところが、ひとりが、鶴田さんにいじわるな質問をした。いつもテストで、鶴田さんと一、二番を競っている菅山くんだ。

「金賞とって、どうなるんだよ。賞状をもらうだけじゃん。あほらし」

「みんなで歌って金賞とれれば、うれしいでしょ」

鶴田さんは真面目に答えたのに、ふふんと鼻で笑われた。

「鶴田は一番が好きなんだよな。③つきあってられないよ。勝手にやれば」

「そんなこと言わないで。歌おうよ。ね。六年最後の行事なんだし。お願いっ」

「お願いってなに？　鶴田のために歌え、ってこと？」

わざとやりこめているようだ。

「そんなこと言ってない。あたしはみんなで歌おうと思っただけで……」

「だから、歌いたくないって言ってるだろ。ひとりで仕切るなよっ」

菅山くんは、一度言いだしたら引っこまずに、言い負かしてくるタイプだ。それがわかっているので、だれも取りなそうとはしない。そっぽを向いたきりだ。

④鶴田さんは、しくしくと泣きだした。横で友だちの山川さんが、こっそり「だいじょうぶ？」と顔をのぞきこんだまま、いっしょにうつむいてしまった。

菅山くんは、しらっと言った。

「みんな帰ろうよ。ぼく、塾の宿題があるんだ。練習は、はい、おしまい」

みんなが、ざわめきだした。あちこちで顔を見合わせている。

るのはわかるな？」
翔太はうなずいた。
「けれど仕事ってのはそうじゃない。荒地を耕して新しい田んぼを作るための準備をすることだ。これはすぐには金にならない。つまり目先ではなく、先を見据えて働いている。これが仕事だ」
「ふーん」と翔太は話をまとめる。「じゃあ今すぐじゃなくても将来金になるために働くことが仕事なのか？」
「……いや、それだけじゃないな」
喜一が一旦言葉を切った。自分で言っておいて、しっくりいかない様子だ。そして、こう言い換えた。
「金にならないかもしれない。なんの意味もないかもしれない。ただ、いつか巡り巡って自分や他の人間に返ってくる。そう信じて働くこと――それが、⑤本当の意味での仕事だ」
「そう信じて、ね……」
一応理解はできたが、どうもぴんとこない。
「翔太、おまえは今、自分がなんのために米作っているのかわからないだろう？」
「まあな」
翔太はおかしくなった。もうミニバンのローンも関係なくなっている。なりゆきでとしか言いようがない。
「だがな。それが本来の意味での仕事かもしれん。今はわけがわからなくても、いつかわかる日がくる。おまえは一年以上かけて本当の仕事をしてきたんだ。俺が保証してやる」
ふいに胸が熱くなり、翔太は狼狽（ろうばい）（あわてふためくこと）した。経験したことのない感情だった。

（浜口倫太郎の文章による。一部省略等がある。）

㈠　a～dの＝＝＝のついている漢字のよみがなを書け。

㈠	a		b		c		d	
	衝動		挑	み	若干		見据	えて

㈡　①に「なるほどなあ」と翔太は膝を叩いた　とあるが、なぜ翔太は喜一の考えを聞いて膝を叩いたと考えられるか。次の1～4から最も適当なものを一つ選んで、その番号を書け。

1　便利な方法を捨てることで考え方が整理でき、より効率的な方法を生み出せるということを発見したから
2　逃げ場をなくすことで固い意志を持つことができ、必死に考え新たな発想が得られることに感心したから
3　遠回りで困難な手段をとればとるほど、それに見合った大きな利益が手に入るということを理解したから
4　昔ながらの不便なやり方にこだわりつつ、今どきのやり方や考え方を取り入れていることに共感したから

㈡	

㈢　②の　あえて　の品詞は何か。次の1～4から最も適当なものを一つ選んで、その番号を書け。
1　動詞　2　連体詞　3　副詞　4　接続詞

㈢	

㈣　③に　過去を振り返るように、喜一が体を沈ませた。それから小さく息を吐いた　とあるが、このとき喜一はこれまでのどのような人生を振り返ってこのような行動をとったと考えられるか。次の1～4から最も適当なものを一つ選んで、その番号を書け。

1　米を作ることを家族のために仕方なく選んだものの、心の奥にある別の生き方への未練を断ち切れなかった人生
2　農薬を使えない厳しい制約の中で、自分なりに知恵をしぼり工夫を重ねて生き生きと米作りにはげんできた人生
3　有機農業を始めるきっかけでもあり、米作りへの情熱を理解してくれた今は亡き妻と歩んできたこれまでの人生
4　家族を養うためには農家として生きるほかなく、それを当然のことだと受け止めて米作りに打ち込んできた人生

㈣	

㈤　④に　翔太は同意の笑みを浮かべる　とあるが、このとき翔太が喜一の言葉に同意して笑みを浮かべたのは、自分のどのようなところが、米作りのどのようなところと同じだと感じたからだと考えられるか。「自分の、」という書き出しに続けて、本文中の言葉を用いて六十字以内で書け。

㈤	自分の、
	ところと同じだと感じたから

㈥　⑤に　本当の意味での仕事だ　とあるが、喜一は、本当の意味での仕事とはどのようなことであると考えているのか。それを説明しようとした次の文のア、イの□内にあてはまる最も適当な言葉を、本文中からそのまま抜き出して、アは十字以内、イは十五字以内で書け。

生業が［ア］のことであるのに対して、本当の意味での仕事は目先の利益を追うのではなく、その結果がいつか、じかにではなくとも［イ］ということを疑わずに働くことであると喜一は考えている

㈦　本文中には、静けさの中、集中力が高まっていく翔太の様子が幻想的に表されている一文がある。その一文として最も適当なものを見つけて、初めの五字を抜き出して書け。

㈥	ア		イ	
		㈦		

■令和2年度問題

一　次の文章は、今は定職に就いていない二十二歳の翔太が、自分が買ったミニバン（乗用車の一種）のローン（貸付金）を父親に返済してもらうかわりに、米作りの名人である祖父の喜一（じじい）のもとで一年間米作りを習うという約束を父親とかわしたが、約束の一年を終えた翌年の米作りもなりゆきで手伝うことになり、田植えの終わった頃のある晩、喜一と家で語り合う場面に続くものである。これを読んで、あとの㈠～㈦の問いに答えなさい。

「じゃあ、じじいはなんで農薬を使わねえんだよ」

喜一が即答した。

「選択肢を減らすためだな」

「はっ、なんだそりゃ？」

「農薬を使うという選択肢が入れば、余計な雑念が浮かぶ。雑草が生えたり、稲が病気になると農薬を使いたくなる。そしてそれは間違った選択じゃない」

「間違ってねえんだろ。じゃあ使えばいいじゃねえか」

「だがそれによって考える力は失われる。何か問題が起きたら、何も考えず農薬を使うようになる。人間とはそういうものだ。必ず楽な方に楽な方に流れたがる」

それには覚えがある。去年田んぼが雑草まみれになったとき、除草剤をぶちまけたい衝動(a)に駆られ、それをおさえるのに難儀した。

「だが、農薬を絶対に使わないと心に決めて逃げ道を断てばどうだ。どうすれば無農薬でうまい米を作れるか。雑草を生やさずにいられるか。病気にならない丈夫な稲を育てられるか。懸命に考えるようになる。農薬に頼れないんだ。自分の頭と手を使うしか方法がない。そうすれば新しい知恵や工夫が生まれる。それが考える力ってことだ」

①「なるほどなあ」と翔太は膝を叩いた。

②あえて選択肢を減らすことで、自身の覚悟と思考を強める。聞いたことのない考えだった。

「じゃあよ。どうしてじじいは有機（化学肥料や農薬の使用をひかえる有機農業のこと）をやり始めたんだ」

「……質問が多いな」と喜一がぼそりと言い、顎を右にふった。そこには将棋盤があった。「それ以上答えて欲しけりゃやることがあるだろう？」

翔太はにやりと笑った。

「じゃあ、コテンパンに負かして答えてもらうか」

二人で将棋をうち始める。

乾いた駒音と虫の音が溶け合い、現実感が薄れていく。何もかも忘れて将棋に没頭する。久しぶりの感覚だった。

体調を考慮して手加減してやるか。そう考えていたのだが、思ったよりも喜一が強い。以前よりも数段実力が増している。

このじじい、特訓してやがったな……

とたんに焦りを覚えた。序盤、中盤の攻防で負けている。ねばり強さが俺の真骨頂だ、と敵陣に王将を進めるが、喜一は手をゆるめない。結局、翔太の負けとなった。

してやられた気分だ。どうやら自分を打ち負かす機会を狙っていたらしい。もうひと勝負挑み(b)たかったが、それも野暮だ。負けておいてやる。

「質問はどうして有機やり始めたかだったな？」

「答えてくれんのかよ」

「今は気分がいいからな」

喜一が右斜め上を指さした。

「希美子がきっかけだな」

鴨居の上だ。ばあさんの遺影が飾られている。

「希美子って……ばあさんか」

「そうだ。希美子は病弱だったからな。農薬を使わない安全な米を食べさせてやろうと思っただけだ。昔は今ほど農薬が安全じゃなかったからな。ただそれだけのつまらん理由だ」

じじいも親父もばあさんが好きだったんだな……

ばあさんは自分が生まれる前に亡くなっている。一度でいいから会ってみたかったな、と翔太はふと思った。

「じゃあじじいはなんで農家になったんだ？」

③過去を振り返るように、喜一が体を沈ませた。それから小さく息を吐いた。

「……理由なんてない。これしかなかったからだ。家族を養うためには、俺が米を作って生計を立てるしか道がなかった。俺の世代の人間はみんなそうだ」

ただ、それはあきらめ混じりの息ではない。なるべくしてそうなった。そんな実感が込められていた。

翔太が背中のうしろで両手をついた。

「そうかあ。俺みてえに何がしたいのかわかんねえってのは贅沢な悩みなんだなあ」

「今の若い奴らは選択肢が多すぎる。だから迷うんだ」

④翔太は同意の笑みを浮かべる。「ほんとだな。米と同じだな」

喜一がだしぬけに訊いた。

「……翔太、おまえ仕事と生業の違いがわかるか？」

「なんだそりゃ。どっちも同じだろうが？」

「今の連中はそう思ってるがな。本来は若干(c)意味が異なるもんだ」

「何がどう違うんだよ？」

「生業ってのはすぐに金になる仕事だ。農家で例えるなら田植えをしたり、稲刈りをしたりするのが生業だ。これはすぐに金にな

「自分が無理矢理水泳をやらせて、つらい思いをさせたんじゃないかって。だから、正太郎がやることに関して、口を出すのはやめ④ようって、正太郎が水泳やめたときに決めたんだって。でも、そんなの、口に出してくれないとわからないよね。お父さん、そういうの、へたくそなんだよ。だからいま、お母さんが代わりに言っちゃった。お父さんのこと、許してあげて。お父さんだって、お母さんと同じこと、正太郎に対して思ってるんだよ」

今日の母は、まるで友達みたいな口調で話す。

僕は、本当は、わかっていたのだ。

でも、途中であきらめた自分が情けなくて、僕のほうが、父と距離を置くようになったのだ。

いまからでも、僕たち親子は、笑って話したり、思っていることを伝え合ったりできるだろうか。流れていく窓の外の景色に目をやりながら、僕はそんなことを考えた。

「できるよ、家族なんだから」

母は、僕の心が読めるみたいだ。

（小嶋陽太郎の文章による。一部省略等がある。）

(一) a〜dの ━━ のついている漢字のよみがなを書け。

(一)	a		b		c		d	
	垂れる		休憩		唐突		口調	

(二) 本文中の［　　］内にあてはまる言葉は何か。次の1〜4から最も適当なものを一つ選んで、その番号を書け。

1 蔑んだ　2 困った　3 諦めた　4 慌てた

(二) ［　　］

(三) ①に「……ごめんなさい」とあるが、正太郎は、どのようなことを思って、このように謝ったと考えられるか。それを説明しようとした次の文のア、イの［　　］内にあてはまる最も適当な言葉を、本文中からそのまま抜き出して、アは十五字以内、イは五字以内で書け。

母に好きなことをやればいいと言われて［ア］なったが、母も真琴もメダルのことに気づいていると思い、真琴の［イ］である大切なメダルを部屋から持ち出したことを本当に申し訳なく思って、このように謝った

(四) ②に母の言葉に、真琴はうれしそうな顔をしたとあるが、なぜ真琴はうれしそうな顔をしたと考えられるか。次の1〜4から最も適当なものを一つ選んで、その番号を書け。

1 母の言葉から、自分の泳ぎがこれからも上達することへの期待と、今後も自分を見守ってくれるという温かさを感じたから

2 母の言葉から、今日は正太郎との食事が優先されたが、母の愛情を一身に受けているのは自分だけだと改めて実感したから

3 母の言葉によって、これからは母だけではなく、正太郎にも自分の上達を見てもらう機会があるかもしれないと喜んだから

4 母の言葉によって、自分のことを見ていなかったという不満と、自分の泳ぎに自信が持てないという不安が吹き飛んだから

(三) ア［　　　　　　　　　　　　　　　］ イ［　　　　　］ (四) ［　　］

(五) ③にでも僕は、ちゃんと最後まで真琴の泳ぎを見たとあるが、正太郎はどうしてこのようにしたと考えられるか。「真琴の泳ぎを初めて見た正太郎は、」という書き出しに続けて、本文中の言葉を用いて六十五字以内で書け。

(五) 真琴の泳ぎを初めて見た正太郎は、［　　　　　　　　　　］ようになるかもしれないと思ったから

(六) ④のようは、次の1〜4のうちの、どのようと同じ使われ方をしているか。同じ使われ方をしているものを一つ選んで、その番号を書け。

1 まるで他人事のように言う　2 来月になれば雪も消えよう

3 明日はどうやら雨のようだ　4 早めに宿題をしようと思う

(六) ［　　］

(七) 本文中には、正太郎の、水泳への強い拒絶感がよく表れている一文がある。その一文として最も適当なものを見つけて、初めの五字を抜き出して書け。

(八) 本文中の正太郎の気持ちを述べたものとして最も適当なものはどれか。本文全体の内容をふまえて、次の1〜4から一つ選んで、その番号を書け。

1 母に自分の隠し事や父への気持ちを打ち明けたことで、真琴や父への負い目も消え、今後は自分の好きなようにしようと気持ちが楽になっている

2 母に相談したことで、自分や父の本心に初めて気がつき、これからは父に対して自分の思いを包み隠さずにきちんと伝えていこうと決心している

3 母の言葉や真琴の無邪気さに触れて自分の弱さに気づき、それを克服して父に認めてほしいと考えたが、まだ父に対して素直になりきれずにいる

4 母との会話を通して、父へのわだかまりは結局自分が作っていたことを再認識し、父との関わり方を変えていけるかもしれないと思い始めている

(七) ［　　　　　］ (八) ［　　］

■平成30年度問題

一　次の文章は、中学一年生の正太郎が、父の泳ぎにあこがれて小学一年生から始めた水泳を一年で辞めたことによって、父や、水泳で活躍している妹の真琴に対して引け目を感じ、真琴の部屋からメダルを一つ持ち出して隠し持っていたが、ある日、母に頼まれて真琴の水泳大会に道案内として同行することになり、母と喫茶店で昼食をとろうとしている場面に続くものである。これを読んで、あとの(一)～(八)の問いに答えなさい。

「最近、いつお父さんと話した？」
と母が言った。
「……おはようくらいなら、毎日言ってるけど」
「正太郎、お父さんのこと、嫌い？」
言葉に詰まる。
そして母は、
「正太郎が、真琴のこと、素直に応援できない気持ち、お母さんにはわかる」
と言った。
母は今日、僕を道案内のために連れてきたわけではないのだ。
「……母さん、メダルのこと、気づいてる？」
それは、声に出して言った言葉なのか、心の中だけで言った言葉なのか、自分でもわからなかった。
母は眉尻を少し下げて、［　　　］ような顔をした。たぶん、僕は、声に出して言ったんだ。
母はその質問には答えず、
「お母さんは、正太郎が、好きなことやってくれてたら、それでいいと思う」
と言った。
僕はなんと言ったらいいかわからなくて、何口目かのオムライスを口に運んだ。卵はふわふわではなく薄いやつで、ケチャップの味が強くする。
母さんは、僕がメダルを真琴の部屋から持ち出したことを知っているのだ。母さんだけじゃない、真琴だって、きっと知っているのだ。あのメダルは、真琴の努力の証(あかし)だ。努力して取った大事なメダルがなくなって、気づかないはずがないだろう。
①「なに泣いてるのよ」
「……ごめんなさい」
真っ赤なケチャップに、涙が垂れる(a)。
ごめんなさい。ごめんなさい。
僕は、同じ言葉を繰り返しながら、オムライスを食べた。
「泣きながら食べたら、作ってくれた人に失礼じゃない」
と母は言った。
僕は、オムライスを、時間をかけて食べ切った。
おばあさんがやってきて、温かい紅茶をテーブルに置き、おいしかった？　と言った。おいしかったです、と僕は答えた。
午後、僕は母と並んで真琴の合同練習をプールサイドの端っこのほうで見学した。市民プールは、塩素のにおいがした。僕がこの世で、一番嫌いなにおい。
真琴のコーチは母を発見すると軽く頭を下げ、そのあと、ちょっと不思議そうな顔をしながらこちらにやってきた。
「正太郎君？　大きくなったわねえ」
(b)六年もたっているのに、わかるもんなんだな。
休憩時間になり、水泳帽を被(かぶ)った真琴は母と僕を発見して、ちゃんと見てた？　また記録更新したんだよ！　と言った。
「ごめん、二人でお昼食べてたら見逃しちゃった」
怒るかと思ったが、真琴は、バカー！　と言っただけだった。いや、これでちゃんと怒っているのか。
「またすぐに更新するでしょ。そのときはちゃんと見るから」
②母の言葉に、真琴はうれしそうな顔をした。
笛が鳴って、真琴はコーチのもとへ走っていった。
「じゃ、最後にクロールね」
真琴はゴーグルをぱちんと目にはめて、コーチの笛の合図で壁を蹴り、泳ぎ出した。
初めて見る真琴の泳ぎは見事だった。しなやかで、力強くて、子供のころに見た父の泳ぎをミニサイズにしたみたい。僕にはできなかった、父みたいな泳ぎ。そう思うと、やはり胸がキリリと痛んだ。③でも僕は、ちゃんと最後まで真琴の泳ぎを見た。
真琴は、ひとかきごとに確実に速くなっていくのだろう。
僕だって、あのとき水泳をやめていなければ、真琴みたいに、父みたいに速くなれたのだろうか。
僕はいつか、真琴の泳ぎを、胸の痛みなしで、心の底から「がんばれ」と思いながら、見られるようになるだろうか。
そう思いながら、僕は真琴のクロールを見ていた。
帰りの車内は静かだった。
母がバックミラーにちらりと目をやって言った。
「見てよ、あの寝顔」
真琴は、体を斜めにして口を開け、上を向いて爆睡（ぐっすり眠ること）していた。水泳は、ものすごく体力を使うのだ。
「お父さんね、このまえ言ってたよ」
母がまた唐突(c)に言った。
「……何を」
「正太郎に、どういうふうに接していいかわからないって」

あのとき私が買ってもらったスパイクに比べれば、私が娘に買ってやろうとしているものはずっと安かった。
それでも私は何度も⑤躊躇(ちゅうちょ)(ためらうこと)した。
父親はどうしてあのとき「これは無理だ」と言わなかったのだろうか。言ってくれれば、ずっと安いものを選び直したはずだった。
何度も手にしていたオレンジ色のスパイクを、通りがかった店員に渡すと、娘の足のサイズのものを倉庫から取り出してもらった。
これが、娘にとって最後のスパイクになるのだろうか。そう考えながらレジに向かった。

翌日に行われた練習試合の帰り道、車の後部座席に座る娘の胸にはオレンジ色のスパイクが抱きかかえられていた。練習試合では、二試合とも六年生に混じってフル出場を果たし、いくつものピンチを救った。
「スパイクのおかげだね」
前日にはことさら喜びもしなかった娘だが、チームメイトから「カッコイイ」と言われたのがよほど嬉(うれ)しかったのだろう。
家に帰るとポーチに座って、娘に磨き方を教えてやった。
⑥ふたりで磨いたスパイクは、西日を浴びてまるでオレンジ色の太陽のように輝いていった。

（杉江由次の文章による。一部省略等がある。）

(一) a～dの ＝＝＝ のついている漢字のよみがなを書け。

(一) a	控えた	b	財布	c	乾いた	d	看板

(二) ①に 何度もスパイクを手にしては、皮の柔らかさや靴底の感触を確かめていた とあるが、このとき私はどうしてこのようなことをしていたと考えられるか。私の、娘に対する気持ちをふまえて、それを説明しようとした次の文の□内にあてはまる最も適当な言葉を、本文中からそのまま抜き出して、二十五字以内で書け。
私が何度も手にしたスパイクは、□から

(三) ②の 来 の活用形を、次の1～4から一つ選んで、その番号を書け。
1 未然形　2 連用形　3 連体形　4 仮定形

(四) ③に 一緒に行こうと何度も誘われたけれど、私がスポーツショップに顔を出すことはなかった とあるが、私がスポーツショップに顔を出すことがなかったのは、このときチームメイトはどのような状況であったのに比べ、私はどのような状況にあったからか。「二年生に進級すると、スパイクの指定はなくなり、」という書き出しに続けて、六十字程度で書け。

(五) 本文中の□内にあてはまる言葉は何か。次の1～4から最も適当なものを一つ選んで、その番号を書け。
1 仕方なく　2 期待して　3 元気よく　4 反抗して

(六) ④に いやあ、あのときは大変だったよ とあるが、このように言ったときの父親の気持ちはどのようなものだと考えられるか。次の1～4から最も適当なものを一つ選んで、その番号を書け。
1 当時は高額なスパイクを欲しがる息子の思いがわからなかったが、今は孫のために品質のよいスパイクを買いに行く自分を照れくさく感じている
2 高額なスパイクを父親としてのプライドから無理に買ったが、結果として家族関係を回復するきっかけになってよかったと当時を振り返っている
3 当時は息子を甘やかし高額なスパイクを買ったことを後悔したが、今は息子が親として立派に成長し家族を大切にしている姿を見て安心している
4 息子のために高額なスパイクを買ったことで苦労はしたが、息子の願いをかなえ家族を支えるために一生懸命働いた当時をなつかしく思っている

(二) □□□□□□□□□□□□□□□□□□□□□□□□□
(三) □
(四) 二年生に進級すると、スパイクの指定はなくなり、□□から
(五) □
(六) □

(七) ⑤に 私は何度も躊躇した とあるが、私がスパイクを買うことを何度も躊躇している様子が、擬人的に表されている部分が本文中にある。その部分として最も適当なものを見つけて、二十字程度で抜き出して書け。

(八) ⑥に ふたりで磨いたスパイクは、西日を浴びてまるでオレンジ色の太陽のように輝いていった とあるが、このときの私の気持ちはどのようなものだと考えられるか。本文全体の内容をふまえて、次の1～4から最も適当なものを一つ選んで、その番号を書け。
1 スパイクを目の前にして中学生の頃を振り返り、当時の身勝手な行動を反省しながら父親の優しさに思いを巡らせ、感謝の気持ちを抱き始めている
2 父親と同じようにスパイクを買う経験を通して、当時の父親の気持ちに思いをはせながら娘とのつながりを実感し、あたたかな気持ちに浸っている
3 ふたりで一緒にスパイクを磨く時間を過ごして、父親として私が成長しなければ娘も成長できなかったと感じつつ、ささやかな喜びを味わっている
4 娘の胸に抱きかかえられたスパイクを思い出し、私も父親と同じような状況にある現在を何とか打開していこうと、新たな決意に満ちあふれている

(七) □□□□□□□□□□□□□□□□□□□□□
(八) □

■平成28年度問題

一 次の文章は、女子サッカーチーム「スマイルズ」に所属する小学校五年生の娘が練習帰りにスパイクがきついと言いだし、父親である私は新しいスパイクを買いに行こうと誘ってみたが、娘の返事は素っ気ないものであり、結局、私一人で買いに行くことにした場面に続くものである。これを読んで、あとの(一)～(八)の問いに答えなさい。

練習試合を翌日に[a]控えた金曜日、無理やり仕事を終わらせるとスポーツショップに向かった。そして①何度もスパイクを手にしては、皮の柔らかさや靴底の感触を確かめていた。

小学校二年生の冬、十八センチから始まった娘のスパイクは、今日買うもので四足目だった。もし娘が小学校でサッカーをやめるとしたら、残りは一年半しかない。ここから一気に足が大きくなることもないだろうし、スパイクが壊れる可能性も低いはずだった。だから、それは娘にとって最後のスパイクとなる可能性が高かった。

棚と私の手を行ったり来たりしているスパイクは、スマイルズのユニフォームと同じオレンジ色だった。店内の照明が反射するそれは、きっと似合うはずだ。

紐(ひも)を通す穴に付けられていた値札を確かめると、[b]周りに並べられたスパイクよりずっと高額だった。隣に置かれた白地に青色の三本線がデザインされたものなら半分の値段で買えた。財布の中身を確かめつつ思い出していたのは、先月末、埼玉スタジアムで会った父親のことだった。

父親は、いつものようにお弁当とペットボトルのお茶を手にし、急勾配(きゅうこうばい)の階段を上ってきた。試合が始まる前のざわつく観客席に腰を下ろすと、お弁当を差し出しながら、耳元に口を寄せるようにして話し始めたのだった。

「この間、アオイが遊びに②来てさ。あいつ誕生日が八月だろう。だからプレゼントになにが欲しいって聞いたらサッカーのスパイクが欲しいってさ」

アオイというのは兄の息子で、私の娘より二つ年下の小学三年生だった。一年前から民間のサッカースクールに通っていた。

「それで車に乗せて行ってみたんだよ、あのスポーツショップに。お前、覚えているか?」

覚えているもなにも私にとって「スパイク」とそのスポーツショップとは常にひとつの記憶で結ばれていた。

「ああ」

「今は安いんだなあ……。アオイに言われたときドキッとしたけど、あの頃の半分か三分の一の値段なんだな」

確かにスパイクに限らずサッカーボールもスポーツバッグも、私がサッカーを始めた三十年前よりずっと安くなっていた。当時の物価を考えたら、父親が驚く以上の差があるかもしれなかった。

所属していた中学校のサッカー部は、二年生に進級すると部指定のスパイクでなく、自分の好きなものを履いてもいいことになっていた。四月最初の週末、チームメイトは親からお小遣いをもらい、スポーツショップに向かった。③一緒に行こうと何度も誘われたけれど、私がスポーツショップに顔を出すことはなかった。

なぜなら私の家にはスパイクを買うお金がなかったからだ。その頃父親は長年勤めていた会社をやめ、独立したばかりだった。

「スパイクが欲しいんだけど」

私は毎日パートから帰ってくる母親を待ちわびるようにしてせがんだ。

「なに言ってるのよ。今履いているのだってまだ使えるじゃない」

「あれじゃダメなんだよ」

「お父さんだって一生懸命働いているんだから、いつか買えるようになるって。それまで我慢しなさいよ」

「いつかっていつだよ!」

二年生になってやっと使えるようになった部室のロッカーには、サッカー雑誌でしか見たことのないスパイクが並んでいた。チームメイトからはいつ買うんだと何度も尋ねられた。私はその質問には「来週かな」と答え、部[c]室に誰もいなくなると、履きなれたスパイクをコンクリートの床に叩(たた)き付けた。早く壊れろ。壊れれば買ってもらえるだろう。部室には乾いた音が響いていた。

しかしスパイクは壊れなかった。壊れていくのは私と両親の関係だった。

両親との会話がほとんどなくなっていた夏のある日、父親から一緒に出かけようと声をかけられた。

「めんどい」

顔も見ずに答えると、いつもは声を荒らげることのない父親が「いいからついてこい」と怒鳴りつけてきた。［　　］ベッドから立ち上がり玄関に向かうと、すでに自転車が二台並べられており、すぐに出発できるよう準備されていた。

父親と出かけるなんて何年ぶりだろうか。どこへ行くのかもわからないまま私はあとについて行った。風にのって父親がいつも頭に付けている整髪料の匂いがした。それはなんだか安心する匂いだった。

父親は隣町まで自転車を走らせると、ある一軒のお店の前で止まった。顔をあげて[d]看板を確認すると、スポーツショップだった。それも地元のスポーツショップの何倍も大きなお店だった。

自転車から降りた父親は、なかなか自転車を降りようとしない私に声をかけた。

「スパイクが欲しいんだろう。誕生日プレゼントだ」

その頃にはすっかりあきらめていた私だったが、思わぬ展開にあわててお店に入る父親の背中を追った。

「④いやあ、あのときは大変だったよ」

埼玉スタジアムのゴール裏で父親は、きれいに刈り取られた芝のグラウンドを眺めながら笑った。

「あんなに高いもんだと知らなかったからさ。それにお前は……」

「二万円くらいしたんだよね」

私は店内の棚をしばらく眺めると、チームの誰も持っていない、カンガルー革のスパイクを指さしたのだった。それはそのお店に並ぶなかでもひときわ高額なものだった。

「そうだよ。もうびっくりしちゃってさ。でも買ってやるって言ったもんは買ってやるしかないだろう。あの後、随分苦労したんだ」

精算をしながら父親は、店員に手入れの方法を詳しく尋ね、クリーナーやブラシがセットになったメンテナンス道具も一緒に購入すると、「ちゃんと手入れをしろよ」と大きな袋を手渡してきたのだ。

「おい」と大声を出す。

「まあ、なんなの」

あまりの声の大きさに目を丸くして、美佐江は干そうとしたシャツを落としかけた。

「弘樹はどうした」

「どうしたって、いつもどおり、パパより先に学校に出かけたけど、なんかあった？」

「じゃあ、おまえか。あの靴は」

丸く開いた美佐江の目が不思議そうにまばたきして、「なんのこと？」と裏返った声が上がる。

「いや、いい。なんでもない」

咄嗟にふつうの顔を作り、芳男はまた体を翻すと玄関まで小走りした。新品と見間違うほどピカピカに磨かれ、きれいに揃えられているのは、確かに弘樹に貸してやった革靴だ。

こうして親を追い越していくのかな。

⑤靴に向かってつぶやきながら、芳男はゆっくり足を入れる。まだ弘樹の体温が残っているようで、爪先がじんわりと温かい。

（石川結貴の文章による。一部省略等がある。）

(一) a〜dの ═══ のついている漢字のよみがなを書け。

(一) a	b	c	d
奇妙	合んで	気詰まり	豪快

(二) ①に 芳男は驚いて顔を向けた とあるが、なぜ芳男は驚いて顔を向けたのか。次の1〜4から最も適当なものを一つ選んで、その番号を書け。

1 まだまだ子どもだと思っていた弘樹が、よそよそしく大人びた様子で急に話しかけてきたから
2 中学に入り距離を感じていた弘樹が、いつしか男っぽい声に変わり不意に話しかけてきたから
3 日ごろは母親にばかり相談をしている弘樹が、父親を頼るようなそぶりで声をかけてきたから
4 今ではめったに口もきかない弘樹が、中学に入る前のように素直な態度で声をかけてきたから

(三) ②に さらに機嫌を損ねそうだ とあるが、芳男が美佐江に対して、このように感じたのはどうしてか。それを説明しようとした次の文のア、イの □ 内にあてはまる最も適当な言葉を、本文中からそのまま抜き出して、アは二十字以内、イは十字以内でそれぞれ書け。

芳男は、[ア]ということを美佐江に尋ねることで、弘樹に関して[イ]と、また美佐江に思われるような気がしたから

(四) ③の ない は、次の1〜4のうちの、どの ない と同じ使われ方をしているか。同じ使われ方をしているものを一つ選んで、その番号を書け。

1 彼はまだ戻ってこない　　2 この部屋は明るくない　　3 その笑顔はあどけない　　4 今まで見たことがない

(五) ④に 芳男の口から長いため息がもれた とあるが、このとき芳男はどのように感じて、長いため息をもらしたと考えられるか。芳男の、弘樹に対する父親としてのこれまでの気持ちをふまえて六十字以内で書け。

（解答欄）……ように感じて、長いため息をもらした

(六) 本文中の □ にあてはまる言葉として最も適当なものを、次の1〜4から一つ選んで、その番号を書け。

1 丁重に　　2 楽々と　　3 故意に　　4 堂々と

(七) 本文中には、芳男が、父親としてのあるべき姿について、自分なりの思いを見いだすきっかけとなったしぐさを表す一文がある。その一文として最も適当なものを見つけて、初めの五字を抜き出して書け。

(八) ⑤に まだ弘樹の体温が残っているようで、爪先がじんわりと温かい とあるが、弘樹から返された靴に足を入れたときの芳男の気持ちはどのようなものだと考えられるか。次の1〜4から最も適当なものを一つ選んで、その番号を書け。

1 忙しく働く父親に対し、弘樹が陰ながら気遣っていたことを知り、息子のよそよそしい態度は本心によるものではなかったのだと安心している
2 芳男の心配をよそに自立を目指している弘樹に、少しばかりの寂しさは感じているものの、やはり息子が成長していく姿を頼もしく思っている
3 思いがけない弘樹の行為に息子の成長を気づかされ、これまでとは違った距離で弘樹の存在を感じられたことに、ひそかな喜びを味わっている
4 弘樹が父親を尊敬していることがわかり、息子との関係に悩んでいた気持ちは消え、息子を見守る存在として父親の誇りを取り戻し始めている

小説文・随筆文

■平成26年度問題

一 次の文章を読んで、あとの(一)～(八)の問いに答えなさい。

靴、貸してくんない？

広げた新聞の向こうからぼそりと上がった声に、①芳男は驚いて顔を向けた。

ついこの前、声変わりがはじまったと思ったら、いつの間にか男っぽい声に変わっている弘樹の成長が、息子ながら奇a妙に感じる。

中学に入ってから急によそよそしくなり、二年生の今ではめったに口もきかず、目も合わせなくなった。そういう時期なんだと割り切りたい思いと、それにしても父親なんてつまらないという寂しさで、息子との距離を測りかねていた。

「靴ってなんだ？　俺のか？」

「そうよ、パパの革靴」

答えたのは弘樹ではなく、横から割り込んだ美佐江だ。母親というのはどうしてこうも出しゃばるのがうまいのか、食卓椅子から身を乗り出し、自分の独壇場のように早口でまくし立てる。

「明日、学校で職場体験学習っていうのをやるのよ。それで弘樹はホテルに行くんだって。上は制服でいいんだけど、靴がね、指定されてるの。白か黒のスニーカーか、そうでなきゃ黒の革靴を履いていかなきゃダメなのよ」

「だったら、学校に履いていってる白いのがあるだろ」

新聞を畳みながら、芳男のほうもうっかり美佐江に顔を向けてしまう。

「あれは履いていけないわよ。ただの白じゃなくて、青いラインが入ってるんだもの」

「そんなラインくらい、どうってことないだろう」

父親の余裕を見せて言ったつもりが、美佐江はいきなり顔を強張らせて、芳男をにらみつけた。

「パパってなんにもわかってないのね。ラインだけじゃなくて、弘樹はかかとを踏んで履いてんのよ。だから変な形がついちゃってるの。注意したって聞かないんだから、ほんとならパパが厳しく言ってくれたらいいのに」

やぶへびだった。余計なことを言ったせいで、妻の機嫌を損ねただけでなく、息子への威厳まで傷ついて形無しだ。

「そうか、だったら下駄箱に入ってる予備のほうを…」

「そっちは古いでしょ」

芳男の言葉を最後まで聞かず、美佐江は遮るように言った。

「明日はパパが予備のほうを履いていってちょうだい。弘樹には新しい革靴を貸してね」

有無を言わせない迫力に肩をすくめてうなずくと、視線の隅に弘樹の顔が見える。父親と母親の力関係を見極めたのか複雑に揺れる目は、言葉にできない苛立ちをb含んでいるようだった。

弘樹と自分の靴のサイズが合うのかどうか気になったが、美佐江に確認すれば②さらに機嫌を損ねそうだ。身長こそ一七五センチの自分よりまだ一〇センチ近く低いが、軟式テニス部に入って体を動かしているらしいから、案外、足は大きいかもしれ③ない。

なんにもわかってない、そう美佐江に怒られたが、冷蔵庫にマグネットで止められた学校便りは毎週欠かさず目を通していた。週間予定表に「身体測定」とあれば、身長、体重はもちろん、視力や虫歯の本数も気になる。「スポーツテスト」がある週なら、五〇メートル走を何秒で走るのか、自分の中学時代の記録を思い出し、それを追い越せと願う。

おとなへの階段を駆け上る息子とじっくり話がしたいと思いながら、思春期ならではの父親へのc気詰まりを察してつい躊躇った。わかってやろうとして、うまく伝えられない不甲斐なさ、日々の忙しさを言い訳にする情けなさを感じ、ただ冷蔵庫の前に立つ。学校便りの白いコピー紙を軽くこぶしで叩くと、コツンと音がしてマグネットが床に落ちる。自分と弘樹を結びつける磁力まで失った気がして、④芳男の口から長いため息がもれた。

翌日の帰宅は、すっかり遅くなった。取引先とのトラブルで終電ギリギリまで駆け回り、家に着いても緊張は解けないまま、弘樹に貸した革靴のことは頭から抜け落ちていた。美佐江は先に寝ているようで、テーブルの上にラップをかけた食事が並べられている。温めて食べる気力もなく、そのまま風呂場へ向かうと、弘樹の部屋から細い明かりがもれていた。

ドアの前で、芳男は足を止めた。夜中までゴソゴソやっている、そう話した美佐江に父親らしさをアピールするのなら、［　　］息子の部屋へ入り、おい、何してるんだ、と声をかければいいのだろう。あるいは軽くノックして、早く寝ろよ、とドア越しに言ってみるのもいい。

かすかに部屋から聞こえる物音に耳を立て、開けるタイミングを計りながら、芳男はドアノブに手をかけ逡巡（決断できないで、ぐずぐずすること）した。

ふと思いつき、人差し指でドアに「親」と書いてみる。木の上に立って見守る、そんな格好のいいものじゃないなと苦く笑って、むしろ木の下から支えてやりたいと疲れた体に力を込め、重い足を踏ん張ってみる。

跡も残さず消えた指文字から何かが伝わったのか、部屋の中からd豪快なくしゃみがする。忍び足でドアを離れたのと、明かりが消えたのは、息を合わせたように同じだった。

睡眠四時間で目覚めた体は重く、頭の芯には取れない疲れと緊張が凝り固まっている。なかば義務のような感覚でトーストとコーヒーを胃に流し込み、ベランダで洗濯物を干している美佐江に「行ってくる」と声をかけた。

「はい、行ってらっしゃい」

普段の朝と同じように美佐江は家事の手を止めず、こちらも義務のような笑顔を見せるだけだ。

玄関で靴を履くときになって、芳男は突然体を翻した。カバンを手にしたまま短い廊下を駆け抜けると、ベランダの美佐江に

公立高校入試出題単元

過去9年間
（平成26年～令和4年まで）

国　語

（問題を精選しているため※は省いております。また、国語のみ逆綴じになっております。）

小説文・随筆文

平成26年一（漢字・心情理解・品詞・適語選択補充・抜き出し）
平成27年一※（漢字・品詞・心情理解・適語選択補充・抜き出し）
平成28年一（漢字・活用・心情理解・適語選択補充・抜き出し）
平成29年一※（漢字・内容把握・心情説明・熟語）
平成30年一（漢字・空欄補充・心情把握）
平成31年一※（漢字・文法・内容把握・心情把握）
令和2年一（漢字・心情理解・文法・抜き出し）
令和3年一（漢字・心情把握・空欄補充・文挿入）
令和4年一（漢字・心情把握・空欄補充・内容把握）

論説文

平成26年三※（漢字・内容理解・抜き出し・語句の意味・段落）
平成27年三（漢字・適語選択補充・ことわざ・内容理解・抜き出し）
平成28年三※（漢字・助詞の用法・対義語・四字熟語・内容理解・段落分け）
平成29年三（漢字・内容理解・品詞）
平成30年三※（漢字・熟語・抜き出し・接続詞・適語選択・内容理解・段落）
平成31年三（漢字・内容理解・文法・熟語・適文挿入）
令和2年三（漢字・抜き出し・内容把握・文法・語句の意味・適文挿入）
令和3年三（漢字・抜き出し・空欄補充・内容把握・文法・段落）
令和4年三（漢字・熟語・内容把握・段落・空欄補充・語句の意味・内容真偽）

古文

平成26年二（語句補充・現代仮名遣い・抜き出し・心情理解）
平成27年二（現代仮名遣い・適語補充・会話文抜き出し・内容理解・要旨）
平成28年二（適語補充・現代仮名遣い・会話文抜き出し・内容理解）
平成29年二（内容理解・現代仮名遣い・会話抜き出し）
平成30年二（内容把握・現代仮名遣い・抜き出し）
平成31年二（内容把握・現代仮名遣い・会話抜き出し）
令和2年二（現代仮名遣い・抜き出し・内容把握・会話抜き出し）
令和3年二（現代仮名遣い・内容把握）
令和4年二（現代仮名遣い・主語・内容把握）

作文

平成26年四（条件作文250字）
平成27年四（条件作文250字）
平成28年四（条件作文250字）
平成29年四（条件作文250字）
平成30年四（条件作文250字）
平成31年四（条件作文250字）
令和2年四（条件作文250字）
令和3年四（条件作文250字）
令和4年四（条件作文250字）

公立高校入試出題単元

過去９年間
（平成26年～令和4年まで）

解答・解説

※社会の解説はありません。

数学
(計算・小問)

H26 1
(1) -2　(2) 1　(3) $2a+3b$　(4) $-\sqrt{2}$　(5) $-4ab$
(6) $x=3,\ y=6$　(7) $(x+1)(y-2)$

(1) $=1+(-5)+2=-2$
(2) $=9-12\times\frac{2}{3}=9-8=1$
(3) $=4a+b-2a+2b=2a+3b$
(4) $=3\sqrt{2}-\frac{8\times\sqrt{2}}{\sqrt{2}\times\sqrt{2}}=3\sqrt{2}-4\sqrt{2}=-\sqrt{2}$
(5) $=\frac{6a^2\times(-2ab^2)}{3a^2b}=-4ab$
(6) $\begin{cases} x-y=-3 & \cdots① \\ 5x-2y=3 & \cdots② \end{cases}$ とする
①×2　$2x-2y=6$
−　②　$5x-2y=3$
$-3x=3$
$x=-1$
$x=-1$ を①に代入
$-1-y=-3$
$-y=-2$
$y=2$
(7) $=x(y-2)+(y-2)$
$=(x+1)(y-2)$

H27 1
(1) 5　(2) 9　(3) $x=\frac{7}{2}$　(4) $\frac{5x-y}{6}$　(5) $3a+4b\leqq3000$
(6) $2+\sqrt{2}$　(7) $(x-3)(x-8)$

(1) $=-3-2+10=5$
(2) $1-2a=1-2(-4)=1+8=9$
(3) $2(x+4)=3\times5$　$2x+8=15$
$2x=7$　$x=\frac{7}{2}$
(4) $=\frac{3(x+y)}{6}+\frac{2(x-2y)}{6}=\frac{3x+3y+2x-4y}{6}=\frac{5x-y}{6}$
(5) $3a+4b\leqq3000$
(6) $=2-\sqrt{2}+2\sqrt{2}=2+\sqrt{2}$
(7) $=x^2-14x+24+3x=x^2-11x+24=(x-3)(x-8)$

H28 1
(1) 1　(2) -1　(3) $x-2y$　(4) $-6x$　(5) $2x(y+3)(y-3)$
(6) $x=\frac{1\pm\sqrt{17}}{4}$　(7) $b=\frac{a-c}{7}$

(2) $(\frac{3}{12}-\frac{4}{12})\times12=(-\frac{1}{12})\times12=-1$
(3) $4x-4y-3x+2y=x-2y$
(4) $9x^2\times(-\frac{2}{3x})=\frac{9x^2\times(-2)}{3x}=-6x$
(5) $2x(y^2-9)=2x(y+3)(y-3)$
(6) 解の公式より，$x=\frac{1\pm\sqrt{1^2-4\times2\times(-2)}}{2\times2}=\frac{1\pm\sqrt{17}}{4}$
(7) $a\div7=b\cdots c$ より，$a=7b+c$
$a-c=7b$　$b=\frac{a-c}{7}$

H28 3
(1) $a=5$

(1) $\sqrt{\ }$ 内は正より $51>7a$，$a<\frac{51}{7}\fallingdotseq7.28\cdots$
よって a は $1\leqq a\leqq7$ であると分かる
その中で $\sqrt{51-7a}$ が自然数をみたす最小の a は
$a=5$ のとき $\sqrt{51-7a}=4$

H29 1
(1) 2　(2) 11　(3) $\frac{5x-y}{4}$　(4) $7-2\sqrt{10}$　(5) $b=\frac{1-3a}{5}$
(6) $y=-3$　(7) $(x-3)(x-4)$

(1) $5+6\div(-2)=5+(-3)=2$
(2) $8\times\frac{5}{2}-3^2=20-9=11$
(3) $\frac{x-y}{2}+\frac{3x-y}{4}=\frac{2x+2y}{4}+\frac{3x+y}{4}=\frac{5x-y}{4}$
(4) $(\sqrt{5}-\sqrt{2})^2=(\sqrt{5})^2-2\times\sqrt{5}\times\sqrt{2}+(\sqrt{2})^2$
$=5-2\sqrt{10}+2=7-2\sqrt{10}$
(5) $3a+5b=1$
$5b=1-3a$　$b=\frac{1-3a}{5}$
(6) y は x に比例してるので，$y=ax$ とおける。
$x=4$ のとき $y=6$ なので，$6=a\times4$　つまり $a=\frac{3}{2}$
したがって，$y=\frac{3}{2}x$
よって $x=-2$ のとき $y=\frac{3}{2}\times(-2)=-3$
(7) $M=x-2$ とおくと，
$M^2=-3M+2$
$=(M-2)(M-1)=\{(x-2)-2\}\{(x-2)-1\}=(x-4)(x-3)$

H30 [1] (1) -3　(2) $5x+8y-4$　(3) $4a+3$　(4) $2\sqrt{3}$　(5) ㋑

(6) $x=-1,\ y=2$　(7) $2(x+1)(x-5)$

---

(1) $4-2+(-5)=4-2-5=-3$

(2) $2(x-2y+1)+3(x+4y-2)=2x-4y+2+3x+12y-6$
$=5x+8y-4$

(3) $(12a^2+9a)\div 3a=(12a^2+9a)\times\frac{1}{3a}$
$=12a^2\times\frac{1}{3a}+9a\times\frac{1}{3a}=4a+3$

(4) $(\sqrt{3}+1)(3-\sqrt{3})=(\sqrt{3}+1)\times\sqrt{3}(\sqrt{3}-1)$
$=3(\sqrt{3}-1)=2\sqrt{3}$

(5) ㋑は$a=1$, $b=4$とすると, $a-b=1-4=-3$となり自然数にならない

(6) $\begin{cases}2x-3y=-8 & \cdots ① \\ x+2y=3 & \cdots ②\end{cases}$

①−②×2より

$2x-3y=-8$
$-)\ 2x+4y=6$
$-7y=-14$
$y=2$

②へ代入すると $x+2\times 2=3$
つまり　$x=-1$
よって　$\begin{cases}x=-1 \\ y=2\end{cases}$

(7) $2x^2-8x-10=2(x^2-4x-5)=2(x-5)(x+1)$

H31 [1] (1) 7　(2) $-\frac{3}{2}$　(3) $-6a^3b$　(4) $3-4\sqrt{3}$　(5) $2(x-5)^2$

(6) $x=-3,\ x=2$　(7) $a=10b+5$

---

(1) $4-3\times(-1)=4+3=7$

(2) $(\frac{3}{4}-2)\div\frac{5}{6}=(-\frac{5}{4})\times\frac{6}{5}=-\frac{3}{2}$

(3) $3a^2b\times 4ab\div(-2b)$
$=3a^2b\times 4ab\times(-\frac{1}{2}b)=6a^3b$

(4) $\sqrt{12}+\sqrt{3}(\sqrt{3}-6)=2\sqrt{3}+3-6\sqrt{3}=3-4\sqrt{3}$

(5) $2x^2-20x+50=2(x^2-10x+25)=2(x-5)^2$

(6) $(x-3)(x+4)=-6$
$x^2+x-6=0$
$(x+3)(x-2)=0$　$x=-3,\ 2$

(7) 配ったりんごの数は$10b$〔個〕なので, $a-10b=5$
移項して解答と一致すれば正解である。

R 2 [1] (1) -1　(2) 5　(3) $6x-3$　(4) $x=\frac{5}{2}$　(5) 17

(6) $(x+3)(x-5)$　(7) $a=5$

---

(1) $10\div(-2)+4=-5+4=-1$

(2) $(-3)^2-4=9-4=5$

(3) $\cancel{9}^{3}\times\frac{2x-1}{\cancel{3}_{1}}=3(2x-1)=6x-3$

(4) $3x=5(x-1)$　$x=\frac{5}{2}$

(5) $(3\sqrt{2}+1)(3\sqrt{2}-1)=(3\sqrt{2})^2-1^2=18-1=17$

(6) $x(x+1)-3(x+5)=x^2+x-3x-15=x^2-2x-15=(x+3)(x-5)$

(7) $\sqrt{180a}=\sqrt{5\times 3^2\times 2^2\times a}$　なので, $a=5$

R 3 [1] (1) 3　(2) -48　(3) $y=4x-2$　(4) $-\sqrt{3}$　(5) $(x+1)(y-6)$

(6) $x=\frac{-5\pm\sqrt{17}}{2}$　(7) ㋑→㋒→㋐

---

(1) $2-(-5)-4=7-4=3$

(2) $3\div\frac{1}{4}\times(\{-2\}^2)=12\times(-4)=-48$

(3) $3(4x-y)=6$
$4x-y=2$
$y=4x-2$

(4) $\sqrt{12}-\frac{9}{\sqrt{3}}=2\sqrt{3}-3\sqrt{3}=-\sqrt{3}$

(5) $xy-6x+y-6=(x+1)(y-6)$

(6) $x^2+5x+2=0$
$x=\frac{-5\pm\sqrt{17}}{2}$

(7) $|-3|=3,\ |0|=0,\ |2|=2$より
$0\to 2\to -3$の順になる。
よって　㋑→㋒→㋐

R 4 [1] (1) -6　(2) $x-11y$　(3) $3a-2b$　(4) $3-\sqrt{2}$　(5) $3(x+2)(x-2)$

(6) $x=2\pm\sqrt{5}$　(7) ㋓

---

(1) $3\times(-5)+9=-15+9=-6$

(2) $5(x-2y)-(4x+y)=5x-10y-4x-y=x-11y$

(3) $(6a^2-4ab)\div 2a=3a-4b$

(4) $(\sqrt{8}+1)(\sqrt{2}-1)=\sqrt{16}-\sqrt{8}+\sqrt{2}-1=4-2\sqrt{2}+\sqrt{2}-1=3-\sqrt{2}$

(5) $3x^2-12=3(x^2-4)=3(x+2)(x-2)$

(6) $x-2=\pm\sqrt{5},\ x=2\pm\sqrt{5}$

(7) 偶数は$2n$で表されるので, 奇数は$2n$に奇数を足したり引いたりしたもの。

（確率）

H26 4　(1)　ア　6　　イ　$\frac{5}{18}$

(1)　ア　2回目の操作後のカードは以下のようになる。

小さいサイコロの目が

1のとき　1 2 3 4 5 6
2のとき　1 2 3 4 5 6
3のとき　1 2 3 4 5 6
4のとき　1 2 3 4 5 6
5のとき　1 2 3 4 5 6
6のとき　1 2 3 4 5 6

表が上を向いているカードが3枚になるのは，6のとき。

イ　2回目の操作後に表が上を向くのは

① 1度もひっくり返らずに表のまま

② 1回目に裏返しになり,2回目に表に戻るの2つの場合がある

①で表のカードが1枚になるのは

(大きいサイコロ,小さいサイコロ)が(3.1),(4.2),(5.3),(6.4)のとき。

②で表のカードが1枚になるのは(1.1),(2.2),(3.3),(4.4),(5.5),(6.6)のとき。

H27 3　(2)　$\frac{7}{20}$

(2)　5枚のカードを $1a$，$1b$，$1c$，2，3とおく。

2枚のカードの組み合わせは，

$1a$ — $1b$, $1c$, 2, 3　$1b$ — $1a$, $1c$, 2, 3　$1c$ — $1a$, $1b$, 2, 3　2 — $1a$○, $1b$○, $1c$○, 3　3 — $1a$○, $1b$○, $1c$○, 2○

の20通り。

十の位が一の位より大きくなるのは，○をつけた7通り，

よって確率は $\frac{7}{20}$

H28 3　(2)　$\frac{13}{36}$

(2)　題意をみたすのは

3 — 5, 6　4 — 4, 5, 6　5 — 3, 4, 5, 6　6 — 3, 4, 5, 6　より $\frac{13}{36}$

H29 3　(1)　$\frac{8}{15}$

(1)　袋Aの2つの 1 をそれぞれ 1_1，1_2，と区別する。

このとき，取り出し方は下図。

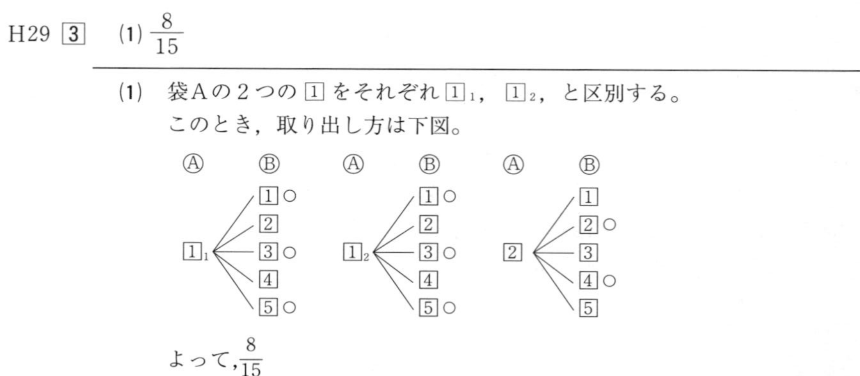

よって，$\frac{8}{15}$

H30 3　(2)　$\frac{5}{36}$

(2)　条件をみたすのは右図の○のとき

よって $\frac{5}{36}$

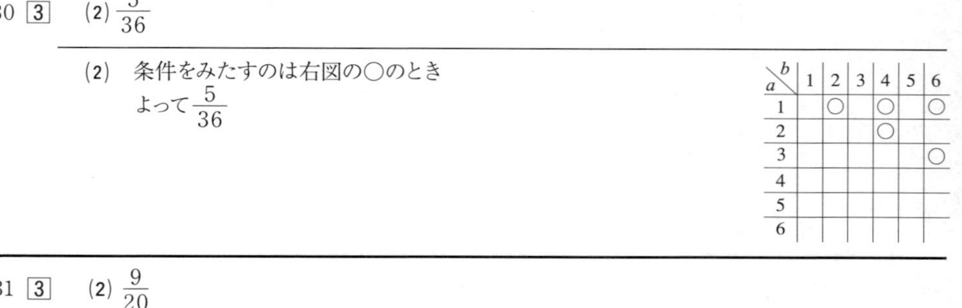

a＼b	1	2	3	4	5	6
1		○		○		○
2				○		
3						○
4						
5						
6						

H31 3　(2)　$\frac{9}{20}$

(2)

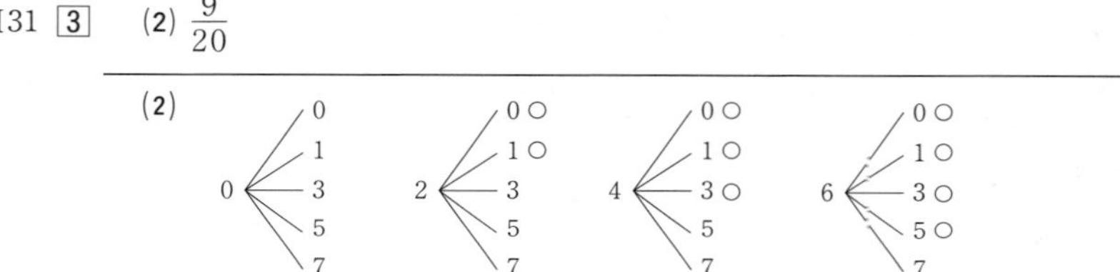

樹形図は以上。

このうち条件をみたすのは○がついてる箇所

よって $\frac{9}{20}$

R 2 3　(1)　$\frac{17}{36}$

(1)　2つのさいころの出る目の積は，下図より

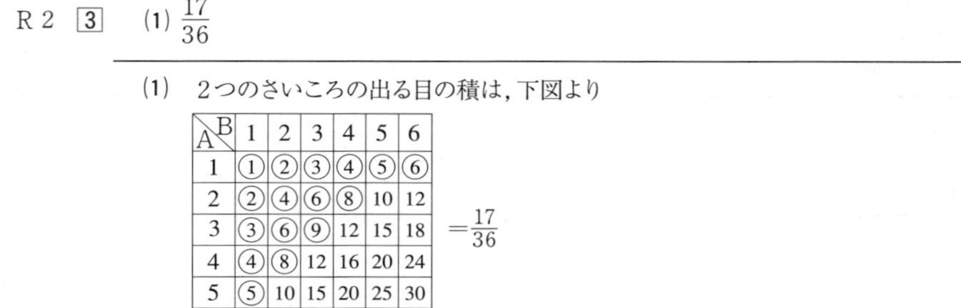

A＼B	1	2	3	4	5	6
1	①	②	③	④	⑤	⑥
2	②	④	⑥	⑧	10	12
3	③	⑥	⑨	12	15	18
4	④	⑧	12	16	20	24
5	⑤	10	15	20	25	30
6	⑥	12	18	24	30	36

$=\frac{17}{36}$

R 3　[3] (2) $\frac{11}{20}$

(2)

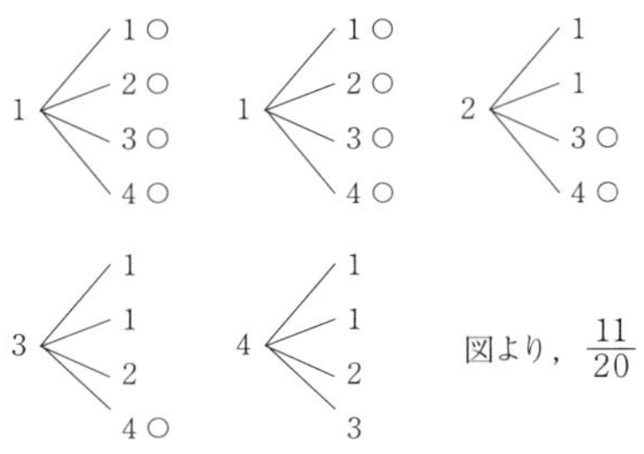

1 — 1○, 2○, 3○, 4○
1 — 1○, 2○, 3○, 4○
2 — 1, 1, 3○, 4○
3 — 1, 1, 2, 4○
4 — 1, 1, 2, 3

図より，$\frac{11}{20}$

R 4　[3] (1) $\frac{5}{36}$

(1) まず，さいころを2回投げて出る目の数は36通り。
このとき，$10a+b$ が8の倍数になるのは，
（1，6），（2，4），（3，2），（5，6），（6，4）の5通り。
よって，$\frac{5}{36}$

（方程式・文字と式）

H26 [3]　(4) 証明（解答例）

整数Mの十の位の数をx，一の位の数をyとすると，
$M=10x+y$，$N=x+y$と表せる。
したがって，$M^2-N^2=(10x+y)^2-(x+y)^2$
$=100x^2+20xy+y^2-x^2-2xy-y^2$
$=99x^2+18xy=9(11x^2+2xy)$
$11x^2+2xy$は整数だから，M^2-N^2は9の倍数である。

H28 [3]　(4) a，bの値を求める過程（解答例）

15人について調べたから，
$2+1+a+3+5+b+1=15$　　整理すると，$a+\ \ =3$……①
平均値はちょうど3冊だから，
$(0\times2+1\times1+2\times a+3\times3+4\times5+5\times b+6\times1)\div15=3$
整理すると，$2a+5b=9$……②
①，②を連立方程式として解くと，$a=2$，$b=1$

答　aの値　2，bの値　1

(4) 題意より人数と借りた本の冊数でそれぞれ，次の式が成り立つ。

$$\begin{cases}1+2a+9+20+5b+6=45\\2+1+a+3+5+b+1=15\end{cases}$$

これをといて$a=2$，$b=1$であると分かる。

H29 [3]　(4) xの値を求める過程（解答例）

もとの長方形の紙の横の長さは$(26-x)$cmだから，
作った箱の縦の長さは$(x-6)$cm，横の長さは$(20-x)$cm，高さは3cmである。
したがって，$3(x-6)(20-x)=120$
整理すると，$x^2-26x+160=0$　$(x-10)(x-16)=0$
よって，$x=10$　または$x=16$
$6<x<13$だから，$x=10$は問題にあうが，$x=16$は問題にあわない。

答　xの値　10

H29 4 (2) ア 26500円　イ $700a+90000$円

ウ a, bの値を求める過程(解答例)

遠足当日にロープウェイを往復利用した人数は,遠足前の調査で往復利用を希望した人数より20人多かったので, $b-a=20$……①

イの結果より,遠足前の調査で事前に計算した運賃の総額は$(700a+90000)$円である。

当日支払ったロープウェイの運賃の総額は, $20 \leqq b \leqq 39$だから,

$900b+600(150-b)=(300b+90000)$円となる。

当日支払ったロープウェイの運賃の総額は,遠足前の調査で事前に計算した運賃の総額より800円安かったので, $(700a+90000)-(300b+90000)=800$

整理すると, $7a-3b=8$……②

①, ②を連立方程式として解くと, $a=17$, $b=37$

答 aの値 17, bの値 37

---

(2) ア 問題文から

$850\times10+900\times20$

$=8500+18000$

$=16500$

イ 遠足前の調査でロープウェイの往復利用を希望した人数をa人とすると,希望しなかった人数は$150-a$人である。

問題文から, $a \leqq 19$より,往復利用は普通運賃,片道利用は100人以上の団体運賃で計算しなければならない。

よって,

$1300\times a+600\times(150-a)$

$=700a+90000$

H30 3 (4) 証明(解答例)

小さい方の整数をnとすると,大きい方の整数は$n+4$と表される。

したがって, $M=(n+4)^2-n^2$

$=8n+16$

$=8(n+2)$

$n+2$は整数だから, Mは8の倍数である。

H31 4 (2) ア 2 個　イ $x=21y-21$

ウ x, y の値を求める過程(解答例)

イの結果より, $x=21y-21$……①

1日目から3日目までに検査員が検査した製品の個数は, $3(3\times2+y)=(3y+18)$個

4日目から11日目までに検査員が検査した製品の個数は, $8(3+2y)=(16y+24)$個

また, 1日目の午前9時に検査場内にあった製品と1日目から11日目までに追加された製品の総数は $x+11\times5=(x+55)$ 個で, これは1日目から11日目までに検査した製品の総数と等しいから, $x+55=(3y+18)+(16y+24)$ 整理すると, $x=19y-13$……②

①, ②を連立方程式として解くと, $x=63$, $y=4$　答 x の値 63, y の値 4

---

(2) ア その日,午前10時に5個増え, 1日で検査員Aは3個検査し出荷されるので, $+5-3=+2$

よって 2個増える。

イ 21日間検査を行ったので検査した製品の個数は

$x+5\times21=x+105$[個]

一方, 7日目までは検査員A, B, Cで検査を行ったので, 7日目までに検査を行った製品は

$7\times(3+3+y)=7(y+6)$[個]

8日目から21日目までは検査員B, Cで検査を行ったので, 8日目から21日目までに検査を行った製品は

$14\times(3+y)=14(y+3)$[個]

よって, $x+105=7(y+6)+14(y+3)$

これを整理すると $x=21y-21$

R2 3 (4) xの値を求める過程(解答例)

部員全員から1人250円ずつ集金すれば,ちょうど支払うことができるので,

体育館の利用料金は, $250x$円である。

また,体育館で練習する日に集金した合計金額は, $280(x-3)$円で,

利用料金を支払うと120円余るので,

$250x=280(x-3)-120$

これを解くと, $x=32$　答 xの値 32

R3 3 (4) xの値を求める過程(解答例)

テープの幅が$x$cmだから, テープがはられていない部分すべての面積の和は,

$(10-2x)(20-4x)$ cm^{2}である。

また,長方形ABCDの面積は, $10\times20=200$cm^{2}である。

よって, $(10-2x)(20-4x)=200\times\frac{36}{100}$

整理すると, $x^2-10x+16=0$　$(x-2)(x-8)=0$

したがって, $x=2$ または $x=8$

$0<x<5$だから, $x=2$は問題にあうが, $x=8$は問題にあわない。　答 xの値 2

R4 3 (4) a, bの値を求める過程(解答例)

箱Cに入っているクッキーの枚数は,箱Aに入っているクッキーの枚数の2倍だから, $2a$枚である。箱A,箱B,箱Cに入っているクッキーの枚数の合計は27枚だから,

$a+b+2a=27$　整理すると, $3a+b=27$……①

箱A,箱B,箱Cを,それぞれ8箱, 4箱, 3箱買ったときのクッキーの枚数の合計は118枚だから, $8a+4b+3\times2a=118$　整理すると, $7a+2b=59$……②

①, ②を連立方程式として解くと, $a=5$, $b=12$　答 aの値 5, bの値 12

(数の規則性)

H27 4 (1) ア (解答例) ① 81 ② 1,3,9,27,81

① 225 ② 1,3,5,9,15,25,45,75,225 などから１つ

イ (解答例) 49,121,169,289,361 などから２つ

H28 4 (1) ア 14(個) イ $n=360$, $x=179$

(1) ア $180°\times(n-2)=2160°$より $n=14$

イ 正多角形の中心角と外角は一致する(下図参照)ので

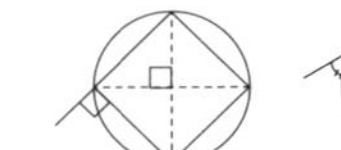

180°から中心角をひいたものが1つの内角になる。

nは無限に大きくできるが,中心角が1°を切ると,1つの内角は自然数とはならないので,nは最大で360であることが分かる。

$n=360$を代入すると$x=179$となるため,これが解である。

H29 4 (1) ア 太郎さん５個 花子さん11個 イ 24

(1) ア 絵を書くとよい。

最初 ○×8(太郎さん) ○×8(花子さん)

⇓ $8\div2=4$

１回目 ○×4 ○×12

⇓ $12\div2=6$

２回目 ○×10 ○×6

⇓ $10\div2=5$

３回目 ○×5 ○×11

よって，太郎さんが５個，花子さんが11個

イ 最初にx個入っていたとすると，右図より，ゲーム終了後花子さんは$\frac{13}{8}x$個であるので，

$\frac{13}{8}x=30$ $x=30$

○×x ○×x

⇓ $x\div2=\frac{x}{2}$

○×$\frac{3}{2}x$ ○×$\frac{1}{2}x$

⇓ $\frac{3}{2}x\div2=\frac{3}{4}x$

○×$\frac{3}{4}x$ ○×$\frac{5}{4}x$

⇓ $\frac{3}{4}x\div2=\frac{3}{8}x$

○×$\frac{3}{8}x$ ○×$\frac{13}{8}x$

H31 4 (1) ア 20cm² イ $n=10$

(1) 様々な考え方があるが,今回は以下で考える。

n，mを整数とする。黒のタイルの縦の長さがn[cm]，横の長さがm[cm]のとき，以下の図のように考えることで，白のタイルは

$2\times\{(n+1)+(m+1)\}=2(n+m+2)$枚必要である。

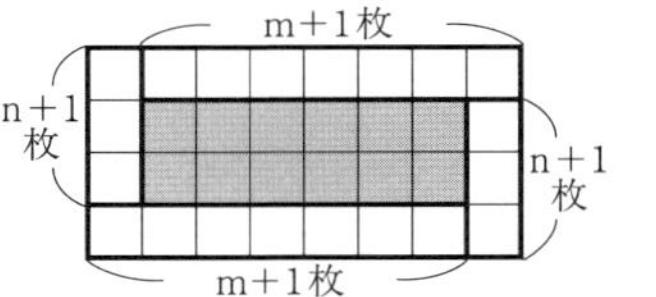

白いタイルは1枚あたり1cm²なので,面積は$2(n+m+2)$cm²

ア n=2，m=6なので

$2\times(2+6+2)=20$[cm²]

イ 黒いタイルの面積は3n[cm²],

白いタイルの面積は

$2\times(3+n+2)=2n+5$[cm²],

よって，$3n=2n+10$，つまり $n=10$

R２ 4 (1) ア $a=31$ イ 7，24，25

(1) ア $2n-1$ に$n=16$を代入して，$2\times16-1=31$

イ $2n-1=49$より $n=25$ したがって,$n-1=24$，$49=7^2$

R３ 4 (1) ア $p=5$ イ 25，49 から1つ

(2) ア 9 点 イ $-2a+2b+19$ 点

ウ a，b の値を求める過程(解答例)

1枚は表で2枚は裏が出た回数は$(9-a-b)$回だから，10回のゲームで，表が出た枚数の合計は,$3a+2\times1+1\times(9-a-b)=(2a-b+11)$枚である。

よって，$2a-b+11=12$ 整理すると，$2a-b=1$……①

イの結果より，次郎さんが得た点数の合計は，$(-2a+2b+19)$点である。

また，太郎さんが得た点数の合計は，$4a+2\times1+1\times(9-a-b)=(3a-b+11)$点である。次郎さんが得た点数の合計は，太郎さんが得た点数の合計より7点大きいから，

$-2a+2b+19=(3a-b+11)+7$ 整理すると，$5a-3b=1$……②

①,②を連立方程式として解くと,$a=2$，$b=3$ 答 aの値 2，bの値 3

(1) ア

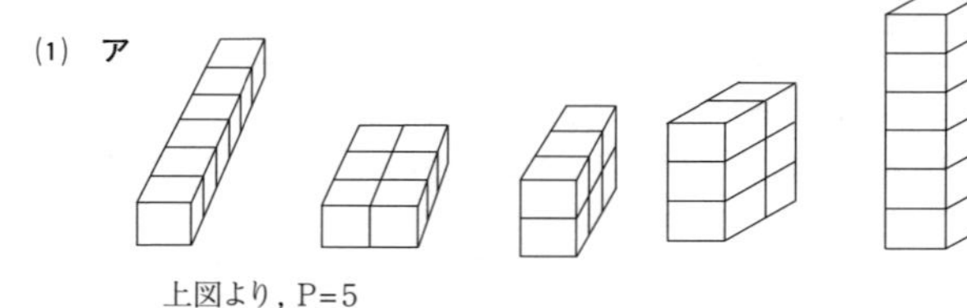

上図より，P=5

イ 表より，n が素数の平方のとき，$m=4$ になると推測できる。よって　$n=25,\ 49$

(2) ア　$1\times3+4+2=9$　　9点

R4 [4]　(1) ア　$a=56$　イ　12，13

(1) ア　まず，印は各頂点に1つずつつくので8つ。
そして，各辺の頂点以外に4つずつつくので，$4\times12=48$つ
したがって，合計は$8+48=56$

イ　規則性を見つける。

i）a について
頂点が8，頂点以外の各辺に$(n-1)$，印がつくので
合計が$8+(n-1)\times12=12n-4$

ii）b について
①n が偶数のとき
頂点が4，頂点以外の各辺に$(n-1)$，印がつくので
合計が$4+(n-1)\times6=6n-2$
②n が奇数のとき
①に加えて，各辺の中点に印がつくので，合計が
$(6n-2)+6=6n+4$

したがって，①n が偶数のとき　$(12n-4)-(6n-2)=70$
$6n=72$　　$n=12$
②n が奇数のとき　$(12n-4)-(6n+4)=70$
$6n=78$　　$n=13$

（平面図形）

H26 [2]　(1) 35（度）　(3) $\frac{2}{7}$（倍）

(1) CA=CDより△CADは二等辺三角形，よって∠CAD=∠CDA=70°
△ABCは二等辺三角形なので，∠ABC=x°とすると，∠ABC=∠ACB=x°
∠CAD=∠ABC+∠ACBなので，$x+x=70$　　$x=35$　　よって∠ABC=35°

(3) AE，BCを延長し交点をGとすると，
DE=CE，∠ADE=∠GCE（錯角），
∠AED=∠GEC（対頂角）より
△ADE≡GCE
よって台形ABCDと△ABGの面積は等しくなる。
AE=EGより△ABE=$\frac{1}{2}$△ABG…①
次に，EF=4，FA=3より△BEF=△ABE×$\frac{4}{7}$
ここに①を代入　△BEF=$\frac{1}{2}$△ABG×$\frac{4}{7}$=$\frac{2}{7}$△ABG
よって，△ABG=台形ABCDなので△BEFは台形ABCDの$\frac{2}{7}$倍

H27 [2]　(1) 80（度）　(3) $6\sqrt{13}\text{cm}^2$

(1) △ABCはAB=ACの二等辺三角形なので，
∠ABC=∠ACB=35°
したがって　∠BAC=180°−35°×2=110°
△AFDにおいて，2つの内角の和は隣り合わない1つの外角と等しいことより，
∠BAC=∠AFD+∠ADF
110=∠AFD+30
よって∠AFD=80°

(3) 四角形AGEDは平行四辺形なので
DE=AG=6cm
△DEFは直角三角形なので，三平方の定理より
EF=$\sqrt{7^2-6^2}=\sqrt{13}$cm
よって△DEFの面積は$\frac{1}{2}\times6\times\sqrt{13}=3\sqrt{13}\text{cm}^2$
△DEF=△DCF−△ECF
=△ACF−△ECF（△DCFと△ACFは底辺と高さが等しいので，面積が等しい）
=△ACE=△GCE（△ACEと△GCEは底辺と高さが等しい）
四角形BCEGは平行四辺形であり，面積は△CGEの2倍になるので，
$3\sqrt{13}\times2=6\sqrt{13}\text{cm}^2$

H28 2　(1) 32（度）　(3) $\frac{60}{7}$ cm²

(1) CA=CBより△ABCは二等辺三角形なので,∠CAB=∠ABC=72°。
AD∥BCより錯角は等しいから,∠DCE=∠CAB=72°。
よって,∠CDE=104°−72°=32°。

(3) △BGFの面積を x とする。
すると,△BFAは $2x$
$3:4=2x:$△AFDより△AFDは $\frac{8}{3}x$ とおける。
また,△FGC$=30\times\frac{1}{3}=10$であり,
$3:4=(x+10):$△FCDより
△FCD$=\frac{4x+40}{3}$
とおけるので,$\underset{\triangle BFA}{2x}+\underset{\triangle BGF}{x}+\underset{\triangle AFD}{\frac{8}{3}x}+\underset{\triangle FCD}{\frac{4x+40}{3}}+\underset{\triangle FGC}{10}=50$
これを解くと $x=\frac{80}{21}$　　求めたい△ACDは $\frac{60}{7}$

H29 2　(1) 65（度）　(3) $\frac{5}{2}$ cm

(1) $\overset{\frown}{BC}$における円周角の定理より,∠BEC=∠BAC
対頂角より∠ADB=∠EDC=80°
よって,三角形の内角の和は180°より,
35°+80°+∠BAC=180°
∠BAC=∠BEC=65°

(3) 右図のように,線分BEの延長と線分ADの延長の交点をGとする。

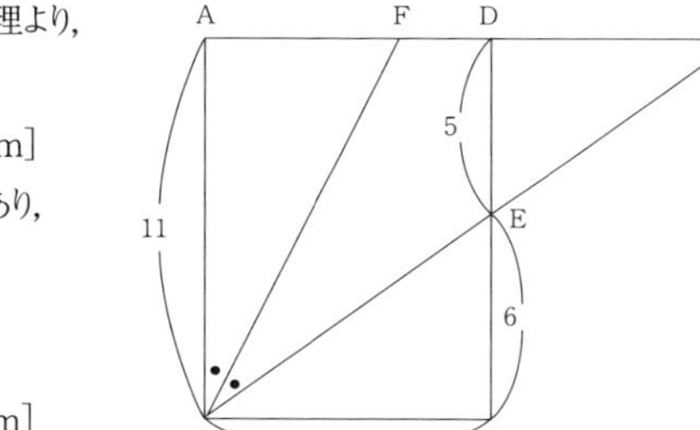

△BCEの三平方の定理より,
$BE^2=8^2+6^2=100$
BE>0よりBE=10[cm]
△BCE∽△GDEであり,
相似比は6:5なので,
10:EG=6:5
EG$=\frac{50}{6}=\frac{25}{3}$[cm]
8:DG=6:5
DG$=\frac{40}{6}=\frac{20}{3}$[cm]
このことから,BG$=10+\frac{25}{3}=\frac{55}{3}$[cm]　　AG$=8+\frac{20}{3}=\frac{44}{3}$[cm]
ここで,線分BFは∠ABGの二等分線なので,
AF:FG=BA:BG$=11:\frac{55}{3}=3:5$
FD= x cmとおくと,AF$=8-x$,FG$=x+\frac{20}{3}$と表せるので,
$(8-x):(x+\frac{20}{3})=3:5$。
$3x+20=40-5x$　　$8x=20$　　$x=\frac{5}{2}$

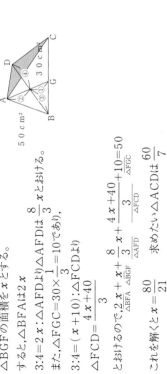

H30 4　(2) ア　15cm²　　イ　辺ONの長さ $12-3a$cm　辺MNの長さ $6-\frac{3}{2}a$cm
ウ　a の値を求める過程（解答例）
イの結果より,ON$=(12-3a)$cm,MN$=(6-\frac{3}{2}a)$cmだから,
直角三角形OMNの面積は,$\frac{1}{2}(12-3a)(6-\frac{3}{2}a)$cm²である。
また,長方形ABCDの面積は,6×8=48cm²である。
したがって,$\frac{1}{2}(12-3a)(6-\frac{3}{2}a)=48\times\frac{3}{16}$
整理すると,$a^2-8a+12=0$　　$(a-2)(a-6)=0$
よって,$a=2$　　または $a=6$
$0<a<4$だから,$a=2$は問題にあうが,$a=6$は問題にあわない。

答　a の値　2

(2) ア　右図より,3×5=15[cm²]
イ　条件よりEL$=12-a$[cm]
△EML∽△EFGより
EL:ML=EG:FG
$(12-a)$:ML=12：6
よって　ML$=\frac{12-a}{2}$
したがって　MN=ML−NL
$=\frac{12-a}{2}-a=\frac{12-3a}{2}$[cm]
また　△EML∽△OMNより
△EFG∽△OMNなので
EG:FG=ON:MN
12：6=ON:$\frac{12-3a}{2}$
ON$=12-3a$[cm]

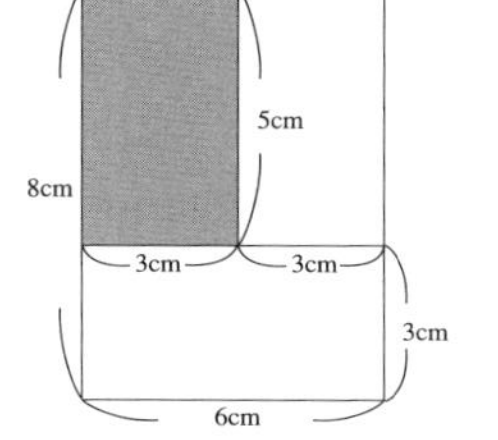

H31 2 (1) 20(度)　(3) $\frac{48}{5}$ cm

(1) 円周角の定理より

∠DAC=∠DCA=∠DBA=35°

∠ADB=90°

よって∠CAB=x° とおくと，

△DABに注目して

35+90+(35+x)=180

これを解くと x=20

(3) 右図のように点J，Kを定める。

すると，

△CEB∽△CJK

△CJK∽△FJH

がわかるので，△CEB∽△FJH

ここで，△CEBにおける三平方の定理より

$EC^2=5^2+12^2=169$

EC>0よりEC=13[cm]

△CEB∽△FJHより

FH：FJ=CB：CE

9：FJ=12：13

つまり　FJ=$\frac{39}{4}$[cm]

また　FH：JH=CB：EB

9：JH=12：5

つまり　JH=$\frac{15}{4}$[cm]

ここで，FK=12cmより

JK=FK−FJ=12−$\frac{39}{4}$=$\frac{7}{4}$[cm]

△CJK∽△CEBより

CJ：JK=CE：EB

CJ：$\frac{7}{4}$=13：5　つまり　CJ=$\frac{91}{20}$[cm]

よって　CH=CJ+JH=$\frac{91}{20}+\frac{15}{4}=\frac{48}{5}$[cm]

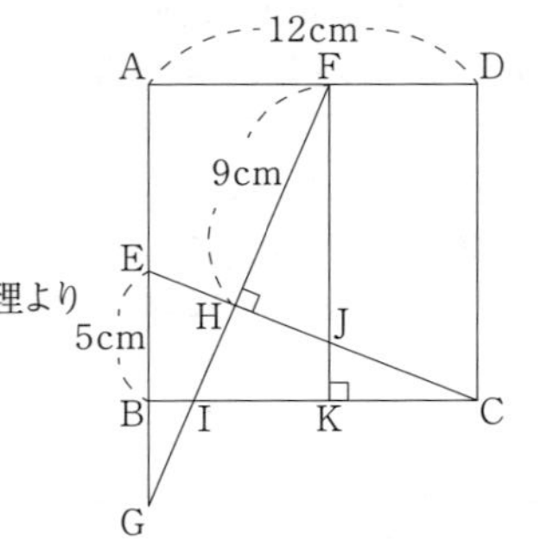

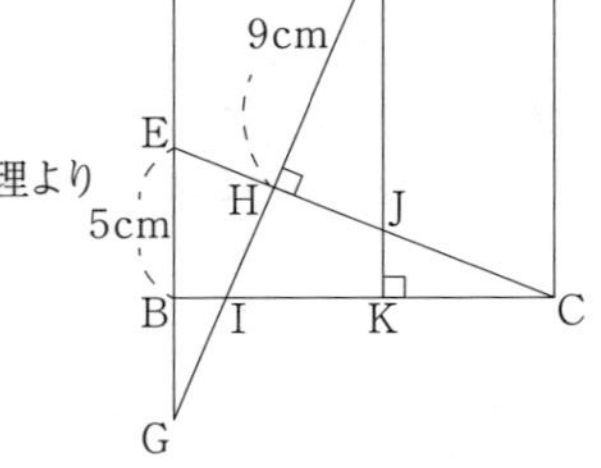

R2 2 (1) 25(度)　(3) $4\sqrt{5}$ cm²

(1) ∠BAF=90−40=50°　△ABFはAB=AFの二等辺三角形なので，

∠ABF=(180−50)÷2=65°

したがって，∠EBC=90−65=25°

(3) DE上に△ABCと合同な△DBHをとると，

HB=BG=6cmで，高さは同じなので

△BDG=△DBH=△ABC

三平方の定理より　AC=$\sqrt{6^2-4^2}=2\sqrt{5}$

なので，△ABC=4×$2\sqrt{5}$×$\frac{1}{2}$

=$4\sqrt{5}$[cm²]

したがって　△BDG=$4\sqrt{5}$[cm²]

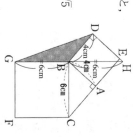

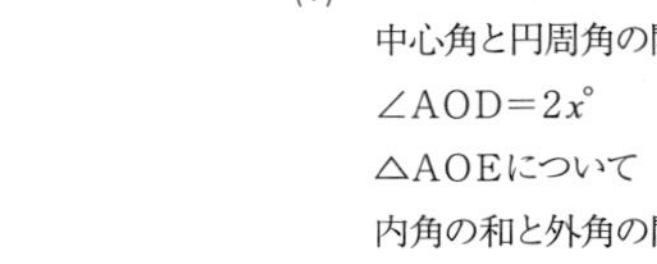

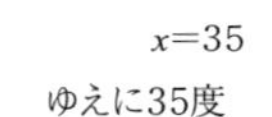

R3 2 (1) 35(度)　(3) $\frac{12\sqrt{5}}{5}$ cm

(1) ∠ACD=x° とおく。

中心角と円周角の関係より

∠AOD=2x°

△AOEについて

内角の和と外角の関係より

2x+20=90

x=35

ゆえに35度

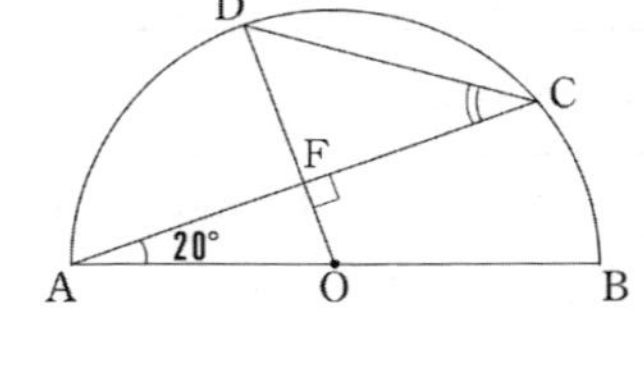

(3) △ABCについて三平方の定理より

AC=$\sqrt{(5^2-3^2)}=4$

内角の二等分線の性質より，

CD=AC×$\frac{3}{3+5}=\frac{3}{2}$

△BCDについて三平方の定理より

BD=$\sqrt{(3^2+(\frac{3}{2})^2}=\frac{3\sqrt{5}}{2}$

BD：BE=5：(5+3)=5：8より

BE=$\frac{3\sqrt{5}}{2}\times\frac{8}{5}=\frac{12\sqrt{5}}{5}$ cm

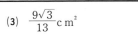

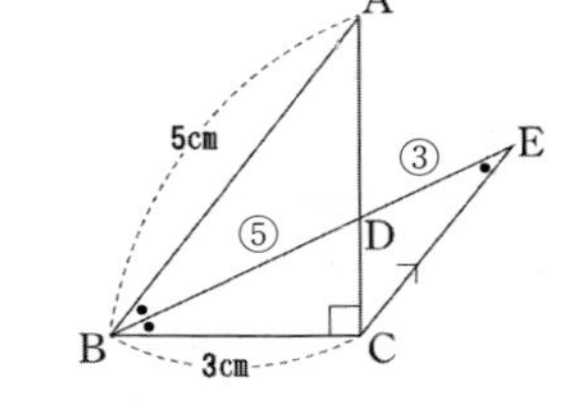

R4 2 (1) 55(度)　(3) $\frac{9\sqrt{3}}{13}$ cm²

(1) △ABDは，AB＝BDの二等辺三角形なので，
∠ADB＝(180−50)÷2＝65°
AD//BDより，錯角は等しいから∠DBC＝∠ADB＝65°
よって，∠BCD＝180−(60+65)＝55°

(3) 点AからBCに垂線を下ろし，その交点をFとする。
△ABCは正三角形なので，BF＝FC＝2cm
△ABFにおいて三平方の定理より，
$AF=\sqrt{4^2-2^2}=2\sqrt{3}$
△ADFにおいて三平方の定理より，
$AD=\sqrt{(2\sqrt{3})^2+1^2}=\sqrt{13}$
△ACD∽△BEDなので，
相似比はAD＝BD＝$\sqrt{13}$＝3
$△ACD=1\times 2\sqrt{3}\times\frac{1}{2}=\sqrt{3}$より，
$△ACD=△BED=(\sqrt{13})^2=3^2$
$\sqrt{3}$＝△BED＝13＝9
$△BED=\frac{9\sqrt{3}}{13}$ cm²

(立体図形)

H26 2 (2) ア 5(cm) イ 26(cm³)

(2) ア △OAB∽△ODEより
OD：OA＝DE：AB＝1：3
OD：DA＝1：2となるので，$OD=\frac{3}{2}$ cm
△ODEにおける三平方の定理より
$OE=\sqrt{OD^2+DE^2}=\sqrt{\left(\frac{3}{2}\right)^2+2^2}=\frac{5}{2}$
OE：EB＝OD：DA＝1：2となるので，BE＝OE×2＝5cm

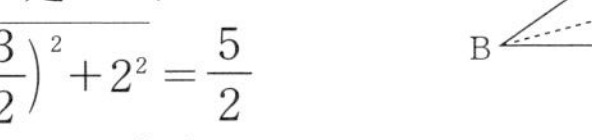

イ 右上図より三角すいOABCと三角すいODEFの辺の比は3：1なので体積比は27：1　よって2コの立体に分けたときの下の方の立体の体積は全体の体積の$\frac{26}{27}$倍となる。
三角すいOABCの体積は$6\times 6\times\frac{1}{2}\times\left(3+\frac{3}{2}\right)\times\frac{1}{3}=27$cm³
よって$27\times\frac{26}{27}=26$cm³

H27 2 (2) ア 辺AB，辺DE　イ $\sqrt{41}$(cm)

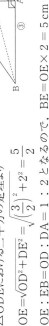

(2) ア ∠EDF＝90°より，辺DEと辺AB
イ 展開すると，右図のようになる。張った糸の長さがもっとも短くなるのは，頂点Fから頂点Bまで直線になるときなので，
△ABFで三平方の定理より，
$BF^2=5^2+(1+3)^2=25+16=41$
BF＞0より，　BF＝$\sqrt{41}$　よって$\sqrt{41}$cm

H28 2 (2) ア ㋑ イ $12\sqrt{10}$(cm³)

(2) ア ねじれは，平行と交わるもの以外。
イ △ABDにおいて三平方の定理より，$BD=\sqrt{6^2+2^2}=2\sqrt{10}$
したがって，$BF=20\div 2\sqrt{10}=\sqrt{10}$。よって，求める体積は，$2\times 6\times\sqrt{10}=12\sqrt{10}$(cm³)

H29 2 (2) ア ㋑ イ $\sqrt{26}$cm

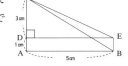

(2) イ 辺ACの中点をRとする。△ABCに注目すると，
中点連結定理により，$PR=\frac{1}{2}BC=1$[cm]
また，点Rは点Qから辺ACに垂線を下ろしたときの交点なので，QR＝5[cm]
よって，△PQRにおける三平方の定理より
$PQ^2=5^2+1^2=26$
PQ＞0より$PQ=\sqrt{26}$

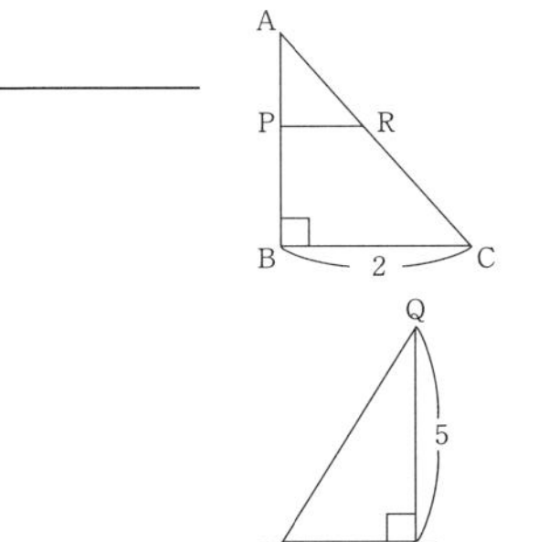

H30 2 (2) ア $\frac{1}{2}$ cm　イ $\frac{4\sqrt{14}}{3}$ cm³

(2) ア △AFG∽△ACDより，
AG：FG＝AD：CD
1：FG＝4：2
よって　$FG=\frac{1}{2}$[cm]
イ 右図のように点Hを定めると，AHが正四角すいABCDEの高さになる。四角形BCDEは正方形なので$EC=2\sqrt{2}$cm
したがって$HC=\sqrt{2}$cm
△AHCにおける三平方の定理より$AH^2=4^2-(\sqrt{2})^2=14$
AH＞0より$AH=\sqrt{14}$cm
よって，正四角すいの体積は　$2\times 2\times\sqrt{14}\times\frac{1}{3}=\frac{4\sqrt{14}}{3}$[cm³]

H31 [2] (2) ア ㋐ イ $2\sqrt{7}$ cm³

(2) イ AB=BC=ADより
△ABDにおける三平方の定理より
$2^2=AB^2+AD^2$
$=2AB^2$
$AB^2=2$ AB>0よりAB= $\sqrt{2}$ [cm]
次に△AEFにおける三平方の定理より
$3^2=(\sqrt{2})^2+BF^2$
$9=2+BF^2$
$BF^2=7$
BF>0よりBF= $\sqrt{7}$ [cm]
以上より $\sqrt{2}\times\sqrt{2}\times\sqrt{7}=2\sqrt{7}$ [cm³]

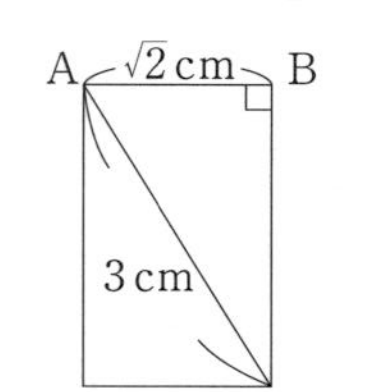

R 2 [2] (2) ア ㋑ イ $\sqrt{61}$ cm

(2) イ 三角すいPABC=△ABC×PA×$\frac{1}{3}$より
$15=6\times3\times\frac{1}{3}$ PA=5
△PABにおいて 三平方の定理より, PB= $\sqrt{6^2+5^2}=\sqrt{61}$

R 3 [2] (2) ア ㋑ イ $\frac{8\sqrt{3}}{3}$ cm

(2) イ BP=xとおく。
AB= $\sqrt{(8^2-4^2)}=4\sqrt{3}$より
△CAP=$\frac{1}{2}\times4\times(4\sqrt{3}-x)$
$=2(4\sqrt{3}-x)$
三角錐DCAPについて, 高さはDH=3より,
体積は
$\frac{1}{3}\times2(4\sqrt{3}-x)\times3=2(4\sqrt{3}-x)$ ・・・①
三角錐ODCAについて
底面を△OCAとすると, 体積は
$\frac{1}{3}\times(\frac{1}{2}\times4\times6)\times AH=8\sqrt{3}$ ・・・・ ②
三角錐BCAOの体積は
$\frac{1}{3}\times(\frac{1}{2}\times4\times6)\times4\sqrt{3}=16\sqrt{3}$ ・・・・③
①~③と条件より
$16\sqrt{3}\times\frac{2}{3}=2(4\sqrt{3}-x)+8\sqrt{3}$
$2x=\frac{16\sqrt{3}}{3}$ $x=\frac{8\sqrt{3}}{3}$
よって, $\frac{8\sqrt{3}}{3}$ cm
<別解>
$\frac{BP\cdot BD}{BA\cdot BO}=\frac{x\cdot1}{4\sqrt{3}\cdot2}=\frac{1}{3}$ よって, $x=\frac{8\sqrt{3}}{3}$ (cm)

R 4 [2] (2) ア ㋑ イ $32\sqrt{5}$ cm³

(2) イ AからECに垂線を下ろし, その交点をFとすると,
AFが四角すいの高さとなる。
三平方の定理より, EC= $\sqrt{8^2+4^2}=4\sqrt{5}$
△ACE=30cm²より,
$4\sqrt{5}\times AF\times\frac{1}{2}=30$だから,
AF= $3\sqrt{5}$
したがって, 四角すいの体積は,
$8\times4\times3\sqrt{5}\times\frac{1}{3}=32\sqrt{5}$ cm³

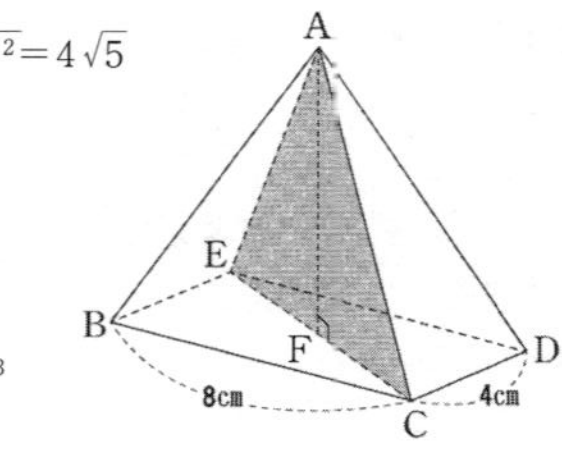

(証明)

H26 [5] (1) 証明(解答例)
△ABCと△OBEにおいて, ∠Bは共通
仮定より, ∠DAB=∠CADだから, ∠CAB=2∠DAB
円周角の定理より, ∠DOB=2∠DAB
∠DOB=∠EOBだから, ∠CAB=∠EOB
2組の角がそれぞれ等しいから, △ABC∽△OBE

(2) 証明(解答例)
点Oと点Gを結ぶ。
△OBEと△OGFにおいて, 仮定より, OE=OF
円Oの半径だから, OB=OG ABは直径だから, ∠ACB=90°であり,
(1)より, △ABC∽△OBEだから, ∠ACB=∠OEB=90°……①
仮定より, ∠OFG=90°だから, ∠OEB=∠OFG=90°
直角三角形において, 斜辺と他の1辺がそれぞれ等しいから, △OBE≡△OGF
よって, BE=GF……② また, (1)より, △ABC∽△OBEだから, BA:BO=BC:BE
BA=2BOだから, BC=2BE よって, BE=CE ②より, GF=CE……③
△AGFと△DCEにおいて, 仮定より, ∠AFG=90°
対頂角は等しいから, ∠OEB=∠DEC
①より, ∠DEC=90° よって, ∠AFG=∠DEC……④
また, AF=OA−OF, DE=OD−OE, OA=OD, OF=OEだから, AF=DE……⑤
③, ④, ⑤より, 2組の辺とその間の角がそれぞれ等しいから, △AGF≡△DCE

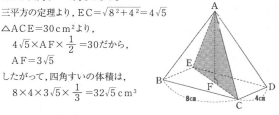

H27 5 (1) 証明（解答例）

△AFOと△CFEにおいて，

対頂角は等しいから，∠AFO＝∠CFE

OA∥CEより，錯角は等しいから，∠OAF＝∠ECF

２組の角がそれぞれ等しいから，△AFO∽△CFE

(2) 証明（解答例）

点Oから線分ＡＥに垂線をひき，その交点をＩとする。

△OAIと△OEIにおいて，OIは共通……①

∠OIA＝∠OIE＝90°……②

仮定より，2点A，Eは直線BCについて同じ側にあって，∠BAC＝∠BEC＝90°だから，

４点B，C，A，Eは線分BCを直径とする円周上にある。

BO＝COだから，点Oはこの円の中心である。　　よって，OA＝OE……③

①，②，③より，直角三角形の斜辺と他の１辺がそれぞれ等しいから，

△OAI≡△OEI　　よって，AI＝EI……④

また，直線BG，OI，CHは平行で，BO：CO＝１：１だから，GI：HI＝１：１

よって，GI＝HI……⑤

GA＝GI－AI，HE＝HI－EIだから，④，⑤より，GA＝HE

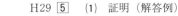

H28 5 (1) 証明（解答例）

△FDBと△FCEにおいて，対頂角は等しいから，∠DFB＝∠CFE……①

$\overset{\frown}{BE}$に対する円周角は等しいから，∠EDB＝∠BCE

∠EDB＝∠FDB，∠BCE＝∠FCEだから，∠FDB＝∠FCE……②

①，②より，

２組の角がそれぞれ等しいから，△FDB∽△FCE

(2) 証明（解答例）

点Oと点Fを結ぶ。

△OCFと△OEFにおいて，OFは共通……①

半円Oの半径だから，OC＝OE……②

仮定より，$\overset{\frown}{DE}=\overset{\frown}{BC}$　$\overset{\frown}{CE}$は共通だから，$\overset{\frown}{DC}=\overset{\frown}{BE}$

よって，等しい弧に対する円周角は等しいから，∠CED＝∠ECB

∠CED＝∠CEF，∠ECB＝∠ECFだから，∠CEF＝∠ECF

２つの角が等しいから，△ＦＣＥは二等辺三角形　　よって，FC＝FE……③

①，②，③より，３組の辺がそれぞれ等しいから，△OCF≡△OEF

よって，∠COF＝∠EOF

∠EOF＝∠GOFだから，∠COF＝∠GOF……④

CO∥FGより，錯角は等しいから，∠COF＝∠GFO……⑤

④，⑤より，∠GOF＝∠GFO　　２つの角が等しいから，△OGFは二等辺三角形

したがって，OG＝FG

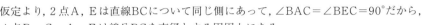

H29 5 (1) 証明（解答例）

△BCGと△FEGにおいて，∠Ｇは共通

BC//FEより，同位角は等しいから，∠BCG＝∠FEG

２組の角がそれぞれ等しいから，△BCG∽△FEG

(2) 証明（解答例）

△BCDと△CBFにおいては，BCは共通

△ABCは二等辺三角形だから，∠DBC＝∠FCB

BC//DFより，AD：AB＝AF：AC

仮定より，AB＝ACだから，AD＝AF　DB＝AB－AD＝AC－AF＝FC

２組の辺とその間の角がそれぞれ等しいから，△BCD≡△CBF

よって，CD＝BF……①　　∠BCD＝∠CBF……②

また，△DCEと△DHEにおいて，ＤＥは共通……③

BC//DEより，同位角は等しいから，∠DEH＝∠BCE＝90°，

∠DEC＝180°－∠DEH＝90°　　よって，∠DEC＝∠DEH……④

BC//ＤＥより，錯角が等しいから，∠BCD＝∠CDE，∠CBF＝∠BFD

②より，∠CDE＝∠BFD

ＢG//ＤＨより，錯角が等しいから，∠BFD＝∠HDE

よって，∠CDE＝∠HDE……⑤

③，④，⑤より，１組の辺とその両端の角がそれぞれ等しいから，

△DCE≡△DHE　　ゆえに，CD＝HD……⑥

したがって，①，⑥より，BF＝DH

H30 5 (1) 証明(解答例)

△ＡＤＥと△ＢＤＣにおいて，

対頂角は等しいから，∠ＡＤＥ＝∠ＢＤＣ

$\overset{\frown}{CE}$に対する円周角は等しいから，∠ＤＡＥ＝∠ＤＢＣ

２組の角がそれぞれ等しいから，△ＡＤＥ∽△ＢＤＣ

(2) 証明(解答例)

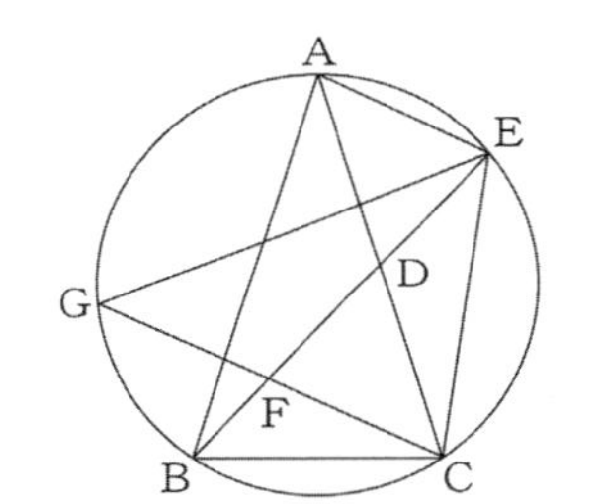

△ＡＣＥと△ＧＥＦにおいて，仮定より，ＣＥ＝ＥＦ……①

$\overset{\frown}{BC}$に対する円周角は等しいから，∠ＢＡＣ＝∠ＦＥＣ

△ＡＢＣは二等辺三角形だから，∠ＡＣＢ＝∠ＡＢＣ

よって，∠ＡＣＢ＝(180°－∠ＢＡＣ)÷2

△ＥＦＣは二等辺三角形だから，∠ＥＣＦ＝∠ＥＦＣ

よって，∠ＥＣＦ＝(180°－∠ＦＥＣ)÷2

したがって，∠ＡＣＢ＝∠ＥＣＦ……②

∠ＢＣＧ＝∠ＡＣＢ－∠ＡＣＧ，∠ＡＣＥ＝∠ＥＣＦ－∠ＡＣＧ　②より，∠ＢＣＧ＝∠ＡＣＥ

$\overset{\frown}{BG}$に対する円周角は等しいから，∠ＢＣＧ＝∠ＧＥＦ　よって，∠ＡＣＥ＝∠ＧＥＦ……③

また，$\overset{\frown}{CE}$に対する円周角は等しいから，∠ＣＡＥ＝∠ＥＧＦ……④

∠ＡＥＣ＝180°－∠ＡＣＥ－∠ＣＡＥ，∠ＧＦＥ＝180°－∠ＧＥＦ－∠ＥＧＦ

③，④より，∠ＡＥＣ＝∠ＧＦＥ……⑤

①，③，⑤より，１組の辺とその両端の角がそれぞれ等しいから，△ＡＣＥ≡△ＧＥＦ

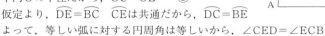

H31 5 (1) 証明(解答例)

△BEHと△BADにおいて，∠Bは共通……①

∠EGB＝∠ACB＝90°より，同位角が等しいから，EG//AC

同位角は等しいから，∠BEH＝∠BAD……②

①，②より，2組の角がそれぞれ等しいから，△BEH∽△BAD

(2) 証明(解答例)

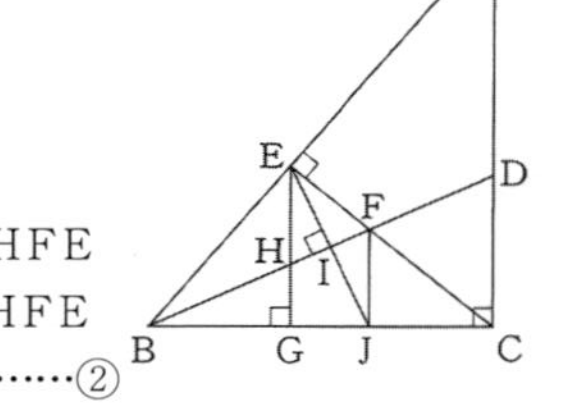

△BHGと△BFEにおいて，

仮定より，∠BGH＝∠BEF＝90°

線分BDは∠ABCの二等分線だから，∠HBG＝∠FBE……①

2組の角がそれぞれ等しいから，△BHG∽△BFE

よって，∠BHG＝∠BFE　∠BFE＝∠HFEだから，∠BHG＝∠HFE

対頂角は等しいから，∠BHG＝∠FHE　したがって，∠FHE＝∠HFE

2つの角が等しいから，△EHFは二等辺三角形　よって，EH＝EF……②

△BEIと△BJIにおいて，仮定より，∠BIE＝∠BIJ＝90°……③　BIは共通……④

①，③，④より，1組の辺とその両端の角がそれぞれ等しいから，

△BEI≡△BJI　よって，BE＝BJ……⑤

△BFEと△BFJにおいて，BFは共通……⑥

①，⑤，⑥より，2組の辺とその間の角がそれぞれ等しいから，

△BFE≡△BFJ　よって，FE＝FJ……⑦　　②，⑦より，EH＝FJ

R2 5 (1) 証明(解答例)

△AGOと△AFBにおいて，共通な角だから，

∠GAO＝∠FAB……①

仮定より，∠AGO＝90°　ABは直径だから，∠AFB＝90°

よって，∠AGO＝∠AFB……②

①，②より，2組の角がそれぞれ等しいから，△AGO∽△AFB

(2) 証明(解答例)

△ABCと△ABDにおいて，ABは共通

仮定よりBC＝BD　ABは直径だから，∠ACB＝∠ADB＝90°

直角三角形の斜辺と他の1辺がそれぞれ等しいから，△ABC≡△ABD

よって，AC＝AD……①

△ABCと△AHDにおいて，

∠ADH＝180°－∠ADB＝90°　　よって，∠ACB＝∠ADH……②

$\overset{\frown}{AC}$に対する円周角は等しいから，∠ABC＝∠AFC

∠AFC＝∠AFEだから，∠ABC＝∠AFE……③

また，仮定より，∠AEF＝90°　よって，∠ACB＝∠AEF……④

∠BAC＝180°－∠ACB－∠ABC，∠HAD＝∠FAE＝180°－∠AEF－∠AFE

③，④より，∠BAC＝∠HAD……⑤

①，②，⑤より，1組の辺とその両端の角がそれぞれ等しいから，△ABC≡△AHD

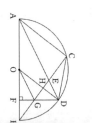

R3 5 (1) 証明(解答例)

△FGHと△IEHにおいて，対頂角は等しいから，∠FHG＝∠IHE

FG//EIより，錯角は等しいから，∠GFH＝∠EIH

2組の角がそれぞれ等しいから，△FGH∽△IEH

(2) 証明(解答例)

点Cと点Gを結ぶ。

△CDEと△CBGにおいて，仮定より，DE＝BG

四角形ABCDは正方形だから，CD＝CB，∠CDE＝∠CBA＝90°

∠CBG＝180°－∠CBA＝90°　　よって，∠CDE＝∠CBG

2組の辺とその間の角がそれぞれ等しいから，△CDE≡△CBG

よって，∠DCE＝∠BCG……①　　CE＝CG……②

線分CFは∠BCEの二等分線だから，∠ECF＝∠BCF……③

∠DCF＝∠DCE＋∠ECF，∠GCF＝∠BCG＋∠BCF

①，③より，∠DCF＝∠GCF……④

DC//FGより，錯角は等しいから，∠DCF＝∠GFC……⑤

④，⑤より，∠GCF＝∠GFC

2つの角が等しいから，△GCFは二等辺三角形　　よって，CG＝FG……⑥

②，⑥より，CE＝FG

R4 5 (1) 証明(解答例)

△ACDと△AEBにおいて，仮定より，∠CAD＝∠EAB……①

$\overset{\frown}{AC}$に対する円周角は等しいから，∠ADC＝∠ABC

∠ABC＝∠ABEだから，∠ADC＝∠ABE……②

①，②より，

2組の角がそれぞれ等しいから，△ACD∽△AEB

(2) 証明(解答例)

半円Oの半径だから，

OA＝OD……①，OD＝OB……②

①より，△OADは二等辺三角形　　よって，∠OAD＝∠ODA

仮定より，∠CAD＝∠OADだから，∠CAD＝∠ODA

錯角が等しいから，AC//OD……③

△ODFと△OBHにおいて，

共通な角だから，∠DOF＝∠BOH……④

ABは直径だから，∠ACB＝90°　③より，同位角が等しいから，∠OHB＝∠ACB＝90°

仮定より，∠OFD＝90°　よって，∠OFD＝∠OHB＝90°……⑤

②，④，⑤より，直角三角形の斜辺と1つの鋭角がそれぞれ等しいから，△ODF≡△OBH

よって，OF＝OH……⑥

△OFGと△OHGにおいて，OGは共通……⑦

⑤より，∠OFG＝∠OFD，∠OHG＝∠OHBだから，∠OFG＝∠OHG＝90°……⑧

⑥，⑦，⑧より，直角三角形の斜辺と他の1辺がそれぞれ等しいから，△OFG≡△OHG

（関数）

H26 3　(1)　㋒　(3)　ア　$\frac{3}{2}$　イ　C$(-4,\ 4)$

(1)　$3x-2y=0$　$y=\frac{3}{2}x$　傾きが正の比例のグラフなので㋒

(3)　ア　$y=\frac{1}{4}x^2$に$x=2$，4を代入すると$(x,y)=(2,\ 1)(4,\ 4)$

よって変化の割合は　$\frac{4-1}{4-2}=\frac{3}{2}$

イ　△BAE∽△BCDよりBA：BC＝9：16

よって AE：CD＝9：16

A$\left(3,\ \frac{9}{4}\right)$よりCの$y$座標は$\frac{9}{4}\times\frac{16}{9}=4$

$y=\frac{1}{4}x^2$に$y=4$を代入すると$x=\pm4$

図よりCのx座標は3より小さいので$x=-4$よって$(-4,\ 4)$

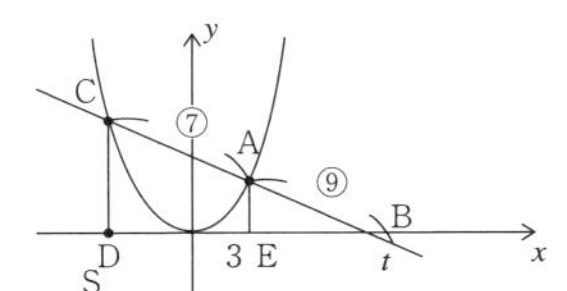

H27 3　(1)　$y=4$

(4)　ア　$-4\leqq y\leqq 0$

イ　aの値を求める過程（解答例）

点Pの座標は$(a,\ -a^2)$であり，3点P，Q，Rのx座標は等しいから，

Q$(a,\ 0)$，R$(a,\ a+1)$である。よって，$PQ=a^2$，$QR=a+1$

PQ＝QRだから，$a^2=a+1$　　整理すると，$a^2-a-1=0$

解の公式により’$a=\frac{1\pm\sqrt{5}}{2}$

点Pのx座標は正の数だから，$a>0$でなければならない。

$\sqrt{5}>1$だから，$a=\frac{1-\sqrt{5}}{2}$は問題にあわない。したがって，$a=\frac{1+\sqrt{5}}{2}$

答　aの値　$a=\frac{1+\sqrt{5}}{2}$

(1)　$y=\frac{a}{x}$とおく。

$x=3$のとき，$y=8$なので，

$8=\frac{a}{3}$　$a=24$

したがって，$y=\frac{24}{x}$

$x=6$を代入して，　$y=\frac{24}{6}=4$

よって，　$y=4$

(4)　ア　右図より，

$x=0$のとき，最大値　$y=0$

$x=-2$のとき，最小値　$y=-4$

よって，　yの変域は　$-4\leqq y\leqq 0$

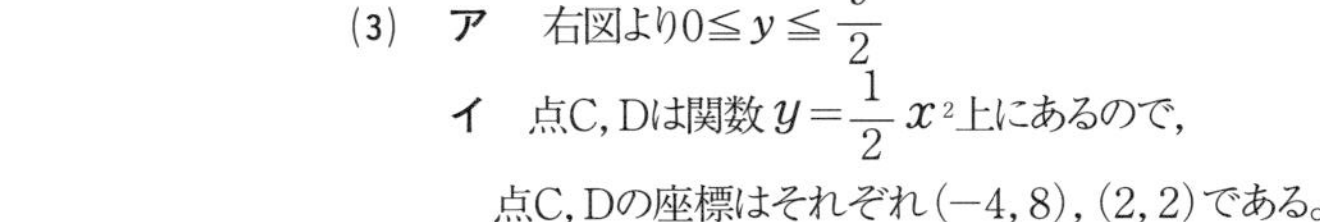

H28 3　(3)　ア　2　イ　C$(-16,\ -2)$

(3)　ア　変化の割合は　$\dfrac{\frac{9}{2}-\frac{1}{2}}{3-1}=\frac{4}{2}=2$

イ　△ABCに着目すると

右のような関係になっていることが分かる

Aのy座標が8であり，それが4：1の4に相当するため，1は2であり，それは点Cのy座標に相当する。

よって点Cのy座標は-2である。

一方，点A(4,8)は$y=\frac{a}{x}$上にあるので$a=32$である。

点Cも$y=\frac{32}{x}$上にあるため，$y=-2$を代入して，$x=-16$

よって点C$(-16,-2)$である

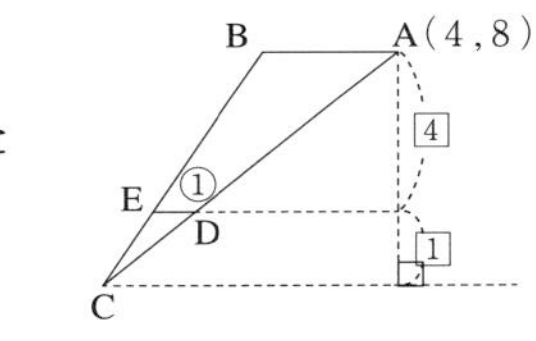

H29 3　(3)　ア　$0\leqq y\leqq\frac{9}{2}$　　イ　$a=-\frac{1}{4}$

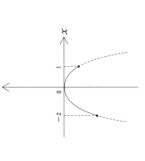

(3)　ア　右図より$0\leqq y\leqq\frac{9}{2}$

イ　点C, Dは関数$y=\frac{1}{2}x^2$上にあるので，

点C, Dの座標はそれぞれ$(-4,8)$，$(2,2)$である。

したがって，台形ABDCの面積は，

$(8+2)\times6\times\frac{1}{2}=30$

ここで，台形ABDCを3つの三角形

△ACE，△ADE，△ABDを考える。

まず，$△ABD=2\times6\times\frac{1}{2}=6$

したがって，$△ACD=30-6=24$

点Eのx座標をaとすると，

$△ACE=8\times|a-(-4)|\times\frac{1}{2}$

$=4(a+4)$

したがって，$△ADE=△ACD-△ACE$

$=8-4a$

点Eが台形ABDCの面積を2等分するためには，

△ACE＝△ADE＋△ABDであればよいので，

$4(a+4)=8-4a+6$　　$8a=-2$　　$a=-\frac{1}{4}$

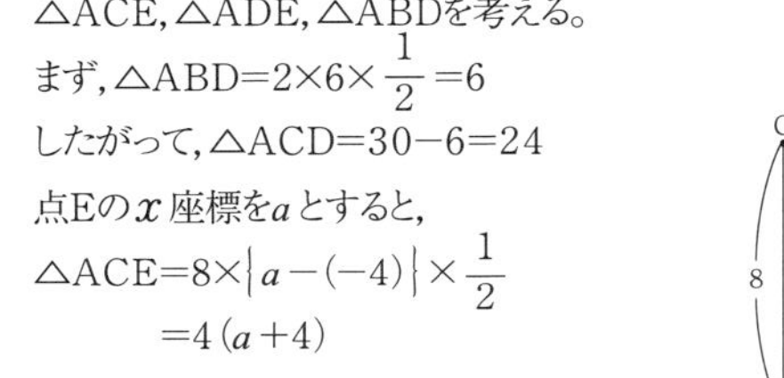

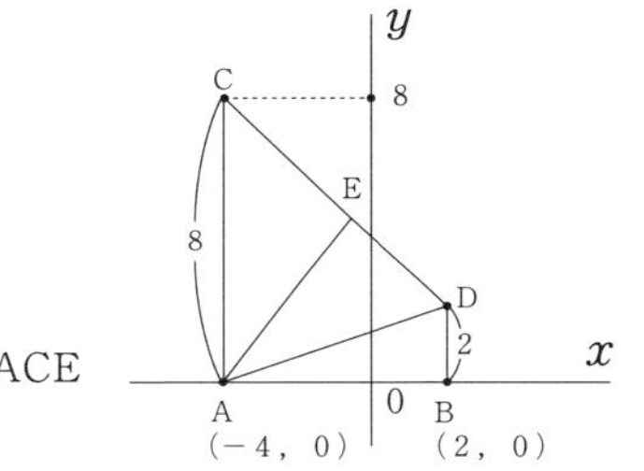

H30 3　(1)　$y=-4$　(3)　ア　2　　イ　$a=-\frac{1}{6}$

(1)　y は x に反比例するので $y=\frac{a}{x}$ と表せ, $x=2$, $y=6$ を代入すると

$6=\frac{a}{2}$　つまり　$a=12$　よって　$y=\frac{12}{-3}=-4$

(3)　ア　$\dfrac{\frac{25}{3}-\frac{1}{3}}{5-1}=\frac{8}{4}$

x	$5\to1$
y	$\frac{1}{3}\to\frac{25}{3}$

イ　条件より点Aの座標は $(4,\frac{16}{3})$, 点Bの座標は $(-4,\frac{16}{3})$

したがってAB $=4-(-4)=8$

点Cの座標は $(4, 16a)$ なので, AC $=\frac{16}{3}-16a$

よって　$\frac{16}{3}-16a=8$, つまり　$a=-\frac{1}{6}$

H31 3　(1)　㋑と㋓

(4)　ア　$0\leqq y\leqq 9$

イ　a の値を求める過程(解答例)

点Aの y 座標は -3 である。

点Aと点Rの y 座標は等しいから, 点Rの y 座標も -3 である。

点P, 点Qの y 座標はそれぞれ a^2, $a-1$ である。

PQ=QRだから, $a^2-(a-1)=(a-1)+3$

整理すると, $a^2-2a-1=0$　　よって, $a=1\pm\sqrt{2}$

点Pの x 座標は正の数だから, $a>0$ でなければならない。

$\sqrt{2}>1$ だから, $a=1-\sqrt{2}$ は問題にあわない。したがって, $a=1+\sqrt{2}$

答　a の値　$1+\sqrt{2}$

(1)　$x=-2$, $y=1$ を代入して等式が成り立つか確認する。

(4)　右図より $0\leqq y\leqq 9$

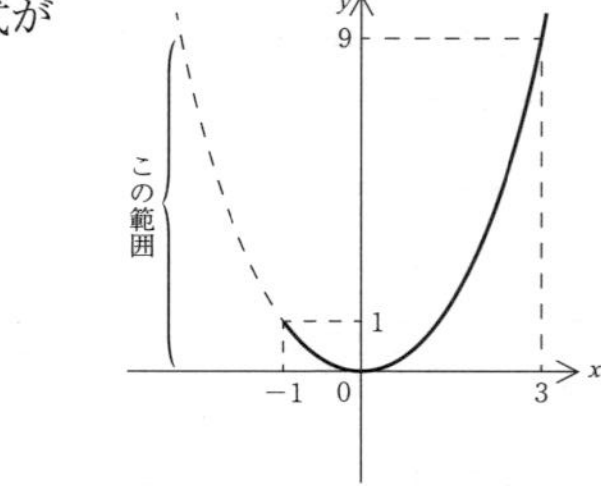

R 2 3　(3)　ア　5　イ　$y=-\frac{2}{3}x+\frac{16}{3}$

(3)　ア　$x=1$ のとき　$y=\frac{1}{2}\times1^2=\frac{1}{2}$, $x=4$ のとき

$y=\frac{1}{2}\times4^2=8$　なので

変化の割合は $\dfrac{8-\frac{1}{2}}{4-1}=5$

イ　Aの x 座標は -4 で,

$y=\frac{1}{2}x^2$ 上にあるので,

代入して　A$(-4, 8)$

AB：BC $=2:1$ より, Cの x 座標は2

Cは $y=x^2$ 上にあるので,

代入して　C$(2, 4)$

直線ABを $y=ax+b$ とおくと,

A$(-4, 8)$, C$(2, 4)$ はそれ上にあるので,

代入して連立方程式を解けばよい。

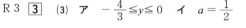

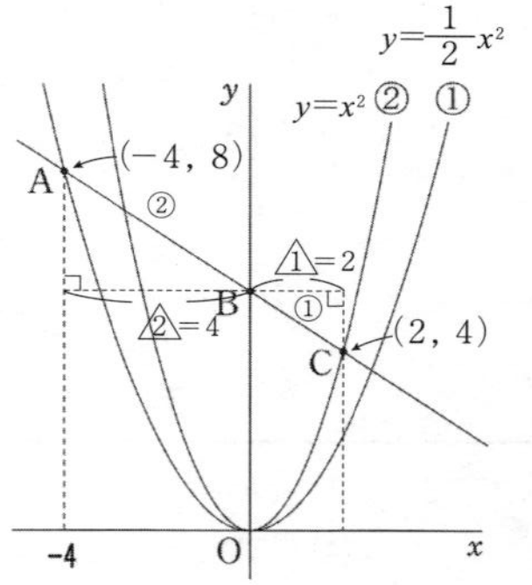

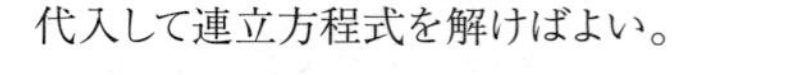

R 3 3　(3)　ア　$-\frac{4}{3}\leqq y\leqq 0$　イ　$a=\frac{1}{2}$

(3)　A$(-3, 9a)$, B$(3, 9a)$, C$(-3, -3)$, より, $\frac{5}{4}=\frac{9a+3}{6}$

$36a+12=30$　　よって　$a=\frac{1}{2}$

R 4 3　(3)　ア　-1　イ　$y=\frac{3}{4}x+\frac{9}{2}$

(3)　ア　$x=-3$ のとき, $y=\frac{1}{4}\times(-3)^2=\frac{9}{4}$

$x=-1$ のとき, $y=\frac{1}{4}\times(-1)^2=\frac{1}{4}$

したがって, $\begin{cases} x:-3\to-1 \\ y:\frac{9}{4}\to\frac{1}{4} \end{cases}$　　よって, 変化の割合は, $\dfrac{\frac{1}{4}-\frac{9}{4}}{-1-(-3)}=-1$

イ　∠OAB=∠BPOとなるのは, 図のようにBP//AOとなるときである。

四角形BPOAは平行四辺形なので,

P$(6, 0)$

点Aは $y=\frac{1}{4}x^2$ 上にあるので, $y=\frac{1}{4}\times6^2=9$, A$(6, 9)$

したがって, 直線APを $y=ax+b$ とおき

A$(6, 9)$, P$(6, 0)$

を代入して, 連立方程式を解けばよい。

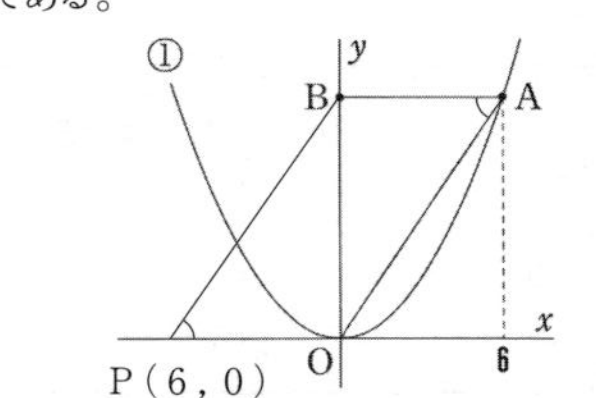

（関数の応用）

H26 4 (2) ア ㋑　イ $1 \leqq x \leqq 2$ のとき $x-1\,\text{cm}^2$　$2 \leqq x \leqq 3$ のとき $2x-3\,\text{cm}^2$

ウ x の値を求める過程（解答例）

正方形Sの面積は $x^2\text{cm}^2$ だから，次の２つの場合に分けて考える。

① $1 \leqq x \leqq 2$ のとき，イの結果より，重なっている部分の面積は $(x-1)\text{cm}^2$

$x^2\text{cm}^2$ が $(x-1)\text{cm}^2$ よりも $2\,\text{cm}^2$ だけ大きいので，$x^2=(x-1)+2$

整理すると，$x^2-x-1=0$　解の公式により，$x=\dfrac{1\pm\sqrt{5}}{2}$

$\sqrt{5}>2$ だから，$x=\dfrac{1-\sqrt{5}}{2}$ は $1 \leqq x \leqq 2$ にあわない。

ゆえに，$x=\dfrac{1+\sqrt{5}}{2}$

② $2 \leqq x \leqq 3$ のとき，イの結果より，重なっている部分の面積は $(2x-3)\text{cm}^2$

$x^2\text{cm}^2$ が $(2x-3)\text{cm}^2$ よりも $2\,\text{cm}^2$ だけ大きいので，$x^2=(2x-3)+2$

整理すると，$x^2-2x+1=0$　$(x-1)^2=0$　よって，$x=1$

$x=1$ は，$2 \leqq x \leqq 3$ にあわない。

①，②より，$x=\dfrac{1+\sqrt{5}}{2}$　　答　x の値　$\dfrac{1+\sqrt{5}}{2}$

---

(2) ア ㋐と㋒は $0 \leqq x \leqq 1$ のとき $y=0$ なので，グラフに合わない。

㋓は $x=3$ のとき $y=\dfrac{9}{2}$ となるのでグラフに合わない。

よって㋑が正しい。

イ $1 \leqq x \leqq 2$ のとき

重なっている部分は，たての長さ1，横の長さ $x-1$ の長方形となる。

よって面積は $1\times(x-1)=x-1\text{cm}^2$

$2 \leqq x \leqq 3$ のとき

重なっている部分は右のような形になり，

1辺1cmの正方形と台形に分けられる。

正方形の面積…1cm^2

△GFP∽△GEBより

GP：GB＝FP：EB

$x-2：1＝\text{FP}：2$

$\text{FP}=2x-4$

よって，$\text{IF}=x-(2x-4)$

$\text{IF}=-x+4$

台形の面積…$\{x+(4-x)\}\times(x-2)\times\dfrac{1}{2}=2x-4\text{cm}^2$

よって合わせて $2x-3\text{cm}^2$

H27 4 (2) ア ㋐　イ 太郎さん $60x-600$m　次郎さん $90x-1800$m

ウ a，b の値を求める過程（解答例）

太郎さんと次郎さんが建物Aの前を通過するのは，太郎さんが公園を出た後である。

７時 a 分における太郎さんの家からの道のりと，７時 b 分における次郎さんの家からの道のりが等しいから，イの結果を用いると，$60a-600=90b-1800$

整理すると，$2a-3b=-40$……①

７時 a 分の４分後が７時 b 分だから，$a+4=b$……②

①，②を連立方程式として解くと，$a=28$，$b=32$

答　a の値　28，b の値　32

---

(2) ア グラフから，15～20分で二人の距離は変わっておらず，20～25分で急激に距離が縮まっているので，太郎さんは15～25分で休憩，次郎さんは20分に家を出発したことが分かる。

それを表しているグラフを選ぶとよい。

イ 家から公園までの道のりは900m，公園から学校までの道のりは太郎さんが15分歩いているので，900mである。

太郎さんの歩く速さは $\dfrac{900}{15}=60$m／分，次郎さんの歩く速さは，$\dfrac{1800}{20}=90$m／分である。

太郎さんが x 分で歩ける距離から休憩していた10分で進む距離を引くので，太郎さんの家からの道のりは　$60x-600$m

次郎さんは20分遅れて出発しているので，20分で進む距離を引いて，次郎さんの家からの道のりは

$90x-90\times20=90x-1800$m

H28 4 (2) ア 152cm^2　イ $0 \leqq x \leqq 12$ のとき $\dfrac{x^2}{3}\text{cm}^2$　$12 \leqq x \leqq 25$ のとき $8x-48\text{cm}^2$

ウ t の値を求める過程（解答例）

点Pが点Oから点Aまで動く25秒間の途中の14秒間を考えるから，t の値のとりうる範囲は $0 \leqq t \leqq 11$ である。

よって，t 秒後の図形Sの面積は，イの結果より $\dfrac{t^2}{3}\text{cm}^2$ である。

また，t 秒後からさらに14秒後は $t+14$ 秒後で，$t+14 \geqq 14$ である。

よって，$t+14$ 秒後の図形Sの面積は，イの結果より $8(t+14)-48=8t+64\text{cm}^2$ である。

したがって，$6\times\dfrac{t^2}{3}=8t+64$ となる。

整理すると，$t^2-4t-32=0$　$(t-8)(t+4)=0$

よって，$t=8$ または $t=-4$

$0 \leqq t \leqq 11$ だから，$t=8$ は問題にあうが，$t=-4$ は問題にあわない。

答　t の値　8

(2) ア $\frac{1}{2}\times 8\times(21+25)-\frac{1}{2}\times 8\times 8=\frac{1}{2}\times 8\,(21+25-8)=152$

イ $x=12$のときS=48であり,

相似比がx:12より, 面積比はx^2:144

よって, $S=48\times\frac{x^2}{144}=\frac{1}{3}x^2\,(0\leqq x\leqq 12)$

また$x=25$のときS=152より

(12, 48)(25, 152)をみたす式は

$\begin{cases}48=12a+b\\152=25a+b\end{cases}$ より　$a=8$, $b=-48$

よって $y=8x-48$ $(12\leqq x\leqq 25)$

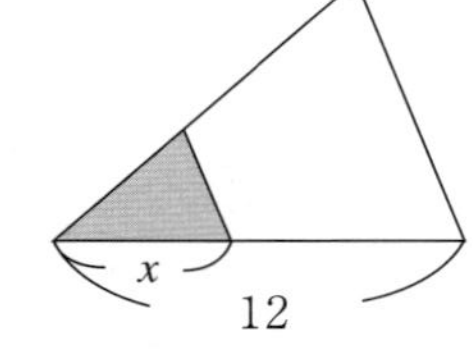

ウ この面積の推移は$y=4x$ $(0\leqq x\leqq 12)$と$y=8x-48\,(12\leqq x\leqq 25)$の2つの関数で表せるが, どちらも$x$が14以下の幅を持っているため, t時は$y=4x$をみたし, $(t+14)$時は$y=8x-48$をみたすと分かる。それぞれ代入すると, $x=t$のとき$y=4t$, $x=t+14$のとき$y=8(t+14)-48$

ゆえに次式が成り立つ　$4t:8(t+14)-48=1:6$　これを解いて$t=4$

R2 [4] (2) ア 27cm² イ $\frac{9}{10}x$ cm²

ウ xの値を求める過程(解答例)

イの結果から, x秒後にできる△APQの面積は$\frac{9}{10}x^2$ cm²である。

その1秒後にできる△APQの面積は$90\times\frac{2(x+1)}{20}\times\frac{(x+1)}{10}=\frac{9}{10}(x+1)^2$ cm²である。

したがって, $\frac{9}{10}x^2\times 3=\frac{9}{10}(x+1)^2$

整理すると, $2x^2-2x-1=0$　よって, $x=\frac{1\pm\sqrt{3}}{2}$

$0<x\leqq 9$だから, $x=\frac{1+\sqrt{3}}{2}$は問題にあうが, $x=\frac{1-\sqrt{3}}{2}$は問題にあわない。

答 xの値 $\frac{1+\sqrt{3}}{2}$

---

(2) ア △ABQ=△ABC×$\frac{6}{20}$

$=90\times\frac{3}{10}$

$=27$ [cm²]

イ x秒後, AP=x, BQ=$2x$

△ABQ=△ABC×$\frac{2x}{20}$

$=90\times\frac{x}{10}$

$=9x$

△APQ=△ABQ×$\frac{x}{10}$

$=9x\times\frac{x}{10}$

$=\frac{9}{10}x^2$

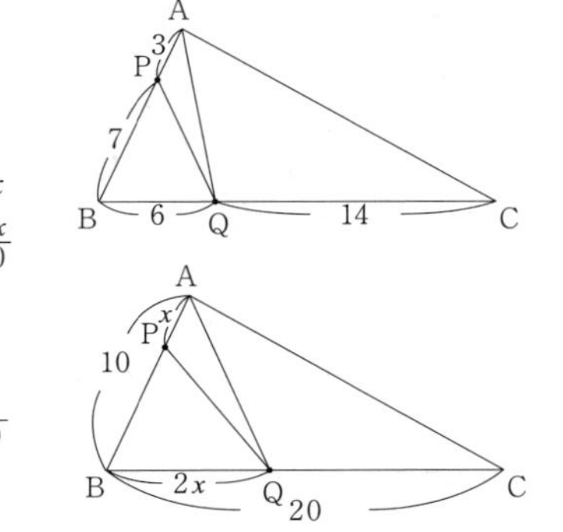

R2 [4] (2) ア 12 cm² イ $0\leqq x\leqq 5$のとき $\frac{12}{25}x^2$ cm²　$5\leqq x\leqq 10$のとき $\frac{12}{5}x$ cm²

ウ tの値を求める過程(解答例)

点Eが点Aから点Cまで動く10秒間の途中の6秒間を考えるから,

tの値のとりうる範囲は$0\leqq t\leqq 4$である。

よって, t秒後の図形Sの面積は, イの結果より$\frac{12}{25}t^2$ cm²である。

また, t秒後からさらに6秒後は$t+6$秒後で, $t+6\geqq 6$である。

よって, $t+6$秒後の図形Sの面積は, イの結果より$\frac{12}{5}(t+6)$ cm²である。

したがって, $5\times\frac{12}{25}t^2=\frac{12}{5}(t+6)$となる。

整理すると, $t^2-t-6=0$　$(t-3)(t+2)=0$

よって, $t=3$　または　$t=-2$

$0\leqq t\leqq 4$だから, $t=3$は問題にあうが, $t=-2$は問題にあわない。

答 tの値 3

---

(2) ア 点Fが辺DA上にあるのは, 図のときである。

このとき, △ACD∽△AEFより,

CD:AD=EF:AF

8 : 6 = 4 :AF, AF=3

よって, $S=4\times 3=12$ cm²

イ i) $0\leqq x\leqq 5$のとき

△ABCにおいて三平方の定理より,

$AC=\sqrt{8^2+6^2}=10$

△ABC∽△AIEより,

$AI=x\times\frac{8}{10}=\frac{4}{5}x$

$EI=x\times\frac{6}{10}=\frac{3}{5}x$

よって, $S=\frac{4}{5}x\times\frac{3}{5}x=\frac{12}{25}x^2$

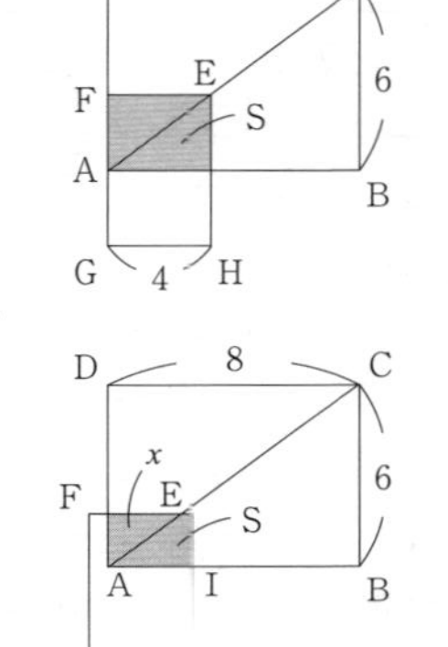

ii) $5\leqq x\leqq 10$のとき

i)と同様に△ACBと, △EKF,

△AKJが相似であることを利用する。

BC:AB:CA=3 : 4 : 5より,

$EK=4\times\frac{5}{4}=5$, $FK=4\times\frac{3}{4}=3$

したがって, $AK=x-5$

$KJ=(x-5)\times\frac{3}{5}=\frac{3}{5}(x-5)$

よって, $FJ=3+\frac{3}{5}(x-5)=\frac{3}{5}x$

ゆえに, $S=4\times\frac{3}{5}x=\frac{12}{5}x$

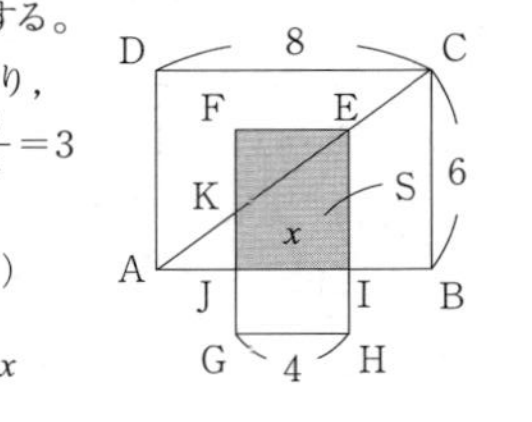

(資料の整理)

H26 [3] (2) 3.5（冊）

(2) $\frac{40+1}{2}=20.5$より20番目と21番目の平均が中央値となる
20番目が4冊,21番目が3冊なので中央値は3.5冊

H27 [3] (3) 170cm

(3) 160～180のときに度数が５で最大である。
160～180の階級値は$\frac{160+180}{20}=170$　よって，最頻値は170

H29 [3] (2) 0.2

(2) 中央値は20人目と21人目の平均であり，２人とも５冊以上10冊未満の階級に属している。したがって，求める相対度数は$\frac{8}{40}=\frac{1}{5}=0.2$

R２ [3] (2) 15（分）

(2) 最頻値は度数が最も多い階級の階級値なので，$\frac{10+20}{2}=15$［分］

H30 [4] (1) **ア**　A 381.5　B 382.5
イ（解答例）記録が400g以上の参加者が，太郎さんを含め９名である**ことがわかるから。**
中央値が200g以上400g未満の階級にあり，太郎さんの記録はそれより大きい**ことがわかるから。**などから1つ

H31 [3] (3) P　0.15　Q　0.2　（記号）㋑

(3) P：$\frac{4+8}{80}=\frac{3}{20}=0.15$　Q：$\frac{2+6}{40}=\frac{1}{5}=0.2$
0.15＜0.2　なので　㋑小さいと言える。

R３ [3] (1) 1.6ｋｍ

(1) $\frac{0.5\times3+1.5\times4+2.5\times2+3.5\times1}{10}=1.6$ ｋｍ

R４ [3] (2) ㋑と㋓

(2) ・４月から９月までの６か月間の平均値は，$\frac{1+6+4+2+8+3}{6}=4$
４月から10月までの７か月間の平均値は，$\frac{1+6+4+2+8+3+4}{7}=4$
よって，㋑変わらない。
・４月から９月までの中央値は，$\frac{3+4}{2}=3.5$
４月から10月までの中央値は，４
よって㋓大きい。

英語
（対話文）

H26 2　(1) (a) エ　(b) ク　(c) ウ　(d) オ　(2) エ　(3) forward

リカ：おはようございます、デービス先生。
デービス：おはようございます、リカ。
リカ：［(a)］先生は友達といっしょに歩いていました。
デービス：ええと、それは私の妹だと思います。彼女はあなたと同じ歳です。彼女は先週日本に来て、私たちは昨日マユのコンサートに行きました。
リカ：おお！私もマユの歌が大好きです。先生の妹と話してもいいですか？
デービス：ごめんなさい、リカ。［(b)］
リカ：それは残念です。彼女はまた日本に来ますか？
デービス：はい、来ると思います。たぶん夏休みの間です。
リカ：［(c)］
デービス：もちろん。彼女にEメールを送りませんか？
リカ：いいですね！英語でメッセージを書きましょう。［(d)］
デービス：わかりました、やりましょう。マユについて書いてもいいですよ。じゃあ、今年の夏に彼女とマユのコンサートに行きましょう。
リカ：それは素晴らしい！それを［　　　　］。

(1) ア　それはとても有名です。　イ　彼女は日本のものをたくさん買いました。
ウ　その時に彼女に会ってもいいですか？　エ　私は昨日、駅の近くであなたを見ました。
オ　それを確認してくださいませんか？　カ　あなたは私の妹を知っていますか？
キ　今、私にそれを読んでくれませんか？　ク　彼女は今朝、日本を出発しました。

(2) 「それは友達ではなくて妹だ」と伝えたいので、sisterが最も強く発音される。

(3) look forward to ～「～を楽しみに待つ」を使う。

H27 2　(1) (a) カ　(b) キ　(c) イ　(d) ア　(2) ウ　(3) （解答例）idea

Koji：ブラウン先生、英字新聞で面白い記事を見つけました。
Mr. Brown：どんな記事？［(a)］
Koji：数人の日本人サッカーファンが試合を見た後に競技場を掃除しました。
Mr. Brown：［(b)］彼らは素晴らしいことをしたね。
Koji：そうですね。ええとブラウン先生、あなたはこの町の川を掃除しているボランティアのことを知っていますか？
Mr. Brown：うん、川沿いには多くの種類のごみがあるね。［(c)］
Koji：そのとおり！でもどのようにしてそのことを知っていますか？
Mr. Brown：［(d)］良い経験でした。
Koji：本当ですか？私の父も彼らと川掃除をしました。
Mr. Brown：おお！それは知らなかった。
Koji：この町ではサッカーファンのように素晴らしい人々がいます。私も今度ボランティアの人たちと一緒に川掃除をするつもりです。
Mr. Brown：それはいい［　　］。
Koji：はい、私はこの町が大好きです。

(1) ア　私は先月ボランティアに参加しました。　イ　彼らは毎年３回掃除します。
ウ　みんな私たちのようにすべきです。　エ　彼は昨年その川を訪れました。
オ　父もボランティアをするでしょう。　カ　それについて教えてください。
キ　私もテレビでそのファンを見ました。
ク　競技場について聞いたことがありますか？
(a)は記事についてたずねているので、カが入る。(b)はサッカーファンについて話しているので、キが入る。(c)は川掃除の内容について話しているのでイが入る。(d)は川掃除のボランティアを知ったきっかけについて話しているので、アが入る。

(2) 「彼らは素晴らしいことをした。」という言葉の中で最も言いたい部分を考える。

(3) 【idea】「考え」

H28 2　(1) course　(2) イ　(3) (a) キ　(b) ク　(c) オ　(d) イ

コウジ：ブラウン先生、私はコウジです。今からインタビューを始めてもよろしいですか。
ブラウン先生：やあ、コウジ。はい、もちろんです。
コウジ：まず、新生活をちょうどスタートされたところです。香川のことをどう思われますか。
ブラウン先生：ええと…私にとって素敵な場所です。香川の人々は親切で、食べ物は美味しいです。
コウジ：ありがとうございます。私もそう思います。［(a)］
ブラウン先生：はい、私はカナダ出身です。
コウジ：あなたの国について教えて下さい。
ブラウン先生：もちろん。［(b)］山々の美しい景色を楽しむことができます。コウジ、たくさんの日本人が毎年それを見に私の国を訪れていますよ。
コウジ：へえ！何人の日本人があなたの国を訪れますか。
ブラウン先生：［(c)］
コウジ：えー、そんなにたくさんの人が。カナダは日本では人気の国ですね…最後に、ブラウン先生、私たちはあなたの英語の授業を楽しみにしています。何かそれについておっしゃりたいことはありますか。
ブラウン先生：英語で私に話しかけてください。［(d)］
コウジ：お時間をいただきありがとうございます。

(2) 香川をほめている文なので、ほめている部分を特に強調して強く発音する。

(3) **ア**　私は香川に１０回行ったことが有ります。**イ**　一緒に英語を勉強しましょう。**ウ**　たくさんの外国の生徒が日本を訪れます。**エ**　カナダで英語を勉強することはできますか。**オ**　約24万人だそうです。**カ**　なぜそれらが良いか知っていますか。**キ**　あなたはカナダのご出身ですよね。**ク**　美しい自然があります。
(a)直後のブラウン先生の発言でカナダ出身であると答えているので、出身を尋ねる文を選ぶ。

(b)カナダについて紹介している文が入る。(c)は直前に【How many～】と数量を尋ねる質問をコウジがしているので、数量が入っている答えを選ぶ。(d)ブラウン先生が新任のALTであるということと、授業についていいたいことであることをあわせて考える。

H29 2 (1) (a) エ (b) オ (c) ウ (d) カ (2) エ (3) busy

＜全訳＞

ビル：やあ、ケイコ。急いでいるね。なぜ？
ケイコ：兄が今日オーストラリアから私に電話をしてくる予定なの。
ビル：へー、本当に。 (a)
ケイコ：彼はオーストラリアで伝統芸術を勉強しています。
ビル：オーストラリアのどこに滞在しているのですか。
ケイコ： (b) 数枚の写真と一緒に手紙を私にくれました。それにはシドニーにはたくさんの古い家や教会があると書いてありました。
ビル：その通りです。 (c)
ケイコ：わあ。なぜシドニーに行ったの。
ビル：泳ぐためにそこに行きました。私はオーストラリアの美しい砂浜が好きです。 (d)
ケイコ：約2年間です。
ビル：それは長いですね。オーストラリアでの彼の生活について聞いたことがありますか。
ケイコ：いいえ、ありません。彼はシドニーに着いてからとても忙しいです。今日は彼とたくさん話をしたいと思います。
ビル：よい時間を過ごしてね。
ケイコ：ありがとう、ビル。

(1) **ア** 彼はいつそこに行ったの。**イ** あなたはどのくらいそこに行ったのですか。**ウ** そこを一度訪れたことがあります。**エ** 彼はそこで何をしていますか。**オ** 彼はシドニーに滞在しています。**カ** そこに彼はどのくらい滞在する予定ですか。**キ** 彼はシドニーから戻ってきた。**ク** 私はそこを訪れたことがありません。

(a)直後のケイコの発言が回答になるものを選ぶ。ケイコの発言は兄がオーストラリアでしていることについてである。(b)直前の文が【where】「どこ」で始まっているので、場所を含んだ答えを選ぶ。(c)空欄の後のケイコの発言からビルがシドニーに言った経験があることがわかる。(d)空欄直後のケイコの返答が【For about two years】「約2年間」と言っているので、期間を問う選択肢を選ぶ。

(2) 直前の質問が【why】「なぜ」なので、「泳ぐために」の部分を強く読む。

(3) 「忙しい」にあたる単語を補う。

H30 2 (1) (a) イ (b) ク (c) キ (d) オ (2) エ (3) quiet

＜全訳＞

旅行者： (a) 栗林公園までの行き方を教えていただけませんか。
マサオ： もちろん。53 番のバスに乗ってください。
旅行者： (b)
マサオ： その通りです。それから栗林公園前でおりてください。あなたの前に公園が見えるでしょう。
旅行者： (c)
マサオ： ええと、長い時間はかからないと思います。おそらく約 20 分です。
旅行者： 日本を旅している間にそこを訪れることを決めました。私は、栗林公園はとても静かで美しいと聞きました。
マサオ： そうです、本当にとても素晴らしいです。庭の周りを歩いたり、絵を描いたり、水上ボートから美しい花や木々を見て楽しんだりすることもできます。
旅行者： 本当ですか。ボートから！面白そうですね。栗林公園までの行き方と新しい情報を教えてくれてありがとうございました。
マサオ： どういたしまして。 (d)
旅行者： ありがとう。さようなら。
マサオ： さようなら。

(1) **ア**ごめんなさい。**イ**すみません。**ウ**ここに滞在します。**エ**伝言を残してください。**オ**香川での滞在を楽しんでください。**カ**よく散歩をしますか。**キ**どのぐらい時間がかかりますか。**ク**あのバスに乗ればよいですか？

(2) 旅行者が知りたいのは栗林公園の場所なので、それを具体的に示しているエが正解。

(3) 空欄の後に【beautiful】「美しい」が来ているので空欄には「静かで」にあたる英単語が入るとわかる。

H31 2 (1) (a) オ (b) ク (c) ア (d) イ (2) ウ (3) we

＜対話文訳＞

マコト： こんにちは、アレックス。 (a)
アレックス： やあ、マコト。私は日本の漫画を読んでいます。
マコト： あなたは日本語で書かれている漫画を読むことができるのですか。
アレックス： はい、できます。私は自分の国で日本の漫画やアニメに興味が湧いたので、日本語を勉強し始めました。 (b)
マコト： 本当ですか。素晴らしいです。日本の漫画やアニメはあなたの国で人気なのですか。
アレックス： はい。①それらは若い人を中心に人気があります。私の国では漫画は英語で書かれています。

マコト：［(c)］。私も日本のマンガを愛しています。私の家にたくさんの漫画があります。今日の午後に私の家に来たいですか。

アレックス：あなたの家に訪れたいのですが、私は午後にする他の計画があります。

マコト：今週の土曜日に私の家に来ませんか。

アレックス：［(d)］。②いつ、どこで会いましょうか。

マコト：午後1時に駅の前で会いましょう。

(1) (a)直後にアレックスが今何をしているかを答えていることに注目する。
(b), (c)文脈と選択肢から一つに絞ることができる。

(2) (d)その後、予定を立てているのでマコトの提案に賛成したことがわかる。
①の直前までに出てきていない新情報を強く読む。

(3) Shall we ～？… ～しませんか。

R 2 ［2］ (1) (a) イ (b) キ (c) ウ (d) ク (2) ウ (3) able

＜日本語訳＞

Misa：こんにちは、あなたは日本での学校生活を気に入っていますか。

Ellen：こんにちは、misa。はい。たくさんの行事があります。

Misa：［(a)］

Ellen：はい、運動会、合唱コンクール、修学旅行のようなものです。

Misa：あなたは何を最も楽しみましたか。

Ellen：私は運動会を最も楽しみました。学校行事についてあなたに質問してもいいですか。

Misa：［(b)］

Ellen：私たちの学校では先週防災訓練があり、先生が近い未来にこの地域で起こる地震について話してくれました。あなたはそのことを知っていますか。

Misa：はい。大きな地震が起こるかもしれません。だから、私たちの学校にはハザードマップがあります。あなたはそれを見たことがありますか。

Ellen：いいえ。［(c)］

Misa：それは災害の時に危険な場所をあなたに教えてくれる地図です。もしあなたがその地図について知っていれば、災害が起きたとき、あなたはあなたの命を救うことができるでしょう。［(d)］

Ellen：もちろん。私はそれについて知っているべきですね！

(1) (a)直前の「many events」、直後の答え「Yes」から判断する。
(b)直前の「Can I ask ～？」の後に、続けて質問をしていることから判断する。
(c)直後にハザードマップの説明をしている。
(d)直後の「Sure.」に注目する。

(2) 前に地震が起こることを話しているので、その地震が大きいのでハザードマップがあるという流れになる。

(3) 「be able to」=「can」で「～できる」という意味。

R 3 ［2］ (1) (a) カ (b) ア (c) キ (d) エ (2) イ (3) mean

＜対話文訳＞

Saki：ここが私がいつも行くスーパーマーケットです。［(a)］

Mary：いいえ。これが初めてです。良さそうな店ですね。何を買う予定ですか？

Saki：①ケーキを作る卵が要ります。

Mary：OK. 行きましょう。
(買い物の後)

Mary：レジ係が "「マイバッグ」をお持ちですか？" と言うのを聞いたのですが、彼女は "「私」のバッグを持っていますか" と聞いたのですか？

Saki：そうよ。

Mary：ということはあなたは彼女のバッグを持っているのですか？

Saki：［(b)］ 彼女の事は全く知りませんよ。

Mary：②それはどういう意味ですか？

Saki："「マイバッグ」をお持ちですか？" は「プラスティック製のレジ袋」は必要ですか？" という意味です。もしレジ袋が必要であればこの店では5円掛かります。
日本ではこの前の7月から全ての店でレジ袋代を請求するようになりました。

Mary：なるほど。［(c)］ 私はいつもマイバッグを持参します。でも私の国では再使用可能なバッグといいます。

Saki：本当ですか？ "マイバッグ" は英語だと思ってました。

Mary：再使用可能なバッグと言いたい時にその言葉は使いません。
違う言い方です。

Saki：なるほど。面白いですね。

(1) (a)直後に Marry がこれが初めてです。と言っていることから判断する。
(b)直後に「I don't even know her.」とあるので否定の言葉がはいる。Do you have で聞かれているので、No, I don't で答える。
(c) Mary は自国では自分のバッグを持ち歩くと言っているので文脈に合致するのはキ
(d) my bag という言葉自体は英語であるからそこから判断する。
使い方が違うだけである。

(2) 何を買うつもりか?と "何" と聞いているのがポイントである。

(3) What do you mean ? What does that mean?
はよく使われる表現。mean は「～を意味する」という意

R 4 [2] (1) (a) ウ (b) エ (c) キ (d) ク (2) believe (3) エ

<日本語訳>

リコ：こんにちは、リコ。 (a)

エマ：元気です。でも、今週は忙しかったです。 (b)

リコ：私は日曜日に新しい水族館に行く予定です。私はペンギンが好きです。

エマ：おおっ、私もペンギンが好きです。私の国オーストラリアでは、野生のペンギンを見ることができます。

リコ：おおっ、①わたしはそれを［ ］できません！もし私がオーストラリアにいるならば、野生のペンギンを見ることができます。彼らは小さくてとてもかわいいです。

エマ：知っています。しかし、私は巨大なペンギンについてのニュースを見ました。

リコ：何？巨大なペンギン？そのことについてもっと教えてください。

エマ：そのニュースでは、ペンギンの足が見つかったと言っていました。それは、約6000万年前のものでした。そして、巨大なペンギンは身長が約1．6メートルで体重が約80キログラムでした。

リコ：本当ですか？ (c) 私は大きな海の動物が好きではありません。もし巨大なペンギンがこの世界にいたら、②彼らを恐れるでしょう。

エマ：心配しないで。それは遠い昔のことで、この世界のペンギンはとてもかわいいです。私は、新しい水族館でペンギンを見たいです。 (d)

リコ：もちろんです。この世界のかわいくて小さなペンギンを楽しみましょう！

(1)ア　あなたは何をしていたのですか？
イ　それらはとても高価ですね！
ウ　ご機嫌いかがですか？
エ　今週末のあなたの予定は何ですか？
オ　あなたは昨夜何をしましたか？
カ　彼らは私の英語を手伝ってくれます。
キ　それは私よりも背が高くて大きいですね！
ク　私はあなたに加わってもいいですか？

(3)怖がる、恐れるという意味。

（長文〔スピーチ・手紙・e-mail〕）

H26 [3] (1) ウ (2)（解答例） They were taking pictures of the old houses.
(3) イ (4) met (5) first (6) I think this sea is more beautiful than the sea in my country.
(7) I think English is an important language to study because people from different countries can share their ideas through English. (8) エ
(9)（解答例） In the future, I want to make Kagawa famous around the world by working as a tour guide.

今日、私は将来の夢について話します。私は観光ガイドになって、外国の人々に香川を紹介したいです。

私は昨年の夏からずっと観光ガイドになりたいと思っています。昨年の8月に私は友達と一緒に芸術祭を見るために直島を訪れました。直島にはたくさんの外国人がいました。彼らは古い家の写真を撮っていました。彼らは本当に幸せそうに見えました。私は香川にある他の場所も彼らに見せたいです。

私達は直島から戻って来ているときに、フェリーで3人の外国人学生に会いました。彼らは私の知らない言葉を話していましたが、「あなた達はどこから来ましたか？」と英語でたずねました。彼らの1人が英語で答えました。「私達はフランスから来ました。初めて日本に来ました。東京と京都に行き、今日、直島に来ました。」もう1人の学生が言いました。「おお、夕焼けと輝いている海を見て下さい。むこうの島と橋も美しいです。この海は私の国の海よりも美しいと思います。」彼らが海を気に入ってくれたので私は嬉しくなり、私達は英語で話をして楽しみました。

異なる国の人々が英語を通して考えを共有することができるので、英語は勉強すべき大切な言語だと思います。 ⑧ 私は熱心に英語を勉強するつもりです。私は香川の歴史や文化についても学ぶつもりです。将来、私は観光ガイドとして働くことで香川を世界中で有名にしたいです。ありがとうございます。

(2) take pictures「写真を撮る」を使って過去進行形の文を作る。
(3) look happy「幸せそうに見える」　(4) 過去形にする。
(5) for the first time「はじめて」　(6) more ～ than …「…よりも～だ」
(8) 前後のつながりを考え、「だから」という意味の単語を選ぶ。
(9) around the world「世界中で」

H27 [3] (1) エ (2) ア (3) It was a question I asked many times in my English class.
(4) This time it was easier to understand her English. (5) told (6) エ
(7)（解答例） We talked about the differences between America and Japan.
(8) ウ (9)（解答例） Through this experience, I decided to study English more.

私の家族は小さな旅館を経営しています。ある日曜日、父が私の部屋に来て言いました。「外国人女性が2人来て話しかけてきたけど、英語が話せないんだ！拓也、助けてくれないか？」そこで私は玄関に行き、彼女たちに会いました。そのうちの1人が私に言いました。「こんにちは、私はケイトでこちらはベッキーです。私たちはアメリカ出身です。今夜、ここに泊まりたいです。2人部屋はありますか？」彼女の言ったことが理解できなかったのでたずねました。「もう一度言っていただけますか？」それは英語の授業中に何度も言った質問でした。それから彼女はもう一度ゆっくり私にたずねました。今回は彼女の英語を理解するのがより簡単でした。父に彼女の質問を伝えると、彼は言いました。「オーケーオーケー。プリーズプリーズ。」それから彼は彼女たちにお茶を出しました。ベッキーは言いました。「これまでにこんなに素敵なお茶は飲んだことないわ。」

その後、父は私に言いました。「ありがとう、拓也。お前が英語を話せるから今は外国人も歓迎することができるよ。うちの旅館は国際的になってるね。」この言葉を聞いたとき、私は自分自身をとても誇りに思いました。

夕食後、父と私はケイトとベッキーにお茶を出しました。私たちはアメリカと日本の間の違いについて話しました。ベッキーは言いました。「私は日本のおもてなしがとても好きです。［ ］、私たちが今日の午後ここに来たとき、お茶について何も言ってなかったのに、私たちに出してくれました。あなたたちのおもてなしに感動しました。」この時、私は父を誇りに思いました。

この経験を通して、（私はもっと英語を勉強することを決心しました）。そして将来、私は最高のおもてなしで旅館にたくさんの外国人を迎えたいです。

(1) 【can you ～？】「～してくれませんか？」

(3) 【a question I asked】「私がたずねた質問」

(4) 【it was ～ to …】「…することは～でした。」

(6) ア　すぐに　　イ　後で　　ウ　～前　　エ　以前に

(7) 【the differences between ～ and …】「～と…の間の違い」

(8) ア　もちろん　　イ　一日中　　ウ　たとえば　　エ　しばらくして
ここではおもてなしの例について話しているので、ウが正しい。

(9) 【decide to ～】「～することを決心する」

H29③ (1) イ　(2) ウ　(3) ア

(4) There were so many lines that I didn't know where I should go.

(5) Could you tell me how to get to the stadium?

(6) （解答例）Go straight and turn right at the corner.　(7) took　(8) エ

(9) （解答例）If you have a chance to visit New York with me, I will be able to show you around.

この夏、私はアメリカに行きニューヨークでアメリカ人のご家庭に滞在しました。私は自由の女神像とタイムズスクエア① [ ] たくさんの観光地をホストファザーのベーカーさんと訪れました。そこで食べ物も楽しみました。

ある朝、ベーカーさんが私に言いました、「健司、君はここに2週間ずっと滞在している、そして君はここの近所のいくつかの店に一人で行った。ヤンキー・スタジアムに一人で行って② [ ] 。」私にはそれはできないと思ったから私は怖くなりました。しかし彼は言いました、「君がニューヨーク・ヤンキースのファンだということを知っているよ。君ならできる。」私は③ [ ] 怖かったけれど、ニューヨークで新しいことに挑戦したかったのでそこに一人で行くことを決めました。彼はスタジアムへの地図と試合のチケットを私にくれました。

次の日の朝、私は地下鉄の駅に行きました。私は地下鉄の地図を見ました。とても多くの路線がありどこで乗ればいいのか私にはわかりませんでした。その時、年老いた女性が私に近づいてきて、「どこにいきたいの。」と言いました。私は「ヤンキー・スタジアムに行きたいです。スタジアムまでの行き方を教えていただけませんか。」と言いました。彼女は私にとてもゆっくりと、「まっすぐ行ってその角を右に曲がりなさい。４番線に乗って１６１丁目―ヤンキー・スタジアム駅まで行きなさい。旅を楽しんで！」私は「ありがとうございました、さようなら！」と言いました。私は数分歩いて結局電車に乗れました。

駅について外に出ると、スタジアムはすぐに⑧ [ ] 。とても大きくてそこにはたくさんの人がいました。スタジアムの入り口に着いた時、私は自分の目が信じられませんでした。ホストファザーがそこに立っていたのです。彼は私に言いました、「ついにここに着いたね！君ならきっとできると思っていた。これは君の勇気のしるしだ。」それから彼は私にニューヨーク・ヤンキースの帽子をくれました。私はその日を決して忘れないでしょう。

もしあなたが私とニューヨークを訪れる機会があれば、私があなたたちを案内できるでしょう。

(1) **ア**～のために **イ**～のような **ウ**その時 **エ**最後には
空欄直前の【sightseeing places】「観光地」の例が【the Statue of Liberty】や【Times Square】である。

(2) 【why don't you ～】「～してはどうですか。」という意味の重要表現。【why】で始まるが「なぜ」という意味にはならないことに注意。

(3) **ア**まだ **イ**いつも **ウ**決して～ない **エ**ほとんど、空欄直後のbutをヒントに考える

(4) 間接疑問文の語順は【疑問詞＋S＋V】

(5) 「～のしかた」【how to ～】は頻出の重要表現。【could you ～】「～してくれませんか。」は【can you ～】の丁寧表現。

(6) 命令形は動詞の原形で始める。【turn right(left)】「右(左)に曲がる」

(7) 同じ文の前半部分で【walked】と過去形が使われているので、【take】も過去形に直す。

(8) 空欄には動詞が入るが、これに対応する主語は【the stadium】「スタジアム」である。そうすると、【passed】「通過する」、【played】「遊んだ」や【needed】「必要とした」は動作としておかしい。

(9) 「でしょう」から未来のこととわかるので【will】を使う。「できる」から【can】【be able to】を使うことがわかるが、【will】と合わせて使わないといけないので【be able to】を使っていく。

H30③ (1) been　(2) ア　(3) ウ　(4) （解答例）You need to understand them.

(5) （解答例）Such people may be saved by our efforts.　(6) エ

(7) イ　(8) Now I think starting to do something is the most important to me.

(9) In the future, I will be a person who can solve the problems in the world.

今まで外国に行ったことはありますか。私は今まで外国に行ったことはありませんが、興味はあります。先月私はアメリカに行くための面接試験を[英語で]受けました。面接の中で、面接官は私にいくつかの質問をしてきました。「なぜアメリカに興味がありますか。」「アメリカで勉強することの目標は何ですか。」私はこれらの質問に答えました。[ ] 、次の質問は私には難しいものでした。彼らは聞きました、「将来何をしたいですか。」私は何と答えるべきかわかりませんでしたが、アメリカで…国際連合で働きたいです。」と言いました。すると、彼らは言いました、「国際連合について何か知っていることを教えてください。」私はこの質問に答えられませんでした、なぜなら私は国際連合が何をしているか知らなかったからです。そのため私はアメリカに行く機会を手にできませんでした。

その後、私はそのことについて英語教師のグリーン先生と話をしました。「国際連合は世界の問題を解決しようと試みています。あなたはそれらを理解する必要があります。」

その後、私はその問題について本を探しました。とてもたくさんの問題があることに私は気付きました。例えば、多くの人々がきれいな水を得ることが出来ません。多くの人々は十分な食べ物を得ることができません。他のある場所では、家族のために働いているために子どもたちは学校にいけません。そのような人々はわたしたちの努力によって救われるかもしれません。だから私は何をすべきか知りたいと思いました。

それから私は二人の高校生によるスピーチを [ ] 。彼らはボランティアとして発展途上国に行きました。彼らの内の１人は子供の世話をしました。[ ] の生徒は小さい村を訪れてそこで暮らす人々のために井戸を掘りました。今、私は、何かを始めることが私にとって最も大切だと思います。だから来年、もし機会があれば、私は発展途上国でボランティアとして働きたいと思います。将来、私は世界における問題を解決できる人になるつもりです。

(1) 疑問文の最初が【Have】で始まっているので、現在完了形の文とわかる。現在完了形は【have(has)＋動詞の過去分詞形】、【be】の過去分詞形は【been】である。

(2) 【in ～】には「～を使って、～で」という意味がある。

(3) ア　時々　　イ　普通、通常　　ウ　しかし　　エ　まず

(4) 「～する必要がある」は【need to ～】、「理解する」は【understand】。

(5) 「～かもしれません」の部分は助動詞の【may】を使う。「努力」は【effort】。

(6) 【listen to ～】「～を聞く」

(7) 【one ～, the other～】「一方は～で、他方は～」

(8) 並べ替え直前が【starting to】なので、まず動詞の原形で始まることが分かる。また、「最も大切だ」という部分から【the most important】を作る。

(9) 疑問文ではないので【who】が関係代名詞として使われることが分かる。【solve】「(問題を)解く、解決する」

H31 3 (1) It was more than 170 meters high. (2) ア (3) running (4) エ

(5) The dream people had for a long time came true. (6) (解答例)It was not easy to go there.

(7) ウ (8) イ (9) (解答例)I hope that you will enjoy it.

先週の日曜、私は瀬戸大橋開通30周年記念を祝うイベントのひとつに参加しました。それはとても興奮しました。瀬戸大橋はいくつかの異なる橋から成り立っています。私は橋のひとつの最上部に行きました。①それは170 m より高かったです。私はその景色がとても美しいと思いました。私は皆さんに観光案内人② から 聞いた瀬戸大橋についての話を教えるつもりです。

今では電車や車が瀬戸大橋のうえを③(走っています)。この素晴らしい橋ができてから毎日、本州に行くため、または四国に来るためにたくさんの人が電車や車を使っています。それは9年6ヶ月④ かけて ようやく橋が完成しました。たくさんの有名な人が開通式に来て、橋の完成を祝いました。⑤人々が長い間もっていた夢が実現しました。私が観光案内人の話を聞いた後に、私は30年前の開通式での興奮を感じることができました。

数日前に祖母が「私は岡山に行くためにフェリーで行かなければなりませんでした。私はよくフェリーで気分が悪くなっていました。⑥そこに行くのは簡単ではありませんでした。」と言っていました。今、私は休みの間に岡山に行くために電車を使います。私は普段、海の眺めをについて考えません。しかし電車の中で「⑦ なんという 眺めなのでしょう。」という人もいます。私はそれを聞いて、自分の町を誇りに思います。

瀬戸大橋は美しい夜景でも有名です。時々それは光で飾られます。私たちはもうひとつの橋の美しい眺めを見ることができます。瀬戸大橋の美しい光を見たいと⑧ 思いませんか 。⑨私は、あなたたちがそれを楽しむことを望みます。

(1) long を比較級で使うとき、longer とするので "more long than" は間違い。このことから more than「～以上」と使うことに気づこう。

(3) 文の直後に now とあるので現在進行形を使うことに気づける。

(4) take 時間 … 時間 をかける

(5) 日本語の文を見ると主語は「人々が長い間もっていた夢」とある。選択肢から関係代名詞(の省略)を使えばよい。
come true … ～が実現する

(6) It is ～ to … … …することは~だ

(7) What 名詞 (文)! … なんという～なのだ(驚きを表す。)
似たような意味で "How 形容詞 文!" という文もあるが、直後に名詞が来るか形容詞が来るかによって使い分けをするので注意が必要である。

(8) How about ～ … ～についてどう思いますか。

(9) I hope that 文 … ～することを望む

R 2 3 (1) イ (2) made (3) We enjoyed taking pictures of our favorite works.

(4) (解答例)Do you know where it is? (5) ア

(6) When I was in such a situation, I thought I needed to speak perfect English.

(7) エ (8) エ (9) (解答例)I want them to find new things about Japan.

今年の夏、私は友達の Hisao のところに訪れました。彼は香川のある島に住んでいます、彼は私に「瀬戸内国際芸術祭って聞いたことありますか。それは香川と岡山の多くの場所で3年に1度開かれています。私たちも自分の島でたくさんの芸術作品を見ることができます。他の国の人々もまたそれらを見にここにやって来ます。」と言いました。私は「それは面白そうですね！私はその作品を見に行きたいです。」と言いました。

次の日、私たちは島の周りを歩いている間に、世界中のたくさんの芸術家によって作られた多くの作品を見ました。私たちは、私たちの大好きな作品の写真を撮るのを楽しみました。

私たちがバスを待っていた時、ひとりの女性が私たちに英語で「こんにちは。私はここの近くのトイレを探しています。あなたはそれがどこにあるのかを知っていますか。」と尋ねました。私はその場所を知っていましたが、私は彼女に「ごめんなさい。わかりません。」と言いました。その時、私が英語を使う際に失敗をしたくなかったのです。それから、彼女は悲しそうにそこを去っていきました。私はそのことについてとても残念に感じました。私がそのような状況の時に、私は完璧な英語を使う必要があると思っていました。

私は帰宅した時、父にそのことについて話しました。彼は私に「間違うことを心配してはいけません。まずやってみましょう。習うより慣れよ。」と言いました。私は彼が私に伝えたいことが理解できました。彼は経験が私たちの人生の中で最も重要なことの1つであることを言いたかったのだと私は思います。もうすぐオリンピックとパラリンピックが東京で開かれます。だから、私たちは他の国々から来た人々と話す機会がもっとあるでしょう。例えば、私たちは国際的なイベントに参加したり、ボランティアとして人々を助けたりすることができます。また、私たちはコミュニケーションを通じて他の国から来た人と友達になることができます。

この経験のおかげで、今私は間違うことを心配せずに英語を話そうと努めています。

将来、私は他の国から来た人々のための観光ガイドになりたいです。私は彼らに日本についての新しいものを見つけてほしいです。

(1) 「It sounds ～」で「～のようだ」という表現。

(2) 「作られた作品」なので make の過去分詞 made を入れる。

(5) 知っていたのに教えなかったので、逆接の接続詞「but」が適当。

(7) 「be afraid of ～」で「～を心配する」

(8) without は「～なしに」という意味の前置詞。

R３ 3 (1) talking (2) エ (3) (解答例) My parents took me to the place. (4) ウ (5) イ
(6) She likes kabuki and showed me a lot of pictures which were taken in *kanamaru-za*.
(7) (解答例) I saw many people speaking different languages.
(8) From that experience, I thought that learning about our own country was as important as learning about other countries. (9) ア

英語の勉強は新しい世界の扉を開ける事ができる。私はそれを友人の Tom から学びました。

彼は英国出身で昨年、私の家に滞在してました。彼は日本が好きで日本の文化を勉強するために来日しました。私は英語を沢山使い、彼との①(会話)を楽しみました。

ある日、テレビを見ている 時 日本の歌舞伎が TV コマーシャルに現れました。その時 Tom は言いました。”アッ　歌舞伎だ！約 10 年前ロンドンの劇場で歌舞伎が上演されました。③私の両親は私をその場所に連れていきました。私にとって初めての経験で歌舞伎に興味を持つようになりました。Takeshi、あなたの好きな歌舞伎の作品は何ですか？”私は言いました。”判らないです.... 本物の、歌舞伎を見たこと無いのです。”Tom は驚いた様に見えました。そして言いました。”歌舞伎は長い歴史を持っています。それは日本の④ 伝統 文化の一つです。だから全ての日本人は歌舞伎を知っていると思っていました。”私は悲しくなりました。何故なら私は質問にちゃんと答えることが⑤ 出来なかった からです。翌日、私は歌舞伎の事を尋ねに祖母の所を訪ねました。

彼女は歌舞伎が好きで⑥金丸座で撮られた多くの写真を見せてくれました。それらは私をワクワクさせました。すぐに私は Tom と金丸座に行くことを決め、チケットを２枚購入しました。金丸座についたその日、⑦私は異なる言語を話している多くの人々を見ました。

Tom は私にいいました。”ほらね、歌舞伎は他国ではすごく人気があるんです。日本人は素晴らしい文化を持っているのです ”私はそれを聞いて嬉しくなりました。歌舞伎を見て私は歌舞伎に興味を持つようになりました。そしてその他の日本文化をもっと知りたくなりました。⑧この経験から私は自国について学ぶことは他国を学ぶと同じくらい重要であると思いました。英語を勉強することは私の見識を広げ、日本の文化をよく理解する機会を与えてくれました。だから 今私は日本の歴史、食べ物そして有名な場所について勉強しています。私は英語の勉強を今まで以上に頑張り、将来　他国の人々に日本の良い所を伝えるつもりです。

(1) enjoy の後には動名詞が続く。動名詞しか取らない動詞 mind, give up, avoid, postpone, help, escape, put off ,stop 等、頭文字をとって (MEGAPHEPS) を覚える。
(2) 適当な接続詞を選ぶ問題。進行形になっているので当てはまるのは When
文脈からも When しか合わない。
(3) 「～へ連れて行く」は「take」。 ここでは過去形であるので　My parent took me to the place.
(4) 語彙力の問題。歌舞伎の特徴から判断すると「伝統的」を選択。
(5) 適切な助動詞を選ぶ問題。直前の「I felt very sad」から否定の表現を選ぶ。
(6) show+ 人 + 物で「人に～を見せる」
(7) 知覚動詞 see は　see+ 目的語 + 原型不定詞もしくは現在分詞の形をとる。もし異なる言語を話す多くの人々を会話の最初から最後まで見たなら原形不定詞。
この場合文脈から一部を見たと判断し現在分詞 speaking を使う。
(8) as+ 形容詞又は副詞 +as この場合 as の後に来るのは形容詞の important
(9) 「Japanese things」とありその後、「history,food」等具体例が続くので「such as」 「～の様な」を選ぶ。

R４ 3 (1) イ (2) began (3) (解答例) Can you tell me what it means ? (4) ア
(5) A person like my grandfather is called an expert. (6) エ
(7) ウ (8) I will try to make kendo popular in the world.
(9) (解答例) Everyone, please imagine that kendo will spread to other countries in the future.

<日本語訳>

私の祖父は70歳です。彼は剣道の道場を持っており、そこで多くの人々に剣道を教えています。彼は時々剣道に興味がある人々への体験レッスンを開くので、私はしばしば彼を手伝います。

ある日、ひとりの少年が体験レッスンに来ました。私は彼を知っていました。彼の名前はジョンでした。彼は１年前に日本に来ました。私は彼に「あなたが剣道に興味があるなんて知らなかった。」と言いました。彼は「私は日本の文化に興味があります。私は剣道のことを聞いたことがありましたが、これまでやったことは一度もありません。あなたはいつ剣道の練習を始めたのですか？」と言いました。私は「10年前に始めました。今日私はあなたが剣道を学ぶのを手伝います。」と答えました。

私たちが剣道について話している時、ジョンは私に「私が日本語を学んでいる時、柔道、書道、剣道のようないくつかの日本語は、「dou」という同じ音を持っていることに気づきました。③それが何を意味するのかを私に言うことができますか。」と言いました。私は「それは英語で「道」という意味です。良い選手になることは長い道を歩くのと同じです。私の祖父を見てください。彼はより良い選手になるために何度も何度も練習した④ 　　 今彼は熟練者です。彼は剣道の良い技術だけではなく対戦相手に対しての敬意も持っています。⑤私の祖父のような人が、熟練者と呼ばれているのです。」と言いました。祖父はこれを聞いて「良い剣道の選手はすべての人への敬意を忘れてはいけません。これが剣道の精神です。」と言いました。ジョンは「おおっ、剣道はすばらしいですね。世界中のすべての人々が剣道選手になればいいと思います。」と言いました。私は彼に「どうして？」と尋ねました。彼は「なぜなら、もしみんなが剣道の精神を持てば、世界は敬意であふれもっとすばらしい場所になるでしょう！」と答えました。私はこのことを聞いた時、剣道の偉大なちからを発見しました。私は彼に「私は良い選手になって、⑧世界中で剣道を人気があるものにしようと思います。」と言いました。ジョンは私に「すばらしい！あなたならそれができるはずです！」と言いました。みなさん、⑨剣道が、将来、他の国々に広がるだろうことを想像してください。そのような世界はかっこよくないですか？もしあなたが剣道に興味があれば、同じ夢へと続く長い道を一緒に歩いてみませんか？

(1) 「hear of ～」は「～のことを聞く」という意味。
(2) 「ten years ago」があるので過去形にする。
(6) 「wish」は仮定法の文で使われる。
(7) 「be full of ～」は「～で満たされている」という意味。

(長文読解)

H26 4 (1) (解答例) 沖縄にいる恵理の祖母を訪れて，そこで美しい海を見ること (2) エ
(3) ア (4) イ (5) (解答例) Why do you think so? (6) about
(7) (a) (解答例) No, she wasn't. (b) (解答例) She showed her a necklace.
(8) ㋐ と ㋕

恵理は香川に住んでいる15歳の女の子で、彼女の家族は父の仕事のために東京へ引っ越す予定です。彼女が1ヶ月前に引っ越しのことを聞いた時は、友達にさよならを言わなければならないのでとても悲しんでいました。恵理の母は彼女の悲しい顔を見て言いました。「恵理、沖縄にいるおばあち

ゃんを訪れて、そこで美しい海を見ておいで。」恵理の母は今は香川に住んでいますが、沖縄の出身です。恵理は子どものころ、家族と一緒によく沖縄に行っていました。そこで恵理は母に言いました。「わかった、行ってみるね。」

恵理はその次の週、沖縄のおばあちゃんの家を訪れました。彼女を［②］ためにたくさんの人々がすでに家にいました。パーティー中、2人の女性が恵理のところに来て、そのうちの1人が言いました。「はじめまして、恵理。私はキョウコで、この人がアスカよ。私達はあなたのお母さんとずっと良い友達なのよ。そして…」

キョウコが話している時に恵理はキョウコのネックレスを見ました。それはかわいい小さな貝がらのついたネックレスでした。恵理は言いました。「おお、私の母がそれと同じネックレスをつけています。」キョウコは言いました。「そうよ。あなたのお母さんが沖縄を出ると聞いた後に私達は海に行ってね。美しい貝がらを拾って、私たちの友情のためにネックレスを作ったのよ。」恵理はそれを聞いた時に［③］。それからアスカが言いました。「香川で悲しくなった時には空を見上げるように私達は言ったの。私達は別の場所に住むけど、いつも同じ空の下で暮らしているから。」恵理は彼女の話を聞いた後に言いました。「話をしてくれてありがとうございます。私はあなた達の強い友情に［④］。」

恵理は香川に帰って来て母に言いました。「友達にさよならを言うのは悲しいけど東京でも大丈夫だと思う。」彼女の母はたずねました。「［⑤］？」恵理は答えました。「キョウコさんとアスカさんとお母さんがまだ良い友達だからよ。」その時、母は微笑んで恵理にネックレスを見せました。それにはかわいくて小さな貝がらがついていました。

次の日、恵理の友達のアヤとリカが家に来て言いました。「恵理、これらはあなたへの手紙よ。私達のことを忘れないでね。」恵理は微笑んで言いました。「ありがとう。私は友情のためにあなた達としたいことがあるの。私達のために貝がらのついたネックレスを作らない？」アヤは言いました。「それはいい考えね！海に行こうよ！」彼女達は美しい青空の下、海へ走って行きました。

(1) 恵理が返事する前に母親が言ったことを確認する。
(2) たくさんの人々が恵理にしてくれたことなのでエの「歓迎する」が正しい。
(3) ア　彼女は自分の友達のことを考えた。　イ　彼女は沖縄でのパーティーに戻って来た。
　ウ　彼女は祖母を訪れた。　エ　彼女はキョウコのネックレスを見つけてショックを受けた。
　恵理が母親の友達からネックレスについて聞いた時のことなので、アが正しい。
(4) 恵理が母親とその友達の間の友情に対してしたことなので、イの「感動した」が正しい。
(5) 話の流れから「どうしてそう思いますか？」という意味になるように英文を作る。
(6) How about ～ing ?「～してはどうですか？」
(7) (a)家族が東京に引っ越すということを聞いた時に恵理は幸せでしたか？
　(b)恵理の母は沖縄から家に帰って来た後に恵理に何を見せましたか？
　→彼女はネックレスを見せたという文を作る
(8) ㋐ 恵理の母は沖縄に住んでいたが、今、彼女は家族と香川にいる。
　㋑ 恵理がパーティー中にアスカと話をしている時に2人の女性が恵理のところに来た。
　㋒ 恵理の母はキョウコのためにネックレスを買い、友情のためにそれをあげた。
　㋓ 恵理の母はキョウコとアスカに、沖縄にいて悲しく感じている時には海に行くように言った。
　㋔ アヤとリカが恵理の家に来た時、恵理は彼女達にさよならを言うために手紙をあげた。
　㋕ 恵理と彼女の友達は友情のためにネックレスを作ることを決めて、海に行った。

H27[4] (1) ウ (2) イ (3) (解答例) いっしょに遊ぶのはもっと楽しいということ
(4) イ (5) (解答例) Did I give it to you? (6) エ
(7) (a) (解答例) No, she didn't. (b) (解答例) Because he couldn't play with Emi.
(8) ㋑ と ㋔

絵美は中学生です。ある日、彼女は子どもと一緒に遊ぶことが好きだったので、職場体験をするために幼稚園に行きました。絵美は小さいときに、その幼稚園に通っていました。

幼稚園で、先生が彼女を待っていました。絵美は言いました。「おお、田中先生！私を［覚えていますか］？」彼女は答えました。「もちろんよ。とても背が伸びたわね、絵美！」田中先生は幼稚園のときの絵美の先生でした。彼女はいつもみんなに［親切］だったので、絵美は彼女がとても好きでした。田中先生は言いました。「今日、あなたはここの先生よ。あなたと一緒に仕事ができて嬉しいわ。教室に行きましょう。」絵美はとてもわくわくしました。

絵美が教室に行ったとき、たくさんの子どもたちが彼女のところに来ました。子どもたちは絵美の手をひっぱり、女の子の一人が言いました。「私と遊ぼう！私と遊ぼう！」絵美がその女の子と話をしていると、ヒロキという男の子が言いました。「絵美先生、僕と遊ぼう。」しかし女の子が言いました。「だめ！絵美先生は私と遊んでるの。」ヒロキは悲しくなり、泣き始めました。絵美は泣き止んで欲しかったのですが、どうすればいいかわからず、自分も泣きたくなりました。そのとき田中先生が来て彼に言いました。「ヒロキくん、泣いてるわね。何が悲しかったの？」ヒロキは答えました。「絵美先生と遊べないの。」そこで田中先生は2人の子どもたちに言いました。「一緒に遊んだらもっと楽しいわよ。そう思わない？絵美先生はたくさんの子どもたちと遊びたがってるわ。」それから田中先生はクラスに言いました。「みなさん、今から一緒にゲームをしませんか？」ヒロキは泣き止みました。

昼食後、絵美は疲れて職員室で座っていました。田中先生が絵美のところに来てたずねました。「大丈夫？」絵美は答えました。「はい、でもヒロキが泣き始めたときにどうすればいいかわかりませんでした。［　］」田中先生は言いました。「はい、この仕事はあなたが言うようにときどき大変だわ。でもこれを見て。」それから田中先生は机から絵美に何かを持ってきました。それは田中先生の笑顔の絵でした。田中先生は言いました。「ある女の子が10年前に私にくれたのよ。」絵美は言いました。「ええと、［　］」田中先生は答えました。「ええ、そうよ。この絵を見て私はいつも幸せになったわ。」絵美が田中先生にあげた絵がまだ机にあったので、絵美は感動しました。

午後2時、子どもたちが幼稚園を出始めたとき、ヒロキが絵美のところに来ました。彼は紙切れをあげて笑って言いました。「これを先生にあげるね。」それは絵美の笑顔の絵でした。子どもたちの世話をするのは大変でしたが、ヒロキの笑顔で彼女はとても幸せになりました。絵美は田中先生がそうだったように、［プレゼント］を持ち続けたいと思いました。

(1) ア　出発する　イ　電話をする　ウ　覚えている　エ　始める
(2) ア　有名な　イ　親切な　ウ　恐れている　エ　難しい
(4) ア　先生になることはとても人気がある。　イ　先生として働くことはとても大変だ。
　ウ　先生と一緒にゲームをすることは大変だ。エ　子どもたちの世話をすることは人気がある。
　ヒロキに対してどうすればいいかわからずに困ったときの絵美の心情を考える。
(5) 【Is it the drawing I gave to you?】でもよい。

(7) (a)絵美は職場体験のときに初めて田中先生に会いましたか？
第２段落第４文に「田中先生は絵美が幼稚園にいたときの先生」だと書かれている。
(b)田中先生が話しかけたとき、なぜヒロキは悲しくて泣いていましたか？
第３段落第８文の、「絵美先生と遊べないの。」というヒロキの発言から考える。

(8) ア　職場体験の日、田中先生は絵美の後に幼稚園に着いた。
イ　絵美が職場体験をしに幼稚園に来たので、田中先生は嬉しかった。
ウ　絵美が教室に入ったとき、子どもたちはゲームをしていて、彼女のところには来なかった。
エ　絵美は教室で田中先生に何を言えばよいかわからず、泣きたくなった。
オ　絵美が昼食後に職員室にいたとき、田中先生は絵美に絵を見せた。
カ　ヒロキは幼稚園を出るときに、絵美の笑顔を描いた絵を田中先生にあげた。
第２段落第１文よりアは誤り。第３段落第１文よりウは誤り。エは田中先生ではなくヒロキなので誤り。カは田中先生ではなく絵美なので誤り。

H28④ (1) エ　(2) イ　(3) ア
(4) （解答例） How long have you practiced *kendo*?　(5) （解答例）剣道の歴史について話すこと
(6) イ　(7) (a) （解答例） No, they weren't.　(b) （解答例） They looked interested in *kendo*.
(8) ㋑と㋕

リョウは中学生です。彼の父は仕事で６ヶ月間シンガポールに住んでいます。ある日、彼の父がリョウに電話で尋ねました、「夏休みの間にシンガポールにくるのはどうだい。訪ねると面白い場所がたくさんあるよ。」リョウは「行きたいけど、英語がうまく話せないよ。」と答えました。「①［　　］ここで大切なことを見つけられるよ。」父は言いました。リョウは言いました、「うーん…わかった、今年の夏は父さんに会いに行くよ。」

これはリョウの初めての海外旅行でした。リョウがシンガポールに着いた後、②［　　］。たくさんの人が会社で働いていました。彼らは、中国人、マレーシア人、オーストラリア人や多くの他の国々の出身の人々でした。リョウは父の側に座って、彼を見ていました。父が英語をとても上手に話していたのでリョウは感動しました。父はリョウをそこで働いている人々に紹介しました。一人のオーストラリア人がリョウのところに来て尋ねました、「やあ、リョウ。君はいくつですか。」「15歳です、」リョウは答えました。そのオーストラリア人が彼に言いました、「おー、私の息子のトムと君はちょうど同い年だ。明日パーティーを開くつもりです。君も参加しませんか。」

次の日、リョウはそのパーティーに行きました。トムの友人もそこに居ました。彼らは皆違う国々出身でした。トムはとても親切でリョウを彼の友人たちに紹介してくれました。彼らはリョウに日本について英語で尋ねました。彼には理解できない質問がありましたが、彼はいくつかの質問に答えました。トムの妹のメグが言いました、「私はサッカーがとても好きです。あなたは何のスポーツが好きですか。」リョウは「私は剣道が好きです。」と言いました。「剣道とは何ですか。」彼女が尋ねました。彼は剣道部なのでリョウは彼女に剣道について説明したかったのですが、英語で剣道を説明することは彼にとって難しいことでした。なので、彼は「写真を見せてあげる。」と言いました。それから、メグ、トム、彼らの友人たちは彼の③［　　］そして写真を見ました。「かっこいい。サムライみたいだ。」と彼らは言いました。リョウは彼らの顔を見て彼らは剣道に興味があると思いました。トムが尋ねました、「④［　　］」リョウは答えました、「６ヶ月間練習しています。」彼らは剣道についても彼に聞きました。「剣道はいつ始まったの。」「剣道という名前の意味は何。」リョウはこれらの質問に答えることができず、その時どうしたらよいかわかりませんでした。

リョウは父と２週間滞在しました。空港で、リョウは父に言いました、「ありがとう。シンガポール滞在を楽しんだよ。パーティーで剣道の歴史について話したかったけど、僕はできなかった。」彼の父は言いました、「私にも難しいよ、でもその経験からたくさんのことを学んだだろ。」リョウは言いました。「うん。英語を勉強することと日本についてもっとすることは⑥［　　］ことだって気付いたよ。」リョウはシンガポールに戻ってシンガポールの友人たちに剣道とたくさんの他の日本のことについて教えてあげることを決意しました。

(1) ア　はい、お願いします。　イ　はいどうぞ。
ウ　ご自由にどうぞ。　エ　大丈夫。
(2) ア　彼は父を探した　イ　彼の父は彼を会社に連れて行った
ウ　彼は友人を訪ねた　エ　彼の父はリョウと会社を出発した
【take［人］to［場所］】「［人］を［場所］に連れて行く」語順も重要なので覚えておくこと。
(3) ア　～のまわりに来た　イ　～に見えた
ウ　～についてきいた　エ　～について書いた
(4) 空欄の後のリョウの答えから剣道を練習している期間を尋ねているとわかる。【how long ～】を使う。
(5) 下線部の前のリョウの発言等からリョウにとって難しかったことは何か考える。
(6) ア　奇妙な　イ　大切な　ウ　人気がある　エ　簡単な
(7) (a)リョウの父と働いている人々は皆オーストラリア人でしたか。
(b)リョウが何枚か写真を見せた時メグ、トム、彼らの友人たちはどのようでしたか。
(8) ㋐　リョウはシンガポールに行きそこで父と６ヶ月間大切なものを見つけるために滞在した。
㋑　リョウの父はリョウが会社で彼の側に座って彼を見ていた時に英語をしゃべっていた。
㋒　トムはリョウより年上でとても優しかった、なので彼はパーティーでリョウを彼の友人に紹介してくれた。
㋓　メグはサッカーより剣道がずっと好きだった、そして彼女はリョウに剣道の歴史について尋ねた。
㋔　リョウはシンガポールの友人たちに英語で剣道を説明するために何枚かのサムライの写真を見せた。
㋕　リョウは日本のもの、特に剣道について友人に説明をするために再びシンガポールを訪れたかった。

H29 4 (1) ウ　(2) ア　(3) （解答例）Who made them?　(4) エ　(5) エ
(6) （解答例）香川を訪れる外国人の数が増えているということ
(7) (a)　（解答例）Yes, she was.
(b)　（解答例）He told her to ask Mr. Brown about his own experiences.
(8) ㋒と㋔

　サヤカは香川の中学生です。彼女はよく家の近くにあるセルフサービス式のうどん店に行きます。ある日彼女は祖母と一緒にそこへ行きました。うどんを彼らが食べ始めた時、そのレストランに三人の外国人がやってきました。彼らは助けてくれることができる人を① ＿＿ とサヤカは思いました。数分後、彼らは食べずに店を出ていきました。
次の日、サヤカは英語の先生のブラウン先生にうどん店の外国人についての話をしました。彼は言いました、② ＿＿ 経験をしたことがあります。私が初めてセルフサービス式のうどん店に行った時、私はうどんを注文することができず食べずに店を出ました。」彼女は「彼らが出ていった時、私は悲しい気持ちでした。もっと多くの外国人の人にうどんを楽しんでもらいたいです。私に何ができますか。」と言いました。ブラウン先生は「英語で説明書きを作ってはどうでしょう。」「それはいい考えですね！」彼女は言った。放課後、彼女は説明書きを友人のユイと作り始めた。
　２週間後、サヤカとユイはうどん店の店主に英語の説明書きを持っていった。サヤカは言った「この説明書きが外国人の助けになればいいのだけど。」彼は「③ ＿＿ 」と尋ねた。サヤカは「私たちがやりました。作るのは簡単ではなかったけれど、私たちの英語の先生が助けてくれました。」「ありがとう」彼はそう言ってそれらを貼りました。その時、二人の少女が入ってきました。彼らはサヤカとユイが理解できない言語を話していました。サヤカは彼らに言いました、「すみません、説明書きを読んで下さい、そして…」彼らのうちの一人が、「私たちは英語が読めません。」と言いました。「ああ、わかりました。」サヤカはそう言って彼らを助けてあげました。その後、ユイが「説明書きだけでうどんの注文方法を理解するのは難しいと思うな。」と言いました。サヤカは「私は④ ＿＿ 、でも何をするべきかな。」と言いました。ユイは「私は絵が役に立つと思うわ。」と言いました。「いい考えね！」サヤカはそう言っていくつかの絵を説明書きの下に付け加えました。
　1ヶ月後、サヤカは家族と再びうどん店を訪れました。サヤカと家族が食事をしている時、たくさんの外国人が店に入ってきました。最初、彼らは辺りを見回していましたが、彼らの一人が⑤ ＿＿ して言いました、「見て！説明書きに従えばいいわ。」彼らがうどんを注文した時、サヤカは幸せな気持ちで家族に英語の説明書きと絵について話をしました。彼女の父が言いました、「香川を訪れる外国人の数は増えています。」祖母が言いました、「へ一本当に。それは知らなかったわ。じゃあサヤカが作った説明書きは他の国から来た人々の役に立つだろうね。」サヤカは「そうだといいな。私は彼らに香川での滞在をもっと楽しんでほしいわ。他に私に何ができるかな。」と言いました。彼女の父が次のように言いました「ブラウン先生が英語の説明書きを手伝ってくれたのだよね。彼に彼自身の経験について聞いてみたら。」「わかったそうしてみる。」とサヤカは言いました。彼女は再び外国人を見ました。彼らがうどんを楽しんでいることが彼女は嬉しかったのです。

(1) ア　～について書いている　　イ　～を聞いている
ウ　～を探している　　エ　～について耳に入れている
【someone】「誰か」
(2) ア　同じ　　イ　きれいな　　ウ　新しい　　エ　自由な
空欄のあとの文でブラウン先生も同じような経験をしたことがあるとわかるので、アが適当。
(3) 空欄のあとのサヤカの答えが【We did.】「私たちがやりました。」なので、「誰が作ったの？」「誰が書いたの？」のような和訳になる英文を作る。
(4) ア　起こる　　イ　持ってくる　　ウ　費やす　　エ　賛成する
(5) ア　店主をたすけた　　イ　サヤカにいくつかの質問をした
ウ　うどんを食べ始めた　　エ　説明書きを指差した
(6) 直後の【Look!】「見て！」という発言と動作が一致するものを考える。【point to A】は「Aを指す」という動詞。
(7) (a)サヤカは三人の外国人が食べずに店を出るのを見た時悲しかったですか。
⇒第２段落中盤のサヤカの発言、【She said , " I was sad…】から明らか。
(b)サヤカの父はサヤカに何をするように言いましたか。
⇒第４段落終盤。サヤカが【What else can I do?】「私に他に何ができる？」と聞いているのに対しての父の発言がヒント。特に命令形になっている部分に注目する。
(8) ㋐　ブラウン先生と話した後、サヤカは一人で英語の説明書きを作り始めた。
⇒第２段落最終文。ユイと二人で作っているので誤り。
㋑　ブラウン先生とユイは英語の説明書きをうどん店の店主のところへ持っていった。
⇒第３段落最初の文。持っていったのはサヤカとユイである。
㋒　サヤカは二人の少女に説明書きを読むように言ったが、彼らはそれを読むことができなかった。
⇒第3段落中盤。少女の一人が【We can't read English.】と答えているので正しい。
㋓　サヤカは店主にそうしてくれと頼まれたので説明書きの下にいくつかの絵を付け加えた。
⇒第３段落終盤のユイの発言。店主が頼んだわけではないので誤り。
㋔　たくさんの外国人が説明書きを読みうどんを注文している時に、サヤカは幸せを感じた。
⇒第４段落中盤。【When they ordered udon, Sayaka was happy】とあるので正しい。
㋕　サヤカは父と祖母がうどんを楽しんでいることを喜んだ。
⇒第４段落最後の文に【She was glad that they were enjoying udon very much.】とあるが、この文中のtheyは直前の【the foreign people】のことである。紛らわしいので注意。

H30 4 (1) ア (2) エ (3) (解答例) ひかるが, もはやバスケットボールをすることができないということ

(4) How many players are there in your team? (5) イ (6) イ

(7) (a) (解答例) No, he wasn't.

(b) (解答例) Because he watched it on TV.

(8) ㋒ と ㋕

コウイチは中学生です。ある日彼は家への帰り道に駅に向かいながらバスケットボールの試合について考えていました。彼はバスケットボールを一生懸命やりましたが、試合では上手く出来ませんでした。彼は悲しくてバスケットボールを諦めることを考え始めました。

すぐに、コウイチは駅に到着して車椅子を使う男の子を見つけました。それからその少年はコウイチとコウイチが持っていたバスケットボールを見て言いました、「君はバスケットボールをやるの。僕はヒカル。僕は車椅子バスケットをやってる。電車で君を何度か見たことがあるし、君は① [ ] 」コウイチは言いました、「本当に。僕はコウイチ。バスケットボールチームに所属しているけど、上手くはないんだ。」その時、ヒカルは言いました。「でもバスケットボールは好き、だよね？」コウイチは言いました、「僕はバスケットが好きか？わからない。今僕はバスケットボールをすることをあきらめようと考えていたんだ。」ヒカルはコウイチを② [ ] 言いました、「僕は2年前に車椅子バスケットボールを始めた。昔、僕は長い間バスケットボールをしていた。でもある日事故にあってしまった。お医者さんが僕はもうバスケットはできないと言った。それを聞いた時、僕は本当に悲しかった。先生は車椅子バスケットボールについて話をしてくれたけど、その時は興味が持てなかった。それから数日経って、テレビでそれを見て僕は興味がわいた。すぐに僕は車椅子バスケットボールチームに参加した。」コウイチは尋ねました。④「 [ ] 」ヒカルは答えました。「僕のチームには 20 人の選手がいるよ。」コウイチは尋ねました、「車椅子バスケットボールは好き？」ヒカルは言いました、「うん、大好きさ！車椅子バスケットボールのおかげで僕の人生はワクワクしている。来週日曜にある試合に来ない？」コウイチは車椅子バスケットボールに興味を持ったので、試合に行くことに決めました。

日曜日、コウイチは車椅子バスケットボールをするたくさんの人に会いました。彼らの中にはコウイチよりも年上に見える人もいましたし、彼と同じぐらいの年齢に見える選手もいました。コウイチは彼らの試合を見て興奮しました。彼らはとても素早く動き、時々お互いにぶつかっていました。ヒカルもとても一生懸命に車椅子バスケットボールをやっていました。彼はとても素早く動き、素早く回り、ボールを受け取ろうとしていました。コウイチは言いました、「行けー！ヒカル。頑張れ！」ヒカルは本当に車椅子バスケットボールが好きなのだとコウイチは思いました。ヒカルにとって彼の⑤ [ ] ことをして精一杯がんばることは素晴らしいことだともコウイチは思いました。コウイチはヒカルを長い間見ていました。

試合の後に、コウイチはヒカルに言いました、「試合に招いてくれてありがとう。 [ ] から君を見て興奮したよ。ヒカルは言いました、「皆が障壁にぶつかる、でももしそれを壊したら、新しい世界が見れる。だからあきらめないで。」コウイチは言いました、「ヒカル、今僕たちは同じ気持ちだって僕は知ってる。バスケットボールがなければ人生に意味がない、でしょ？もっと一生懸命バスケットボールを練習して、次の試合には君を招待するよ！」

(1) ア【carry】「運ぶ」 イ【start】「始める」 ウ【play】「(バスケットボールを)する」 エ【share】「共有する」
空欄の直後は【a basketball】になっていることに注意。

(2) ア【hear of ～】「～の噂を聞く」 イ【leave for ～】「～へ出発する」
ウ【work with ～】「～と協力する」 エ【look at ～】「～を見る」

(3) 下線部の直前の医者が言った内容のことである。

(4) 空欄の後にヒカルが人数を回答しているので、人数を聞いていることが分かる。数を聞く時は、【how many ～】を使う。

(5) ア 似ている イ お気に入りの ウ 簡単な エ 異なった

(6) ア 君は試合をみていた
イ 君は一生懸命にやっていた
ウ 君は僕に電話していた
エ 君はバスケットボールの試合を訪れた
ここでの you はヒカルのことを指すのでア、ウ、エではないことは明らか。

(7) (a) コウイチは駅に行っていた時に幸せでしたか。
→第1段落最終文参照。【happy】「嬉しい」⇔【sad】「悲しい」
(b) なぜヒカルは医者と話をした後に車椅子バスケットボールに興味を持つようになったのですか。
→第2段落中盤に【I watched it on TV, so I became interested in it.】とある。

(8) ㋐ ヒカルはコウイチと車椅子バスケットボールについて話した時に、初めて彼に会った。
⇒第2段落の最初のヒカルの発言の中でヒカルはコウイチを時々電車で見かけるとあるので誤り。
㋑ ヒカルは2年前に車椅子バスケットボールをすることをあきらめた。
⇒2年前に車椅子バスケットボールを始めているので誤り。
㋒ 車椅子バスケットボールをすることがヒカルの人生をワクワクするものにした。
⇒第2段落最後から3番目の文参照。
㋓ 車椅子バスケットボールの試合で、コウイチは全ての選手がコウイチよりも年上だと思った。
⇒第3段落第2文に同じ年齢くらいに見える子もいたとあるので誤り。
㋔ ヒカルはとても一生懸命に車椅子バスケットボールをやっていたのでコウイチは試合の間、何も言えなかった。
⇒第3段落【Go, Hikaru. Go!】と声にしているので誤り。
㋕ コウイチは車椅子バスケットボールの試合を見た後に、自分がバスケットボールが好きだということに気付き、もっと一生懸命やろうと思った。
⇒第4段落参照。

H31 4 (1)（解答例）Can I play it? (2) エ
(3)（解答例）形あるものはいつかは壊れるし,友だちのほうがものより大切だということ
(4) ウ (5)（解答例）幸子のギターを修理すること (6) イ
(7) (a)（解答例）Her father did. (b)（解答例）No, she wasn't. (8) ㊀と㊅

＜英文訳＞

幸子は中学生である。彼女が学校から帰って宿題を終わらせた後、彼女はいつもギターの練習をしている。彼女の父は若いときギタリストだったので、彼は幸子に8歳の誕生日プレゼントとしてギターを与えた。彼は彼女にギターの弾き方を教えた。週末には彼らは一緒にお気に入りの歌を弾き、歌うことを楽しんだ。彼女の父は上手な歌手ではなかったが、彼女は父とのその時間がとても好きでした。彼女のギターにはたくさんの傷やへこみがあったが,彼女はそれを好んでいました。

ある日、幸子は良子と武夫を家に招待した。彼らが幸子の部屋に入ったとき、武夫は彼女のギターを見て「これはあなたのギターですか。うわあ、かっこいいですね。私はギターを弾いてみたかったのです。① [ ]。」と言いました。幸子は「いいえ、だめです。」と言いました。しかしもう遅かった。彼はギターを素早くとって、それを弾いた。そのときギターは彼の手から滑り落ち、ギターは壊れた。彼らはみんなとても驚いて何も言うことができなかった。幸子は② [涙] が止まらなかった。

幸子は夕食の間もまだ泣いていた。彼女の母は彼女のために何をすべきかがわからなかった。そのとき、彼女の父が仕事から帰ってきた。彼は幸子を見て「あなたに何があったのですか。」と尋ねた。幸子は壊れたギターについて話し、「ごめんなさい。私は彼を止めることができなかったのです。私はもうあなたから8歳の誕生日にもらったギターを弾くことができません。」彼は「形のあるものはいつか壊れ、また、友達はそのようなものよりも大事なものですよね。」と言った。夕食の後、幸子はもう一度壊れたギターを見て、悲しく感じたが,③彼女は彼が正しいと思った。なので、彼女は彼女の父にそれを片付けるよう頼み、明日の朝武夫に挨拶しようと決心した。

三ヶ月後、幸子の父と母、彼女の友達は15歳の誕生日を祝うために幸子の家にいた。彼らがパーティーで幸子のために歌を歌おうとしたとき、武夫がギターをもって部屋に入ってきた。幸子はそれが自分のギターだったのでとても驚いた。武夫は「本当にごめんなさい。私は誤ってあなたのギターを落としたときに何も言うことができませんでした… 私はそれの埋め合わせをしたかったです。だから…」と言った。そのとき幸子の父が「だから武夫が私に彼を手伝うよう頼みました。私は簡単にギターを修理することができますが、彼はそれを私としたいと言うとは思いませんでした。そのときから武夫と私は三ヶ月間、毎週ギターを修理しました。あなたのギターの音はあまり良くはないかもしれませんが、私はギターから彼の努力を感じることができると確信しています。」と言った。彼女は泣いて、武夫からギターを受け取った。このとき彼女は「ありがとう、武夫。私は幸せなので泣いています。私たちの友情は二度と壊れません。」と言った。幸子の父はそれをにっこり笑って見ていた。

(1) 直後の幸子のセリフにNo, you can't ! と言っているのでCan I ～？で始めなければならない。
(2) 直後の文に“ 幸子は夕食の間もまだ泣いていた ”とあるので泣いているという表現を作れば良い。
(3) 直前の父の発言に注目する。
(4) 2段落での武夫の行動などから判断する。
(5) 直後に「そのときから武夫と私は三ヶ月間、毎週ギターを修理しました」とあるのでitは修理をすることを指していることがわかる。
(6) ア 何も聞こえない　イ 彼の努力が見えるだろう
ウ 何も人生を感じられないだろう　エ 彼の間違いを見つけるだろう
(7) (a)幸子が8歳のとき,彼女にプレゼントとしてギターをあげたのは誰か。
第1段落3文目後半に書かれている。
(b)彼女は15歳の誕生日に武夫からギターを受け取ったとき彼女は悲しかったか。
第4段落の最後から3文目の内容と合わない。
(8) ㋐幸子と彼女の父は毎週末に一緒にギターを修理することを楽しんだ。
第1段落5文目と合わない。
㋑ギターがまだ新しくきれいに見えたので幸子はそれを愛した。
第1段落の最後の文章に合わない。
㋒幸子の友達の良子は幸子のギターを見つけて、誤ってそれを落とした。
第2段落の6文目から良子ではなく武夫なので間違い。
㋓ギターが壊れた後、夕食の間でさえもまだ悲しかった。
第3段落1文目と合致する。
㋔幸子は彼女の母に夕食の後壊れたギターを片付けるよう頼んだ。
第3段落の最後の文章の前半から母ではなく父に頼んでいるので間違い。
㋕幸子の父は幸子と武夫がパーティーでいまだに友達であったところを見て幸せに思った。
第4段落の最後の文章と合致する。

R2 4 (1)（解答例）Do you like cleaning? (2) ア (3) エ
(4)（解答例）掃除に対する態度を変えること
(5)（解答例）掃除すべき場所を見つけて,私たちの学校をきれいにしようという誘い
(6) ウ (7) (a)（解答例）She felt very good. (b)（解答例）Yes, he did.

＜日本語訳＞

拓海は中学生です。ある日、彼が教室を掃除していた時、彼のクラスメイトの1人であるロンドンから来た留学生エマと話しました。彼は彼女に「私は掃除が好きではありません。なぜ私たちは学校を掃除しなければならないのですか。」と言いました。彼女は「あなたは掃除が好きではないのですか。私が自分の国にいた時、日本の人々は掃除が好きだと聞いていたので、私は日本は世界で最もきれいな国だと思っていました。私は日本に来た時、それが真実だとわかりました。」と言いました。拓海は同意しましたが、「 [ ] ？」と尋ねました。エマは「はい。私はなぜ掃除が好きなのかうまく説明できませんが、友達と一緒に掃除した後はとても良い気分になります。あなたは日本人ですが、掃除が好きではありません。ごめんなさい。私にとって不思議です。」と答えました

拓海は家に帰った後、エマが彼に言ったことを母に話しました。それから彼女は彼に「あなたは何人かの日本のサッカーファンが自国のチームが国際試合に負けた後でさえ、スタジアムを掃除したことを聞いたことがありますか。」と言いました。彼は「いいえ、聞いたことがありません。」と答えました。それから彼女は「わかりました。それは世界中でニュースになり、人々はそのような行いを称賛しました。しかし、私たち日本人にとって使う場所を掃除することは ＿＿ ではないですよね。私たちは学校の掃除の時間を通じて、協働、責任、物への感謝を学んできました。今世界中でこの日本の教育方法を始めようとしている学校もあります。それは『掃除を通じて ＿＿ 』それから拓海は「私たち生徒はただ学校をきれいにするだけのために掃除するのだと思っていました。しかし今なぜ私は掃除をしなければならないのか理解しています。私は掃除に対する自分の態度を変えなければなりません。」と言いました。母は「はい、あなたはそうすべきですね。エマがあなたの態度の変化を見たら、彼女は喜ぶだろうと私は思います。」と言いました。

次の日、拓海は学校でエマに会った時、彼は彼女に「掃除すべき場所を探して、私たちの学校をきれいにしましょう。」と言いました。エマは「もちろん！それを聞いて私は本当にうれしいです！」と言いました。放課後、彼らは場所を一覧表にして、ひとつひとつそれらの掃除を始めました。何人かの生徒もまた彼らに加わり出し、彼らの活動は学校全体に広がりました。

３ヶ月後、彼らが一覧表にしたほとんどすべての場所がきれいになりました。それから拓海はエマに「私たちの地域の中で掃除すべき場所を一覧表にしてはどうでしょう。今20人以上の生徒が私たちの活動に参加しているので、私たちの間でその場所を分担し、何をすべきか、そしてそれをいつ終えるべきか決めることができます。そうすることで、生徒それぞれが自分の場所のために ＿＿ できますよね。」と言いました。エマは「それは良い考えですね！私たちもきっと私たちの周りのありふれた物への感謝を持つことができるはずです。」と言いました。彼らの活動は学校の外へも広がり出しました。

(1) 前後が掃除についての話題であること、エマの答えが「Yes,I do.」であることから「Do you ～？」で始まる質問を考える。
(2) special= 特別な
(3) 直前の「education」がヒント。
(4) 直前の「to change my attitude toward cleaning」の部分。
(5) 直前の拓海の言葉 "Let's look for places to clean and make our school clean." の部分。
(6) 直前の「decide what to do and when to finish it」がヒント。
(7) (a) 第１段落の最後の方にある「I feel very good after cleaning places with friends」がヒント。
(b) 第２段落の拓海の言葉の中に「now I understand why I have to clean my school」とある。

R3 **4** (1) エ (2) (解答例) お年寄りの人たちに,音楽を楽しんでもらいたいという願い
(3) (解答例) What music would you like to listen to? (4) ウ (5) ア
(6) (解答例) 自分たちの音楽をとおして観客を幸せにすること
(7) (a) (解答例) No, he didn't. (b) (解答例) Masako did. (8) ㋑と㋔

Yuki は中学生です。ブラスバンド部のリーダーとして一生懸命、活動していました。

彼女の学校はブラスバンドで有名で、すべての部員はコンテストで勝つこと望んでいました。彼らはよく練習をし、勝つためには何をするか度々話をしていました。しかし彼らの音楽には何かが足りませんでした。彼らはイライラしていました。ある日、部員の Ken がいいました。" 我々の部は① 面白く ない。だから参加するのを止める " Yuki は彼に対して何も言えませんでした。土曜日の午後、Yuki と Ken は学校の近くで出くわしました。

彼は祖母に会う為、老人ホームに行く途中でした。彼は言いました。" 祖母は音楽が好きで、度々、その話をする為に訪ねると "Yuki は彼に言いました。" 私は帰る途中だけど、あなたと一緒に行っても良いかしら？ " 彼は驚いたようでしたが " いいよ " と言いました。

老人ホームで Ken の祖母である Masako が Yuki にいいました。" もうすぐコンテストですね。Yuki は彼女にいいました。" はい。でも勝てないと思います "Masako は Yuki を見つめ Ken に言いました。" いつものようにピアノを弾いて "Ken が弾き始めると全てのお年寄りが集まってきました。演奏中彼は時々お年寄りに話しかけました。Yuki は Masako にいいました。" すごい！ Ken を見て！なんて幸せそうな顔でしょう！ブラスバンド部では幸せそうには見えません "Masako は Yuki に言いました。"Ken はお年寄りに音楽を楽しんで欲しいの。②そして彼らは Ken の望みを分かっているの。彼らは本当に幸せそうでしょう？ "Yuki は彼らの幸せそうな顔を見た。彼らは音楽を通して一体になっているように見えた。

二週間後、Yuki,Ken、そして他の部員達は老人ホームを訪ねました。彼らはお年寄りに彼らの音楽を聞いてほしかったのです。最初はメンバー達はいつも通りに演奏していました。

そこで Ken はお年寄りに問いかけました。③ どんな音楽が聞きたいですか？

ひとりが答えました。" あなた達の校歌が聞きたいです。我々の多くがあなた達と同じ学校を卒業したのです " Yuki とメンバーは彼らに校歌を歌ってもらい学校時代を④ 思い出して 欲しいと思い、ゆっくり演奏することを決めました。演奏を始めると聴衆は興奮しだし、大勢が幸せそうに歌いました。Yuki は Ken に言いました。" 今まで、我々は⑤ コンテストに勝つこと を考えてました。しかし大切なことはいかに聴衆を幸せにするかです "Ken は彼女に言いました。" ハイ。それが私達の音楽には欠けているのです。" 二ヶ月後、コンテストの日が来ました。ステージのかたわらで部員たちはすごく緊張していました。その時、Ken は言いました。" 聴衆の中に私の祖母がいます " 何人かの老人ホームのお年寄りが彼らの音楽を聴いてました。Yuki は全部員に言いました。" 我々の音楽を通して聴衆を幸せにしましょう。⑥そうすることによって、ここにいる全ての人が一つになります。" 部員は幸せそうに見えました。Yuki は部員に言いました。" 今からいくわよ。"

(1) Ken は直後にクラブを止めるといっているのでその文脈にあうのは fun
面白くないので止めるということである。
(2) 下線②の直前に Masako が Yuki に言っている。お年寄りの人たちに、音楽を楽しんでもらいたいと。
(3) ③の直後に校歌が聴きたいとあるのでどんな音楽が聴きたいかと聞いていると推測できる。listen は自動詞なので必ず前置詞の to がつく事を忘れてはいけない。
(4) 選択肢は全て動詞であり、学生時代を目的語にとる動詞を考える。
(5) 文頭から２行目に部員はコンテストに勝つことを望んでいたとある。それが大切 だと思っていたが、聴衆を喜ばせることがもっと大切だと気づいたのである。
(6) 「so」は直前の Yuki の発言を受けている。音楽を通して彼らを喜ばせること。
(7) (a) Ken は Yuki を老人ホームに来るように誘ってはいない。Yuki が「Can I come with you」と聞いている
(b) Masako が Ken に対して「please play piano as usual」とお願いしている。
(8) ㋐ Yuki は「何も言えなかった。」との記述がある。
㋑本文にその記述がある。
㋒その様な記述は見当たらない。
㋓その様な記述は見当たらない。
㋔多くの人がその学校の卒業生で一緒に歌った。
㋕その様な記述は見当たらない。

R 4 [4] (1) (解答例) Why do you think so？　(2) イ
(3) (解答例) 勇太がこれらのトマトが一番好きだということ　(4) イ
(5) (解答例) コンテストは，この町のおいしい野菜を多くの人に紹介するために開かれること
(6) エ　(7) (a) (解答例) A vegetable cooking contest is.　(b) (解答例) No, he didn't.
(8) ㋐と㋕

<日本語訳>

勇太は中学生です。ある日、彼の父の和夫が勇太に「あなたは夏休みの間に何をする予定ですか？」と尋ねました。勇太は「私は何も特別なことをする予定はありません。私たちの町はとても退屈です。」と答えました。和夫は「本当ですか？①[　　]？」と言いました。勇太は「なぜならこの街には私にとって何も面白いことがないからです。」と勇太は言いました。和夫は「本当ですか？私たちの町には面白い催し物を楽しむ機会がたくさんあります。例えば、夏にはいつも野菜料理コンテストが公園で開かれています。それに参加してみてはどうですか？」と言いました。勇太は「それはいいですね。私は料理が好きです。」と言いました。勇太はそのコンテストに参加することを決めました。

土曜日、勇太はインターネットで野菜料理の調理法を調べ、和夫に料理を出しました。勇太は和夫に「おいしいでしょう？」と言いました。和夫は「おいしいです。ところで、これらの野菜はどこで獲れたものですか？」と言いました。勇太は「わかりません。」と答えました。和夫は勇太に「では、そのコンテストがなぜ私たちの町で開かれるのか知っていますか？」と尋ねました。勇太は「いいえ。理由を教えてください。」と言いました。和夫は「明日、調理の勉強会が公民館で開かれます。答えはそこにあるでしょう。」と言いました。すると、勇太は「答えを見つけるためにそこに行ってきます。」と言いました。

日曜日、人々は勉強会で調理し、料理を出しました。すべての料理は彼の町で採れた地元の夏野菜だけで作られました。勇太はその料理を食べることを楽しみました。彼は自分の町にはたくさんの地元のおいしい夏野菜があることを知って②[　　]勇太は彼の周りの人々に「ここのすべての夏野菜はとてもすばらしいですね。私はこれらのトマトが一番好きです。」と言いました。トマトを育てている男性が「③それを聞いて私はうれしいです。私は多くの人々にここのトマトがとても良いことを知って欲しいです。しかし、これらのトマトを多くの人々に紹介する機会がありません。」と言いました。その言葉を聞いたちょうどその後、勇太は父の言葉を思い出しました。その時、⑤彼はついに欲しかった答えを見つけました。そのコンテストはこの町のおいしい野菜を多くの人々に紹介するために開催されます。そこで、勇太はそのコンテストのためにトマト料理を作ろうと決めて、その男性に「私は多くの人々にこれらの甘いトマトを紹介します！」と言いました。

1週間後、勇太の町や他の町から多くの人々がコンテストにやって来ました。勇太は最善を尽くしましたが、そのコンテストに勝つことはできませんでした。しかし、彼は「おいしい！私はこのトマトが大好きです。」、「私は私たちの町にこんな甘いトマトがあるなんて知らなかった。」といったコメントをもらってとても幸せでした。そのコンテストの後、勇太は公園の周りを和夫と一緒に歩き、コンテストの料理について話している多くの人々を見ました。彼らは幸せそうでした。勇太は和夫に「このすばらしい経験を通じて、私は⑥[　　]だから、私はもっと私の故郷について知りたいです。その時、小さな少女が勇太のところにやって来て「あなたの料理は私にとって一番でした。料理の名前は何というのですか？」と言いました。勇太は「甘い故郷。」と笑顔で答えました。

(1) 直後「Because」で答えているので、必ず「Why ～？」の疑問文にする。
(2) 「be surprised」で「驚く」という意味。
(3) 直前の「I like these tomatoes the best.」を指している。
(4) 「have no chance」で「機会がない」という意味。
(5) 傍線部⑤直後の1文に注目する。
(6) ア　トマトについてすべて勉強した　　イ　野菜の育て方を学んだ
ウ　インターネットの使い方を知っていた　　エ　この町の良い点を知った
直後の1文がヒント。私の町についてもっと知ってもらいたいので、答えはエ。
(7) (a) 勇太の町では毎年夏に何が開催されますか？
(b) 勇太はコンテストに勝ちましたか？
(8) ア　勇太はコンテストに参加するのを決める前は、夏休みの間にやる計画がなかった。
1段落目に「I'm not going to do anything special.」とあるので正しい。
イ　和夫は自分の町の地元の夏野菜を売るために勉強会を開催しようとした。
和夫は勉強会を開催したわけではなく、勇太に参加することを勧めただけなので誤り。
ウ　勇太は勉強会で日本の異なる場所で採れたたくさんの野菜を食べることを楽しんだ。
すべての料理は勇太の町で採れたもので作られていたので誤り。
エ　野菜料理コンテストに来た人々はとても少なかった。
コンテストにはたくさんの人々が来たので誤り。
オ　和夫はコンテストの後、勇太と一緒に甘いトマトを使った料理を作りたかった。
そのような記述はないので誤り。
カ　勇太は野菜料理コンテストの後、彼の故郷に興味を持った。
最終段落に「I want to know more about my hometown.」とあるので正しい。

（英作文）

H26 [5]
場面A　(解答例)　At a store, Taro saw a woman standing at the door.
She had many bags in her hands.
場面B　(解答例)　Taro opened the door for her.　She was glad he was very kind.

H27 [5]
場面A　(解答例)　A woman was looking for a library.　Taro wanted to help her.
場面B　(解答例)　He took her to the library.
She thought she could read a book there.

H28 [5]
場面A　(解答例)　Taro's mother wanted him to do some shopping for her.
He received a shopping bag from his mother.
場面B　(解答例)　He bought some food at a store.
He didn't need a plastic bag from the store.

H29 [5]　(解答例)　*Origami* is a traditional Japanese art.
You need only a piece of paper to enjoy *origami*.
You can make many kinds of paper animals.
You can give them to your friends as presents.
(解答例)　*Furoshiki* is a traditional Japanese piece of cloth.
It is used to wrap and carry things.
It is good for the environment because we can reuse it.
You can also enjoy its design.

（解答例） *Shogatsu* is a traditional festival to celebrate the new year.
Many people visit temples and shrines.
A lot of people eat special dishes called *osechi* at home.
Some people wear *kimono*, traditional Japanese clothes, during this event.

H30 5 （解答例） In *Rakugo*, a person called *Rakugoka* sits on the stage.
Rakugoka often tells us funny stories.
A fan is sometimes used in different ways.
Rakugo is spreading to many other countries.

（解答例） *Washoku* is traditional Japanese food. It's very good for your health.
Rice and fish are often used in *Washoku*.
We can also enjoy seeing Japanese dishes.

（解答例） *Hanami* is a traditional Japanese event to welcome spring.
We enjoy looking at beautiful cherry trees.
Many people eat and drink under the cherry trees.
Some people like to see the cherry trees under the moon.

H31 5 （解答例） *Nengajo* is a card which people send to each other on New Year's Day.
We send this card to celebrate the new year.
We draw pictures or print pictures on this card.
We can get the news about our friends by reading this card.

（解答例） *Yukata* is a kind of kimono people wear in summer.
There are many kinds of *yukata*.
Some people wear this and go to summer festivals.
Also, we sometimes wear *yukata* after we take a bath.

（解答例） *Shichigosan* is a festival for children who are three, five and seven years old.
We celebrate it in November.
The children visit a shrine or a temple with their family.
The family hopes that their children will have good health.

R 2 5 （解答例） *Udon* is a popular dish in Japan. It has many ways to eat.
For example, we can enjoy *kamatama* , hot *udon* with egg.
Kagawa is famous for *udon* in Japan.

（解答例） *Sumo* is a traditional Japanese sport. It is a kind of wrestling.
We can enjoy watching it on TV.
There are some players from other countries.

（解答例） *Tanabata* is a popular event in Japan. It is usually held on July 7.
We try to find beautiful stars in the sky that night.
Also, we write our wishes on small pieces of paper.

R 3 5 （解答例） I think getting information from [a newspaper] is better.
It has many kinds of news on a page.
So, we can get chances to know a lot of things.
For example, we can learn about the environment, sports and the world.
A newspaper can make us interested in many things.

（解答例） I think getting information from [the Internet] is better.
First, we can get information easily on the computer.
Second, when we want to know something, we can look for it on the Internet.
Third, there are a lot of videos on it.
So, we can learn about what is happening in the world now.

R 4 5 （解答例） I think living in [the country] is better.
People in the country know each other well.
So, when we have problems there, we try to help each other.
Also, there are quiet places with mountains and rivers.
So, we can enjoy climbing mountains and fishing in the rivers.

（解答例） I think living in [a city] is better.
First, there are many trains and buses in a city.
It is helpful when we are out.
Second, we can find many big stores in a city.
So, it is easy to buy things we want.

（リスニング）（H26～ R2省略）

R 3 1 **A** ③ **B** ア **C** エ
D （場所）図書館の前 （時刻）午前7時50分
（Ellen が Sam に持って行くほうがよいと言ったもの）（解答例）飲み物
E No.1 イ No.2 イ No.3 ウ

R 4 1 **A** ③ **B** ④ **C** ウ
D （場所）（解答例）駅 （時間）15分
（Emi が楽しみにしていること）（解答例）アップルパイを食べる こと
E No.1 イ No.2 エ No.3 イ

理科

◎１分野

(身近な科学)

H27 4 C (1) イ (2) エ

C (1)

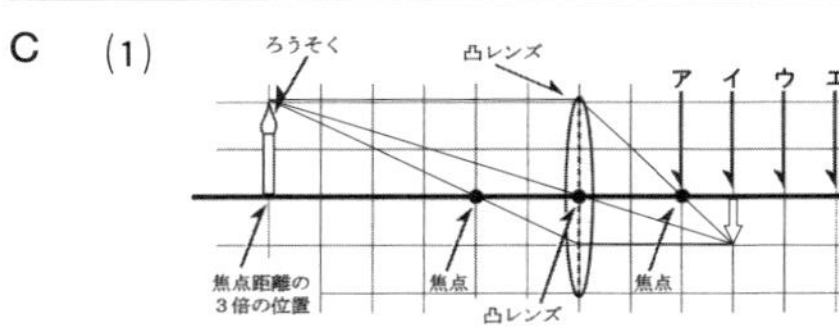

(2) それぞれの像を鏡に対して，入射角と反射角を等しくなるように反射させた直線を引いてみる。それが点Pを通れば鏡にうつっていたことになる。

H31 4 B (1) ㋐と㋒ (2) ㋐と㋓

B (1)下図のように入射角＜屈折角となっている。

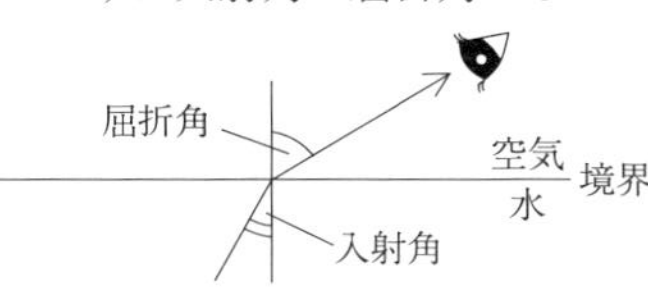

(2) 水面から線香花火の玉と太郎さんの目の位置のそれぞれを線で結んだとき，入射角＝反射角となるのは点Pである。また，図Ⅲにおいて線香花火の玉が1目盛り下になった時，入射角＝反射角となる位置は点Pから1目盛り左に移る。したがって，Xの方向である。

R 3 4 C (1)（解答例）いなずまの光が見えてから音が聞こえるまでに，少し時間がかかること。
打ち上げ花火の光が見えてから音が聞こえるまでに，少し時間がかかること。
などから一つ

(2) ㋑と㋓

R 4 4 B (1) 0.40 倍 (2) 2.8 cm

B (1) ばねののびはX：Y=2.0：0.8=5：2なので，のびを同じにするためには，引く力はX：Y=2：5にしなければならない。よって，$\frac{2}{5}$=0.40倍。

(2) 表より，おもりP1個ではばねXは2.0cm伸びることがわかる。
したがって，おもりQ1個ではばねXは，8.0−7.0=1.0cm伸びているので，おもりQはおもりPの重さの0.5倍。
2個のおもりPと3個のおもりQは，おもりPの2+3×0.5=3.5個分なので，ばねYはおもりQ個で0.8cm伸びることから，0.8×3.5=2.8cmのびる。

(物質の性質)

H31 3 B (1)（液体のエタノール）㋒ （気体のエタノール）㋐ (2) ㋐と㋔
(3)（解答例）**混合物を熱したとき，**急に沸騰(突沸)するのを防ぐため。
(4) ㋓ (5)（解答例）水よりもエタノールの方が，**沸点**が低いから。

B (1) 気体＞液体＞固体の順に粒子の自由度は小さくなる。
(2) 密度＝質量 ÷ 体積であり，質量は同じなので液体のロウの密度＜固体のロウの密度となる。また，質量＝密度 × 体積であり，体積が同じならば，密度の小さい液体のロウの質量の方が小さくなる。
温度計の先端が枝付きフラスコの枝の部分にくるようにする。

R 2 3 A (1) $CuCl_2 \rightarrow Cu^{2+} + 2Cl^-$ (2) 60% (3) ㋑ (4) エ (5) 0.6g

A (2) $\frac{50+100}{100+50+100} \times 100 = 60$(%)
(4) 問題文にある水5.0gに2.5gずつ溶かすということは，水100gに対して，50g溶かすことと同じなので，その視点で図Ⅱと図Ⅲのグラフを見比べて判断する。
(5) 水5.0gに対して 塩化ナトリウムは$38 \times \frac{5}{100}$=1.9gとけるので，
とけ残るのは 2.5−1.9=0.6(g)

R 4 3 B (1) ㋓
(2)（解答例） **メタンが燃焼するときには**二酸化炭素と水が発生するが，**水素が燃焼するときには**水だけが発生する**という違いがある。**
メタンが燃焼するときには二酸化炭素が発生するが，**水素が燃焼するときには**二酸化炭素が発生しない**という違いがある。**などから一つ
(3) P 酸化 Q 発熱
(4) $HCl \rightarrow H^+ + Cl^-$
(5)（記号） ア （性質） （解答例）**水**にとけやすく，**空気**より軽い**という性質。**
(6) ウ

B (1) 有機物は炭素を含む物質なので，燃やすと二酸化炭素が発生する。

(化学変化)

H27 3 B (1) ㋐ (2)（記号）ウ （言葉） 質量保存**の法則**
(3) 右図
(4) 0.4g (5) $HCl \rightarrow H^+ + Cl^-$

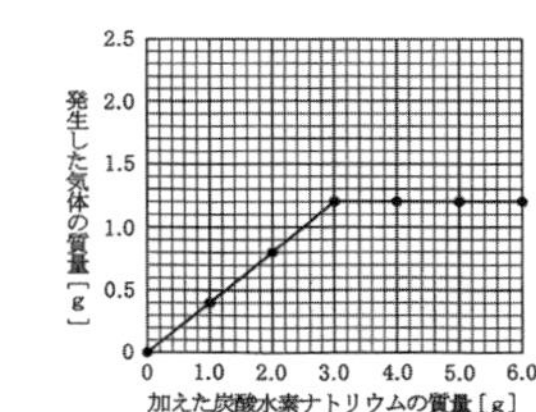

B (1) ㋐ 鉄が酸化鉄になる。
(4) 表より，うすい塩酸30cm³に3.0gの炭酸水素ナトリウムを加えると全て反応し，1.2gの気体が発生することがわかる。したがって，同じ塩酸10cm³と完全に反応する炭酸水素ナトリウムは，$3.0 \times \frac{1}{3}$=1.0gでよいので，加えた2.0gは十分である。このとき発生した気体をxgとすると，3.0：1.0=1.2：x x=0.4

H30 3 B (1) ㋓→㋐→㋒→㋑
(2) (解答例) できた液体が試験管の加熱部分に流れる**ことによって，試験管が割れるのを防ぐため。**
(3) イ (4) $2NaHCO_3 \rightarrow Na_2CO_3 + CO_2 + H_2O$ (5) ㋒

B (3) フェノールフタレインはアルカリ性が強いほど濃い赤色を示す。

H31 3 A (1) ㋐ (2) $2Mg + O_2 \rightarrow 2MgO$ (3) 0.3g (4) エ

A (1) 塩酸と同じ酸の水溶液は食酢である。
(3) 表より，マグネシウム：酸素＝3：2なので
3：2＝x：(2.3−1.5)
$2x$＝2.4 x＝1.2 (g) となる。
つまり，酸素と化合したマグネシウムは1.2 (g) なので，化合していないマグネシウムは1.5−1.2＝0.3 (g) である。
(4) ある物質から酸素原子がうばわれる現象を還元という。

R 2 3 B (1) a (解答例) **火のついた線香を陽極に発生した気体に近づけると，**線香が炎を出して激しく燃える**ことを確認する。**
b ウ c イ (2) エ (3) 2.7g

B (1) b ア，二酸化炭素 イ，アンモニア エ，窒素
(2) 金属の性質は，①金属光沢 ②たたくと延びる（延性） ③電流が流れる の3つを覚えておく。
(3) 5.8gの酸化銀を加熱してすべて反応すると，
酸素0.4g，銀5.4gに分解する。今回反応した酸素は
5.8−5.6＝0.2g なので，
酸素：銀＝0.4：5.4＝0.2：x
x＝2.7 (g)

R 3 3 B (1) P (解答例) 逆流 Q (解答例) 酸素と反応
(2) ㋐と㋓
(3) 右図
(4) 2CuO ＋ C → 2Cu ＋ CO^2
(5) 6.40g

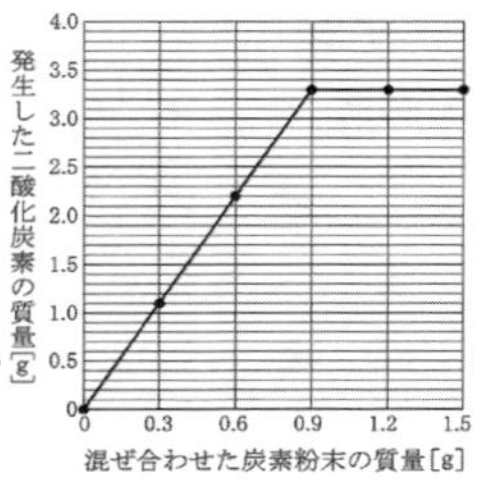

発生した二酸化炭素の質量[g]
混ぜ合わせた炭素粉末の質量[g]

R 4 3 A (1) $H_2SO_4 + Ba(OH)_2 \rightarrow BaSO_4 + 2H_2O$
(2) (記号) ㋐と㋓ (言葉) 質量保存**の法則**
(3) (解答例) 容器内の気体の一部が容器から逃げたから。 (4) 1.2 g

A (4) 表より，うすい塩酸20cm³に反応する炭酸水素ナトリウムは，2.0g，発生する気体は82.0−81.2＝0.8gであることがわかる。したがって，うすい塩酸30cm³の場合，
炭酸水素ナトリウムは4.0g中$2.0\times\frac{30}{20}$＝3.0g反応し，発生する気体は$0.8\times\frac{30}{20}$＝1.2gである。

(イオン)

H26 3 A (1) ウ (2) $2HCl \rightarrow H_2 + Cl_2$ (3) ウ
(4) a Zn^{2+} b ㋐と㋓ (5) エ

A (3) 陽極では塩素が発生する。塩素の水溶液には殺菌や漂白の作用がある。
(4) 電子は亜鉛板で発生し，銅板の方に流れる。
(5) エタノールと砂糖は非電解質なのでアとイは不適。２種類の金属を使わなければ電流が流れないのでウは不適。

H27 3 A (5) $2H_2O \rightarrow 2H_2 + O_2$ (6) 燃料電池

H28 3 A (2) SO_4^{2-} (3) イ

A (2) 硫酸の化学式はH_2SO_4であり，陽イオンはH^+，陰イオンはSO_4^{2-}となる。

H30 3 A (1) 190g (2) P 電解質 Q 非電解質
(3) (解答例) **酸とアルカリが**たがいの**性質**を打ち消しあう**反応。**
(4) ㋑ (5) (記号) ㋐ (数値) 1.5

A (1) 溶けている塩化ナトリウムは，200×0.05＝10gなので，水は200−10＝190g含まれている。
(4) 水溶液の色が黄色を示しているとき，うすい塩酸の方がうすい水酸化ナトリウム水溶液より多い。塩酸は水素イオンと塩化物イオンでできているが，水素イオンは中和により水酸化物イオンとくっついて水になっている。よって，塩化物イオンが一番多い。
(5) 実験Ⅱより，塩酸と水酸化ナトリウム水溶液は，10：8＝5：4の比で中和するとわかる。塩酸16.0cm³で中和するのに必要な水酸化ナトリウム水溶液を$x$cm³とすると，5：4＝16：x。よって，x＝12.8。つまり14.0−12.8＝1.2cm³の水酸化ナトリウム水溶液が残っている。これを中和するために必要な塩酸を$y$cm³とすると，5：4＝y：1.2。よってy＝1.5。

R３ 3 A (1) ㊤ (2) (陽イオン) Na^+ (陰イオン) OH^- (3) ㋐と㊤

(4) (解答例) 異なる種類の**金属板と，うすい塩酸や食塩水のように，**電解質**がとけてイオンが含まれている水溶液を用いる必要がある。**

(5) ㋑

A (2) $NaOH \rightarrow Na^+ + OH^-$

(3) 求める銅の質量を x(g) とする。

0.60 : x=0.90 : 9.60 　 x=6.40 (g)

(電流とその利用)

H26 4 B (1) ウ (2) 3.0 V (3) a ㋐と㋒ b 6.5 V (4) ㋑

(2) 図Ⅲより電流が0.12Aだとわかるので，電圧は25Ω×0.12A=3.0V

(3) a スイッチ①のみであれば，25Ωの電熱線しか電流は流れない。

スイッチ②を入れると，25Ωと50Ωの並列つなぎの回路になる。

25Ωと50Ωの並列つなぎの全体抵抗は，$\frac{1}{25}+\frac{1}{50}=\frac{3}{50}$，$\frac{50}{3}\fallingdotseq 16.7\Omega$

したがって，スイッチ①のみを入れた時の抵抗25Ωよりも小さいので，流れる電流は大きくなり，動き方も大きくなる。

b 求める電圧を xVとすると，

25Ωの電熱線に流れる電流は $\frac{x}{25}$A，50Ωの電熱線に流れる電流は $\frac{x}{50}$A

2つを合わせると0.39Aとなるので，$\frac{x}{25}+\frac{x}{50}=0.39$ より x=6.5V

H28 4 A (1) 右図 (2) 20Ω (3) ウ (4) 25倍 (5) ㋐

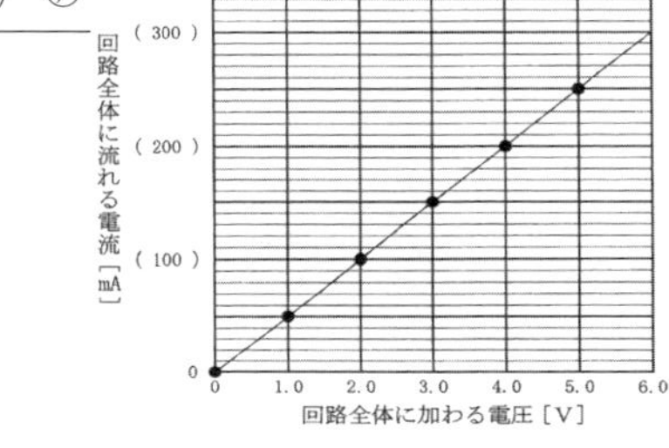

A (2) 表Ⅰより，伝熱線Pにかかる抵抗は

1.0 (V) ÷0.01 (A) =100 (Ω)。

表Ⅱより，伝熱線Qにかかる抵抗は

1.0 (V) ÷0.04 (A) =25 (Ω)。

スイッチ②を入れずにスイッチ①と③を入れると並列回路になる。

$$\frac{1}{\text{全体抵抗}}=\frac{1}{100}+\frac{1}{25}=\frac{1+4}{100}=\frac{5}{100}=\frac{1}{20}$$

よって全体抵抗20 (Ω)

(3) 電子の流れる向きは電流の流れる向きの逆になる。

(4) 電力 (W) =電流 (A) ×電圧 (V) の公式を用いる。

実験Ⅱ (並列回路) において，伝熱線Qに流れる電流は，5 (V) ÷25 (Ω) =0.2 (A)。

よって消費電力は，0.2 (A) ×5.0 (V) =1 (W) …①

実験Ⅲ (直列回路) において，伝熱線Qに流れる電流は，5 (V) ÷125 (Ω) =0.04 (A)。

また，電圧は，0.04 (A) ×25 (Ω) =1 (V)。

よって，消費電力は，0.04 (A) ×1 (V) =0.04 (W)。…②

①②より，1÷0.04=25倍。

(5) 実験Ⅰから実験Ⅲですべての導線に電流が流れているので，電子もすべての導線に存在する。

H29 4 B (1) 5.4 V (2) ウ (3) (解答例) 電流を大きくする。コイルの巻き数を増やす。 などから一つ (4) エ (5) ㋐と㊤

B (1) オームの法則を使って，V＝1.2 (A) ×4.5 (Ω) ＝5.4 (V)

(2) 磁針のN極が南を指したことから，コイルの磁力線は次の図のようになっていることがわかる。

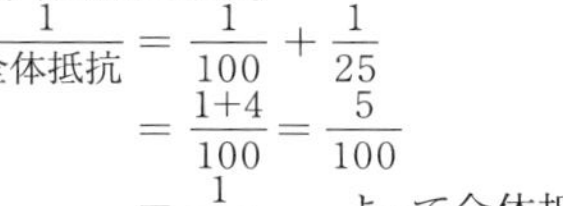

(4) 図Ⅳと図Ⅴの磁石の向きは同じなので，上からさし込んでも下からさし込んでも同じ向きの電流が流れるので，初めはQが点灯する。引き上げるときは逆向きの電流が流れるので，Pが点灯する。

H30 4 C (1) (解答例) カップ内の水温を均一にするため。 (2) 4.0Ω

(3) (記号) ㋐ (数値) 4500 (4) 3.0℃ (5) 28.5℃

C (2) オームの法則「電圧＝電流 × 抵抗」より 6.0=1.5×x。よって x=4.0Ω

(3) 「熱量＝電圧 × 電流 × 時間 (秒)」より 6.0×2.5×300=4500J

(4) (3)より，電熱線Ⓒは4500J発熱する。これにより，33.5−21.0=12.5℃上昇している。

この問題では，3.6×1.0×300=1080Jの発熱をするので，上昇温度を x℃とすると，

4500 : 12.5=1080 : x。 よって $x=\frac{1080\times 12.5}{4500}$=3.0℃

(5) 電熱線Ⓑの抵抗は，3.0Ωなので，1.0Aの電流を流すと1.0×3.0×300=900J発熱する。

(3)の値を使い，上昇温度を x℃とすると，4500 : 12.5=900 : x

よって，$x=\frac{900\times 12.5}{4500}$=2.5℃ また，電熱線Ⓔの抵抗については，表Ⅱの通りなので，5.0℃上昇する。つまり，2.5+5.0=7.5℃合計上昇する。よって，21.0+7.5=28.5℃

H31 4 C (1) ㋑と㋒ (2) 150Ω (3) (解答例)右図

(4) 9倍

(5) イ

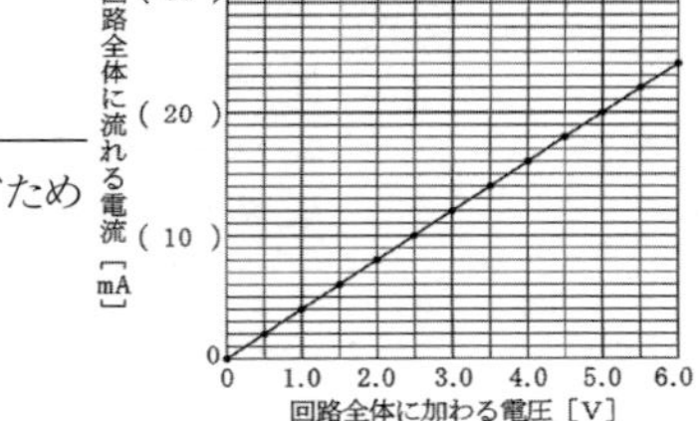

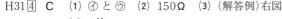

C (1) 電圧計は回路に対して並列につなぎ，故障を防ぐために値の大きい端子から接続する。

(2) 図Ⅱより，

抵抗＝6.0÷0.04＝150(Ω)

(3) (2)と同様にして電熱線Qの抵抗を求めると，

抵抗＝6.0÷0.06＝100(Ω)

となる。また，図Ⅲは直列回路なので，回路全体の抵抗は各電熱線の抵抗の和になる。

つまり，

図Ⅲの抵抗＝150＋100＝250(Ω)

となる。したがってオームの法則より6.0(V)のとき，24(mA)の電流が流れるので，

6.0(V)で24(mA)の点と0(V)で0(A)の点を通る直線となる。

(4) 図Ⅳは，並列回路なので電熱線Qに加わる電圧と電圧計が示す値は同じになる。

したがって図Ⅱより，

2Vの時の消費電力＝2×0.02(A)＝0.04(W)

6Vの時の消費電力＝6×0.06(A)＝0.36(W) となる。

よって，0.36÷0.04＝9(倍)。

(5) 電圧計が6.0(V)を示しているときを考える。

図Ⅰでは，6.0(V)÷150(Ω)＝0.04(A)となる。

図Ⅲでは， より，回路全体の抵抗が250(Ω)なので

6.0(V)÷250(Ω)＝0.024(A)となる。

図Ⅳでは，それぞれの電熱線にかかる電圧が6.0(V)であることから，図Ⅱを利用すると流れる電流は，0.06(A)＋0.04(A)＝0.10(A)と分かる。

したがって，$y < x < z$ である。

R2 4 C (1) 3.6V (2) ㋐

(3) (解答例) コイルに流れる電流を大きくする。 コイルの巻き数を増やす。 より強力なU字型磁石にかえる。 などから一つ

(4) 30Ω (5) ㋑と㋓

C (1) 0.18(A)×20(Ω)＝3.6(V)

(4) 20Ωの電熱線に流れる電流は 4.8÷20＝0.24(A)

したがって，電熱線Xに流れる電流は0.4－0.24＝0.16(A)

よって，電熱線Xの抵抗は，4.8÷0.16＝30(Ω)

(5) 電流の向きが逆になると，できる磁界の向きも逆になる。

R3 4 A (1) 12Ω

(2) X (解答例)電流を流した時間が長いほど大きい

Y (解答例)電熱線の消費電力が大きいほど大きい

(3) ㋐と㋔ (4) 1.5 A (5) 6.5 ℃

A (1) オームの法則より，$\frac{6}{0.50}$＝12(Ω)

(3) Qの抵抗は$\frac{6}{1}$＝6(Ω)

Rの抵抗は$\frac{6}{2}$＝3(Ω) よって㋐

Rの消費電力 $\frac{\{3(V)\}^2}{(3(\Omega))}$＝3(W)

Qの消費電力 $\frac{\{6(V)\}^2}{(6(\Omega))}$＝6(W) よって㋔

($P = I \times V$, $V = R \times I$ より，$P = \frac{V^2}{R}$)を利用した。

(4) 回路図は以下の通り。(スイッチ①，②ともにON)

Pを流れる電流は$\frac{6}{12}$＝0.5(A)

Qを流れる電流は$\frac{6}{6}$＝1(A)

よって0.5＋1＝1.5(A)

(5) Pには5分間，Qには4分間6.0Vの電圧がかかる。

図Ⅱより，2.5＋4＝6.5℃

R4 4 C (1) ㋐と㋒ (2) 40 Ω (3) 右図 (4) 1.0 V

(5) 9.0 倍

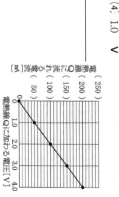

C (2) $\frac{1.0}{0.025}$ ＝ 40Ω

(3) 表Ⅰ，表Ⅱより1.0Vの電圧のとき

電熱線Qに流れる電流は75－25＝50mA，

2.0Vのとき，150－50＝100mA…

なので，比例のグラフとなる。

(4) ・図Ⅰ 表Ⅱより，電流75mA流れるときの全体の電圧は1.0V

したがって，電熱線Pの電圧も1.0V

なので，電熱線Pに流れる電流は $\frac{1.0}{40}$ ＝0.025A。

よって，電力は0.025×1.0＝0.025W。

・図Ⅱ 直列回路において，電流の大きさは同じなので，電熱線中に流れる電流も0.075A。

電熱線Pの抵抗は40Ωなので電圧は0.075×40＝3V。したがって電力は0.075×3＝0.225W

・よって，0.225÷0.025＝9倍。

(運動とエネルギー)

H28 4 C (1) 0.98m/s (2) ㋒ (3) 1.2倍 (4) ㋑ (5) ウ

C (1) K点からM点までにかかる時間は,0.2秒であり,その間に落ちた距離は19.6(cm)である。よって,速さは19.6÷0.2=98cm／s　98(cm)=0.98(m)なので0.98m／s

(3) 例えば,Q点の位置エネルギーを0,運動エネルギーを6とする。
Q点での運動エネルギーがS点での運動エネルギーの6倍なので,S点での運動エネルギーは1となる。力学的エネルギー保存の法則より位置エネルギーは5となる。P点では,位置エネルギーが6,運動エネルギーが0となる。
よって,P点での位置エネルギーはS点での位置エネルギーの6÷5=1.2倍と考えられる。

(4) 位置エネルギーの大きさは,物体の高さと物体の質量で決まる。質量が小球Yの2倍なので位置エネルギーも2倍となる。(Q点では，必ず位置エネルギーは0)

(5) 小球YがS点にあるとき,小球XはBの位置にあり小球Xの方が速いことが分かる。
…s＜b—①
小球YがQ点にあるとき,小球XはCの位置と同じ高さにあるので速さは等しい。
…c=q—②
①②を満たすのはウとなる。

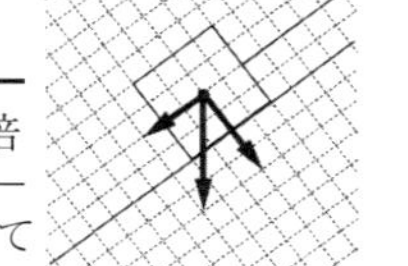

H29 4 C (1) a ①と② b 右図 (2) a 1.5J b 2.5N c 1.6倍

C (1) a 物体が静止していることから，物体に働く力がつり合っていることがわかる。

(2) a 仕事の大きさ(J)=力の大きさ(N)×移動距離(m)
よって，5.0(N)×0.3(m)=1.5(J)

b 実験Ⅰにより，力学台車の重さは，5.0Nとわかる。実験Ⅱでは，これを２つのばねばかりで支えるので5.0÷2=2.5(N)の力がそれぞれかかる。

c 仕事率(W)= $\dfrac{\text{仕事の大きさ（J）}}{\text{仕事にかかった時間（秒）}}$
おもりの重さを x（N）とすると，おもりをつけたときの仕事率は，
$\dfrac{(\frac{1}{2}x+2.5)\times 0.3}{6}=0.20$　これを解くと，$x=3.0$N
よって，おもりをとりつけた力学台車の重さは5.0+3.0=8.0N

H30 4 B (1)（記号）㋐（言葉）慣性 (2) 0.30秒 (3) ㋒
(4) a（解答例）**同じ高さで実験を行うと，木片の動いた距離は**小球の質量が大きいほど大きくなっているので，物体のもつ**位置エネルギー**は物体の質量が大きいほど大きいといえるから。 b 25cm

B (2) 速さ 1.4m/sで42cm＝0.42m転がるので，0.42÷1.4＝0.30秒。

(3) XY間での速さは2倍なのでXY間を移動する時間は半分になる。また，速さの上がり方は変わらない。

(4) b 右の図のようにグラフに書き加える。
動いた距離10cmのところを見ると，25cmの高さから転がせばよい。

R2 4 B (1) 10秒 (2) 2.0J (3) ㋑と㋒ (4) ㋑と㋒ (5) 88W

B (1) 動滑車なので，おもりを20cm持ち上げるためには，ばねはかりを40cm引き上げなければならない。
したがって，40÷4.0=10(秒)

(2) 5.0(N)×0.4(m)=2.0(J)

(3) 高さが高くなると位置エネルギーは大きくなる。速さが一定であれば，運動エネルギーは変わらない。

(5) P：240(N)×2.0(m)÷6.0(秒)=80(W)
Q：210(N)×2.0(m)÷5.0(秒)=84(W)
R：110(N)×2.0(m)÷2.5(秒)=88(W)

R3 4 B (1) 0.80 m/s (2) ㋑と㋕ (3) 0.25倍 (4) 14.0cm
(5)（1番目） r （4番目） q

B (1) $\dfrac{6.0+10}{0.2}\div 100=0.80$m/s

(3) M点での小球の運動エネルギーを1とすると
M点での小球の位置エネルギーは3である。
よってO点での小球の運動エネルギーは1+3=4
ゆえに $\dfrac{1}{4}=0.25$

(4) 実験より0.3秒間に小球が転がる距離は
2.0+6.0+10.0(cm)
よって求める距離は
2.0+6.0+10.0+14.0−(2.0+6.0+10.0)=14.0(cm)

R４④　A　(1) 0.60　**倍**　(2) ウ　(3) 9.0　**m/s**　(4) ㋒と㋓

(5)（解答例）包丁**は，力のはたらく面積を小さくすることで圧力を大きくし，**食品を切りやすく**する道具である。**

フォーク**は，力のはたらく面積を小さくすることで圧力を大きくし，**食品にささりやすく**する道具である。**

針**は，力のはたらく面積を小さくすることで圧力を大きくし，**布にささりやすく**する道具である。**などから一つ

A　(1) ⑤ ③ ④ より，$\frac{3}{5}=0.60$倍

(3) 6コマの時間は$\frac{1}{30}\times6=\frac{1}{5}$秒。
したがって，平均の速さは$1.8\div\frac{1}{5}=9.0$m/s。

◎２分野

（植物の生活と種類）

H26②　B　(1) ウ　(2) 離弁**花類**　(3) イ　(4) 裸子植物

B　(1) 外からがく→花びら→おしべ→めしべの順についている。
(3) アブラナの胚珠はe,イチョウの胚珠はhである。

H31②　C　(1) エ　(2)（解答例）**エタノールにつけることで，**葉を脱色し，**ヨウ素溶液につけた後の反応を観察しやすくするため。**　(3) ア　(4) ㋐

C　(1) 日光を与えると，植物はデンプンをつくる。
(3) aとbのちがいは葉の色のみであり，bとcのちがいは光の有無だけである。
(4) 青紫色に染まるのはデンプンのあるところであり，デンプンは葉緑体で光合成によってつくられる。

R２②　B　(1) 胞子　(2) ア　(3) ㋒　(4) ㋐と㋓

B　(3) アブラナは双子葉類，トウモロコシは単子葉類。
(4) シダ植物とコケ植物の違いは，維管束があるかないか。

R３②　B　(1)（解答例）石灰水の変化が，植物のはたらき**によるものだということを確認するため。**
(2) ウ

R４②　C　(1)（解答例）気泡が入らないようにするため。　(2)（数値）150　（記号）㋐
(3) 気孔
(4) オ　(5) 道管

（動物の生活と種類）

H27②　A　(1) ア　(2) a　イ　b　（名称）肝臓　（記号）㋓　c　（解答例）血液を逆流させないはたらき。

(1) b　血液中の尿素はじん臓でこしとられるので，じん臓を通った後の血管が，最も尿素の濃度が低い。

H28②　A　(1) イ　(2) ㋒　(3)（解答例）目に入ってくる**光**の量を調節するため。

(1) a　4回のものさしが落ちた距離の平均は，(24+20+20+16)÷4=20(cm)である。よって，図Ⅱより平均時間は0.2秒と考えられる。

H29②　B　(1) X　節足　記号　ウ　(2) ㋑　(3) ア
(4)（解答例）乾燥を防ぐ。　乾燥に耐える。　などから一つ

(2) 変温動物…魚類，両生類，ハ虫類
恒温動物…鳥類，ほ乳類

R２②　A　(1) a　中枢**神経**　b　0.12**秒**
(2) a　反射　b　（筋肉）　X　（つながり方）　㋒

(1) b　信号が伝わるのは，右手→P→脳→P→左手の順なので，その距離は75+25+25+55=180(cm)=1.8(m)　したがって，かかる最短の時間は，
1.8÷90=0.02(秒)　脳が判断する最短の時間は0.10秒なので，　0.10+0.02=0.12(秒)

R３②　A　(1)（観点①）ウ　（観点②）ア　（観点③）イ　(2) 外骨格　(3) R
(4) a　㋑と㋒　b　イ　(5) 相同器官

R４②　B　(1) ㋓　(2) P　イ　Q　オ　(3) ㋑と㋓　(4) a　柔毛　b　㋐と㋒
(5)（解答例）血液中の尿素などの不要な物質をとり除くはたらき。
栄養分などの必要なものを血液中に戻すはたらき。
血液中の塩分などの量を一定に保つはたらき。などから一つ

B　(1) ㋓　試験管を軽くふりながら加熱することで，物質全体に熱がいきわたる。

（生物の細胞と生殖）

H26②　C　(1) 有性**生殖**　(2) 分離の法則　(3) ウ　(4) オ

(3) ②と④からしわ形の種子ができるので②,④にaが入っているものを選ぶ。
(4) XがAa,しわ形がaaで，かけ合わせてできる受精卵はAa,Aa,aa,aaとなるので，1:1の割合になる。

H30② C (1) 分離の法則 (2) ㋐と㋓ (3) オ

(2) 図Iのとき，子はAAもしくはAaである。また，子は丸形のみできているので，親のどちらかはAAでないといけない。

丸／しわ	A	a
a	Aa	aa
a	Aa	aa

(3) 丸形としわ形が1：1で表れるのは，親がAaとaaのときのみである。
このとき，子の丸形はAa，しわ形はaaである。ここで，さらに自家受粉するので右のようになる。
よって，丸形としわ形は3：5である。

丸／丸	A	a
A	AA	Aa
a	Aa	aa

丸／しわ	a	a
a	aa	aa
a	aa	aa

H31② B (1) ㋒ (2)（解答例）無性生殖では，子は親の**遺伝子**をそのまま受け継ぐため。
(3) 精細胞 (4) 24 **本**

(1) ㋐と㋑は有性生殖，㋓は成長の過程である。
(4) 減数分裂を行う生殖細胞は染色体の数が半分になる。

R3② C (1)（解答例）**植物細胞どうしをはなれやすくするはたらき。** (2) ㋒ (3) イ (4) 細胞質
(5)（解答例）**複製前の細胞と分裂直後の細胞の**染色体の数を同じにする**ため。**

(地球と太陽系)

H29① B (2) a （月の位置）R （観察した時刻）ウ b ㋐と㋓

H30① A (1) a （解答例）**フェルトペンの先のかげが**点O**にくるようにする。**
b 言葉 地軸(北極と南極を結ぶ軸) 記号 ㋐ c エ (2) ㋑

A (1) b 太陽は24時間で360°回る。よって，1時間では360÷24＝15°回る。
c PとQの中点はPから18.1cmのところである。つまり，午後0時の点から0.2cm進んだところである。0.2cmは，$60\times\frac{0.2}{2.5}=4.8$分間。
(2) 赤道上では太陽の動いた道筋は斜めにならない。また，夏至の日には日の出・日の入りが北に寄る。

R2① B (1) a 木星**型惑星**
b（解答例）**Yのグループの惑星は，Xのグループの惑星に比べて，質量は**小さく，**太陽からの距離は**小さい。
(2) a エ b（位置） T（言葉） ㋒と㋖ (3) イ

B (1) a 木星型惑星とは，木星，土星，天王星，海王星のことをいう。質量が大きい惑星である。
(2) b ・金星は約0.62年で1周するので，半年＝0.5年では，今の位置よりも少し手前にあるはずである。したがって，Tが適当。
・図Ⅳの地球の位置と，金星のTの位置をみると，金星はよいの明星なので，夕方西の空に見える。

R3① A (1) a （言葉）㋐と㋓ （理由）（解答例）**このような向きに星が動いて見えるのは，地球が西から東へ**自転している**ため。** b ア
(2) a イ b エ c 黄道

A (1) b 星座が同じ位置に見える時刻は1ヶ月で約2時間早くなる。
(2) a Pの位置では，真夜中にオリオン座が南中することから夏至と判断する。

(天気とその変化)

H27① A (1) a （記号）㋑ （言葉）露点 b ア c イ (2) イ
(3) a （記号）エ （言葉）太陽 b 4.0**万km³**

A (1) b 表Iより4月21日9時の室温は20°C，露点は11°Cである。表Ⅱより，湿度が100%になるまでに，1m³において，あと17.3−10.0＝7.3(g)の水蒸気をふくむことがわかるので，7.3×150＝1095≒1100(g)。
c $湿度(\%)=\frac{1m^3中に含まれる水蒸気量(＝露点の飽和水蒸気量)}{飽和水蒸気量}\times100$
の式を使って，それぞれの湿度を求めて比べてもよいが，室温と露点の差が最も大きいときが，湿度が最も低いことを使えば，さらに簡単に求めることができる。
(3) b 図Ⅲより，空気とともに陸地に移動する水は，海面から蒸発した水から，降水を引いたものであるから，42.5−38.5＝4.0(万km³)。

H28① B (1) a ㋐と㋒ b ㋑と㋓
c （台風の中心がXの位置にあるとき）ア
（台風の中心がYの位置にあるとき）エ

B (1) c 低気圧（台風）は，反時計回りに風が吹き込む。
(i) 中心がXの位置にある時

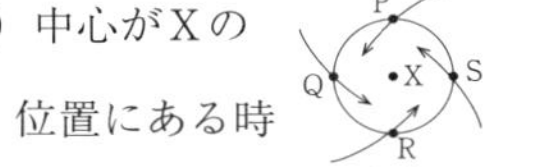

(ii) 中心がYの位置にある時

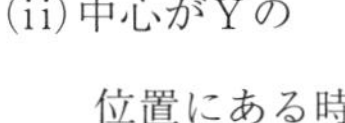

風向は風が吹いてくる向きなのでXの位置ではア.北東からYの位置ではエ.北西から吹いてくる。

R2① A (1) a ㋒ b 偏西**風** (2) エ
(3) a（解答例）**日が当たったとき，砂は水と比べて**あたたまりやすく高温になる。**このため，砂の上の空気が，水の上の空気より**あたためられて膨張し，**密度**が小さくなった**ため。**
b ㋑

A (1) a 低気圧の時は中心付近に上昇気流があり，反時計回りに風がふきこむ
(3) b 日本の冬の気圧配置は西高東低である。

R４ 1 A (1) a エ b 77 % (2) a 1016 hPa b ④と㊁
(3) a ④と㋒ b（解答例）**しめった空気の温度が下がることで，露点**に達した空気中の**水蒸気**が水滴に変わり，**雲ができます。**

A (1) a ア 天気を決めるのに雲の形は関係ない。
イ 「直射日光の当たる」が不適。
ウ 「風が吹いていく方位」ではなく，「風が吹いてくる方位」が正しい。
b 乾球13℃，乾球と湿球の示度の差13−11＝2℃であるから表Ⅱより湿度は77％。
(2) a 等圧線の1間隔が4hPaなので，X地点は1020−4＝1016hPa
b 12時から15時にかけて，気温が急激に下がり風向も急に変わっているので寒冷前線が通過したことがわかる。

（大地の変化）

H28 1 A (1) a ㋐と㋒ b ウ (2) a 北東 b イ c（解答例）火山灰 d ㊁

(1) a 日本付近のプレートは海のプレートが大陸のプレートの下に沈みこんでいる。4つのうち，海のプレートはフィリピン海プレートと太平洋プレートであり，大陸のプレートはユーラシアプレートと北アメリカプレートである。
b 2500(km)÷27700000(年前)＝0.0000902(km／年)…①
1(km)＝100000(cm)より，①は9.02(cm／年)
(2) a 凝灰岩の層は，Q点で最も地表から浅い位置にあり，R点とS点では最も地表から深い位置にあることから北東方向に低くなっていることが分かる。
b 凝灰岩の層は北東方向に低くなっていることから，P点とX点では凝灰岩の層の地表からの深さは同じである。
d ㊁のメタセコイアを覚えておく必要はない。他の選択肢㋐〜㋒の化石の時代を覚えておけば消去法で解ける。
㋐のフズリナ，④のサンヨウチュウは古生代，㋒のアンモナイトは中生代の時代に代表的な化石である。

H29 1 A (1) エ (2) a 斑状 b ④と㋒
c（解答例）**ペトリ皿に飽和水溶液を注いだときに，**飽和水溶液が急に冷やされて結晶ができる**ことを防ぐため。**
d（解答例）冷え方 冷却速度 などから一つ

R３ 1 B (1) a ④と㊁
b（解答例）**れきの粒がまるみを帯びているのは，**流れる水で運ばれるときに角が削られた**ため。** c イ d エ (2) a エ b ㋐と㊁

R４ 1 B (1) a イ b 斑晶 c ㋐と㋒ (2) a ④と㋒ b ㊁ (3) ウ

(1) c 図より庵治石は深成岩であることがわかる。

（生物界のつながり）

H27 2 C (1)（水質階級）**水質階級** Ⅱ （合計点）4**点** (2) 住宅地 (3) ウ (4) R

(1) 表よりC地点における水質階級Ⅰ＝3，水質階級Ⅱ＝2×2＝4，水質階級Ⅲ＝1である。
(4) RもSもQもPにむかって矢印がのびている。よって，Fは“分解者”であると考えられる。
生産者も消費者も最終的に死んだり枯れたりすると，分解者によって，有機物を無機物に分解されるからである。
Q→S→Rと有機物が移動していることから，Qは生産者，Sは消費者（草食動物），Rは消費者（肉食動物），ゲンジホタルの幼虫は，消費者（肉食動物）なのでRとなる。

H29 2 C (1) a 食物網 b ウ
(2)（解答例）**ライオンの目は顔の前面についているので，**立体的に見える範囲が広い。 **ライオンの目は顔の前面についているので，**獲物までの距離をはかるのに適している。 などから一つ (3) F ㋐ Q ㋔

R２ 2 C (1) a 光合成 b エ
(2)（解答例）森林の土に含まれていた**微生物**が，デンプンを分解したから。

R４ 2 A (1) P 食物連鎖 Q 食物網
(2) **肉食動物の数量が減少→㋐→㋒→④→もとの状態**

社会

(地形図に関する問題)

H31 3 (4) a **約1750m** b エ c 三角州 d ㋑
R2 3 (4) a **約400m** b エ c ① イ ② ウ d エ
e (解答例)河川の水量を調整する。 気象災害に備える。 などから一つ
R3 3 (2) a **約600m** b ウ c (解答例)**Eの地域の傾斜の方が,**ゆるやかである。 d イ
e (解答例)自然災害による被害を予測するため。
災害発生時の避難場所や防災関連施設などの情報を示すため。 などから一つ
R4 3 (5) a **約** 4000 **m** b ア c ㋐と㋑ d 対馬 **海流**
e (解答例)広い**耕地**で農業をおこなっており,農家一戸あたりの農業産出額が**高い**。
f エ

(日本地理)

H27 3 (2) a 3 b ウ c ウ d イ (3) エ
(5) a (解答例) 北上する暖流の黒潮(日本海流)**と**南下する寒流の親潮(千島海流)がぶつかる**潮目(潮境)**となっている**から。**
b フォッサマグナ
H28 3 (2) a (都市名) 松江**市** (記号) イ
b (解答例) ハザードマップ(防災マップ)を見ておく。 家族で避難場所や連絡方法を話し合っておく。 緊急用の食料,飲料や日用品を準備しておく。 などから一つ
c (解答例) 移動時間 時間距離 などから一つ d ア
(3) ㋑と㋓
H29 3 (3) a 盛岡**市** b エ
c (解答例) 温泉などの観光資源 地熱の利用 などから一つ
d 右図
H30 3 (2) ウ (3) エ
H31 3 (3) ウ
(5) a イ c 養殖業(養殖産業)
b (解答例) **山地**にはさまれ,太平洋や日本海からの水蒸気が届きにくいため。
海の上をわたってくる季節風が**山地**によってさえぎられるため。 などから一つ
R2 3 (3) (解答例)細長くつらなった島国だから。 離島が多いから。 などから一つ
(5) イ (6) ア (7) a (解答例)**原料**を輸入して**工業製品**を輸出する貿易。 b ウ

R3 3 (3) a 右図 b 季節風(モンスーン) (4) ウ
(5) **原子力発電** イ **太陽光発電** エ
R4 3 (4) ア

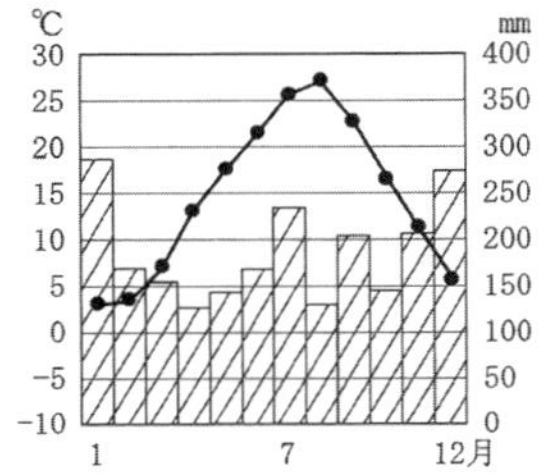

(世界地理)

H26 3 (1) a ②と④ b イ c **6月13日**午前**5時** d **イ**
e ASEAN(アセアン)(東南アジア諸国連合)
H28 3 (1) a ④ b ア c 9月11日午前8時 d イスラム教
H30 3 (1) a イ b ユーラシア**大陸** c 内陸国 d 環太平洋**造山帯**
e **8月6日**午前**9時** f 原油(石油) g イ
H31 3 (1) a インド洋 b 南東 c Ⓐ→Ⓒ→Ⓑ d **12月9日,**午後**5時**
(2) ㋒
R2 3 (1) a エ b ③ c アルプス・ヒマラヤ **造山帯**
d イ e リアス海岸
(2) ㋓
R3 3 (1) a D b ㋓ c イスラム**教** d イ e ㋒
R4 3 (1) a D b **11時間50分** c オーストラリア**大陸**
d イ e ウ (2) 右図・ (3) ㋒

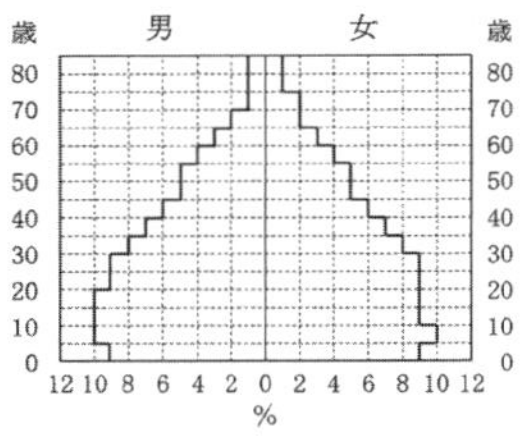

(歴史)

H27 2 (1) ㋒ → ㋑ → ㋐ (2) a イ b ア c 時宗 (3) エ
(4) a ウ b 武家諸法度 c (解答例)年貢米や特産物が運び込まれ,取引された。
年貢米や特産物が売りさばかれ,全国に流通した。 米や特産物を販売した。
などから一つ
(5) ㋐ (6) ㋑
(7) a 殖産興業 b (解答例)**直接国税15円以上を納める**25歳以上の男性。
c ㋑ → ㋒ → ㋐ d イ
(8) a Ⓐ b ワシントン会議 c (解答例) 高く (9) ㋒

H30[2] (1) a 貝塚 b エ c ㋐→㋑→㋒ d A 口分田 B 調
e (解答例)**地方の政治は,国司**にほとんど任されるようになった。
(2) a Ⓑ b ㋒
(3) **カード** Ⓐ **理由** (解答例)Ⓐには,将軍を補佐する管領があるから。 Ⓑには,鎌倉幕府が設置した六波羅探題があり,Ⓒには,江戸幕府が設置した三奉行があるから。などから一つ
(4) イ (5) a ㋒→㋐→㋑ b 西南戦争
(6) (解答例) **1892年と1899年を比較すると**,綿糸**の輸出額の割合が**増加し,綿花**の輸入額の割合が**増加**していること。** **1892年と1899年を比較すると**,綿糸**の輸出額の割合が**増加し,綿糸**の輸入額の割合が**減少**していること。** などから一つ
(7) a イ b (解答例)**軍部**は,政治的な発言力を強めた。 政府は,**軍部**に反対できなくなった。 などから一つ c Ⓒ (8) a エ b 日中平和友好条約

R2[2] (1) a (解答例)**朝鮮半島**の南部における軍事的な指揮権を認めてもらおうとしたから。
鉄を確保するために,**朝鮮半島**の国々に対して優位に立とうとしたから。
などから一つ
b 万葉集 c ウ (2) (言葉)御家人 (記号)㋑と㋒ (3) ㋑→㋐→㋒
(4) a (解答例)**石高に応じて**軍役を果たす**こと。**
石高に応じて戦いに必要な人や馬の確保を請け負う**こと。** などから一つ
b エ (5) 国学
(6) (解答例)わが国に関税自主権がない**こと。** (解答例)アメリカに領事裁判権を認める**こと。**
(7) a 戊辰戦争 b ウ c イ
d (解答例)25歳以上のすべての男性に与えられることになったから。
納税額によって制限されなくなったから。 などから一つ
(8) エ (9) a ㋒→㋐→㋑ b アジア・アフリカ会議(バンドン会議)

R3[2] (1) a ア
b (解答例)**国ごとに都**から派遣された国司が,郡司として任命された**地方の豪族**を指揮して政治をおこなった。
c (記号)㋐ (言葉)新古今和歌集 d イ
(2) a 一遍
b (解答例)利子を取ってお金を貸していたから。高利貸しを営んでいたから。などから一つ
(3) a ウ b 武家諸法度 (4) ㋐と㋓
(5) a 文明開化 b 立憲改進党
c (解答例)**日清戦争に比べ,日露戦争は,**国民の負担や犠牲が大きかった**にもかかわらず,**賠償金が得られなかった**から。**
(6) a ㋓ b (解答例)**政党内閣**による政治が終わった。 c ㋒→㋐→㋑ d ㋑と㋓

R4[2] (1) エ
(2) a イ b ア c 北条時宗 d ㋐と㋒ e (解答例)肥料として用いられた。
(3) a ア b ㋒→㋐→㋑
c (解答例)**領民の信仰する宗教が**仏教である**ことを証明させるため。**
領民の信仰する宗教がキリスト教ではない**ことを証明させるため。**などから一つ
(4) a ㋑→㋒→㋐ b イ
(5) a イ b (解答例)戦争に必要な船舶や鉄鋼などを生産し,重工業が急成長したから。
戦場とならなかったわが国に,軍需品の注文があいついだから。
連合国などへの工業製品の輸出が大幅に増えたから。などから一つ
c ア d ㋐と㋓ (6) ポツダム宣言 (7) a ㋐ b エ

(日本国憲法と人権)

H27[1] (1) a ウ b 公共の福祉 c (解答例)**国,地方公共団体や民間企業は,個人情報を**慎重に管理しなければならない。 **国,地方公共団体や民間企業は,個人情報を**適切に取り扱わなければならない。 などから一つ
H28[1] (1) a イ b (C)小選挙区**制** (D)比例代表**制** c エ d 戦力
e (解答例) **衆議院には**解散の制度があること。
f (解答例) **最高裁判所が,** 法律などが憲法に違反していないかどうかについて,最終的に判断をする**権限をもっているから。** g ウ
H29[1] (1) a (解答例) **貧富**の差が拡大した**から。** b ウ
H31[1] (2) ア
R4[1] (1) エ
R2[1] (2) a (記号)㋑
(理由)(解答例)参議院で**総議員**の3分の2以上の賛成が得られていない**ためである。**
b ア
R3[1] (1) a イ b ウ c 立憲主義

(政治)

H26[1] (1) a 行政 b イ c (解答例) **内閣総理大臣は,国民**が選挙で選んだ国会議員の中から,国会の議決により**指名**されて選ばれる。 d イ
e (解答例) 一つの機関に権力が集中することを避け,三権がたがいに抑制し合い均衡を保つため。
H27[1] (2) a 条例 b ㋐と㋓ c 地方分権一括法
H29[1] (2) a (解答例) **アメリカの大統領制では,** 大統領選挙人による選挙によって**大統領が選ばれる。** **アメリカの大統領制では,** 連邦議会の議員の選挙とは別の選挙によって**大統領が選ばれる。** などから一つ b 裁判官
(3) **満20歳から満18歳に引き下げられた。**
H30[1] (1) 閣議 (2) 被告人 (3) ウ
H31[1] (1) a 本会議 b 連立**政権** c ウ
d (解答例)国や地方に政治上の要求をする。 選挙に立候補して政治家として活動する。
インターネットで政策について調べたり,議論したりする。 などから一つ

R２1 (2) c 裁判員制度 d ウ e エ
R３1 (2) a イ b エ
(3) (解答例)**地方交付税交付金には，**地方公共団体の間の財政格差を減らす**という役割があるから。**
R４1 (2) a 国政調査権 b ア
c (記号)ⓤ (理由)(解答例)衆議院の優越が認められている**からである。**
衆議院の議決が国会の議決になる**からである。** などから一つ d イ

(経済と福祉)

H28 1 (2) a (解答例) 株式 b 労働組合 c 間接税 (3) イ
H29 1 (7) a ウ b インフレーション (8) A 消費税 B 8
H30 1 (4) (解答例)段差をなくすためにスロープが設置されている。
車いすの人でも楽に購入できるように券売機が低く設置されている。
駅の券売機が点字で表示されている。 などから一つ (5) エ
(8) a (解答例)社会資本を供給しても十分な**利益**を生まない**から。**
私企業は**利益**を生み出す必要がある**から。** などから一つ
b 40**歳以上** c 累進課税 d カ
H31 1 (4) エ
(5) a (資料)Ⓑ (理由)(解答例)**公債金**よりも**国債費**が少ないから。
国債費よりも**公債金**が多いから。 などから一つ
b ⓘとⓤとⓞ c ⓘとⓤ d イ
(6) (解答例)労働時間を減らす。 育児休業や介護休業などを充実させる。
残業などによって，私生活や健康が損なわれないようにする。 などから一つ
R２1 (4) a ウ b ウ
c (解答例)**日本銀行が，**一般の銀行に対して資金の貸し出しや預金の受け入れをおこなう**役割を果たしているから。** d (言葉)家計 (記号)エ e 寡占
f (太郎さんのみが用いた資料)ⓤ (花子さんのみが用いた資料)ⓐ
(太郎さんも花子さんも用いた資料)ⓘ
R３1 (4) a 公正取引委員会 b 公共料金 (5) a カ b イ c エ
(6) 男女雇用機会均等法 (7) エ
R４1 (4) a ⓤとⓔ b ウ
c (解答例)**発展途上国**の生産者の自立した生活を支えることを目的に，農作物などを一定以上の**価格**で買い取る取り組み。 d エ
e (解答例)従業員の生活を守ること。社会貢献活動をすること。環境に配慮すること。
などから一つ

(現代社会)

H27 1 (3) (解答例) **マスメディアが常に正確な情報を伝えているとは限らないので，**マスメディアの情報をうのみにしないで，冷静に判断する**必要がある。** **マスメディアが常に正確な情報を伝えているとは限らないので，**種類や立場のちがう複数のメディアから情報を得る**必要がある。**
などから一つ
(4) (解答例) 空席が埋まって無駄がなくなる。 より多くの客が乗ることができる。
などから一つ
(7) ウ (8) (機関名) 安全保障理事会 (特徴) (解答例) **常任理事国のうち，**１国でも反対すると，**議決できない。**
H28 1 (4) a (解答例) プライバシーの侵害にならないようにする。 知的財産権を侵害しないようにする。 他人に迷惑をかけるような情報を流さない。 などから一つ
b ⓤ c 環境基本法
H30 1 (6) 公海 (7) ニューヨーク
(9) a 京都議定書 b イ c (解答例)**将来**の世代の幸福と**現在**の世代の幸福とが両立できる社会。 **現在**の生活の質を落とさずに，**将来**の世代も豊かで便利で快適な生活を手にすることができる社会。 などから一つ
H31 1 (3) イ (7) 国際**法**
R２1 (1) ⓐ (3) イ
R４1 (3) パリ協定
(5) a ウ b (記号)ⓐ (言葉)拒否権

国語
（小説文・随筆文）

H26㈡ ㈠ **a** きみょう **b** ふく（んで） **c** きづ（まり） **d** ごうかい
㈡ 2 ㈢ **ア** 弘樹と自分の靴のサイズが合うのかどうか **イ** なんにもわかっていない
㈣ 1 ㈤ （解答例）弘樹に対して、父親としての不甲斐なさや情けなさを感じていた上に、自分と弘樹を結びつける心のつながりまでも失った
㈥ 4 ㈦ ふと思いつ ㈧ 3

㈡ 傍線部①直後の「いつの間にか男っぽい声に変わっている」、「中学に入ってから急によそよそしくなり」に注目する。
㈢ ア 傍線部②直前に注目する。
イ 「さらに機嫌を損ねそう」ということは、その前に妻が機嫌を損ねた箇所があるはずである。前の方を見てみると、「妻の機嫌を損ねただけでなく」という記述があるので、その直前の妻の言葉に注目する。
㈣ ③「ない」→打消しの助動詞
1 打消しの助動詞 2 形容詞 3 形容詞の一部 4 形容詞
㈤ 傍線部④の直前をまとめればよい。ただし、「自分と弘樹を結びつける磁力」は比喩表現なので、書き換えたほうが良い。
㈥ 直前の「父親らしさをアピールするのなら」につながるものを選ぶ。
㈦ 「むしろ木の下から支えてやりたい」が芳男なりの思い。
㈧ 1「息子のよそよそしい態度は本心によるものではなかったのだ」が不適。
2「自立を目指している弘樹」が不適。
4「弘樹が父親を尊敬していることがわかり」が不適。

H28㈡ ㈠ **a** ひか（えた） **b** さいふ **c** かわ（いた） **d** かんばん
㈡ 娘にとって最後のスパイクとなる可能性が高かった ㈢ 2
㈣ （解答例）（二年生に進級すると、スパイクの指定はなくなり、）チームメイトは親からお小遣いをもらい、自分の好きなものを買っていたのに比べ、私は家にお金がなく、我慢するように言われていた（から）
㈤ 1 ㈥ 4 ㈦ 棚と私の手を行ったり来たりしているスパイク ㈧ 2

㈡ 傍線部①の直後の段落に注目する。
㈢ 下に「て」がくっついているので、連用形。
㈣ 傍線部③の直前、直後に注目する。
㈥ 2と4で迷うだろう。しかし、2の「結果として家族関係を回復するきっかけになって」とはどこにも書かれていないので不適。
㈧ 1と2で迷うはずである。1の「反省」、「感謝」の気持ちを本文から読み取れなくはないが、「本文全体の内容をふまえ」ると、父と同じスパイクを買うという立場に立った私の気持ちを表している2の方が適当である。

H30㈡ ㈠ **a** た（れる） **b** きゅうけい **c** とうとつ **d** くちょう
㈡ 2 ㈢ **ア** なんと言ったらいいかわからなく **イ** 努力の証
㈣ 1 ㈤（解答例）（真琴の泳ぎを初めて見た正太郎は、）真琴の泳ぎは自分にはできなかった父みたいな泳ぎだと思い胸が痛む中でも、いつか真琴の泳ぎを心の底からがんばれと思いながら見られる（ようになるかもしれないと思ったから）
㈥ 4 ㈦ 僕がこの世 ㈧ 4

㈡ 直前の「眉尻を少し下げて」に注目する。「眉尻を下げる」とは、困った時の表情のことをいう。
㈢ 傍線部①直前の２段落に注目する。
㈣ 2「母の愛情を一身に受けているのは自分だけだ」が不適。
3「正太郎にも自分の上達を見てもらう機会があるかもしれない」が不適。
4「自分の泳ぎに自信を持てない」が不適。
㈤ 傍線部③直前の「初めて見る～胸がキリリと痛んだ。」、直後の「僕はいつか、～なるだろうか。」をまとめればよい。
㈥ 「意志」の意味を持つものを選ぶ。
㈧ 1「父への気持ちを打ち明けた」が不適。
2「母に相談したことで」が不適。
3「克服して父に認めてほしい」が不適。

R２㈡ ㈠ **a** しょうどう **b** いど（み） **c** じゃっかん **d** みす（えて）
㈡ 2 ㈢ 3 ㈣ 4
㈤ （解答例）（自分の、）選択肢が多すぎて何がしたいのかわからなくなって迷うところが、米作りの、農薬を使うという選択肢が入ると余計な雑念が浮かぶ（ところと同じだと感じたから）
㈥ **ア** すぐに金になる仕事 **イ** 自分や他の人間に返ってくる
㈦ 乾いた駒音

㈡ 傍線部①直後に注目する。
㈣ 傍線部③直後に注目する。
㈤ 「選択肢」という言葉はキーワードなので、解答には必ず入れること。
㈦ 「幻想的」とは、現実からかけ離れて、まるで空想の世界にいるような様子のことを言う。本文の「現実感が薄れていく」がヒント。

R３㈡ ㈠ **a** すいせん **b** がくふ **c** ひび（き） **d** げきれい
㈡ 1 ㈢ **ア** ピアノを弾いている指と同じ **イ** ひとりで空まわり ㈣ 2 ㈤ 4
㈥ （解答例）同じ音を聞き、同じ歌を歌うことで、クラスのひとりずつのちがった気持ちがごちゃ混ぜになった状況が変わるのではないかという（思い）
㈦ オレの指か ㈧ 2

㈡　2「自分を面白く思う気持ち」が不適。
3「思いのほかいら立っている自分にあせる気持ち」が不適。
4「クラス内で遠慮し合う状況」が不適。
㈢　アは傍線部②の前「ますます強くなる貧乏ゆすり～オレがピアノを弾きたいって思っているんだ」に、イは傍線部②の直後に注目する。
㈣　傍線部③は助動詞「ない」
1形容詞「ない」
2助動詞「ない」
3形容詞「ない」
4形容詞「もったいない」の一部
㈤　1「クラス全体がやっとまとまってきた中で」が不適。
2「悔しかったから」が不適。
3「金賞を取ることに価値を見いだして」が不適。
㈥　「鶴田さんはみんなで歌いたい。～弾いてみよう」に注目する。
㈦　誰も歌ってないことを「カラオケ」と表現している。
㈧　1「困ったときでも必ず助けてくれる友人のありがたさを実感」が不適。
3「最後には必ず成功するだろうと確信」が不適。
4「先生やクラスメートに応援されていることが誇らしく」が不適。

R４㊀　㈠　a　こうてい　b　ただよ(わせて)　c　ていねい　d　きざ(まれて)
㈡　(解答例)　(川木に「勝ったときは徹のおかげだ」と言われ、これまで川木を)別次元の存在だと感じていた徹が、川木の発言の自分を頼りにしている(ような点を意外に感じたから)
㈢　3　　㈣　4
㈤　(解答例)誰にも気づかれていないと思っていた下を見ないという自分の信念に、川木が気づいていたこと(を知ったこと)　　㈥　3　　㈦　一人で　　㈧　1

㈡　第１段落と、直前の「俺は勝ったとき徹のおかげだと思う」に注目する。
㈢　直前の「一年の頃からずっと、すげーなあって思ってた」に注目する。
㈣　直前の川木の発言が徹のことを褒める内容であることと、直後の「遮ろうと思った」に注目する。
㈤　直前の川木の言葉とそれに対する徹の心情に注目する。「下を見ない」はキーワードなので答案には　必ず入れること。
㈥　1「負けても平常心を失わない」が不適。
2「新たな道へ踏み出す自分を誇らしく感じながらも」が不適。
4「徹を目標としており」が不適。
㈦　「犬みたいだ」が比喩(直喩)表現。
㈧　2「川木が悩みを打ち明けた」が不適。
3「共に目標に向け努力する決意が芽生えている」が不適。
4「憧れの思いがわき上がってきている」が不適。

(古文)

ポイント　語頭（単語の最初の一字）以外の「は・ひ・ふ・へ・ほ」は、それぞれ「わ・い・う・え・お」に直す。

H26㊂　㈠　(解答例)柿の実を盗まれない　㈡　いうよう　㈢　3
㈣　(初め)ぬしは　(終わり)らひし　㈤　4

【現代語訳】

高橋作左衛門は、天文学を長い間学んでいたので、登用されなさった。庭に大きな柿の樹があった。秋になるごとに、その実を売って若干の小金を得ていた。すると、その近所の若者たちが、夜にまぎれて盗みを働くことが多かった。よって、それを守るために主人は安心して眠ることもできないで、一晩中見回りをした。ある時、帰って見てみると、とても大きな大木を根っこ付近から伐り倒してあった。「これはどうしたことだ。」と驚き慌てると、妻が言うには「わたしが伐らせたのです。」と。「どうしてそのようなことをさせたのだ。」と咎めると、「あなたは、天文学において必ず、家を盛り上げなさることができる兆候が見えています。だから、毎晩屋根にのぼり、天空を観察すると深夜になってしまい、その上この樹のために精神を費やしなさるのは不便なことである。この木がなければ、本業だけに専念するほうがよいだろうと思いましたので、このようなことをしたのだ」と言ったということだ。

H27㊂　㈠　いえる　㈡　(解答例)飽きている　㈢　4
㈣　(初め)しか思　(終わり)ぶなり　㈤　2

【現代語訳】

近頃、将棋において有名な宗桂という人がまだまだ未熟な者たちを相手にして、毎日毎日将棋を指していたので、その弟子たちは、「そのような者が相手では私たちであっても飽きて疲れてしまい、一日だけでも指すことはできないのに、私たちの先生は日々このような未熟な者たちと指しなさって、飽きなさる色も見えないのはどうしてか」と、ある時その理由を尋ねると、宗桂は答えて「このように思うのは、おまえたちの不十分な心があるからである。中途半端に将棋の指し方を知っている者は、常に型に基づいた指し方以外は指さないが、技量の未熟な者は自分の思いに任せて指しているようなので、その未熟な手の中に、まれにすばらしい指し方が混じっていることがある。それに出会うから楽しいのだ」と言った。

H28㊂　㈠　小板ぶき　㈡　おおせける　㈢　4
㈣　(初め)この節　(終わり)に候ふ　㈤　3

【現代語訳】

薩摩国国分にある城の門がかやぶき屋根でありましたところ、それが破損しましたので、山田利安は「修復のついでに、小板ぶきにしてはどうでしょうか。他の国から使者が参上なさったときに、かやぶきではあまりにどうでしょうか。」と竜伯様(島津義久)に申し上げた。それに対して竜伯様は「使者をつかわすときは、必ず見識のある者をつかわすはずです。もっともわが国の地を数里通って参上するはずです。そうであるなら、城門はかやぶきであっても、国民の暮らしぶりを見れば、裕福なのは徳のある政治がなされているからだとなるので、肝心なところに気を付けなければならない。小板ぶきで見た目のよい門にしても、百姓が疲れていれば、国を治める者の統治が良くないと見申し上げるだろうから、肝心なところに気を付けるべきで、いらないことに気を配るべきではありません。」とおっしゃった。

H29㊂ ㈠ 応挙の下絵　㈡ 3　㈢ たまいし
㈣ （初め）これは（終わり）となり　㈤ 2

【現代語訳】
長常という彫り物師は、比べられるものがいないくらい上手だった。円山応挙も絵が上手であったが、阿波守という人が長常に「小柄を彫りなさい、応挙に下絵を描かせよう」と頼んだところ、長常はこれを引き受けた。よって、阿波守は応挙に詳細を伝えると、すぐに下絵を描いて送ってくれた。阿波守は長常の方に持って行って下絵を与えると、長常は「この下絵では彫ることができない」と言った。「どうしてだ」と阿波守が尋ねると、「これはわたしに彫らそうと言って、応挙に下絵を描かせなさったと見える。応挙は絵が上手なので、わたしが彫る際に出るくせをそのまま描いている。悪いくせなので、いつも直そうと思っている。そのくせを彫るのはとても難しいことだ」と言ったので、阿波守は名人同士の間の奇妙なもの感じて、小柄を彫らせるのをやめた。

H30㊂ ㈠ 3　㈡ を選ぶべし　㈢ あやうかる　㈣ 海上の事　㈤ 3

【現代語訳】
九州のある国の主が関東に参上した時に、先頭の船に乗る者として某氏をおすすめしますと若い家老を計画して申し上げたところ、主が言うには「その者の先祖は戦で名を上げており、彼もまた武術に未熟ではないので、先頭に配置すべきなのはもっともではあるが、まだ船中で人を指示することには慣れていない。ましてや、嵐の時に船を指揮しようとする者が海上のことに詳しくなければ、時に危険にさらすことになるだろう。航海の経験が豊富で、船の指揮をよく取れる者を選ぶべきである。」と。その国の主が言ったことは、なるほどその通りだと思いました。それは、官職を置き、人を選んでその職に任用することは、賢明な君主が国を治めるために最も必要なことである。もし、任命する職を間違ってしまうと、馬に村の入口の門を守らせるのと同じことになってしまう。

H31㊂ ㈠ 1　㈡ あわれに　㈢ （解答例）定まっている
㈣ （初め）よろづ　（終わり）はせず　㈤ 4

【現代語訳】
長崎の鶴亭隠士は少年の頃より絵を好んで心をうちこみ、水墨画の花や鳥などを特に得意にしていた。昔から人を驚かそうとするのではなく、自分の心が変化していくことにそのまましたがって、趣深く優美に書き写していた。ある時、友人がやって来て話をした機会に、印の押す場所を尋ねると、（鶴亭隠士は）「印はその押す場所が決まっているものではない。その絵ができ上がると、ここに押してくれよと絵の方から言ってくるのを待つものだ」と答えた。ある人はこれを聞いて、「全ての道はこれと同じである、例えば座敷においてもその客の様子によって、上座・中座・下座のどこに座るかが決まり、また人とのあいさつもその時々で変わる。臨機応変に、その場の状況に従うというように、ある定まった形はないものである。しかし、その時の様子を見てもわからない人にはこの段取りを理解することができない。よくわかる人は、よくその状況を理解できるので、融通がきくのである」と言った。

R 2 ㊂ ㈠ あいたり　㈡ ただもの　㈢ 1
㈣ （初め）ここに老　（終わり）候ふらむ　㈤ 2

【現代語訳】
丹後守保昌が都から地方に行く時、与謝の山でひとりの馬に乗った白髪の武士に会った。木の下に少しだけ入って、笠を傾けて立っているのを見て、国司（保昌）の家来たちは「このおじいさんは、どうして馬から下りないのか。注意して下ろさせましょう」と言った。すると国司（保昌）は「非常に実力のある馬の立ち振舞をしている。ただものではないだろう。そうしてはならない」と制止して、通り過ぎた後三町ほど遅れて大矢右衛門尉致経と会った。国司（保昌）に会釈した後、致経は「ここでひとりの老人とお会いしませんでしたか。あれはわたしの父である平五大夫でございます。昔からの田舎の人なので、詳しい事情を知りません。きっとご無礼をいたしてしまったのでしょう」と言った。致経が去った後、国司（保昌）は「やはりそうだった。あれは致頼だったのだ」と言った。保昌は彼の振る舞いを見たことがあったので、侮らなかったのだ。家来たちをいさめて無事だった。たいそう名高い人物である。

R 3 ㊂ ㈠ さよう　㈡ 3　㈢ 人も乗らぬ車　㈣ 1　㈤ 2

【現代語訳】
内大臣である平重盛が、賀茂祭を見ようと、牛車四五両ほどで、一条大路にお出でなさった。祭りの見物のための牛車は立ち並んで、すきまもない。「どの車を移動させるだろうか」と、人々がじっと見つめていると、ある都合のよさそうなところにある車を引き出したのを見ると、すべて、人が乗っていない車であった。あらかじめ、見物場所を取っておいて、人を煩わせないように、空の牛車を5台立てておいていたのである。その頃の平重盛様の栄華であれば、どのような車であっても争うことは難しかったであろうが、六条御息所の昔の古い例も好ましくないと思いなさったのであろう。そのような心配り、思いやりの心が深い。

R 4 ㊂ ㈠ おわし　㈡ 2　㈢ ことわり　㈣ 3　㈤ 3

【現代語訳】
小早川中納言が三原の家に住まれていたとき、京より人がやって来て、最近京の町の若者の謡のなかに「なんと趣深い春雨だことよ。花が散らない程度に降ってくれ」というものがあることを話すと、中納言は感心して「それはすべての物事について道理があることである。どんなに趣深いものも、程々が良いのであって、茶や香が趣深くても、猿楽が趣深くても、学問が趣深くても、本業を失わない程にすべきことである」とおっしゃった。たしかに、茶香猿楽の類はそうであるが、学問で本業を失うとおっしゃるとは思ってもみなかった。学問は自分の身を修め家庭を整え、世の中を平和に治めるものなので、その本業を失うのは学問ではない。自分自身を修め家庭を整えれば、どうして本業を失うことがあるものか。

（論説文）

H27㊂ ㈠ **a** 限（らない）　**b** 風土　**c** 種　**d** 予想外
㈡ 2　㈢ 4　㈣ （解答例）（自己自身の図式は、）各個体がもつ経験が積み重なり、さらに、その個体が属している集団の経験や歴史（に影響されながら形成される）
㈤ 1　㈥ （解答例）（誤解や摩擦は、）自己自身とは何かという反省を起こすきっかけとなり、自己自身の理解を進展させていくと同時に、他文化の理解も進展させていく（という働きをしている）
㈦ **ア** 意味　**イ** 相互理解　㈧ 2　㈨ 第5段落　㈩ 3

(二) 「その解釈」と指示語があるので、直前の「異なる」に注目する。
(三) 「身体」は同様の意味の言葉を組み合わせた熟語。
(四) 第三段落の頭に「この選択の図式を形成するのは」とあるので、その直後をまとめればよい。
(五) 2「自己の解釈を変えることができる」が不適。
3「世界への新しい意味づけを行うことができる」が不適。
4「優劣をつけるべきではない」が不適。
(六) 第六段落の後半をまとめればよい。
(八) 直前の「関係は変わっていく」、直後の「関係も変わる」に注目する。
(九) 第五段落の最後に「自己と他者の関係」について述べられているので、この後につなげるのが適当。
(十) 1「自己と他者の間で誤解や摩擦が生じないように振る舞う」が不適。
2「誤解や摩擦を起こすことを恐れてはいけない」とまでは書かれていない。
4 第六段落に「自己自身の理解を進展させていく」とあるので、不適。

H29 三 (一) a 導(き) b 評価 c 背景 d 働(かせて)
(二) ア 論理構築スキルに則った思考 イ 理にかなった意思決定をする
(三) 2
(四) (解答例) 知識を構築していく実際の道筋を何度も繰り返し経験する (こと)
(五) (解答例) (学びの達人になるためには、) 批判的思考を重要視して、直観的思考をできるだけ排除しなければならないのに、熟達者の特徴は鋭い直観力にあることも認められる (点)
(六) 3 (七) 4 (八) 第12段落 (九) 3 (十) 1

(四) 第6段落に注目する。
(五) 第7段落をまとめればよい。
(六) 傍線部⑤直後に注目する。
(八) 「一手一手」というのは将棋の手のことなので、将棋の話題が書かれている段落を探す。
(九) 1 「幅広い知識の習得が必要」が不適。
2 「直観による素早い判断力を身につけることが必要」が不適。
4 「既存の知識を精査し直す」が不適。

H31 三 (一) a 病 b 補助 c 位置 d 難(しい)
(二) ア 小手先の制度改革 イ 根もとから洗いなおす
(三) (解答例) じぶんのやろうとしていることの大事さやおもしろさをきちんと他のプロに伝え、その発言にも耳を傾ける (四) 3
(五) (解答例) (一つの問題をいくつもの異なる視点から見ることで) 知性をより客観的なものにするために、同時代の社会の、微細だが根底的な変化を感知するセンスをもつ (人)
(六) 1 (七) 3 (八) 第2段落 (九) 4

(二) 第三段落をまとめればよい。
(四) 副詞の一部を選ぶ。
(五) 第四段落に注目する。
(六) 傍線部⑤直後の「より大きなパースペクティヴ(視野)のなかで見定める」、「人が絶対に～大括りに掴む」に注目する。
(七) ☐ 直前の「すぐに」に注目する。
(八) 挿入する文に「別のプロ」とあるので、第二段落の「材料の専門家」、「システム設計の専門家」に続くことがわかる。
(九) 1「いかなる問いにも解決策を見いだす」が不適。
2「自らの専門性や『教養』へのこだわりを捨て」が不適。
3「自らの専門性に磨きをかけて」が不適。

R 2 三 (一) a 否定 b 成功 c 常(に) d 支配
(二) ア 存在理由をもたない イ 外面的にしか見ない (三) 3
(四) (解答例) (当時の哲学は) 価値の問題と事実の問題を混同して、事実についても判断できる (と考えていたところに問題があった)
(五) 2 (六) 万能
(七) (解答例) (われわれには) 科学を自由に用いる科学の主人という存在でいることが求められ、哲学を用いて価値判断を行い自分の行為を選んで (生きてゆく必要がある)
(八) 3 (九) 第9段落 (十) 4

(二) 指示語「この」があるので、直前の1段落に注目する。
(三) 傍線部②直前に注目する。
(四) 6段落後半に注目する。
(五) ④は自発。1尊敬、2自発、3受け身、4受け身。
(七) 傍線部⑥の直前、直後をまとめればよい。
(八) 9段落の「いっさいの問題は科学によって解決されると考える」が「越権行為」。
(十) 最終段落の最終文に注目する。

R 3 三 (一) a 逆(らう) b 許(せなく) c 改(めて) d 優先
(二) 自分で選んだり決めたりしたもの
(三) ア 特定の権威や権力 イ 暗黙の規律やローカルな慣習、多くの人が同調している流行
(四) 1 (五) 2
(六) (解答例) (哲学対話の問いは) 現在の私たちの社会における物事の区別の仕方と扱い方を再検討し、さまざまな事象と行為の究極の目的を探るものであり、他者とともに人間の世界を組み直す (ことで社会を結びつけていく)
(七) 4 (八) 3 (九) 1 (十) 4

㈡ 傍線部②の直前の文に注目する。
㈢ [1] 段落「暗黙の規律やローカルな慣習、～特定の権威や権力である」に注目する。
㈣ 意志・推量の助動詞「う」は五段活用の未然形に接続する。
㈤ 「権威や権力への恭順によって個人が結びついている」構造であること、「普通」を求めるそのような社会では「人間的な絆」が「決して得られない」ことから考える。
㈥ [4] 段落をまとめればよい。
㈦ 1「平和への思いが他者との対話を哲学的なものに変えていく」が不適。
2「平和的な社会の構築にも欠かすことのできない条件になってくる」が不適。
3「その平和をより堅固に構築し直していくことにもなる」が不適。
㈧ [1] から [3] 段落には「普通」、[4] 段落には「哲学対話」について書かれており、[5] 段落に「最終的に私が主張したいことは」とあるので、[5] から [8] 段落にはまとめが書かれていることがわかる。
㈨ 1「互いに妥協し合う合理的な文化を生み出していくべき」が不適。
2「互いの差異により生まれる考えの違いを限りなく少なくするため」が不適。
3「従来の関係を互いに保ちつつ」が不適。

R 4 [三] ㈠ **a** 単(なる) **b** 複雑 **c** 政策 **d** 前提 ㈡ 2
㈢ (解答例) (物語は、それが語られたときの雰囲気や)聞き手と語り手の相互作用といった条件のもとで創造されるもので、聞き手には積極的に相手を受容すること (が求められると考えているから)
㈣ 2 ㈤ 4
㈥ **ア** 決められた枠組み **イ** 代替できない固有の価値があり、意味がある
㈦ 1 ㈧ 1 ㈨ Ⓓ ㈩ 4

㈡ 「相互」は同じ意味を持つ語を並べて作られた熟語。
㈢ 傍線部②の直前、直後に注目する。
㈣ 直前の第7段落に注目する。
㈤ 1「『感受性』とはつながりのない」、「この後に話の内容が大きく変化する」が不適。
2「聞くべきことの内容」が不適。
3「ここまでに述べられてきた『物語』の創造についてまとめる」が不適。
㈥ 直後の第 [13]、[14] 段落に注目する。
㈦ 直後の第 [16] 段落に注目する。
㈨ 第 [20] 段落に「『フレーム』の組み直しが必要になってくる」とあるので、Dの「ゆるぎない枠組みを構築していく」が不適。
㈩ 1「物事の真実を明らかにすべき時にも非常に有効」が不適。
2「唯一の手段」が不適。
3「自分の感性を働かせることなく」が不適。

令和５年度　高校入試問題と解答・解説　実践形式

公立高校入試問題出題単元

（国語のみ逆綴じになっております）

社会
【１】公民（憲法・政治・国際連合・経済・労働）
【２】歴史（古代～現代）
【３】地理（時差・地形・気候・農業・貿易・人口・地形図・工業）

数学
【１】計算問題（７題）
【２】図形小問（角度・線分の長さ・体積）
【３】小問（反比例・確率・箱ひげ図・関数と図形）
【４】（１）文字と式（２）方程式
【５】平面図形（証明）

理科
【１】A地球と天体（太陽）
　B天気の変化（湿度・台風）
【２】A遺伝と生殖
　B植物のつくりとはたらき（光合成）
　C動物のからだとはたらき（ヒトのからだ）
【３】Aイオン
　B化学変化（酸化・還元）
【４】A身近な科学（光）
　B電流のはたらき（磁界・電磁誘導）
　C運動とエネルギー（台車・滑車・仕事）

英語
【２】対話文（空欄補充・単語）
【３】長文読解（空欄補充・並べ替え）
【４】長文読解（空欄補充・指示語・内容把握・英質英答・内容真偽）
【５】英作文
【１】リスニング

国語
【１】小説（漢字・心情把握・文法・空欄補充・内容把握）
【２】古文（現代かなづかい・内容把握・抜き出し・空欄補充）
【３】論説文（漢字・内容把握・語意・文法・空欄補充）
【４】作文（250字程度）

解答ページ

解説ページ

令和５年度入試問題　社会

1 次の(1)～(9)の問いに答えなさい。

(1) 日本国憲法では，人間らしい豊かな生活を送るための権利として，社会権が保障されている。次のア～エのうち，日本国憲法で保障されている社会権にあてはまるものはどれか。一つ選んで，その記号を書け。

ア　選挙に立候補する権利
イ　国が保有する情報の公開を求める権利
ウ　個人が財産を所有する権利
エ　労働者が労働組合を結成する権利

(2) わが国の政治に関して，次のａ～ｃの問いに答えよ。

ａ　わが国の政治は，議院内閣制を採用している。次のア～エのうち，わが国の議院内閣制のしくみについて述べたものとしてあてはまらないものはどれか。一つ選んで，その記号を書け。

ア　内閣総理大臣は，国会議員の中から，国会の指名によって選ばれる
イ　国会議員は，国会での発言について，免責特権をもっている
ウ　衆議院は，内閣不信任決議をおこなうことができる
エ　内閣は，国会に対して連帯して責任を負う

ｂ　刑事裁判は，私たちの生命や身体に直接かかわるため，被疑者や被告人に対する権利が日本国憲法で保障されており，定められた手続きによって裁判が進められる。次の文は，わが国の刑事裁判の手続きについて述べようとしたものである。文中の二つの〔　　〕内にあてはまる言葉を，㋐，㋑から一つ，㋒，㋓から一つ，それぞれ選んで，その記号を書け。

刑事裁判は，殺人や盗みのような，法律などに違反する犯罪があったかどうかを判断し，犯罪があった場合はそれに対する刑罰を決める裁判である。警察は，原則として〔㋐裁判官　㋑弁護人〕が発行する令状がなければ，逮捕することはできない。〔㋒警察官　㋓検察官〕は，被疑者が罪を犯した疑いが確実で，刑罰を科すべきだと判断すると，被疑者を被告人として起訴する。

ｃ　地方公共団体は，地域の身近な仕事をにない，住民の意思や要望を反映させながら，さまざまな仕事をおこなっている。次のア～エのうち，地方公共団体の仕事としてあてはまらないものはどれか。一つ選んで，その記号を書け。

ア　交通違反の取り締まり　　　イ　上下水道の整備
ウ　家庭裁判所の運営　　　　　エ　火災の予防や消火

(3) 右の写真は，国際連合のある機関の会議のようすを写したものである。この機関では，国際連合のすべての加盟国が平等に1票をもっており，世界のさまざまな問題について話し合ったり，決議を出したりする。この機関は何と呼ばれるか。その呼び名を書け。

(4) 先進国と発展途上国の間には，大きな経済格差が存在している。また，発展途上国のなかでも，急速に工業化が進むなどして，大きく経済発展している国と，産業の発展や資源の開発がおくれている国との間で経済格差が広がっている。このように発展途上国の間で経済格差が広がっていることは何と呼ばれるか。その呼び名を書け。

(5) 税金に関して，次のａ，ｂの問いに答えよ。

ａ　右の表は，アメリカ，日本，イギリス，フランスにおける2019年度の国と地方の税収全体に占める，直接税と間接税の割合をそれぞれ示そうとしたものであり，表中のⓍ，Ⓨには，直接税，間接税のいずれかが入る。また，次の文は，直接税と間接税について述べようとしたものである。文中のA，Bの□内にあてはまる言葉の組み合わせとして最も適当なものは，あとのア～エのうちのどれか。一つ選んで，その記号を書け。

	Ⓧ	Ⓨ
アメリカ	24 %	76 %
日　本	33 %	67 %
イギリス	44 %	56 %
フランス	46 %	54 %

（財務省資料により作成）

直接税，間接税は，税を負担する人と税を納める人が一致しているかどうかによる分類であり，税を負担する人と税を納める人が異なる税のことを［ A ］という。また，表中の各国のⓍとⓎの割合に着目すると，Ⓧに入るのは［ B ］である。

ア　〔A　直接税　B　直接税〕　　イ　〔A　直接税　B　間接税〕
ウ　〔A　間接税　B　直接税〕　　エ　〔A　間接税　B　間接税〕

ｂ　わが国は，所得税に累進課税と呼ばれるしくみを採用している。この累進課税は，どのようなしくみか。　**所得　税率**　の二つの言葉を用いて，簡単に書け。

(6) 次の文は，大学生のあきおさんが自転車を購入した状況について述べたものである。文中の下線部㋐～㋓のうち，自転車の購入についての契約が成立したのはどの時点か。最も適当なものを一つ選んで，その記号を書け。

香川県内の大学に通っているあきおさんが，新しい自転車を買いたいと思い，大学近くの自転車店を訪れ，㋐店員に「かっこいい自転車を探しているんです。」と言ったところ，店員から新製品の自転車をすすめられた。店員から「今ならキャンペーンで割引があるので，この値段で購入できますよ。」と言われたあきおさんは，㋑「じゃあ，これを買います。」と言い，店員が「お買い上げありがとうございます。」と答えた。そして，あきおさんは，㋒注文票に住所や氏名などを記入し，代金を支払った。後日，あきおさんは，㋓自宅に配達された自転車を受け取った。

(7) わが国で設立される株式会社のしくみについて述べた次のア～エのうち，誤っているものはどれか。一つ選んで，その記号を書け。

ア　株主は，株式会社が借金を抱えて倒産した場合，出資した金額以上の負担を負う必要がある
イ　株主は，株式会社の生産活動などで得られた利潤の一部を配当として受け取る権利を有する
ウ　株主は，株式会社の経営方針などについて，株主総会で意見を述べることができる
エ　株式会社は，株式を発行することで必要な資金を多くの人々から集めることができる

(8) 市場に関して，次のａ，ｂの問いに答えよ。

ａ　次の文は，景気変動と市場における価格の関係について述べようとしたものである。文中の三つの〔　〕内にあてはまる言葉を，㋐，㋑から一つ，㋒，㋓から一つ，㋔，㋕から一つ，それぞれ選んで，その記号を書け。

　不況の時期には，一般的に〔㋐デフレーション　㋑インフレーション〕と呼ばれる，物価が〔㋒上昇　㋓下落〕し続ける現象が生じやすい。このような現象が生じるのは，不況の時期の市場においては，需要が供給を〔㋔上回る　㋕下回る〕状態になりやすく，需要と供給のバランスがとれるように価格が変動するためである。

ｂ　市場において商品を供給する企業が１社のみ，または少数しかないときには，企業どうしの競争がおこりにくいため，価格が不当に高く維持され，消費者が不利益を受けることがある。そこで，わが国では，市場における健全な競争を促すためのある法律が1947年に制定されており，公正取引委員会がその運用をになっている。この法律は一般に何と呼ばれるか。その呼び名を書け。

(9) 花子さんは，社会科の授業で，わが国の労働環境に関する問題点と今後の課題というテーマで探究し，その成果を発表することにした。下の図は，その成果をまとめようとしたものの一部である。これを見て，次のａ～ｃの問いに答えよ。

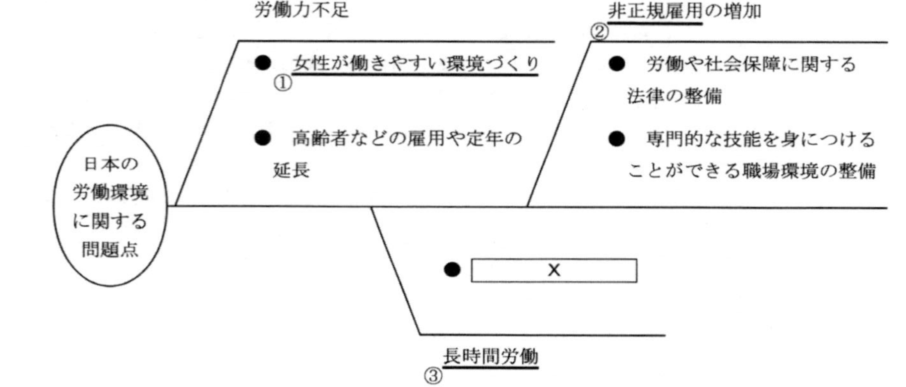

ａ　下線部①に女性が働きやすい環境づくりとあるが，右のグラフは，2001年と2021年における，女性の年齢別にみた働いている割合を，それぞれ示したものである。また，あとの文は，このグラフから考えられることについて述べようとしたものである。文中の［　　］内には，30代の女性の働いている割合が，20代後半と比べて低くなっている理由として考えられる内容が入る。その内容を簡単に書け。

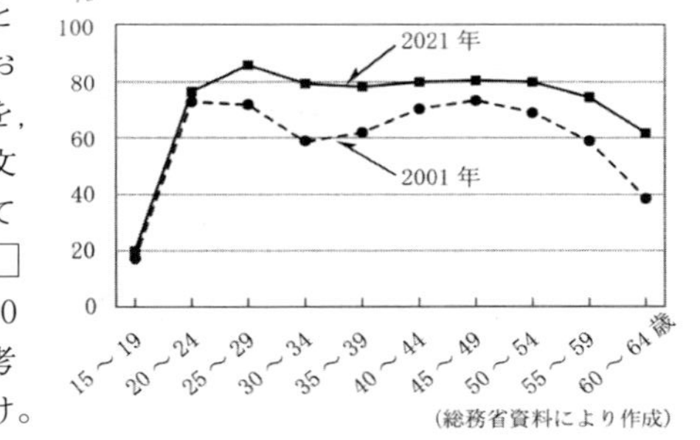

（総務省資料により作成）

　2021年における女性の働いている割合は，2001年と比べて増加しており，女性の働く環境は改善されつつあると考えられる。しかし，依然として，30代の女性の働いている割合は，20代後半と比べて低くなっている。その理由の一つとして，［　　］状況にあることが考えられる。共生社会の実現に向けて，男性と女性が対等な立場で活躍できる社会のしくみをつくる取り組みが引き続き求められている。

ｂ　下線部②に非正規雇用とあるが，下のグラフは，2019年における正社員と，アルバイトや派遣社員などの非正規雇用の形態で働く労働者（非正規労働者）の年齢別の1時間あたりの賃金をそれぞれ示したものである。このグラフから，非正規労働者の賃金には，どのような特徴があると読み取れるか。 **年齢** という言葉を用いて，簡単に書け。

円
3000
2500
2000
1500
1000
500
0
正社員
非正規労働者
～19　20～24　25～29　30～34　35～39　40～44　45～49　50～54　55～59歳

（注）10人以上の企業で働くフルタイムの労働者の賃金を示している

（厚生労働省資料により作成）

ｃ　下線部③に長時間労働とあるが，わが国では，長時間労働に伴う健康への悪影響などが問題になっており，長時間労働を改善するための取り組みが求められている。図中の［X］内には，企業が労働時間の短縮のためにおこなっていると考えられる取り組みの内容が入る。その内容を一つ簡単に書け。

(1)		(2)	a		b	○と○	c	
(3)					(4)			
(5)	a							
	b	しくみ。						
(6)	○	(7)						
(8)	a	○と○と○			b			
(9)	a	と　　が両立しにくい						
	b							
	c							

2 次の(1)～(8)の問いに答えなさい。

(1) 青森県の三内丸山遺跡は，縄文時代を代表する遺跡の一つである。次のア～エのうち，縄文時代の特徴について述べたものとして最も適当なものはどれか。一つ選んで，その記号を書け。

ア 大陸と交流があり，奴国の王が漢（後漢）の皇帝から金印を授けられた

イ 支配者を埋葬するための巨大な前方後円墳が，各地につくられるようになった

ウ 食物が豊かにみのることなどを祈るために，土偶がつくられた

エ 打製石器を使って，ナウマンゾウなどの大型動物を捕まえるようになった

(2) 飛鳥時代のわが国では，東アジアの国々の制度を取り入れながら，国家のしくみが整えられた。こうしたなかで，唐の制度にならい，刑罰のきまりと政治のきまりについて定めたある法律が701年に完成した。701年に完成したこの法律は何と呼ばれるか。その呼び名を書け。

(3) 下の資料は，平安時代の学習をした花子さんが，摂関政治が終わりをむかえた時期に着目し，調べた結果をまとめたものの一部である。これを見て，あとのa～cの問いに答えよ。

摂関政治の終わりについて

・藤原氏との血縁関係がうすい後三条天皇が即位した

・後三条天皇が天皇中心の政治をおこない，藤原頼通①をはじめとする貴族の荘園②を停止するなど，荘園の管理を強化した

・下の表の時代や，それ以降も，摂政や関白になっている藤原氏は存在するが，その政治への影響力は抑えられていたようだ

天皇	生没年	在位期間	即位した年齢
71代 後三条天皇	1034年～1073年	1068年～1072年	35歳
72代 白河天皇	1053年～1129年	1072年～1086年	20歳
73代 堀河天皇③	1079年～1107年	1086年～1107年	8歳

a 下線部①に藤原頼通とあるが，藤原氏が実権をにぎって摂関政治をおこなっていた頃には，国風文化が最も栄えた。次のア～エのうち，国風文化について述べたものとして最も適当なものはどれか。一つ選んで，その記号を書け。

ア 「古今和歌集」などの，かな文字を使った文学作品が生まれた

イ 地方の国ごとに，自然や産物などをまとめた「風土記」がつくられた

ウ 「一寸法師」や「浦島太郎」などの，お伽草子と呼ばれる絵入りの物語がつくられた

エ 平氏の繁栄や戦いをえがいた「平家物語」が，琵琶法師により弾き語られた

b 下線部②に荘園とあるが，わが国の土地の所有に関する次の㋐～㋒のできごとが，年代の古い順に左から右に並ぶように，記号㋐～㋒を用いて書け。

㋐ 全国の田畑の検地がおこなわれ，実際に耕作している農民に土地の所有権が認められた

㋑ 口分田が不足してきたために，新たな開墾地の私有を認める法が定められた

㋒ 有力貴族や大寺社が寄進を受けて領主となることで，その保護を受けた荘園が増えた

c 下線部③に堀河天皇とあるが，次の文は，花子さんが，幼少の堀河天皇が即位したとき，だれがどのような立場で政治を動かすようになったのかについて説明しようとしたものである。文中の〔　〕内にあてはまる言葉を，㋐，㋑から一つ選んで，その記号を書け。また，文中の［　　］内にあてはまる最も適当な言葉を書け。

幼少の堀河天皇が即位したとき，摂政や関白の力を抑えて〔㋐後三条天皇　㋑白河天皇〕が上皇として政治を動かすようになった。このときからみられるようになった，位をゆずった天皇が上皇という立場で実権をにぎっておこなう政治を［　　］という。

(4) 2022年に瀬戸内国際芸術祭が開催されたことで，香川県内の芸術や文化に興味をもった太郎さんは，香川県のさまざまな文化財を調べた。下のⒶ，Ⓑのカードは，太郎さんが香川県の文化財について調べたことをまとめたものの一部である。これを見て，あとのa，bの問いに答えよ。

Ⓐ 花園上皇の書

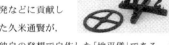

鎌倉時代末期の1332年に書かれたとされる花園上皇自筆の手紙であり，高松藩主の家に伝えられてきた。この書には，戦乱の鎮圧を祈願する儀式の準備をすることや，楠木正成①の行方の捜索をすることについての指示などが書かれている。

Ⓑ 久米通賢の測量の道具

江戸時代後期に坂出の塩田開発などに貢献した久米通賢が，独自の発想で自作した「地平儀」である。これを用いてつくられた香川県内の詳細な地図は，江戸時代後期につくられた正確な日本地図②と同様に精度が高い。

a 下線部①に楠木正成とあるが，この人物は後醍醐天皇のもと，鎌倉幕府をほろぼすために幕府軍と戦った。鎌倉幕府を倒すことに成功した後醍醐天皇は，天皇中心の新しい政治を始めた。後醍醐天皇による天皇中心のこの政治は，何と呼ばれるか。その呼び名を書け。

b 下線部②に江戸時代後期につくられた正確な日本地図とあるが，江戸時代後期に全国の海岸線を測量して歩き，正確な日本地図をつくった人物はだれか。次のア～エから一つ選んで，その記号を書け。

ア 伊能忠敬　　イ 本居宣長　　ウ 杉田玄白　　エ 滝沢馬琴

(5) 室町時代から江戸時代の社会に関して，次のa，bの問いに答えよ。

a 次の文は，室町時代後期のある都市について述べたものである。この都市は，右の略地図中にア～エで示した都市のうちのどれか。一つ選んで，その記号を書け。

戦乱から復興したこの都市では，町衆と呼ばれる裕福な商工業者たちによって町の自治がおこなわれ，中断されていた祭りも盛大に催されるようになった。また，この都市の西陣では，絹織物の生産が盛んになった。

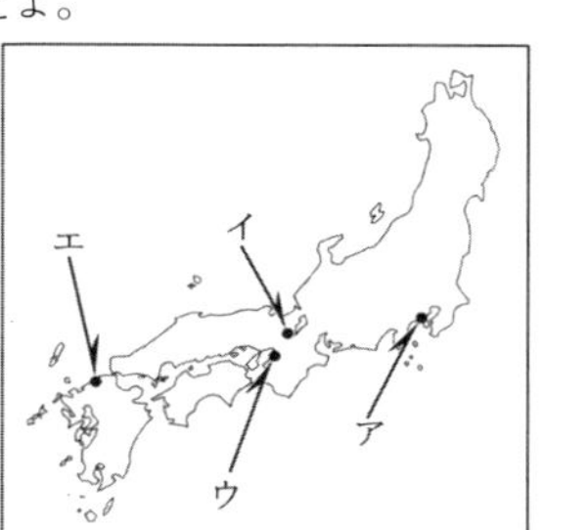

b　江戸時代中期の18世紀になると，問屋と農民とが結びつくようになる。この結びつきから生まれた生産形態の一つに問屋制家内工業がある。この問屋制家内工業のしくみはどのようなものであったか。　**材料や道具　製品**　の二つの言葉を用いて，簡単に書け。

(6)　下のⒶ，Ⓑのカードは，太郎さんが18世紀から19世紀の欧米諸国について調べたことをまとめようとしたものの一部である。それぞれのカードの〔　　〕内にあてはまる言葉を，㋐，㋑から一つ，㋒，㋓から一つ，それぞれ選んで，その記号を書け。

Ⓐ　アメリカの独立

北アメリカの〔㋐スペイン　㋑イギリス〕植民地は，新たな課税をめぐって関係の悪化した本国との間に独立戦争をおこし，独立宣言を出した。植民地側がこの戦争に勝利したことで，独立が認められ，合衆国憲法が定められた。

Ⓑ　フランス革命

フランスでは，市民が立ち上がって革命が始まり，王政が廃止された。革命の広がりをおそれた他のヨーロッパ諸国による攻撃を受けたが，〔㋒ナポレオン　㋓クロムウェル〕がこれをしりぞけ，市民の自由や平等を保障した法典を定めて，革命の成果を守った。

(7)　右の略年表を見て，次のａ～ｃの問いに答えよ。

年代	できごと	
1868	戊辰(ぼしん)戦争が始まる	↕Ⓟ
1885	内閣制度がつくられる	
1895	下関条約が結ばれる	↕Ⓠ
1914	第一次世界大戦が始まる	

ａ　下線部に戊辰戦争とあるが，この戦争に勝利した新政府は，わが国を中央集権国家とするため，1869年に全国の藩主に土地や人民を天皇（政府）に返させた。この土地や人民を天皇（政府）に返させた政策は何と呼ばれるか。その呼び名を書け。

ｂ　年表中のⓅの時期におこった次の㋐～㋒のできごとが，年代の古い順に左から右に並ぶように，記号㋐～㋒を用いて書け。

㋐　西郷隆盛を中心として，最大規模の士族の反乱がおこった
㋑　国会開設を求めて，大阪で国会期成同盟が結成された
㋒　岩倉使節団が欧米諸国に派遣された

ｃ　年表中のⓆの時期におこったできごとは，次の㋐～㋓のうちのどれか。一つ選んで，その記号を書け。

㋐　わが国が琉球(りゅうきゅう)藩を廃止し，沖縄県を設置した
㋑　朝鮮でわが国からの独立を求める三・一独立運動がおこった
㋒　わが国が中国に二十一か条の要求を示し，その大部分を認めさせた
㋓　ロシアがわが国に旅順(リュイシュン / りょじゅん)と大連(ターリエン / だいれん)の租借権をゆずりわたした

(8)　20世紀のわが国のあゆみに関して，次のａ～ｄの問いに答えよ。

ａ　次のア～エのうち，大正時代の社会や文化について述べたものとして最も適当なものはどれか。一つ選んで，その記号を書け。

ア　新たな情報源となるラジオ放送が，はじめて開始された
イ　各地に高速道路がつくられ，新幹線も開通した
ウ　作曲家の滝廉太郎が，西洋の音楽を取り入れた数々の名曲をつくった
エ　映画監督の黒澤明(くろさわあきら)の作品が，世界的にも高い評価を受けた

ｂ　右の写真は，中国の訴えを受けて国際連盟が派遣したリットン調査団が調査をしているようすを写したものである。この調査団の報告をもとに国際連盟で決議された内容に反発したわが国は，国際連盟を脱退した。わが国が国際連盟を脱退したのは，国際連盟においてどのようなことが決議されたからか。決議された内容を簡単に書け。

ｃ　1945年にわが国の選挙法が改正され，選挙権が認められる有権者の資格が変わった。右の表は，1942年と1946年に実施された衆議院議員総選挙のときの，わが国における全人口に占める有権者の割合をそれぞれ示したものである。1946年のわが国における全人口に占める有権者の割合を，1942年と比較すると，大幅に増加していることがわかる。わが国における全人口に占める有権者の割合が大幅に増加したのは，1945年に有権者の資格がどのようになったからか。簡単に書け。

総選挙実施年	全人口に占める有権者の割合(%)
1942 年	20.0
1946 年	48.7

（総務省資料などにより作成）

ｄ　わが国は，サンフランシスコ平和条約に調印していなかったある国と，1956年に両国の戦争状態を終了して国交を回復する宣言を結んだ。この結果，わが国の国際連合への加盟が実現した。1956年にわが国が，サンフランシスコ平和条約に調印していなかったある国と結んだこの宣言は，何と呼ばれるか。その呼び名を書け。

(1)		(2)
(3)	a	b　○→○→○
	c　記号　○	言葉
(4)	a	b
(5)	a	
	b　問屋が　　　しくみ。	
(6)	○と○	
(7)	a	b　○→○→○　　c　○
(8)	a	
	b　満州国を　　　ことや，日本軍の　　　ことが決議された。	
	c	
	d	

3 次の(1)～(6)の問いに答えなさい。

(1) 下の略地図は，アテネからの距離と方位が正しくあらわされているものである。この略地図を見て，あとのa～dの問いに答えよ。

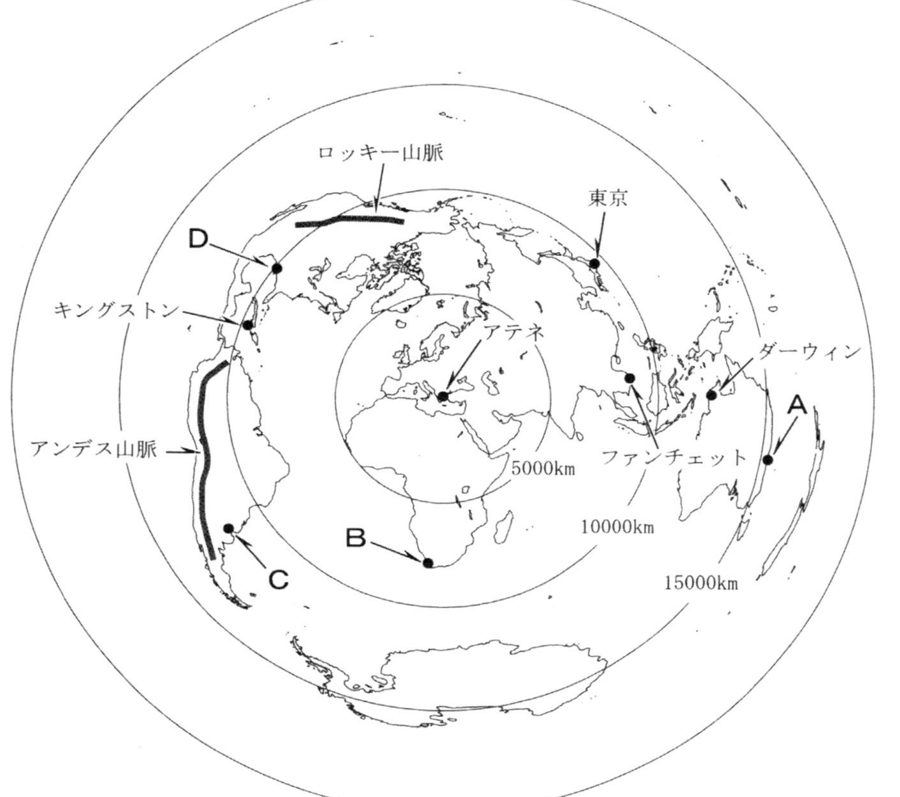

a 略地図中に**A～D**で示した都市のうち，アテネからの距離が最も遠い都市はどこか。一つ選んで，その記号を書け。

b 略地図中のキングストンは，西経75度の経線を標準時子午線としている。東京が３月20日午後３時であるとき，キングストンの日時は３月何日の何時であるか。その日時を午前，午後の区別をつけて書け。

c 略地図中のロッキー山脈やアンデス山脈，日本列島を含む造山帯は何と呼ばれるか。その造山帯名を書け。

d 下の資料Ⅰ，Ⅱは，略地図中のファンチェット，ダーウィンのいずれかの月平均気温と月降水量をそれぞれ示したものである。また，あとの文は，花子さんと先生が，資料Ⅰ，Ⅱを見て会話した内容の一部である。文中の二つの〔　〕内にあてはまる言葉を，㋐，㋑から一つ，㋒，㋓から一つ，それぞれ選んで，その記号を書け。また，文中の［　X　］内にあてはまる内容を **赤道** という言葉を用いて，簡単に書け。

資料Ⅰ

	1月	2月	3月	4月	5月	6月	7月	8月	9月	10月	11月	12月
気　温(℃)	28.3	28.2	28.3	28.3	27.0	25.2	24.8	25.5	27.7	29.0	29.3	28.9
降水量(mm)	468.0	412.1	317.9	106.4	21.5	0.4	0.0	0.7	14.3	70.4	145.1	270.4

(気象庁資料により作成)

資料Ⅱ

	1月	2月	3月	4月	5月	6月	7月	8月	9月	10月	11月	12月
気　温(℃)	25.6	26.0	27.2	28.7	29.1	28.3	27.8	27.6	27.6	27.5	27.2	26.3
降水量(mm)	6.8	0.8	1.1	26.8	140.9	154.8	176.2	158.7	167.8	165.1	96.8	23.9

(気象庁資料により作成)

花子：資料Ⅰ，Ⅱにおいて，二つの都市は一年を通じて気温が高く，とても暑いことがわかります。月ごとの気温の変化をよく見ると，気温が比較的高い時期と比較的低い時期があることもわかります。また，降水量は多い月と少ない月がはっきりとしています。

先生：そうですね。これらの都市は，気温の比較的高い時期は降水量が多い雨季に，気温が比較的低い時期は降水量の少ない乾季になっています。これらの特徴から資料Ⅰの都市はどちらの都市だといえますか。

花子：はい。資料Ⅰの都市は〔㋐ファンチェット　㋑ダーウィン〕です。資料Ⅰの気温と降水量の特徴をみると，6月から8月が〔㋒雨季　㋓乾季〕になっていることから，資料Ⅰの都市が［　X　］と考えられるからです。

先生：そのとおりです。

(2) 次の文は，山梨県で撮影した右の写真にみられる地形とその特徴について述べようとしたものである。文中の［　A　］内にあてはまる最も適当な言葉を書き，［　B　］内にあてはまる地形の特徴を簡単に書け。

川が山間部から平野や盆地に出た所に土砂がたまってできた［　A　］と呼ばれる地形がみられる。この地形の中央部はつぶが大きい砂や石でできていて，［　B　］ため，古くから果樹園などに利用されている。

(3) 下の資料Ⅰは，世界全体の米の生産量と輸出量の変化をそれぞれ示したものである。また，資料Ⅱは，2018年における世界全体の米の生産量と輸出量に占めるおもな国の割合をそれぞれ示したものである。これに関して，あとのa，bの問いに答えよ。

資料Ⅰ　世界全体の米の生産量と輸出量の変化

	生産量（万t）	輸出量（万t）
2006年	64108	3055
2009年	68509	2973
2012年	73301	3982
2015年	74009	4242
2018年	76284	4567

（「世界国勢図会 2021/2022」などにより作成）

資料Ⅱ　2018年における世界全体の米の生産量と輸出量に占めるおもな国の割合

米の生産国	世界全体の米の生産量に占める割合（%）	米の輸出国	世界全体の米の輸出量に占める割合（%）
中国	27.8	インド	25.4
インド	22.9	タイ	24.2
インドネシア	7.8	ベトナム	10.7
バングラデシュ	7.1	パキスタン	8.6
ベトナム	5.8	アメリカ合衆国	5.9
タイ	4.2	中国	4.5
その他	24.4	その他	20.7

（「世界国勢図会 2021/2022」により作成）

a　資料Ⅰで示した世界全体の米の生産量の変化と，資料Ⅱで示した2018年における世界全体の米の生産量に占めるおもな国の割合を，それぞれグラフを用いて表したい。下の表中のア～エのうち，それぞれを表すグラフの組み合わせとして最も適当なものはどれか。一つ選んで，その記号を書け。

	ア	イ	ウ	エ
資料Ⅰで示した世界全体の米の生産量の変化	棒グラフ	帯グラフ	折れ線グラフ	円グラフ
資料Ⅱで示した2018年における世界全体の米の生産量に占めるおもな国の割合	折れ線グラフ	棒グラフ	円グラフ	帯グラフ

b　資料Ⅰ，Ⅱからわかることを述べた次のア～エのうち，誤っているものはどれか。一つ選んで，その記号を書け。

ア　世界全体の米の生産量は，2006年と比べて2015年の方が多い

イ　世界全体の米の生産量に占める輸出量の割合は，2006年と比べて2009年の方が大きい

ウ　2018年において，タイの米の輸出量は1000万t以上ある

エ　2018年において，インドの米の生産量は，インドの米の輸出量の10倍以上ある

(4) わが国の工業は，加工貿易を通じて発展してきたが，1980年代に入ってから，アメリカ合衆国やヨーロッパ諸国に進出して，自動車などの工業製品を現地でも生産するようになった。それはなぜか。その理由を簡単に書け。

(5) 下の㋐～㋒の略地図は，1955～1975年，1975～1995年，1995～2015年のいずれかの期間における，都道府県別の20年間での人口増加率をそれぞれ示したものである。㋐～㋒の略地図が，期間の古い順に左から右に並ぶように，記号㋐～㋒を用いて書け。

㋐
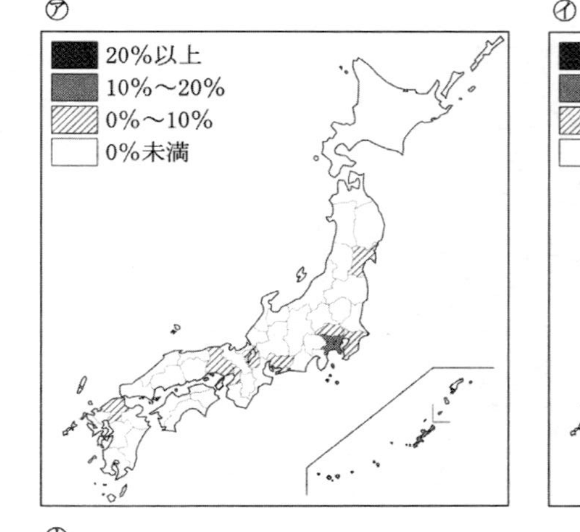

㋑
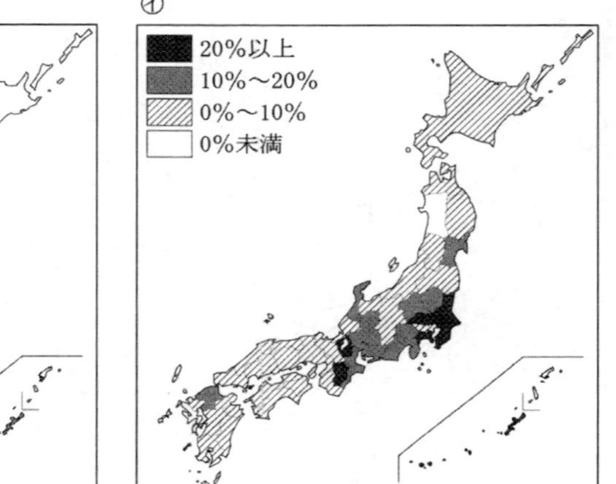

㋒
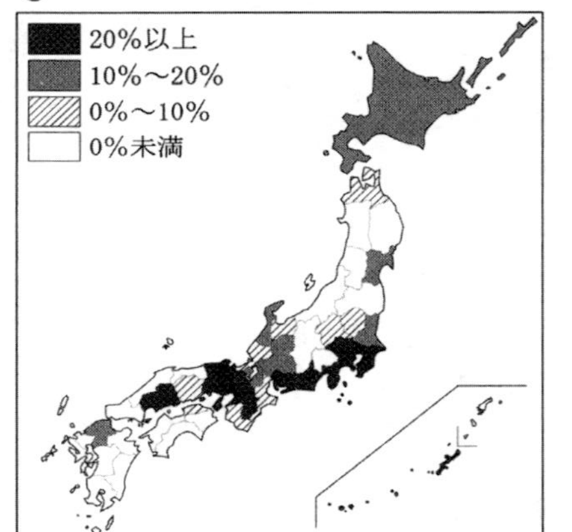

（総務省資料により作成）

(6) 下の地形図は，旅行で栃木県を訪れた中学生の太郎さんが，日光市で地域調査をおこなった際に使用した，国土地理院発行の2万5000分の1の地形図（日光北部）の一部である。これに関して，あとのa～eの問いに答えよ。

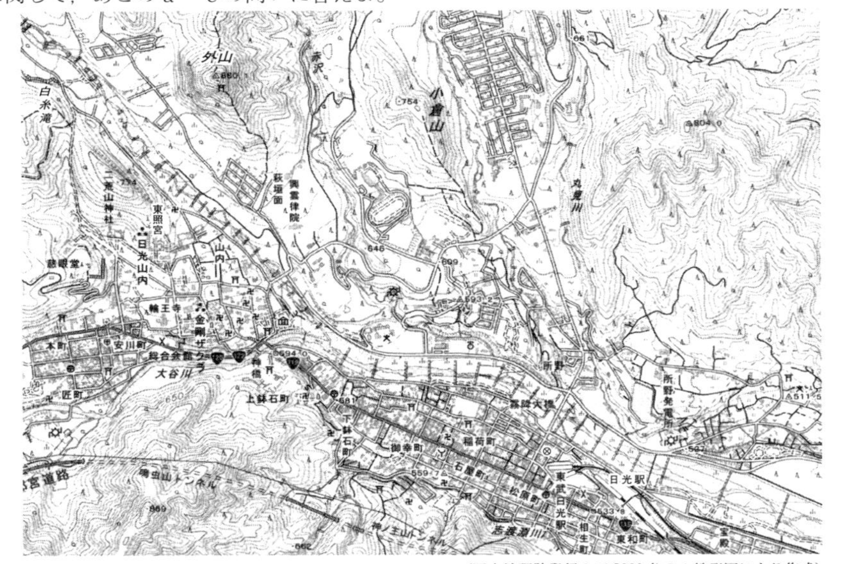

(国土地理院発行2万5000分の1地形図により作成)

a 地形図中の「東照宮」と「日光駅」の直線距離を，この地形図上で約9.6cmとするとき，この間の実際の距離は約何mか。その数字を書け。

b この地形図において，警察署から見たとき，「外山」の山頂はどの方位にあるか。その方位を8方位で書け。

c 右の写真は，地形図中の河川に設置されているある施設を写したものの一部である。この施設は，大雨によってひきおこされる，ある自然現象による災害を防ぐために設置されている。この自然現象は何か。次のア～エから，最も適当なものを一つ選んで，その記号を書け。

ア 火砕流　イ 液状化　ウ 土石流　エ 高潮

d 太郎さんは，日光市には多くの森林があることを知り，わが国の林業について興味をもった。右の表は，1965年，1990年，2015年におけるわが国の木材の生産量，消費量，輸入量をそれぞれ示そうとしたものである。表中のX～Zは，わが国の木材の生産量，消費量，輸入量のいずれかを示している。X～Zにあてはまるものの組み合わせとして正しいものは，あとのア～エのうちのどれか。一つ選んで，その記号を書け。

	1965年	1990年	2015年
X	75210	113070	72871
Y	20182	81945	50242
Z	56616	31297	24918

(注)単位は千m^3　(林野庁資料により作成)

ア〔X 生産量　Y 消費量　Z 輸入量〕　イ〔X 消費量　Y 生産量　Z 輸入量〕
ウ〔X 生産量　Y 輸入量　Z 消費量〕　エ〔X 消費量　Y 輸入量　Z 生産量〕

e 下の資料Ⅰは，太郎さんが，北関東工業地域，京葉工業地域，東海工業地域，瀬戸内工業地域の特徴についてまとめたものの一部である。また，資料Ⅱは，この四つの工業地域の2018年における製造品出荷額等の総額と，金属，機械，化学，食料品，繊維の製造品出荷額等が総額に占める割合を，それぞれ示そうとしたものである。資料Ⅱ中のア～エのうち，資料Ⅰから考えると，北関東工業地域にあてはまるものはどれか。一つ選んで，その記号を書け。

資料Ⅰ

【北関東工業地域の特徴】
大消費地に近接した内陸部に位置しており，製造品出荷額等の総額が高い。自動車や電子製品など機械の製造が盛んである。

【京葉工業地域の特徴】
臨海部に位置しており，鉄鋼業や石油化学工業が発達している。金属と化学の製造品出荷額等の合計額が総額の6割以上を占めている。

【東海工業地域の特徴】
京浜工業地帯と中京工業地帯の中間に位置している。オートバイや自動車などの製造が盛んで，機械の製造品出荷額等が総額の半分以上を占めている。

【瀬戸内工業地域の特徴】
高度経済成長期に急成長し，製造品出荷額等の総額が高い。臨海部に位置しており，機械だけでなく，鉄鋼業や石油化学工業など，金属や化学の製造品も盛んに出荷している。

資料Ⅱ

	製造品出荷額等の総額(億円)	金属(%)	機械(%)	化学(%)	食料品(%)	繊維(%)	その他(%)
ア	323038	18.8	34.7	23.1	7.6	2.0	13.8
イ	315526	14.3	44.8	10.2	15.3	0.6	14.8
ウ	176639	8.2	52.0	10.9	13.2	0.7	15.0
エ	132118	20.8	13.0	41.5	15.4	0.2	9.1

(「日本国勢図会 2021/22」により作成)

(1)	a		b 3月　日　時	c	造山帯
	d	記号 ◯と◯	内容		
(2)	A		B		
(3)	a		b		
(4)	わが国と，アメリカ合衆国やヨーロッパ諸国との間で，				
(5)	a	◯→◯→◯			
(6)	a 約　m	b	c	d	e

令和5年度入試問題　数学

1 次の(1)～(7)の問いに答えなさい。

(1)　$3+8\div(-4)$ を計算せよ。

(2)　$6\times\frac{5}{3}-5^2$ を計算せよ。

(3)　$\frac{x+2y}{2}+\frac{4x-y}{6}$ を計算せよ。

(4)　$\sqrt{8}-\sqrt{3}(\sqrt{6}-\sqrt{27})$ を計算せよ。

(5)　$(x+1)(x-3)+4$ を因数分解せよ。

(6)　x についての2次方程式 $-x^2+ax+21=0$ の解の1つが3のとき，a の値を求めよ。

(7)　次の㋐～㋓の数のうち，12の倍数であるものはどれか。正しいものを1つ選んで，その記号を書け。

㋐　2×3^4　　㋑　$2\times3^2\times7$　　㋒　$2^2\times3^2\times5$　　㋓　$2^3\times5\times7$

(1)		(2)		(3)		(4)	
(5)		(6)	$a=$		(7)	◯	

2 次の(1)～(3)の問いに答えなさい。

(1)　右の図のような，線分ＡＢを直径とする円Oがあり，円周上に2点Ａ，Ｂと異なる点Ｃをとる。線分ＡＢ上に，2点Ａ，Ｂと異なる点Ｄをとる。2点Ｃ，Ｄを通る直線と円Oとの交点のうち，点Ｃと異なる点をＥとする。点Ａと点Ｃ，点Ｂと点Ｅをそれぞれ結ぶ。

∠ＢＣＥ＝35°，∠ＡＤＣ＝60°であるとき，∠ＢＥＣの大きさは何度か。

(2)　右下の図のような三角柱がある。辺ＤＥ上に2点Ｄ，Ｅと異なる点Ｇをとり，点Ｇを通り，辺ＥＦに平行な直線と，辺ＤＦとの交点をＨとする。

ＡＢ＝12cm，ＢＣ＝5cm，ＤＧ＝9cm，∠ＤＥＦ＝90°で，この三角柱の表面積が240cm²であるとき，次のア，イの問いに答えよ。

ア　線分ＧＨの長さは何cmか。

イ　この三角柱の体積は何cm³か。

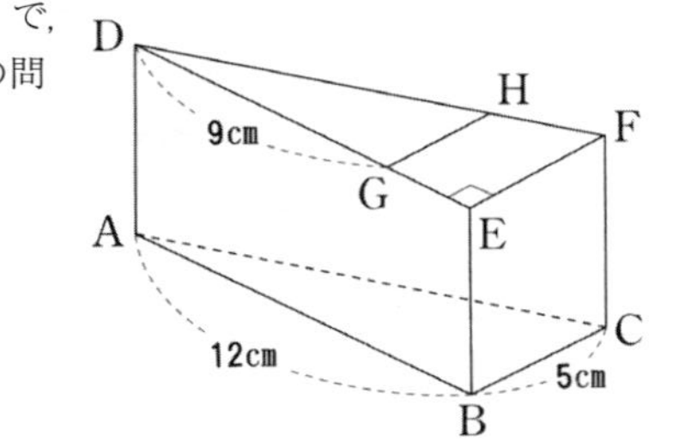

(3)　右の図のような，正方形ＡＢＣＤがある。辺ＣＤ上に，2点Ｃ，Ｄと異なる点Ｅをとり，点Ａと点Ｅを結ぶ。点Ｄから線分ＡＥに垂線をひき，その交点をＦとし，直線ＤＦと辺ＢＣとの交点をＧとする。点Ａを中心として，半径ＡＢの円をかき線分ＤＧとの交点のうち，点Ｄと異なる点をＨとする。

ＡＢ＝5cm，ＤＥ＝2cmであるとき，線分ＧＨの長さは何cmか。

(1)	度	(2)	ア	cm	イ	cm³
(3)	cm					

3 次の(1)～(4)の問いに答えなさい。

(1)　y は x に反比例し，$x=2$ のとき $y=5$ である。$x=3$ のときの y の値を求めよ。

(2)　2つのくじＡ，Ｂがある。くじＡには，5本のうち，2本の当たりが入っている。くじＢには，4本のうち，3本の当たりが入っている。くじＡ，Ｂからそれぞれ1本ずつくじを引くとき，引いた2本のくじのうち，少なくとも1本は当たりである確率を求めよ。

(3)　右の図は，Ａ駅，Ｂ駅，Ｃ駅それぞれの駐輪場にとまっている自転車の台数を，6月の30日間，毎朝8時に調べ，そのデータを箱ひげ図に表したものである。次の㋐～㋓のうち，この箱ひげ図から読みとれることとして，必ず正しいといえることはどれか。2つ選んで，その記号を書け。

㋐　Ａ駅について，自転車の台数が200台以上であった日数は15日以上である

㋑　Ａ駅とＢ駅について，自転車の台数が150台未満であった日数を比べると，Ｂ駅の方が多い

㋒　Ｂ駅とＣ駅について，自転車の台数の四分位範囲を比べると，Ｃ駅の方が大きい

㋓　Ａ駅，Ｂ駅，Ｃ駅について，自転車の台数の最大値を比べると，Ｃ駅がもっとも大きい

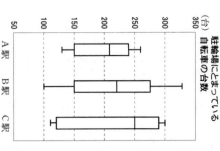

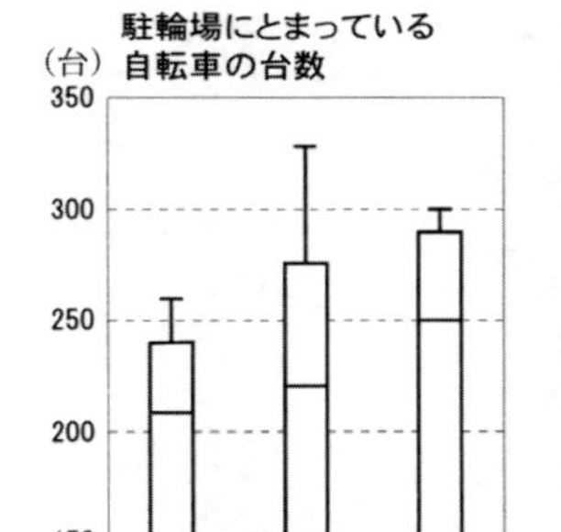

(4)　右の図で，点Oは原点であり，放物線①は関数 $y = x^2$ のグラフである。

2点A，Bは放物線①上の点で，点Aの x 座標は -2 であり，線分ABは x 軸に平行である。点Cは放物線①上の点で，その x 座標は負の数である。点Cを通り，x 軸に平行な直線をひき，直線OBとの交点をDとする。

これについて，次のア，イの問いに答えよ。

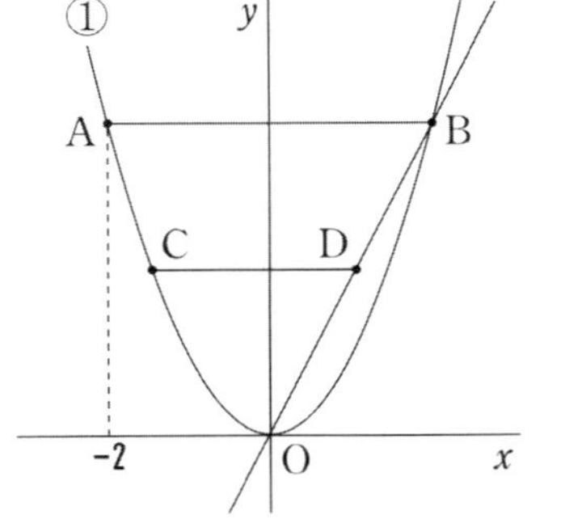

ア　関数 $y = x^2$ で，x の変域が $-\frac{3}{2} \leqq x \leqq 1$ のとき，y の変域を求めよ。

イ　AB：CD＝8：5であるとき，点Cの x 座標はいくらか。

点Cの x 座標を a として，a の値を求めよ。a の値を求める過程も，式と計算を含めて書け。

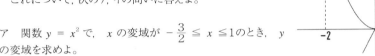

(1)	$y =$	(2)		(3)	◯ と ◯
(4)	ア				
	イ	a の値を求める過程			
		答　a の値			

4　次の(1)，(2)の問いに答えなさい。

(1)　次の会話文を読んで，あとのア，イの問いに答えよ。

先生：ここに何も書かれていないカードがたくさんあります。このカードと何も入っていない袋を使って，次の操作①から操作⑤を順におこなってみましょう。

操作①	5枚のカードに自然数を1つずつ書き，その5枚のカードをすべて袋に入れる。
操作②	袋の中から同時に2枚のカードを取り出す。その2枚のカードに書いてある数の和を a とし，新しい1枚のカードに a の値を書いて袋に入れる。取り出した2枚のカードは袋に戻さない。
操作③	袋の中から同時に2枚のカードを取り出す。その2枚のカードに書いてある数の和を b とし，新しい1枚のカードに $b+1$ の値を書いて袋に入れる。取り出した2枚のカードは袋に戻さない。
操作④	袋の中から同時に2枚のカードを取り出す。その2枚のカードに書いてある数の和を c とし，新しい1枚のカードに $c+2$ の値を書いて袋に入れる。取り出した2枚のカードは袋に戻さない。
操作⑤	袋の中から同時に2枚のカードを取り出す。その2枚のカードに書いてある数の和をXとする。

花子：私は操作①で5枚のカード[1]，[2]，[3]，[5]，[7]を袋に入れます。次に操作②をします。袋の中から[3]と[5]を取り出したので，[8]を袋に入れます。操作②を終えて，袋の中のカードは[1]，[2]，[7]，[8]の4枚になりました。

太郎：私も操作①で5枚のカード[1]，[2]，[3]，[5]，[7]を袋に入れました。操作②を終えて，袋の中のカードは[3]，[3]，[5]，[7]，の4枚になりました。次に操作③をします。袋の中から[3]と[3]を取り出したので，[7]を袋に入れます。操作③を終えて，袋の中のカードは[5]，[7]，[7]の3枚になりました。

花子：操作⑤を終えると，私も太郎さんもX＝ [P] になりました。

先生：2人とも正しくXの値が求められましたね。

ア　会話文中のPの [　　] 内にあてはまる数を求めよ。

イ　次郎さんも，花子さんや太郎さんのように，操作①から操作⑤を順におこなってみることにした。そこで，操作①で異なる5つの自然数を書いた5枚のカードを袋に入れた。操作②で取り出した2枚のカードの一方に書いてある数は3であった。操作③で取り出した2枚のカードの一方に書いてある数は1であり，操作③を終えたとき，袋の中にある3枚のカードに書いてある数はすべて同じ数であった。操作⑤を終えるとX＝62になった。このとき，次郎さんが操作①で書いた5つの自然数を求めよ。

(2)　2日間おこなわれたバザーで，太郎さんのクラスは，ペットボトル飲料，アイスクリーム，ドーナツの3種類の商品を仕入れて販売した。バザーは，1日目，2日目とも9時から15時まで実施された。

1日目の8時に，太郎さんのクラスへ，1日目と2日目で販売するペットボトル飲料とアイスクリームのすべてが届けられた。このとき，1日目に販売するドーナツも届けられた。また，2日目の8時に，2日目に販売するドーナツが届けられ，その個数は，1日目の8時に届けられたドーナツの個数の3倍であった。

ペットボトル飲料は，1日目と2日目で合計280本売れ，1日目に売れたペットボトル飲料の本数は，2日目に売れたペットボトル飲料の本数よりも130本少なかった。

<u>1日目において，1日目の8時に届けられたドーナツはすべて売れた。1日目に売れたアイスクリームの個数は，1日目の8時に届けられたアイスクリームの個数の30%で，1日目に売れたドーナツの個数よりも34個多かった。</u>

2日目は，アイスクリーム1個とドーナツ1個をセットにして販売することにした。1日目が終了した時点で残っていたアイスクリームの個数が，2日目の8時に届けられたドーナツの個数よりも多かったので，ドーナツはすべてセットにできたが，いくつかのアイスクリームはセットにできなかった。セットにできなかったアイスクリームは1個ずつで販売され，セットにしたアイスクリームとは別に4個が売れた。2日目が終了した時点で，アイスクリームは5個，ドーナツは3個残っていた。

これについて，次のア〜ウの問いに答えよ。

ア　1日目に売れたペットボトル飲料の本数は何本か。

イ　下線部について，1日目に届けられたアイスクリームの個数を x 個。1日目に届けられたドーナツの個数を y 個として，y を x を使った式で表せ。

ウ　1日目に届けられたアイスクリームの個数を x 個，1日目に届けられたドーナツの個数を y 個として，x，y の値を求めよ。x，y の値を求める過程も，式と計算を含めて書け。

(1)	ア		イ	
(2)	ア	本	イ	$y=$
	ウ	x，y の値を求める過程 答　x の値＿＿＿＿，y の値＿＿＿＿		

5　右の図のような，鋭角三角形ＡＢＣがあり，辺ＡＣを1辺にもつ正方形ＡＣＤＥを△ＡＢＣの外側につくる。辺ＡＣと線分ＢＥとの交点をＦとする。点Ｃから線分ＢＥに垂線をひき，その交点をＧとする。点Ａを通り，辺ＡＢに垂直な直線をひき，直線ＣＧとの交点をＨとする。また，点Ｆを通り，線分ＧＣに平行な直線をひき，辺ＣＤとの交点をＩとする。

このとき，次の(1)，(2)の問いに答えなさい。

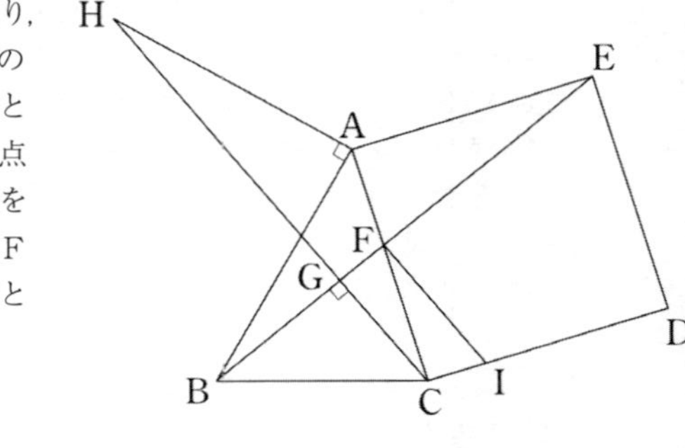

(1)　△ＣＦＧ∽△ＦＩＣであることを証明せよ。

(2)　直線ＡＨと線分ＢＥとの交点をＪ，辺ＡＢと線分ＣＨとの交点をＫとする。このとき，ＢＪ＝ＨＫであることを証明せよ。

令和5年度入試問題　理科

1　次のA，Bの問いに答えなさい。

A　太郎さんは，日本のある地点Xで，７月上旬のある日，太陽の動きを観察した。これに関して，次の(1)，(2)の問いに答えよ。

(1)　太郎さんは，下の図Ⅰのように，９時から15時まで，１時間ごとの太陽の位置を，透明半球上にフェルトペンで記録した。このとき，フェルトペンの先のかげが透明半球の中心である図Ⅰ中の点Oの位置にくるように記録した。その後，記録した点をなめらかな線で結び，透明半球上に太陽の動いた道筋をかいた。下の図Ⅱは，この観察結果を記録した透明半球を，真上から見たものであり，図Ⅱ中の点Oは，透明半球の中心である。図Ⅱ中の点P，点Qは，太陽の動いた道筋を延長した線と透明半球のふちとが交わる点であり，点Pは日の出の位置を，点Qは日の入りの位置を表している。下の表Ⅰは，図Ⅱ中の点Pから点Qまで透明半球上にかいた太陽の動いた道筋に紙テープを重ねて，点Pと１時間ごとの太陽の位置と点Qを紙テープに写しとり，点Pから各時刻の点までの長さと点Pから点Qまでの長さをそれぞれはかった結果をまとめたものである。これに関して，あとのa～eの問いに答えよ。

図Ⅰ

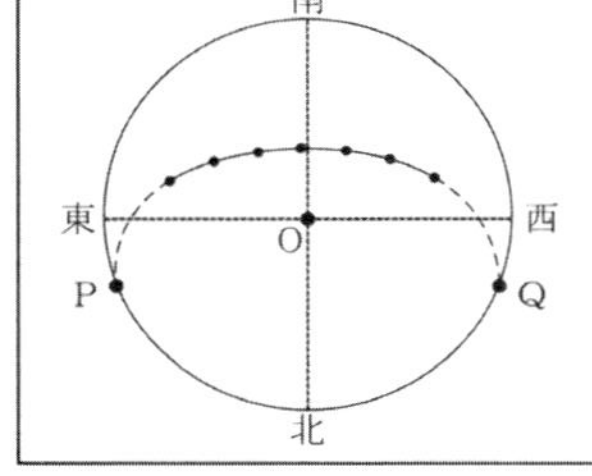

図Ⅱ

表Ⅰ

点の位置	点P	9時	10時	11時	12時	13時	14時	15時	点Q
点Pから各点までの長さ[cm]	0	10.4	13.0	15.6	18.2	20.8	23.4	26.0	37.2

a　天体の位置や動きを示すために，空を球状に表したものを天球という。太陽の動きを観察するために用いた透明半球は，天球を表している。図Ⅰ，図Ⅱ中の透明半球の中心である点Oは，何の位置を表しているか。簡単に書け。

b　次の文は，透明半球上に記録された太陽の動きをもとに，地上から見た太陽の１日の動きについて述べようとしたものである。文中の〔　　〕内にあてはまる言葉を，㋐，㋑から一つ選んで，その記号を書け。また，文中の□内にあてはまる最も適当な言葉を書け。

　図Ⅱの記録から，地上から見た太陽は透明半球上を東から西へ移動していることがわかる。これは，地球が地軸を中心にして〔㋐東から西　㋑西から東〕へ自転しているために起こる見かけの動きで，太陽の□と呼ばれる。

c　表Ⅰの結果から，太郎さんが観察した日の，地点Xにおける日の入りの時刻は，いつごろであると考えられるか。次のア～エから最も適当なものを一つ選んで，その記号を書け。

ア　18時40分ごろ　　イ　19時00分ごろ
ウ　19時20分ごろ　　エ　19時40分ごろ

d　太郎さんは，地点Xとは異なる地点において，この日の太陽の動きについて調べることにした。右の表Ⅱは，日本の同じ緯度にある地点Yと地点Zでの，この日における日の出の時刻と日の入りの時刻を示したものである。次の文は，地点Yと地点Zにおけるこの日の太陽の南中時刻と南中高度について述べようとしたものである。文中の２つの〔　　〕内にあてはまる言葉を，㋐，㋑から一つ，㋒～㋔から一つ，それぞれ選んで，その記号を書け。

表Ⅱ

地　点	日の出の時刻	日の入りの時刻
Y	4時34分	18時59分
Z	5時01分	19時26分

　この日の太陽の南中時刻は，地点Yの方が地点Zよりも〔㋐早い　㋑遅い〕。また，この日の地点Yの太陽の南中高度は，〔㋒地点Zより高く　㋓地点Zと同じに　㋔地点Zより低く〕なる。

e　北半球では，太陽の南中高度は，夏至の日は高く，冬至の日は低くなる。地点Xにおける太陽の南中高度が，太郎さんが観察した７月上旬のある日の太陽の南中高度と再び同じ高度になるのはいつごろか。次のア～エのうち，最も適当なものを一つ選んで，その記号を書け。

ア　この日から約２か月後　　イ　この日から約５か月後
ウ　この日から約８か月後　　エ　この日から約11か月後

(2)　地球は公転面に垂直な方向に対して地軸を約23.4°傾けたまま公転しているため，季節によって太陽の南中高度や昼の長さに違いが生じる。夏は太陽の南中高度が高くなることで，太陽の光が当たる角度が地表に対して垂直に近づくとともに，太陽の光が当たる昼の長さが長くなるため，気温が高くなる。太陽の光が当たる角度が地表に対して垂直に近づくと，気温が高くなるのはなぜか。　**面積**　の言葉を用いて簡単に書け。

B　次の(1)，(2)の問いに答えよ。

(1)　大気（空気）に関して，次のa～cの問いに答えよ。

a　気圧について調べるために，空き缶に水を少し入れて加熱し，沸騰させたあと加熱をやめて，ラップシートで空き缶全体を上からくるみ，空き缶のようすを観察した。しばらくすると，空き缶がつぶれた。下の文は，空き缶がつぶれた理由について述べようとしたものである。文中の２つの〔　　〕内にあてはまる言葉を，㋐，㋑から一つ，㋒，㋓から一つ，それぞれ選んで，その記号を書け。

　空き缶の加熱をやめたあと，ラップシートで全体を上からくるんだ空き缶の中では，しばらくすると，水蒸気が液体の水に状態変化した。そのため，空き缶の中の気体の量が〔㋐増え　㋑減り〕，空き缶の中の気体の圧力が，空き缶の外の気圧よりも〔㋒大きく　㋓小さく〕なったことで，空き缶がつぶれた。

b　空気は，海上や大陸上に長くとどまると，気温や湿度が広い範囲でほぼ一様なかたまりになる。たとえば，日本付近では，夏に南の海上でとどまると，あたたかく湿った性質をもち，冬に北の大陸上でとどまると，冷たく乾いた性質をもつようになる。このような，性質が一様で大規模な空気のかたまりは，一般に何と呼ばれるか。その名称を書け。

c　地球の各緯度帯では，年間を通じて大規模で規則的な風が吹き，地球規模での大気の動きが見られる。北半球における極付近および赤道付近の地表近くで吹く風の向きを模式的に表すとどうなるか。次の㋐～㋓のうち，最も適当なものを一つ選んで，その記号を書け。

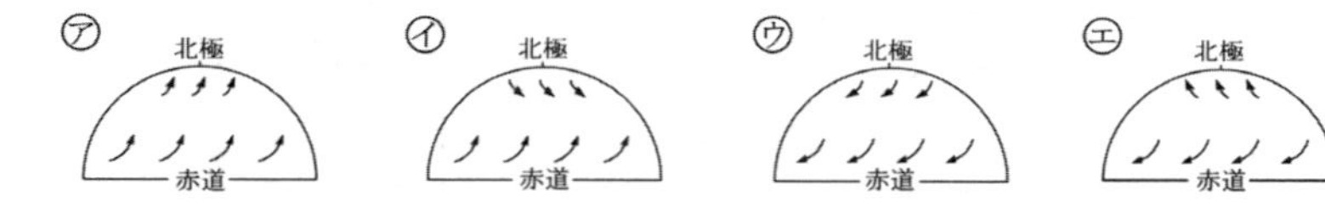

(2)　台風に関して，次のa～cの問いに答えよ。

a　次の文は，台風の発生と進路について述べようとしたものである。文中の２つの〔　　〕内にあてはまる言葉を，㋐，㋑から一つ，㋒，㋓から一つ，それぞれ選んで，その記号を書け。

日本の南のあたたかい海上で発生した〔㋐温帯低気圧　㋑熱帯低気圧〕のうち，最大風速が約17m/s以上に発達したものを台風という。日本付近に近づく台風は，太平洋高気圧の〔㋒ふちに沿って　㋓中心付近を通って〕進むため，夏から秋にかけて太平洋高気圧が弱まると，北上することが多くなる。北上した台風は，偏西風の影響を受け，東よりに進路を変える傾向がある。

b　北半球の低気圧の中心付近では，周辺から低気圧の中心に向かって，反時計回りにうずをえがくように風が吹き込む。下の図は，ある年の９月に発生したある台風の進路を模式的に表したものである。図中の○は９月29日９時から９月30日６時までの，３時間ごとのこの台風の中心の位置を表している。下の表は，日本のある地点において，９月29日９時から９月30日６時までの気圧と風向を観測したデータをまとめたものである。図中に●で示した**ア**～**エ**のうち，この観測をおこなった地点だと考えられるのはどこか。最も適当なものを一つ選んで，その記号を書け。

図

表

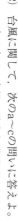

日　時		気　圧 [hPa]	風　向
9月 29日	9 時	1009.6	東北東
	12 時	1005.6	東北東
	15 時	1001.1	北　東
	18 時	997.5	北
	21 時	1002.4	西
9月 30日	0 時	1007.3	西
	3 時	1009.8	西北西
	6 時	1013.0	西

c　台風の中心付近では，あたたかく湿った空気が集まり，強い上昇気流が生じる。次のア～エのうち，強い上昇気流により発達し，短い時間に強い雨を降らせることが多い雲はどれか。最も適当なものを一つ選んで，その記号を書け。

ア　高積雲　　イ　積乱雲　　ウ　高層雲　　エ　乱層雲

A	(1)	a	＿＿＿＿の位置
		b	記号　　言葉
		c	d　○と○　e
	(2)		＿＿＿＿ため。
B	(1)	a	○と○　b　c ○
	(2)	a	○と○　b　c

2　次のA，B，Cの問いに答えなさい。

A　生物の生殖やその特徴について，次の(1)，(2)の問いに答えよ。

(1)　ヒキガエルは，雌がつくる卵（らん）と雄がつくる精子が受精して受精卵となり，細胞分裂をくり返しながら個体としてのからだのつくりを完成させていく。これについて，次のa，bの問いに答えよ。

a　ヒキガエルのように，雌の卵と雄の精子が受精することによって子をつくる生殖は何と呼ばれるか。その名称を書け。

b　次の㋐～㋔は，ヒキガエルの発生における，いろいろな段階のようすを模式的に示したものである。㋐の受精卵を始まりとして，㋑～㋔を発生の順に並べると，どのようになるか。左から右に順に並ぶように，その記号を書け。

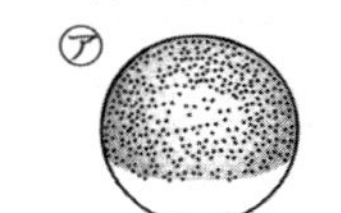
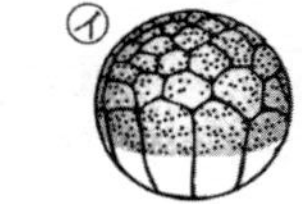
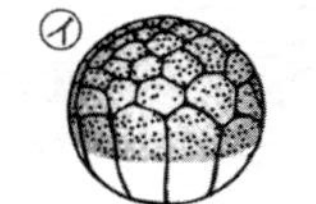
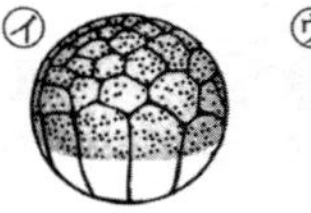
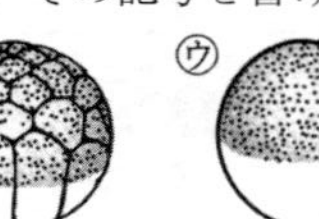
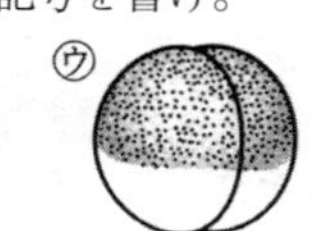
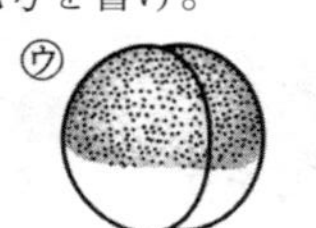
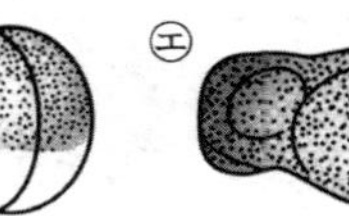
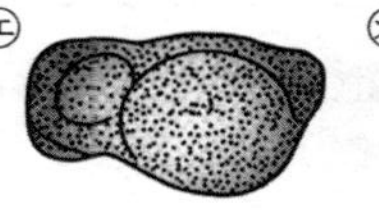
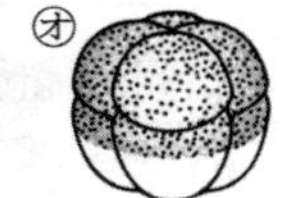

(2)　イソギンチャクのなかまの多くは，雌雄の親を必要とせず，受精をおこなわない生殖によって子をつくることができる。このような生殖によってつくられた子の形質は，親の形質と比べてどのようになるか。簡単に書け。

B　光合成について調べるために，ふ（緑色でない部分）のある葉をもつ鉢植えのアサガオを使って，あとのような実験をした。

右の図のような，ふのある葉を選び，葉の一部をアルミニウムはくで表裏ともにおおい，その葉がついている鉢植えのアサガオを一日暗室に置いた。その後，その葉に十分に日光を当てたあと，茎から切り取り，アルミニウムはくをはずして，葉を熱湯につけてから，90℃のお湯であたためたエタノールにつけた。その葉を水洗いしたあと，ヨウ素溶液につけてその葉の色の変化を観察した。下の表は，図中の**a**～**d**で示した部分のヨウ素溶液に対する色の変化についてまとめたものである。これに関して，次の(1)～(4)の問いに答えよ。

図

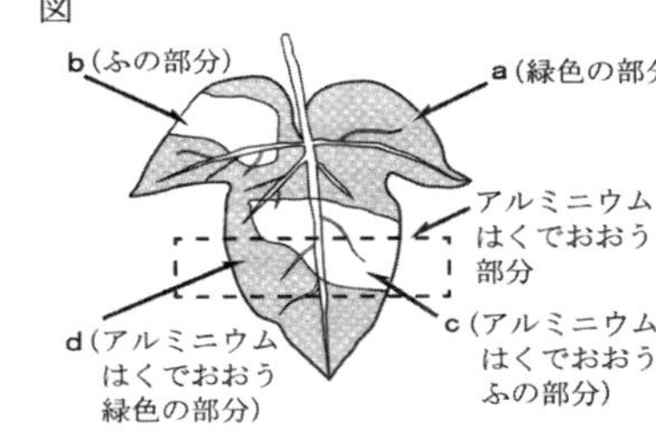

表

	色の変化
a	青紫色になった
b	変化しなかった
c	変化しなかった
d	変化しなかった

(1) この実験では，アサガオの葉をあたためたエタノールにつけることによって，ヨウ素溶液につけたときの色の変化が観察しやすくなる。それはなぜか。その理由を簡単に書け。

(2) 実験の結果，図中の**a**で示した部分がヨウ素溶液によって青紫色に変化したことから，ある有機物がその部分にあったことがわかる。この有機物は何と呼ばれるか。その名称を書け。

(3) 次の文は，実験の結果をもとに光合成について述べようとしたものである。文中のP，Qの［　　］内にあてはまる図中の**a**～**d**の記号の組み合わせとして最も適当なものを，あとの㋐～㋕からそれぞれ一つずつ選んで，その記号を書け。

図中の［　P　］の部分を比べることによって，光合成には光が必要であることがわかる。また，図中の［　Q　］の部分を比べることによって，光合成は緑色の部分でおこなわれていることがわかる。

㋐ **a**と**b**　　㋑ **a**と**c**　　㋒ **a**と**d**
㋓ **b**と**c**　　㋔ **b**と**d**　　㋕ **c**と**d**

(4) アサガオの葉は，上から見たときに重なり合わないように茎についているものが多い。葉が重なり合わないように茎についていることの利点を，簡単に書け。

C　ヒトのからだとつくりに関して，次の(1)，(2)の問いに答えよ。

(1) ヒトの神経と筋肉のはたらきに関して，次のa～cの問いに答えよ。

a　ヒトは，いろいろな刺激を受けとって反応している。目は光の刺激を受けとり，耳は音の刺激を受けとる。目や耳などのように，外界からの刺激を受けとる器官は，一般に何と呼ばれるか。その名称を書け。

b　ヒトが，目の前のものを手に取ろうとしてうでを動かすとき，目で受けとった光の刺激が，信号として神経系を伝わり，やがて命令の信号としてうでの筋肉に伝わる。次の㋐～㋓のうち，この反応において，信号が神経系を伝わる経路を模式的に表しているものはどれか。最も適当なものを一つ選んで，その記号を書け。

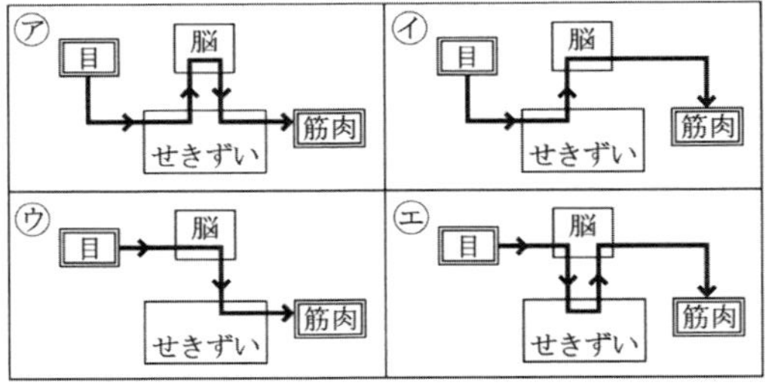

c　右の図Ⅰは，ヒトのうでの筋肉と骨格のようすを模式的に表したものである。次の文は，ヒトがうでを曲げている状態からうでをのばすときの筋肉と神経について述べようとしたものである。文中のP～Rの［　　］内にあてはまる言葉の組み合わせとして最も適当なものを，下の表のア～エから一つ選んで，その記号を書け。

図Ⅰ

筋肉L
筋肉M

うでを曲げている状態からのばすとき，図Ⅰ中の筋肉Lは［　P　］，筋肉Mは［　Q　］。うでを曲げている状態からのばすとき，筋肉に命令の信号を伝える運動神経は，［　R　］神経の一つである。

	P	Q	R
ア	縮　み	ゆるむ	中　枢
イ	縮　み	ゆるむ	末しょう
ウ	ゆるみ	縮　む	中　枢
エ	ゆるみ	縮　む	末しょう

(2) ヒトの肺による呼吸のしくみに関して，次のa～cの問いに答えよ。

a　ヒトの肺による呼吸のしくみについて考えるため，下の図Ⅱのように，穴をあけたペットボトルのふたにゴム風船を固定したストローをさしこみ，これを下半分を切りとってゴム膜をはりつけたペットボトルにとりつけた装置を用いて実験をした。この装置のゴム膜を手でつまんで引き下げると，ゴム風船はふくらんだ。下の文は，ゴム膜を手でつまんで引き下げたときのゴム風船の変化から，ヒトの肺による呼吸のしくみについて述べようとしたものである。文中の２つの〔　　〕内にあてはまる言葉を，㋐，㋑から一つ，㋒，㋓から一つ，それぞれ選んで，その記号を書け。

図Ⅱ

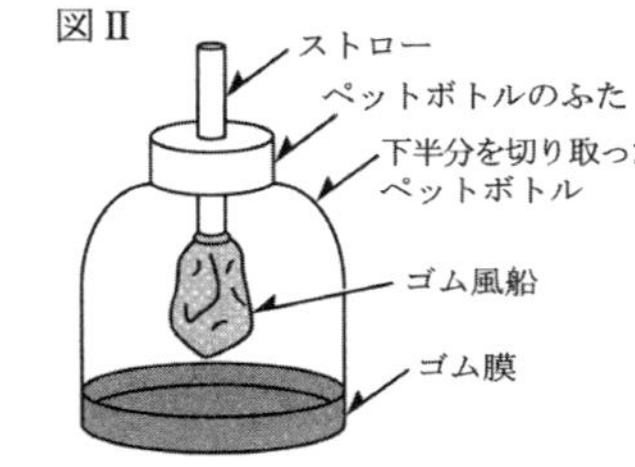

図Ⅱの実験では，ゴム膜を引き下げると，〔㋐ゴム風船内に空気が入った　㋑ゴム風船内から空気が出ていった〕。この装置のペットボトル内の空間を胸部の空間，ゴム膜を横隔膜，ゴム風船を肺と考えると，ヒトのからだでは，横隔膜が下がることで，胸部の空間が広がり，空気が〔㋒肺から押し出される　㋓肺に吸いこまれる〕と考えられる。

b　あとの図Ⅲは，ヒトの吸う息とはく息に含まれる気体の体積の割合（%）の例を表そうとしたものであり，図Ⅲ中のX～Zには，酸素，窒素，二酸化炭素のいずれかが入る。あとの表のア～エのうち，図Ⅲ中のX～Zにあてはまる気体の組み合わせとして最も適当なものを一つ選んで，その記号を書け。

図Ⅲ

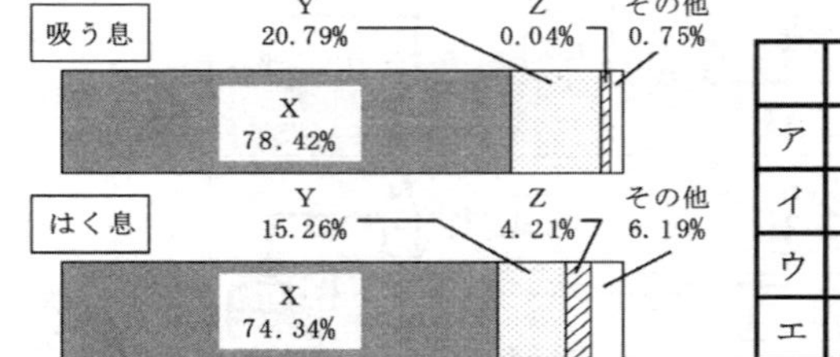

	X	Y	Z
ア	窒素	二酸化炭素	酸素
イ	窒素	酸素	二酸化炭素
ウ	酸素	窒素	二酸化炭素
エ	酸素	二酸化炭素	窒素

c　肺は，肺胞という小さな袋がたくさんあることで，酸素と二酸化炭素の交換を効率よくおこなうことができる。それはなぜか。簡単に書け。

A	(1)	a ＿＿＿＿生殖　b ㋐→〇→〇→〇→〇
	(2)	
B	(1)	エタノールにつけることによって＿＿＿＿ため。
	(2)	(3) P 〇　Q 〇
	(4)	
C	(1)	a ＿＿＿＿器官　b 〇　c
	(2)	a 〇と〇　b
		c 肺胞がたくさんあることで，＿＿＿＿から。

3　次のA，Bの問いに答えなさい。

A　異なる５種類の水溶液Ⓐ～Ⓔがある。これらの水溶液は，下の［　　］内に示した水溶液のうちのいずれかである。

うすい塩酸　　うすい水酸化ナトリウム水溶液　　砂糖水　　食塩水　　エタノール水溶液

水溶液Ⓐ～Ⓔを用いて，次の実験Ⅰ～Ⅲをした。これに関して，あとの(1)～(5)の問いに答えよ。

実験Ⅰ　右の図Ⅰのような装置を用意し，Ⓐ～Ⓔをそれぞれ装置に入れて電流を流すと，Ⓐ，Ⓑ，Ⓒには電流が流れ，両極から気体が発生した。Ⓓ，Ⓔには電流が流れず，気体も発生しなかった。Ⓐ，Ⓑ，Ⓒをそれぞれ装置に入れたときに陽極から発生した気体を調べると，Ⓐを入れたときに陽極から発生した気体は酸素であり，Ⓑを入れたときとⒸを入れたときに陽極から発生した気体は，いずれも塩素であることがわかった。

図Ⅰ

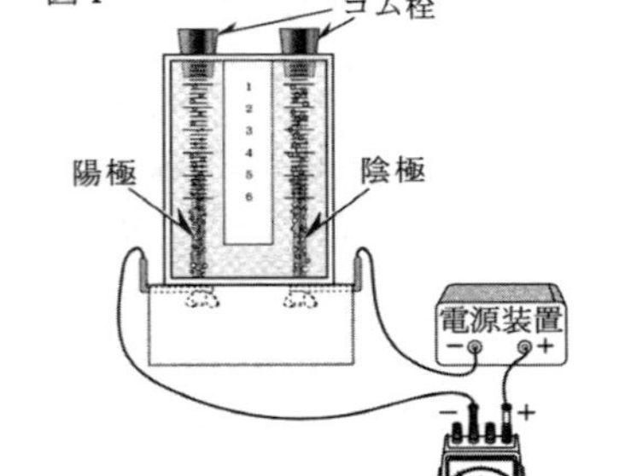

実験Ⅱ　右の図Ⅱのように，緑色のpH試験紙を，電流を流しやすくするために硝酸カリウム水溶液でしめらせてガラス板の上に置き，両端をクリップでとめて電源装置につないだ。pH試験紙の上にⒷとⒸを１滴ずつつけると，ⒷをつけたところのpH試験紙の色は赤色に変化したが，Ⓒをつけたところの色は緑色のまま変化しなかった。次に，電源装置から電圧を加え，時間の経過とともにpH試験紙がどのように変化するかを観察した。

図Ⅱ

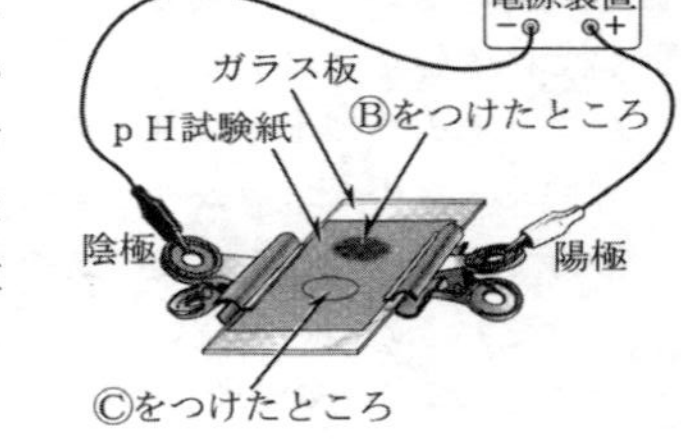

実験Ⅲ　Ⓐをビーカーに10.0cm³とり，BTB溶液を１～２滴加えてガラス棒でよくかき混ぜながら，Ⓑを少しずつ加えていった。Ⓑを2.0cm³加えるごとに，できた水溶液の色を調べた。下の表は，その結果をまとめたものである。Ⓑを合計8.0cm³加えたときにできた水溶液のpHの値は，ちょうど７であった。

表

加えたⒷの体積の合計[cm³]	2.0	4.0	6.0	8.0	10.0
できた水溶液の色	青色	青色	青色	緑色	黄色

(1)　実験Ⅰで，Ⓐを入れたときに装置の陰極から発生した気体は何か。その名称を書け。

(2)　Ⓓ，Ⓔがそれぞれどの水溶液であるかを調べるためには，実験Ⅰに加えてどのような操作をおこなえばよいか。次の操作㋐～操作㋒のうち最も適当なものを一つ選び，操作をおこなったときの変化とそのことからわかる水溶液の種類について簡単に書け。

操作㋐　石灰石を加える

操作㋑　スライドガラスに１滴とり，水を蒸発させる

操作㋒　フェノールフタレイン溶液を１～２滴加える

(3)　次の文は，実験Ⅱで電圧を加えたときのpH試験紙の変化について述べようとしたものである。文中の２つの〔　　〕内にあてはまる言葉を，㋐，㋑から一つ，㋒，㋓から一つ，それぞれ選んで，その記号を書け。

電圧を加えてしばらくすると，pH試験紙にⒷをつけて赤色に変化したところが〔㋐陽極　㋑陰極〕に向かって移動した。このことから，pH試験紙の色を赤色に変化させるイオンは〔㋒＋(プラス)の電気　㋓－(マイナス)の電気〕を帯びていると考えられる。

(4)　実験Ⅰと実験Ⅱの結果から，Ⓒの水溶液の種類と，Ⓒの溶質が水溶液中で電離していることがわかる。Ⓒの溶質の電離を表す式を，化学式を用いて書け。

(5)　実験Ⅲにおいて，Ⓑを2.0cm³ずつ加えてできる水溶液中には何種類かのイオンが含まれている。Ⓑを合計6.0cm³加えて水溶液の色が青色のままであるとき，この水溶液に含まれているイオンのうち，数が最も多いイオンは何か。その名称を書け。

B　物質と酸素の結びつきについて調べるために，次の実験Ⅰ～Ⅲをした。これに関して，あとの(1)～(4)の問いに答えよ。

実験Ⅰ　右の図Ⅰのように，けずり状のマグネシウムを，ステンレス皿に入れてガスバーナーで加熱したあと，よく冷やしてから質量をはかった。さらに，これをよくかき混ぜて再び加熱し，よく冷やしてから質量をはかった。この操作を繰り返しおこない，ステンレス皿の中の物質の質量の変化を調べた。下の表Ⅰは，1.20gのけずり状のマグネシウムを用いて実験したときの結果をまとめたものである。けずり状のマグネシウムを加熱すると，はじめは質量が増加したが，やがて増加しなくなった。

図Ⅰ

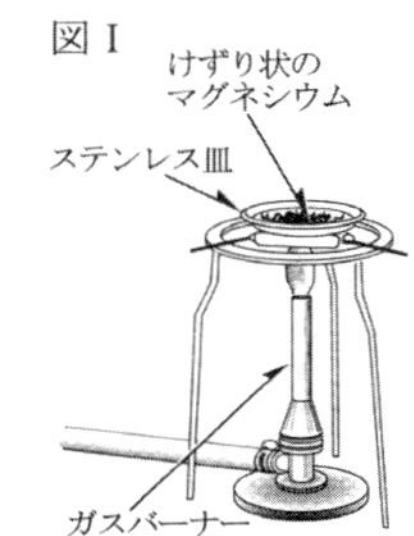

表Ⅰ

加熱回数[回]	0	1	2	3	4	5
加熱後のステンレス皿の中の物質の質量[g]	1.20	1.60	1.80	2.00	2.00	2.00

(1)　表Ⅰから，はじめは質量が増加したが，やがて増加しなくなったことがわかる。質量が増加しなくなったのはなぜか。その理由を簡単に書け。

(2)　実験Ⅰでは，けずり状のマグネシウムが酸素と結びついて酸化マグネシウムができた。実験Ⅰにおいて，１回目に加熱したあとのステンレス皿の中の物質の質量は1.60gであった。このとき，酸素と結びつかずに残っているマグネシウムは何gであったと考えられるか。

実験Ⅱ　実験Ⅰと同じようにして，けずり状のマグネシウムの質量を変えて実験した。下の表Ⅱは，けずり状のマグネシウムの質量を1.20g，1.50g，1.80g，2.10gにしてそれぞれ実験し，加熱後の物質の質量が増加しなくなったときの物質の質量をまとめたものである。

表Ⅱ

けずり状のマグネシウムの質量[g]	1.20	1.50	1.80	2.10
加熱後の物質の質量が増加しなくなったときの物質の質量[g]	2.00	2.50	3.00	3.50

(3)　表Ⅱをもとにして，加熱後の物質の質量が増加しなくなったときの，けずり状のマグネシウムの質量と，結びついた酸素の質量との関係をグラフに表せ。

実験Ⅲ　右の図Ⅱのように，空気中でマグネシウムリボンに火をつけ，火のついたマグネシウムリボンを二酸化炭素の入った集気びんの中に入れた。マグネシウムリボンは，空気中では強い光を発生させながら燃焼していたが，集気びんの中に入れてもしばらくの間，火がついたまま燃焼し続け，あとに白色の物質と黒色の物質ができた。できた物質を調べたところ，白色の物質は酸化マグネシウムで，黒色の物質は炭素であることがわかった。

図Ⅱ

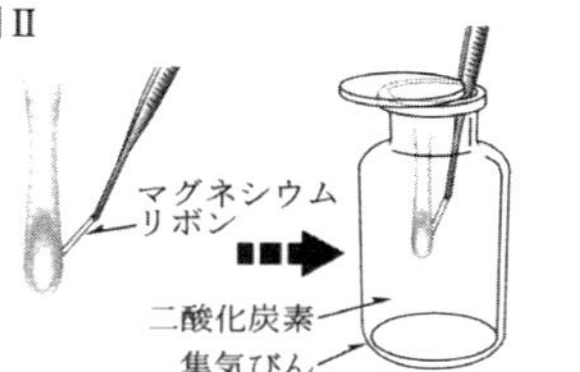

次に，酸化銅と乾燥した炭素粉末を混ぜ合わせた混合物を試験管に入れて加熱すると，気体が発生した。発生した気体を調べると二酸化炭素であることがわかった。気体が発生しなくなったところで加熱をやめ，試験管に残っていた赤色の固体を調べると，銅であることがわかった。

(4)　実験Ⅲの結果から考えて，次の㋐～㋒の物質を酸素と結びつきやすい順に並べかえると，どのようになるか。左から右に順に並ぶように，その記号を書け。

㋐　マグネシウム　　㋑　銅　　㋒　炭素

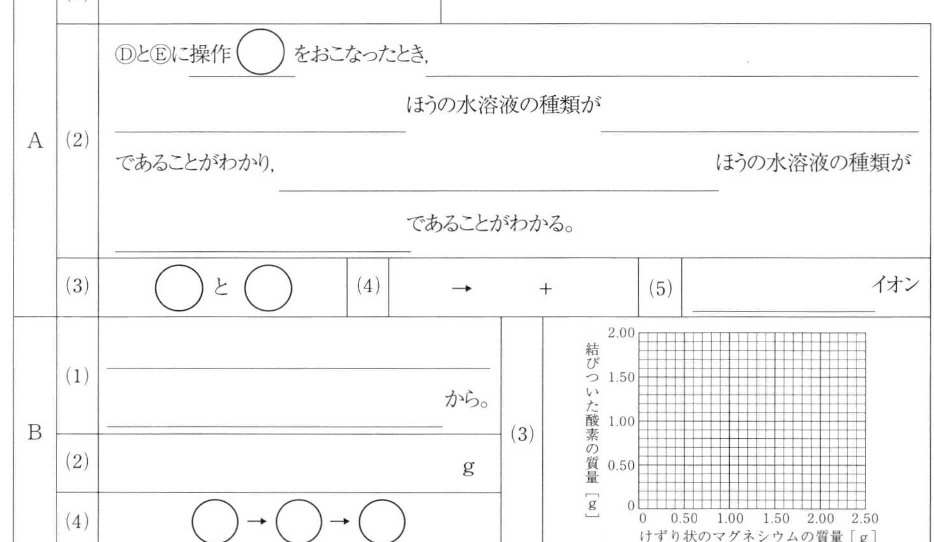

A
(1)
(2)
Ⓓと Ⓔに操作 ◯ をおこなったとき，
ほうの水溶液の種類が
であることがわかり，
ほうの水溶液の種類が
であることがわかる。
(3) ◯と◯
(4) →　＋
(5) イオン
B
(1) から。
(2) g
(3)
結びついた酸素の質量[g]
2.00
1.50
1.00
0.50
0
0　0.50　1.00　1.50　2.00　2.50
けずり状のマグネシウムの質量[g]
(4) ◯→◯→◯

4　次のA，B，Cの問いに答えなさい。

A　凸レンズによる像のでき方について，次の(1)，(2)の問いに答えよ。

(1)　下の図Ⅰのように，光源とK字型に切り抜いた厚紙，凸レンズ，スクリーンを光学台に並べた装置を用いて，スクリーンにうつる像のでき方を調べる実験をした。K字型に切り抜いた厚紙の下の端を光軸(凸レンズの軸)に合わせ，光軸とスクリーンの交点をX点とし，スクリーンに鮮明な像ができるようにした。スクリーンの凸レンズ側にはどのような像ができるか。あとの㋐～㋓から最も適当なものを一つ選んで，その記号を書け。

図Ⅰ

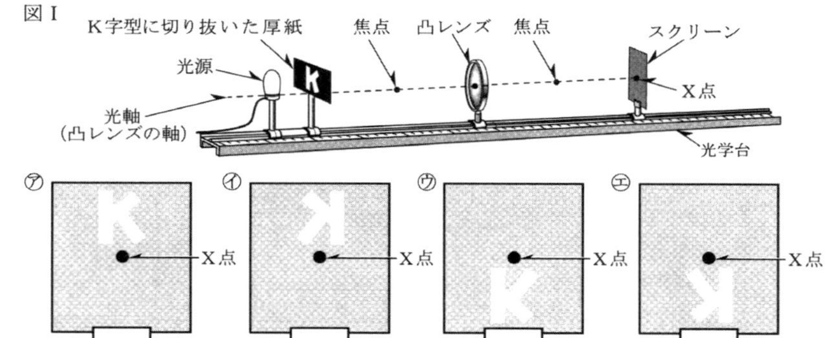

(2)　下の図Ⅱのように，物体（光源）と凸レンズ，スクリーンを光学台に並べた装置を用いて，凸レンズによる物体の像のでき方を調べる実験をした。下の図Ⅲは，それを模式的に表したものである。下の文は，スクリーンにできる物体の鮮明な像の大きさと，物体と，スクリーンの位置について述べようとしたものである。文中の2つの〔　　〕内にあてはまる言葉を，㋐，㋑から一つ，㋒，㋓から一つ，それぞれ選んで，その記号を書け。

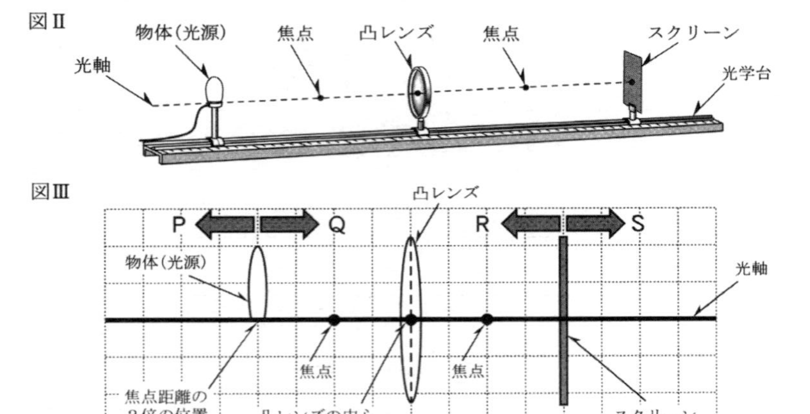

図Ⅲのように，物体を凸レンズの焦点距離の2倍の位置に置き，スクリーンを物体の鮮明な像ができる位置に置いた。このとき，像の大きさは，物体の大きさと同じであった。物体の大きさに比べて，スクリーンにできる物体の鮮明な像の大きさを小さくするには，物体を図Ⅲ中の〔㋐**P**　㋑**Q**〕の向きに，スクリーンを図Ⅲ中の〔㋒**R**　㋓**S**〕の向きにそれぞれ移動させるとよい。

B　電流がつくる磁界や，電磁誘導について調べる実験Ⅰ，Ⅱをした。これに関して，あとの(1)～(5)の問いに答えよ。

実験Ⅰ　右の図Ⅰのように，コイルを厚紙の中央にくるようにさしこんで固定した装置と3.0Ωの電熱線Lと6.0Ωの電熱線Mを用いて回路を作り，コイルの北側に磁針W，西側に磁針X，南側に磁針Y，東側に磁針Zを置いた。スイッチ②は入れずに，スイッチ①のみを入れ，この回路に電流を流し，この装置を真上から観察すると，右の図Ⅱのよう磁針及び磁針YのN極は北を，磁針X及び磁針ZのN極は南をさした。

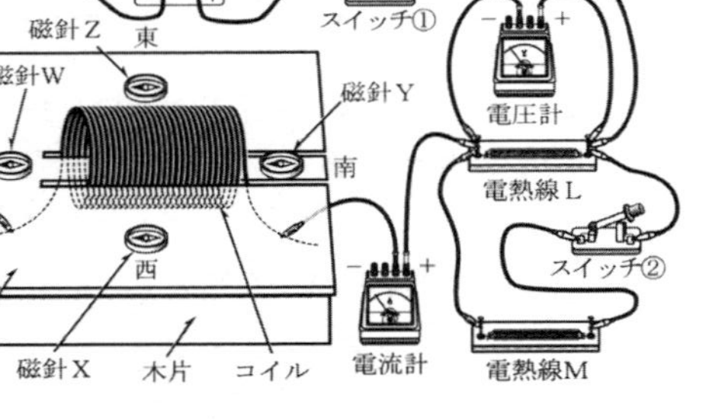

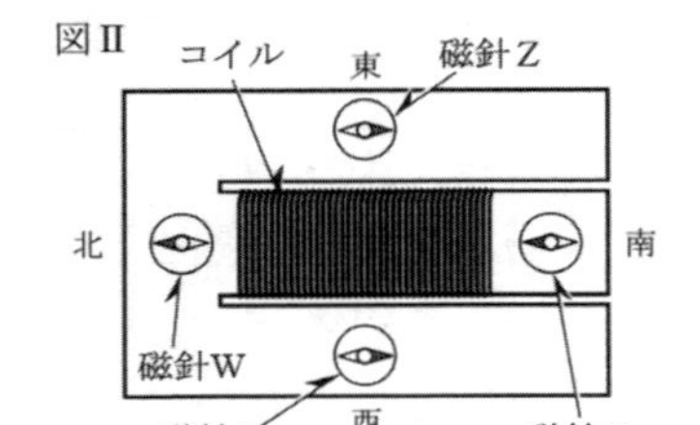

(1)　このとき，電流計は1.5Aを示していた。電圧計は何Vを示していると考えられるか。

(2)　次の文は，真上から見た厚紙上のコイルのまわりの磁力線のようすと磁界の強さについて述べようとしたものである。文中の２つの〔　　〕内にあてはまる言葉を，㋐，㋑から一つ，㋒，㋓から一つ，それぞれ選んで，その記号を書け。

図Ⅰの回路に電流を流した状態で，厚紙の上に鉄粉を一様にまいて，厚紙を指で軽くたたくと鉄粉の模様が現れた。鉄粉の模様や磁針のさす向きをもとに，真上から見た厚紙上のコイルのまわりの磁力線のようすを模式的に表すと，下の〔㋐図Ⅲ　㋑図Ⅳ〕のようになると考えられる。また，このとき，図Ⅱ中において，磁針Xの位置の磁界に比べて，磁針Yの位置の磁界は〔㋒強い　㋓弱い〕と考えられる。

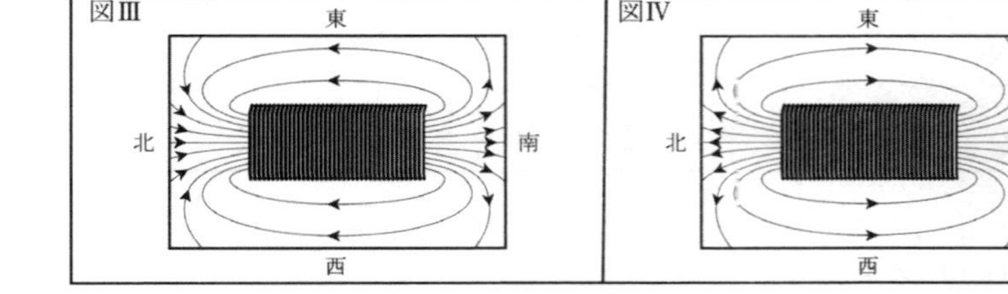

(3)　図Ⅰの装置で，スイッチ①のみを入れた状態で，さらにスイッチ②を入れ，電源装置の電圧を変化させると，電流計は1.8Aを示していた。このとき，電圧計は何Vを示していると考えられるか。

実験Ⅱ　右の図Ⅴのように，コイルを検流計につなぎ，棒磁石のN極を下向きにして，棒磁石のN極を水平に支えたコイルの上からコイルの中まで動かす実験をすると，検流計の針は左に少し振れた。

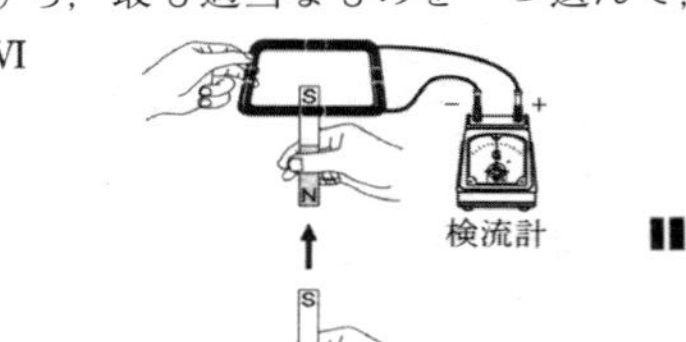

(4)　検流計の針の振れをこの実験より大きくするには，どのようにすればよいか。その方法を一つ書け。

(5)　下の図Ⅵのように，水平に支えたコイルの面の向きと検流計のつなぎ方は実験Ⅱと同じ状態で，棒磁石のS極を上向きにして，棒磁石のS極をコイルの下からコイルの中まで動かし，いったん止めてから元の位置まで戻した。このとき，検流計の針の振れ方はどのようになると考えられるか。あとのア～エのうち，最も適当なものを一つ選んで，その記号を書け。

図Ⅵ

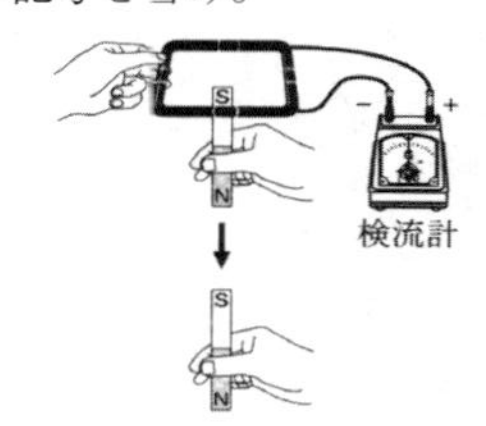

ア　右に振れて，一度真ん中に戻り，左に振れる
イ　左に振れて，一度真ん中に戻り，右に振れる
ウ　右に振れて，一度真ん中に戻り，再び右に振れる
エ　左に振れて，一度真ん中に戻り，再び左に振れる

C　滑車をとりつけた力学台車を用いて，次の実験Ⅰ～Ⅲをした。これに関して，あとの(1)～(5)の問いに答えよ。

実験Ⅰ　下の図Ⅰのように，力学台車につけた糸をばねばかりに結びつけた。次に，力学台車が図の位置より30cm高くなるように，ばねばかりを真上に5.0cm/sの一定の速さで引き上げた。このとき，ばねばかりは6.0Nを示していた。

実験Ⅱ　下の図Ⅱのように，実験Ⅰで使った力学台車に糸をつけ，その糸をスタンドに固定した滑車にかけ，ばねばかりに結びつけた。次に，力学台車の後ろの端がP点にくるように力学台車をなめらかな斜面上に置き，力学台車の後ろの端がP点の位置より30cm高くなるように，ばねばかりを真上に一定の速さで引き上げると，力学台車は斜面にそって9.0秒かけて上がった。このとき，ばねばかりは4.0Nを示していた。

実験Ⅲ　下の図Ⅲのように，実験Ⅰで使った力学台車の滑車に糸をかけ，糸の一端をスタンドに固定し，もう一端をばねばかりに結びつけた。次に，力学台車が図の位置より30cm高くなるように，ばねばかりを真上に8.0cm/sの一定の速さで引き上げた。

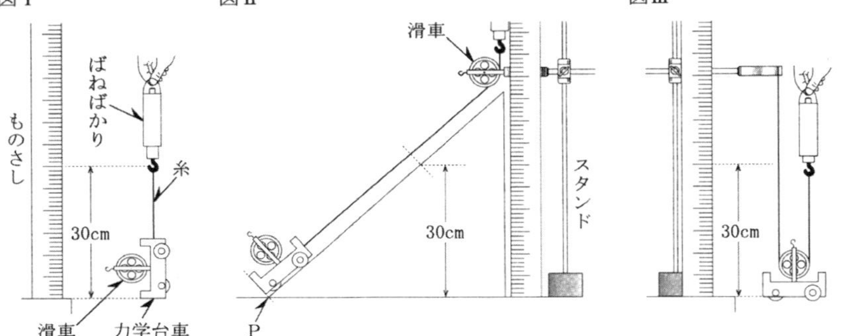

(1)　実験Ⅰにおいて，滑車をとりつけた力学台車を引き始めて1秒後から3秒後までの間の，糸が力学台車を引く力と，滑車をとりつけた力学台車にはたらく重力の関係について述べた，次のア～エのうち，最も適当なものを一つ選んで，その記号を書け。

ア　糸が力学台車を引く力の大きさと，滑車をとりつけた力学台車にはたらく重力の大きさは等しい

イ　糸が力学台車を引く力の大きさより，滑車をとりつけた力学台車にはたらく重力の大きさの方が大きい

ウ　滑車をとりつけた力学台車にはたらく重力の大きさより，糸が力学台車を引く力の大きさの方が大きい

エ　滑車をとりつけた力学台車にはたらく重力の大きさより，糸が力学台車を引く力の大きさの方が大きく，その差はだんだん大きくなる

(2)　実験Ⅱにおいて，糸が力学台車を引く力がした仕事の大きさは何Jか。

(3)　次の文は，実験Ⅲにおける力学台車のもつエネルギーの変化について述べようとしたものである。文中のQ，Rの［　　］内にあてはまる言葉の組み合わせとして最も適当なものを，右の表のア～エから一つ選んで，その記号を書け。

力学台車を引き始めて1秒後から3秒後までの間に，力学台車のもつ運動エネルギーは［Q］。このとき，力学台車のもつ力学的エネルギーは［R］。

	Q	R
ア	大きくなる	大きくなる
イ	大きくなる	変わらない
ウ	変わらない	大きくなる
エ	変わらない	変わらない

(4)　実験Ⅰ～Ⅲにおいて，力学台車を図Ⅰ～Ⅲの位置より30cm高くなるまで引き上げるとき，実験Ⅰでの糸が力学台車を引く仕事率をs，実験Ⅱでの糸が力学台車を引く仕事率をt，実験Ⅲでの糸が力学台車を引く仕事率をuとする。s～uを仕事率の小さい順に並べかえたとき，1番目と3番目はそれぞれどれになると考えられるか。その記号を書け。

(5)　右の図Ⅳのように，実験Ⅲにおいて，力学台車におもりXをとりつけ，実験Ⅲと同じようにばねばかりを引き上げたところ，ばねばかりは4.0Nを示していた。次に，おもりXをとりはずし，力学台車におもりYをとりつけ，実験Ⅲと同じようにばねばかりを引き上げたところ，ばねばかりは5.0Nを示していた。実験Ⅲの力学台車におもりXとおもりYを同時にとりつけ，実験Ⅲと同じようにばねばかりを引き上げるとき，ばねばかりは何Nを示していると考えられるか。

図Ⅳ

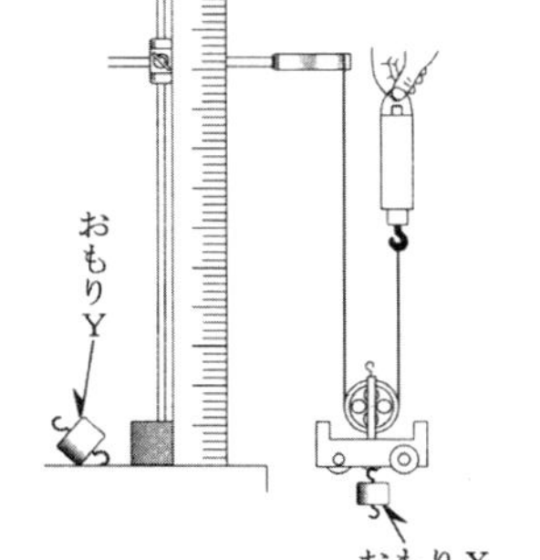

A	(1)	◯	(2)	◯と◯		
B	(1)	V	(2)	◯と◯	(3)	V
B	(4)				(5)	
C	(1)		(2)	J	(3)	
C	(4)	1番目		3番目		
C	(5)	N				

令和５年度入試問題　英語

2 次の対話文は，中学生の Aya と，アメリカから来た留学生の Bob との，学校からの帰り道での会話である。これを読んで，あとの(1)〜(3)の問いに答えなさい。（＊印をつけた語句は，あとの㊟を参考にしなさい。）

Aya ： Hi, Bob. [(a)]
Bob ： It was a lot of fun. *Especially, a history class was very interesting.
Aya ： [(b)]
Bob ： I studied about some famous castles in Japan. I want to visit them.
Aya ： That's great. Do you know there is a famous castle in Kagawa? [(c)]
Bob ： Thank you. Hey, what is that *shed? I see many vegetables in the shed.
Aya ： That is vegetable store. Many *kinds of vegetables are sold there. ①They are [　　] than the vegetables in supermarkets.
Bob ： Oh, really? That's interesting! Where is the staff member?
Aya ： That store has no staff member. *Farmers come there and just put their vegetables.
Bob ： Is it true? ②It's incredible that there is no staff member. I can't believe that. [(d)]
Aya ： You choose vegetables you want to buy and put money into the box.
Bob ： I see. Farmers and *customers believe each other. That may also be one of the wonderful Japanese cultures.

㊟ especially：特に　shed：小屋　kind(s) of：種類の　farmer(s)：農家
customer(s)：客

(1) 本文の内容からみて，文中の(a)〜(d)の [　　] 内にあてはまる英文は，次のア〜クのうちのどれか。最も適当なものをそれぞれ一つずつ選んで，その記号を書け。

ア How can we buy those vegetables?　　イ What do you want to buy ?
ウ I want to go to those places someday.　　エ What's your favorite class?
オ How are you today?　　カ I'll take you there someday.
キ What did you study in the class?　　ク How was school today?

(2) 下線部①を，「それらは，スーパーマーケットの野菜より安いです。」という意味にするには，[　　] 内に，どのような語を入れたらよいか。最も適当な語を一つ書け。

(3) 下線部②に incredible という語があるが，この語と同じような意味を表す語は，次のア〜エのうちのどれか。最も適当なものを一つ選んで，その記号を書け。

ア popular　　イ amazing　　ウ important　　エ useful

(1)	(a)		(b)		(c)		(d)	
(2)					(3)			

3 次の文章は，香川県の中学校に通う蓮(れん)が，英語の授業で発表したスピーチである。これを読んであとの(1)〜(9)の問いに答えなさい。（＊印をつけた語句は，あとの㊟を参考にしなさい。）

I *moved to Kagawa two years ago. Since I came here, I have found many interesting things such as *udon*, *Konpirasan*, and *olives. Every culture has a long history and makes me ①(excite).

One day, when I was having dinner with my family, my grandmother was using a new *plate. The plate was very beautiful and ②[　　] special. I said to her, ③"Please (me plate your let see new). I like the beautiful *patterns *drawn by hand. Where did you buy that plate?" My grandmother said, "Oh, I didn't buy it. ④[　　], I *drew the patterns on it. Have you ever heard of *lacquer art? *Lacquer is used to make this plate and I drew some patterns on it. My friend is an *instructor of lacquer art. ⑤彼は私にそれのやり方を見せました。Why don't you join the class?" I was surprised and said, "I've heard of lacquer art, but I didn't know that we could try it in Kagawa. I want to try it."

A few days later, I went to the lacquer art class. ⑥[　　] first, it was difficult for me to draw patterns. However, an instructor helped me a lot to make a plate. After the class, I said to the instructor, "Thank you for helping me. It was fun." The instructor said. "I'm glad to hear that. Lacquer art is one of the traditional *crafts in Kagawa. To tell many people about lacquer art, I started this class and have been making new lacquer art *works to *match our life. I think we have to tell this traditional craft to the next *generation. ⑦私は，もっと多くの若い人々が，それに興味をもつことを望みます。" When I went home, I *thought about her words and called my friend to talk about it. And I decided to join ⑧[　　] traditional craft class with him.

Do you like Kagawa? My answer is yes. I love Kagawa and I'm happy to live in Kagawa. ⑨I think Kagawa (cultures don't has we traditional know which many). I want to learn about them more. Why don't we find those cultures?

㊟ moved：move(引っ越す)の過去形　olive(s)：オリーブ　plate：皿
pattern(s)：模様　drawn by hand：手描きの　drew：draw(描く)の過去形
lacquer art：漆芸　lacquer：漆　instructor：講師　craft(s)：工芸
work(s)：作品　match：合う　generation：世代
thought：think(考える)の過去形

4

次の英文を読んで，あとの(1)～(8)の問いに答えなさい。（*印をつけた語句は，あとの㊟を参考にしなさい。）

Genki is a junior high school student in Kagawa. He is a member of the soccer club and practices soccer after school every day. He plays soccer very well, so he has been a *regular player in the team since he was a first-year student. In the team, the *coach, Mr. Tanaka, always tells the players to run hard for the team during games. However, Genki didn't like running and often *skipped it. Also, he sometimes *blamed his team members for their *mistakes.

When Genki became a second-year student, he *thought he could be *captain of the team. However, he couldn't. One of his team members, Wataru, was *chosen as captain. He couldn't play as well as Genki, and he was a *bench player. Genki didn't understand why Wataru was chosen as captain.

One day, a practice game was held. Genki was not in the members for the game. He got ①[　　] and asked Mr. Tanaka, "Why am I a bench member?" He answered, "Think about ②<u>it</u> *by yourself. When you know the answer, you will be a better player." Genki watched the game next to Wataru. Then, he found some good points in Wataru. During the game, when team members made mistakes, Wataru was always *encouraging them. Also, he brought some *drinks quickly and gave them to the players with some helpful messages. Genki was surprised and asked Wataru, "Why are you working so hard?" He answered, "Because it's all for the team. Well, I often feel sad because I can't become a regular player. But I want to do anything I can do for the team." From those words, Genki found that he was only thinking about himself and Wataru was thinking about others. After the game, Wataru started to clean the ground *ahead of anyone else. Genki said, "③[　　]?" Wataru said with a smile, "Of course, you can." Then, they cleaned the ground together. After that, Mr. Tanaka asked Genki, "Did you understand why Wataru was captain?" He answered, "Yes. Wataru showed me that it was important to think about others and work hard for the team. He is a great person. I want to ④[　　]."

Genki and Wataru became third-year students, and the last *tournament started. In the tournament, Genki was a regular player, but Wataru was still a bench player. During the games, Genki didn't skip running and kept encouraging his team members. It was all for the team. They kept winning and finally won the tournament. Also, Genki got The Best Player *Award. He was *interviewed and said, "I got this award because all the members worked hard for the team." ⑤<u>His team members were happy to hear that.</u> Genki also said, "I want to say 'thank you' to Wataru, our captain. I learned a lot of important things from him. He ⑥[　　] me a lot." Wataru was looking at him with a smile.

㊟ regular player : レギュラー選手　coach : 監督　skipped : skip(サボる)の過去形
blamed : blame(責める)の過去形　mistake(s) : 失敗　thought : think(思う)の過去形
captain : キャプテン　chosen : choose(選ぶ)の過去分詞　bench player : 控え選手
by yourself : あなた自身で　encouraging : encourage(励ます)の現在分詞
drink(s) : 飲み物　ahead of ～ : ～より先に　tournament : トーナメント
award : 賞　interviewed : interview(インタビューする)の過去分詞

(1) ①の（　）内の excite を，最も適当な形になおして一語で書け。

(2) ②の[　　]内にあてはまる語は，本文の内容からみて，次のア～エのうちのどれか。最も適当なものを一つ選んで，その記号を書け。

ア looked　イ made　ウ found　エ sounded

(3) 下線部③が，「あなたの新しい皿を私に見せてください。」という意味になるように，（　）内のすべての語を，正しく並べかえて書け。

(4) ④の[　　]内にあてはまる語は，本文の内容からみて，次のア～エのうちのどれか。最も適当なものを一つ選んで，その記号を書け。

ア Also　イ Then　ウ Usually　エ Actually

(5) 下線部⑤の日本文を英語で書き表せ。

(6) ⑥の[　　]内にあてはまる語は，次のア～エのうちのどれか。最も適当なものを一つ選んで，その記号を書け。

ア To　イ At　ウ For　エ With

(7) 下線部⑦の日本文を英語で書き表せ。

(8) ⑧の[　　]内にあてはまる語は，次のア～エのうちのどれか。最も適当なものを一つ選んで，その記号を書け。

ア another　イ other　ウ others　エ many

(9) 下線部⑨が，「私は，香川には私たちが知らない多くの伝統的な文化があると思います。」という意味になるように，（　）内のすべての語を，正しく並べかえて書け。

(1)		(2)	
(3)	Please ＿＿＿＿＿＿＿＿ .		
(4)			
(5)	＿＿＿＿＿＿＿＿ .		
(6)			
(7)	＿＿＿＿＿＿＿＿ .		
(8)			
(9)	I think Kagawa ＿＿＿＿＿＿＿＿ .		

(1) ①の［　　］内にあてはまる語は，本文の内容からみて，次のア～エのうちのどれか。元気の様子を表すものとして，最も適当なものを一つ選んで，その記号を書け。

ア busy　　イ angry　　ウ sleepy　　エ tired

(2) 下線部②の it が指しているのはどのようなことがらか。日本語で書け。

(3) ③の［　　］内には，元気の質問が入る。本文の内容を参考にして，その質問を４語以上の英文一文で書け。ただし，疑問符，コンマなどの符号は語として数えない。

(4) ④の［　　］内にあてはまるものは，本文の内容からみて，次のア～エのうちのどれか。最も適当なものを一つ選んで，その記号を書け。

ア play soccer well like him.　　イ play soccer well like you
ウ be the person like him　　エ be the person like you

(5) 下線部⑤に，His team members were happy to hear that とあるが，チームのメンバーは元気のどのような発言をうれしく思ったのか。その内容を日本語で書け。

(6) ⑥の［　　］内にあてはまる語は，本文の内容からみて，次のア～エのうちのどれか。最も適当なものを一つ選んで，その記号を書け。

ア watched　　イ asked　　ウ studied　　エ changed

(7) 次の(a)，(b)の質問に対する答えを，本文の内容に合うように，(a)は９語以上，(b)は３語以上の英文一文で書け。ただし，ピリオド，コンマなどの符号は語として数えない。

(a) What does Mr. Tanaka always tell the players to do during games?
(b) Did Genki become captain of the team when he became a second-year student?

(8) 次の㋐～㋕のうちから，本文中で述べられている内容に合っているものを二つ選んで，その記号を書け。

㋐ Before Genki became a second-year student, he often skipped running for the team.
㋑ Genki couldn't play soccer as well as Wataru, so he was a bench player.
㋒ During the practice game, Genki gave his team members some drinks quickly.
㋓ Wataru often felt sad because he had a lot of things to do for the team.
㋔ Wataru showed Genki that it was important to think about himself more without thinking about others.
㋕ During the last tournament, Genki was a regular player and worked hard for the team.

(1)		(2)			
(3)	?
(4)		(6)		(8)	○と○
(5)	という発言				
(7)	(a)	.			
	(b)	.			

5 英語の授業で，次のテーマについて意見を書くことになりました。あなたなら，一人での旅行と友人との旅行のどちらを選び，どのような意見を書きますか。あなたの意見を，あとの〔注意〕に従って，英語で書きなさい。

旅行に行くなら，一人での旅行と友人との旅行のどちらがよいか。
一人での旅行　traveling alone
友人との旅行　traveling with my friends

〔注意〕
① 解答欄の［　　］内に traveling alone または traveling with my friendsのどちらかを書くこと。
② I think［　　］is better. の文に続けて，４文の英文を書くこと。
③ 一文の語数は５語以上とし，短縮形は一語と数える。ただし，ピリオド，コンマなどの符号は語として数えない。
④ 一人での旅行または友人との旅行を選んだ理由が伝わるよう，まとまりのある内容で書くこと。

I think［　　　　］is better.
________________.
________________.
________________.
________________.

英語リスニングテスト問題放送台本と問題

1 問題は，A，B，C，D，Eの５種類です。

Aは，絵を選ぶ問題です。今から，Koji が昨日(きのう)の昼食後にしたことについて，説明を英語で２回くりかえします。よく聞いて，その説明にあてはまる絵を，①から④の絵の中から一つ選んで，その番号を書きなさい。

Koji washed the dishes with his father after lunch yesterday.

①

②

③

④

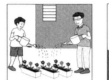

Bは，学校行事を選ぶ問題です。次のグラフを見てください。 Junko が，クラスの34人の生徒に，「最も好きな学校行事」をたずねたところ，四つの学校行事があげられました。今から，Junko がその結果を英語で発表します。よく聞いて，グラフの②にあてはまる学校行事として最も適当なものを，アからエのうちから一つ選んで，その記号を書きなさい。英文は２回くりかえします。

最も好きな学校行事（34人）
(人)
20
15
10
5
0
17人 8人 6人 3人
① ② ③ ④

ア sports day
イ school festival
ウ chorus competition
エ English drama competition

Our school has interesting school events. Half of my classmates like the school festival the best. You may think that the sports day is also popular, but the English drama competition is more popular than that. Three students like the chorus competition the best.

Cは，応答を選ぶ問題です。今から，Megu と George の対話を英語で２回くりかえします。よく聞いて，Megu の最後のことばに対する George の応答として最も適当なものを，アからエのうちから一つ選んで，その記号を書きなさい。

Megu: Let's make fruit juice! I have apples and bananas. Do we need anything else?
George: How about milk?
Megu: I wish I had it.

ア Don't drink too much.　　イ OK. I'll buy some milk at the supermarket.
ウ My pleasure.　　エ Oh, good. Let's use your milk.

Dは，対話の内容を聞き取る問題です。今から，Nancy と Yuji の対話を英語で２回くりかえします。よく聞いて，Nancy と Yuji の待ち合わせ場所，待ち合わせ時刻，および Yuji が Nancy に持ってくるように言ったものを，それぞれ日本語で書きなさい。

Nancy: Let's finish our project in the library on Saturday.
Yuji: Sounds nice. Where will we meet?
Nancy: How about meeting at the park next to the library? It will take about five minutes to the library.
Yuji: OK. So, will we meet at 8:50?
Nancy: Well, is 8:30 too early? I think there will be a lot of people in front of the library at 9.
Yuji: All right. It's not too early. We will do the project all day, so let's have lunch together. Please bring some money.

Eは，文章の内容を聞き取る問題です。はじめに，Ken についての英文を読みます。そのあとで，英語でNo. 1，No. 2，No. 3の三つの質問をします。英文と質問は，２回くりかえします。よく聞いて，質問に対する答えとして最も適当なものを，アからエのうちからそれぞれ一つずつ選んで，その記号を書きなさい。

Ken's hobby is riding a bike. He liked the sea, so he often went to see it by bike. He wanted to cross it someday to see a wider world.

One day, when Ken was riding a bike, he found the man who was in trouble. He didn't look Japanese, so Ken asked him in English, "Can I help you?" The man said to him, "I have a problem with my bike." Ken decided to take him to the nearest bike shop. The man's name was Jim, and he came from the U.K. to visit temples in Shikoku by bike. He almost finished visiting 88 temples. Ken said to Jim, "I want to be a strong man like you." Jim said to him, "You are already strong, because you tried to help me without anyone's help." Ken was happy to hear that. Ken said to Jim, "I'll go to the U.K. in the future, so please take me to wonderful places there by bike." Jim said with a smile, "Of course!"

質問です。
No. 1 Where did Ken like to go by bike?
No. 2 Why did Jim come to Shikoku?
No. 3 What did Ken ask Jim to do in the future?

No. 1
ア A mountain.
イ A bike shop.
ウ The sea.
エ The station.

No. 2
ア To visit temples.
イ To enjoy nature.
ウ To work in Shikoku.
エ To talk to Ken.

No. 3
ア To thank Ken for taking Jim to a bike shop.
イ To ride a bike and go around Shikoku with Ken.
ウ To tell Ken about the temples in Shikoku.
エ To take Ken to wonderful places in the U.K.

A	○	B		C	
D	待ち合わせ場所				
	待ち合わせ時刻	午前　　時　　分			
	Yuji が Nancy に持ってくるように言ったもの				
E	No.1		No.2		No.3

筆者は、デュシャンとケージの企てを、展覧会場などの芸術がなされる場での行為の本質を［ア］ことによって、芸術における［イ］ものだととらえている

(九) ア
イ

(十) 本文を通して筆者が特に述べようとしていることは何か。次の１～４から最も適当なものを一つ選んで、その番号を書け。

1 社会と無関係には生きられない人間という存在を自覚し、社会に浸透している知識を生活の中で生かすことも重要である
2 高度な知識は特別な文化や社会の中でしか成立しないため、人間と社会の関係をとらえ直し改めていくことが求められる
3 人間は社会との関係の中に生きていることを認識し、何の疑問もなく受け入れてきた事柄を見つめ直すことも大切である
4 人間と社会の関係が人間同士の関係に与える影響の強さを理解し、社会通念の正しさを確認していくことが必要とされる

(十)

四 あなたは国語の授業の中で、「これからの社会で私たちに求められる力」について議論しています。最初にクラスメートの花子さんが次のような意見を発表しました。あなたなら、花子さんの発言に続いてどのような意見を発表しますか。あなたの意見を、あとの**条件１～条件３**と**〔注意〕**に従って、書きなさい。

花子――私は、これからの社会では自分以外の人々のことを受け入れる力が求められると思います。私たちの社会では、海外に住む人たちとも協力して、様々なことを行う必要があります。そのような中で、相手の発言にこめられた思いや考え方を理解しようと努力して、相手の存在を受け入れていく力が大切になるのではないでしょうか。皆さんは、これからの社会では、私たちにどのような力が求められると思いますか。

条件１ 花子さんの意見をふまえて、「これからの社会で私たちに求められる力」に対するあなたの意見を書くこと。
条件２ 身近な生活における体験や具体例などを示して書くこと。
条件３ 原稿用紙の正しい使い方に従って、二百五十字程度で書くこと。ただし、百五十字（六行）以上書くこと。
〔注意〕 一 部分的な書き直しや書き加えなどをするときは、必ずしも「ますめ」にとらわれなくてよい。
二 **題名や氏名は書かないで、**本文から書き始めること。また、本文の中にも氏名や在学（出身）校名は書かないこと。

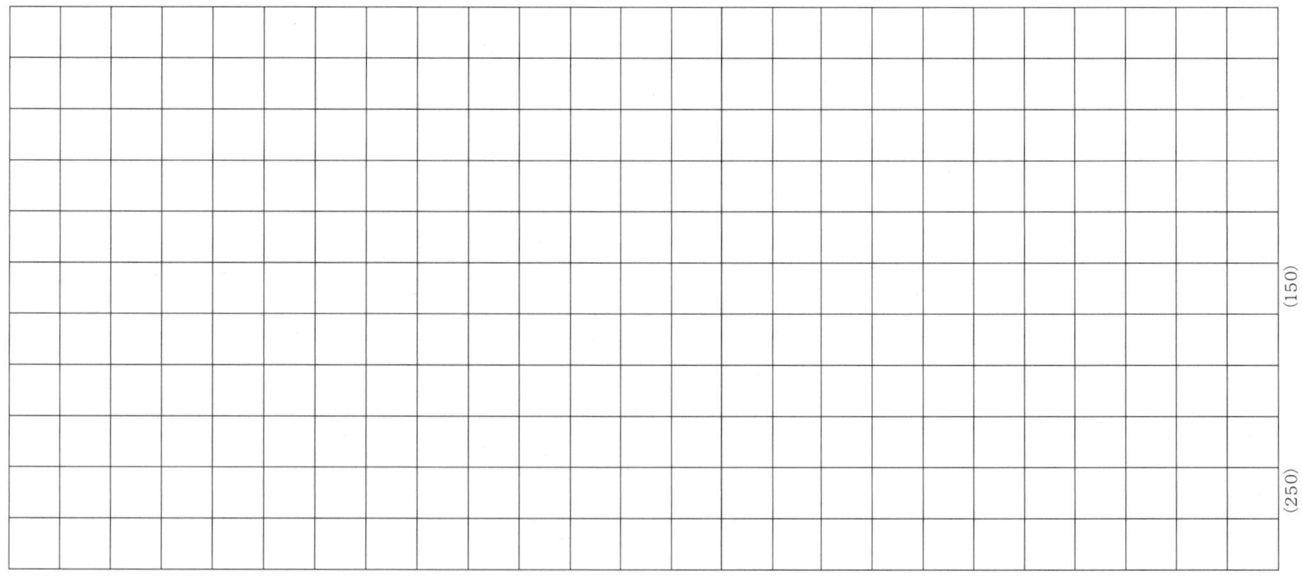

7 常識とは、私たちの間の共通の日常経験の上に立った知であるとともに、一定の社会や文化という共通の意味場のなかでの、わかりきったもの、自明になったものを含んだ知である。ところが、このわかりきったもの、自明になったものは、そのなんたるかが、なかなか気づきにくい。常識の持つ曖昧さ、わかりにくさもそこにある。その点で、⑦さきにふれたデュシャンとケージの企てが、〈芸術作品〉の通念（約束事）の底を突き破り、そこに芸術の分野で、日常化された経験の底にある自明性をはっきり露呈させたことは、甚だ興味深い。この場合、日常経験の自明性が前提とされ、信じられていなければ、その二つの企ては共にもともと根拠を失い、〈作品〉として成り立たないだろう。しかしながら二人の作品の場合、そのような日常経験の自明性は、もはや単に信じられているのではない。信じられていると同時に、実は宙吊り（ちゅうづ）りにされ、問われているのである。

（中村雄二郎の文章による。一部省略等がある。）

(一) a～dの ═══ のついているかたかなの部分にあたる漢字を楷書で書け。

(一)	a カコウ	b イップウ	c セッキョク	d ゲンミツ
			的	

(二) ①に 意味を持った関係のなかにある とあるが、これはどのようなことをいっているのか。次の1～4から最も適当なものを一つ選んで、その番号を書け。

1 私たちが自らの意思を態度で示すことで、周囲との間に新たな関わりが生じるということ
2 私たちのふるまいは他者の行為に意味をもたらし、社会の価値観を変化させるということ
3 私たちにとって社会と関わることには、自己の存在価値を発見する意義があるということ
4 私たちは自分の意図にかかわらず意味付けされ、常に周囲と影響しあっているということ

(二)

(三) ②の おもむろに の意味として最も適当なものを、次の1～4から一つ選んで、その番号を書け。

1 慌ただしく　　2 落ち着いて　　3 形式ばって　　4 上品ぶって

(三)

(四) ③に それは、生きるということとほとんど同義語でさえある とあるが、筆者がこのようにいうのはどうしてか。次の1～4から最も適当なものを一つ選んで、その番号を書け。

1 私たちの日常生活の中におけるあらゆる行いは、自己表現となりうると考えているから
2 私たちは他者からの評価を得ることで、自分の生きる目的が見つかると考えているから
3 私たちは集団の中で生きていくために、周囲からの理解が必要であると考えているから
4 私たちの行為は全て芸術的な表現であり、あらゆる人の人生は芸術だと考えているから

(四)

(五) ④に 現実と十分に嚙み合わず、宙に浮いてしまうことになる とあるが、筆者が、知識や理論や技法が現実と十分に嚙み合わず、宙に浮いてしまうことになるといっているのはどうしてか。「知識や理論や技法が」という書き出しに続けて、**日常生活** という語を用いて七十字以内で書け。

(五) 知識や理論や技法が ……… ため

(六) ⑤の とらえ の活用形を、次の1～4から一つ選んで、その番号を書け。

1 未然形　　2 連用形　　3 連体形　　4 仮定形

(六)

(七) 本文中の □ 内に共通してあてはまる言葉は何か。次の1～4から最も適当なものを一つ選んで、その番号を書け。

1 否定的　　2 効果的　　3 固定的　　4 総合的

(七)

(八) ⑥に 立ち入った専門的な知識や理論や技法 とあるが、専門的な知識や理論や技法とはどのようなものであると筆者はいっているか。それを説明しようとした次の文の □ 内にあてはまる最も適当な言葉を、本文中からそのまま抜き出して、十五字以内で書け。

特定の社会や文化においてのみ通用する日常経験の知とは異なり、□ もの

(八)

(九) ⑦に さきにふれたデュシャンとケージの企て とあるが、筆者は彼らの企てを、どのようなものだととらえているか。それを説明しようとした次の文のア、イの □ 内にあてはまる最も適当な言葉を、アは第1段落～第3段落の中から、イは第4段落～第7段落の中からそのまま抜き出して、アは十字以内、イは三十字以内でそれぞれ書け。

(五) 次の会話文は、この文章についての、先生と花子さんの会話の一部である。会話文中の［　　］内にあてはまる最も適当な言葉を、あとの1～4から一つ選んで、その番号を書け。

先生　実はこの文章は、あるお坊さんが、民を困らせている主君に対して忠告をする物語の一部であり、晋の大王の例え話が用いられています。お坊さんに忠告されているこの主君は、鷹を使った狩りを楽しむために、獲物となる野鳥の退治を禁止しました。その結果、野鳥によって畑は荒らされ、民は困っていたのです。

花子　それは、本文中で述べられている、良い政治を表す「仁政」とは正反対ですね。

先生　そうですね。では、このお坊さんは、主君に対してどのようなことを特に伝えたかったのだと思いますか。

花子　［　　　　　　　　　　］ということではないでしょうか。「仁政」をおこなった晋の大王の例え話を用いることで、説得力を持たせ、何とか主君に理解してもらおうとしたのだと思います。

先生　その通りですね。ただ意見を述べるのではなく、より分かりやすく伝えようとしたところにお坊さんの工夫が感じられますね。

1　自分の楽しみとしてすることでも、国や民への負担がないように気を配ってこそ、良い政治を行う主君である
2　自分が楽しいと思うことは、国中に広めて民が楽しく暮らせるように努めてこそ、良い政治を行う主君である
3　自分の楽しみは後回しにして、国の安定と民の幸せを願って全力を尽くしてこそ、良い政治を行う主君である
4　自分が楽しむ姿を見せることにより、民に国の豊かさを示し安心感を与えてこそ、良い政治を行う主君である

三　次の文章を読んで、あとの(一)～(十)の問いに答えなさい。なお、1～7は段落につけた番号です。

1　私たちの一人ひとりは、ただ個人として在るのでないばかりか、単に集団の一員として在るのでもなくて、①意味を持った関係のなかにある、とこそ言わなければならない。だからこそ、自分では社会や政治にまったく関心を持たなくとも、私たちはそれらと無関係でいることはありえないことにもなるのである。むろんそれは、物理的、自然的な関係ではなくて、意味的、価値的な関係である。そうした関係のなかでは、すべての態度、なにもしないことでさえ、いわば一つの行為になり、なんらかの意味を帯びてくる。

2　そのことをきわめて鋭くとらえ、表わしているのは、現代芸術である。たとえば或る画家は、白い便器になにもaカコウせずにそのまま「泉」と名づけて、展覧会に出品しようとした（マルセル・デュシャン）。また或る作曲家は、ピアニストに対して演奏会場のステージのピアノの前に②おもむろに腰を掛けるなり四分三十三秒間なにもしないままでいるように指示し、その間にきこえてくる自然音に聴衆の耳を傾けさせて、それを「四分三十三秒」と名づけた（ジョン・ケージ）。bイップウ変わったこの二つの例が現代芸術にとって画期的な〈作品〉であるとされるのも、そこにあるのが単なる奇抜な思いつきではなくて、それをこえたものだからであろう。展覧会場や演奏会場という特定の意味場そのものを生かして、つくることや表現することのなんたるかを根本から問いなおしたものだからであろう。

3　このように私たち人間にとって、なにかをつくり出したり表現したりすることは、なんら特別のことではない。③それは、生きるということとほとんど同義語でさえある。

4　ところで私たちは、そのようにして生き、なにかをつくり出し、表現していくとき、否応なしに、日常生活のなかで自己をとりまくものについて、自分の感じたこと、知覚したこと、思ったことにのっとり、それらを出発点としないわけにはいかない。もっとも能動的な制作や創造や表現についても、やはりそうである。もとより複雑化した世界にcセッキョク的に対処して活動するためには、いろいろとそれなりに立ち入った知識や理論や技法が必要とされるだろう。けれどもそれらの知識や理論や技法は、日常生活のなかで何気なしに自分が感じ、知覚し、思ったことと結びつくことなしには、生かされることができない。たとえ、それ自身としてどんなにすぐれた知識や理論や技法であっても、その結びつきを欠くときには④現実と十分に噛み合わず、宙に浮いてしまうことになるだろう。それらが私たちにとって内面化されず、私たち自身のものにならないからである。知恵の喪失といわれることもそこから出てくる。

5　いや、もともと、知識も理論も技法も私たちの一人ひとりによってよく使いこなされてはじめて、すぐれた知識、理論、技法になりうるのだから、dゲンミツにいえば、およそ私たち一人ひとりの日常経験とまったく切りはなされた、それ自身としてすぐれた知識や理論や技法などというものは、どこにも存在しない。

6　にもかかわらず、通常私たちは、それらを日常の経験とはまったく別個の、独立したものとして考え、⑤とらえている。どうしてであろうか。それはなによりも、日常経験の上に立つ知が、〈常識〉として［　　］にとらえられたからであろう。私たち一人ひとりの間では日常経験は一般に共通性と安定性を持ったものとしてあるが、そのような共通性と安定性の上に立った知としての常識である。その共通性と安定性は、概して一つの文化、一つの社会のうちのものである。けれども、ともかくこうして、私たちの間の共通の日常経験の上に立つ知が、〈常識〉として［　　］にとらえられたのである。そして一方で、常識が常識としてこのように考えられるとき、他方で、⑥立ち入った専門的な知識や理論や技法も、それと独立した別個のものとして考えられることになるのである。たしかに高度の知識や理論や技法は、日常経験の知をこえ、また限られた社会や文化をこえて広い範囲に有効性を持ちうるだろう。しかしそれは、そうした知識や理論や技法が、さまざまな社会や文化のうちで人々の日常経験に広く開かれ、それらと結びつくからである。また逆に日常経験の知としての常識も、本来はそうした知識や理論や技法に向かって開かれているものなのである。

(六) ⑤に 長い眉毛の下の落ちくぼんだ目が、やわらかな光を放っている とあるが、このときのグンウイの思いはどのようなものだと考えられるか。次の1～4から最も適当なものを一つ選んで、その番号を書け。

1 鋭い感性を持ち豊かな言葉の知識を身につけているチャオミンの利発さに驚かされ、自分に匹敵する知性の持ち主と実感して胸を熱くしている

2 チャオミンの個性的な言葉選びと屈託のない明るさに引き込まれ、自分のために作ってくれた歌を聞き感謝の思いが胸いっぱいに広がっている

3 広い世界への純粋な好奇心をみずみずしい言葉選びで見事に表現したチャオミンの歌に感じ入り、きらめくような若い才能をいつくしんでいる

4 チャオミンの幼い言葉づかいとあどけなく純真な様子に親心を刺激されて、守り導いていくことが年長者の使命であると決意を新たにしている

(六)

(七) 本文中には、知っている限りの知識から未知の光景を懸命に思い描こうとして、気持ちを高ぶらせているチャオミンの様子を、比喩を用いて表している一文がある。その一文として最も適当なものを見つけて、初めの五字を抜き出して書け。

(七)

(八) 本文中のチャオミンについて述べたものとして最も適当なものはどれか。本文全体の内容をふまえて、次の1～4から一つ選んで、その番号を書け。

1 言葉の世界の魅力をまだ実感できていなかったが、グンウイの博識さに接することで、今後は自分も海の向こうで学んでいきたいと考えている

2 父の胸に秘められた思いを受け継ぎ、グンウイに温かな励ましをもらって、優しく美しい言葉には人の心を開く力があることを強く感じている

3 字を書けるようになりたい一心で練習に励んでいたが、グンウイに才能を見いだされたことで、言葉を学び学問の道をきわめたいと考え始めた

4 筆を買ってきてくれた父の思いに触れ、グンウイと話すうちに、言葉の力で自分の世界をいろどり豊かなものにしたいという思いを抱き始めた

(八)

二

次の文章を読んで、あとの(一)～(五)の問いに答えなさい。

むかし晋(しん)(注1)といふ国の大王、鴈(がん)(注2)をおもしろがりて、多く飼はせらるるに、糠(ぬか)(注3)を餌に①あたへらる。糠すでに皆になりしかば(注4)、市に行きて買ひ求む。後には米と糠との値段おなじ物になる。臣下申すやう、「米と糠と同じ値段ならば、②糠を求めずともすぐに米をくはせよ」と申されしを、君(きみ)(注5)仰(おほ)せ有りけるは、米は人の食物なり。糠を食(じき)することかなはず。鴈は糠をくらふことなれば、米と糠と同じ値段なりとも、米にかへて鴈にあたへよ。百姓のためよき事なりと仰せられし。米を出(い)だして糠に替へしかば、③国中にぎはひてよろこびけり。これを思ふに、国主の好み給(たま)ふ物ありとも、国家のために費(つひえ)(注6)ならず、百姓の痛み愁(うれ)へにならざるをこそ、仁政ともいふべきを、わがおもしろき遊びのため人をいたむる政(まつりごと)は、よき事にあらず。

(注1) 晋＝中国に存在した国。 (注2) 鴈＝水鳥の仲間。 (注3) 糠＝玄米を白米にする過程で出た皮などが砕けて粉となったもの。

(注4) 皆になりしかば＝全て無くなったので。 (注5) 君主＝ここでは晋の大王のこと。 (注6) 費ならず＝無駄とならず。

(一) ①の あたへ は、現代かなづかいでは、どう書くか。ひらがなを用いて書きなおせ。

(一)

(二) ②に 糠を求めずともすぐに米をくはせよ とあるが、臣下がこのように言ったのはなぜか。次の1～4から最も適当なものを一つ選んで、その番号を書け。

1 鴈の餌である糠の値段が上がり、手に入りにくくなったため、より安価で多くの蓄えがある米を食べさせた方が出費を抑えられると考えたから

2 王のまねをして鴈を飼う民が増えたことで、餌となる糠が足りなくなることを心配して、国が保管している米を先に消費すべきだと考えたから

3 鴈の餌には米よりも糠の方がよいという情報が広まり、買い求める人が増えたため、鴈の飼育を続けるには米を餌にするしかないと考えたから

4 糠と米の値段を比べてみると、どちらを餌にしても金銭的な負担に差が無くなったので、国が蓄えている米を食べさせる方がいいと考えたから

(二)

(三) ③に 国中にぎはひてよろこびけり とあるが、国中が豊かになり、人々がよろこんだのはどうしてか。それを説明しようとした次の文の □ 内にあてはまる言葉を、本文中からそのまま抜き出して、五字以内で書け。

晋の大王が、国や臣下の都合よりも、□ にどうするのがよいかを重視して、国が持っている米を糠と交換したから

(三)

(四) 本文中には、「　　」で示した会話の部分以外に、もう一箇所会話の部分がある。その会話の言葉はどこからどこまでか。初めと終わりの三字をそれぞれ抜き出して書け。

(四) 初め | 終わり

チャオミンはかみしめるように返事をして、筆をそっと握ってみた。見たことのない大きな大きな水の大地に触れたような気分になった。きいたことのない、波の音をきいたような気分にもなった。心がすっと広がったように、晴れ晴れとする。

チャオミンの口からおもわず歌がこぼれた。

——ザブンザブン
海から生まれたサンゴの筆で
一生懸命おけいこしよう
ザブンザブン
そして異国のことも知りたいな
④ああ　この筆は　海を行く船の櫂（船をこぐための道具）——

するとグンウイは嬉しそうに笑った。

「ああ、おじょうさんは歌が上手だなあ。歌うのもうまいが、歌詞がいい。母さんに教わったのかい？」

「いいえ、今考えたの」

「ほう、それはいい」と、グンウイのしわがれ声が優しくなった。⑤長い眉毛の下の落ちくぼんだ目が、やわらかな光を放っている。

「言葉を大事にするんだよ」

そう言われてチャオミンはうなずいた。

この筆で一生懸命おけいこをして、いつか歌うようにニュウシュを書こう。

チャオミンはぎゅっと筆を握りしめた。

筆はまるで生きているようにあたたかかった。

（まはら三桃の文章による。一部省略等がある。）

㈠　a～dの＝＝のついている漢字のよみがなを書け。

㈠	a		b		c		d	
		不思議		乾いた		弾んだ		透きとおって

㈡　①に チャオミンは大きくうなずくと、両手に持った筆を胸に押しつけてぎゅっと抱きしめるようにした とあるが、このときのチャオミンの気持ちはどのようなものだと考えられるか。次の１～４から最も適当なものを一つ選んで、その番号を書け。

1　自分の心の中の思いを父がいつも察してしまうことに照れくささを感じながらも、自分だけの力で美しい筆を手に入れたことを誇らしく思っている

2　自分の思いを父が受けとめて字を学ぶことを応援してくれていることに感謝しつつ、これからこの筆で字の練習ができる喜びに心をおどらせている

3　自分を喜ばせようと父が色々と考えてくれたことへのお礼の言葉をこの筆で書こうと思いながら、かわいらしい飾りのついた筆に心を奪われている

4　自分の才能を評価してくれる父の気持ちを裏切るまいと気を引き締めることで、筆を手に入れて浮かれがちになる気持ちを落ち着けようとしている

㈡［　］

㈢　②の の は、次の１～４のうちの、どの の と同じ使われ方をしているか。同じ使われ方をしているものを一つ選んで、その番号を書け。

1　満天の星を眺めるのが楽しみだな
2　コーヒーの味がなんとなく苦手だ
3　君の選ぶ服はどれもおしゃれだね
4　あの柱のところまで競走しようよ

㈢［　］

㈣　③に そして海の向こうは異国だ とあるが、このときグンウイは、チャオミンにどのようなことを気づかせようとしたと考えられるか。それを説明しようとした次の文のア、イの［　］内にあてはまる最も適当な言葉を、本文中からそのまま抜き出して、アは五字程度、イは十五字以内でそれぞれ書け。

サンゴや海がどういうものなのかを知らず、説明されても少しも［ア］ほどに、ごく身近な限られた世界の中で生きていたチャオミンに、海の中や海の向こうの異国など、この世界は広く、まだまだ［イ］のだということを気づかせようとした

㈣　ア［　　　　　　　］　イ［　　　　　　　　　　　　　　　］

㈤　④に ああ　この筆は　海を行く船の櫂 とあるが、このときチャオミンが、筆を「海を行く船の櫂」と例えたのは、筆をどのようなものだととらえたからだと考えられるか。「この筆で、」という書き出しに続けて、五十字程度で書け。

㈤　この筆で、［　　　　　　　　　　　　　　　　　　　　　　　　　　］ものだととらえたから

令和５年度入試問題　国語

一　次の文章は、女性が文字を学ぶことが珍しかった時代、漢族とハル族が住む山間部の村に暮らす十歳のチャオミンが、女性だけが用いる美しい文字「ニュウシュ」の存在を知って夢中で勉強していたところ、村はずれに少年と住むグンウイの畑でチャオミンが拾わせてもらった落花生を、ある日、父がふもとの町で売り、土産を買って帰った場面に続くものである。これを読んで、あとの(一)～(八)の問いに答えなさい。

それは筆だった。父さんのものよりもかなり細く、赤い石のような飾りがついている。
「これを、私に？」
「ああ、チャオミンの筆だよ」
「わあ、嬉(うれ)しい！　ありがとう、父さん」
思いがけない贈り物に、チャオミンが目をまん丸にしてお礼を言うと、父さんは静かに首を横に振った。
「いいや、それはチャオミンが自分で買ったものだよ」
「私が？」
「ああ、そうだ。落花生を拾ってね」
a不思議そうに首をかしげたチャオミンに、父さんはいたずらっぽく笑った。
「それでもっとニュウシュを練習するといい」
「えっ？」
思わぬ言葉にチャオミンは目を見開いて、父さんを見た。
「うん、わかった」
①チャオミンは大きくうなずくと、両手に持った筆を胸に押しつけてぎゅうっと抱きしめるようにした。
「私、これを見せてくる。お礼を言わなくちゃ」

チャオミンがたどりついたのは、山のふもとの畑だった。ちょうど畑にはグンウイと少年の姿があった。寒さから作物を守るためか、畑にわらをかけている。
「グンウイさーん」
大きな声でチャオミンが呼ぶと、おじいさんはかがめていた腰を伸ばした。そばで少年が何事かという顔でこちらを見ている。チャオミンはそばへ急いだ。
「お礼に来ました。ここの落花生のおかげで、これを買ってもらったんです」
チャオミンは切れた息のまま、両手に乗せた筆を二人に見せた。
「ほう。サンゴだね」
グンウイはチャオミンの筆に目をやって言った。グンウイの声は少ししわがれている。b乾いた地面のひび割れみたいな声だ。
「サンゴ？　これは筆です。私の筆です」
チャオミンがしげしげと手のひらを見ると、
「この竹軸の飾りだよ」と、グンウイは筆に張りつけてある赤い部分を指さした。
「サンゴというの②は、海の底にあるんだよ。海というのは、見渡す限りの豊かな水だ。広い広い水の大地だ」
「水の大地？」
チャオミンは首をひねった。なにしろ生まれてこのかた、海というものを見たことがない。そう言われてもぜんぜんぴんとこないのだ。
「瀟川(しょうせん)みたいなところですか」
瀟川は、隣の町との境目を作る大きな川で、渡し船が行き交い、水牛がぷかぷかと水浴びをしている。チャオミンが知っている川の中でいちばん大きい。
けれどもグンウイはゆっくりと首を左右に振った。
「もっともっと大きなところだ。海は見渡す限りに広い。そしていつも動いている。川のような流れはないが、ザブンザブンと寄せてはかえす波がある」
「ザブンザブン」と、チャオミンはくりかえしてみた。口の中が楽しくc弾んだ。
「たくさんの生命がそこから生まれる。朝日ものぼる」
「ほーっ」
頭の中が水でいっぱいになった。
チャオミンは改めて筆を見る。確かに赤い持ち手の飾りは、水にとけるお日様の光みたいにd透きとおって見えた。
③「そして海の向こうは異国だ」
続いた声に、チャオミンは、はっと顔をあげた。グンウイは、はるか遠くを見渡すように空の向こうをながめていた。
「異国？」
「そうだ。ちがう国。そこには、俺たちとはちがう顔の人たちが、知らない暮らしをしているんだ」
少年が言った。チャオミンはじっと考えてみた。山のほうにはハル族が住んでいて、町には漢族が住んでいるのと同じように、海の向こうにはちがう人が住んでいるのだろうか。
どんな人たちかな、としきりに頭をひねってみたが、チャオミンにはまったく想像がつかなかった。
「この国は広い。そして長い歴史も持っている。けれども世界はもっと広い。わたしたちの知らないことに満ちている。そういうことも、その筆で勉強なさい」

令和5年度入試問題　解答

社会

1 (1) エ　(2) a イ　b ㋐と㋓　c ウ　(3) 総会　(4) 南南問題
(5) a エ　b （解答例）**所得**が高い人ほど，**税率**が高くなる**しくみ**。
(6) ㋑　(7) ア　(8) a ㋐と㋓と㋕　b 独占禁止法
(9) a （解答例）育児**と**仕事**が両立しにくい**
b （解答例）**年齢**が高くなるにつれて，正社員との賃金の格差が拡大している。
年齢が高くても，賃金が低く抑えられている。　などから一つ
c （解答例）情報通信技術を活用した業務の効率化
多様な働き方を労働者が選択できる制度の整備　　などから一つ

2 (1) ウ　(2) 大宝律令
(3) a ア　b ㋑ → ㋒ → ㋐　c **記号** ㋑　**言葉** 院政
(4) a 建武の新政　b ア
(5) a イ
b （解答例）**問屋が**，農民に**材料や道具**を貸して，生産させた**製品**を買い取る**しくみ**。
問屋が，農民に**材料や道具**を貸して，**製品**をつくらせる**しくみ**。　などから一つ
(6) ㋑と㋒　(7) a 版籍奉還　b ㋒ → ㋐ → ㋑　c ㋓　(8) a ア
(8) b （解答例）**満州国を**承認しない**ことや**，**日本軍の**撤兵を求める**ことが決議された**。
c （解答例）20歳以上の男女に選挙権が認められることになったから。
女性の選挙権が認められるようになったから。　　などから一つ
d 日ソ共同宣言

3 (1) a A　b **3月20日**午前**1時**　c 環太平洋**造山帯**
d **記号** ㋑と㋓　**内容** （解答例）**赤道**より南に位置している
(2) A 扇状地　B （解答例）水はけがよい
水が地下にしみこみやすい　などから一つ
(3) a ウ　b イ
(4) （解答例）**わが国と，アメリカ合衆国やヨーロッパ諸国との間で，**
貿易摩擦が激しくなったから。
わが国と，アメリカ合衆国やヨーロッパ諸国との間で，
関税などをめぐって貿易上の対立がおこったから。　　などから一つ
(5) ㋒ → ㋑ → ㋐　(6) a **約**2400 **m**　b 北西　c ウ　d エ　e イ

数学

1 (1) 1　(2) -15　(3) $\dfrac{7x+5y}{6}$　(4) $9-\sqrt{2}$　(5) $(x-1)^2$
(6) $a=-4$　(7) ㋒

2 (1) 65 度　(2) **ア** $\dfrac{15}{4}$ cm　**イ** 180 cm^3　(3) $\dfrac{9\sqrt{29}}{29}$ cm

3 (1) $y=\dfrac{10}{3}$　(2) $\dfrac{17}{20}$　(3) ㋐と㋒　(4) **ア** $0 \leqq y \leqq \dfrac{9}{4}$
イ　a の値を求める過程（解答例）
$y=x^2$ のグラフは，y 軸について対称だから，点Bの x 座標は2であり，AB=4
点Cの座標は（a，a^2）であり，点Cと点Dの y 座標は等しいから，点Dの y 座標も a^2 である。
点Dは直線 $y=2x$ 上の点だから，点Dの x 座標は $\dfrac{a^2}{2}$ であり，$\mathrm{CD}=\dfrac{a^2}{2}-a$
AB：CD＝8：5だから，$4:\left(\dfrac{a^2}{2}-a\right)=8:5$　整理すると，$=a^2-2a-5=0$
よって，$a=1\pm\sqrt{6}$　点Cの x 座標は負の数だから，$a<0$ でなければならない。
$\sqrt{6}>1$ だから，$a=1-\sqrt{6}$ は問題にあうが，$a=1+\sqrt{6}$ は問題にあわない。
答　a の値　$1-\sqrt{6}$

4 (1) **ア** 21　**イ** 1, 3, 17, 18, 20
(2) **ア** 75 本　**イ** $y=\dfrac{3}{10}x-34$
ウ　x，y の値を求める過程（解答例）
イの結果より，$y=\dfrac{3}{10}x-34$ ……①
2日目に売れたアイスクリームの個数は，$x-\dfrac{3}{10}x-5=\left(\dfrac{7}{10}x-5\right)$ 個
この中に，セットにできなかったアイスクリームが4個含まれているから，
2日目にセットにして売れたアイスクリームの個数は，$\left(\dfrac{7}{10}x-5\right)-4=\left(\dfrac{7}{10}x-9\right)$ 個
2日目に売れたドーナツの個数は，$(3y-3)$ 個
したがって，2日目にセットにして売れたアイスクリームの個数と，
2日目に売れたドーナツの個数は等しいから，$\dfrac{7}{10}x-9=3y-3$
整理すると，$y=\dfrac{7}{30}x-2$ ……②
①，②を連立方程式として解くと，$x=480$，$y=110$　　答　x の値　480，y の値　110

5 (1) 証明（解答例）
△CFGと△FICにおいて，
CG // IFより，錯角は等しいから，∠FCG=∠IFC……①
仮定より，∠CGF＝90°　四角形ACDEは正方形だから，∠FCI＝90°
よって，∠CGF＝∠FCI……②
①，②より，2組の角がそれぞれ等しいから，
△CFG∽△FIC
(2) 証明（解答例）
△ABEと△AHCにおいて，
四角形ACDEは正方形だから，
AE＝AC……①，　∠EAC＝90°
仮定より，∠HAB＝90°だから，∠EAC=∠HAB……②
∠BAE＝∠BAC＋∠EAC，∠HAC＝∠HAB＋∠BAC，　②より，∠BAE=∠HAC……③
∠EAF＝∠EAC=90°　仮定より，∠CGF＝90°
△EAFは直角三角形だから，∠AEF= 90°－∠AFE
△CGFは直角三角形だから，∠FCG＝90°－∠CFG

対頂角は等しいから，∠AFE＝∠CFG　よって，∠AEF＝∠FCG
∠AEF＝∠AEB，∠FCG＝∠ACH だから，∠AEB＝∠ACH……④
①，③，④より，1 組の辺とその両端の角がそれぞれ等しいから，△ABE≡△AHC
よって，AB=AH……⑤，∠ABJ=∠AHK……⑥
△ABJ と△AHK において，仮定より，∠BAJ=∠HAK=90°……⑦
⑤，⑥，⑦より，1 組の辺とその両端の角がそれぞれ等しいから，△ABJ≡△AHK
よって，BJ＝HK

理科

1 A (1) a (解答例)観測者**の位置**　b **記号** ㋑ **言葉** 日周運動　c ウ　d ㋐と㋓
e エ
(2) (解答例)単位**面積**あたりに地面が得るエネルギーが多くなる**ため**。
同じ**面積**に当たる光の量が多くなる**ため**。　などから一つ
B (1) a ㋑と㋓　b 気団　c ㋒　(2) a ㋑と㋒　b ア　c イ

2 A (1) a 有性**生殖**　b ㋐→㋒→㋔→㋑→㋓　(2)(解答例)親の形質と同じになる。
B (1) (解答例)**エタノールにつけることによって，**葉が脱色される**ため**。　(2) デンプン
(3) P ㋒　Q ㋐　(4)(解答例)光をたくさん受けることができる。
C (1) a 感覚**器官**　b ㋒　c エ　(2) a ㋐と㋓　b イ
c (解答例)**肺胞がたくさんあることで，**空気にふれる表面積が大きくなる**から。**

3 A (1) 水素
(2) (解答例)**Ⓓと Ⓔに**操作㋑**をおこなったとき，**スライドガラスに白い固体が残った**ほうの水溶液の種類が**砂糖水**であることがわかり，**スライドガラスに何も残らなかった**ほうの水溶液の種類が**エタノール水溶液**であることがわかる。**
Ⓓと Ⓔに操作㋑**をおこなったとき，**スライドガラスに何も残らなかった**ほうの水溶液の種類が**エタノール水溶液**であることがわかり，**スライドガラスに白い固体が残った**ほうの水溶液の種類が**砂糖水**であることがわかる。**　などから一つ
(3) ㋑と㋒　(4) $NaCl \rightarrow Na^{+} + Cl^{-}$　(5) ナトリウム**イオン**
B (1) (解答例)すべてのマグネシウムが酸素と結びついた**から。**　(2) 0.60 g
(3) 右図　(4) ㋐→㋒→㋑

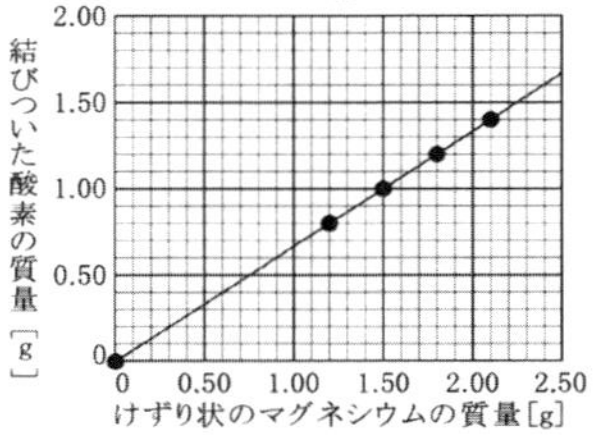

4 A (1) ㋓　(2) ㋐と㋒
B (1) 4.5 V　(2) ㋑と㋒　(3) 3.6 V
(4) (解答例)磁石を速く動かす。
コイルの巻き数を増やす。
磁力の強い磁石を近づける。　などから一つ
(5) イ
C (1) ア　(2) 1.8 J　(3) ウ　(4) **1 番目** t　**3 番目** s　(5) 6.0 N

英語

2 (1) (a) ク　(b) キ　(c) カ　(d) ア　(2) cheaper　(3) イ
3 (1) excited　(2) ア　(3) Please let me see your new plate.　(4) エ
(5) (解答例)He showed me how to do it.　(6) イ
(7) (解答例)I hope that more young people will be interested in it.
(8) ア　(9) I think Kagawa has many traditional cultures which we don't know.
4 (1) イ　(2) (解答例)なぜ元気が控え選手なのかということ　(3) Can I join you?
(4) ウ
(5) (解答例)メンバー全員がチームのために一生懸命に働いたからこそ，元気はこの賞を手に入れた　という発言　(6) エ
(7) (a) (解答例)He always tells them to run hard for the team.
(b) (解答例)No, he didn't.　(8) ㋐と㋕
5 (解答例)　I think traveling alone is better. I don't have to think about other people. So, I can go to the places I want to visit. I can also change my plan easily. If I find my favorite place, I can stay there for a long time.
(解答例)　I think traveling with my friends is better. First, when I'm in trouble, they will help me. So, I feel safe to travel with them. Second, we can enjoy many things together. So, it is also fun to talk about the same experiences later.
1 A ③　B エ　C イ
D **待ち合わせ場所** (解答例)公園　**待ち合わせ時刻　午前** 8 **時** 30 **分**
Yuji が Nancy に持ってくるように言ったもの (解答例)お金
E **No.1** ウ　**No.2** ア　**No.3** エ

国語

一 (一) a ふしぎ　b かわいた　c はずんだ　d すきとおって　(二) 2　(三) 1
(四) **ア** ぴんとこない　**イ** 知らないことに満ちている
(五) (解答例)**この筆で、**　文字を勉強して広い世界について学ぶことによって、海の向こうの異国などの知らない世界と自分をつないでくれる　**ものだととらえたから**
(六) 3　(七) 頭の中が水　(八) 4
二 (一) あたえ　(二) 4　(三) 百姓のため　(四) **初め** 米は人　**終わり** 事なり　(五) 1
三 (一) a 加工　b 一風　c 積極的　d 厳密　(二) 4　(三) 2　(四) 1
(五) (解答例)**知識や理論や技法が**　日常生活のなかで何気なしに自分が感じ、知覚し、思ったこととの結びつきを欠くときには、私たちにとって内面化されず、私たち自身のものにならない　**ため**
(六) 2　(七) 3　(八) 広い範囲に有効性を持ちうる
(九) **ア** 根本から問い直した　**イ** 日常化された経験の底にある自明性をはっきり露呈させた
(十) 3
四 (作文)省略

令和5年度　問題解説

〈数　学〉

1 (1) $3+8\div(-4)=3-2=1$

(2) $6\times\frac{5}{3}-5^2=10-25=-15$

(3) $\frac{x+2y}{2}+\frac{4x-y}{6}=\frac{3(x+2y)+4x-y}{6}=\frac{7x+5y}{6}$

(4) $\sqrt{8}-\sqrt{3}(\sqrt{6}-\sqrt{27})=\sqrt{8}-\sqrt{18}+\sqrt{81}=2\sqrt{2}-3\sqrt{2}-9=9-\sqrt{2}$

(5) $(x+1)(x-3)+4=x^2-2x-3+4=x^2-2x+1=(x-1)^2$

(6) $x=3$を代入すると、$-3^2+3a+21=0$

$3a=-12$　　　$a=-4$

(7) $12=2^2\times3$より，これが含まれているのは，㋒

2 (1) 対頂角は等しいので，∠BDE=∠ADC=60°

ABは直径なので，その円周角∠ACB=90°より，∠ACD=90−35=55°

$\overset{\frown}{AE}$における円周角は等しいので，∠ABE=∠ACD=55°

よって，∠BEC=180−(60+55)=65°

(2) ア　△DGH∽△DEFより，DG：DE＝GH：EF

9：12＝GH：5　∴$GH=\frac{15}{4}$

イ　△ABCにおいて三平方の定理により，$AC=\sqrt{12^2+5^2}=13$

DA=EB=FC=$x$cmとすると，

表面積=△ABC+△DEF+四角形DABE+四角形EBCF+四角形DACFより，

$5\times12\times\frac{1}{2}+5\times12\times\frac{1}{2}+x\times12+x\times5+x\times13=240$

$60+30x=240$

$x=6$

よって，体積＝$5\times12\times\frac{1}{2}\times6=180\text{cm}^3$

(3)

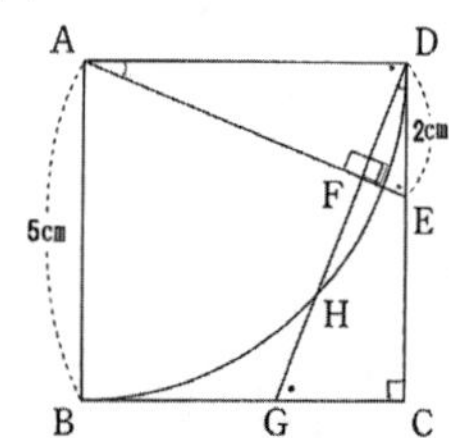

△AED∽△DEF∽△ADF∽△DGCより

∠ADF=∠DEF=△DGC

∠DAE=∠FDE

したがって，四角形ABCDは正方形で

AD=DCより，1辺とその両端の角がそれぞれ等しいから，△AED≡△DGC

△AEDにおいて三平方の定理より，

$AE=\sqrt{5^2+2^2}=\sqrt{29}$

$DG=\sqrt{29}$

△AED∽△DEFより，AD：AE=DF：DE

$5:\sqrt{29}=DF:2$　∴$DF=\frac{10\sqrt{29}}{29}$

△ADHはAD=AH(半径)の二等辺三角形なので，

AFはDHの直角二等分線であるから，$FH=DF=\frac{10\sqrt{29}}{29}$

よって，$GH=\sqrt{29}-\frac{10\sqrt{29}}{29}\times2=\frac{9\sqrt{29}}{29}$ cm

3 (1) $y=\frac{a}{x}$とすると，$x=2$，$y=5$を代入して，$5=\frac{a}{2}$，$a=10$

よって，$y=\frac{10}{x}$に$x=3$を代入して$y=\frac{10}{3}$

(2) くじA→①，②，3，4，5

くじB→㋐，㋑，㋒，え　　　※○が当たりくじ

とすると，くじの引き方は

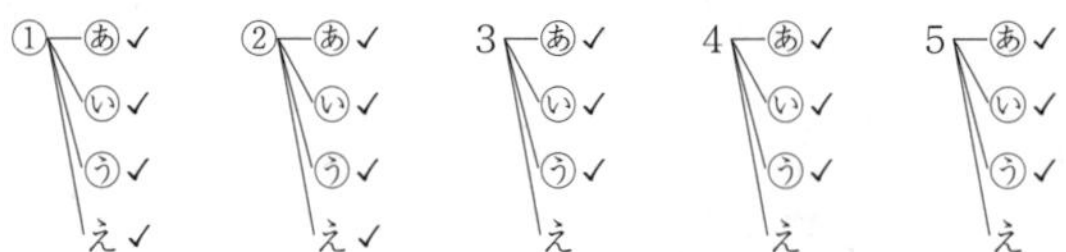

より，「✓」が付いているものが少なくとも1本が当たりであるからその確率は$\frac{17}{20}$

(3) ㋐　中央値が200台よりも大きいので，正しい。

㋑　A駅とB駅の第3四分位数はともに150台で等しいので，150台未満であった日数は同じなので，誤り。

㋒　四分位範囲は第1四分位数から第3四分位数までの範囲で，正しい。

㋓　最大値がもっとも大きいのはB駅なので，誤り。

(4) ア

グラフより，最小値は$x=0$のときで

最大値は$x=-\frac{3}{2}$のとき。

$x=0$のとき　$y=0$

$x=-\frac{3}{2}$のとき　$y=(-\frac{3}{2})^2=\frac{9}{4}$より

$0\leqq y\leqq\frac{9}{4}$

4 (1) ア　太郎さんが操作④において

i）[5]と[7]を取り出したとき

C＝5＋7＝12より，C＋2＝12+2＝[14]のカードを袋に入れるので，

操作⑤において，取り出すカードは[7]と[14]なので，X=21

ii）[7]と[7]を取り出したとき

C＝7＋7＝14より，C＋2＝14+2＝[16]のカードを袋に入れるので，

操作⑤において取り出すカードは[5]と[16]なので，X=21

よって，X=21

イ　・操作③を終えたとき3枚のカードに書いてある同じ数をxとすると，

操作④で取り出したカードは[x]と[x]なので，C＋2＝$2x+2$より，

新しいカードは[$2x+2$]となる

・操作⑤で取り出すカードは[x]と[$2x+2$]なので，

$X=x+(2x+2)=62$より，$x=20$

・操作③を終えたとき3枚のカードは[20]，[20]，[20]なので

新しいカードも[20]であるから，$b+1=20$より$b=19$

2枚のうち1枚のカードは[1]より，もう1枚は19−1＝[18]

・操作②を終えたとき4枚のカードは[1]，[18]，[20]，[20]で，

操作①で5枚のカードは異なる5つの自然数であることから，

新しいカードは[20]でなければならない。その1枚が[3]より，

もう一方は20−3＝[17]

よって，操作①における5枚のカードは，[1]，[3]，[17]，[18]，[20]

(2) ア　1日目に売れたペットボトル飲料の本数をx本とすると，

$x+(x+130)=280$　，　$x=75$

イ　1日目に売れたアイスクリームは$x\times\frac{30}{100}=\frac{3}{10}x$

したがって，$y=\frac{3}{10}x-34$

〈理　科〉

1 A (1) c　それぞれの時刻における長さの差により，1時間に13.0−10.4＝2.6cm，点が移動することがわかる。15時から点Qまでは，37.2−26.0＝11.2cmより$11.2\div2.6=4\frac{4}{13}$時間より，$15+4\frac{4}{13}=19$時20分ごろ。

d　地点Yの方が日の出時刻が早いので南中時刻が早い。同じ緯度なので，南中高度も同じ。

B (2) b　まず，低気圧が通過した後は風向きが急激に変わることから，北から西になった9月29日21時に台風が通過したことがわかる。したがって，アかイ。

そして，9月29日18時の風向が北であることに注目すると，低気圧は反時計回りに風が吹き込むことから，そのようになる地点はアである。

2 A (2)　受精をおこなわない生殖を無性生殖という。

B (3)　このような対照実験においては，調べたいもの以外の条件は全て同じにしなければならない。

C (1) b　せきずいは脳が出した命令を筋肉に伝える役割を担う。

(2) b　空気中で最も大きく割合を占めているのは窒素。

吸う息ははく息と比べて，酸素が多い。

3 A (1)　Ⓑと©を入れたときに陽極から発生した気体が塩素なので，Ⓑと©はうすい塩酸と食塩水。

したがって，Ⓐはうすい水酸化ナトリウム水溶液である。

水酸化ナトリウム水溶液に電流を流すと，水(H_2O)中の水素イオン(H^+)が陰極に引きつけられ，水素(H_2)が発生する。

(4)　©は電流が流れるので，うすい塩酸(酸性)，うすい水酸化ナトリウム水溶液(アルカリ性)，食塩水(中性)のどれかである。したがって，©をつけたところの色は緑色のままだったことから，中性の食塩水であることがわかる。

(5)　ⒷをつけたところのpH試験紙は赤色なので，酸性のうすい塩酸。Ⓐうすい塩酸にⒷうすい水酸化ナトリウム水溶液を加えていくと中和が起こるが，BTB溶液が青色のままであるということはアルカリ性なので，うすい水酸化ナトリウム水溶液が中和

できず余っている状態である。よって，数が最も多いのはナトリウムイオン。

B (2) 3回目の加熱でマグネシウムが全て反応したので，
マグネシウム：酸素＝1.2：(2.00－1.20)
＝3：2
1回目の加熱で反応した酸素は1.60－1.20＝0.40gより，反応したマグネシウムをx gとすると
x：0.40＝3：2
x＝0.60
したがって，残っているマグネシウムは1.20－0.60＝0.60g

(4) マグネシウムリボンを燃焼させると，酸化マグネシウムができて，炭素が残ったことから，酸素の結びつきやすさは，マグネシウム＞炭素
酸化銅と炭素の混合物を加熱すると，炭素が反応して銅が残ったことから，酸素の結びつきやすさは，炭素＞銅
よって，マグネシウム＞炭素＞銅

4 A (1) 上下左右反対の実像ができる。

B (1) 1.5×3.0＝4.5Ω

(2) 方位磁針のN極が指す方向が磁界の向き。
磁力線の間隔がせまい方が磁界が強い。

(3) スイッチ①，②を入れると並列回路になるので，電圧が同じになる。したがって，LとMの抵抗の比が3.0：6.0＝1：2より，流れる電流の比は2：1にならないといけないので，Lを流れる電流は，$1.8\times\frac{2}{3}=1.2$A。よって，電圧は1.2×3.0＝3.6V

C (1) 一定の速さで引き上げたということは等速直線運動をするので，その場合，上向きの力と下向きの力がつり合っている。

(2) 糸が台車を引く力がした仕事は台車がされた仕事と等しいので，
6.0N×0.3m＝1.8J

(3) 一定の速さで引き上げているので，運動エネルギーは変わらない。そして，引き上げられたことで高さが高くなるので，位置エネルギーが大きくなる。よって，力学的エネルギーが大きくなることになる。

(4) 実験Ⅰにおいて30cm高くなるまでの時間は，
30÷5.0＝6.0秒
実験Ⅱにおいて30cm高くなるまでの時間は，9.0秒。
実験Ⅲにおいて30cm高くなるには，動滑車を使っているばねばかりを60cm引かなければならないので，かかる時間は，
60÷8.0＝7.5秒。
よって，実験Ⅰ～Ⅲにおける仕事は同じで，仕事率＝仕事÷時間より，仕事率を小さい順に並べると，実験Ⅱ＜実験Ⅲ＜実験Ⅰ

(5) 動滑車なので，おもりXをつけたときに下向きにかかる力は4.0×2＝8.0N。台車の重力が6.0Nより，
おもりX＝8.0－6.0N＝2.0N
同様に，おもりY＝10－6.0＝4.0N
したがって，おもりX，Yをつけたときに下向きにかかる力は6.0＋2.0＋4.0＝12Nより，ばねばかりは12÷2＝6.0Nを示す。

〈英　語〉

2 ＜日本語訳＞

Aya：こんにちは！ Bob [(a)]
Bob：すごく面白かったです。特に歴史の授業は興味深かったですよ。
Aya：[(b)]
Bob：日本の有名なお城について勉強しました。そのお城を訪ねたいと思っています。
Aya：それいいですね。香川に有名なお城があるのを知っていますか？ [(c)]
Bob：有難うございます。あの小屋は何ですか？沢山の野菜があるのが見えます。
Aya：八百屋さんですよ。そこでは沢山の種類の野菜が売られています。①それらはスーパーマーケットの野菜より[　　]です。
Bob：そうなんですね。興味深いですね。従業員はどこですか？
Aya：あの店には従業員はいません。農家がやって来て野菜を置くのです。
Bob：本当ですか？　②従業員がいないとは驚きです。信じられません。[(d)]
Aya：買いたい野菜を選んでその箱にお金をいれるのです。
Bob：なるほど。農家とお客はお互いを信用しています。それもまた日本の文化の素晴らしい点かも知れません。

(1) ア　どうやってそれらの野菜を買うことができるのですか？
イ　何を買いたいですか？
ウ　いつかそれらの場所に行きたいです。
エ　好きなクラスは何ですか？
オ　今日はどうですか？
カ　いつかそこへ連れていきます。
キ　そのクラスで何を勉強しましたか？
ク　今日，学校はどうでした？

(2) 「安い，Cheap」の比較級は「cheaper」である。

(3) ア　人気の　　イ　驚き　　ウ　大切な　　エ　役に立つ

3 ＜日本語訳＞

私は二年前に香川に引っ越してきました。ここに来てからうどん、金比羅山、オリーブ等の多くの興味深いものを発見しました。すべての文化は長い歴史を持ち、私を（ワクワク）させてくれます。

ある日、家族と夕食を取っていると、祖母が新しいお皿を使っていました。そのお皿はとても美しく、特別なものに②[　　]。祖母に言いました。“③その新しいお皿を見せて下さい。手書きの美しい模様が好きです。どこで買ったのですか？”祖母が言いました。“買ってはいませんよ。④[　　]、私がその模様を描きました。漆芸を聞いたことがありますか？漆はこのお皿を作るのに使われ、私は模様をいくつかその皿に描きました。私の友人は漆芸の講師です。⑤彼は私にそれのやり方を見せました。その教室に参加してみたらどうですか？”。私は驚いて言いました。“漆芸は聞いたことがありますが、香川県でそれが出来るとは知りませんでした。是非、やってみたいです。”

数日後、私は漆芸の教室に行きました。⑥最初[　　]、模様を描くのが難しかったです。しかし、講師がお皿を作るのを沢山助けてくれました。その教室の後、その講師に言いました。“手伝っていただき有難うございました。すごく楽しかったです。”講師は言いました。“それは良かった。漆芸は香川の伝統的な工芸の一つです。多くの人に漆芸を伝えるために、私はこの教室を始め、そして私たちの生活に合う新しい漆芸の作品を作り続けています。次世代にこの伝統工芸を伝えていかなければいけないと思います。⑦私は、もっと多くの若い人々が、それに興味を持つことを望みます。”私は家に帰って、彼女が言った言葉について考え、そしてそれについて話すために友人に電話をしました。そして私は彼と一緒に、別の伝統的な工芸の教室に参加することを決めました。

あなたは香川が好きですか？　私の答えはYESです。私は香川が好きで香川に住めて幸せです。香川は（私たちが知らない多くの文化を持っていると）思います。私はもっとそれについて知りたいです。私たちでそれを見つけましょう！

(1) 人を「ワクワクさせる」という表現には過去分詞［excited］。物が「ワクワクする」場合は現在分詞「exciting」が用いられる。似たような例で「interested，interesting」「bored, boring」も一緒に覚えておきたい。

(2) ア　見えた　　イ　作った　　ウ　見つけた　　エ　鳴った

(3) 「私に～させてください」という表現には「let me～」を使う。

(4) ア　また　イ　それから　ウ　通常は　エ　実は
適切な副詞を選ぶ問題。文脈に合うのはエ。

(5) 「それのやり方」は「how to do it」，「～に見せる」は「show 人～」
よって「He showed me how to do it」となる。

(6) 適切な前置詞を選ぶ問題。「first」に接続できるのは「At」だけで意味は「最初は」となる。

(7) 「私は～を望みます」は「I hope that ～」で始める。that 以下の主語である「もっと多くの若い人々が」は「more young people」であり、動詞(述語)部分は未来形を使い「will be interested in it」となる。

(8) □には「traditional craft class」を修飾する形容詞が入るのでウの others は名詞であるので除外する。また名詞「class」が単数で用いられているのでイとエは除外される。
単数名詞に使用できるのはアの「another」だけである。

(9) I think Kagawa (has many traditional cultures which we don't know.)
「which」を見て関係代名詞が使われていると判断する。

4 ＜日本語訳＞

Genki は香川の中学生です。彼はサッカー部の部員で毎日、放課後サッカーの練習をしています。彼はサッカーが上手で、一年生からずーっとチームのレギュラー選手です。チームの田中監督は選手たちに試合中はいつも一生懸命走るように言います。しかしながら、Genki は走るのが好きではなく、度々走ることをさぼっていました。彼はまた、チームメイトの失敗を時折、責めました。

彼が二年生になった時、チームのキャプテンになれると思っていました。しかし、彼はなれませんでした。チームの一員である Wataru がキャプテンに選ばれました。彼は Genki ほど上手にプレイできず、控え選手でした。Genki はなぜ Wataru がキャプテンに選ばれたか理解できませんでした。

ある日、練習試合が開催されました。Genki はその試合のメンバーではありませんでした。彼は①□、そして田中監督に尋ねました。"何故、私は控え選手なのですか？"監督は答えました。"あなた自身で②何故か？考えてみなさい。その答えを見つけた時、より良い選手になるでしょう。" Genki は Wataru の横で試合を見ました。その時、彼は Wataru のいい点を見つけました。試合中、選手が失敗した時、Wataru は常に選手を励ましていました。また、彼は素早く飲み物を用意し、役立つメッセージと共に選手に渡しました。Genki は驚きそして Wataru に尋ねました。"どうしてそんなに一生懸命に働いているのですか？"彼は答えました。"何故なら全てはチームの為です。レギュラー選手になれなくて悲しい思いをよくしています。しかしチームの為に出来ることは何でもしたいのです。"この言葉によって Genki は自分自身の事しか考えず、そして Wataru は他者の事を考えていたのだと知りました。試合後、Wataru は誰よりも先にグラウンドの掃除を始めました。Genki はいいました。"③□？" Wataru は微笑み答えました。"勿論できますよ" そして彼らは一緒にグラウンドを掃除しました。それから田中監督は Genki に尋ねました。"Wataru が何故キャプテンなのか理解しましたか？"彼は答えました。"はい。Wataru は他者を思いやりチームの為に一生懸命働く重要性を教えてくれました。彼は素晴らしい人です。④私は□。"

Genki と Wataru は三年生になり、最後のトーナメントが始まりました。そのトーナメントでは Genki はレギュラー選手でしたが Wataru は未だ控え選手でした。試合中、Genki は走ることをさぼらず、チームを励まし続けました。それは全てチームの為でした。彼らは勝ち続け、ついにそのトーナメントを優勝しました。Genki は最優秀選手賞を勝ち取りました。彼はインタビューを受け、言いました。"メンバー全員がチームの為に一生懸命は働いたからこそ私はこの賞をもらいました。⑤彼のチームメイトはそれを聞いて嬉しく思いました。Genki はまたこう言いました。"私たちのキャプテンの Wataru に有難うと言いたいです。私は彼から大切な事を沢山学びました。彼は私を大きく⑥□くれました。

(1) ア 忙しい　イ 怒った　ウ 眠たい　エ 疲れた
ふさわしい形容詞を選ぶ問題。文脈に合うのはイの「怒った」である。

(2) 「it」は直前の Genki の発言を指している。彼の発言は「何故私は控え選手なのか」という質問である。

(3) 誰かがある作業、動作をしていて、それに加わる際は「Can I join you」を使う。

(4) ア 彼の様に上手くサッカーをする。
イ あなたの様に上手くサッカーをする。
ウ 彼の様な人になる。
エ あなたの様な人になる。

(5) 「that, それ」は直前の Genki の発言を受けている。

(6) ア 見た　イ 尋ねた　ウ 勉強した　エ 変えて
ふさわしい動詞を選ぶ問題。

(7) (a)田中監督がいつも試合中に選手に言う事は何ですか？
(b)Genki は二年生になった時、チームのキャプテンになりましたか？

(8) ㋐二年生になる前 Genki は度々、チームの為に走ることをさぼった。
㋑ Genki は Wataru ほどサッカーが上手にできなかったので彼は控え選手だった。
㋒練習試合で Genki は素早くチームメンバーに飲み物を配った。
㋓チームの為にする事が多くあったので Wataru はしばしば悲しい思いをした。
㋔他者の事を考えず、自分自身の事をもっと考えることは重要だと Wataru は Genki に教えた。
㋕最後のトーナメントの時、Genki はレギュラー選手でチームの為に一生懸命働いた。

5 香川県では毎年、受験者の意見を書く問題が出題されている。過去の解説でも書いているように理由を述べる際に、I have two/three reasons で始め、First、Second、Third と続けるとスムーズに解答できる。

〈国　語〉

一 ㈠ 1「自分だけの力で美しい筆を手に入れた」が不適。
3「お礼の手紙をこの筆で書こう」が不適。
4「気を引き締める」が不適。

㈢ ②は「もの」や「こと」に言い換えられる「の」である。

㈤ 「筆」は文字を書いたり勉強したりするときに使い、「櫂」は海を渡って異国に行く時に使う道具であるので、それらを繋げて説明すればよい。

㈥ 1「自分に匹敵する知性の持ち主」が不適。
2「自分のために作ってくれた歌を聞き」が不適。
4「守り導いていくことが年長者の使命である」が不適。

㈧ 1「今後は自分も海の向こうで学んでいきたい」が不適。
2「父の胸に秘めた思いを受け継ぎ」が不適。
3「学問の道をきわめたい」が不適。

二 【現代語訳】

昔、晋という国の大王は、雁が好きでたくさん飼っていて、糠を餌として与えていた。糠が全て無くなったので、市場に行って買い求めた。その後、米と糠は同じ値段になってしまった。家来が「米と糠が同じ値段でしたら、糠を買い求めずにそのまま米を食べさせてください。」と申し上げたが、君主は「米は人が食べる物である。糠を食べたいとは思わない。雁は糠を食べるものであるから、米と糠が同じ値段であっても米ではなく糠を雁に与えなさい。百姓のために良いことである。」とおっしゃった。米を出して糠と替えたので、国中は大騒ぎをして喜んだ。このことを考えると、君主が好みなさる物があっても国家のために無駄とはならず、百姓の負担や心配事にならないことが良い政治であるが、自分の好きな楽しみのために人を困らせる政治は良いものではない。

三 ㈠ 1「自らの意思を態度で示す」が不適。
2「他者の行為に意味をもたらし」が不適。
3「自己の存在価値を発見する」が不適。

㈣ 直前の第2段落の最終文に注目する。

㈤ 直前の「けれどもそれらの知識や技法は、～生かされることができない。」、直後の「それらが私たちにとって～私たち自身のものにならないからである。」に注目する。

㈥ 「とらえる」は下一段活用の動詞で直後に「て」があるので連用形。

㈦ 直後にある「安定性」と同様の意味を持つ語を選ぶ。

㈧ 設問の「日常経験の知とは異なり」と傍線部⑥直後の「日常生活の知をこえ」が同じ意味なので、その後が抜き出すべき箇所である。

㈩ 1「社会に浸透している知識を生活の中で生かす」が不適。
2「高度な知識は特別な文化や社会の中でしか成立しない」が不適。
4「社会通念の正しさを確認していくことが必要」が不適。

令和６年度　高校入試問題と解答・解説　実践形式

公立高校入試問題出題単元

（国語のみ逆綴じになっております）

数学

【１】計算問題（7問）
【２】図形小問（角度・線分の長さ・面積）
【３】小問（確率・資料の整理・関数・文字式の証明）
【４】（1）数の規則性（2）方程式
【５】平面図形（相似証明・合同証明）

社会

【１】公民（国会・憲法・地方自治・司法・行政・経済・国際社会）
【２】歴史（古代～現代）
【３】地理（地図・時差・気候・地形図・災害・漁業・観光・自給率・資源）

理科

【１】A地球と天体（惑星）
B大地の変化（地震）
【２】A遺伝
B植物のつくり
C細胞
【３】A物質の性質（密度・状態変化・イオン）
B化学変化（分解・化学反応式）
【４】A電流のはたらき（抵抗・電力）
B身近な科学（音）
C運動とエネルギー（速さ・力学的エネルギー・作図）

英語

【２】対話文（内容把握・空欄補充・単語）
【３】英文読解（語形変化・空欄補充・英訳・並べかえ・空欄補充）
【４】長文読解（空欄補充・内容把握・内容真偽）
【５】英作文
【１】リスニング

国語

【１】小説（漢字・心情把握・語意・抜き出し・空欄補充）
【２】古文（現代仮名遣い・内容把握）
【３】論説文（漢字・内容把握・抜き出し・文法・段落）
【４】作文（250字程度）

解答ページ

解説ページ

令和６年度入試問題　数学

1

次の(1)～(7)の問いに答えなさい。

(1)　$7\times(-2)-(-5)$ を計算せよ。

(2)　$a=-3$ のとき，$a^2+\dfrac{15}{a}$ の値を求めよ。

(3)　$4a^3b^2\div\dfrac{1}{2}ab$ を計算せよ

(4)　連立方程式 $\begin{cases}3x+5y=4\\x-y=4\end{cases}$ を解け。

(5)　$\sqrt{50}-\sqrt{2}+\dfrac{6}{\sqrt{2}}$ を計算せよ。

(6)　$(x+3)^2-(x+3)-30$ を因数分解せよ。

(7)　次の㋐～㋒の数が，小さい順に左から右に並ぶように，記号 ㋐～㋒を用いて書け。
㋐　$-\sqrt{11}$　　㋑　3　　㋒　-4

(1)		(2)		(3)		(4)	$x=$　　，$y=$
(5)		(6)			(7)	◯ → ◯ → ◯	

2

次の(1)～(3)の問いに答えなさい。

(1)　右の図のような，平行四辺形ＡＢＣＤがあり，∠ＢＡＤは鈍角である。辺ＢＣをＣの方に延長した直線上にＢＤ=ＢＥとなる点Ｅをとる。
　∠ＡＢＤ=20°，∠ＤＣＥ=60° であるとき，∠ＣＥＤの大きさは何度か。

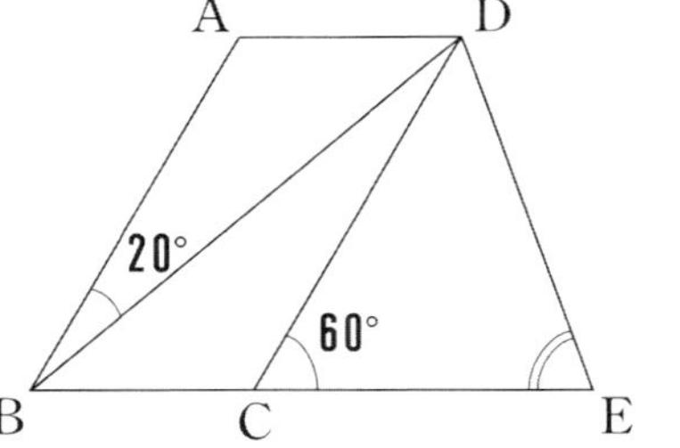

(2)　右の図のような，長方形ＡＢＣＤがある。辺ＡＤ上に２点Ａ，Ｄと異なる点Ｅをとり，辺ＢＣ上に２点Ｂ，Ｃと異なる点Ｆをとる。線分ＥＦと対角線ＢＤとの交点をＧとする。また，点Ｄと点Ｆを結ぶ。
　ＡＢ=4cm，ＢＣ=5cm，ＡＥ=1cm，ＢＦ=3cmであるとき，次のア，イの問いに答えよ。

ア　線分ＤＦの長さは何cmか。

イ　四角形ＡＢＧＥの面積は何cm²か。

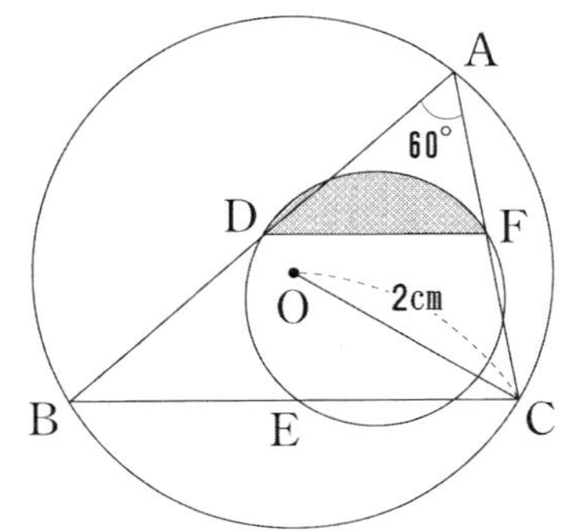

(3)　右の図のような，点Ｏを中心とする半径２cmの円がある。異なる３点Ａ，Ｂ，Ｃは円周上の点で，∠ＢＡＣ=60° である。線分ＡＢ，ＢＣ，ＣＡの中点をそれぞれＤ，Ｅ，Ｆとし，３点Ｄ，Ｅ，Ｆを通る円をかく。
　このとき，点Ｅを含まない方の $\overset{\frown}{DF}$ と弦ＤＦで囲まれた部分の面積は何cm²か。なお，円周率には π をそのまま用いよ。

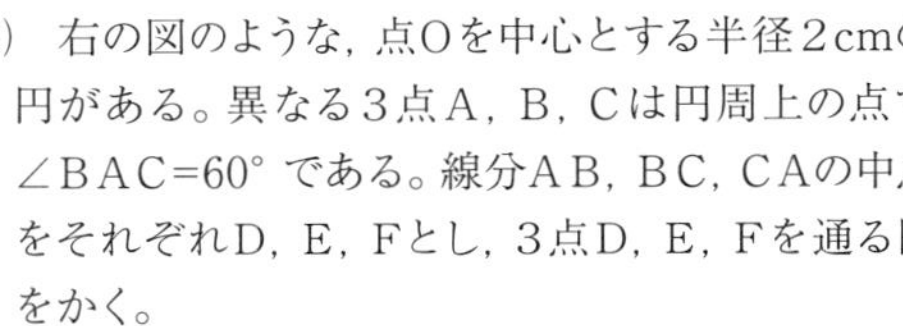

(1)	度	(2)	ア	cm	イ	cm²	(3)	cm²

3

次の(1)～(4)の問いに答えなさい。

(1)　１から６までのどの目が出ることも，同様に確からしい２つのさいころＡ，Ｂがある。この２つのさいころを同時に投げるとき，２つの目の数の積が10の約数になる確率を求めよ。

(2)　右の表は，ある学級の生徒30人について，ハンドボール投げの記録を度数分布表に整理したものである。この表から，この30人のハンドボール投げの記録の第１四分位数を含む階級の相対度数を求めよ。

ハンドボール投げの記録

階級(m) 以上～未満	度数(人)
10 ～ 15	3
15 ～ 20	6
20 ～ 25	12
25 ～ 30	9
計	30

(3)　右の図で，点Oは原点であり，放物線①は関数 $y=\frac{3}{4}x^2$ のグラフで，放物線②は関数 $y=-\frac{1}{2}x^2$ のグラフである。

2点A，Bは放物線①上の点で，点Aの x 座標は -4 であり，線分ABは x 軸に平行である。点Cは線分AB上の点で，点Bと異なり，その x 座標は正の数である。点Cを通り，y 軸に平行な直線をひき，放物線①，放物線②との交点をそれぞれD，Eとする。

これについて，次のア，イの問いに答えよ。

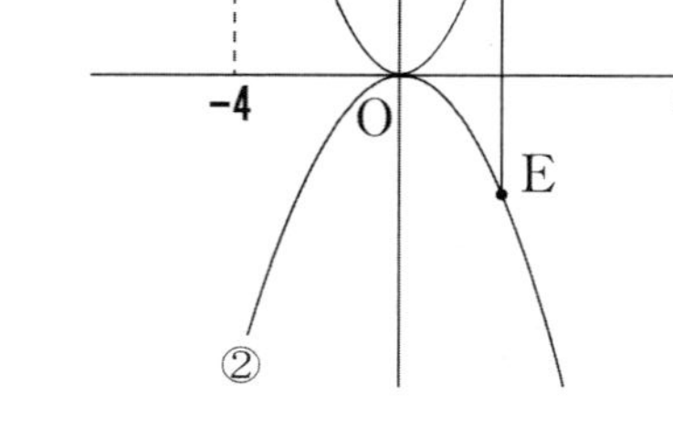

ア　関数 $y=-\frac{1}{2}x^2$ について，x の値が1から3まで増加するときの変化の割合を求めよ。

イ　線分CDの長さと，線分DEの長さが等しくなるとき，点Cの x 座標はいくらか。点Cの x 座標を a として，a の値を求めよ。

(4)　2つの奇数がある。これらの数をそれぞれ2乗してできた2つの数の和に2を加えた数は4の倍数であることを，文字式を使って証明せよ。

(1)		(2)		(3)	ア		イ	a =
(4)	証明							

4

次の(1)，(2)の問いに答えなさい。

(1)　白の碁石と黒の碁石がたくさんある。これらを下の図のように，上段には，1列目から，白の碁石，黒の碁石の順にくりかえし並ぶように，それぞれの列に1個ずつ置き，下段には，1列目から，黒の碁石，黒の碁石，白の碁石の順にくりかえし並ぶように，それぞれの列に1個ずつ置く。

たとえば，上段も下段も7列目まで碁石を置いたとき，7列目については，上段が白の碁石，下段が黒の碁石である。また，1列目から7列目までに並んでいるすべての碁石のうち，白の碁石の個数は6個であり，黒の碁石の個数は8個である。

	1列目	2列目	3列目	4列目	5列目	6列目	7列目	…
上段	○	●	○	●	○	●	○	…
下段	●	●	○	●	●	○	●	…

これについて，次のア，イの問いに答えよ。

ア　次の文は，上段も下段も2024列目まで碁石を置いたとき，2024列目の碁石について述べようとしたものである。文中の2つの〔　　〕内にあてはまる言葉を，㋐，㋑から1つ，㋒，㋓から1つ，それぞれ選んで，その記号を書け。

2024列目については，上段が〔㋐白の碁石　㋑黒の碁石〕，下段が〔㋒白の碁石　㋓黒の碁石〕である。

イ　上段も下段も n 列目まで碁石を置いたとき，n 列目については，上段も下段も白の碁石であった。また，1列目から n 列目までに並んでいるすべての碁石のうち，白の碁石の個数と黒の碁石の個数の比は8：11であった。このときの n の値を求めよ。

(2)　あとの図1のような，1辺の長さが4cmの立方体がある。点Pは，点Aを出発して辺AE，EF上を通って毎秒1cmの速さで点Fまで動く点であり，点Qは，点Cを出発して辺CB，BF上を通って毎秒1cmの速さで点Fまで動く点である。2点P，Qは同時に出発する。あとの図2は，2点P，Qが同時に出発してから5秒後の状態を示したものである。

これについて，あとのア〜ウの問いに答えよ。

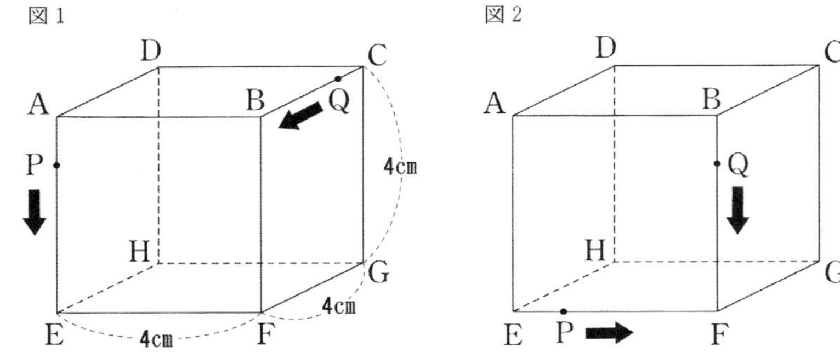

ア　2点P，Qが同時に出発してから4秒後にできる三角すいAPQDの体積は何cm^{3}か。

イ　2点P，Qが同時に出発してから x 秒後にできる△APQの面積は何cm^{2}か。4< x <8の場合について，x を使った式で表せ。

ウ　4< x <8とする。2点P，Qが同時に出発してから x 秒後にできる三角すいAPQDの体積が，2点P，Qが同時に出発してから1秒後にできる三角すいAPQDの体積と等しくなるのは，x の値がいくらのときか。x の値を求める過程も，式と計算を含めて書け。

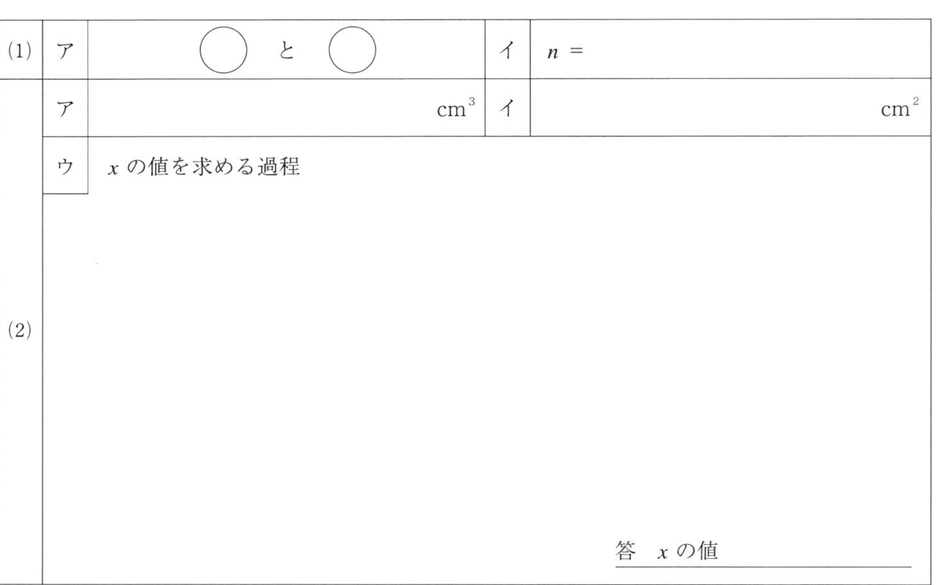

(1)	ア	◯ と ◯	イ	n =
(2)	ア	cm^3	イ	cm^2
	ウ	x の値を求める過程 答　x の値		

5　右の図のような円があり，異なる3点A，B，Cは円周上の点で，△ABCは鋭角三角形である。点Aから辺BCに垂線をひき，その交点をDとする。直線ADと円との交点のうち，点Aと異なる点をEとし，点Cと点Eを結ぶ。線分AD上にCE=CFとなる点Fをとる。直線CFと円との交点のうち，点Cと異なる点をGとし，辺ABと線分CGとの交点をHとする。また，点Bと点Gを結ぶ。

このとき，次の(1)，(2)の問いに答えなさい。

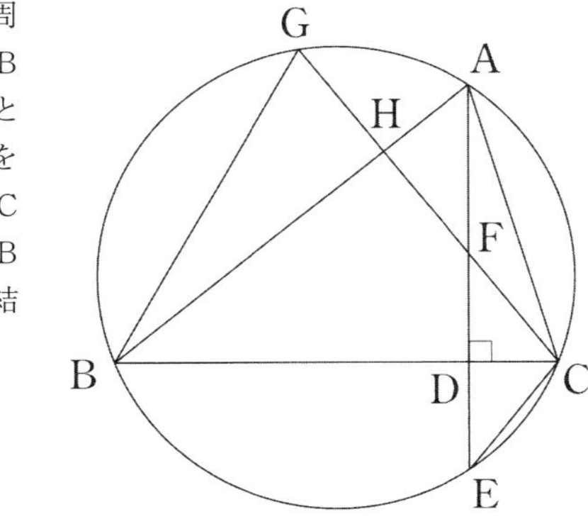

(1)　△ACH ∽ △GBH であることを証明せよ。

(2)　点Aと点G，点Bと点Fをそれぞれ結ぶとき，△ABF ≡ △ABG であることを証明せよ。

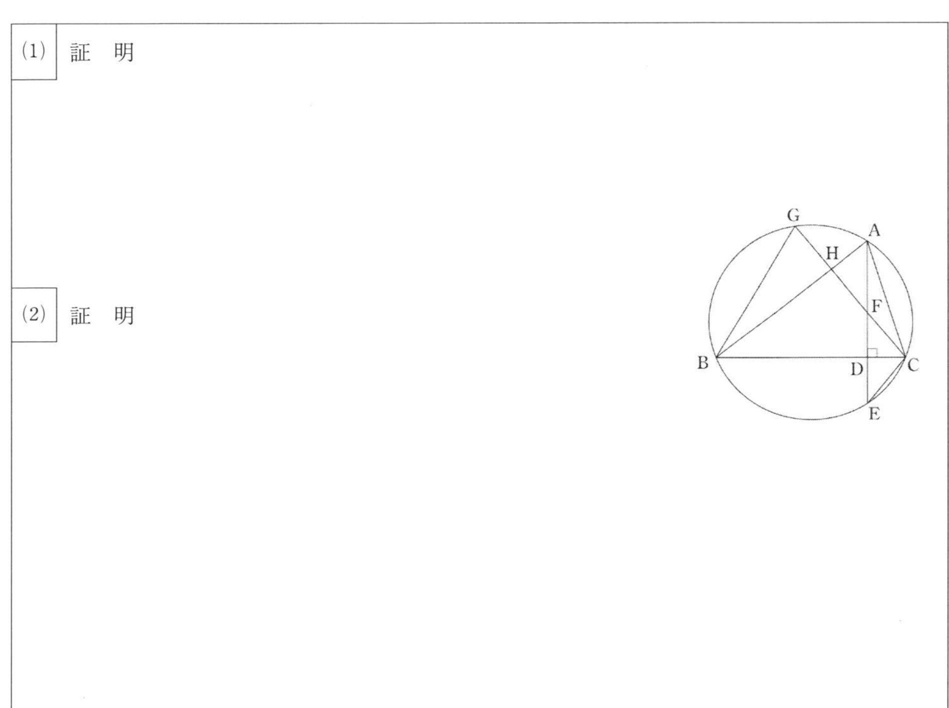

令和６年度入試問題　社会

1　次の(1)～(9)の問いに答えなさい。

(1)　国会は，選挙に立候補して当選した国会議員が活動する場である。次のア～エのうち，日本国憲法で定められている国会の権限として最も適当なものはどれか。一つ選んで，その記号を書け。

ア　内閣総理大臣を任命すること　　イ　条約を締結すること
ウ　憲法改正を発議すること　　エ　閣議を開催すること

(2)　私たちが人間らしい豊かな生活を送るための権利は，社会権と呼ばれる。日本国憲法では，社会権の一つとして，健康で文化的な最低限度の生活を営む権利が保障されている。社会権の一つであるこの権利は，一般に何と呼ばれるか。その呼び名を書け。

(3)　地方公共団体は，身近な問題の解決を図り，住民の要望に対応しながら，さまざまな仕事をおこなっている。次のア～エのうち，わが国の地方自治のしくみについて述べたものとして誤っているものはどれか。一つ選んで，その記号を書け。

ア　地方公共団体には，都道府県，市町村などがあり，都道府県や市町村は住民の意見を政治に反映させるため，住民投票を実施することができる
イ　地方公共団体の首長は，住民の直接選挙で選ばれ，地方議会と対立したとき，議決や審議のやり直しを求めることができる
ウ　地方議会は，住民の直接選挙で選ばれた議員で構成され，地方公共団体の一年間の活動に必要な予算や，首長の不信任を議決することができる
エ　住民は，直接請求権を行使することができ，地方議会の議員の解職を求める場合，一定数以上の署名を集めて首長に請求することができる

(4)　わが国の司法（裁判）のしくみに関して，次のａ，ｂの問いに答えよ。

ａ　私たちは，憲法によって基本的人権が保障されており，争いや事件が起こったときは，憲法や法律などにもとづいて，裁判で解決を図ることができる。下の表は，ある争いに関する裁判の経過についてまとめようとしたものの一部である。表中の［X］内には，わが国の下級裁判所の種類のうちの一つを表す言葉が入る。［X］内に共通してあてはまる言葉を書け。また，表中の〔　　〕内にあてはまる言葉を，㋐，㋑から一つ選んで，その記号を書け。

５月１日	原告のＡさんは，Ｂ社に対する訴えを，簡易裁判所に起こす
６月１日	簡易裁判所で裁判が始まる
８月１日	簡易裁判所は，Ａさんの訴えを認める判決を出す
８月８日	被告のＢ社は，簡易裁判所での判決を不服とし，［X］に〔㋐控訴　㋑上告〕する
９月１日	［X］で裁判が始まる

ｂ　わが国では，裁判にかかる時間を短縮するなど，司法を国民の身近なものにするために，さまざまな司法制度改革がおこなわれてきた。このうち，取り調べの可視化は，司法におけるどのような人権侵害の防止が期待できると考えられるか。簡単に書け。

(5)　太郎さんと花子さんは，社会科の授業で，行政の役割や課題について学習した。下の表は，太郎さんと花子さんが，規制緩和をテーマに，行政のあり方について発表するため，効率と公正の観点にもとづいて，意見を整理しようとしたものである。あとのⒶ，Ⓑのカードは，規制緩和について，太郎さんと花子さんの意見をそれぞれまとめたものである。太郎さんと花子さんのそれぞれの意見を，下の表中の㋐～㋓のいずれかにあてはめるとき，最も適当なものはどれか。それぞれ一つ選んで，その記号を書け。

	効率を重視	公正を重視
規制緩和を進める	㋐	㋑
規制緩和を進めない	㋒	㋓

Ⓐ　太郎さんの意見
規制緩和により，例えば，どの地域でも，病院でインターネットを使用した診察ができるようになると，通院する時間を節約できたり，通院のための交通費を抑えたりすることができる。私は，時間やお金などの資源の無駄を省き，より多くの利益を得られるようにすべきだと思う。

Ⓑ　花子さんの意見
規制緩和により，例えば，建築物の高さの制限がなくなると，十分な日当たりが確保できない人が出るなど，良好な環境での生活がおびやかされるかもしれない。私は，すべての人が対等な立場で不当な扱いを受けず，一人ひとりの人権が最大限に尊重される社会にしていくべきだと思う。

(6)　社会の課題を解決するため，政府はさまざまな役割を果たしている。政府の役割についての考え方として，「小さな政府」と「大きな政府」の二つがある。次のア～エのうち，「小さな政府」の考え方にもとづいた政策について述べたものとして最も適当なものはどれか。一つ選んで，その記号を書け。

ア　子育てにかかる経済的負担を軽くするため，子どもの医療費を無償化する
イ　医療に関わる人材を確保するため，補助金を支給し医療従事者の所得を引き上げる
ウ　公共施設の管理にかかる経費を削減するため，公共施設の管理を民間の企業にゆだねる
エ　児童・生徒一人ひとりに応じた細かな指導をさらにすすめるため，学校の先生の数を増やす

(7) 次の文は，不況のときに景気を回復させるために日本銀行がおこなうと考えられる金融政策について述べようとしたものである。文中の［　　　］内には日本銀行がおこなうと考えられる金融政策の内容が入る。その内容を **国債** という言葉を用いて，簡単に書け。また，文中の二つの〔　　　〕内にあてはまる言葉を，㋐，㋑から一つ，㋒，㋓から一つ，それぞれ選んで，その記号を書け。

日本銀行は，不況のときに，景気を回復させるために，［　　　］ことをおこなう。これにより，銀行などの金融機関の資金量は〔㋐増える　㋑減る〕ため，一般に金融機関の貸出金利が〔㋒上がり　㋓下がり〕，企業が金融機関からお金を借りやすくなり，企業の設備投資などが促される。

(8) 次の文は，為替レート（為替相場）について興味をもった中学生の花子さんが先生に質問したときの会話の一部である。文中の三つの〔　　　〕内にあてはまる言葉を，㋐，㋑から一つ，㋒，㋓から一つ，㋔，㋕から一つ，それぞれ選んで，その記号を書け。

花子：テレビのニュース番組で為替レートという言葉を聞いたのですが，為替レートとは何ですか。
先生：為替レートとは異なる通貨を交換する比率のことで，為替レートは各国の通貨の需要や経済の状況などによって変動しています。日本の円とアメリカのドルの関係を例に考えてみると，為替レートが1ドル＝100円から1ドル＝150円になったとき，ドルに対する円の価値はどのようになるといえますか。
花子：ドルに対する円の価値は〔㋐高く　㋑低く〕なるといえます。
先生：そのとおりです。このような為替レートの変動が起こったとき，一般にアメリカでは日本から輸入する商品の価格が〔㋒高く　㋓安く〕なります。
花子：そのような為替レートの変動が起こると，日本からアメリカに商品を輸出する企業にとっては，競争上〔㋔有利　㋕不利〕になりますね。
先生：そのとおりです。このように，為替レートの変動は私たちの暮らしにも深く関係しています。

(9) 次の文を読んで，あとのa～cの問い答えよ。

情報化[①]やグローバル化[②]の進展に伴い，今日の国際社会は，さまざまな解決すべき課題に直面している。こうした課題の多くは，一国だけの努力で解決できるものではなく，その解決に向けて，国際社会全体での協力[③]が不可欠である。

a　下線部①に情報化とあるが，情報化が進んだことによって，私たちの生活が便利になった一方で，さまざまな課題も生じている。情報化が進んだことによって生じている課題にはどのようなものがあるか。簡単に書け。

b　下線部②にグローバル化とあるが，あとの表は，2000年と2020年におけるわが国の輸出と輸入の総額，輸出および輸入相手国（地域）の上位5か国（地域）と，その輸出および輸入の金額，総額に占める割合をそれぞれ示したものである。あとの㋐～㋓のうち，この表からわかることについて述べたものとして，誤っているものはどれか。一つ選んで，その記号を書け。

	2000年		2020年	
	輸　出	輸　入	輸　出	輸　入
総　額	516542	409384	683991	680108
1　位	アメリカ 153559(29.7％)	アメリカ 77789(19.0％)	中　国 150820(22.0％)	中　国 175077(25.7％)
2　位	台　湾 38740(7.5％)	中　国 59414(14.5％)	アメリカ 126108(18.4％)	アメリカ 74536(11.0％)
3　位	韓　国 33088(6.4％)	韓　国 22047(5.4％)	韓　国 47665(7.0％)	オーストラリア 38313(5.6％)
4　位	中　国 32744(6.3％)	台　湾 19302(4.7％)	台　湾 47391(6.9％)	台　湾 28629(4.2％)
5　位	香　港 29297(5.7％)	インドネシア 17662(4.3％)	香　港 34146(5.0％)	韓　国 28416(4.2％)

(注)金額の単位は億円。表中の(　)内は総額に占める割合を示す。　(「日本国勢図会 2022/23」などにより作成)

㋐ わが国の輸出の総額は，いずれの年も，輸入の総額を上回っている
㋑ アメリカに対する輸出の金額は，いずれの年も，アメリカからの輸入の金額を上回っているが，それぞれの年における輸出と輸入の金額の差は，2000年と比べて2020年の方が小さい
㋒ 韓国に対する輸出の金額，輸入の金額，輸出の金額が総額に占める割合，輸入の金額が総額に占める割合のいずれについても，2000年と比べて2020年の方が多い
㋓ 2020年における中国に対する輸出の金額と輸入の金額の合計額は，いずれの国（地域）よりも大きく，2020年における中国からの輸入の金額は，2000年と比べて2倍以上である

c　下線部③に国際社会全体での協力とあるが，右の図は，2015年に国際連合で採択された，国際社会全体で2030年までに達成すべき17の目標を示したものの一部である。この目標は，貧困や紛争，地球環境問題などの諸課題の解決に取り組み，将来の世代を含むすべての人々が質の高い生活を送ることのできる持続可能な社会の実現を目指すものである。この2015年に国際連合で採択された，国際社会全体で2030年までに達成すべき17の目標は一般に何と呼ばれるか。その呼び名をアルファベット4字で書け。

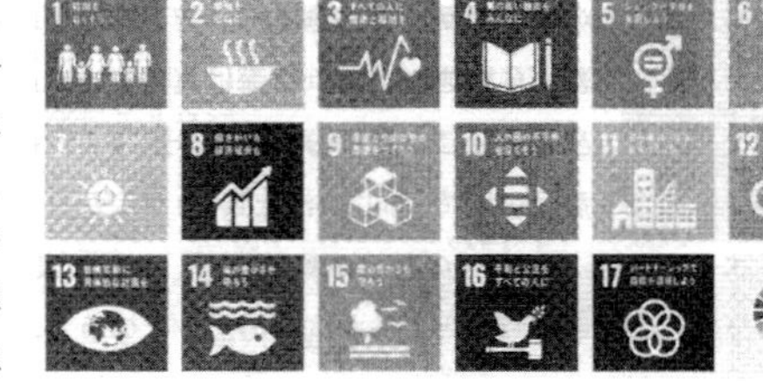

(1)		(2)		(3)	
(4)	a 言葉		b		
	a 記号	◯			
(5)	太郎さんの意見	◯	花子さんの意見	◯	(6)
(7)	内容		記号	◯と◯	
(8)	◯と◯と◯				
(9)	a		b	◯	
			c		

2 次の(1)～(9)の問いに答えなさい。

(1) 右の略地図は，7世紀半ばの東アジアを表そうとしたものであり，次の文は，略地図中にXで示した国とわが国との関係について述べようとしたものである。文中の〔　　〕内にあてはまる言葉を，㋐，㋑から一つ選んで，その記号を書け。また，文中の□内にあてはまる最も適当な言葉を書け。

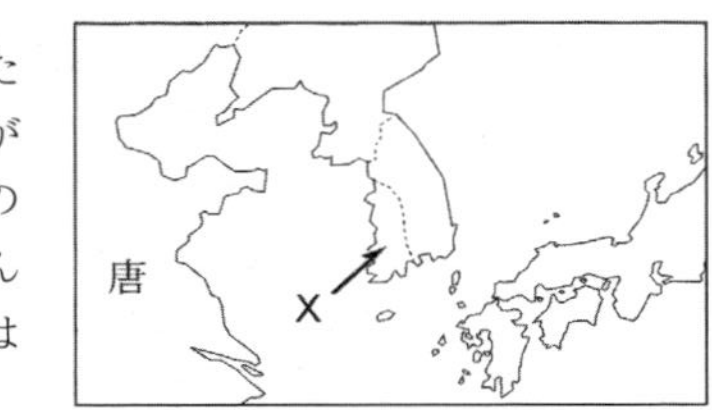

略地図中にXで示した〔㋐高句麗(コグリョ/こうくり)　㋑百済(ペクチェ/くだら)〕は，7世紀半ばに唐と新羅(シルラ/しらぎ)の連合軍によって滅ぼされた。この国の復興を助けるために，663年，わが国は大軍を派遣したが，□と呼ばれる戦いで，唐と新羅の連合軍に大敗した。

(2) 次のⒶ，Ⓑのカードは，中学生の太郎さんが香川県内の寺社について調べたことをまとめたものの一部である。これを見て，あとのa，bの問いに答えよ。

Ⓐ **金倉寺(こんぞうじ)**

善通寺市にある，円珍①にゆかりのある寺院であり，16世紀におこった争いにより，寺院の大部分が焼失したが，江戸時代に修復された。

Ⓑ **神谷神社**

坂出(さかいで)市にある神社で，鎌倉時代②に建てられたとされる本殿は，様式・技法ともに建築当時の特徴を伝えるものとして貴重であり，1955年に国宝に指定された。

a 下線部①に円珍とあるが，円珍は，平安時代に讃岐国(さぬきのくに)で生まれ，わが国の仏教の発展に貢献した人物である。次のア～エのうち，平安時代のわが国の仏教のようすについて述べたものとして最も適当なものはどれか。一つ選んで，その記号を書け。

ア　唐で学んだ仏教をもとに，空海は真言宗を，最澄(さいちょう)は天台宗をわが国に広めた
イ　聖武天皇は，国ごとに国分寺や国分尼寺(こくぶんにじ)を，都には東大寺を建てさせた
ウ　武士や農民の間で一向宗（浄土真宗）が広がり，各地で一向一揆(いっき)もおきた
エ　日蓮(にちれん)は，法華経(ほけきょう)の題目を唱えれば，人も国家も救われるという教えを広めた

b 下線部②に鎌倉時代とあるが，次のア～エのうち，北条泰時(やすとき)がおこなったこととして最も適当なものはどれか。一つ選んで，その記号を書け。

ア　武士の慣習をまとめた御成敗式目（貞永式目）を制定した
イ　御家人の生活を救うために，徳政令を出した
ウ　北朝と南朝の争いをおさめ，南北朝を統一した
エ　平泉を拠点として栄えていた奥州(おうしゅう)藤原氏を，攻め滅ぼした

(3) 下の表は，中学生の花子さんが香川県にゆかりのある人物をテーマに調べたことをまとめたものの一部である。これを見て，あとのa～cの問いに答えよ。

人物	内容
細川頼之(よりゆき)	室町時代前期に，讃岐国の守護を務め，室町幕府の将軍を補佐した。①
香川之景(ゆきかげ)(信景(のぶかげ))	戦国時代②後期に，天霧城(あまぎりじょう)を拠点とし，讃岐国の西部を支配した。
松平頼重(まつだいらよりしげ)	江戸時代初期③に，高松藩の藩主として，藩の体制を整えた。

a 下線部①に室町幕府の将軍を補佐したとあるが，室町幕府に置かれていた将軍を補佐する役職は，次のア～エのうちのどれか。一つ選んで，その記号を書け。

ア　太政大臣(だいじょうだいじん)　　イ　執権　　ウ　管領(かんれい)　　エ　老中

b 下線部②に戦国時代とあるが，戦国時代には，戦国大名などが鉱山の開発をおこなった。わが国の鉱山の一つである石見(いわみ)銀山は，戦国時代には，戦国大名や商人により開発が進められ，江戸時代には，江戸幕府の収入源となった。右の略地図中のア～エのうち，石見銀山の場所はどれか。一つ選んで，その記号を書け。

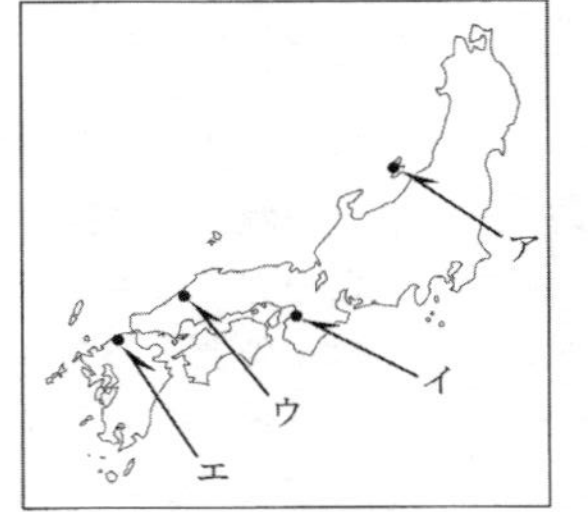

c　下線部③に江戸時代初期とあるが，次の㋐〜㋒のできごとが，年代の古い順に左から右に並ぶように，記号㋐〜㋒を用いて書け。

㋐　幕領でキリスト教を禁止した

㋑　オランダ商館を長崎の出島に移した

㋒　ポルトガル船の来航を禁止した

(4)　右の写真は，江戸時代に幕府や藩が株仲間に与えた札を写したものの一部である。江戸時代には，商人の同業者ごとの組織である株仲間が作られ，幕府や藩から特権が認められたことで，大きな利益を上げていた。江戸時代に株仲間は，幕府や藩からどのような特権が認められていたか。**税　独占**　の二つの言葉を用いて，簡単に書け。

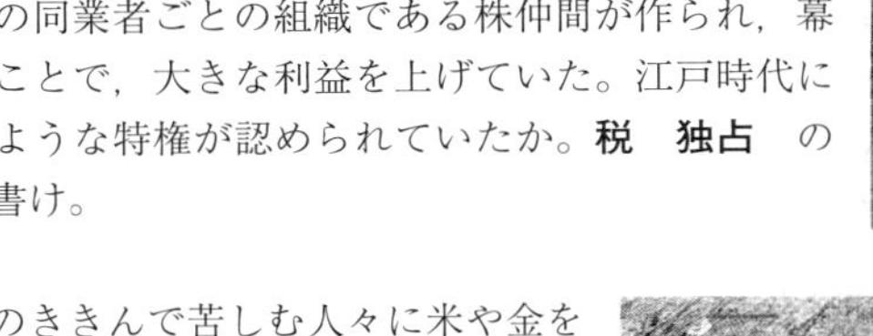

(5)　右の図は，1837年に，天保のききんで苦しむ人々に米や金を分けようと，大阪町奉行所の元役人であったある人物が，弟子などとともに，大商人をおそったできごとを描いたものの一部である。大阪町奉行所の元役人であったこの人物は誰か。その人物名を書け。

(6)　19世紀の政治や社会に関して，次のａ〜ｃの問いに答えよ。

ａ　19世紀半ばに「世界の工場」と呼ばれたイギリスは，製品の販売先や原料を求めて世界各地に進出した。その頃のわが国では，欧米諸国との間で通商条約が結ばれ，イギリスを中心とする欧米諸国との貿易が始まった。イギリスを中心とする欧米諸国との貿易が始まったことで，わが国の綿織物や綿糸の生産が打撃を受けたのはなぜか。その理由を簡単に書け。

ｂ　1867年に徳川慶喜は朝廷に政権を返上した。その後，徳川慶喜の動きに対して，西郷隆盛や岩倉具視らによって，朝廷は天皇を中心とする政府の成立を宣言した。この宣言は何と呼ばれるか。その呼び名を書け。

ｃ　1874年に板垣退助らによって民撰議院設立の建白書が政府に提出された。このできごとによって，わが国において自由民権運動が始まった。次のア〜エのうち，板垣退助らが政府を非難して，民撰議院設立の建白書を提出し議会の開設を求めた理由について述べたものとして，最も適当なものはどれか。一つ選んで，その記号を書け。

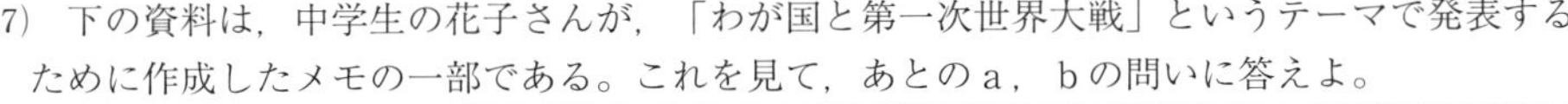

ア　政府が，北海道開拓のためにつくられた官営工場を大商人に安く売り渡そうとしたから

イ　不平等条約改正のために政府がおこなった欧化政策が失敗したから

ウ　政府が，ロシア，ドイツ，フランスからの三国干渉によって遼東半島を清に返還したから

エ　政府の中心であった大久保利通らがおこなった政治が専制的であったから

(7)　下の資料は，中学生の花子さんが，「わが国と第一次世界大戦」というテーマで発表するために作成したメモの一部である。これを見て，あとのａ，ｂの問いに答えよ。

◆第一次世界大戦①への参戦
・ドイツを相手に参戦した。
・山東省のドイツの権益を引き継いだ。

◆わが国におけるデモクラシーの思想の広がり
・第一次護憲運動がおこる。
・本格的な政党内閣②が成立する。
・普通選挙への要求が高まる。

ａ　下線部①に第一次世界大戦とあるが，次の文は第一次世界大戦について述べようとしたものである。文中の二つの〔　　　〕内にあてはまる言葉を，㋐，㋑から一つ，㋒，㋓から一つ，それぞれ選んで，その記号を書け。

イギリス，フランス，〔㋐イタリア　㋑ロシア〕は三国協商を成立させ，ドイツやオーストリアと対立した。また，バルカン半島においては，スラブ民族とゲルマン民族が対立した。このような対立から，1914年に第一次世界大戦が始まり，各国では国民や資源が総動員され，総力戦となった。

その後，1919年に開かれた第一次世界大戦の講和会議で，アメリカ大統領の〔㋒リンカン　㋓ウィルソン〕が民族自決の考えを呼びかけたことにより，東ヨーロッパの多くの民族の独立が認められた。

ｂ　下線部②に本格的な政党内閣とあるが，1918年に成立した原敬内閣は，わが国で最初の本格的な政党内閣である。次の資料Ⅰは，1916年と1918年におけるわが国の衆議院の政党別の議席数をそれぞれ示したものである。また，次の資料Ⅱは，寺内正毅内閣と原敬内閣における各大臣の所属する政党等をそれぞれ示したものである。原敬内閣はわが国で最初の本格的な政党内閣であるが，寺内正毅内閣と比べて，原敬内閣が本格的な政党内閣であると考えられるのはなぜか。その理由を資料Ⅰ，Ⅱから考えて　**大臣　議席**　の二つの言葉を用いて，簡単に書け。

資料Ⅰ

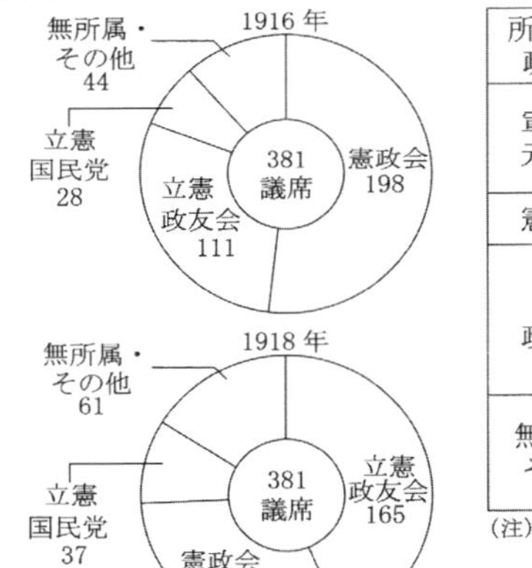

資料Ⅱ

所属する政党等	寺内正毅内閣（1916年）	原敬内閣（1918年）
軍人・元軍人	内閣総理大臣 外務大臣　大蔵大臣 陸軍大臣　海軍大臣	陸軍大臣　海軍大臣
憲政会	—	—
立憲政友会	—	内閣総理大臣 内務大臣　大蔵大臣 司法大臣　文部大臣 農商務大臣　逓信大臣
無所属・その他	内務大臣　司法大臣 文部大臣　農商務大臣 逓信大臣	外務大臣

(注) 表中の—は政党等に所属している大臣がいないことを示す。

（「議会制度百年史」などにより作成）

(8) 右の略年表を見て，次のａ，ｂの問いに答えよ。

年代	できごと	
1929	世界恐慌(きょうこう)がおこる	↑Ⓟ
1941	太平洋戦争が始まる	↓
1945	ポツダム宣言が受諾される	↑Ⓠ
1951	サンフランシスコ平和条約が結ばれる	↓

ａ　年表中のⓅの時期におこった，次の㋐～㋒のできごとが，年代の古い順に左から右に並ぶように，記号㋐～㋒を用いて書け。

㋐　わが国は，ドイツとの間で防共協定を結ぶ

㋑　わが国は，資源を求めてフランス領インドシナの南部へ軍を進める

㋒　わが国は，ロンドンで海軍軍縮条約を結ぶ

ｂ　年表中のⓆの時期に，わが国でおこったできごととしてあてはまらないものは，次のア～エのうちのどれか。一つ選んで，その記号を書け。

ア　地主から農地を買い上げて，小作人に安く売りわたす農地改革がおこなわれた

イ　国民主権，基本的人権の尊重，平和主義の三つを基本原理とする日本国憲法が公布された

ウ　労働組合の全国組織として日本労働総同盟が結成された

エ　産業や経済を独占，支配してきた財閥の解体が始まった

(9) 1965年にわが国は，ある国の政府を，朝鮮半島の唯一の政府として承認する条約を結び，ある国との国交を正常化させた。ある国の政府を朝鮮半島の唯一の政府として承認して，ある国との国交を正常化させたこの条約は何と呼ばれるか。その呼び名を書け。

(1)	記号	○	(2) a		(3) a	b
	言葉		b		c	○→○→○
(4)	幕府や藩に　　　　特権。					
(5)						
(6)	a					
	b				c	
(7)	a	○と○				
	b	寺内正毅内閣と比べて原敬内閣は，				
(8)	a	○→○→○	b		(9)	

3　次の(1)～(4)の問いに答えなさい。

(1) 下の略地図は，緯線と経線が直角に交わる地図で，経線は等間隔で引かれている。この略地図を見て，あとのａ～ｄの問いに答えよ。

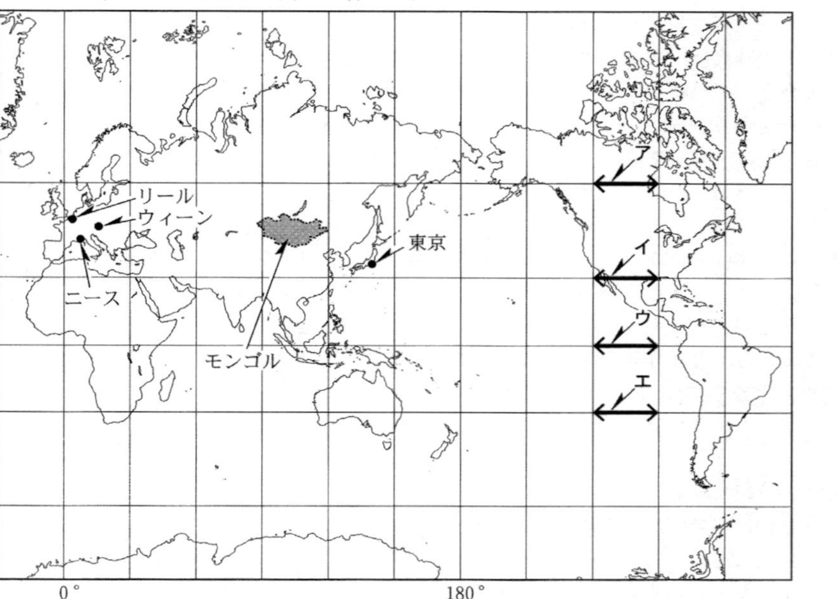

ａ　略地図中の**ア～エ**の ⟷ で示した長さは，地図上ではすべて同じであるが，実際の距離はそれぞれ異なっている。略地図中の**ア～エ**の ⟷ のうち，実際の距離が最も長いものはどれか。一つ選んで，その記号を書け。

ｂ　略地図中の ▒ で示したモンゴルは，国土が全く海に面していない。このような，国土が全く海に面していない国は，一般に何と呼ばれるか。その呼び名を書け。

ｃ　略地図中のウィーンは，東経15度の経線を標準時子午線としている。東京にいる太郎さんは，ウィーンの現地時間で12月1日の午後10時に開始されるコンサートの生中継をテレビで鑑賞しようと考えた。このコンサートの開始日時は東京の現地時間で12月何日の何時であるか。その日時を午前，午後の区別をつけて書け。

ｄ　右のグラフは，東京の月平均気温と月降水量を，次のグラフⅠ，Ⅱは，略地図中のリール，ニースのいずれかの月平均気温と月降水量をそれぞれ示したものである。また，あとの文は，先生と太郎さんが，東京の月平均気温と月降水量を示したグラフと，グラフⅠ，Ⅱを見て会話した内容の一部である。文中の［　X　］内にあてはまる内容を **夏** **冬** の二つの言葉を用いて，簡単に書け。また，文中の〔　　〕内にあてはまる言葉を，㋐，㋑から一つ，㋒，㋓から一つ，それぞれ選んで，その記号を書け。

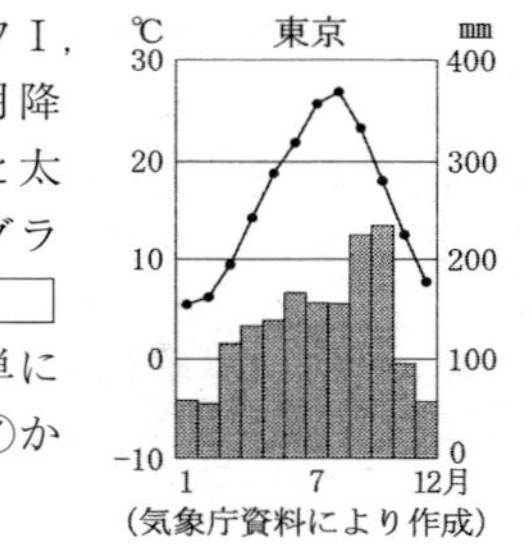

(気象庁資料により作成)

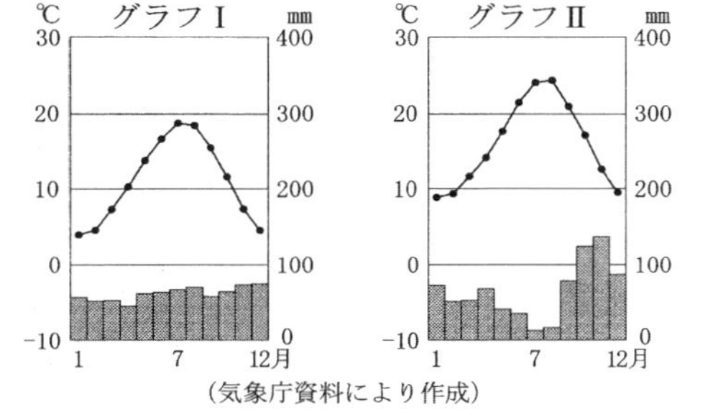

(気象庁資料により作成)

先生：東京とグラフⅠ，Ⅱでそれぞれ示した都市は，いずれも温帯の気候に属していますが，気温と降水量に特徴があります。それぞれのグラフから，どのような特徴が読み取れますか。

太郎：はい。グラフⅠ，Ⅱでそれぞれ示した都市の気温は，東京と比べて，一年を通した気温の差が小さいことがわかります。また，グラフⅠ，Ⅱでそれぞれ示した都市の降水量は，グラフⅠで示した都市では，一年を通して降水量の差が小さいのに対して，グラフⅡで示した都市では，［　　X　　］という特徴が読み取れます。

先生：そのとおりです。グラフⅠで示した都市は，偏西風とヨーロッパの大西洋岸を流れる〔㋐暖流　㋑寒流〕の影響を受け，一年を通して気温や降水量の差が小さくなります。このことから考えると，グラフⅠで示した都市はどこだと考えられますか。

太郎：はい。グラフⅠで示した都市は〔㋒リール　㋓ニース〕です。

先生：そのとおりです。

(2)　下の地形図は，旅行で長崎県を訪れた中学生の太郎さんが，五島市の福江島で地域調査をおこなった際に使用した，国土地理院発行の2万5千分の1の地形図（五島福江）の一部である。これに関して，あとのa～gの問いに答えよ。

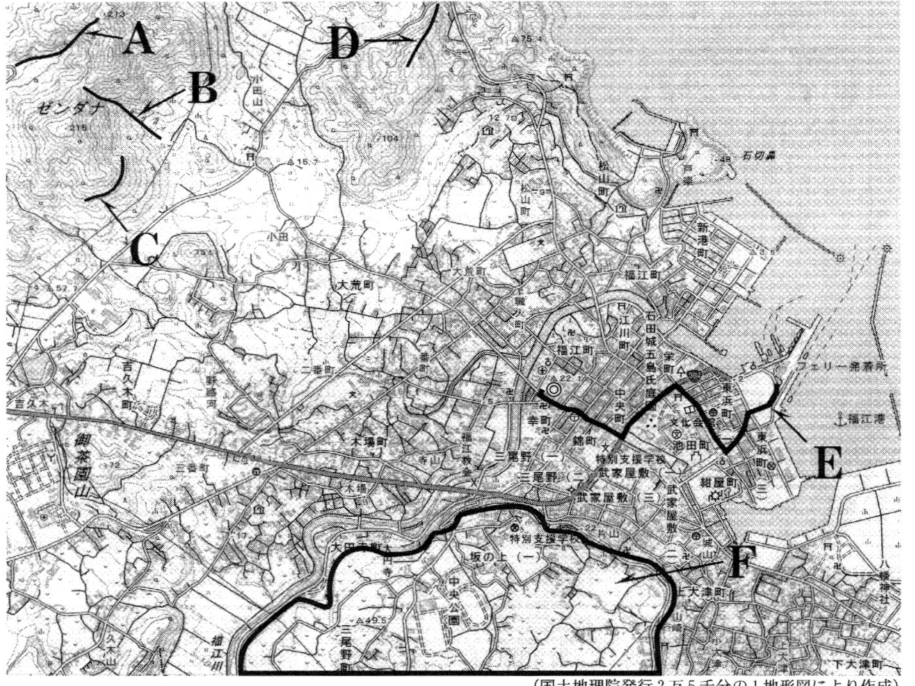

(国土地理院発行2万5千分の1地形図により作成)

a　尾根とは，山地の一番高いところの連なりのことであるが，地形図中に示したA～Dのうち，尾根を示したものとして最も適当なものはどれか。一つ選んで，その記号を書け。

b　太郎さんは，福江島を訪れ，フェリー発着所から市役所に向かった。地形図中のEは，太郎さんがフェリー発着所から市役所に向かったときに通った経路を示したものである。また，次の文は，太郎さんが，地形図中のEで示した経路でフェリー発着所から市役所に向かったときのようすについてまとめたものである。文中の下線部㋐～㋓のうち，誤っているものはどれか。一つ選んで，その記号を書け。

　フェリー発着所を出発して南西方向に進むと，通りに出た。その通りを渡り，さらに進むと，㋐右前方に城跡が見える角にたどり着いた。その角を右に曲がり，まっすぐ進むと，㋑左側に図書館が見えてきた。さらにまっすぐ進むと，㋒右前方に税務署がある角にたどり着いた。その角を左に曲がり，さらに進むと，右前方に小学校が見える角にたどり着いた。その角を右に曲がり，まっすぐ進むと，㋓左側に郵便局が見えてきた。さらにまっすぐ進むと，右側に市役所があり，市役所にたどり着いた。

c　地形図中のFで示した範囲は，台地である。一般に台地は，水田ではなく主に畑や茶畑などに利用されているが，それはなぜか。　**標高　水**　の二つの言葉を用いて，簡単に書け。

d　次の資料は，太郎さんが1962年に福江島で発生した福江大火から災害時の対応について考えて，まとめようとしたものの一部である。文中のP，Qの［　　］内にあてはまる言葉の組み合わせとして最も適当なものは，あとのア～カのうちのどれか。一つ選んで，その記号を書け。また，文中の［　X　］内には，ほかの住民と協力し，災害時にとるべき行動を事前に確認したり，身につけたりするために，参加する活動の内容が入る。その内容は何か。簡単に書け。

> 1962年9月26日深夜に出火し，福江島の市街地のほとんどが焼失した福江大火と呼ばれる大規模な火災が発生した。被災した福江島では，当時，消防隊や警察，自衛隊によって，がれきの撤去や支援物資の配給などがおこなわれた。
> このように災害時には，国や都道府県，市区町村などによって［　P　］と呼ばれる被害者の救助や支援などがおこなわれる。しかし，災害時に，国や都道府県，市区町村などの救助や支援に頼るだけでなく，自らの力で，自分自身や家族を守ることも大切である。さらに，住民が協力し助け合う［　Q　］と呼ばれる行動をとることが求められる。そのためには，普段から［　X　］に参加するなど，ほかの住民と協力し，災害時にとるべき行動を事前に確認したり，身につけたりすることが大切である。

ア〔P　自助　　Q　共助〕　　イ〔P　自助　　Q　公助〕
ウ〔P　共助　　Q　自助〕　　エ〔P　共助　　Q　公助〕
オ〔P　公助　　Q　自助〕　　カ〔P　公助　　Q　共助〕

e　福江島の付近の海域には，国連海洋法条約で定められた排他的経済水域が設定されている。次の㋐～㋓のうち，わが国の排他的経済水域において，どの国もわが国の許可なく自由におこなうことができるものはどれか。二つ選んで，その記号を書け。

㋐　魚などの水産資源をとる　　㋑　海底にある鉱産資源を利用する
㋒　フェリーや貨物船で通行する　　㋓　パイプラインを敷設(ふせつ)する

f　下の表は，わが国の1970年，1985年，2000年，2015年における遠洋漁業，沖合漁業，沿岸漁業のそれぞれの漁獲量と加工品を含む水産物輸入量の推移を示そうとしたものである。表中のア～エは，遠洋漁業，沖合漁業，沿岸漁業のそれぞれの漁獲量と加工品を含む水産物輸入量のいずれかを示している。ア～エのうち，遠洋漁業の漁獲量と加工品を含む水産物輸入量にあたるものはそれぞれどれか。一つずつ選んで，その記号を書け。

	1970年	1985年	2000年	2015年
ア	75	226	588	426
イ	328	650	259	205
ウ	189	227	158	108
エ	343	211	85	36

(注)単位は万t　　（農林水産省資料などにより作成）

g　太郎さんは，長崎県が観光に力を入れていることを知り，九州地方の観光について調べた。下の表は，2019年における九州地方の各県を目的地とした国内旅行の宿泊旅行者延べ人数と，そのうちの旅行目的が観光・レクリエーションである旅行者数をそれぞれ示したものである。また，下の略地図は，表をもとに各県を目的地とした国内旅行の宿泊旅行者の延べ人数に占める旅行目的が観光・レクリエーションである旅行者数の割合について，作図しようとしたものである。下の略地図中にA，Bで示した県について，凡例(はんれい)に従って作図をおこない，解答欄の図の中に書け。

県　名	宿泊旅行者延べ人数（千人）	観光・レクリエーション（千人）
福　岡	10281	3682
佐　賀	2139	683
長　崎	4579	2770
熊　本	5125	2219
大　分	4906	3291
宮　崎	2356	887
鹿児島	3792	2001
沖　縄	7235	5446

（「データでみる県勢 2021」により作成）

凡　例
60%以上
50～60%
40～50%
40%未満
A
B

(3)　下の資料Ⅰは，花子さんが，2018年における日本，フランス，オランダ，スウェーデン，カナダの品目別食料自給率の特徴についてまとめたものの一部である。また，資料Ⅱは，2018年における日本，フランス，オランダ，スウェーデン，カナダの品目別食料自給率についてそれぞれ示そうとしたものである。資料Ⅱ中のア～エは，フランス，オランダ，スウェーデン，カナダのいずれかにあたる。資料Ⅱ中のア～エのうち，資料Ⅰから考えると，フランスとスウェーデンにあたるものはそれぞれどれか。一つずつ選んで，その記号を書け。

資料Ⅰ

- 穀類の食料自給率よりも，いも類の食料自給率が高いのは，日本とオランダである。
- 野菜類の食料自給率と果実類の食料自給率がともに日本よりも低いのは，スウェーデンとカナダである。
- 肉類の食料自給率が100％以上であるのは，オランダ，カナダ，フランスである。

資料Ⅱ

	穀　類（%）	いも類（%）	野菜類（%）	果実類（%）	肉　類（%）
日　本	28	73	77	38	51
ア	10	150	347	39	253
イ	197	154	59	25	136
ウ	102	78	34	6	76
エ	176	130	72	65	103

（「データブック　オブ・ザ・ワールド 2023」などにより作成）

(4) 下の資料Ⅰは，世界の原油消費量の推移を，資料Ⅱは，アメリカ合衆国，中国，ロシア，インド，日本の原油消費量の推移を，資料Ⅲは，2019年における中国，インド，アメリカ合衆国，ロシア，日本の人口をそれぞれ示したものである。あとのア～エのうち，資料Ⅰ～Ⅲからわかることについて述べたものとして最も適当なものはどれか。一つ選んで，その記号を書け。

資料Ⅰ　世界の原油消費量の推移

	2004年	2009年	2014年	2019年
世界の原油消費量(百万 t)	3651	3670	3894	4017

資料Ⅱ　原油消費量の推移

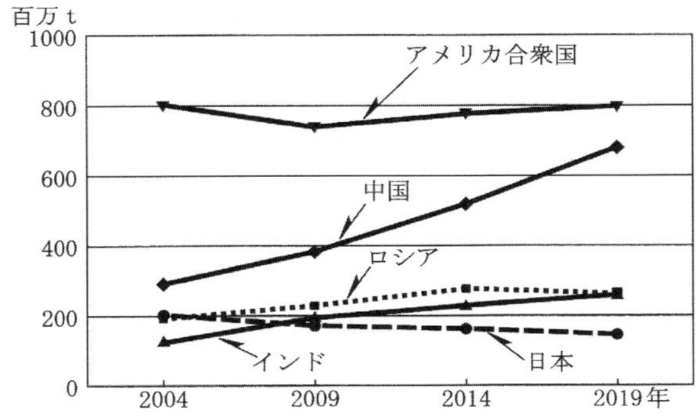

百万 t
アメリカ合衆国
中国
ロシア
インド
日本
2004　2009　2014　2019年

（「日本国勢図会 2022/23」などにより作成）

資料Ⅲ　2019年における人口

国名	人口（百万人）
中国	1434
インド	1366
アメリカ合衆国	329
ロシア	146
日本	126

ア　2004年と2009年の世界の原油消費量に占めるアメリカ合衆国の原油消費量の割合を比べると，世界の原油消費量に占めるアメリカ合衆国の原油消費量の割合が小さいのは，2004年である

イ　2009年と2014年のロシア，インド，日本の原油消費量を比べると，2009年から2014年にかけて原油消費量が増加しているのは日本である

ウ　2019年における，中国，ロシア，インドのそれぞれの原油消費量を合わせると，2019年における世界の原油消費量の5割以上である

エ　2019年における，アメリカ合衆国と中国の一人当たりの原油消費量を比べると，2019年における一人当たりの原油消費量が多いのはアメリカ合衆国である

(1)	a		b		c	12月　日　時
	d	内容	雨が，
		記号	○ と ○
(2)	a		b	○
	c	
	d	記号	
		内容	
	e	○ と ○
	f	遠洋漁業の漁獲量	
		加工品を含む水産物輸入量	
	g	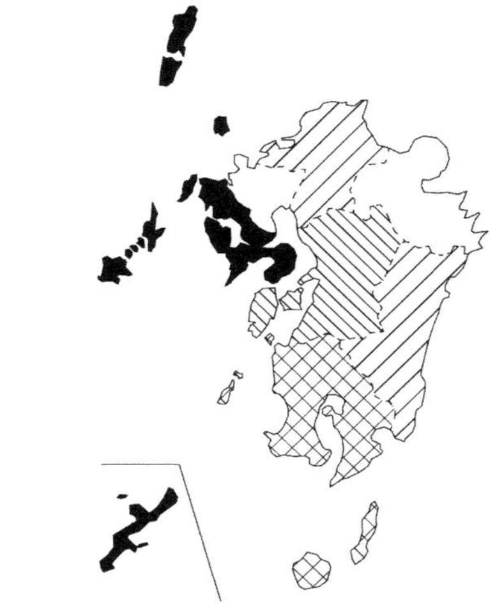
(3)	フランス		スウェーデン		(4)	

令和６年度入試問題　理科

1　次のA，Bの問いに答えなさい。

A　太郎さんは，日本のある地点で，５月下旬から６月下旬にかけて，太陽系の惑星の観察をした。観察をした時期によって，見える惑星が異なっていることに興味をもった太郎さんは，太陽系の惑星について調べることにした。下の表は，太陽系の８つの惑星について，地球を１としたときの赤道半径と質量，それぞれの惑星の平均密度，太陽地球間を１としたときの太陽からの平均距離，地球の公転周期を１年としたときのそれぞれの惑星の公転周期をまとめようとしたものであり，表中のＰ～Ｒは太陽系の８つの惑星のうちのいずれかである。これに関して，あとの(1)～(4)の問いに答えよ。

表

	惑星	赤道半径（地球＝１）	質量（地球＝１）	平均密度 [g/cm^3]	太陽からの平均距離（太陽地球間＝１）	公転周期 [年]
地球型惑星	地球	1.00	1.00	5.51	1.00	1.00
	金星	0.95	0.82	5.24	0.72	0.62
	P	0.38	0.06	5.43	0.39	0.24
	Q	0.53	0.11	3.93	1.52	1.88
木星型惑星	木星	11.21	317.83	1.33	5.20	11.86
	天王星	4.01	14.54	1.27	19.22	84.25
	海王星	3.88	17.15	1.64	30.11	165.23
	R	9.45	95.16	0.69	9.55	29.53

(1)　太陽系の８つの惑星は，さまざまな特徴から，地球型惑星と木星型惑星の２つのグループに分けることができる。木星型惑星は地球型惑星に比べて，太陽からの平均距離が大きく，公転周期が長いという特徴があるが，このことのほかにどのような特徴があるか。表からわかる特徴を，　**赤道半径と質量　平均密度**　の２つの言葉を用いて，簡単に書け。

(2)　太郎さんは，お父さんと，７月以降も続けて金星の観察をした。すると，夕方または明け方には金星を観察できることがあったが，真夜中には金星を観察することができなかった。これに関して，次のａ，ｂの問いに答えよ。

ａ　右の図は，太郎さんが観察をした６月のある日の太陽と金星と地球の位置関係を模式的に示したものである。地球は，太陽のまわりを１年で１回公転する。それに対して，金星は，約0.62年で１回公転するため，太陽のまわりを１か月あたり約50°公転することになる。次の㋐～㋓のうち，図に示したある日から３か月後の地球と金星の位置関係を模式的に示したものとして，最も適当なものを一つ選んで，その記号を書け。また，太郎さんが観察をした地点では，図に示したある日から３か月後に，金星がいつごろどの方向に見えるか。下のカ～ケから最も適当なものを一つ選んで，その記号を書け。

図

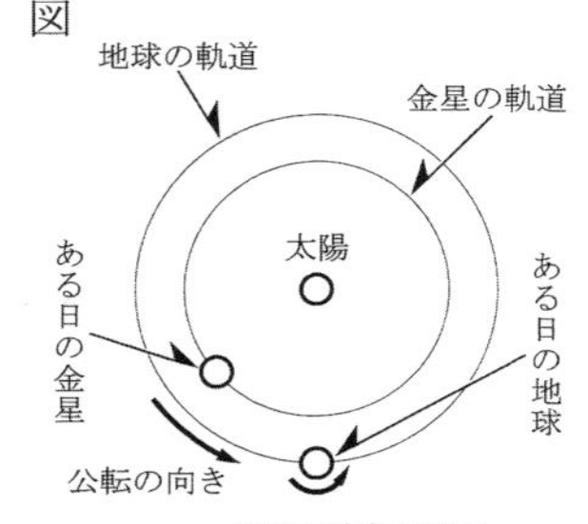

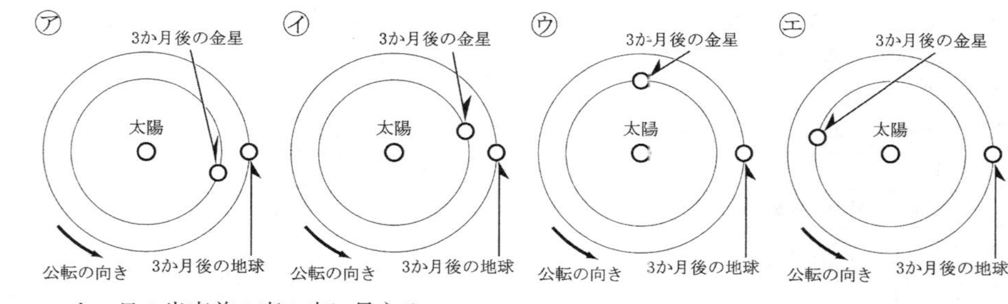

カ　日の出直前の東の空に見える
キ　日の出直前の西の空に見える
ク　日の入り直後の東の空に見える
ケ　日の入り直後の西の空に見える

ｂ　次の文は，金星が真夜中に観察できない理由と，同様の理由で真夜中に観察できない惑星について述べようとしたものである。文中の□内にあてはまる内容を，　**公転**　の言葉を用いて，簡単に書け。また，文中の〔　　〕内にあてはまる言葉を，㋐，㋑から一つ選んで，その記号を書け。

金星は，□。そのために，地球から見ると，真夜中には観察できない。同様の理由で，前の表中の〔㋐惑星Ｐ　㋑惑星Ｑ〕も真夜中には観察できない。

(3)　太郎さんが観察をした６月のある日，惑星Ｑが見えた。前の表から考えると，惑星Ｑが地球から最も遠い位置にあるときの地球から惑星Ｑまでの距離は，惑星Ｑが地球から最も近い位置にあるときの地球から惑星Ｑまでの距離のおよそ何倍になると考えられるか。次のア～エのうち，最も適当なものを一つ選んで，その記号を書け。

ア　1.5倍　　イ　2.5倍　　ウ　2.9倍　　エ　4.8倍

(4)　次の文は，前の表中の惑星Ｒについて述べようとしたものである。文中の２つの〔　　〕内にあてはまる言葉を，㋐，㋑から一つ，㋒，㋓から一つ，それぞれ選んで，その記号を書け。

惑星Ｒは，〔㋐水素とヘリウム　㋑二酸化炭素〕を主成分とする大気をもち，〔㋒氷や岩石でできた巨大な環（リング）をもっている　㋓自転軸が公転面に垂直な方向から大きく傾き，ほぼ横倒しになっている〕。

B　地震に関して，次の(1)～(3)の問いに答えよ。

(1)　あとの表は，ある地震について震源からの距離が異なる観測地点①～③における地震の記録をまとめたものである。また，あとの図Ⅰは，この表をもとにして，この地震のゆれの始まった時刻と震源からの距離との関係を，初期微動の始まった時刻を○で，主要動の始まった時刻を●で表したものである。これに関して，あとのａ～ｃの問いに答えよ。

表

観測地点	初期微動の始まった時刻	主要動の始まった時刻	震源からの距離
①	22 時 08 分 21 秒	22 時 08 分 24 秒	22 km
②	22 時 08 分 26 秒	22 時 08 分 33 秒	52 km
③	22 時 08 分 42 秒	22 時 09 分 00 秒	148 km

図 I

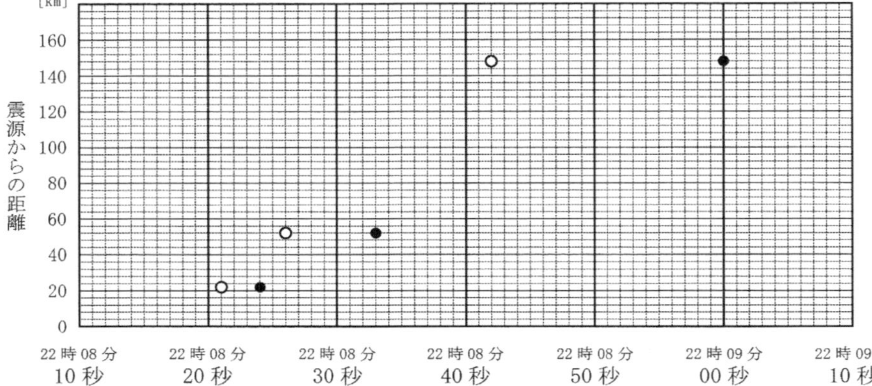

a　図 I に示した観測結果から推測される地震発生の時刻は，いつであると考えられるか。次のア～エのうち，最も適当なものを一つ選んで，その記号を書け。

ア　22時08分13秒　　イ　22時08分18秒

ウ　22時08分21秒　　エ　22時08分24秒

b　地震が起こったときに発表される情報には，震度やマグニチュードがある。次の文は，地震の震度とマグニチュードの違いについて述べようとしたものである。文中の３つの〔　　〕内にあてはまる言葉を，㋐，㋑から一つ，㋒，㋓から一つ，㋔，㋕から一つ，それぞれ選んで，その記号を書け。

地震が起こったときに発表される震度は，〔㋐地震の規模　㋑ゆれの大きさ〕を表し，マグニチュードは，〔㋒地震の規模　㋓ゆれの大きさ〕を表す。また，ある一つの地震において，震度は〔㋔震源からの距離などにかかわらず同じである　㋕震源からの距離などによって異なる〕。

c　地震が起こると，P 波と S 波は，震源で同時に発生し，それぞれほぼ一定の速さで大地を伝わる。また，P 波の方が S 波よりも速く伝わる。P 波と S 波の伝わり方の違いを利用したものに緊急地震速報がある。緊急地震速報は，震源に近い地点にある地震計に伝わった P 波を感知して，主要動をもたらす S 波の到着時刻の予測などを各地に知らせるものである。右の図 II は，太郎さんが，気象庁ホームページを利用して，ある地震の緊急地震速報についてまとめたものの一部である。この地震では，地震が発生した5時33分18秒から2秒後の5時33分20秒に，震源から17kmの地点にある地震計で P 波が感知されて，その8秒後の5時33分28秒に緊急地震速報が気象庁より発表された。また，震源から73kmの地点では，緊急地震速報の発表から10秒後に S 波が到着した。この地震において，震源から154kmの地点では，緊急地震速報の発表から約何秒後に S 波が到着したと考えられるか。次のア～エのうち，最も適当なものを一つ選んで，その記号を書け。

図 II　この地震において緊急地震速報が発表されるまでの流れ

5 時 33 分 18 秒
〔地震の発生〕
↓
5 時 33 分 20 秒
〔震源から17kmの地点にある地震計でP波を感知〕
↓
5 時 33 分 28 秒
〔地震計で感知されたP波をもとに，気象庁が緊急地震速報を発表〕

ア　約16秒後　　イ　約21秒後　　ウ　約32秒後　　エ　約43秒後

(2)　断層とは，岩盤の一部が破壊されて生じる地層や土地のずれのことである。このような断層のうち，過去に繰り返し地震を起こした証拠があり，今後もずれを生じて地震を起こす可能性があると考えられる断層は何と呼ばれるか。その名称を書け。

(3)　次の文は，日本列島付近で発生する地震について述べようとしたものである。文中の２つの〔　　〕内にあてはまる言葉を，㋐，㋑から一つ，㋒，㋓から一つ，それぞれ選んで，その記号を書け。

日本列島付近の大陸プレートと海洋プレートが接する境界で発生する地震の震源は，海溝を境として大陸側に多く分布しており，震源の深さは，太平洋側から日本海側に向かって，だんだん〔㋐深く　㋑浅く〕なっている。これは，日本列島付近では，〔㋒大陸プレートの下に海洋プレート　㋓海洋プレートの下に大陸プレート〕が沈み込んでいるためであり，このような場所では，プレートどうしの動きによって，地下に大きな力がはたらく。この力に地下の岩盤がたえられなくなると，岩盤の一部が破壊されて大きな地震が起こる。

<table>
<tr><td rowspan="4">A</td><td>(1)</td><td colspan="6">木星型惑星は地球型惑星に比べて，＿＿＿＿</td></tr>
<tr><td rowspan="2">(2)</td><td>a</td><td>位置関係</td><td>○</td><td>見える時間と方向</td><td colspan="2"></td></tr>
<tr><td>b</td><td>内容</td><td>地球よりも，＿＿＿＿している</td><td>記号</td><td>○</td></tr>
<tr><td>(3)</td><td colspan="2"></td><td>(4)</td><td colspan="3">○ と ○</td></tr>
<tr><td rowspan="2">B</td><td>(1)</td><td>a</td><td></td><td>b</td><td>○ と ○ と ○</td><td>c</td><td></td></tr>
<tr><td>(2)</td><td colspan="2"></td><td>(3)</td><td colspan="3">○ と ○</td></tr>
</table>

2 次のA，B，Cの問いに答えなさい。

A　エンドウの種子の形には丸形としわ形の２つの形質がある。丸形は顕性形質であり，しわ形は潜性形質である。このとき，種子を丸形にする遺伝子をA，しわ形にする遺伝子をａとする。これらの形質がどのように遺伝するかを調べるために，次の実験をした。これに関して，次の(1)～(3)の問いに答えよ。

実験　右の図のように，丸形の種子を育てた個体どうしをかけ合わせたところ，得られた子にあたる種子は丸形としわ形の割合がおよそ３：１になった。

図

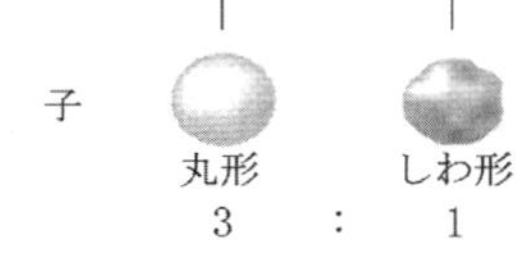

(1)　エンドウの種子の形には丸形としわ形の２つの形質があるが，一つの種子にはどちらか一方の形質しか現れない。エンドウの種子の丸形としわ形のように，同時に現れない２つの形質どうしは一般に何と呼ばれるか。その名称を書け。

(2)　実験の結果から，親の遺伝子の組み合わせについてどのようなことが考えられるか。次のア～エのうち，親の遺伝子の組み合わせについて考えられることを述べたものとして，最も適当なものを一つ選んで，その記号を書け。

ア　どちらの個体もＡＡである
イ　どちらの個体もＡａである
ウ　一方の個体はＡＡ，もう一方の個体はＡａである
エ　この実験の結果だけではＡとａの遺伝子の組み合わせを推測することはできない

(3)　花子さんと先生は，実験で得られた子にあたる丸形の種子の遺伝子の組み合わせを推測するために，かけ合わせをして調べる方法について会話した。次の文は，その会話の一部である。文中のＰ～Ｒの［　　］内にあてはまる言葉の組み合わせとして最も適当なものを，あとの表のア～エから一つ選んで，その記号を書け。

> 花子：先生，実験で得られた子にあたる丸形の種子の遺伝子の組み合わせを調べる方法はありませんか。
> 先生：子にあたる丸形の種子を育てたエンドウの個体に，［　P　］の純系のエンドウの個体をかけ合わせ，孫にあたる種子の丸形としわ形の割合を調べることで，子にあたる丸形の種子のエンドウの個体がもつ遺伝子の組み合わせを推測できますよ。
> 花子：なるほど。孫にあたる種子の丸形としわ形の割合がおよそ１：１なら，子にあたる丸形の種子の遺伝子の組み合わせは［　Q　］と推測でき，孫にあたる種子のほぼすべてが丸形なら，子にあたる丸形の種子の遺伝子の組み合わせは［　R　］と推測できるということですね。
> 先生：その通りです。

	P	Q	R
ア	丸形	ＡＡ	Ａａ
イ	丸形	Ａａ	ＡＡ
ウ	しわ形	ＡＡ	Ａａ
エ	しわ形	Ａａ	ＡＡ

B　植物の花のつくりの違いを調べるために，アブラナの花とマツの花を観察した。これに関して，次の(1)～(4)の問いに答えよ。

(1)　下の図Ⅰは，ルーペを用いて観察したアブラナの花のスケッチであり，下の図Ⅱは，マツの雌花と雄花がついている枝の一部のスケッチである。図Ⅰ中のａ，ｂはそれぞれアブラナの花のめしべまたはおしべのいずれかを，図Ⅱ中のｃ，ｄはそれぞれマツの雌花または雄花のいずれかを示している。花粉をつくる部分は，図Ⅰ中のａ，ｂおよび図Ⅱ中のｃ，ｄのうちそれぞれどちらか。下の表のア～エのうち，アブラナとマツの，花粉をつくる部分の組み合わせとして最も適当なものを一つ選んで，その記号を書け。

図Ⅰ

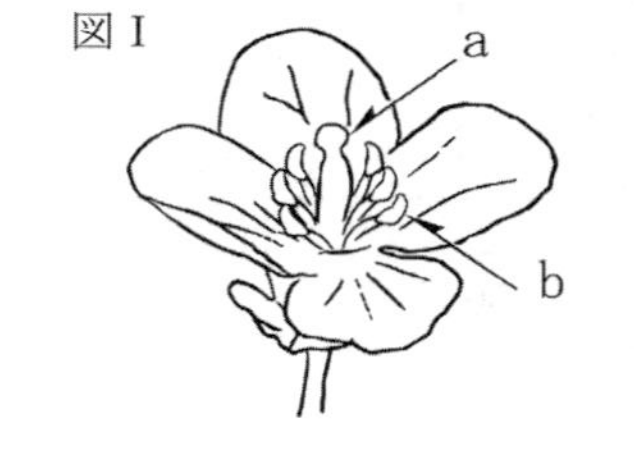

図Ⅱ

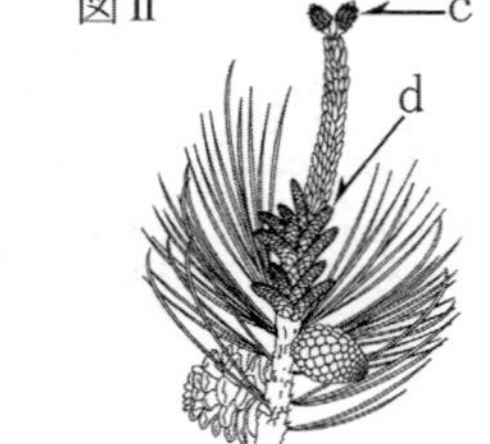

	アブラナ	マツ
ア	a	c
イ	a	d
ウ	b	c
エ	b	d

(2)　右の図Ⅲは，アブラナの花の観察に用いたルーペを示したものである。次の㋐～㋓のうち，ルーペを用いて，手にとったアブラナの花を観察するときの方法について述べたものとして，最も適当なものを一つ選んで，その記号を書け。

図Ⅲ

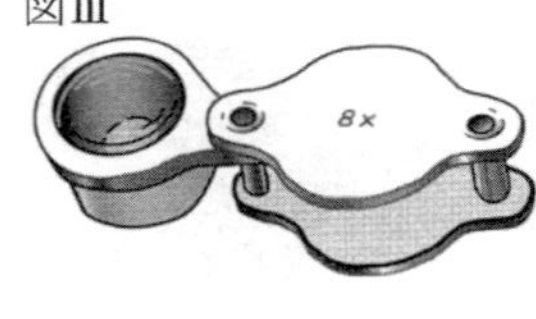

㋐　手にとったアブラナの花にできるだけルーペを近づけたまま，ルーペとアブラナの花をいっしょに前後に動かす
㋑　手にとったアブラナの花にできるだけルーペを近づけ，顔を前後に動かす
㋒　ルーペをできるだけ目に近づけ，手にとったアブラナの花を前後に動かす
㋓　手にとったアブラナの花と顔は動かさずに，ルーペのみを動かす

(3)　アブラナは被子植物に，マツは裸子植物にそれぞれ分類される。被子植物では，花のつくりのうち，胚珠にどのような特徴があるか。その特徴について，　**子房**　**胚珠**　の２つの言葉を用いて，簡単に書け。

(4)　アブラナやマツは種子植物と呼ばれ，種子をつくってなかまをふやすが，ゼニゴケなどのコケ植物は種子をつくらない植物である。次の文は，ゼニゴケがなかまをふやす方法について述べようとしたものである。文中の［　　］内に共通してあてはまる最も適当な言葉を書け。

コケ植物であるゼニゴケには雌株と雄株があり，雌株には＿＿＿のうができる。そこでつくられる＿＿＿によってなかまをふやす。

C　太郎さんは，いろいろな生物や細胞の観察をした。これに関して，次の(1)，(2)の問いに答えよ。

(1)　次の図Ⅰは，太郎さんが顕微鏡を用いて，観察をしているようすである。この顕微鏡を用いて観察すると，上下左右が反転して見えた。これに関して，次のa～cの問いに答えよ。

a　下の図Ⅱは，太郎さんがこの顕微鏡を用いて，図Ⅰのように観察したときの太郎さんの視野を模式的に表したものである。このとき，図Ⅱのように視野の左下の位置にミカヅキモが観察された。下の図Ⅲは，このときに顕微鏡のステージにのせたプレパラートのようすを模式的に示したものである。図Ⅲ中の**ア～エ**の矢印で示した方向のうち，このミカヅキモを視野の中央で観察するために，プレパラートを動かす方向として最も適当なものを一つ選んで，その記号を書け。

図Ⅰ

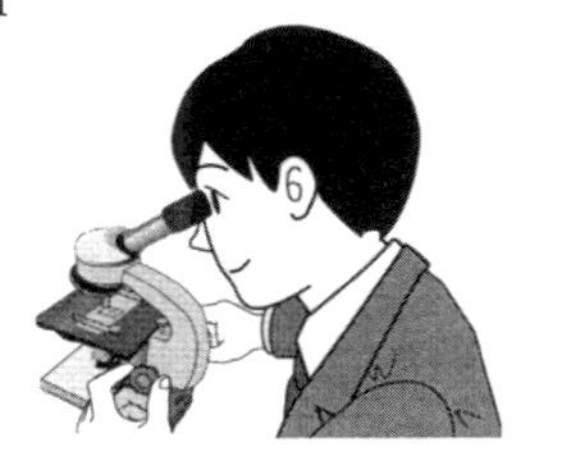

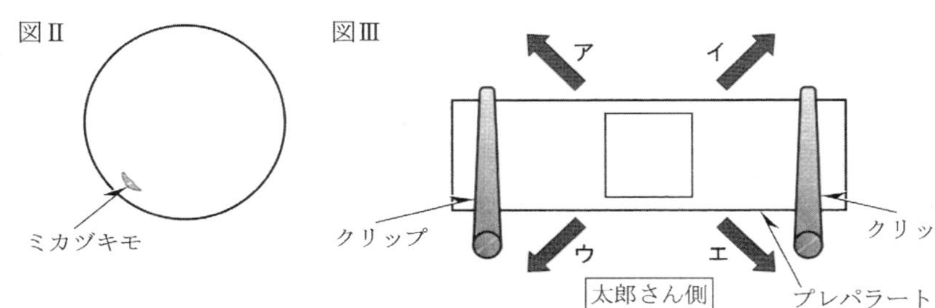

b　ミカヅキモは，からだが一つの細胞からできている単細胞生物に分類される。一方，生物の中には，からだが複数の細胞からできている多細胞生物も存在する。次の㋐～㋓のうち，多細胞生物はどれか。正しいものを２つ選んで，その記号を書け。

㋐　オオカナダモ　　㋑　ゾウリムシ　　㋒　ミジンコ　　㋓　アメーバ

c　多細胞生物であるタマネギやヒトのからだでは，形やはたらきが同じ細胞が集まって，組織をつくる。さらに，いくつかの種類の組織が集まり，特定のはたらきをもつ部分をつくる。この部分は何と呼ばれるか。その名称を書け。

(2)　太郎さんは，タマネギの表皮の細胞とヒトのほおの内側の細胞を，それぞれ酢酸オルセインで染色したあと，顕微鏡で観察して，スケッチした。これに関して，次のa，bの問いに答えよ。

a　あとの㋐，㋑の図は，このときのタマネギの表皮の細胞のスケッチと，ヒトのほおの内側の細胞のスケッチのいずれかを示したものである。あとの㋐，㋑の図のうち，タマネギの表皮の細胞のスケッチとして，最も適当なものを一つ選んで，その記号を書け。また，その図を選んだ理由を，図に表されている植物と動物の細胞のつくりの違いから考えて，簡単に書け。

㋐

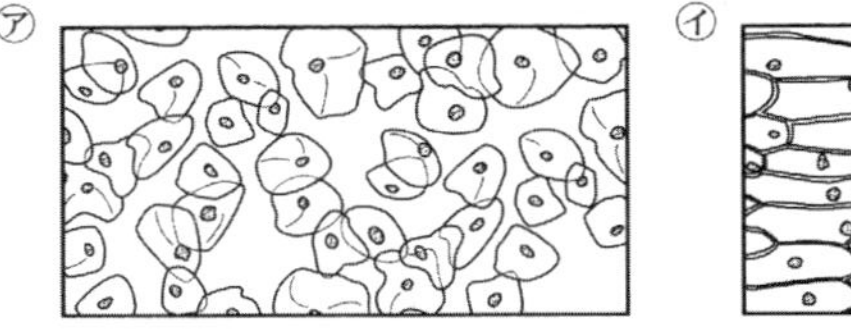

㋑

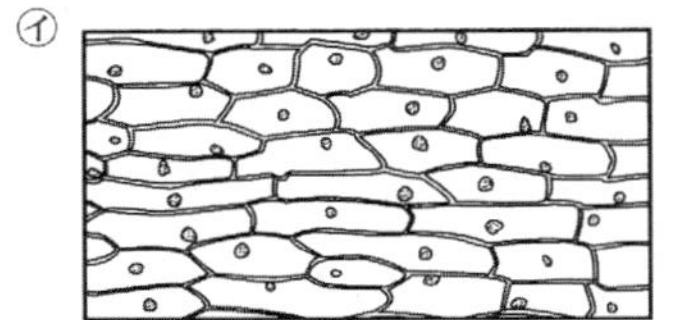

b　タマネギの表皮の細胞とヒトのほおの内側の細胞には，いずれも酢酸オルセインで染色された核がみられた。核の中には染色体があり，染色体は遺伝子をふくんでいる。遺伝子の本体である物質は一般に何と呼ばれるか。その名称をアルファベット３文字で書け。

<table>
<tr><td>A</td><td>(1)</td><td colspan="3"></td><td>(2)</td><td></td><td>(3)</td><td></td></tr>
<tr><td rowspan="3">B</td><td>(1)</td><td colspan="2"></td><td rowspan="2">(3)</td><td colspan="4">被子植物では，＿＿＿＿＿＿＿＿</td></tr>
<tr><td>(2)</td><td colspan="2">○</td></tr>
<tr><td>(4)</td><td colspan="3"></td></tr>
<tr><td rowspan="4">C</td><td>(1)</td><td>a</td><td colspan="2"></td><td>b</td><td>○ と ○</td><td>c</td><td></td></tr>
<tr><td rowspan="3">(2)</td><td rowspan="2">a</td><td>記号</td><td colspan="2">○</td></tr>
<tr><td>理由</td><td colspan="5">植物の細胞には，＿＿＿＿＿＿＿＿ため。</td></tr>
<tr><td>b</td><td colspan="2"></td></tr>
</table>

3　次のA，Bの問いに答えなさい。

A　次の文は，スチール缶，アルミニウム缶，カセットコンロで使用するカセットボンベとその中に入っている液体，ペットボトルとその中に入っている飲料についての，太郎さんと花子さんの会話の一部である。これに関して，あとの(1)～(5)の問いに答えよ。

> 太郎：スチール缶とアルミニウム缶は見た目がよく似ているから，材質を表示するマークがついていないと区別しにくいね。
> 花子：スチール缶は鉄でできているのよね。鉄とアルミニウムはどちらも金属だから共通の性質もあるけれど，異なる性質もあるから，材質を表示するマークを確認する以外にも鉄とアルミニウムを区別する方法①はあるよ。
> 太郎：その方法を使えば，このカセットボンベが鉄でできているのかアルミニウムでできているのかもわかりそうだね。ところで，このカセットボンベをふると，液体が少し入っているような音がするんだけど，何が入っているのかな。

花子：カセットボンベの中には，ブタンという天然ガスの成分が入っているのよ。でも，ブタンは水素や酸素のような気体であると学んだはずだけど。

太郎：②ブタンも水やエタノールのように状態変化をするのかもしれないな。

花子：そうかもしれないわね。また今度学校で先生に聞いてみましょう。

太郎：カセットボンベのような金属容器だと中身が見えないけれど，ペットボトルはガラスびんのように透明だから中身がよく見えるね。表示ラベルによると，中に入っているスポーツドリンクには，③Na^{+} や Ca^{2+} といったイオンが含まれているらしいよ。ペットボトルは軽いし，もし落としてしまっても割れにくいから便利だね。

花子：ペットボトルのようなプラスチック容器は確かに便利だけれど，プラスチックには燃やすと二酸化炭素が発生したり，種類によっては有害な気体が発生したりするものもあるから気をつけないとね。ほかにも，④プラスチックが回収されずに自然界に流出すると環境への影響も問題になるから，きちんと回収して，分別，リサイクルしていくことも大切よね。

(1) 文中の下線部①に鉄とアルミニウムを区別する方法とあるが，次の㋐～㋓のうち，鉄とアルミニウムを区別する方法として最も適当なものを一つ選んで，その記号を書け。

㋐ 電気を通すか通さないかを調べる
㋑ 磁石につくかつかないかを調べる
㋒ みがいて金属光沢が出るか出ないかを調べる
㋓ ハンマーでたたいてうすく広がるか広がらないかを調べる

(2) 太郎さんは鉄とアルミニウムについてさらに調べるため，後日，先生に鉄とアルミニウムのかたまりを用意してもらい，それぞれの質量を測定した。鉄のかたまりの質量は39.5gであり，アルミニウムのかたまりの質量は43.2gであった。また，それぞれの体積を測定すると，鉄のかたまりの体積は$5.0cm^3$であり，アルミニウムのかたまりの体積は$16.0cm^3$であった。次の文は，測定の結果からわかることについて述べようとしたものである。文中の□内にあてはまる数値を書け。また，文中の〔　　〕内にあてはまる言葉を，㋐～㋒から一つ選んで，その記号を書け。

測定の結果より，鉄の密度は□g/cm^3であることがわかる。また，鉄の密度とアルミニウムの密度を比較すると，鉄の密度は〔㋐アルミニウムの密度よりも大きい　㋑アルミニウムの密度と等しい　㋒アルミニウムの密度よりも小さい〕ことがわかる。

(3) 文中の下線部②にブタンも水やエタノールのように状態変化をするとあるが，次のア～エのうち，ブタン，水，エタノールの状態変化に共通する性質として最も適当なものを一つ選んで，その記号を書け。

ア 液体から固体に状態変化するときに質量が大きくなる性質
イ 液体から固体に状態変化するときに体積が小さくなる性質
ウ 液体から気体に状態変化するときに体積が大きくなる性質
エ 液体から気体に状態変化するときに質量が小さくなる性質

(4) 文中の下線部③に Na^{+} や Ca^{2+} といったイオンが含まれているとあるが，次の文はイオンについて述べようとしたものである。文中の〔　　〕内にあてはまる言葉を，㋐，㋑から一つ選んで，その記号を書け。また，文中の□内にあてはまるイオンを表す化学式を書け。

Na^{+} や Ca^{2+} のように，原子が電子を〔㋐受けとって　㋑失って〕，＋（プラス）の電気を帯びたものを陽イオンという。また，－（マイナス）の電気を帯びた陰イオンの一つである硫酸イオンを表す化学式は，□である。

(5) 文中の下線部④に，プラスチックが回収されずに自然界に流出すると環境への影響も問題になるとあるが，近年，自然界に流出したプラスチックによってどのような問題が生じているのか。その問題の例を，プラスチックを燃やすことで生じる問題以外で一つあげ，その一つの例についてプラスチックの性質を含めて簡単に書け。

B 物質の分解について調べるために，次の実験Ⅰ，Ⅱをした。これに関して，次の(1)～(5)の問いに答えよ。

実験Ⅰ 右の図Ⅰのように，かわいた試験管①に酸化銀の黒い粉末を入れて加熱し，発生した気体を水上置換で試験管②に集めた。気体が発生しなくなってから，ガラス管を水の中から取り出し，加熱をやめた。試験管②に集めた気体を調べると，酸素であることがわかった。そのあと，試験管①に残っていた白い固体を調べると，銀であることがわかった。

図Ⅰ

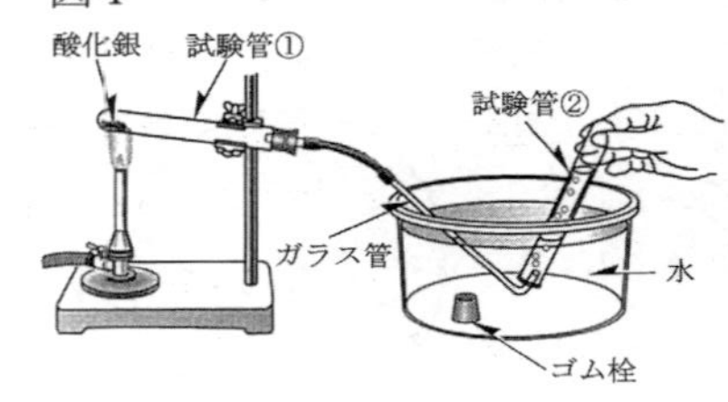

(1) 次のア～エのうち，試験管②に集めた気体が酸素であることを確かめるための方法と，集めた気体が酸素であることがわかる結果として，最も適当なものを一つ選んで，その記号を書け。

ア 集めた気体に水で湿らせた赤色リトマス紙を近づけると，リトマス紙が青色になる
イ 集めた気体にマッチの火を近づけると，その気体が空気中で音をたてて燃える
ウ 集めた気体に火のついた線香を入れると，線香が炎を出して激しく燃える
エ 集めた気体を石灰水に通じると，石灰水が白くにごる

(2) よくみがいた銀の表面を高倍率の電子顕微鏡で観察すると，原子とよばれる小さな粒子が集まってできていることがわかる。次のア～エのうち，原子について述べたものとして最も適当なものを一つ選んで，その記号を書け。

ア 原子は，現在約50種類が確認されている
イ 原子は，原子核と電子からできている
ウ 原子は，種類によらず，質量や大きさは一定である
エ 原子は，化学変化によって，ほかの種類の原子に変わることがある

実験Ⅱ 右の図Ⅱのように，酸化銀の黒い粉末をステンレス皿に入れて加熱したあと，よく冷やしてから質量をはかった。この操作を繰り返しおこない，ステンレス皿の中の物質の質量の変化を調べたところ，はじめは質量が減少したが，やがて減少し

図Ⅱ

なくなった。このときのステンレス皿の中の物質はすべて銀になっていた。下の表Ⅰは，酸化銀の粉末の質量を1.45g，2.90g，5.80gにしてそれぞれ実験し，加熱後の物質の質量が減少しなくなったときの物質の質量をまとめたものである。

表Ⅰ

酸化銀の粉末の質量[g]	1.45	2.90	5.80
加熱後の物質の質量が減少しなくなったときの物質の質量[g]	1.35	2.70	5.40

(3) 表Ⅰをもとにして，酸化銀の粉末の質量と，ステンレス皿の中の物質を加熱して質量が減少しなくなるまでの間に発生した酸素の質量との関係をグラフに表せ。

(4) 実験Ⅱで用いた酸化銀は，すべて銀原子と酸素原子が２：１の割合で結びついた化合物である。下の表Ⅱは，銀原子を●，酸素原子を○で表し，酸化銀，銀，酸素をモデルで表したものである。実験Ⅱにおける，酸化銀が分解して銀と酸素ができる化学変化を，化学反応式で表せ。

表Ⅱ

物質名	酸化銀	銀	酸素
モデル	●○●	●	○○

(5) 酸化銀の粉末7.25gを加熱すると，ステンレス皿の中の物質の質量は7.05gになった。このとき，分解せずに残っている酸化銀は何gと考えられるか。

A	(1)	○	(2)	数値	記号	○
	(3)		(4)	記号 ○	化学式	
	(5)	プラスチックには ＿＿＿＿ という性質があるため，＿＿＿＿ ＿＿＿＿ という問題。				
B	(1)		(2)			
	(3)	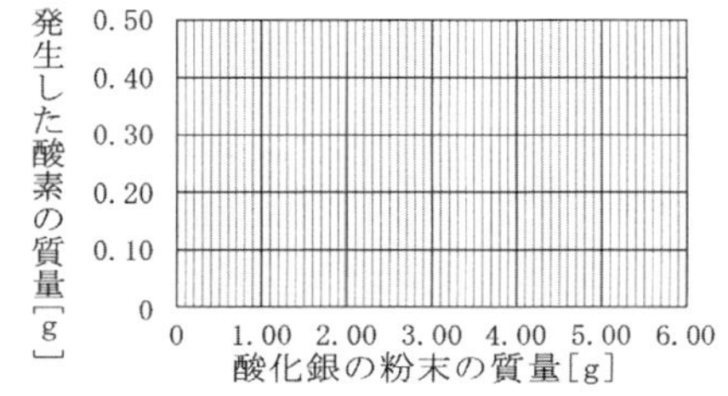 発生した酸素の質量[g] 0.50 0.40 0.30 0.20 0.10 0 ／ 0 1.00 2.00 3.00 4.00 5.00 6.00 酸化銀の粉末の質量[g]			(4)	$2Ag_2O$ → ＿＿＿＿
					(5)	g

4 次のA，B，Cの問いに答えなさい。

A 次の実験Ⅰ，Ⅱについて，あとの(1)〜(5)の問いに答えよ。

実験Ⅰ 右の図Ⅰのような装置を用いて，電熱線Ｐに電流を流したときの，水の上昇温度を調べる実験をした。まず，発泡ポリスチレンのカップの中に95gの水を入れ，室温20.5°Cと同じになるまで放置しておいた。次に，スイッチを入れて，電熱線Ｐに4.0Vの電圧を加え，水をときどきかき混ぜながら，５分間電流を流し，電流の大きさと水温を測定した。次に，電熱線Ｐに加える電圧を8.0V，12.0Vに変え，同じように実験をした。右の表Ⅰは，実験の結果をまとめたものである。

図Ⅰ

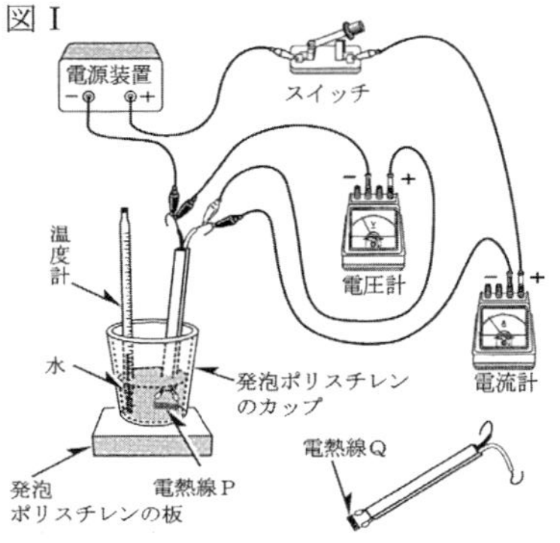

表Ⅰ

電熱線Ｐに加える電圧[V]	4.0	8.0	12.0
電熱線Ｐに流れる電流[A]	0.5	1.0	1.5
５分後の水温[℃]	21.5	24.5	29.5

(1) この実験をおこなうために，カップの中に水を入れたところ，水温が室温に比べてかなり低かった。この場合，カップの水を放置して，水温と室温が同じになってから実験をおこなわなければ，電熱線の発熱による水の上昇温度を正確に測定できない。それはなぜか。その理由を簡単に書け。

(2) 電熱線Ｐの抵抗は何Ωか。

実験Ⅱ 図Ⅰの装置で電熱線Ｐを電熱線Ｑにとりかえて，実験Ⅰと同じように実験をした。下の表Ⅱは，実験の結果をまとめたものである。

表Ⅱ

電熱線Ｑに加える電圧[V]	4.0	8.0	12.0
電熱線Ｑに流れる電流[A]	1.0	2.0	3.0
５分後の水温[℃]	22.5	28.5	38.5

(3) 電熱線Ｑに4.0Vの電圧を加え，５分間電流を流したとき，電熱線Ｑが消費した電力量は何Ｊか。

(4) 次の文は，実験Ⅰ，Ⅱにおいて，電熱線に流れた電流と，水の上昇温度について述べようとしたものである。文中の２つの〔　　〕内にあてはまる言葉を，㋐〜㋒から一つ，㋓〜㋕から一つ，それぞれ選んで，その記号を書け。また，文中の□内にあてはまる数値を書け。

電熱線に電流を流す時間と加えた電圧の大きさが同じであるとき，電熱線の抵抗が小さければ，流れる電流の値は〔㋐大きくなる　㋑変わらない　㋒小さくなる〕ため，水の上昇温度は〔㋓大きくなる　㋔変わらない　㋕小さくなる〕。また，電熱線Ｑに6.0Vの電圧を加え，５分間電流を流したとき，５分後の水温は□°Cになると考えられる。

(5) 実験Ⅰで用いた電熱線Ｐと，実験Ⅱで用いた電熱線Ｑを用いて，次の図Ⅱのように，電熱線Ｐと電熱線Ｑをつなぎ，それぞれの発泡ポリスチレンのカップの中に，水95gを入れ，室温と同じになるまで放置しておいた。その後，スイッチを入れて，水をときどきかき混ぜながら，

5分間電流を流した。このとき電圧計は12.0Vを示していた。次の文は，実験Ⅰ，Ⅱの結果から考えて，スイッチを入れてから5分後の電熱線Pによる水の上昇温度と，電熱線Qによる水の上昇温度について述べようとしたものである。文中の［　　］内にあてはまる数値を書け。また，文中の〔　　〕内にあてはまる言葉を，㋐，㋑から一つ選んで，その記号を書け。

実験Ⅰ，Ⅱの結果より，電熱線Qの消費電力は，電熱線Pの消費電力の［　　］倍になると考えられる。そのため，2つのカップの5分後の水温を比べると〔㋐電熱線P　㋑電熱線Q〕が入っているカップの方が高いと考えられる。

図Ⅱ

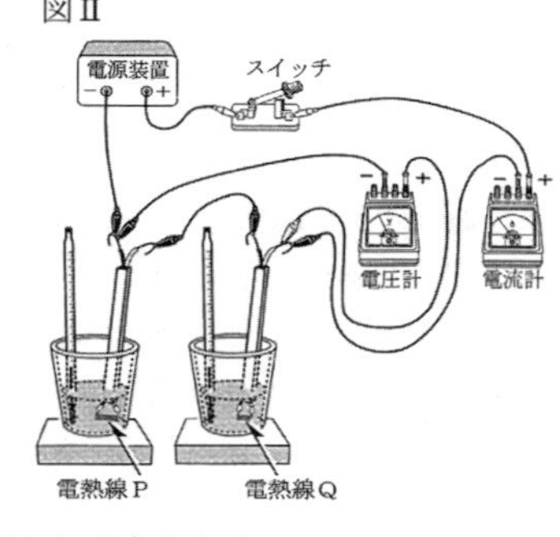

B　花子さんは，音の性質と伝わり方を調べるために，次の実験をした。これに関して，あとの(1)，(2)の問いに答えよ。

実験　花子さんは，右の図Ⅰのような装置を用いて，異なる高さの音を出す4つのおんさをそれぞれたたいたときに出る音の高さと，簡易オシロスコープの画面に表示される波形との関係を調べた。下の図Ⅱ～Ⅴは，4つのおんさをそれぞれたたいたときに，簡易オシロスコープの画面に表示された波形である。

図Ⅰ

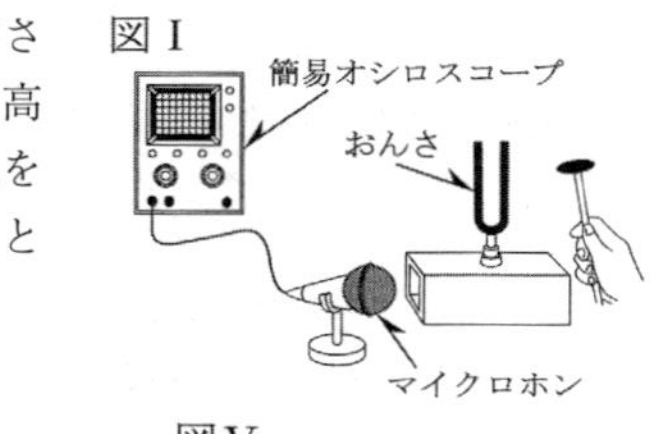

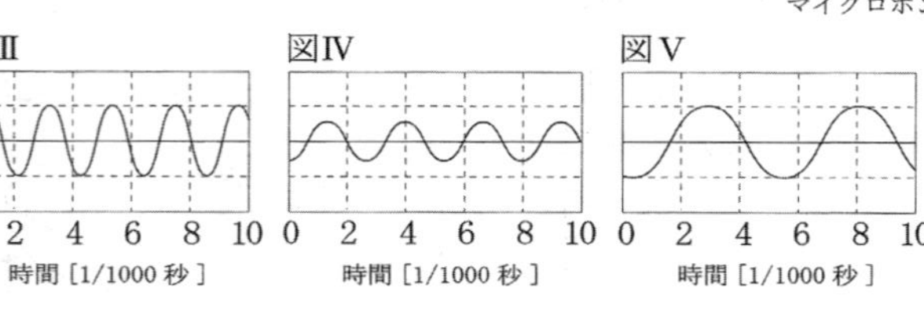

(1)　実験において，4つのおんさの中で最も高い音を出すおんさをたたいたときに，簡易オシロスコープの画面に表示された波形はどれか。次の㋐～㋓のうち，最も適当なものを一つ選んで，その記号を書け。

㋐　図Ⅱ　　㋑　図Ⅲ　　㋒　図Ⅳ　　㋓　図Ⅴ

(2)　花子さんは，音の伝わり方を調べるために，右の図Ⅵのような装置を用いて，鳴り続けているブザーを密閉されたガラス容器の中に入れたのちに，ガラス容器の中の空気を真空ポンプでぬき，聞こえてくるブザーの音の大きさがどのように変化するかを測定器で測定した。あとの文は，その測定結果と，そこから考えられることについて述べようとしたものである。文中の2つの〔　　〕内にあてはまる言葉を，㋐～㋒から一つ，㋓～㋕から一つ，それぞれ選んで，その記号を書け。

図Ⅵ

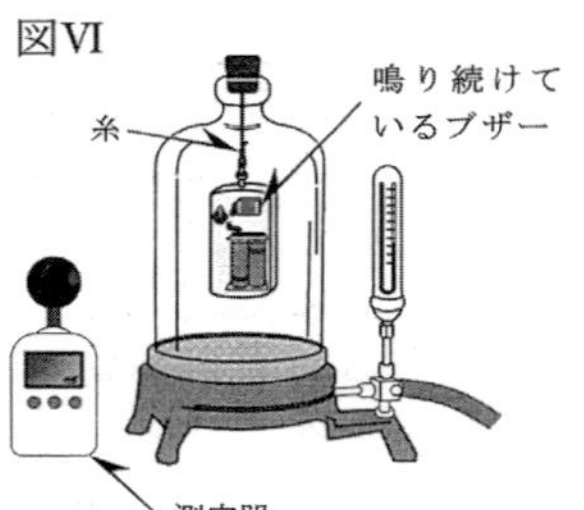

この装置において，ガラス容器の中の空気をぬいていったとき，測定されたブザーの音の大きさは〔㋐大きくなった　㋑変わらなかった　㋒小さくなった〕。このことから，空気は〔㋓音を伝える　㋔音を伝えるのを妨げる　㋕音の伝わり方に影響しない〕と考えられる。

C　太郎さんは，物体の運動やエネルギーについて調べるために，次の実験Ⅰ，Ⅱをした。これに関して，あとの(1)～(5)の問いに答えよ。

実験Ⅰ　右の図Ⅰのような装置を用いて，自由落下させた質量10gのおもりを，一定の間隔で発光するストロボスコープを使って写真にとったところ，下の図Ⅱのようになった。図Ⅱ中のK点は，おもりが手から離れた位置，L～N点はK点でおもりが手を離れてからの0.1秒ごとのおもりの位置である。また，図Ⅰの装置を用いて，いろいろな質量のおもりをいろいろな高さから，静かに手を離して自由落下させ，力学的エネルギー実験器のくいに衝突させたところ，衝突後，くいはおもりと一緒に動いて止まった。下の図Ⅲは，質量が10g，20g，30g，40gのおもりを用いて実験したときの，おもりを離す高さとくいの動いた距離との関係をグラフに表したものである。

図Ⅰ

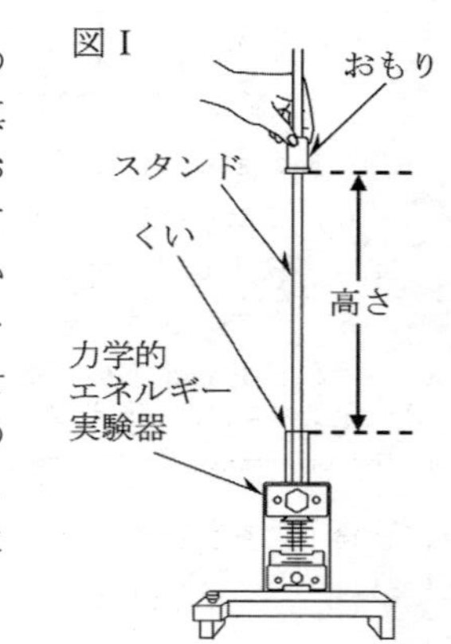

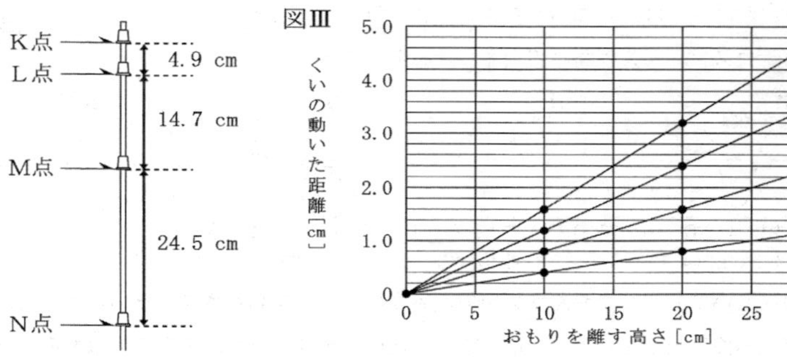

(1)　図Ⅱで，K点とM点の間のおもりの平均の速さは何m/sか。

(2)　次の文は，実験Ⅰの結果から考えられることについて述べようとしたものである。文中のP，Qの［　　］内にあてはまる最も適当な言葉を，それぞれ簡単に書け。

実験Ⅰにおいて，くいの動いた距離が大きいほど，手から離れた位置でおもりがもっていた位置エネルギーが大きいと考えられる。このことから，おもりがもっている位置エネルギーの大きさは，おもりの質量と手を離したときの高さに関係し，おもりの質量が［　P　］と考えられ，また，手を離したときの高さが［　Q　］と考えられる。

(3)　実験Ⅰの結果から考えると，この装置を用いて，質量25gのおもりでくいを2.0cm動かすためには，おもりを何cmの高さから落下させればよいと考えられるか。

実験Ⅱ　下の図Ⅳのような装置を用いて，いろいろな質量の小球をいろいろな高さから静かに転がし，レール上に置いた木片に衝突させたところ，衝突後，木片は小球と一緒に動いて止まった。このようにして木片の動いた距離を繰り返し測定した。また，速さ測定器を用いて，木片に衝突する直前の小球の速さを測定した。下の図Ⅴは，質量が9g，14g，22g，31gの小球を用いて実験したときの，木片に衝突する直前の小球の速さと木片の動いた距離との関係をグラフに表したものである。

図Ⅳ

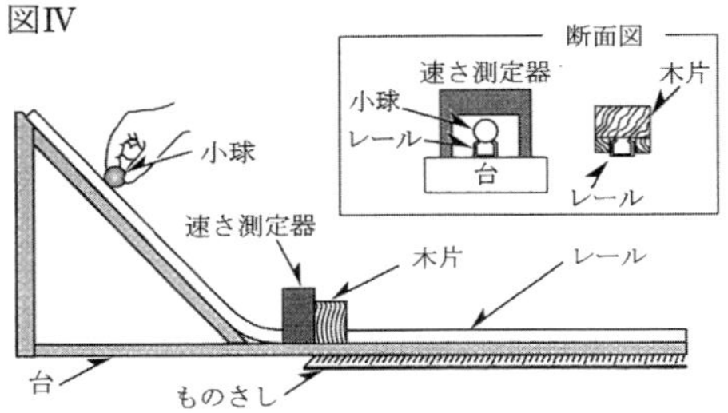

図Ⅴ

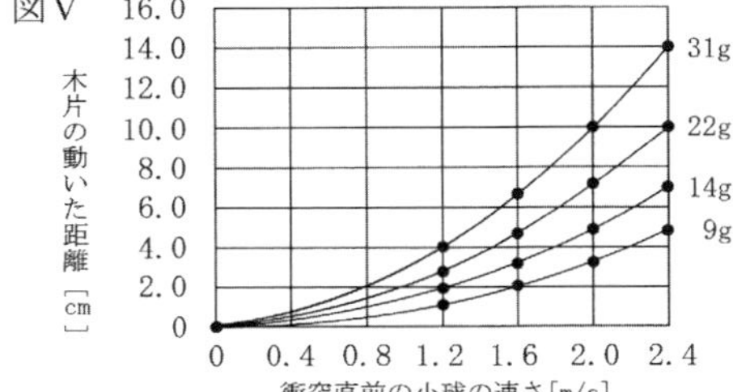

(4)　右の図Ⅵは，小球が木片に衝突したときのようすを模式的に示したものであり，木片が小球から受ける力を矢印（⟶）で表している。このとき，小球が木片から受ける力を，力のはたらく点がわかるようにして，解答欄の図中に矢印で表せ。

図Ⅵ

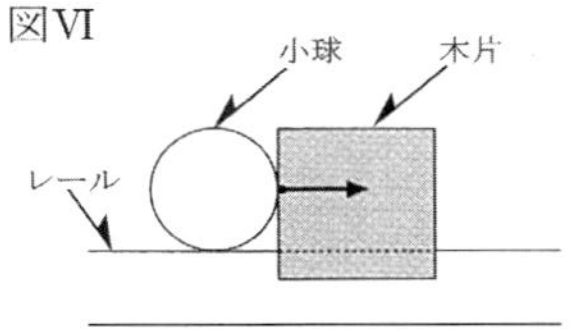

(5)　次の文は，実験Ⅱについての太郎さんと先生の会話の一部である。文中の □ 内に共通してあてはまる最も適当な言葉を書け。また，文中の２つの〔　　〕内にあてはまる言葉を，㋐，㋑から一つ，㋒～㋔から一つ，それぞれ選んで，その記号を書け。

太郎：小球が木片に衝突した後，木片が動いたということは，衝突後に小球が木片に □ をしたということですね。
先生：そうですね。小球がもっている運動エネルギーはどのように変化したのでしょうか。
太郎：はい。小球が木片に □ をしたことで，小球がもっていた運動エネルギーが〔㋐増加　㋑減少〕したのだと思います。
先生：その通りです。
太郎：小球の質量や速さを変化させると，木片の動いた距離が変化することから，小球がもっている運動エネルギーが，小球の質量と小球の速さに関係していることがわかるのですね。
先生：そうですね。では，実験Ⅱの結果から考えると，質量24gの小球を1.2m/sの速さで木片に衝突させたときに木片が動く距離に比べて，質量12gの小球を2.4m/sの速さで木片に衝突させたときに木片が動く距離はどのようになると考えられますか。
太郎：はい。〔㋒大きくなる　㋓変わらない　㋔小さくなる〕と思います。
先生：その通りです。

A	(1)				
	(2)	Ω	(3)	J	
	(4)	記号	○ と ○	数値	
	(5)	数値		記号	○
B	(1)	○	(2)	○ と ○	
C	(1)	m/s			
	(2)	P			
		Q			
	(3)	cm			
	(4)		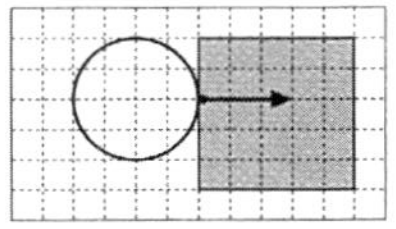 (5)	言葉	記号 ○ と ○

令和６年度入試問題　英語

2 次の対話文は，オーストラリアから来た留学生の Ted と，中学生の Rio が遊びに出かけたときの会話である。これを読んで，あとの(1)～(3)の問いに答えなさい。（＊印をつけた語句は，あとの㊟を参考にしなさい。）

Rio ： The movie was fun! Have you ever watched any other movies in this *series?
Ted ： Yes, I have. I like this series very much. Hey, are you hungry? [(a)]
Rio ： Sure. ①Let's go to a restaurant and have [ ].
(***at a restaurant***)
Ted ： By the way, I was really surprised to see Japanese coins.
Rio ： [(b)]
Ted ： Because I've never seen coins with *holes in Australia. This is a unique feature, right?
Rio ： Yes. Are there any other *differences between Japanese money and *Australian money?
Ted ： *Material is different. Australian *banknotes *are made of *plastic. ②We can use them even after we wash them because particular material is used to make them.
Rio ： That's interesting! I want to see and touch them. [(c)]
Ted ： Just a moment. Oh, I have a five-dollar banknote. [(d)]
Rio ： Thank you. Wow, this is smaller than Japanese ones.
Ted ： Right. Also, Australian banknotes are more colorful than Japanese ones.

㊟ series：シリーズ　hole(s)：穴　difference(s)：違い
Australian：オーストラリアの　material：素材　banknote(s)：紙幣
are made of～：～でできている　plastic：プラスチック

(1) 本文の内容からみて，文中の(a)～(d)の[ ]内にあてはまる英文は，次のア～クのうちのどれか。最も適当なものをそれぞれ一つずつ選んで，その記号を書け。

ア How about you?　イ Yes, please.
ウ Can I show you Japanese money?　エ Why don't we eat something?
オ Why do you have coins?　カ Here you are.
キ Do you have some?　ク Why were you so surprised?

(2) 下線部①を，「レストランに行って昼食を食べましょう。」という意味にするには，[ ]内に，どのような語を入れたらよいか。最も適当な語を一つ書け。

(3) 下線部②に particular という語があるが，この語と同じような意味を表す語は，次のア～エのうちのどれか。最も適当なものを一つ選んで，その記号を書け。

ア similar　イ special　ウ terrible　エ weak

(1)	(a)		(b)		(c)		(d)	
(2)			(3)					

3 次の文章は，香川県の中学校に通う健太(けんた)が，英語の授業で発表したスピーチである。これを読んで，あとの(1)～(9)の問いに答えなさい。（＊印をつけた語句は，あとの㊟を参考にしなさい。）

One day, when I was talking with Misa and William, she said to him, "Do you know *wasanbon*?" He answered, "No, I've never ①(hear) of it. What's *wasanbon*?" She answered, "It's a kind of Japanese *sugar. I went to a *wasanbon* *factory. These are for you." She gave us some *wasanbon* candies. We ate her cute presents soon. They were delicious. ②[ ] I looked for other *wasanbon* sweets. I asked my friends about *wasanbon* sweets, and I found various *wasanbon* sweets. For example, Misa ③[ ] me that she found some *wasanbon* cakes. I was surprised that *wasanbon* was used for many sweets. ④なぜそれは今，人気なのでしょうか。

To find the answer, I studied about *wasanbon*. Sugar is made from *sugarcane. Some people say that ⑤*Hiraga Gennai (of started the one who is people) to *grow it in Kagawa. Later, another person *succeeded in producing sugar from the sugarcane and it's called *wasanbon*. To make good *wasanbon*, you need to *stew the juice from sugarcane for a very long time and *knead it many times. Then you *dry it. ⑥Like this, (is hard it make very it to). Also, *wasanbon* candies have a lot of *shapes. They show four seasons, nature, or animals. To make the shapes, you need *wooden molds and *techniques. By these ⑦[ ] *processes, we can enjoy both the good *tastes and the beautiful shapes.

By studying about *wasanbon*, I found the good part of Kagawa more. To make wonderful *wasanbon*, great techniques are needed. ⑧[ ] the *efforts and great techniques, people can enjoy *wasanbon*. I got more interested in it than before. I know that when many people hear the word "Kagawa," they think of *udon*. I want more people to know *wasanbon* and enjoy it, too. ⑨私はそれを，インターネットを使って，うどんと同じくらい有名にするつもりです。 Let's enjoy *wasanbon* together!

㊟ sugar：砂糖　factory：工場　sugarcane：サトウキビ
Hiraga Gennai：平賀源内(江戸時代の人)　grow：栽培する
succeeded in producing：製造に成功した　stew：煮込む　knead：こねる
dry：乾燥させる　shape(s)：形　wooden mold(s)：木製の型
technique(s)：技術　process(es)：過程　taste(s)：味　effort(s)：努力

(1) ①の(　　　)内の hear を，最も適当な形になおして一語で書け。

(2) ②の[　　　]内にあてはまる語は，本文の内容からみて，次のア～エのうちのどれか。最も適当なものを一つ選んで，その記号を書け。

ア but　　イ since　　ウ and　　エ if

(3) ③の[　　　]内にあてはまる語は，次のア～エのうちのどれか。最も適当なものを一つ選んで，その記号を書け。

ア wanted　　イ told　　ウ spoke　　エ took

(4) 下線部④の日本文を英語で書き表せ。

(5) 下線部⑤が，「平賀源内は香川でそれを栽培しはじめた人々のうちの一人である。」という意味になるように，(　　　)内のすべての語を，正しく並べかえて書け。

(6) 下線部⑥が，「このように，それを作ることはとても難しい。」という意味になるように，(　　　)内のすべての語を，正しく並べかえて書け。

(7) ⑦の[　　　]内にあてはまる語は，本文の内容からみて，次のア～エのうちのどれか。最も適当なものを一つ選んで，その記号を書け。

ア difficult　　イ sad　　ウ cheap　　エ short

(8) ⑧の[　　　]内にあてはまるものは，次のア～エのうちのどれか。最も適当なものを一つ選んで，その記号を書け。

ア Such as　　イ At first　　ウ Over there　　エ Because of

(9) 下線部⑨の日本文を英語で書き表せ。

(1)		(2)		(3)	
(4)	____________________ ?				
(5)	Hiraga Gennai ____________ to grow it in Kagawa.				
(6)	Like this, ____________________ .				
(7)		(8)			
(9)	____________________ .				

4 次の英文を読んで，あとの(1)～(8)の問いに答えなさい。(＊印をつけた語句は，あとの㊟を参考にしなさい。)

Arisa is a junior high school student. She was studying various jobs in her town for a *presentation with her classmates, Shotaro and Haruto. In many jobs, they were interested in *agriculture and farmers *growing fruits and vegetables, but they didn't know ①[　　　] they should work on at first.

The summer vacation started. Shotaro and Haruto *searched on the Internet to get some information about events to sell a lot of fruits and vegetables. Arisa called her grandfather. He grew *watermelons every year. She asked him, "What is difficult when you are growing watermelons?" He said, "Why don't you help me grow watermelons?" She said, ②"<u>That</u> is a good idea!"

Arisa went to her grandfather's house by train. She helped him *water and *harvest watermelons when she stayed with him for two weeks during the summer vacation. The work in the hot weather was hard. She sometimes met snakes. At the end of the day, she was tired and slept well at night. When Arisa and her grandfather were talking, he said, "There are some problems. We sometimes need to worry about the weather. *Weeds *grow quickly and animals come into my *field. My field quickly gets ③[　　　] if I don't *take care of it." She asked, "Why do you continue growing them?" He answered, "Because I like to see people enjoying having watermelons. So I grow delicious watermelons by *trial and error."

One night, Arisa's grandfather was doing something in his room. Arisa asked him, "④[　　　]?" "I'm writing in my *diary," he answered. He also showed many notebooks on his desk. He said, "I have been writing a lot of things I learned by trial and error in my diary." ⑤<u>She was surprised to hear that</u>. She read some of his diary. They were all about growing his watermelons. He wrote the weather, problems, and *advice from his farmer friends. He said, "Of course, when I harvest good watermelons, I am happy, and that is important for me. However, things often don't go well. I think that's also fine because I can learn many things from those experiences." She said, "I agree with you."

On August 20, the presentation members met at Haruto's house to *share their ideas. They were excited and talked. Shotaro said, "Searching on the Internet is fast and convenient!" Haruto said, "I found some information about a cooking class using local vegetables in a newspaper, and I went there with my mother. I realized there were so many dishes using tomatoes." Arisa said, "I learned a lot from my grandfather. ⑥[　　　] is important, but we *fail many times. Learning from trial and error and finding better ways are more important." After sharing their ideas, they decided to keep working on the presentation with trial and error.

㊟ presentation：発表　agriculture：農業　growing：grow（栽培する）の現在分詞
search(ed)：search（検索する）の過去形　watermelon(s)：スイカ
water：水をまく　harvest：収穫する　weed(s)：雑草　grow：成長する
field：畑　take care of～：～の世話をする　trial and error：試行錯誤
diary：日記　advice：助言　share：共有する　fail：失敗する

(1) ①の［　　］内にあてはまる語は，次のア～エのうちのどれか。最も適当なものを一つ選んで，その記号を書け。
ア that　イ which　ウ what　エ who

(2) 下線部②の That が指しているのはどのようなことがらか。日本語で書け。

(3) ③の［　　］内にあてはまる語は，本文の内容からみて，次のア～エのうちのどれか。最も適当なものを一つ選んで，その記号を書け。
ア cold　イ bad　ウ good　エ easy

(4) ④の［　　］内には，アリサの質問が入る。本文の内容を参考にして，その質問を４語以上の英文一文で書け。ただし，疑問符，コンマなどの符号は語として数えない。

(5) 下線部⑤に，She was surprised to hear that とあるが，アリサは祖父のどのような発言を聞いてそのように感じたのか。その内容を日本語で書け。

(6) ⑥の［　　］内にあてはまるものは，本文の内容からみて，次のア～エのうちのどれか。最も適当なものを一つ選んで，その記号を書け。
ア Searching on the Internet　イ Getting some advice
ウ Sharing ideas with others　エ Getting good results

(7) 次の(a)，(b)の質問に対する答えを，本文の内容に合うように，(a)は３語以上，(b)は７語以上の英文一文で書け。ただし，ピリオド，コンマなどの符号は語として数えない。
(a) Did Arisa stay with her grandfather for two weeks in the summer vacation?
(b) What did Shotaro think about searching on the Internet?

(8) 次の㋐～㋕のうちから，本文中で述べられている内容に合っているものを二つ選んで，その記号を書け。
㋐ Arisa was studying local jobs for a presentation with two members in her class.
㋑ Shotaro searched on the Internet to find good seasons of harvesting each fruit and vegetable.
㋒ Arisa couldn't sleep well in her grandfather's house at night because it was too hot.
㋓ Arisa found that her grandfather got some advice about growing watermelons from his farmer friends.
㋔ The presentation members were excited when they shared their ideas at school in September.
㋕ Haruto went to a cooking class using local vegetables with Shotaro and found there were many dishes using tomatoes.

(1)		(2)	
(3)		(4)	＿＿＿＿＿＿＿＿ ?
(5)	＿＿＿＿＿＿＿＿ という発言		
(6)			
(7)	(a)	＿＿＿＿＿＿＿＿ .	
	(b)	＿＿＿＿＿＿＿＿ .	
(8)	○ と ○		

5 英語の授業で，次のテーマについて意見を書くことになりました。あなたなら，店で本を買うことと図書館で本を借りることのどちらを選び，どのような意見を書きますか。あなたの意見を，あとの〔注意〕に従って，英語で書きなさい。

本を読むときは，店で本を買うことと図書館で本を借りることのどちらがよいか。
店で本を買うこと　buying books at a store
図書館で本を借りること　borrowing books from a library

〔**注意**〕
① 解答欄の［　　］内に buying books at a store または borrowing books from a library のどちらかを書くこと。
② I think ［　　］ is better. の文に続けて，４文の英文を書くこと。
③ 一文の語数は５語以上とし，短縮形は一語と数える。ただし，ピリオド，コンマなどの符号は語として数えない。
④ 店で本を買うことまたは図書館で本を借りることを選んだ理由が伝わるよう，まとまりのある内容で書くこと。

I think ［　　　　］ is better
＿＿＿＿＿＿＿＿.
＿＿＿＿＿＿＿＿.
＿＿＿＿＿＿＿＿.
＿＿＿＿＿＿＿＿.

英語リスニングテスト問題放送台本と問題

1 問題は，A，B，C，D，Eの５種類です。

Aは，絵を選ぶ問題です。今から，Ken が昨日(きのう)の夜７時にしていたことについて，説明を英語で２回くりかえします。よく聞いて，その説明にあてはまる絵を，①から④の絵の中から一つ選んで，その番号を書きなさい。

Ken was taking a bath at 7 last night.

①

②

③

④

Bは，天気予報を選ぶ問題です。次の四つの表を見てください。今から，天気予報を英語で２回くりかえします。よく聞いて，天気予報の組み合わせとして最も適当なものを，①から④のうちから一つ選んで，その番号を書きなさい。

Good morning. It's Friday. It's raining now, but it will stop raining at 2 in the afternoon, and then it will be cloudy. Tomorrow will still be cloudy, but it won't be rainy. It will be colder than today. On Sunday, the weather will be sunny all day.

㊟ ☀ はれ　☁ くもり　☂ あめ

①

曜日	天気	最高気温	最低気温
金	あめ → くもり	10℃	6℃
土	くもり	15℃	11℃
日	はれ → くもり	20℃	13℃

②

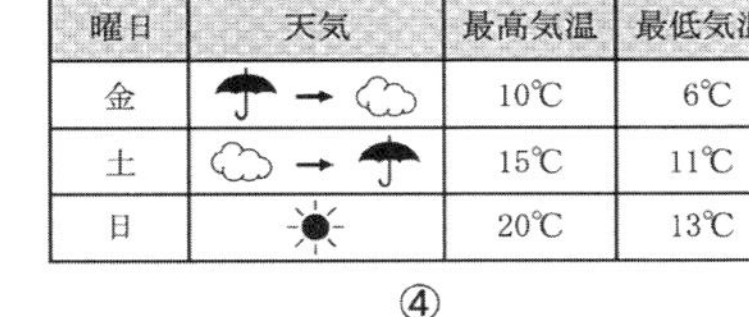

曜日	天気	最高気温	最低気温
金	あめ → くもり	10℃	6℃
土	くもり → あめ	15℃	11℃
日	はれ	20℃	13℃

③

曜日	天気	最高気温	最低気温
金	あめ → くもり	15℃	11℃
土	くもり → あめ	10℃	6℃
日	はれ → くもり	20℃	13℃

④

曜日	天気	最高気温	最低気温
金	あめ → くもり	15℃	11℃
土	くもり	10℃	6℃
日	はれ	20℃	13℃

Cは，応答を選ぶ問題です。今から，Mary と Akira の対話を英語で２回くりかえします。よく聞いて，Mary の最後のことばに対する Akira の応答として最も適当なものを，アからエのうちから一つ選んで，その記号を書きなさい。

Mary：　Wow, you speak English well.
Akira：　Thank you. I'm studying English hard to study abroad.
Mary：　That's good. How long have you been studying English?

ア　Yes, I have.　　イ　I read a lot of English books.
ウ　For six years.　　エ　Seven years ago.

Dは，対話の内容を聞き取る問題です。今から，Kate と Manabu の対話を英語で２回くりかえします。よく聞いて，Manabu が今年の夏に行く都市，Manabu が日本を出発する日，および Manabu が今回その都市でしようとしていることを，それぞれ日本語で書きなさい。

Kate：　Where are you going to go this summer, Manabu? Last summer, you went to London, right?
Manabu：　Yes. This summer, I'm going to travel to New York.
Kate：　That's nice. When are you going to leave Japan?
Manabu：　July 25th.
Kate：　Great. Baseball is your favorite sport. Are you going to watch a baseball game there?
Manabu：　If I had a ticket for it, I would do so. Maybe next time. I'm going to enjoy shopping there this summer.

Eは，文章の内容を聞き取る問題です。はじめに，Masaki についての英文を読みます。そのあとで，英語で №１，№２，№３ の三つの質問をします。英文と質問は，２回くりかえします。よく聞いて，質問に対する答えとして最も適当なものを，アからエのうちからそれぞれ一つずつ選んで，その記号を書きなさい。

Masaki is a junior high school student. When he became a third-year student, he began to think about his future job. But he didn't have any ideas. His mother often asked him what he wanted to be in the future. He always answered, "I don't know...."

One day, Masaki joined a volunteer activity at an elementary school. He played soccer with children and studied English together. That was the first experience for him. Before going home, a boy said to Masaki, "It was fun today. You are a great teacher!" From his words, Masaki thought teaching was a good job.

In the evening, Masaki told his parents about the experience at the elementary school. His mother said, "You had a good experience. If you join another event, you can get another experience. Then you may find another job you like. You should get a lot of experiences." Masaki said, "OK. I'll try a lot of things I have never done." His parents looked happy to hear that.

質問です。

№１　Who often asked Masaki about his future job?
№２　What did Masaki do at the elementary school?
№３　Why did Masaki's parents look happy?

№1
ア　His father.
イ　His sister.
ウ　His brother.
エ　His mother.

№2
ア　He played tennis and watched a movie with children.
イ　He played soccer and studied English with children.
ウ　He played basketball and cooked a cake with children.
エ　He played baseball and read a lot of books with children.

№3
ア　Because Masaki decided to be a teacher and teach elementary school students.
イ　Because Masaki decided to ask his teacher about his future job the next day.
ウ　Because Masaki decided to get a lot of new experiences to find his future job.
エ　Because Masaki decided to study more and go to high school for his future.

A	〇	B	〇	C	
D	Manabuが今年の夏に行く都市				
	Manabuが日本を出発する日	月　日			
	Manabuが今回その都市でしようとしていること				
E	No.1		No.2		No.3

(九)　本文を通して筆者が特に述べようとしていることは何か。次の１～４から最も適当なものを一つ選んで、その番号を書け。

1　日本人が自然と共存しようとする中で生み出された花鳥風月の一つの例が、江戸時代における金魚の流行だといえる

2　自然の厳しさに耐えるしかなかった日本人を慰めてきた金魚や植木などの花鳥風月は、日本が世界に誇る文化である

3　花鳥風月は自然への畏敬の念を表すための美の基準として生み出されたのであり、金魚は自然を体現する存在である

4　身近な自然との共存を重んじる日本伝統の自然愛護の精神は、花鳥風月という形式を通して実践されてきたといえる

(九)	

(十)　筆者の考える、日本人のつくり上げてきた自然とのつきあい方の具体例として、**あてはまらないもの**はどれか。次の１～４から最も適当なものを一つ選んで、その番号を書け。

1　雄大な自然の中で樹齢百年を越えて生き続ける大木を再現しようと、様々な工夫を凝らして作られた盆栽を鑑賞する

2　日本の気候に合った農業の方法を追求し、農作物の遺伝子を分析しつつ品種改良をすることで自然の変化に対抗する

3　まだ吹く風も冷たい三月に一枝の桜を花瓶に生けて部屋に飾り、春の暖かな陽気を感じられるような空間を生み出す

4　鳴き声をたよりに草むらに入り捕まえた鈴虫を、虫籠に入れて大切に育てながら夜にはその涼しげな鳴き声を楽しむ

(十)	

四　あなたの中学校では、校内で行われる運動会を生徒全員が楽しかったと思えるようなものにするためにはどうすればよいかについて、生徒会役員が意見箱を利用して尋ねたところ、生徒から様々な意見が寄せられました。その後、出された意見を生徒会役員が次のＡ～Ｄの四種類の視点に分類し、この四種類の視点をもとに、改めてそれぞれのクラスで話し合いが行われることになりました。

Ａ　練習方法の工夫

Ｂ　家族や地域と協力するための工夫

Ｃ　連帯感を高めるための工夫

Ｄ　競技種目の工夫

あなたなら、クラスの話し合いの中で、生徒全員が楽しかったと思えるような運動会にするために、どのような意見を発表しますか。Ａ～Ｄの中であなたが着目した視点と、発表しようとする具体的な提案を、そう考える理由がよく分かるように、次の**条件１～条件４**と〔**注意**〕に従って、解答欄に書きなさい。

条件１　二段落構成で書くこと。

条件２　第一段落にはＡ～Ｄのどの視点に着目したかを、着目した理由とともに書くこと。

条件３　第二段落には選んだ視点にもとづいたあなたの提案を、根拠を示して具体的に書くこと。

条件４　原稿用紙の正しい使い方に従って、二百五十字程度で書くこと。ただし、百五十字（六行）以上書くこと。

〔**注意**〕

一　部分的な書き直しや書き加えなどをするときは、必ずしも「ますめ」にとらわれなくてよい。

二　**題名や氏名は書かないで**、本文から書き始めること。

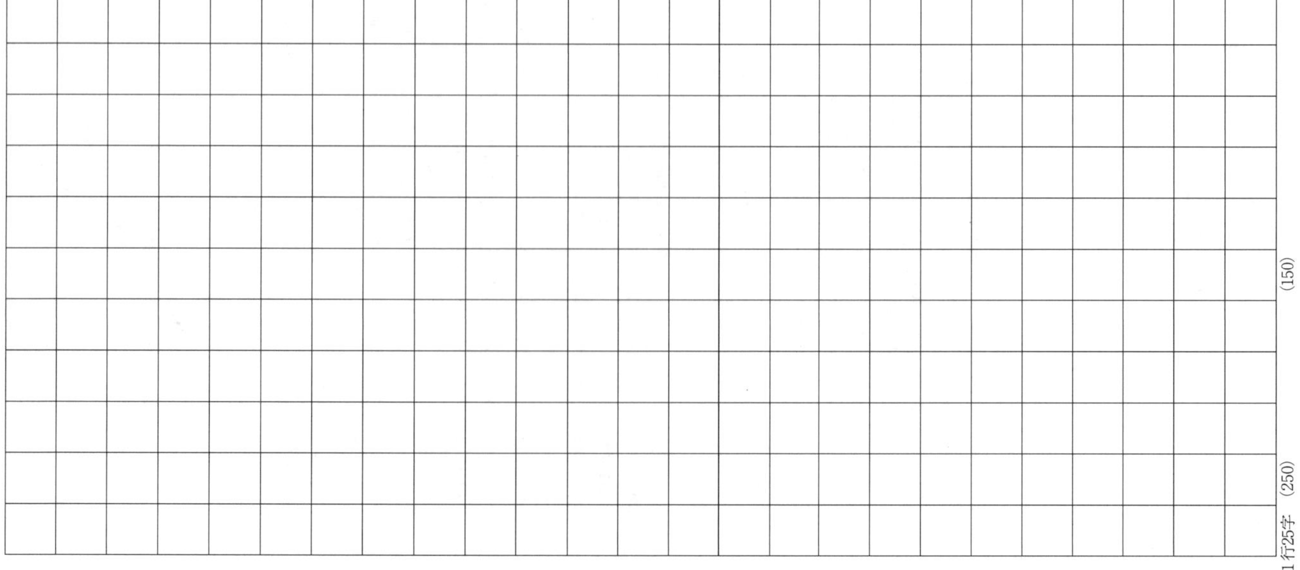

(150)

(250)

1行25字

(一) a～dの ═══ のついているかたかなの部分にあたる漢字を楷書で書け。

(一)	a ムカシ	b イチ	c サム（さ）	d ケイケン

(二) ①に 日本人の考える「花鳥風月」の主たる意味が、本当に「天地自然の美しい景色」なのかというと、そこのところは、少しあやしい とあるが、これはどのようなことをいっているのか。次の1～4から最も適当なものを一つ選んで、その番号を書け。

1 日本の自然は美しいだけのものではなく、「花鳥風月」の意味には自然の厳しさも含まれていることが推測されるということ
2 風流な遊びでもある「花鳥風月」は日本の伝統文化を表したものなので、日本の天地自然と結びつけるのは可能だということ
3 日本人が「花鳥風月」という言葉を天地自然の美しさだととらえているという考えについては、検討の余地があるということ
4 「花鳥風月」の本質は自然の美しさにあるというより、むしろ日本人が親しんできた風流な遊びの中にあるはずだということ

(二) ［　］

(三) ②に 日本人の自然観については、明治時代以来の議論がある とあるが、筆者は、明治時代以来の議論をふまえて、日本人はどのようにして自然と関わってきたと述べているか。それを説明しようとした次の文のア、イの［　］内にあてはまる最も適当な言葉を、本文中からそのまま抜き出して、それぞれ十字以内で書け。

日本の荒々しい気候の前では［ア］であるため、日本人は自然に対して［イ］ことはせず、西欧の自然観とは異なる考え方にもとづいて、自然の一部を取り出して生活に取り込み、生きていこうとしていたと述べている

(三)										
ア										
イ										

(四) ③の めまぐるしく の品詞は何か。次の1～4から最も適当なものを一つ選んで、その番号を書け。

1 形容動詞　2 副詞　3 形容詞　4 連体詞

(四) ［　］

(五) ④の られる は、次の1～4のうちの、どの られる と同じ使われ方をしているか。同じ使われ方をしているものを一つ選んで、その番号を書け。

1 自分で食べられるだけの料理を皿に取ってください
2 子猫が安心するのは母猫に優しくなめられるときだ
3 思いやりの心が感じられる挨拶に私の心は和らいだ
4 遠方から来られるお客様を郷土料理でもてなしたい

(五) ［　］

(六) ⑤に 江戸時代の日本人は、～安心して観賞できるものに仕立てる手法を知っていた とあるが、荒々しい自然を定形に当てはめることで「美しい自然」をつくり出そうとした江戸時代の日本人にとって、安心できる「美しい自然」とはどのようなものであり、それをどのように見ることで安心感を得ていたと筆者は考えているか。「江戸時代の日本人にとって、安心できる『美しい自然』とは、」という書き出しに続けて、六十五字以内で書け。

(六) 江戸時代の日本人にとって、安心できる「美しい自然」とは、［　］ことで安心感を得ていた

(七) ⑥に 江戸の庶民が上手につきあってきた「自然のしっぽ」だったのではないか とあるが、「自然のしっぽ」と上手につきあってきた江戸の庶民の暮らしとは、どのようなものであったか。次の1～4から最も適当なものを一つ選んで、その番号を書け。

1 人間にとって害の少ない身近な自然物を利用して、厳しい自然環境下で生き延びる暮らし
2 周囲の自然環境の変化に合わせて生活様式を改変しつつ、自然の力に頼って生きる暮らし
3 日ごとに表情を変えるとらえどころのない自然に身をゆだねて、自然と一体化する暮らし
4 自然を感じさせる要素を取り入れることで日々の生活をいろどり、自然とつながる暮らし

(七) ［　］

(八) 次の〔　〕内の文は、第1～第10段落のいずれかの段落の最後に続く文である。それはどの段落か。最も適当な段落の番号を書け。

〔毎年、ほぼきまった時期に襲来する台風のような、ときには人間を破滅させる自然の暴力に遭遇する機会も多い。〕

(八) 第［　］段落

(五) 本文中で、曽呂利は近習に対してどのようなことに気づかせようとしているのか。次の1～4から最も適当なものを一つ選んで、その番号を書け。

1 身近な食べ物をたとえ話に用いることで、近習がもっと質素な暮らしをすべきであることに気づかせようとしている

2 日常生活のたとえ話を用いて、近習の今の考え方のままでは主君の気持ちに添えないことに気づかせようとしている

3 想像しやすいたとえ話を用いながら、近習の持つ素直さこそが何よりも大切だということに気づかせようとしている

4 現実的ではないたとえ話を用いつつ、近習が思うほど主君は信頼できる人物ではないことに気づかせようとしている

(五)	

三 次の文章を読んで、あとの(一)～(十)の問いに答えなさい。なお、1～16は段落につけた番号です。

1 花鳥風月とは「①天地自然（人の手が加わらない自然）の美しい景色。②風流な遊び」と『広辞苑』（国語辞典の一つ）にある。すると、金魚は花鳥風月なのかどうか。金魚を愛する気持ちは「花鳥風月的な気持」なのかどうか。

2 金魚は「花鳥風月的な生きもの」ではあろう。でも、数百年にわたって人が飼ってきた「家魚（養われる魚）」の金魚は、「天地自然の美しい景色」ではあるまい。「風流な遊び」なのかどうか。

3 もっとも、①日本人の考える「花鳥風月」の主たる意味が、本当に「天地自然の美しい景色」なのかというと、そこのところは、少しあやしい。

4 ②日本人の自然観については、明治時代以来の議論がある。

5 簡単にいえば、その議論は日本人がいかに「自然」を愛する民族であるかを強調し、立証しようとする人と、日本人が「自然」を理解せず、自然観賞の能力に欠けていると見る人の論争から始まっているようである。

6 日本人の自然観が、欧米人の自然観とはまるで違っているという指摘は、aムカシからあって、「日本人には自然が理解できない」とまでいう学者もいる。

7 たとえば、長谷川如是閑（明治・大正・昭和期にかけて活動したジャーナリスト）は「日本人の自然観は、文字通り樹を見て森を見ないもので、森林に対する感覚などは、原始人の森林恐怖観から離れていない。日本人はまるで自然を理解していない」と、たいへん手厳しい。

8 古来、日本人は、自然との付き合い方が上手ではなかった。モンスーン気候（季節風の影響の強い地域でみられる気候）地帯の北の端にbイチする日本の自然は、はるか高緯度にあって冬のcサムさは厳しいが、気候の安定して穏やかな西欧の自然に比べると、ずっと荒々しい。

9 そういう風土では、人間の力は小さなものである。自然の強大な力に対して、人々は簡単に諦めたり、天災に対する何らかの因果応報を見出すことで、自分を納得させるしかなかった。昨日の荒々しかった自然が、今日はたちまち、美しい穏やかな自然に変わり、今日の平穏が明日は激変する。気候は③めまぐるしく変動推移する。日本人の伝統的自然観が、西欧的なそれと大きく相違するのは、むしろ自然であろう。

10 日本人は、自然を理解できていなくても、自然の一部を改変して生活に取り込む知恵にはたけていた。「荒々しい自然」の脅威をそらし、「美しい自然」の美しい部分だけを切り取っていた。それがモンスーン気候地帯で自然と共存してきた民族の知恵であった。

11 自然と真っ向から取り組むのは避けて、つきあいやすい一部分だけを取り出して身近に引き寄せ、ときにはサイズも縮めて、自分たちに都合よく改変してきた。これを「日本人の縮み志向」と、否定的または揶揄（からかうこと）的にいう向きもある。疑似自然愛好といえば、その通りであるが、これもはげしく変わる荒々しい自然を取り込んで、背を丸めて生きた人々の生活の知恵だった。

12 こういった日本人の自然観抜きには、江戸の金魚流行は考えにくい。それは籠の中のコマネズミや小鳥飼育、鉢植えの草花栽培などの趣味流行全部に通ずる心だろう。江戸時代の人たちにとっては、金魚も、改変され凝縮された自然、または疑似自然の一部だった。自然と疑似自然の境界も不明瞭だった。その方が、江戸時代には似合っていた。

13 詩人でも劇作家でもあった外交官で、大正十年に東京に来て、関東大震災をdケイケンした駐日フランス大使のポール・クローデルは「江戸の人たちにとって、自然から与え④られる宝物とは、（大自然そのものでなく）手の中に持てるもの、袖の内に隠すことのできるものだ」と、いった。

14 日本人が自然の風景を眺めるときは、知らず知らず、すでに絵に描かれ、歌にうたわれた風景を通して眺め、美しさを評価するのだという。⑤江戸時代の日本人は、荒々しい自然の中から、美しいものだけを選び出し、磨き上げ、安心して観賞できるものに仕立てる手法を知っていた。それがすなわち、花鳥風月だった。日本人が自然を美しく思う前提として、「美しい自然」という定形が予め用意されている。長い年月かけて磨き上げてきた、そのパターンに当てはまるものだけを、「美しい自然」と評価する。準備されたパターンに当てはまるかどうかが、花鳥風月の美しさの基本だった。決まった形に当てはめて眺めるから、美しいと感じるのだという説もある。みんないっしょに、同じ風景に同じ美しさを感じ、同じように見る。それを変だとも、不思議とも思わず、むしろ安心に思う気持が、日本人にあるのではないか。

15 日本人のいう「美しい自然」は、人間社会の近くにあって、人の心を慰め、疲れを癒してくれるものであった。手の中の自然、花鳥風月とは、そういうものだったのではないか。

16 江戸の町方で求められた「自然」は、狭苦しい九尺二間の裏店（裏通りにある粗末な家）住まいに見合う、ミニサイズでなければならなかった。裏長屋の窓に下げられたびいどろ（ガラス）の金魚玉（金魚鉢の球形の）の金魚も、植木や花卉（観賞用に栽培する植物）園芸も、⑥江戸の庶民が上手につきあってきた「自然のしっぽ」だったのではないか。金魚はやっぱり、花鳥風月の一部だったのではないか。

（鈴木克美の文章による。一部省略等がある。）

(八) ⑦に それは、腹の底から湧き水のように勝手に流れ出る筑波岳の心根と、対峙するということでもあった とあるが、これは岳のどのような気持ちを述べたものか。本文全体の内容をふまえて、次の1～4から最も適当なものを一つ選んで、その番号を書け。

1 自然に接する中で、スポーツクライミングに再び挑戦したいと感じるようになり、国方の熱意に応えたいという強い気持ちが生まれ始めている

2 登山道を進む中で、これまで抱えてきた悩みやいらだちから解き放たれたことで、穂高のさりげない優しさに対する感謝の念が生じ始めている

3 岩肌を踏みしめ進む中で、スポーツクライミングや穂高の言葉といった周囲の物事に向き合い、全てが岳を支えていることに気づき始めている

4 穂高と共に登山道を歩く中で、今まで直視を避けていた思いが少しずつこみ上げてきていることを感じ、落ち着いて向き合おうとし始めている

(八)	

二 次の文章を読んで、あとの(一)～(五)の問いに答えなさい。

太閤の近習、（注1）曽呂利へ（注2）尋ねて申すは、「①御辺（注3）誠に君の思し召しに叶ひ類なし。いかがしてかはかくの如くに御意には入るぞや。」といひければ、曽呂利曰はく、「飯の風味はどのやうなる物にや。」と問ふ。答へて云ふ、「斯と定まりたる味はなけれども、只うまき物なり。」と。曽呂利また「菓子はうまき物にや。」と。答へて曰はく、「うまくしてあまし。」曽呂利「然らば、明日より飯をやめて、うまき甘き所の菓子計くひて居給ふべし。」彼の者聞きて「②それは一向にならぬ事なり。」といふ。曽呂利大いに笑つて「さればの事なり。貴辺（注4）は菓子を以て君にすすめ、③我は飯を以て君にすすむる故に、いつ迄も飽かるるといふ事なく、甘きものは時宜によりて（注5）あしく、飯はいつにてもよき物なり。貴方は心に甘き所を以て、君の用ゐ給はんところを期する（注6）故、大いに了簡（注7）違へり。我は飯のさたでの風味もなき物なれども、退屈し給ふと云ふ気遣ひなる事なきを事とす。」

（注1） 太閤の近習＝太閤（豊臣秀吉）のそば近くに仕えていた、ある者。
（注2） 曽呂利＝曽呂利新左衛門。豊臣秀吉のそば近くに仕えていたといわれる人物。
（注3） 御辺＝あなた。
（注4） 貴辺＝あなた。
（注5） 時宜によりて＝時と場合によっては。
（注6） 期する＝期待する。
（注7） 了簡＝考え。

(一) 本文中の くひて は、現代かなづかいでは、どう書くか。ひらがなを用いて書きなおせ。

(一)	

(二) ①に 御辺誠に君の思し召しに叶ひ類なし とあるが、ここではどのようなことをいっているのか。次の1～4から最も適当なものを一つ選んで、その番号を書け。

1 主君が私よりもあなたを高く評価していることに、どうしても納得ができない

2 あなたは主君にあまりよく思われていないようだから、誤解を解いてあげたい

3 主君はあなたの願いならば、どのようなことでも聞き入れているように思える

4 あなたは他の者ではとうてい及ばないほど、主君から特別に大切にされている

(二)	

(三) ②に それは一向にならぬ事なり とあるが、ここでは近習はどのようなことをいっているのか。それを説明しようとした次の文のア、イの［　］内にあてはまる言葉を、それぞれ五字程度で書け。

これからは、［ア］ことをやめて、その代わりに、常に［イ］べきだという意見には賛成できないということ

(三)						
ア						
イ						

(四) ③に 我は飯を以て君にすすむる とあるが、飯を君にすすめるというたとえは、主君に対してどのように接していることをいっているのか。次の1～4から最も適当なものを一つ選んで、その番号を書け。

1 主君への特別な心配りをすることなく、いつも変わらずにありのままの態度で接していること

2 主君に飽きられてしまわないように気を配り、常に細やかな工夫を欠かさずに接していること

3 主君の怒りに触れることのないように注意し、主君に対していつでも低姿勢で接していること

4 主君が求めるままに応えるのではなく、物足りなく感じられるように意識して接していること

(四)	

けれど、言葉を重ねれば重ねるほど、きっと穂高の指摘を肯定してしまうことになるのだ。

うるさい、もう辞めたんだからいいだろ。胸の奥で勝手に過去を懐かしんでしまう自分を非難しながら、岳は両足を動かした。

⑥山の中は□だ。前後を歩く登山客の話し声や足音、衣擦れの音。木々の枝葉が風に靡く音や野鳥の声はもちろんするが、すべてが自分から少し離れたところにあって、岳の思考や感情を侵食してこない。穂高が話しかけてこない限り、岳は独りになれた。心地のいい、とても透明感のある孤独だった。

岩肌を足先で踏みしめ、急坂を登る。足の動きに合わせて岳の頭や胸の中が掻き回される。記憶や自問自答の渦で最初こそ⑦混沌（物事の区別がはっきりしない様子）としているのに、いつの間にか整理され、澱みが取れ、澄んでいく。

それは、腹の底から湧き水のように勝手に流れ出る筑波岳の心根と、対峙（動かずにじっと向かい合っていること）するということでもあった。

（額賀澪の文章による。一部省略等がある。）

(一) a〜dの ═══ のついている漢字のよみがなを書け。

(一)	a	b	c	d
	輪　郭	険　しく	詳　しく	慎　重

(二) ①に 目で追いきれない とあるが、岳がこのように感じたのはなぜか。次の1〜4から最も適当なものを一つ選んで、その番号を書け。

1 ゆっくりとしたペースで山の雰囲気を味わっていたところ、穂高が忙しく話しかけてきたことに煩わしさを感じたから

2 歩くペースを掴むと周りを眺める余裕が生じ、木々の様子や野鳥の鳴き声といった受け取る情報の多さに気づいたから

3 ペースが整っていくうちに偶然開けた場所に着いたことで、見晴らしのよい場所から山全体を眺めることができたから

4 岳なりのペースで周りを観察しようとしていたが、穂高の木々や野鳥の説明が始まると知識量の多さに圧倒されたから

(二) □

(三) ②に たまたま飛んできた帽子を拾っただけの新入生を、この人はどうしてこんなにも登山仲間にしたいのだろう とあるが、このとき岳はどのような穂高の様子を、どのように思って見ていたと考えられるか。「新入生の中には、」という書き出しに続けて、**一緒** という語を用いて、六十字以内で書け。

(三) 新入生の中には、〔　　　〕と思って見ていた

(四) ③に 思いがけず質問に答えてしまう とあるが、なぜ岳は穂高の質問に思いがけず答えてしまったと考えられるか。次の1〜4から最も適当なものを一つ選んで、その番号を書け。

1 絶妙なタイミングの質問に動揺し、スポーツクライミングに対する岳自身の気持ちも既に見抜かれているのではと感じたから

2 スポーツクライミングの技術を用いて体勢を素早く整えられたことで冷静になり、穂高の質問に答える余裕を取り戻したから

3 今でもスポーツクライミングの感覚を忘れていないということは、穂高の前ではなんとしても隠しておきたいことだったから

4 スポーツクライミングについて聞かれ不意に取ってしまった行動が、慣れ親しんだ競技の感覚を思い出させるものだったから

(四) □

(五) ④の 闇雲に の意味として最も適当なものを、次の1〜4から一つ選んで、その番号を書け。

1 先の見通しもなく　　2 何の見返りもなく　　3 沈んだ気分のまま　　4 恐怖を抱いたまま

(五) □

(六) ⑤に ムキになっているのが自分でもわかる とあるが、このときの岳の思いはどのようなものだと考えられるか。それを説明しようとした次の文のア、イの□内にあてはまる最も適当な言葉を、本文中からそのまま抜き出して、アは五字以内、イは十字程度でそれぞれ書け。

スポーツクライミングの話をする様子を、穂高に［ア］で饒舌な話しぶりだと指摘されたことを受けて、内心で感じている［イ］気持ちをなんとかして否定し、押さえ込みたいという思い

(六) ア □　イ □

(七) ⑥に 山の中は□だ とあるが、□内には、岳がこのときの心境で山の中の様子をとらえた言葉が入る。その言葉として最も適当なものを、次の1〜4から一つ選んで、その番号を書け。

1 過　酷　　2 静　か　　3 退　屈　　4 嫌　い

(七) □

令和6年度入試問題　国語

一　次の文章は、高校ではクライミング部に所属していたものの、将来を考えて競技をやめた大学一年生の筑波岳が、大学のスポーツクライミング部の部長である国方の勧誘を断り続けていたときに、帽子を拾ったことがきっかけで知り合った登山部に所属する上級生の穂高に連れられて、山に登ることになった場面に続くものである。これを読んで、あとの(一)〜(八)の問いに答えなさい。

高校のクライミング部を引退したのは昨年の九月。半年以上、激しい運動はしてこなかった。体型は変わっていないはずなのに、意外と筋力や体力は衰えているみたいだ。

「ジョギングとかと一緒で、体が慣れてない最初の十分、十五分はちょっとしんどいんだよ」

振り返らず、歩みも止めず、穂高が言う。息が上がっているのを見透かされ、「そうですか」と短く返した。

「もうちょっとしたら楽になってペースが摑めるよ」

彼の言う通りだった。十分ほど歩くと、何故か視界が開けた。ずっと見えていたはずの背の高い木々の a輪郭が妙にはっきりして、色が濃くなって、遠くまで見渡せる。何という名前の鳥だろうか、野鳥の鳴き声まで鮮明に聞こえた。

「杉の木、あれがモミの木、あっちは多分、アカガシ」

前を歩く穂高が振り返り、踊るような足取りで周囲の木々を指さす。ゆっくり説明してくれたのに、①目で追いきれない。それほど視界の中の情報量が多い。

しばらく歩くと、登山道が分岐していた。「白雲橋コース」と書かれた看板に沿って、木の根と石が折り重なった急勾配を上って行く。明らかに道が b険しくなった。歩きやすかった階段は、ごろごろとした岩が転がる道に姿を変えた。足を取られまいと視線が下に集中し、息が苦しくなる。

これでは余計に疲れてしまう気がした。意識して顔を上げると、苔生した巨木の幹に沿って、狐色のキノコが点々と顔を出していた。その下に、まるで地中から火が噴き出したみたいな真っ赤なキノコも生えている。

息を合わせたように同じタイミングで、そのキノコを穂高も見ていた。

「これの名前はわかんないや」

ははっと笑って、再び歩き出す。えらく楽しそうだ。普段、一人で登山するときもこうなのだろうか。もしくは、半ば無理矢理連れてきた後輩が一緒にいることが、そんなに愉快なのか。

不可解だった。②たまたま飛んできた帽子を拾っただけの新入生を、この人はどうしてこんなにも登山仲間にしたいのだろう。新入生なんてたくさんいて、その中には岳よりずっと登山に興味を持つ学生がいるはずなのに。

なんで俺を登山部に誘うんですか。深い呼吸の合間に問いかけそうになる。聞いたら最後もう逃げられない気がして、慌てて飲み込んだ。

「君はさ、どうしてスポーツクライミングをやってたの」

またもこちらの心を覗き見たみたいに、穂高が聞いてくる。あまりに唐突で、角張った岩に置いた右足のバランスを崩しそうになる。咄嗟に近くにあった巨石に手をかけた。

爪先で岩の角を摑むように踏ん張り、体を前へ前へ進める。その感覚がスポーツクライミングに似ていて、③思いがけず質問に答えてしまう。

「中学まではバスケをやってたんです。高校入って、物珍しくて始めました」

「俺、あんまりスポーツに c詳しくないんだけど、スポーツクライミングって、登るスピードを競うものなの？」

「ウォールっていう人工の壁を、ホールド（壁に作られた突起物）を手がかりに登るのがスポーツクライミングですけど、実はその中でも種目が三つに分かれてるんですよ。タイムを競うスピード。課題をいくつクリアできたかを競うボルダリング。どれだけ高く登れたかを競うリード。俺はリードが得意でしたね」

話しながら岩の道を登ったせいか、どんどん息が上がってきた。胸の奥が、針で刺されたみたいに痛んでくる。

だが、不思議と息苦しくはない。森の中だからだろうか。気温もバスを降りたときよりずっと涼しく、一度に体内に取り込める空気の量が多い気がした。

「手を滑らせて落ちたら、ロープ一本で宙づり？　なかなかスリリングなスポーツだね」

穂高が一際大きな岩を d慎重に跨ぐ。体が上下するのに合わせて、彼の声が上擦る。

「日常生活では絶対に生身で登ることがない高さを這い上がる種目がリードです。筋力や柔軟性や持久力はもちろん大事ですけど、ホールドが作り出すルートは一種類じゃないんで、最短ルートや難易度の低いルートを選ぶ嗅覚とか視野の広さとか戦略とか、できるだけ少ないパワーで自分の体重を移動させたり持ち上げたりするテクニックとか、いろんなものが勝敗を分けるんです」

ただ④闇雲に上を目指して登るのではない。どのホールドをどちらの手で摑むか。どのホールドに足をかけるか。そこからどのホールドに手を伸ばすか。一瞬の判断が勝負を決める。

「楽しそうに話すんだね」

やっと岩場を抜けただろうかというところで、穂高が再び振り返った。にやりと、岳を煽るように微笑む。

正直、面食らった。

「気づいてなかったの？」

「……そんなつもりはないんですけど」

「そう？　国方の勧誘を頑なに断ってるのが嘘みたいに饒舌（口数が多いこと）に話すなあ、って思いながら聞いてたんだけど」

「穂高先輩がいろいろ聞いてくるからでしょう」

「穂高先輩じゃなくて穂高さんでいいのに」

「穂高先輩がいろいろ聞いてくるからです」

⑤ムキになっているのが自分でもわかる。「そうかなあ」と笑いながら首を傾げる穂高に、違うとたたみ掛けたくなる。

令和6年度入試問題　解答

数学

1 (1) -9　(2) 4　(3) $8a^2b$　(4) $x=3$, $y=-1$　(5) $7\sqrt{2}$
(6) $(x+8)(x-3)$　(7) ㋒ ⟶ ㋐ ⟶ ㋑

2 (1) 70 度　(2) **ア** $2\sqrt{5}$ cm　**イ** $\frac{38}{7}$ cm²　(3) $\frac{\pi}{3}-\frac{\sqrt{3}}{4}$ cm²

3 (1) $\frac{7}{36}$　(2) 0.2　(3) **ア** -2　**イ** $a=\sqrt{6}$
(4) 証明(解答例)
m, nを整数とすると，2つの奇数は，$2m+1$, $2n+1$と表される。
したがって，$(2m+1)^2+(2n+1)^2+2=4m^2+4n^2+4m+4n+4$
$=4(m^2+n^2+m+n+1)$
$m^2+n^2+m+n+1$は整数だから，
2つの奇数をそれぞれ2乗してできた2つの数の和に2を加えた数は4の倍数である。

4 (1) **ア** ㋑と㋓　**イ** $n=57$
(2) **ア** $\frac{32}{3}$ cm³　**イ** $-\frac{1}{2}x^2+4x$ cm²
ウ xの値を求める過程(解答例)
イの結果より，x秒後にできる三角すいAPQDの体積は
$\frac{1}{3}\times(-\frac{1}{2}x^2+4x)\times 4=(-\frac{2}{3}x^2+\frac{16}{3}x)$cm³である。
また，1秒後にできる△ADQの面積は $\frac{1}{2}\times 4\times 4=8$ cm²だから，
1秒後にできる三角すいAPQDの体積は $\frac{1}{3}\times 8\times 1=\frac{8}{3}$ cm³である。
したがって，$-\frac{2}{3}x^2+\frac{16}{3}x=\frac{8}{3}$
整理すると，$x^2-8x+4=0$　よって，$x=4\pm 2\sqrt{3}$
$4<x<8$だから，$x=4+2\sqrt{3}$は問題にあうが，$x=4-2\sqrt{3}$は問題にあわない。
答え　xの値　$4+2\sqrt{3}$

5 (1) 証明(解答例)

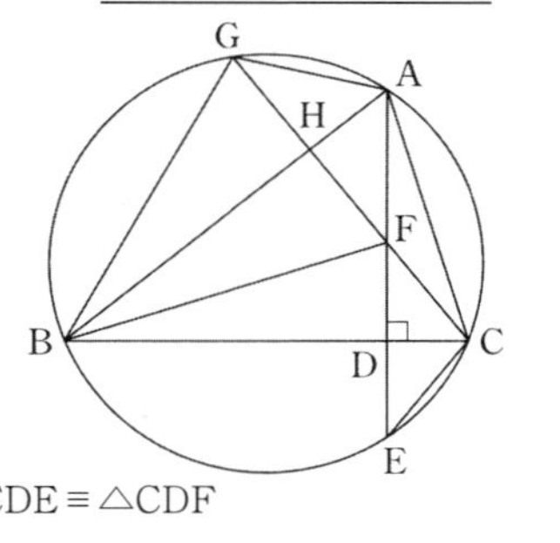

△ACHと△GBHにおいて，
対頂角は等しいから，∠AHC＝∠GHB
$\overset{\frown}{AG}$に対する円周角は等しいから，∠ACH＝∠GBH
2組の角がそれぞれ等しいから，△ACH ∽ △GBH
(2) 証明(解答例)
△CDEと△CDFにおいて，CDは共通
仮定より，CE＝CF，∠CDE＝∠CDF＝90°
直角三角形の斜辺と他の1辺がそれぞれ等しいから，△CDE≡△CDF
よって，∠DCE＝∠DCF……①，∠CED＝∠CFD……②
△ABFと△ABGにおいて，ABは共通……③
$\overset{\frown}{BE}$に対する円周角は等しいから，∠BAF＝∠DCE
$\overset{\frown}{BG}$に対する円周角は等しいから，∠BAG＝∠DCF
①より，∠BAF＝∠BAG……④
対頂角は等しいから，∠AFG＝∠CFD
$\overset{\frown}{AC}$に対する円周角は等しいから，∠AGF＝∠CED
②より，∠AFG＝∠AGF
2つの角が等しいから，△AFGは二等辺三角形　よって，AF＝AG……⑤
③，④，⑤より，2組の辺とその間の角がそれぞれ等しいから，△ABF≡△ABG

社会

1 (1) ウ　(2) 生存権　(3) エ
(4) a **言葉** 地方裁判所 **記号** ㋐　b (解答例)えん罪を防ぐ。
自白の強要を防ぐ。　などから一つ
(5) **太郎さんの意見** ㋐ **花子さんの意見** ㋓　(6) ウ
(7) **内容** (解答例)銀行(金融機関)から**国債**などを買い，その代金を支払う　**記号** ㋐と㋓
(8) ㋑と㋓と㋔
(9) a (解答例)ICTを利用できる人とできない人との間で情報格差が生じている。
情報システムの障害が生じることで社会が混乱することがある。
などから一つ
b ㋒　c SDGs

2 (1) **記号** イ **言葉** 白村江の戦い　(2) a ア b ア
(3) a ウ b ウ c ㋐ ⟶ ㋒ ⟶ ㋑
(4) (解答例)**幕府や藩に税**を納めるかわりに，営業を**独占**する**特権**。
幕府や藩に税を納めるかわりに，**独占**的に営業をおこなう**特権**。　などから一つ
(5) 大塩平八郎
(6) a (解答例)大量生産された価格が安い綿織物や綿糸が輸入されたから。
b 王政復古の大号令　c エ
(7) a ㋑と㋓
b (解答例)**寺内正毅内閣と比べて原敬内閣は**，ほとんどの**大臣**が衆議院で最も**議席**の多い政党の党員で構成されているから。
(8) a ㋒ ⟶ ㋐ ⟶ ㋑　b ウ　(9) 日韓基本条約

3 (1) a ウ b 内陸国 c **12月2日午前6時**
d **内容** (解答例)**雨が**，**夏**に少なく乾燥し，**冬**に多い
記号 ㋐と㋒
(2) a D b ㋒
c (解答例)川や海沿いの平地よりも**標高**が一段高くなっているため，**水**が得られにくいから。
d **記号** カ **内容** (解答例)地域の防災訓練
e ㋒と㋓
f **遠洋漁業の漁獲量** エ
加工品を含む水産物輸入量 ア
g 右図

(3) フランス　エ　スウェーデン　ウ

(4) エ

理科

1 A (1) (解答例) **木星型惑星は地球型惑星に比べて，赤道半径と質量は大きいが，平均密度が小さい。**

(2) a **位置関係** ㋑ **見える時間と方向** カ

b **内容** (解答例) **地球よりも，太陽の近くを公転している**

地球よりも，内側を公転している　　などから一つ

記号 ㋐

(3) エ　(4) ㋐と㋒

B (1) a イ　b ㋑と㋒と㋕　c ウ　(2) 活断層　(3) ㋐と㋒

2 A (1) 対立形質　(2) イ　(3) エ

B (1) エ　(2) ㋒　(3) (解答例) **被子植物では，子房の中に胚珠がある。**　(4) 胞子

C (1) a ウ　b ㋐と㋒　c 器官

(2) a **記号** ㋑ **理由** (解答例) **植物の細胞には，細胞壁がみられるため。** b DNA

3 A (1) ㋑　(2) **数値** 7.9 **記号** ㋐　(3) ウ　(4) **記号** ㋑ **化学式** SO_4^{2-}

(5) (解答例) **プラスチックには自然界の微生物に分解されにくいという性質があるため，ごみになると陸上や海洋で長期間残ってしまうという問題。**

プラスチックには波や紫外線の影響でくだけて細かくなってしまうという性質があるため，細かくなったプラスチックを生物が食物といっしょに飲みこんでしまうという問題。　　などから一つ

B (1) ウ　(2) イ

(3) 右図

発生した酸素の質量[g]　0.50　0.40　0.30　0.20　0.10　0

0　1.00　2.00　3.00　4.00　5.00　6.00

酸化銀の粉末の質量[g]

(4) $2Ag_2O$ → $4Ag + O_2$

(5) 4.35 g

4 A (1) (解答例) まわりの空気によって水があたためられ，水温が上昇するから。

(2) 8.0 Ω　(3) 1200 J

(4) **記号** ㋐と㋓ **数値** 25.0　(5) **数値** 0.5 **記号** ㋐

B (1) ㋑　(2) ㋒と㋓

C (1) 0.98 m/s

(2) P (解答例) 大きいほど大きい　Q (解答例) 高いほど大きい

(3) 20 cm

(4) 右図

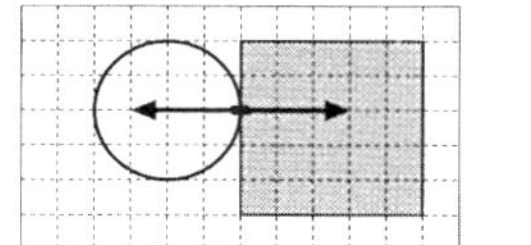

(5) **言葉** 仕事 **記号** ㋑と㋒

英語

2 (1) (a) エ (b) ク (c) キ (d) カ　(2) lunch　(3) イ

3 (1) heard　(2) ウ　(3) イ　(4) (解答例) Why is it popular now?

(5) Hiraga Gennai is one of the people who started to grow it in Kagawa.

(6) Like this, it is very hard to make it.　(7) ア　(8) エ

(9) (解答例) I will make it as famous as *udon* by using the Internet.

4 (1) ウ　(2) (解答例) 祖父のスイカ作りを手伝うこと　(3) イ

(4) (解答例) What are you doing?

(5) (解答例) 試行錯誤によって学んだ多くのことを日記に書いてきたという発言　(6) エ

(7) (a) (解答例) Yes, she did.　(b) (解答例) He thought that it was fast and convenient.

(8) ㋐と㋓

5 (解答例) I think [buying books at a store] is better. I can read books when I want to read. So, I don't have to worry about time. Also, I can write some ideas in books. So, it is useful for me to remember them later.

(解答例) I think [borrowing books from a library] is better. First, we don't need money to read books. We can try various kinds of books we're interested in. Second, we don't have to keep books for a long time. We can read many books without worrying about places for books.

1 A ②　B ④　C ウ

D **Manabu が今年の夏に行く都市** ニューヨーク **Manabu が日本を出発する日** 7月25日

Manabu が今回その都市でしようとしていること (解答例) 買い物

E No.1 エ　No.2 イ　No.3 ウ

国語

一 (一) a りんかく　b けわしく　c くわしく　d しんちょう　(二) 2

(三) (解答例) **新入生の中には、** 岳より登山に興味を持つ学生もいるはずなのに、半ば無理矢理連れてきた岳と一緒にいることが愉快そうな穂高の様子を不可解だ **と思って見ていた**

(四) 4　(五) 1　(六) ア 楽しそう　イ 過去を懐かしんでしまう　(七) 2　(八) 4

二 (一) くいて　(二) 4　(三) (解答例) ア 飯を食べる　イ 菓子を食べる

(四) 1　(五) 2

三 (一) a 昔　b 位置　c 寒さ　d 経験　(二) 3

(三) ア 人間の力は小さなもの　イ 真っ向から取り組む　(四) 3　(五) 2

(六) (解答例) **江戸時代の日本人にとって、安心できる「美しい自然」とは、** 人間社会の近くにあって、人の心を慰め、疲れを癒してくれるものであり、それをみんないっしょに、同じ美しさを感じて、同じように見る **ことで安心感を得ていた**

(七) 4　(八) 第 8 段落　(九) 1　(十) 2

四 (作文) 省略

令和6年度　問題解説

〈数　学〉

1 (1)　$7\times(-2)-(-5)=-14+5=-9$

(2)　$(-3)^2+\dfrac{15}{-3}=9-5=4$

(3)　$4a^3b^2\div\dfrac{1}{2}ab=\dfrac{4a^3b^2}{1}\times\dfrac{2}{ab}=8a^2b$

(4)　$\begin{cases}3x+5y=4 & \cdots ①\\ x-y=4 & \cdots ②\end{cases}$

①−②×3より，$8y=-8$，$y=-1$

②に代入して，$x-(-1)=4$，$x=3$

(5)　$5\sqrt{2}-\sqrt{2}+\dfrac{6\times\sqrt{2}}{\sqrt{2}\times\sqrt{2}}=5\sqrt{2}-\sqrt{2}+3\sqrt{2}=7\sqrt{2}$

(6)　$x+3=$Mとおくと，$M^2-M-30=(M+5)(M-6)$

$M=x+3$を代入して，$(x+3+5)(x+3-6)=(x+8)(x-3)$

(7)　㋐$-\sqrt{11}$，㋑$\sqrt{9}$，㋒$-\sqrt{16}$より，㋒→㋐→㋑

2 (1)　$\angle BCD=180-60=120°$

平行四辺形のとなり合う角の合計は180°より，$\angle ABC=60°$

したがって，$\angle DBC=60-20=40°$

△BDE は　BD=BE の二等辺三角形なので，

$\angle CED=(180-40)\div 2=70°$

(2)　ア　△DFC において三平方の定理より，$DF=\sqrt{2^2+4^2}=2\sqrt{5}$

イ　△DEG∽△BFG より，DG : BG=DE : BF=4 : 3

$\triangle DBF=3\times4\times\dfrac{1}{2}=6$より，$\triangle BGF=6\times\dfrac{3}{7}=\dfrac{18}{7}$

台形 $ABFE=(1+3)\times4\times\dfrac{1}{2}=8$より，

四角形 $ABGE=8-\dfrac{18}{7}=\dfrac{38}{7}$

(3)

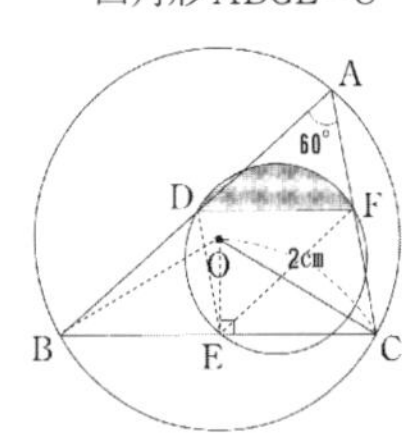

円周角と中心角の関係より，$\angle BOC=60\times2=120°$

△OBC は OB=OC の二等辺三角形で，E は BC の中点だから，$\angle COE=60°$，

$\angle OEC=90°$ より，$EC=\sqrt{3}$，$BC=2\sqrt{3}$

中点連結定理より，$DF=\sqrt{3}$

また，△ADF≡△EFD より，$\angle DEF=60°$ だから，

D，E，F を通る円における $\overset{\frown}{DF}$ の円周角は 120°

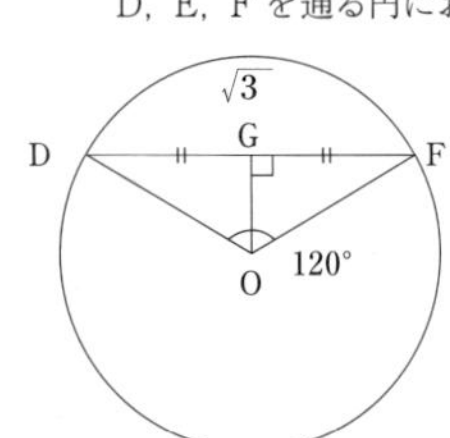

したがって，$OF=\dfrac{\sqrt{3}}{2}\times\dfrac{2}{\sqrt{3}}=1$

$OG=1\times\dfrac{1}{2}=\dfrac{1}{2}$

よって，求める面積は，

$1\times1\times\pi\times\dfrac{120}{360}-\sqrt{3}\times\dfrac{1}{2}\times\dfrac{1}{2}=\dfrac{\pi}{3}-\dfrac{\sqrt{3}}{4}$

3 (1)

A＼B	1	2	3	4	5	6
1	①	②	3	4	⑤	6
2	②	4	6	8	⑩	12
3	3	6	9	12	15	18
4	4	8	12	16	20	24
5	⑤	⑩	15	20	25	30
6	6	12	18	24	30	36

より，$\dfrac{7}{36}$

(2)　第1四分位数を含む階級は 15～20 なので，その相対度数は，

$6\div30=0.2$

(3)　ア

x	$1 \longrightarrow 3$
y	$-\dfrac{1}{2} \longrightarrow -\dfrac{9}{2}$

より　$\dfrac{-\dfrac{9}{2}-\left(-\dfrac{1}{2}\right)}{3-1}=-2$

イ　A の y 座標は $y=\dfrac{3}{4}x^2$ に $x=-4$ を代入して，$y=\dfrac{3}{4}\times(-4)^2=12$

$\therefore A(-4, 12)$

したがって，$B(4, 12)$，$C(a, 12)$

D は x 座標が a で $y=\dfrac{3}{4}x^2$ 上にあるので，$D\left(a, \dfrac{3}{4}a^2\right)$

E は x 座標が a で $y=-\dfrac{1}{2}x^2$ 上にあるので，$E\left(a, -\dfrac{1}{2}a^2\right)$

$CD=12-\dfrac{3}{4}a^2$，$DE=\dfrac{3}{4}a^2-\left(-\dfrac{1}{2}a^2\right)=\dfrac{5}{4}a^2$

より，$12-\dfrac{3}{4}a^2=\dfrac{5}{4}a^2$

$a^2=6$

$a>0$より，$a=\sqrt{6}$

4 (1)　ア　2024は偶数なので，上段は黒。

$2024\div3=674\cdots2$ より，下段も黒。

イ　◦上段について

・黒石… $\dfrac{n-1}{2}$

・白石… $\dfrac{n-1}{2}+1=\dfrac{n+1}{2}$

◦下段について

・黒石… $\dfrac{n}{3}\times2=\dfrac{2n}{3}$

・白石… $\dfrac{n}{3}$

したがって，白石の合計 $=\dfrac{n+1}{2}+\dfrac{n}{3}=\dfrac{5n+3}{6}$

黒石の合計 $=\dfrac{n-1}{2}+\dfrac{2n}{3}=\dfrac{7n-3}{6}$

よって，$\dfrac{5n+3}{6}:\dfrac{7n-3}{6}=8:11$

$8(7n-3)=11(5n+3)$

$n=57$

(2)　ア　4秒後はPがEに，QがBにいるので，できる三角すいは，底面が△ADBで高さがAEである。

したがって，$4\times4\times\dfrac{1}{2}\times4\times\dfrac{1}{3}=\dfrac{32}{3}$

イ

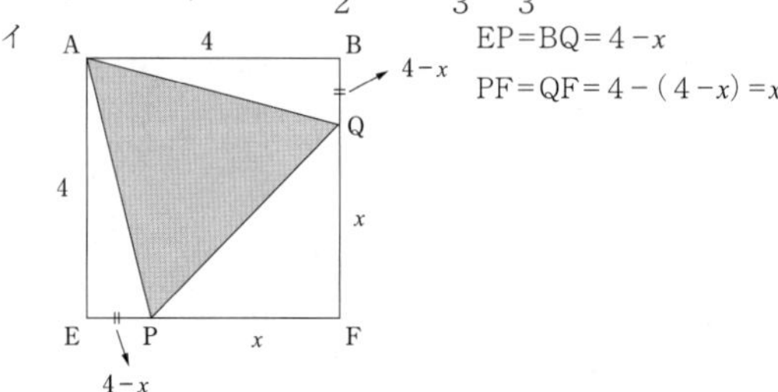

$EP=BQ=4-x$

$PF=QF=4-(4-x)=x$

したがって，△APQ=正方形AEFB−△AEP−△QPF−△ABQ

$=4\times4-(4-x)\times4\times\dfrac{1}{2}-x\times x\times\dfrac{1}{2}-(4-x)\times4\times\dfrac{1}{2}$

$=16-4(4-x)-\dfrac{1}{2}x^2$

$=-\dfrac{1}{2}x^2+4x$

〈理　科〉

1 A (2) a　地球は1ヶ月に $360\div12=30°$，金星は50°，太陽の周りを公転するので，図より3ヶ月後は $(50-30)\times3=60°$ 接近するから㋑となる。

また，地球と金星が㋑の位置関係にあるときの見える金星は明けの明星。

(3)　惑星Qが地球から最も遠い位置にあるとき

Ⓠ―1.52―㊏―1.00―㊍　　$1.52+1.00=2.52$

惑星Qが地球から最も近い位置にあるとき

㊏―1.00―㊍―Ⓠ（太からQまで1.52）　　$1.52-1.00=0.52$

したがって，$2.52\div0.52=4.84\cdots\fallingdotseq4.8$

(4)　惑星Rは土星。土星は巨大な環をもち，密度は水よりも小さいので，軽い気体でできている。

B (1) a　図Ⅰの「○」印を直線で結び，横軸と交わったところが，発生時刻である。

c　地震が発生してから，$2+8+10=20$ 秒後に73km地点にS波が到着する。したがって，154km地点にS波が到着するのは，

$73:20=154:x$

$x\fallingdotseq42$ 秒後

よって，緊急地震速報の発表から $42-10=32$ 秒後。

2 A (2) 丸形の両親からしわ形の子が生まれるには，どちらもAaでないといけない。

(3) このような調べ方を，検定交雑という。

B (2) ルーペで観察する際は，観察したい物を動かす。

3 A (2) $39.5 \div 5.0 = 7.9g/cm^3$

アルミニウムの密度 $= 43.2 \div 16.0 = 2.7g/cm^3$

(3) 体積は，固体＜液体＜気体の順だが，水だけは液体＜固体＜気体である。

B (1) ア→アンモニア，イ→水素，エ→二酸化炭素

(5) $7.25 - 7.05 = 0.2g$ の酸素が取れたので，表Ⅰよりこのとき反応した酸化銀は2.90g

したがって，残っている酸化銀は $7.25 - 2.90 = 4.35g$

4 A (2) 表Ⅰより，$4.0 \div 0.5 = 8.0\Omega$

(3) 表Ⅱより，$4.0V \times 1.0A \times 300s = 1200J$

(4) 表Ⅱより，6.0Vのときの電流は1.5A

4.0Vのときの電力は，$4.0 \times 1.0 = 4.0W$ で，このとき上昇した温度は，$22.5 - 20.5 = 2.0$℃

6.0Vのときの電力は $6.0 \times 1.5 = 9.0W$ で，このとき上昇した温度を x とすると，

$4.0 : 2.0 = 9.0 : x$

$x = 4.5$

したがって，水温は $20.5 + 4.5 = 25.0$℃

(5) 表Ⅰより，Pの抵抗は $4.0 \div 0.5 = 8.0\Omega$

表Ⅱより，Qの抵抗は $4.0 \div 1.0 = 4.0\Omega$

直列つなぎなので，全体抵抗は $8.0 + 4.0 = 12\Omega$ より，流れる電流は $12 \div 12 = 1.0A$

したがって，Pの電圧は $1.0 \times 8.0 = 8.0V$，Qの電圧は $1.0 \times 4.0 = 4.0V$

よって，Pの電力は $1.0 \times 8.0 = 8.0W$，Qの電力は $1.0 \times 4.0 = 4.0W$ なので，0.5倍。

B (1) 振動数が多いほど高い音が出る。

C (1) $(0.049 + 0.147) \div 0.2 = 0.98m/s$

(3) 図Ⅲより，20gのおもりを25cmの高さから落下させるとくいが2.0cm動くことがわかるので，25gのおもりで2.0cm動かすためには，$25 \times \frac{20}{25} = 20cm$ の高さから落下させればよい。

〈英　語〉

2 <日本語訳>

Rio：映画は面白かったですね！あなたは今までにこのシリーズの他の映画を観たことがありますか?

Ted：はい、あります。私はこのシリーズが大好きです。ねえ、あなたはお腹が空いていますか? (a)

Rio：もちろん。①レストランに行って、＿＿＿を食べましょう。

（レストランで）

Ted：ところで、私は日本の硬貨を見て本当に驚きました。

Rio：(b)

Ted：なぜなら私はオーストラリアで穴の開いた硬貨を見たことがないからです。これは独特な特徴ですよね?

Rio：はい。日本のお金とオーストラリアのお金の間に他に違いはありますか?

Ted：素材が違います。オーストラリアの紙幣はプラスチックでできています。②それらを作るために特別な素材が使われているので、私たちは洗った後でさえ使うことができます。

Rio：それは面白いですね！私はそれらを見て触りたいです。(c)

Ted：ちょっと待って。ああ，私は5ドル札を持っています。(d)

Rio：ありがとう。おお、これは日本のものより小さいですね。

Ted：そうですね。また、オーストラリアの紙幣は日本のものより色鮮やかです。

(1) ア　あなたはどうですか?

イ　はい、どうぞ。

ウ　あなたに日本の硬貨を見せてもいいですか?

エ　何か食べませんか?

オ　なぜ硬貨を持っているのですか?

カ　はい、どうぞ(物を渡す時)。

キ　あなたはいくつか持っていますか?

ク　なぜあなたはそんなに驚いているのですか?

(2) 「have lunch」= 昼食を食べる

(3) 「particular」=「special」= 特別な

ア　似ている　　ウ　ひどい　　エ　弱い

3 <日本語訳>

ある日、私がミサとウィリアムと話していた時、彼女は彼に「あなたたちは和三盆を知っていますか?」と言いました。彼は「いいえ、一度もそれを①(聞いた)ことがありません。和三盆とは何ですか?」と答えました。彼女は「それは日本の砂糖の一種です。私は和三盆の工場に行きました。これらはあなたたちのためのものです。」と答え、和三盆の飴を私たちにくれました。それらはとてもおいしかった②ので、私は他の和三盆のお菓子を探しました。私は私の友達に和三盆のお菓子について尋ね、様々な和三盆のお菓子を見つけました。例えば、ミサは自分が和三盆のケーキを見つけたことを私に③教えてくれました。和三盆はたくさんのお菓子に使われていることに私は驚きました。④なぜそれは今、人気なのでしょうか。

その答えを見つけるために、私は和三盆について勉強しました。砂糖はサトウキビから作られます。⑤平賀源内は香川でそれを栽培しはじめた人々のうちの一人であると言う人もいます。後に他のもう1人がサトウキビから砂糖を作り出すことに成功し、それが和三盆と呼ばれました。良い和三盆を作るためには、長時間サトウキビから出た汁を煮込み、何度もそれをこねる必要があります。それから、それを乾燥させます。⑥このように、それを作るのはとても大変です。また、和三盆の飴はたくさんの形があります。その形は四季や自然、動物を表します。それらの形を作るためには、木製の型と技術が必要です。これらの⑦難しい過程によって、私たちは良い味と美しい形の両方を楽しむことができます。

和三盆について勉強することで、私は香川が良い場所であることをもっと知りました。素晴らしい和三盆を作るためには、素晴らしい技術が必要です。努力と素晴らしい技術⑧のおかげで、人々は和三盆を楽しむことができます。私は以前よりもっとそれについて興味を持ちました。多くの人々が「香川」という言葉を聞くと、うどんを思い浮かべることを私は知っています。私はもっと多くの人々に和三盆を知って、それを楽しんでもらいたいです。⑨私はそれを、インターネットを使って、うどんと同じくらい有名にするつもりです。一緒に和三盆を楽しみましょう！

(1) 前に「have」があるので過去分詞にして、現在完了の形にする。

(7) 直前の文に注目すると「difficult」(＝難しい)が適当である。

(8) 「because of」＝～のために、～のおかげで

ア「そのように」　イ「初めに」　ウ「あそこに」

4 <日本語訳>

アリサは中学生です。彼女は発表のために自分の町の様々な仕事について、クラスメイトのショウタロウとハルトと一緒に勉強していました。たくさんの仕事の中で、農業や果物や野菜を育てている農家に興味がありましたが、初めに彼らが①何に取り組むべきかわかりませんでした。

夏休みが始まりました。ショウタロウとハルトはたくさんの果物と野菜を販売するイベントについての情報を得るためにインターネットで検索しました。アリサは彼女の祖父に電話しました。彼は毎年メロンを栽培しています。彼女は彼に「あなたがメロンを栽培している時に何が難しいですか?」と尋ねました。彼は「私がメロンを栽培するのを手伝ってはどうですか?」と言いました。彼女は「②それは良い考えですね！」と言いました。

アリサは電車で祖父の家に行きました。彼女は夏休みの間の2週間、祖父と一緒にいて、彼がメロンに水をまいたり収穫したりするのを手伝いました。暑い天気の中での仕事は大変でした。彼女は時々ヘビに出会いました。一日が終わると、彼女は疲れて夜はよく眠りました。アリサと祖父が

話していた時、彼は「いくつか問題があります。私たちは時々天気について心配しなければなりません。雑草が早く成長し、動物が畑の中に入って来ます。もし私が畑の世話をしなければ、畑はすぐに ③ 悪く なります。」と言いました。彼女は「なぜあなたはそれらを栽培するのを続けているのですか？」と尋ねました。彼は「なぜなら私はメロンを食べるのを楽しんでいる人々を見るのが好きだからです。だから私は試行錯誤しながらおいしいメロンを栽培しているのです。」と答えました。

ある夜、アリサの祖父は彼の部屋で何かしていました。アリサは彼に「④ [　　　]？」と尋ねました。「私は日記を書いています。」と彼は答えました。彼はまた彼の机の上のたくさんのノートを見せてくれました。彼は「私は試行錯誤してたくさん学んだことを日記の中に書いてきました。」と言いました。⑤彼女はそれを聞いて驚きました。彼女は彼の日記をいくつか読みました。それらはすべて彼のメロン栽培についてでした。彼は天気や問題、彼の農家友達からの助言を書いていました。彼は「もちろん、私は良いメロンを収穫する時、嬉しいですし、そのことが私にとって重要です。しかし、物事はしばしばうまく行きません。私はこれらの経験からたくさんのことを学ぶことができるので、それもまた良いと思います。」と言いました。彼女は「私はあなたに賛成です。」と言いました。

8月20日、発表のメンバーは自分たちの考えを共有するためにハルトの家で会いました。彼らはわくわくして話しました。ショウタロウは「インターネットで検索することは速くて便利です！」と言いました。ハルトは「私は新聞で地元の野菜を使った料理教室についての情報をいくつか見つけて、母と一緒にそこに行きました。トマトが使われている料理がとても多くあることに私は気付きました。」と言いました。アリサは「私は祖父から多く学びました。⑥ [　　　] は重要ですが、私たちはたくさん失敗します。試行錯誤から学び、より良い方法を見つけることがもっと重要です。」と言いました。考えを共有した後、彼らは試行錯誤しながら発表に取り組み続けることを決めました。

(1) 直前の祖父の言葉に注目する。

(5) 直前の祖父の言葉に注目する。

(6) ア　インターネットで検索すること
イ　助言を得ること
ウ　他人と考えを共有すること
エ　良い結果を得ること
祖父にとって重要なのは「良いメロンを収穫すること」＝「良い結果を得ること」である。

(7) (a)アリサは夏休みの間の２週間、祖父と一緒にいましたか？
→第３段落の２文目に書かれてある。
(b)ショウタロウはインターネットで検索することについて何を思いましたか？
→最終段落のショウタロウの言葉に注目する。

(8) ㋐アリサは彼女のクラスのメンバー２人と一緒に、発表のために地元の仕事について勉強していた。
→第１段落に書かれてあるので、正しい。
㋑ショウタロウは果物と野菜それぞれの収穫の良い季節を見つけるためにインターネットで検索した。
→検索したのは果物と野菜を販売するイベントについてだったので誤り。
㋒とても暑かったので、夜、祖父の家で良く眠れなかった。
→疲れて良く眠れたので、誤り。
㋓アリサの祖父は彼の農家友達からメロンを栽培するためのいくつかの助言を得ていることをアリサは知った
→第４段落に書かれているので、正しい。
㋔発表のメンバーは９月に学校で考えを共有した時、わくわくしていた。
→考えを共有したのは８月にハルトの家だったので、誤り。
㋕ハルトはショウタロウと一緒に地元の野菜を使っている料理教室に行き、トマトを使った料理がたくさんあることを知った。
→ハルトは母と料理教室に行ったので、誤り。

〈国　語〉

一 (二) 直後の「視界の中の情報量が多い」に注目する。
(三) 傍線部②の直前、直後をまとめればよい。
(四) 直前に注目する。
(七) 直後の「すべてが～侵食してこない。」に注目する。
(八) 1「国方の熱意に応えたい」が不適。
2「感謝の念」が不適。
3「全てが岳を支えている」が不適。

二 【現代語訳】
太閤に仕えていた者が、曽呂利に「あなたほど君主に大切にされている者は他にはいない。どうやったらこのように君主に気に入られるのか」と尋ねると、曽呂利が言うには、「飯の味はどのようなものか」と質問した。答えて言うには、「こうと決まった味はないけれども、ただ美味しいものである」と。曽呂利がまた「菓子は美味しいものか」と尋ねると、答えて言うには、「美味しくて甘い物だ」と。曽呂利が、「そうであれば、明日より飯を食べるのをやめて、美味しくて甘い菓子ばかり食べたらどうだろう」と言った。その者聞いて「それは全く賛成できないことだ」と言った。曽呂利は大いに笑って「そういうことである。あなたは菓子を君主にすすめ、私は飯を君主にすすめるので、いつになっても飽きることなく、甘いものは時と場合によっては悪く、飯はいつでも良い物である。あなたは心に甘いところがあって、君主が採用なさることを期待するので、全然考えが違うことがある。私は飯のように味もない物であるが、退屈なさっているだろうという気遣いをしないことを大事にしている」と言った。

三 (二) 直前、直後に注目する。
(三) 第9、11段落に注目する。
(五) ④受身、1可能、2受身、3自発、4尊敬
(六) 第14、15段落をまとめればよい。
(七) 1「厳しい自然環境下で生き延びる」が不適。
2「自然の力に頼って生きる」が不適。
3「自然と一体化」が不適。
(八) 第8段落最後の「ずっと荒々しい。」につながる。
(九) 2「日本が世界に誇る文化である」が不適。
3「自然への畏敬の念」が不適。
4「自然との共存を重んじる」が不適。
(十) 2「自然の変化に対抗する」が不適。

香川県公立入試（社会）に出た年号のすべて

（株）ガクジュツ

５７ 奴国の国王が中国の帝国から印を授かる
３Ｃ後半～ 古墳が造られ始める（前方後円墳）
２２０ 中国が魏・呉・蜀に分かれる
２３９ 卑弥呼が魏に使いを送り金印を与えられる
５３８ 百済から仏教伝来
５９３ 聖徳太子が摂政になる
６０３ 冠位十二階の制度を制定
６０４ 十七条憲法を制定
６０７ 小野妹子が遣隋使として派遣される
６０７ 法隆寺建設
６１８ 唐が中国を統一する
６３０ 第一回遣唐使派遣
６４５ 大化の改新
６６３ 白村江の戦い
６７２ 壬申の乱
７０１ 大宝律令が制定
７１０ 平城京に都を移す
７１２ 古事記が完成する
８Ｃ中頃 国分寺が建てられる
７４３ 墾田永年私財法の制定 天平文化
７５２ 東大寺建設
７９４ 都を京都に移し平安京とする
８０４ 最澄（天台宗・延暦寺）
８０４ 空海（真言宗）が中国に渡る
８５８ 藤原良房が摂政となる（摂関政治の始まり）
８９４ 遣唐使を廃止する 国風文化
９３５ 平将門の乱
９３９ 藤原純友の乱
１０１６ 藤原道長が摂政となる
１０５３ 平等院鳳凰堂（浄土信仰）が造られる
１０８６ 白河上皇が院政を始める
１１２４ 中尊寺金色堂が建てられる
１１５６ 保元の乱
１１５９ 平治の乱
１１６７ 平清盛が太政大臣となる
１１７９ 平清盛が宋と貿易をはかる
１１８５ 壇ノ浦の戦い
１１８５ 守護・地頭をおく／屋島の戦い
１１９２ 源頼朝が征夷大将軍に任命
１２２１ 承久の乱→六波羅探題設置
１２３２ 北条泰時が御成敗（貞永）式目を制定
１２７４ 文永の役 元寇
１２８１ 弘安の役
１２９７ 永仁の徳政令
１３３１ 『徒然草』兼好法師
１３３３ 鎌倉幕府が滅ぶ
１３３４ 建武の新政が始まる
１３３８ 足利尊氏が征夷大将軍に任命
１３６８ 明が中国統一
１３９２ 南北朝統一
１３９７ 足利義満が金閣を建てる 室町文化
１４０４ 勘合貿易が始まる（足利義満）
１４２８ 正長の土一揆
１４６７ 応仁の乱
１４８５ 山城の国一揆
１４８８ 加賀の一向一揆
１４８９ 足利義政が銀閣を建てる
１５１７ ルターの宗教改革 桃山文化
1519～22 マゼラン一行世界一周
１５４３ ポルトガル人が種子島に鉄砲を伝える
１５４９ ザビエルがキリスト教を伝える
１５７５ 長篠の戦い
１５８２ 豊臣秀吉による太閤検地／天正遣欧少年使節が出発
１５８５ 豊臣秀吉が四国を平定
１５８８ 豊臣秀吉による刀狩令
１５９０ 豊臣秀吉が全国統一
１５９２ 文禄の役

１６００ 関ヶ原の戦い
１６０３ 徳川家康が江戸幕府を開く
１６１５ 武家諸法度（３５ 参勤交代の制度）
１６２９ 絵踏が始まる
１６３７ 島原・天草一揆⇒キリスト教の禁止
１６３９ ポルトガル船来航禁止
１６４１ オランダ商館を出島に移す
１６８８ イギリスで名誉革命 元禄文化
１７０２ 『奥の細道』松尾芭蕉
１７０９ 新井白石の改革
１７１６ 徳川吉宗の享保の改革
１７４２ 公事方御定書
１７６５ ワットの蒸気機関改良
１７７２ 田沼意次の改革
１７７４ 「解体新書」発刊
１７７６ アメリカ独立
１７８２ 天明のききん
１７８７ 松平定信の寛政の改革
１７８９ フランス革命→フランス人権宣言
１８Ｃ後半 イギリスで産業革命
１７９２ ロシアのラックスマン根室に来航
１７９７ 昌平坂学問所設立
１８０４ ナポレオンが皇帝となる 化政文化
１８２５ 外国船打払令
１８３３ 天保のききん
１８３７ 大塩平八郎の乱
１８４０ アヘン戦争
１８４１ 水野忠邦の天保の改革
１８４１ 株仲間解散令
１８５３ ペリーが浦賀に来る
１８５４ 日米和親条約
１８５６ 渋染一揆
１８５８ 日米修好通商条約
１８６０ 桜田門外の変
１８６１ アメリカで南北戦争
１８６３ リンカーンが奴隷解放宣言
１８６７ 大政奉還
１８６７ 王政復古の大号令
１８６８ 戊辰戦争
１８６８ 五箇条の御誓文
１８６９ 版籍奉還
１８７１ 廃藩置県／岩倉使節団が欧米の視察
１８７１ ドイツ帝国が成立
１８７１ 解放令
１８７２ 福沢諭吉「学問のすゝめ」／学制
１８７３ 地租改正／徴兵令
１８７４ 板垣退助らが民撰議院設立建白書を出す
１８７５ 江華島事件
１８７５ 樺太・千島交換条約
１８７７ 西南戦争
１８８０ 愛国社が国会期成同盟に改称
１８８１ 自由党結成
１８８５ 内閣制度発足
１８８６ ノルマントン号事件
１８８９ 大日本帝国憲法発布
１８９０ 第一回帝国議会開催
１８９４ 日英通商航海条約
１８９４ 甲午農民戦争（東学党の乱）→日清戦争
１８９５ 下関条約←三国干渉
１８９９ 義和団事件
１９０１ 八幡製鉄所が建設
１９０２ 日英同盟
１９０４ 日露戦争が始まる
１９０５ ポーツマス条約／日比谷焼き打ち事件
１９０６ 南満州鉄道株式会社が発足

１９０９ 伊藤博文暗殺
１９１０ 韓国併合／大逆事件
１９１１ 辛亥革命
１９１２ 孫文が中華民国を建国
１９１２ 第一次護憲運動
１９１４ サラエボ事件／第一次世界大戦始まる
１９１５ 中国に二十一カ条を出す
１９１６ 吉野作造が民本主義を唱える
１９１７ ロシア革命
１９１８ 第一次世界大戦終わる
１９１８ シベリア出兵／米騒動
１９１８ 原敬が本格的な政党内閣を組閣
１９１９ ベルサイユ条約／朝鮮三・一独立運動
１９２０ 国際連盟発足
１９２１ 友愛会（１９１２）を日本労働総同盟に改名
１９２２ 全国水平社結成／ワシントン会議が開かれる
１９２３ 関東大震災
１９２５ 普通選挙法の制定
１９２５ 治安維持法の制定
１９２８ パリ不戦条約
１９２９ 世界恐慌
１９３０ ロンドン海軍軍縮会議
１９３１ 柳条湖事件⇒満州事変
１９３２ 五・一五事件／満州国建国
１９３３ 日本が国際連盟脱退
１９３３ ナチス政権成立
１９３６ 二・二六事件
１９３７ 日中戦争
１９３８ 国家総動員法
１９３９ 第二次世界大戦始まる
１９４０ 日独伊三国軍事同盟
１９４０ 大政翼賛会が結成
１９４１ 太平洋戦争開始／日ソ中立条約
１９４５ 広島・長崎に原子爆弾投下
１９４５ ポツダム宣言
１９４５ 第二次世界大戦終わる
１９４５ 財閥解体
１９４５ 労働組合法公布
１９４５ 男女平等の普通選挙法
１９４５ 農地改革始まる
１９４６ 日本国憲法が公布
１９４７ 日本国憲法が施行
１９４７ 教育基本法
１９４７ 地方自治法公布
１９４９ 北大西洋条約機構（NATO）結成
１９４９ 中華人民共和国の成立
１９５０ 朝鮮戦争勃発
１９５１ サンフランシスコ平和条約
１９５１ 日米安全保障条約の調印
１９５５ アジア・アフリカ会議
１９５６ 日本の国際連合加盟／日ソ共同宣言
１９６０代 高度経済成長
1960～75 ベトナム戦争
１９６２ キューバ危機
１９６４ 東京オリンピック
１９６５ 日韓基本条約の締結
１９６７ 非核三原則を打ち出す
１９７２ 沖縄の日本復帰
１９７３ 石油危機（オイルショック）
１９７６ 南北ベトナムの統一
１９７８ 日中平和友好条約の締結
1980～88 イラン・イラク戦争
１９８９ マルタ会談（冷戦の終結）
１９８９ ベルリンの壁崩壊
１９９０ 東西ドイツの統一
１９９１ ソビエト連邦の解体

公立高校英単パーフェクト703

able (be able to)
about
abroad
accident
across
advice
afraid (be afraid of)
after (↔ before)
afternoon
again
age
ago
agree
air
all
almost
alone
along
already (↔ yet)
also
although
always
among
and
animal
another
answer (↔ ask, question)
any
anymore
anyone
anything
appear
apple
arm
around
arrive
art
as
ask (↔ answer)
attention
audience
aunt (↔ uncle)
away
baby
back
bad (↔ good)
ball
baseball
basketball
bathroom
bazaar
beach
beautiful
because
become
bed
before (↔ after)
begin (↔ finish)
behind
believe
belong
besides
best
better
between
big (↔ small)
bike
bird
birthday
black
boat
body
book
bore
born
borrow
both
boy
brand
break
breakfast
bright
bring (↔ take)
broadcast
brother
build
building
bus
business
busy
but
buy (↔ sell)
by
call
campaign
can (= be able to)
car
card
care
careful
carry
castle
cat
catch
cave
celebrate
century
certain
chance
change
character
charm
cheap
check
cherry
child (children)
chorus
city
class
classmate
classroom
clean
climb
close (↔ open)
club
cold
collect
college
color
come (↔ go)
comic
common
community
company
compare
computer
concert
contest
continue
convenient
cook
cool
country
course (of course)
cow
crowd
cry
culture
curtain
custom
cute
dance
danger
date
daughter
day
dear
decide
delicious
desk
develop
development
die
different (↔ same)
difficult (↔ easy)
dinner
dirty
discussion
do (does→did→done)
doctor
dog
dollar
door
down
draw
dream
drink
drum
during
each (each other)
ear
early (↔ late)
earth
earthquake
easily
easy (↔ difficult)
eat
effort
egg
either
elementary
else
e-mail
emergency
end
English
enjoy (=have a good time)
enough
entrance
especially
even
event
evening
ever
every
everyone
everything
example (for example)
exchange
exciting
excuse
expensive
experience
explain
express
eye
face
fall
family
famous
fan
far
farm
fast
father
favorite
feel
few
fiction
figure
finally
find
fine
finger
finish
fish
flower
follow
food
foot
foreign
forest
forever
forget
forward
foster
friend
friendship
from
front (in front of)
fruit
full
fun
future
game
garden
get
girl
give
glad
glass
go (↔ come)
goal

gold
good (↔ bad)
good bye
grade
grandmother
great
green
ground
group
grow
guess
hair
hand
happen
happy
hard
have
head
headache
healthy
hear
heart
hello
help
here
hesitate
high (↔ low)
hiking
history
hold
home
homestay
homework
hope
hospital
host
hour
house
housework
how
however
hungry
husband
idea
if
important
impress
improve
information
injure
international
interesting
into
introduce
invite
job
join
junior (junior high school)
just
kangaroo
keep
kind
kitchen
know
lake
language

large (↔ small)
last
late (↔ early)
later
learn
leave
left (↔ right)
lesson
let
letter
library
life
light
like
listen
little
live
long
look
lose
lot (a lot of)
loud
love
luck
lucky
lullaby
lunch
machine
mail
make
man (men)
many
market
may
mean
medal
meet
member
message
meter
midnight
mind
minute
miss
mistake
mom
money
month
more
morning
most
mother
mountain
move
movie
much
museum
music
musician
must (= have to)
myself
name
nature
near
necklace
necessary

need
never
new (↔ old)
news
newspaper
next
nice
night
noise
noon
notebook
nothing
notice
now
number
o'clock
off
office
often
old (↔ new, young)
once
only
open (↔ close)
operation
opinion
orange
other
out
over
own
page
pain
pale
paper
parent
participate
park
part
party
pass
passport
peace
peaceful
pen
people
perfect
perhaps
person
phone
piano
pick
picture
piece
place
plan
plane
plant
play
player
please
pleasure
point
poor
popular
possible
post

potato
practice
praise
present
pretty
priority
prize
probably
problem
program
pronounce
proud
purpose
put
question (↔ answer)
quickly
quiet
rain
reach
read
ready
real
realize
really
reason
receive
recently
recipe
recovery
recycling
red
remember
repeat
rest
restaurant
return
rice
rich
ride
right (↔ left)
road
rock
room
rule
run
sad
salmon
same (↔ different)
save
say
school
science
scientist
sea
season
seat
see
select
sell
send
several
shall
share
ship
shop

short
should
shout
show
sick
side
sight
sightseeing
silent
similar
since
sing
sister
sit
sleep
slowly
small (↔ large)
smile
so
soccer
soft
some
someone
something
sometimes
song
soon
sorry
sound
speak
special
speech
spend
spite
sport (sports)
spread
stadium
stand
star
start (↔ stop)
station
stay
still
stomachache
stop (↔ start)
store

story
strange
street
strong
student
study
succeed
such
suddenly
suffer
suffering
sunny
supper
support
sure
surf
surprise
sweater
swim
symbol
system
table
take (↔ bring)
talk
tall
teach
teacher
team
tear(s)
telephone
tell
temple
tenderly
tennis
terrible
than
thank
then
there
these
thing
think
those
though
through
ticket

till (until)
time
tired
today
together
tomato
tomorrow
too
top
tour
town
traditional
traffic
train
trash
travel
tree
trip
trouble
true
try
turn
umbrella
uncle (↔ aunt)
under
understand
universal
until
up
use
useful
usually
vacation
vegetable
very
video
view
village
visit
voice
volunteer
wait (wait for)
walk
want
warm (↔ cool)
wash

watch
water
way
wear
weather
week
weekend
welcome
well
what
when
where
which
while
white
who
whole
why
will (= be going to)
widely
win
wind
window
wish
with
without
woman
wonder
wonderful
word
work
world
worry
wrapping
write
wrong
yard
year
yellow
yen
yesterday
yet
young (↔ old)
yourself
zoo

〈英熟語〉

after a while
all over the world
a lot of=many, much
and so on
as soon as
at last
at the end of
be able to=can
be born
be going to=will
be interested in
be tired of
come back
come from
decide to
each other
for example
for the first time
get out
get to=arrive
get up

go to
go to bed
have a good time=enjoy
have to=must
hear from
how to
in return
in spite of
instead of
listen to
look at
no longer
of course
one after another
over there
put up
speak to
take care of
there are/is
want to
would like to (would love to)

〈順番〉 first second third fourth fifth sixth seventh eighth ninth tenth eleventh twelfth thirteenth fourteenth … twentieth thirtieth … hundredth thousandth millionth

〈月〉 January February March April May June July August September October November December

〈数〉 one two three four five six seven eight nine ten eleven twelve thirteen fourteen fifteen sixteen seventeen eighteen nineteen twenty twenty-one … thirty forty fifty sixty seventy eighty ninety hundred thousand million

〈曜日〉 Sunday Monday Tuesday Wednesday Thursday Friday Saturday

〈季節〉 spring summer fall winter

〈方位〉 east west south north

〈国名・都市名など〉

America (American)
Canada (Canadian)
Europe (European)
Japan (Japanese)
Paris

Australia (Australian)
China (Chinese)
India (Indian)
London
United States

●代名詞の変化表●

	人称	主格(～は)	所有格(～の)	目的格(～に,～を)	所有代名詞(～のもの)
単数	1人称	I	my	me	mine
	2人称	you	your	you	yours
	3人称	he	his	him	his
		she	her	her	hers
		it	its	it	—
複数	1人称	we	our	us	ours
	2人称	you	your	you	yours
	3人称	they	their	them	theirs

●形容詞・副詞の比較変化表●

語尾の子音字を重ねて, -er, -estをつける語

意味	原級	比較級	最上級
大きい	big	bigger	biggest
熱い	hot	hotter	hottest
うすい	thin	thinner	thinnest
赤い	red	redder	reddest
太った	fat	fatter	fattest

語尾のyをiにかえて-er, -estをつける語

意味	原級	比較級	最上級
忙しい	busy	busier	busiest
簡単な	easy	easier	easiest
早い・早く	early	earlier	earliest
乾いた	dry	drier	driest
幸福な	happy	happier	happiest
騒がしい	noisy	noisier	noisiest
かわいい	pretty	prettier	prettiest
重い	heavy	heavier	heaviest

不規則変化をする語

意味	原級	比較級	最上級
悪い 悪く 病気の	bad badly ill	worse	worst
良い 健康な・じょうずに	good well	better	best
後の〈順序〉	late	latter	last
少量の	little	less	least
多数の 大量の	many much	more	most
遠くに	far	farther [further]	farthest [furthest]

前にmore, mostをつける語

beautiful	(美しい)	interesting	(おもしろい)
difficult	(難しい)	useful	(役に立つ)
famous	(有名な)	important	(重要な)
careful	(注意深い)	carefully	(注意深く)
popular	(人気のある)	slowly	(ゆっくりと)

●助動詞の書き換え表●

助動詞	意味	書き換え
may	～してよい。～かもしれない。	
can	～できる。	be able to ～
Can I ～? May I ～?	～してもいいですか。	
will	～でしょう。～する予定だ。	be going to
Will you ～? Can you ～? (Would you ～?)(Could you ～?)	～してくれませんか。	Please ～.
must	～しなければならない。	have to
must not (mustn't)	～してはいけない。	Don't ～
need not	～する必要はない。	主語 don't have to ～
should	～すべき。	(ought to)
Shall I ～?	(私が) ～しましょうか。	
Shall we ～?	(一緒に) ～しましょう。	Let's ～.

●不規則動詞活用表●

原形(現在)	過去形	過去分詞	現在分詞	原形(現在)	過去形	過去分詞	現在分詞
be/am,is/are	was/were	been	being	become	became	become	becoming
begin	began	begun	beginning	break	broke	broken	breaking
bring	brought	brought	bringing	build	built	built	building
buy	bought	bought	buying	catch	caught	caught	catching
come	came	come	coming	cut	cut	cut	cutting
do,does	did	done	doing	draw	drew	drawn	drawing
drink	drank	drunk	drinking	drive	drove	driven	driving
eat	ate	eaten	eating	fall	fell	fallen	falling
feel	felt	felt	feeling	find	found	found	finding
fly	flew	flown	flying	forget	forgot	forgot(-ten)	forgetting
get	got	got (-ten)	getting	give	gave	given	giving
go	went	gone	going	grow	grew	grown	growing
have,has	had	had	having	hear	heard	heard	hearing
keep	kept	kept	keeping	know	knew	known	knowing
leave	left	left	leaving	lend	lent	lent	lending
lose	lost	lost	losing	make	made	made	making
mean	meant	meant	meaning	meet	met	met	meeting
pay	paid	paid	paying	put	put	put	putting
read	read	read	reading	ride	rode	ridden	riding
ring	rang	rung	ringing	rise	rose	risen	rising
run	ran	run	running	say	said	said	saying
see	saw	seen	seeing	sell	sold	sold	selling
send	sent	sent	sending	set	set	set	setting
show	showed	shown	showing	sing	sang	sung	singing
sit	sat	sat	sitting	sleep	slept	slept	sleeping
speak	spoke	spoken	speaking	spend	spent	spent	spending
stand	stood	stood	standing	swim	swam	swum	swimming
take	took	taken	taking	teach	taught	taught	teaching
tell	told	told	telling	think	thought	thought	thinking
throw	threw	thrown	throwing	understand	understood	understood	understanding
wake	woke	woken	waking	wear	wore	worn	wearing
win	won	won	winning	write	wrote	written	writing

高校入試理科重要公式集

■気体の性質

性質＼気体	水素	酸素	二酸化炭素	アンモニア	塩素	窒素
色	ない	ない	ない	ない	黄緑色	ない
におい	ない	ない	ない	刺激臭	刺激臭	ない
空気と比べた重さ	最も軽い	少し重い	重い	軽い	最も重い	少し軽い
水への溶け方	溶けにくい	溶けにくい	少し溶ける	非常に溶ける	溶けやすい	溶けにくい
集め方	水上置換	水上置換	水上（下方）置換	上方置換	下方置換	水上置換
その他の性質	・マッチの火を近づけると音を立てて燃える。 ・亜鉛にうすい塩酸を加えると発生。	・火のついた線香を近づけると炎が明るくなる。 ・二酸化マンガンにオキシドールを加えると発生。	・石灰水を白くにごらせる。 ・水溶液は酸性 ・石灰石にうすい塩酸を加えると発生。	・水溶液はアルカリ性 ・塩化アンモニウムと水酸化カルシウムの混合物を加熱すると発生。	・漂白作用 ・殺菌作用 ・水溶液は酸性	・空気の約4/5を占める ・燃えない。

■指示薬

	リトマス紙	BTB液	フェノールフタレイン溶液
酸　性	青色　→　赤色	黄色	無色
中性		緑色	無色
アルカリ性	赤色　→　青色	青色	赤色

■試薬

- ・石灰水・・・二酸化炭素があると白くにごる
- ・塩化コバルト紙・・・水があると赤色に変化する
- ・酢酸カーミン（酢酸オルセイン）溶液・・・核を赤く染める
- ・ヨウ素液・・・デンプンがあると青紫色に変化する
- ・ベネジクト液・・・糖があると赤かっ色の沈殿ができる

■化学反応式・イオン式

①酸化

- ・ $2H_2 + O_2 \rightarrow 2H_2O$
  水素+酸素→水
- ・ $2Mg + O_2 \rightarrow 2MgO$
  マグネシウム+酸素→酸化マグネシウム
  質量比　3　：　2
- ・ $2Cu + O_2 \rightarrow 2CuO$
  銅 +酸素→酸化銅
  質量比　4　：　1
- ・ $C + O_2 \rightarrow CO_2$
  炭素+酸素→二酸化炭素
- ・ $4Ag + O_2 \rightarrow 2Ag_2O$
  銀 +酸素→酸化銀
- ・ $3Fe + 2O_2 \rightarrow Fe_3O_4$
  鉄 +酸素→酸化鉄

②還元

- ・ $2CuO + C \rightarrow 2Cu + CO_2$
  酸化銅+炭素→銅 +二酸化炭素

③化合

- ・ $Fe + S \rightarrow FeS$
  鉄 +硫黄→硫化鉄

④分解

- ・ $2H_2O \rightarrow 2H_2 + O_2$
  水→水素+酸素
- ・ $2NaHCO_3 \rightarrow Na_2CO_3 + CO_2 + H_2O$
  炭酸水素ナトリウム→炭酸ナトリウム＋二酸化炭素＋水
- ・ $2HCl \rightarrow H_2 + Cl_2$
  塩酸→水素＋塩素

⑤イオン

- ・ $HCl \rightarrow H^+ + Cl^-$
  塩酸→水素イオン＋塩化物イオン
- ・ $NaOH \rightarrow Na^+ + OH^-$
  水酸化ナトリウム→ナトリウムイオン＋水酸化物イオン
- ・ $NaCl \rightarrow Na^+ + Cl^-$
  塩化ナトリウム→ナトリウムイオン＋塩化物イオン

・密度〔g/cm³〕＝ $\dfrac{\text{質量〔g〕}}{\text{体積〔cm}^3\text{〕}}$

・湿度〔%〕＝ $\dfrac{\text{空気1m}^3\text{中に含まれている水蒸気量〔g〕}}{\text{その気温の空気1m}^3\text{中の飽和水蒸気量〔g〕}} \times 100$

・圧力〔Pa〕＝ $\dfrac{\text{力の大きさ〔N〕}}{\text{力がはたらく面積〔m}^2\text{〕}}$

・速さ〔m/秒〕＝ $\dfrac{\text{物体が移動した距離〔m〕}}{\text{移動にかかった時間〔秒〕}}$

・質量パーセント濃度〔%〕＝ $\dfrac{\text{溶質の質量〔g〕}}{\text{水溶液の質量〔g〕}} \times 100$

・電圧〔V〕＝抵抗〔Ω〕×電流〔A〕

・電流〔A〕＝ $\dfrac{\text{電圧〔V〕}}{\text{抵抗〔Ω〕}}$　・抵抗〔Ω〕＝ $\dfrac{\text{電圧〔V〕}}{\text{電流〔A〕}}$

・電力〔W〕＝電流〔A〕×電圧〔V〕

・熱量〔J〕＝電力〔W〕×時間〔秒〕

・仕事〔J〕＝力の大きさ〔N〕×力の向きに動いた距離〔m〕

・仕事率〔W〕＝ $\dfrac{\text{仕事〔J〕}}{\text{仕事にかかった時間〔秒〕}}$

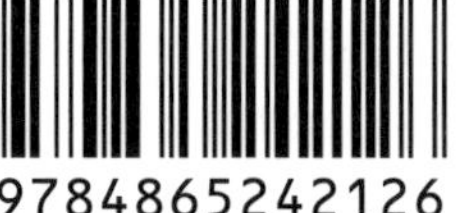

ISBN978-4-86524-212-6
C6000 ¥2500E
9784865242126
1926000025005
定価:本体2,750円(税込)
H26～R6(11年間収録)
5教科対応

ご意見・感想
私は12月になってからやっと過去問を解き始めました。改めて、虎の巻を解いて、入試は学校のテストや模試とは比べものにならないくらい難しいと感じました。あとの80日をがんばります。

ご意見・感想 この虎の巻を見て、塾を止めました。この資料を完ぺきにこなせれば絶対私がどうしても絶対行きたい高校に入れると思いました。まだ入試には4ヵ月後ですが、これを見て良かったと思います。解説も分かりやすく書かれているので自分だけで分からない問題も解くことができました。

ご意見・感想
学校の先生にすすめられて、こちらを購入しました。まだ始めていないのですが、問題ページ数がとても多く無駄がないので頑張れそうです。志望校合格目指して頑張ります!!

虎の巻様
いつもありがとうございます。今回は質問ではなくお礼を言うためにこれを書きました。
発表でした。私は第一志望の高校に合格することができました!私の行きたい高校は私の学力では足りないと学校の先生から言われ、志望校をおとそうかとても悩みました。しかし、第一志望校を受けないと後悔してしまうと思い、親の反対も振りきって受けました。諦めないで本当によかったです。今回私が合格できたのも虎の巻様が私の質問に丁寧に答えて下さったおかげだと思っています。ページ数と問題内容があってなかったりと様々な迷惑もかけてしまい申し訳なかったです。
4月からは高校生として、国公立大学へ進学するという夢を胸にがんばっていきたいと思います。虎の巻様には感謝してもしても足りません。本当に本当にありがとうございました!!!

ご意見・感想
昨年、僕は、推薦で　　　高校に内定しました。実テストでも、35点もUP!することができました!最後のテストでは、最初に比べ、85点UP!すごいと思いました。虎の巻さんのおかげだな!と実感しました。本当に、ありがとうございました。

ご意見・感想
入試の過去問を解くことによって、自分の苦手分野が見えてきました。虎の巻さんのおかげで、第一志望校に受かりそうな気がします!!

単元別とは、

入試問題を1～5と大問の順番に並べるのではなく、【計算】だけ、【図形】だけ、【関数】だけ、…と各単元（ジャンル）にまとめ直していることです。下のように単元別にすることで、学習したいところを集中的に取り組むことができます。

〈証明〉

■令和2年度問題

5 右の図のような、線分ABを直径とする円Oがある。点Cは円周上の点で、∠AOCは鈍角である。円Oの円周上で、点Cと異なる点Dを、BC＝BDとなるようにとる。点Cを通り、直線ADに垂線をひき、その交点をEとし、直線CEと円Oとの交点のうち、点Cと異なる点をFとする。また、点Oを通り、直線AFに垂線をひき、その交点をGとする。点Bと点Fを結ぶ。
このとき、次の(1)、(2)の問いに答えなさい。
(1) △AGO∽△AFBであることを証明せよ。
(2) 直線AFと直線BDの交点をHとするとき、△ABC≡△AHDであることを証明せよ。

■令和4年度問題

5 右の図のように、線分ABを直径とする半円Oがあり、AB上に2点A、Bと異なる点Cをとる。∠BACの二等分線をひき、半円Oとの交点のうち、点Aと異なる点をDとする。線分ADと線分BCとの交点をEとする。また、点Cと点Dを結ぶ。
このとき、次の(1)、(2)の問いに答えなさい。
(1) △ACD∽△AEB　であることを証明せよ。
(2) 点Dから線分ABに垂線をひき、その交点をFとする。線分DFと線分BCとの交点をGとする。点Oと点Dを結び、線分ODと線分BCとの交点をHとする。点Oと点Gを結ぶとき、△OFG≡△OHG　であることを証明せよ。

■令和6年度問題

5 右の図のような円があり、異なる3点A、B、Cは円周上の点で、△ABCは鋭角三角形である。点Aから辺BCに垂線をひき、その交点をDとする。直線ADと円との交点のうち、点Aと異なる点をEとし、点Cと点Eを結ぶ。線分AD上にCE＝CFとなる点Fをとる。直線CFと円との交点のうち、点Cと異なる点をGとし、辺ABと線分CGとの交点をHとする。また、点Bと点Gを結ぶ。
このとき、次の(1)、(2)の問いに答えなさい。
(1) △ACH∽△GBH であることを証明せよ。
(2) 点Aと点G、点Bと点Fをそれぞれ結ぶとき、△ABF≡△ABG であることを証明せよ。

編集・発行　**株式会社ガクジュツ**
発行責任者　中村　信二
福岡市中央区天神3－16－24－6F
〒810-0001　電話 0120（62）7775

令和6年7月1日　発行
監　修　高松リビング新聞社

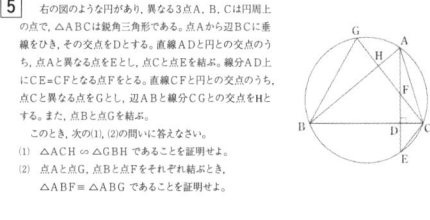